화엄경청량소
華嚴經淸凉疏

화엄경청량소

제20권

제6 타화자재천궁법회 ⑤

[제26 십지품 · 정종분 ⑪ ⑫ ⑬]

제6 현전지

청량징관 저
석반산 역주

담앤북스

일러두기

1. 본 화엄경소초의 번역에 사용된 원본은 봉은사에 소장된 목판 80권 『화엄경소초회본』이다.

2. 교정본은 민국(民國) 31년(1942) 대만의 화엄소초편인회(華嚴疏鈔編印會)에서 합본으로 교간(校刊)한 『화엄경소초 10권』을 사용하였다. 그리고 원본현토는 화엄학 연구소의 원조각성 강백의 현토본을 참고하였다.

3. 대장경 속에 경전과 합본으로 수록된 것은 없고, 다만 大正大藏經 권35에 『화엄경소 60권』이 있으며 권36에 『화엄경수소연의초(華嚴經隨疏演義鈔) 90권』이 있지만 경의 본문과의 손쉬운 대조를 위해 회본(會本)을 기본으로 하였으며, 일일이 찾아서 대장경과 대조하지는 못하였다.

4. 교재본이라 한 것은 민족사에서 1997년에 발간한 『현토과목 화엄경』(전 4권)을 지칭하며, 원문 인용은 이 본을 기본으로 하였다.

5. 본 『청량소』 전권에서는 소(疏)의 전문을 해석하였고, 초문(鈔文)은 너무 번다하고 중복되는 부분을 필자가 임의로 생략하였다.

6. 본문의 이해를 돕기 위하여 도표로 작성한 것은 전강 스승이신 봉선사 능엄학림의 월운강백께 허락을 얻어 『화엄경과도(華嚴經科圖)』를 준용(準用)한 것이다.

7. 목차(目次)는 『화엄경소초』의 과목을 사용하였고 『화엄경과도』를 준용하였다. 과목에 이어지는 ( ) 안에는 간편한 대조를 위하여 목판본의 페이지를 표시하였다. 예) 一. 一) (一) 1 1) (1) 가. 가) (가) ㄱ. ㄱ) (ㄱ) a. a) (a) ㊀ ① ㉮ ㉠ ⓐ Ⓐ Ⓐ ㊀ ① ㊀ ㊀ ㊀ ㊀ ㊀ Ⓐ

8. 목차는 되도록 현대적 번역어로 제목을 삼으려 하였고, 제목에 이어 표기된 아라비아 숫자는 문단의 개수이다.

9. 경과 소문(疏文)은 조금 띄워서 차별화하였고 소문(疏文) 앞에는 ■ 표시를, 초문(鈔文) 앞에는 ● 로 표시하여 번역문을 수록하였다. ❖ 표시는 역자의 견해를 밝힌 부분이다.

10. 경구(經句)의 번역문은 한글대장경과 민족사 간(刊)『화엄경 전10권』을 참고하였고, 소(疏) 문장의 번역은 직역을 원칙으로 하였고, 인용문은 주로 한글대장경의 번역을 따르고자 노력하였다.

11. 본 청량소 번역에 참고한 주요 도서는 다음과 같다.
    (1) 한글대장경『화엄경1, 2, 3』『보살본업경』『대승입능가경』『대반열반경』『보살영락경』; 동국역경원 刊
    (2) 한글대장경『성유식론』『십지경론』『아비달마잡집론』『유가사지론』『대지도론』『섭대승론』『섭대승론석』『대승기신론소별기』『현양성교론』『신화엄경론』; 동국역경원 刊
    (3)『대정신수대장경』; 大正一切經刊行會 刊

(4) 현토과목『화엄경』; 민족사 刊

(5) 『망월대사전』; 세계성전간행협회 刊,『불교학대사전』; 홍법원 刊,『중국불교인명사전』; 明復 編,『인도불교고유명사사전』; 法藏館 刊

(6) 『신완역 주역』; 명문당 刊,『장자』; 신원문화사 刊,『노자도덕경』; 교림 刊,『논어』; 전통문화연구회 編

12. 주)의 교정본 양식

(1) 소초회본; 대만교정본[華嚴疏鈔編印會]

(2) 宋元明淸南續金纂本 등; 소초회본의 출전 소개 양식

『화엄경청량소』 제20권 차례

大方廣佛華嚴經疏鈔 제37권의 ① 闕字卷 上
제26. 십지법문을 설하는 품[十地品] ⑪

제6절. 반야의 지혜가 나타나는 지[現前地] 7. ······················· 16
  1. 오게 된 뜻 ·· 16
  2. 명칭 해석··· 19
  3. 장애를 단절하다 ·· 21
  4. 진여를 증득하다 ·· 24
  5. 행법을 성취하다·· 24
  6. 과덕을 얻다 ··· 24
  7. 경문 해석 3. ·· 24
    1) 찬탄하며 청법하는 부분·· 25
    2) 바로 설법하는 부분 3. ·· 30
      가. 앞과 상대하여 구분하다 ·· 31
      나. 부분의 명칭을 해석하다 ·· 34
      다. 본문을 바로 해석하다 2. ··· 38
        가) 제6지의 행상을 밝히다 3. ·· 38
          (가) 뛰어나다는 거만함을 다스리다······································ 38
          (나) 머물지 않는 도의 행법이 뛰어나다 3. ···························· 64
            ㄱ. 총합하여 마음 경계를 밝히다 ·· 64
            ㄴ. 관법의 양상을 따로 밝히다 3. ·· 73
              (ㄱ) 논경에 의지해 관법을 세우다 ······································· 84

(ㄴ) 논경으로 본경을 회통하다 ·· 88
(ㄷ) 바로 경문을 해석하다 10. ·· 103
(a) 유지로 상속하는 문 3. ·· 107
㈀ 양상적인 진리로 차별하는 관법 3. ··· 107
① 결정코 무아라고 밝힌 것은 논경의 성이다 ······················· 107
② 뒤바뀐 의혹으로 인연을 일으킴은 논경의 답이다 3. ········· 124
㉠ 뒤바뀐 미혹이 잡염의 인연을 따라 일으키다 ················· 130
ⓐ 무명의 지분 ·· 130
ⓑ 지어 감의 지분 ·· 134
ⓒ 인식의 지분 ·· 144
ⓓ 이름과 물질의 지분 ·· 152
ⓔ 나머지 지분을 합해서 밝히다 ··· 180
㉡ 바른 지혜로 거꾸로 관찰하여 무아로 결론하여 대답하다 ······ 182
㉢ 사람에 입각하여 관법으로 결론하다 ································· 183
③ 진리에 미혹하여 망념을 일으키는 연기의 양상을 차례대로 밝히다 2.
·· 183
ⓐ 수순하여 행하는 관법 12. ··· 191

㉠ 무명의 지분 191   ㉥ 지어 감의 지분 198
㉡ 인식의 지분 201   ㉦ 이름과 물질의 지분 202
㉢ 여섯 감관의 지분 219   ㉧ 닿임의 지분 222
㉣ 느낌의 지분 224   ㉨ 사랑의 지분 226
㉤ 잡음의 지분 228   ㉩ 존재의 지분 229
㉯ 나기의 지분 231   ㉰ 늙고 죽음의 지분 233

ⓑ 거꾸로 행하는 관법 ·· 241
㉢ 대비로 수순하는 관법 ·· 256
㉣ 온갖 양상과 지혜로 행하는 관법 ·· 259

차례 9

大方廣佛華嚴經疏鈔 제37권의 ② 闕字卷 下
제26. 십지법문을 설하는 품[十地品] ⑫

　　　　(b) 한 마음으로 섭수되는 문 3. ·····························266
　　　　㊀ 양상적인 진리로 구분하는 관법 2. ·····················266
　　　　① 지말을 거두어 근본으로 돌아가는 문 ···············267
　　　　② 근본과 지말이 의지하는 문 ·······························295
　　　　㊁ 대비로 수순하는 관법 ··323
　　　　㊂ 온갖 양상과 지혜로 행하는 관법 ························333
　　　　(c) 자기 업으로 도와 이루는 문 3. ···························334
　　　　㊀ 양상적인 진리로 구분하는 관법 2. ·····················334
　　　　㉠ 도와 이룸에 대한 설명 ·······································346
　　　　㉡ 자기 업에 대한 설명 ···368
　　　　㊁ 대비로 수순하는 관법 ··371
　　　　㊂ 온갖 양상과 지혜로 행하는 관법 ························382
　　　　(d) 서로 떨어지지 않는 문 3. ····································383
　　　　㊀ 양상적인 진리로 구분하는 관법 2. ·····················383
　　　　① 자체적 원인을 해석하다 ·····································383
　　　　② 경문 해석 2. ··396
　　　　㉮ 순관으로 해석하다 ··396
　　　　㉯ 역관으로 해석하다 ··399
　　　　㊁ 대비로 수순하는 관법 ··402
　　　　㊂ 온갖 양상과 지혜로 행하는 관법 ························402

大方廣佛華嚴經疏鈔 제37권의 ③ 珠字卷 上
제26. 십지법문을 설하는 품[十地品] ⑬

- (e) 삼도로 끊어지지 않는 문 3. ……………………………………406
  - ① 양상적인 진리로 구분하는 관법………………………………407
    - ㉮ 순관 2. ……………………………………………………407
      - ㉠ 삼세에 의지해 분별하다 ………………………………407
      - ㉡ 이세에 의지해 분별하다 ………………………………410
    - ㉯ 역관……………………………………………………419
  - ② 대비로 수순하는 관법…………………………………………420
  - ③ 온갖 양상과 지혜로 행하는 관법 ……………………………421
- (f) 삼제로 윤회하는 문 3. ………………………………………422
  - ㊀ 양상적인 진리로 구분하는 관법 2. …………………………423
    - ㉠ 순관 2. ……………………………………………………430
      - ⓐ 한번에 삼세를 가다 ……………………………………430
      - ⓑ 삼세를 유전하다 …………………………………………434
    - ㉡ 역관………………………………………………………443
  - ㊁ 대비로 수순하는 관법…………………………………………446
  - ㊂ 온갖 양상과 지혜로 행하는 관법 ……………………………447
- (g) 세 가지 고통이 모여 이루는 문 3. …………………………452
  - ㊀ 양상적인 진리로 구분하는 관법 2. …………………………452
    - ㉮ 순관 ………………………………………………………455
    - ㉯ 역관…………………………………………………………459
  - ㊁ 대비로 수순하는 관법…………………………………………459
  - ㊂ 온갖 양상과 지혜로 행하는 관법 ……………………………461
- (h) 인연으로 나고 없어지는 문 3. ………………………………462

㊁ 양상적인 진리로 구분하는 관법 2. ····················463
① 관법을 해석하다 2. ·······························463
㉮ 무생의 이치에 의지해 심오한 관법임을 밝히다 ········469
㉯ 생과 무생이 걸림 없음에 의지하여 심오한 관법임을 밝히다 ···476
② 경문을 해석하다 3. ······························479
㉮ 순관 ··479
㉯ 역관 ··480
㉰ 나머지와 유례하다 ·····························480
㊂ 대비로 수순하는 관법 ·····························482
㊃ 온갖 양상과 지혜로 행하는 관법 ··················482
(i) 나고 없어짐에 속박되는 문 3. ·····················488
㊀ 양상적인 진리로 구분하는 관법 3. ··················488
① 순관 ··488
② 역관 ··492
③ 나머지와 유례하다 ·······························492
㊁ 대비로 수순하는 관법 ·····························492
㊂ 온갖 양상과 지혜로 행하는 관법 ··················492
(j) 아무것도 없이 다하는 관찰을 따르는 문 3. ············493
㊀ 양상적인 진리로 구분하는 관법 3. ··················493
① 순관 ··493
② 역관 ··494
③ 나머지와 유례하다 ·······························496
㊁ 대비로 수순하는 관법 ·····························496
㊂ 온갖 양상과 지혜로 행하는 관법 ··················497
ㄷ. 열 문의 명칭에 대해 총합 결론하다 3. ···············497
ㄱ) 역관과 순관에 대한 해석 ·························498

ㄴ) 총합적인 명칭을 해석하다 ··· 503
ㄷ) 이치로 총합하여 거두다 ··· 516
(다) 저 결과가 뛰어나다 5. ·· 524
ㄱ) 다스리는 행법이 뛰어남과 장애 여윔이 뛰어남 2. ············· 525
(ㄱ) 다스림이 뛰어나다 3. ··· 525
(ㄴ) 장애를 여윔이 뛰어나다 ·· 537
ㄴ) 수행이 뛰어나다 ·· 540
ㄷ) 삼매가 뛰어나다 2. ··· 549
(ㄱ) 공처의 선정을 밝히다 ·· 549
(ㄴ) 유례하여 나머지를 밝히다 ······································· 563
ㄹ) 무너지지 않는 마음이 뛰어나다 ·································· 563
ㅁ) 자재한 능력이 뛰어나다 ··· 569
나) 제6지의 과덕 3. ·· 574
ㄱ. 조화롭고 부드러운 결과 4. ·· 575
ㄱ) 조화롭고 부드러운 행법 3. ·· 575
ㄴ) 교도의 지혜가 청정하다 ··· 578
ㄷ) 제6지의 행상을 구분하다 ··· 580
ㄹ) 제6지의 명칭을 결론하다 ··· 580
ㄴ. 보답으로 거둔 결과 ··· 581
ㄷ. 서원과 지혜의 결과 ··· 582
3) 거듭 노래하는 부분 3. ··· 582
가) 제6지의 행상을 노래하다 10. ······································ 584
ㄱ) 유지상속문을 노래하다 ·· 585
ㄴ) 일심소섭문을 노래하다 ·· 586
ㄷ) 자업조성문을 노래하다 ·· 588
ㄹ) 불상사리문을 노래하다 ·· 589

ㅁ) 삼도부단문을 노래하다 ····································· 589
ㅂ) 삼고집성문을 노래하다 ····································· 590
ㅅ) 삼제윤회문을 노래하다 ····································· 590
ㅇ) 생멸계박문을 노래하다 ····································· 591
ㅈ) 인연생멸문을 노래하다 ····································· 591
ㅊ) 무소유진문을 노래하다 ····································· 591
나) 제6지의 과덕을 노래하다 ··································· 595
다) 결론한 말씀을 노래하다 ···································· 596

大方廣佛華嚴經 제37권
大方廣佛華嚴經疏鈔 제37권의 ① 闕字卷 上
제26 十地品 ⑪

정종분 Ⅵ. 제6. 현전지(現前地) ①
제6 현전지는 '반야의 지혜가 나타나는 지'이다. 여기서는 연기에 대한 다양한 관법이 소개된다. 그중에 먼저 1. 유지상속문(有支相續門)이다. 여기서도 항상 대비를 먼저 말하고 그리고 생멸을 관찰한다.

"불자여, 이 보살마하살이 이렇게 관찰하고는 다시 대비가 머리가 되고 대비가 늘어나고 대비가 만족하여 세간의 나고 멸함을 관찰하고, 이런 생각을 하느니라.

인연 법 관찰하니 참 이치 비고	觀諸因緣實義空이나
거짓 이름의 화합한 작용을 깨뜨리지 않으며	不壞假名和合用하며
짓는 이도 받는 이도 생각도 없어	無作無受無思念이나
모든 행이 구름처럼 일어나도다.	諸行如雲徧興起로다
참 이치 모르는 것 이름이 무명	不知眞諦名無明이요
생각으로 지은 업은 우치의 과보	所作思業愚癡果요
식(識)이 생겨 함께 난 것 이름과 물질	識起共生是名色이니
이와 같이 필경은 고통 덩어리.	如是乃至衆苦聚로다

> 大方廣佛華嚴經 제37권
> 大方廣佛華嚴經疏鈔 제37권의 ① 闕字卷 上

제26. 십지법문을 설하는 품[十地品] ⑪

제6절. 반야의 지혜가 나타나는 지[現前地] 7.

❖ 제6회 십지품 제6 現前地 科圖 (26-57 闕字卷)

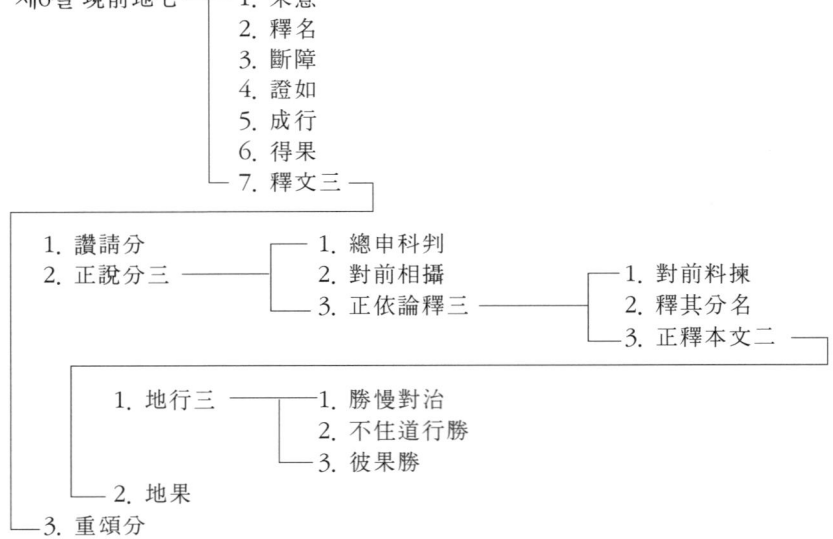

1. 오게 된 뜻[來意] 2.

1) 의탁한 지위의 순서를 의지한 해석[約寄位次第] (第六 1上5)

[疏] 第六, 現前地라 所以來者는 已說諸諦相應慧하니 次說緣起流轉止息相應慧하야 寄緣覺地할새 故次來也니라
- 제6절. 반야의 지혜가 앞에 나타나는 지(地)이다. 1. 오게 된 까닭은 이미 여러 진제와 상응하는 지혜를 말하였으니 다음으로 연기에 유전함을 그치게 함과 상응하는 지혜를 말하여 연각의 지위에 의탁하므로 다음에 온 것이다.

2) 장애를 단절함에 의지한 순서[約斷障次第] 2.
(1) 바로 설명하다[正明] (又四 1上6)
(2) 인용하여 증명하다[引證] (故瑜)

[疏] 又四地는 出世하고 未能隨世하며 五地는 能隨나 而不能破染淨之見이어니와 此地는 觀察無染淨法界하야 破彼見故라 故로 瑜伽에 云,[1] 前地가 雖能於生死涅槃에 棄捨一向背趣作意나 而未能於生死流轉에 如實觀察하며 又由於彼에 多生厭故로 未能多住無相作意일새 爲令此分得圓滿故로 精勤修習하야 令得圓滿이라하니 故次來也니라
- 또 제4지는 세간은 벗어났으나 능히 세간에 수순하지 못하며, 제5지는 잘 수순하지만 능히 잡염과 청정한 견해를 타파하지는 못하였다. 그러나 이 제6지는 잡염과 청정이 없는 법계를 관찰하여 저 견해를 타파한 까닭이다. 그래서 『유가사지론』에서는, "앞의 제5지가 비록 능히 생사와 열반에 한결같이 등지거나 취향하려고 하는 생각[作意]을 버렸지만 능히 생사에 유전함에 진실되게 관찰하지 못하며, 또 저 생사와 열반에 자주 싫증을 냄으로 말미암아 능히 자주 무상작의(無

---

1) 『瑜伽師地論』제78권의 攝決擇分中 菩薩地 제7에 나오는 내용이다. (대정장 권30 p.729 b-)

相作意)에 머물지 못하므로 이로 하여금 부분적으로 원만함을 얻게 되기 때문에 부지런히 닦고 익혀서 원만을 얻게 한다"고 하였으니 그래서 다음에 온 것이다.

[鈔] 所以來者는 來意有二하니 前은 約寄位와 及三學說이니 謂五는 寄聲聞이오 六은 寄緣覺이라 從四地去에 皆屬慧學이니 今亦對五하야 以辨來意라 慧與寄位로 名義相似일새 故合爲一이니라
又四地下는 第二意오 約斷障證如하야 以辨來意니 四五六地가 同是順忍이니 染淨相帶일새 故擧四地라 四地는 出世唯淨이오 五地는 見染可隨오 此地는 能亡染淨이라 而言觀察은 約加行說이니라 故瑜伽下는 引證이라 論文有三하니 一, 明五地之德하야 證上能隨가 勝於四地오 二, 而未能下는 明無六地之德하야 證上不能破染淨之慢見이라 然有二意하니 一, 不如實觀無染淨故오 二, 又由下는 多生厭故라 三, 爲令下는 正對五地不能이니 故此能來니라

- 1. 所以來란 오게 된 뜻에 둘이 있으니 1) 의탁한 지위와 삼학에 의지한 순서이다. 말하자면 제5지는 성문 지위에 의탁하였고, 제6지는 연각 지위에 의탁한 내용이다. 제4지부터 이후는 모두 혜학(慧學)에 속하나니 지금도 역시 제5지에 상대하여 오게 된 뜻을 밝힌 내용이다. 혜학(慧學)과 의탁한 지위로 명칭과 이치가 비슷해졌으므로 하나로 합친 것이다.

2) 又四地 아래는 장애를 단절하고 진여를 증득함에 의지하여 오게 된 뜻을 밝힌 내용이니, 제4지와 제5지와 제6지가 함께 수순하는 법인이니 잡염과 청정을 서로 동반하므로 제4지를 거론하였다. 제4지는 세간을 벗어나 오직 청정뿐이요, 제5지는 잡염을 보고 수순할 수

있음이요, 지금의 제6지는 잡염과 청정을 능히 없앨 수 있다. 하지만 관찰한다는 말은 가행위(加行位)에 의지한 말이다. 故瑜伽 아래는 인용하여 증명함이다. 논의 문장에는 셋이 있으니 1) 제5지의 공덕을 밝혀서 위의 수순하는 주체가 제4지보다 뛰어남을 밝혔고, 2) 而未能 아래는 제6지의 공덕이 없어서 위의 능히 잡염과 청정의 거만한 견해를 타파하지 못함을 밝힌 내용이다. 거기에 두 가지 뜻이 있으니 하나는 잡염과 청정이 없음을 참되게 관찰하지 못한 까닭이요, 둘은 又由 아래는 대개는 싫증을 내기 때문이다. 3) 爲令 아래는 제5지에서 할 수 없음과 바로 상대한 내용이니 그러므로 여기에 능히 온 것이다.

2. 명칭 해석[釋名] 3.

1) 여러 논서를 인용하다[引諸論釋] (名現 2上3)

[疏] 名現前者는 莊嚴論에 云,[2] 不住生死涅槃하야 觀慧現前故라하니 此約初住地니 以前五地에 雙觀故로 今得現前이라 十住論에 云,[3] 降魔事已에 菩薩道法이 皆現在前이라하니 亦約初說이라

- '앞에 나타남'이란 명칭은 『대승장엄론(大乘莊嚴論)』에 이르되, "생사와 열반에 머물지 않아서 관찰하는 지혜가 나타나기 때문이다"고 하였다. 이는 처음으로 지(地)에 머묾을 의지한 내용이니, 앞의 제5지에서

---

2) 인용문은 『大乘莊嚴論』제13권 行住品의 내용이다. 論云, "次釋菩薩十地名. 偈曰.《見眞見利物 此處得歡喜 出犯出異心 是名離垢地 / 心法持力力 作明故名明 惑障智障薪 能燒是焰慧 / 難退有二種 能退故難勝 不住二法觀 恒現名現前 / 雜道鄰一道 遠去名遠行 相想無相想 動無不動地 / 四辯智力巧 說善稱善慧 二門如雲遍 雨法名法雲》"(대정장 권31 p.659 a-)
3) 인용문은 『十住毘婆沙論』제1권 入初地品 제2의 내용이다. (대정장 권26 p.23 a-)

(생사와 열반을) 동시에 관찰한 연고로 지금 현전함을 얻었다는 뜻이다. 『십주비바사론』에 이르되, "마군을 항복받는 일이 끝날 적에 보살의 도법(道法)이 모두 앞에 나타난다"고 하였으니, 또한 처음으로 지에 안주함[住地]에 의지하여 말한 내용이다.

2) 위의 논문을 해석하다[釋上論文] (瑜伽)
3) 별도로 섭론을 잡아 해석하다[別約攝論] (故攝)

[疏] 瑜伽에 引深密經云호대 現前에 觀察諸行流轉하며 又於無相에 多修作意하야사 方得現前者는 多修無相이라하니 此約地初오 觀十平等故로 觀察流轉은 此約地中이오 已入地竟에 方觀緣起일새 故로 攝論에 云, 由緣起智하야 能令般若波羅密多로 現在前故라하니 此釋은 正順今經의 約地中說이라 無性釋云호대 謂此地中에 住緣起智하야 由此智力하야 令無分別智로 而得現前하야 悟一切法이 無染無淨이라하니라

■ 『유가사지론』에서는 『해심밀경』을 인용하여 말하되, "현전에 여러 행의 유전함을 관찰하며 또 무상(無相)에서 여러 번 생각 지음[作意]을 닦아야만 비로소 현전함을 얻게 된다"고 하였으니, 이는 지(地)의 처음의 입심(入心)에 의지한 견해이다. 열 가지 평등을 관찰하였으므로 유전을 관찰할 수 있나니 이것은 지(地)의 중간인 주심(住心)을 의지한 견해이다. 지(地)에 들어감을 마쳐야만 비로소 연기를 관찰하게 된다. 그러므로 『섭대승론』에서는, "연기의 지혜로 인하여 능히 반야바라밀다로 하여금 앞에 나타나게 하는 까닭이다"라고 하였으니, 바로 본경에서는 지(地)의 중간에 의지한 설명을 따르고 있다. 무성(無

性)보살이 해석하되, "말하자면 이 지에서 연기의 지혜에 머물러 이런 지혜의 힘으로 인하여 무분별의 지혜가 현전함을 얻게 하여 온갖 법이 잡염도 없고 청정도 없음을 깨닫는다"고 하였다.

3. 장애를 단절하다[斷障] 3.

1) 바로 경문을 해석하다[正釋本文] (唯識 2下3)
2) 경문으로 논에 입각하여 해석하다[以經就論] (以觀)

[疏] 唯識도 同於攝論이니 上本分에 云有間般若現前者는 揀後地故니라 故所斷障에 亦斷染淨하니 唯識에 名爲麤相現行障이니 謂所知障中의 俱生一分이니 執有染淨麤相現行이라 彼障六地無染淨道어늘 入六地時에 便能永斷하나니 以觀十平等故라

■ 『성유식론』에도 『섭론』과 같은 내용이니, 본경의 위의 본분에 '반야가 현전함과는 간격이 있다'고 말한 것은 뒤의 지(地)와 구분 짓기 위함이다. 그러므로 단절할 대상인 장애에도 잡염과 청정을 단절하나니, 『유식론』에서는 '거친 양상이 현행하는 장애'라고 이름하였다. 말하자면 소지장(所知障) 가운데 구생(俱生)번뇌의 일부분이니 잡염과 청정의 거친 양상이 현행한다고 집착하는 것이다. 저 장애가 6지의 잡염과 청정이 없는 도법을 장애하다가 6지에 들어갈 즈음에 문득 영원히 단절하게 된다. 열 가지 평등을 관찰한 까닭이다.

[鈔] 十住論云者는 生死와 涅槃이 卽菩薩魔事니 生死는 是凡夫行이오 涅槃은 是二乘行이라하나라 故로 生公이 云, 三界塗阻하니 二乘路險이오

五百由旬은 是菩薩惡道니 甚難過矣라하니 今超聖意며 亦越凡情일새 故能降之라 又智論에 云, 除諸法實相코는 皆菩薩魔事라하니 今證般若에 能契實相일새 故過魔事니라 多修無相此約地初下는 釋上論文이라 攝論下는 文三이니 初, 引論이오 次, 此釋下는 會釋이오 後, 無性下는 引彼釋論이니라

● 十住論云이란 "생사와 열반이 곧 보살의 마장이 되는 현상이니 생사는 범부의 행이고 열반은 이승의 행"이라고 밝힌 내용이다. 그래서 도생(道生)법사는, "삼계의 길이 험난하니 이승의 길이 험준하고 5백 유순은 보살의 악한 길이니 초과하기가 아주 어렵도다"라고 하였다. 지금은 성인을 초과한다는 의미이고 범부의 생각을 초월하였으므로 능히 항복받은 것이다. 또 『대지도론』에서는, "제법의 참다운 양상을 제외하고는 모두가 보살의 마장이 되는 현상이다"라고 하였다. 지금 반야를 증득하여 실상에 계합하였으므로 마장(魔障)의 현상을 초과한다는 뜻이다. 多修無相 아래는 위의 논경의 문장을 해석한 내용이다. 攝論 아래는 셋으로 나누리니 가) 논문을 인용함이요, 나) 此釋 아래는 회통하여 해석함이요, 다) 無性 아래는 저 무성보살의 석론(釋論)을 인용함이다.

3) 두 가지 어리석음을 단절하다[明斷二愚] (由斯 3上2)

[疏] 由斯六地에 說斷二愚와 及彼麤重하니 一, 現觀察行流轉愚니 即是此中의 執有染者며 諸行流轉이니 染分攝故오 二, 相多現行愚니 即是此中의 執有淨者니 取淨[4]相故로 相觀을 多行하고 未能多時住無

---
4) 者取淨三字는 原南纂金本無, 續及探玄記有.

相觀이라 初愚는 卽執苦集이오 後愚는 卽執滅道라 本分을 名微細煩惱習者는 執細染淨이 卽是煩惱니 形於前地일새 故說爲微라 唯識에는 形後에 名爲麤相이니라

- "이로 인하여 제6지에서 두 가지 어리석음과 그 추중번뇌를 단절한다"고 말하였으니 (1) 행(行)이 유전함을 현전에 관찰하는 어리석음[現觀察行流轉愚]이니 이 가운데 잡염이 있다고 집착하며, 여러 행이 유전한다고 집착하나니 염분(染分)에 속하기 때문이요, (2) 여러 양상으로 현행하는 어리석음[相多現行愚]이니 곧 이 가운데 청정함이 있다고 집착하나니, 청정한 양상을 취착하는 연고로 양상을 관찰하는 것을 많이 행하고, 대체로 양상이 없음에 머물게 하는 관찰은 능하지 못하다. (1)의 어리석음은 고성제와 집성제에 대한 집착이고, (2) 어리석음은 멸성제와 도성제에 대한 집착이다. 본분에서 '미세한 번뇌의 습기'라고 이름한 것은 미세하게 잡염과 청정을 집착하는 것이 곧 번뇌이니, 앞의 5지의 행상과 비교하는 까닭에 '미세하다'고 하였다. 『유식론』에서는 뒤의 7지의 행상과 비교하여 거친 양상이라고 이름하였다.

[鈔] 唯識名爲下는 此文有三하니 初, 正釋이오 二, 以觀十平等故者는 以經就論이오 三, 由斯下는 重引唯識하야 明斷二愚니라 本分下는 卽引本論하야 正釋이오 後, 執細染下는 疏釋論文하야 會通唯識이니라

- 唯識名爲 아래는 이 소문이 셋이니 1) 바로 경문을 해석함이요, 2) 以觀十平等故는 경문으로 논경에 입각하여 해석함이요, 3) 由斯 아래는 거듭『유식론』을 인용하여 두 가지 어리석음을 단절함에 대해 밝혔다. 그중에 1) 本分 아래는 논경을 인용하여 바로 해석함이요,

2) 執細染 아래는 소가가 논문을 해석하여 『유식론』과 회통함이다.

4. 진여를 증득하다[證如] (由斷 3上8)

[疏] 由斷此愚하야 便證無染淨眞如니 謂此眞如는 本性無染이니 亦不可說後方淨故라
- 이런 어리석음을 단절함으로 인하여 문득 잡염과 청정이 없는 진여를 증득하게 된다. 말하자면 이 진여는 근본 체성이 물들지 않나니 또한 뒤에 가서 비로소 청정함을 말할 필요가 없는 까닭이다.

5. 행법을 성취하다[成行] (攝論 3上10)

[疏] 攝論에 名爲無染淨法界라하니라 後는 成般若行이니
- 『섭대승론』에 '잡염과 청정이 없는 법계'라고 이름하였으니, 그 뒤에 반야의 행법을 성취하는 것이다.

6. 과덕을 얻다[得果] (亦得 3下1)

[疏] 亦得自他相續無染淨果니 其揆一也니라
- 또한 나와 남이 서로 이어지는 잡염과 청정이 없는 과덕을 얻게 되나니 그 법칙이 한결같게 된다.

7. 경문 해석[釋文] 3.

1) 찬탄하며 청법하는 부분[讚請分] 2.
(1) 여덟 개 반의 게송은 찬탄함을 노래하다[初八偈半頌讚] 2.
가. 보살이 공양 올리며 찬탄하다[初一偈頌菩薩供讚] (後正 3下4)

菩薩既聞諸勝行하고　　其心歡喜雨妙華하며
放淨光明散寶珠하여　　供養如來稱善說이로다
보살이 수승한 행을 이미 듣고는
마음이 환희하여 꽃비 내리며
깨끗한 광명 놓고 진주를 흩어
여래께 공양하고 무수히 칭찬

[疏] 後, 正釋文이라 亦有三分하니 初는 讚請分이라 九頌을 分二니 前, 八頌半은 讚이오 後, 半頌은 請이라 讚中에 分二니 初一은 菩薩讚이오 餘는 諸天讚供이라 於中에 三이니

■ 7. 경문 해석이다. 또한 세 부분이 있으니 1) 찬탄하며 청법하는 부분이다. 아홉 게송을 둘로 나누었으니 (1) 여덟 개 반의 게송은 찬탄함이요, (2) 반 개의 게송은 결론하여 청법함이다. (1) 찬탄함 중에 둘로 나누면 가. 한 게송은 보살의 찬탄이요, 나. 나머지 일곱 개 반의 게송은 여러 천왕들이 공양 올리며 찬탄함이다. 그중에 셋이다.

나. 일곱 개 반의 게송은 여러 천왕들이 공양 올리며 찬탄하다
　[後七偈半頌諸天供讚] 3.
가) 하늘 대중의 찬탄[初一偈頌天衆] (初一 3下9)

百千天衆皆欣慶하여　　　共在空中散衆寶와
華鬘瓔珞及幢幡과　　　　寶蓋塗香咸供佛5)이로다
백천의 하늘 무리 기뻐 날뛰며
공중에서 여러 가지 보배를 흩고
화만과 영락이며 당기와 깃발
일산과 향으로써 부처님 공양

[疏] 初一은 天衆이오
■ 가) 한 게송은 하늘 대중이 찬탄함이요,

나) 천왕의 찬탄[後一偈頌天王] (次一 4上2)

自在天王幷眷屬이　　　心生歡喜住空中하여
散寶成雲持供養하고　　讚言佛子快宣說이로다
자재천의 천왕과 여러 권속들
환희한 마음으로 공중에 있어
보배 흩어 구름 되어 공양하면서
불자여, 좋은 법문 말씀하시네.

[疏] 次一은 天王이오
■ 나) 다음 한 게송은 천왕의 찬탄이요,

다) 다섯 개 반의 게송은 천녀들의 찬탄[後五偈半頌天女] 3.

---

5) 佛은 合注云佛, 南論作養.

(가) 세 구절은 찬탄을 말하다[敍述] (後五 4下3)

　　無量天女空中住하여　　　共以樂音歌讚佛하니
　　音中悉作如是言하되
　　한량없는 천녀들 허공중에서
　　풍악 잡혀 부처님 찬탄하더니
　　음악 속에 이러한 말을 내어서

(나) 네 게송과 한 구절은 바로 찬탄하다[正讚]

　　佛語能除煩惱病이로다
　　부처 말씀 번뇌 병 덜어 주시다.

　　法性本寂無諸相하여　　　猶如虛空不分別이라
　　超諸取着絶言道하니　　　眞實平等常淸淨이로다
　　법의 성품 고요하고 형상이 없어
　　허공이 모든 분별없는 것같이
　　모든 집착 초월하고 말이 끊어져
　　진실하고 평등하여 항상 청정해

　　若能通達諸法性하면　　　於有於無心不動이니
　　爲欲救世勤修行이니　　　此佛口生眞佛子로다
　　모든 법의 성품을 통달한다면
　　있건 없건 마음이 동하지 않고

세상을 구원하려 수행하나니
부처님 입으로 난 참불자로다.

不取衆相而行施하며　　本絶諸惡堅持戒하며
解法無害常堪忍하며　　知法性離具精進하며
걸모양 집착 않고 보시 행하며
모든 악이 끊긴 채 계행 지니고
법에 해가 없는 데 항상 참으며
법의 성품 여읜 줄 알고 정진해

已盡煩惱入諸禪하며　　善達性空分別法하며
具足智力能博濟하여　　滅除衆惡稱大士로다
번뇌가 다했는데 선정에 들고
공한 성품 잘 알고 법을 분별해
지혜와 힘 구족하고 널리 건지니
모든 악을 제멸하여 대사라 한다.

(다) 반의 게송은 묵연함을 결론하다[結黙]

如是妙音千萬種으로　　讚已黙然瞻仰佛이러니
이렇게 묘한 음성 천만 가지로
찬탄하고 부처님 우러러보니

[疏] 後, 五頌半은 天女라 於中에 初三句는 集經者가 敍述로 標讚佛果오

佛語下는 正讚이라 此句는 讚敎오 次一偈는 讚理오 次三偈는 讚行이
라 於中에 初偈는 悲智無礙行이오 後二는 十度圓修行이라 本絶諸惡
者는 見惡可除면 非眞持戒오 善達性空에 即般若度라 分別法은 即
方便度오 智力은 即二度오 博濟는 兼願이라 後半은 結黙이니라

■ 다) 뒤의 다섯 개 반의 게송은 천녀들의 찬탄이다. 그중에 (가) 처음 세 구절은 경전을 결집한 이가 부처님의 과덕을 내세워 찬탄함이요, (나) 佛語 아래는 바로 찬탄함이다. ㄱ. 이 구절[佛語能除…]은 교법을 찬탄함이요, ㄴ. 다음의 한 게송[法性…]은 이치를 찬탄함이요, ㄷ. 다음 세 개의 게송[若能…]은 행법을 찬탄함이다. 그중에 ㄱ) 첫 게송은 자비와 지혜가 걸림 없는 수행이요, ㄴ) 뒤의 두 게송[不取…]은 십바라밀을 원만하게 수행함이다. '본래로 모든 악(惡)이 끊어졌다'는 것은 악(惡)을 보고서야 제거한다면 참된 지계(持戒)바라밀이 아닐 것이요, 체성이 공함을 잘 통달함은 반야바라밀이요, 교법을 분별함은 곧 방편바라밀이요, 지혜와 힘은 그대로 지혜바라밀과 역바라밀이요, 널리 구제함은 서원바라밀을 겸하고 있다. (다) 뒤의 반의 게송은 묵연함을 결론함이다.

(2) 반의 게송은 청법을 결론하다[後半偈頌結請] (半結 4下10)

解脫月語金剛藏하되　　　以何行相入後地니잇고
해탈월이 금강장께 여쭙는 말씀
다음 지에 드는 행상 어떠합니까?

[疏] 半은 結請6)이니라

- (2) 반의 게송은 청법을 결론함이다.

2) 바로 설법하는 부분[正說分] 3.

(1) 총합하여 과목 나누다[總申科判] (第二 5上1)
(2) 앞과 상대하여 서로 포섭하다[對前相攝] (亦初)

[疏] 第二는 正說이라 亦分爲二니 初는 地行이오 後는 地果라 前中에 同於 前地하야 亦有三分하니 一, 勝慢對治오 二, 佛子로 至如是觀已下는 明不住道行勝이오 三, 佛子로 至以如是十種下는 明彼果勝이니라 亦初分은 卽入心이오 後二는 卽住心이라 住中에 前은 卽攝正心住오 後는 卽攝善現行과 及隨順善根廻向이니 至文當知니라

- 2) 바로 설법하는 부분이다. 또한 둘로 나누리니 (가) 제6지의 행상이요, (나) 제6지의 과덕이다. (가) 중에 앞 지(地)와 마찬가지로 세 부분이 있으니 ㄱ) 뛰어나다는 거만함을 다스림이요, ㄴ) 佛子에서 如是觀已 아래부터는 머물지 않는 도행의 뛰어남을 밝힘이요, ㄷ) 佛子에서 以如是十種 아래부터는 저 과덕의 뛰어남을 밝힘이다. 또한 첫 부분[勝慢對治]은 들어가는 마음이요, 뒤의 두 부분[不住道行勝과 彼果勝]은 머무는 마음이다. 머무는 마음 가운데 앞은 제6. 정심주(正心住)를 포섭하고, 뒤[彼果勝]는 제6. 선현행(善現行)과 제6. 수순견고일체선근회향(隨順堅固一切善根廻向)을 포섭하나니, 문장에 가 보면 알 수 있으리라.

---

6) 此下에 續本有後半結請, 金本有半結請.

(3) 바로 논경에 의지하여 해석하다[正依論釋] 3.
가. 앞과 상대하여 구분하다[對前料揀] (今且 5上6)

[疏] 今且依論이라 然三分이 雖同이나 而漸超勝이라 勝相云何오 謂第四地에 說衆生我慢解法慢治하고 第五地中에 說身淨慢治하고 今第六地에 說取染淨相慢治니 所治漸細일새 故曰勝也라 所治旣細에 後二도 亦過니라

- 지금은 (3) 먼저 논경을 의지함이다. 그처럼 세 부분이 비록 같다고는 하지만 점차 더욱 뛰어나게 되나니 뛰어난 양상은 무엇인가? 말하자면 제4지에서는 이미 중생의 아만과 법에 대한 거만함을 다스리는 내용을 설하였고, 제5지에서는 자신이 청정하다고 생각하는 거만함을 다스리는 내용을 설하였고, 지금 제6지에서는 잡염과 청정의 양상을 분별하여 취하려는 거만함을 다스리는 내용을 말한다. 다스릴 대상이 점차 미세하여지므로 '뛰어나다'고 말한 것이다. 다스릴 대상이 이미 미세하다면 뒤의 둘도 마찬가지로 뛰어나다는 이치이다.

[鈔] 第二正說分이라 疏文有三하니 初, 總科오 二, 亦初分下는 對前相攝이오 三, 今且依論下는 正依論釋이라 於中에 三이니 一, 對前料揀이오 二, 釋分名이오 三, 正釋文이라 今初에 有三하니 初, 標勝相이오 二, 勝相云何者는 疏假徵起오 三, 謂第四下는 釋顯勝相이니 以四와 五와 六地가 皆治慢故니 是以로 對之니라 遠公이 云, 四五六地는 同是順忍이니 行相廣同일새 所以對之라하니 亦有理在니라 若爾인대 前之三地가 同是信忍이어늘 何不通對며 七八九地는 是無生忍이니 爲難亦然이라 故依治慢하야 通對諸地니라 下言漸細는 則顯前麤니 故此

三地에 後後가 細於前前이라 論文이 具示三慢호대 而麤細相隱하니 今當示之호리라 四는 治三地의 衆生我等이 依世間起니 此慢最麤오 五는 治四地의 身淨慢이니 依出世起일새 故知漸細오 六은 治五慢이니 雙就世間과 及出世起니 故更細也니라

- 2) 바로 설법하는 부분이다. 소의 문장에 셋이 있으니 (1) 총합하여 과목 나눔이요, (2) 亦初分 아래는 앞과 상대하여 서로 포괄함이요, (3) 今且依論 아래는 바로 논경에 의지하여 해석함이다. 그중에 셋이니 가. 앞과 대조하여 구분함이요, 나. 부분의 명칭을 해석함이요, 다. 바로 경문을 해석함이다. 지금은 가.에 셋이 있으니 가) 뛰어난 양상을 표방함이요, 나) '뛰어난 양상은 무엇인가'란 소가가 질문을 빌려 따지기 시작함이요, 다) 謂第四 아래는 뛰어난 양상에 대한 설명이다. 제4지와 제5지와 제6지가 모두 거만함을 다스리는 내용이므로 서로 비교한 것이다. 혜원법사가 이르되, "제4지와 제5지와 제6지가 모두 순결택분(順決擇分)의 법이니 행법과 양상을 크게 보면 같으므로 대조하였다"라고 하였으니 역시 일리가 있다. 만일 그렇다면 앞의 세 지(地)가 모두 믿음의 법인데 어째서 통틀어 상대하지 않았으며, 제7지와 제8지와 제9지는 생사가 없는 법이니 어려운 것은 마찬가지이다. 그래서 거만함을 다스림에 의지하여 여러 지(地)를 통틀어 상대한 내용이다. 아래에 '점점 미세하다'고 말한 것은 앞은 거칠다는 점을 드러낸 것이니, 그래서 이 세 지(地)에 있어서는 뒤로 갈수록 앞보다 미세한 것이다. 논경의 문장에는 세 가지 거만함을 갖추어 보여 주었지만 거칠고 미세한 양상은 감추었으니 지금 마땅히 보여 주리라. 제4지는 제3지의 중생과 아만 등이 세간에 의지하여 일어난 것이니 이런 거만함이 가장 거친 것이요, 제5지는 제4지의 자신이

청정하다는 거만함을 다스렸으니 출세간에 의지하여 일어난 것이므로 점차 미세하여짐을 아는 것이요, 제6지는 제5지의 거만함을 다스리나니 세간과 출세간에 동시에 입각하였으므로 더욱 미세하다는 이치이다.

言衆生我慢等者는 準四地果中에 治有四慢하니 一은 離衆生我着이니 謂離我와 人과 衆生과 壽命이오 二는 離法我着이니 謂蘊界處오 三은 離解法慢이니 經에 云執着이라하고 論云我知라 四는 離正受慢[7]이니 經云出沒이라하고 論云離我修我所修等이라 今此에 但云衆生我慢解法慢者는 以[8]四中에 初二는 是本이오 後二는 是所起라 本及所起에 各擧初一하야 以攝一故로 略無法慢과 及正受慢이라 餘如四地에 廣說하니라

身淨慢者는 四地之中에 得出世智하야 修四念處를 名爲身淨이니라 所治旣細下는 出初分이 爲勝이라 今以上例後에 則不住道行과 及彼果分이 二皆勝也니라

- '중생과 아만 등'이라 말한 것은 제4지의 결과 중에 네 가지 거만함을 다스림에 준한 내용이니 (1) 중생이나 나에 대한 집착을 여읨이다. 말하자면 나와 남과 중생과 수명이요, (2) 법아(法我)에 대한 집착을 여읨이니 오온과 12처와 18계를 말한다. (3) 법을 알았다는 거만함을 여읨이니 경에서는 '집착'이라 하였고, 논경에서는 '나는 안다[我知]'고 하였다. (4) 정수(正受)에 대한 거만함을 여읨이니, 경에서는 "나오고 잠긴다"고 하였고, 논경에서는 "내가 닦음과 내가 닦을 대상 등을 여읜다"고 하였다. 지금은 여기에서 단지 '중생과 나에 대한 거만함

---

7) 慢下에 甲南續金本有治字.
8) 以는 南續金本作以此.

과 법을 알았다는 거만함이다'라고만 말한 것은 네 가지 중에 앞의 둘은 근본이요, 뒤의 둘은 거기서 일어난 번뇌인 까닭이다. 근본과 일어난 번뇌에서 각기 처음 하나를 들어서 하나에 포괄하였으므로 법에 대한 거만함과 삼매에 대한 거만함은 생략하여 없다. 나머지는 제4지에서 자세히 설명한 내용과 같다.

'자신이 청정하다는 거만함'이란 제4지에서 출세간의 지혜를 얻어서 사념처(四念處)를 닦는 것을 '자신이 청정함'이라 이름하였다. 所治旣細 아래는 첫 부분이 뛰어남이 된 데서 나온 것이다. 지금은 위로서 뒤와 비교하면 (ㄴ) 머물지 않는 도행의 부분과 (ㄷ) 저 과덕이 뛰어남의 부분이 둘 다 뛰어난 까닭이다.

나. 부분의 명칭을 해석하다[釋分名] 3.
가) 다스릴 대상을 거론하다[擧所治] 2.
(가) 잡염과 청정을 거론하다[正擧染淨] (染淨 6上7)
(나) 비방과 힐난을 해명하다[解其妨難] (又十)

[疏] 染淨慢者는 前觀四諦에 苦集은 名染이오 滅道는 爲淨이라 又十平等과 隨順如道는 但約淨說이라 染相을 未亡하고 對染有淨일새 亦名取淨이니라

■ '잡염과 청정에 대한 거만함'이란 앞에서 사성제를 관찰할 적에 고성제와 집성제는 잡염이라 하고, 멸성제와 도성제는 청정이라 한다. 또 열 가지의 평등과 열 가지 진여의 도에 수순함은 단지 청정에만 의지해 설한 내용이다. 잡염의 양상을 없애지 않고 잡염에 상대하여 청정이 있으므로 또한 '청정을 취착한다'고 말한다.

[鈔] 染淨慢者下는 二, 釋分名이니 即當地能所治라 於中有三이니 初, 舉所治오 二, 辨能治오 三, 通妨難이라 今初니 先, 正舉染淨을 可知라 後,9) 又十平等下는 解妨이니 先은 問이오 後는 答이라 問有二句하야 展轉而起하니 下答은 當知니라 但約淨說下는 答이라 此上一句가 雙答前二니 一者는 上問에 云, 十平等法이 何有染淨고할새 故今答云호대 前十平等은 但約淨法이니 謂三世佛法과 及七淨故라 二者는 上問에 云, 前五地初에 取十勝相하야 以隨如道而爲能治하니 如豈染淨고할새 故今答云호대 亦約淨如하야 以破前十淨이니 同一如故니라 染相未亡者는 此通伏難이니 難云호대 前地에 觀於淨如에 染慢이 許生인대 何有淨慢고할새 故今答云호대 前所觀은 如오 入觀은 則能이니 出觀에 隨有하야 猶見染相이라 染相旣存하니 對染苦集하야 還生淨相滅道之見일새 故有斯慢이라 雖有三重救難이나 染淨之相이 皆存이니라

● 나. 染淨慢者 아래는 부분의 명칭을 해석함이니 곧 지(地)의 다스리는 주체와 대상에 해당한다. 그중에 셋이 있으니 가) 다스릴 대상을 거론함이요, 나) 다스리는 주체를 밝힘이요, 다) 비방과 힐난을 회통함이다. 지금은 가)이니 (가) 바로 잡염과 청정을 거론함은 알 수 있으리라. (나) 又十平等 아래는 비방을 해명함이니 ㄱ. 앞은 질문이요, ㄴ. 뒤는 대답함이다. ㄱ. 질문에 두 구절이 있어서 점차로 질문을 일으킴이니, 아래의 대답에서 알게 되리라. ㄴ. 但約淨說 아래는 대답이다. 이 위의 한 구절이 동시에 앞의 두 질문에 대해 대답하였으니, 1) 위의 질문에서 말하되 "열 가지 평등한 법에 어째서 잡염과 청정이 있는가?" 지금 대답하되, "앞의 열 가지 평등은 단지 청정한 법

---

9) 上十八字는 南金本作先正舉染淨.

에만 의지한 내용이다. 말하자면 삼세의 불법과 일곱 가지 청정인 까닭이다." 2) 위에서 질문하되, "앞의 제5지의 첫 부분에 열 가지 뛰어난 양상[10]을 취하여 진여의 도에 수순함으로 다스리는 주체로 삼았는데 진여가 어찌 잡염하고 청정하겠는가?" 그래서 지금 대답하되, "또한 진여의 청정분을 의지하여 앞의 열 가지 청정[11]을 타파하였으니 진여와 동일한 까닭이다."

'잡염의 양상을 없애지 않는다'는 말은 힐난을 회통하여 조복하는 내용이다. 힐난하되, "앞 지(地)에서 진여의 청정분을 관찰할 적에 잡염의 거만함이 생겨남을 허용한다면 어째서 청정하다는 거만함이 있는가?" 그래서 지금 대답하되, "앞의 관찰할 대상은 진여이고 들어가 관찰하는 것이 주체이니, 관법에서 나오면 〈유〉를 따라 아직도 잡염의 양상을 보게 된다. 잡염의 양상이 이미 존재하니 잡염의 양상인 고성제와 집성제를 상대하여 도리어 청정의 양상인 멸성제와 도성제가 생겨난다는 견해이므로 이런 거만함[取染淨相慢]이 있는 것이다. 비록 세 번이나 거듭 힐난을 구제하였지만 잡염과 청정의 양상이 모두 존재하는 것이다."

나) 다스리는 주체를 밝히다[辨能治] (今以 7上1)
다) 비방과 힐난을 해명하다[通妨難] (下觀)

[疏] 今以十種染淨平等法으로 而爲能治라 下觀緣起에 雖有染淨이나 悟

---

10) ① 四念處 ② 四正勤 ③ 四神足 ④ 五根 ⑤ 五力 ⑥ 七覺分 ⑦ 八正道의 淨戒와 ⑧ 禪定과 ⑨ 智慧와 ⑩ 方便의 열 가지이다.
11) ① 過去佛法에 平等淸淨心과 ② 未來佛法에 平等淸淨心과 ③ 現在佛法에 平等淸淨心과 ④ 戒平等淸淨心과 ⑤ 心平等淸淨心과 ⑥ 除見疑悔平等淸淨心과 ⑦ 道非道智平等淸淨心과 ⑧ 修行智見平等淸淨心과 ⑨ 於一切菩提分法에 上上觀察平等淸淨心과 ⑩ 敎化一切衆生平等淸淨心의 열 가지이다.

空深故로 不名取慢이니라
- 지금은 열 가지의 잡염과 청정에 평등한 법[12]으로 다스리는 주체를 삼는다. 아래에서 연기법을 관찰할 적에 비록 잡염과 청정이 있지만 〈공〉을 깨달음이 깊은 까닭에 '거만함에 취착한다'고 말하지는 않는다.

[鈔] 今以十染淨下는 第二, 能治라 此之一治에 諸難都寂하니 謂旣染淨平等인대 則異前地十淨平等이라 二者는 染淨旣等에 不唯但能觀於淨如라 則雙通二三之兩救也니라 又多修無相하야 出觀少故로 便爲能治니라
下觀緣起下는 解妨이니 上引前難後오 今은 引後難前이니 緣起逆順이 同前四諦染淨相故라할새 答云호대 五地는 初能入俗하야 悟空이 未深이어니와 無相般若는 悟空이 方深이니라

- 나) 今以十染 아래는 다스리는 주체를 밝힘이다. 이렇게 한 번 다스리면 여러 힐난이 모두 없어지게 된다. 말하자면 1) 이미 잡염과 청정이 평등하다면 앞 지(地)의 열 가지 평등청정심과는 다른 것이다. 2) 잡염과 청정이 이미 평등하다면 오로지 진여의 청정분을 관찰할 수 있을 뿐만 아니라 곧바로 둘째와 셋째의 두 가지 구제와 함께 통하게 되리라. 또한 여러 번 무상(無相)을 닦아서 관법에서 나옴이 적어지므로 문득 다스림의 주체를 삼은 내용이다.
다) 下觀緣起 아래는 비방을 회통함이니, 위에서는 앞을 인용하여 뒤를 힐난하였고, 지금은 뒤를 인용하여 앞을 힐난하였다. "연기법의

---

12) ① 一切法無相故로 平等하며 ② 無體故로 平等하며 ③ 無生故로 平等하며 ④ 無成故로 平等하며 ⑤ 本來淸淨故로 平等하며 ⑥ 無戲論故로 平等하며 ⑦ 無取捨故로 平等하며 ⑧ 寂靜故로 平等하며 ⑨ 如幻如夢하고 如影如響하고 如水中月하고 如鏡中像하고 如焰如化故로 平等하며 ⑩ 有無不二故로 平等한 열 가지이다.

순관(順觀)과 역관(逆觀)이 앞의 사성제의 잡염과 청정의 양상과 같기 때문인가?" 대답하기를, "5지는 처음으로 세속제에 잘 들어가서 공을 깨달음이 깊지 않았지만, (지금은) 모양이 없는 반야의 지혜는 〈공〉을 깨달아야만 비로소 깊어지는 것이다."

다. 본문을 바로 해석하다[正釋本文] 2.
가) 제6지의 행상을 밝히다[地行] 3.

❖ 제6회 십지품 제6 現前地 (科圖 26-58; 闕字卷)

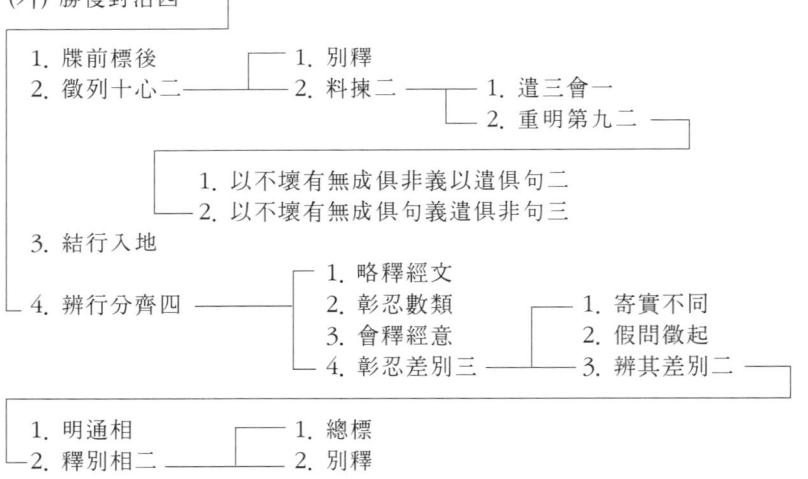

(가) 뛰어나다는 거만함을 다스리다[勝慢對治] 4.
ㄱ. 앞을 따와서 뒤를 표방하다[牒前標後] (今初 7下2)

爾時에 金剛藏菩薩이 告解脫月菩薩言하시되 佛子여 菩薩摩訶薩이 已具足第五地에 欲入第六現前地인댄 當觀察十平等法이니라

그때 금강장보살이 해탈월보살에게 말하였다. "불자여, 보살마하살이 제5지를 구족하고 제6 현전지에 들려면 열 가지 평등한 법을 관찰하여야 하느니라.

[疏] 今初, 勝慢治中에 分四니 一, 牒前標後오 二, 何等下는 徵列十心이오 三, 菩薩如是下는 結其行能이오 四, 得明利下는 辨行分齊라
■ 지금은 (가) 뛰어나다는 거만함을 다스림 중에 넷으로 나누리니 ㄱ. 앞을 따와서 뒤를 표방함이요, ㄴ. 何等 아래는 질문을 통해 열 가지 마음을 나열함이요, ㄷ. 菩薩如是 아래는 그 행법의 공능을 결론함이요, ㄹ. 得明利 아래는 행법의 영역을 밝히는 부분이다.

ㄴ. 질문을 통해 열 가지 마음을 나열하다[徵列十心] 2.
ㄱ) 개별로 해석하다[別釋] 2.
(ㄱ) 총상 구절을 밝히다[辨總句] (列中 7下10)

何等爲十고 所謂一切法無相故로 平等하며 無體故로 平等하며 無生故로 平等하며 無成故로 平等하며 本來淸淨故로 平等하며 無戱論故로 平等하며 無取捨故로 平等하며 寂靜故로 平等하며 如幻如夢하고 如影如響하고 如水中月하고 如鏡中像하고 如焰如化故로 平等하며 有無不二故로 平等하니라

무엇이 열인가? (1) 일체 법이 형상이 없으므로 평등하고, (2) 자체가 없으므로 평등하고, (3) 나는 일이 없으므로 평등하고, (4) 성장함이 없으므로 평등하고, (5) 본래부터 청정하므로 평등하고, (6) 희롱의 말이 없으므로 평등하고, (7) 취하고 버림이 없으므로 평등하고, (8) 고요하므로 평등하고, (9) 요술 같고 꿈 같고 그림자 같고 메아리 같고 물 속에 달 같고 거울 속의 영상 같고 아지랑이 같고 화현과 같으므로 평등하며, (10) 있고 없음이 둘이 아니므로 평등하니라.

[疏] 列中에 十句니 初總이오 餘別이라 總云一切法者는 論에 云, 是十二入이라하니 以三科中에 蘊不攝無爲어니와 處와 界는 攝盡이오 而處가 次於蘊이라 又名生門이니 順無生義일새 故偏擧之니라 言無相者는 論에 云自性無相故라하니 謂十二入의 緣成之相이 有來卽無오 非推之使無일새 故云自性無也니라 故로 瑜伽에 云, 由有勝義自性無相平等性故라하니라 亦同淨名에 不念內外하야 行於平等等이니라

- ㄴ. 열 가지 마음을 나열한 중에 열 구절이니 (ㄱ) 처음은 총상이요, (ㄴ) 나머지는 별상이다. (ㄱ) 총상에서 '일체법'이라 말한 것을 논경에서는 '12입'이라 하였으니, 세 가지 과목 중에 오온은 무위법(無爲法)을 포섭하지 못하겠지만 12처와 18계는 모두 포섭하는 것이요, 하지만 12처가 오온 다음인 까닭이다. 또 명칭이 생기는 부문이니 무생(無生)의 이치에 수순하는 까닭에 치우쳐 거론하였다. '형상이 없다'는 것은 논경에는 "자성이 형상이 없기 때문이다"라고 하였다. 말하자면 12입이 인연으로 이루어진 형상이 있다가는 곧 없어지고 추궁

하여 없게 할 수 없으므로 '자성이 없다'고 하였다. 그래서 『유가사지론』에는 "뛰어난 이치의 자성은 형상이 없는 평등한 체성을 말미암는 까닭이다"라고 하였다. 또한 『유마경』에서 "안과 밖을 생각하지 않고 평등을 행한다"라고 말한 등과 같다.

[鈔] 列中十句下는 疏文有二하니 先은 別釋이오 後는 料揀이라 總云一切法者는 經中에 有三하니 初, 一切法은 是平等法體오 二, 無相은 是平等因이오 三, 平等은 是所成義니라

● 列中十句 아래는 소의 문장에 둘이 있으니 ㄱ) 개별로 해석함이요, ㄴ) 구분 지음이다. (ㄱ) 총상에서 일체법(一切法)이라 한 것은 경문에 셋이 있으니 1) 일체법(一切法)은 평등한 법의 체성이요, 2) 형상 없음은 평등법의 원인이요, 3) 평등은 성취할 대상의 이치이다.

(ㄴ) 별상 구절을 밝히다[辨別句] (別中 8上8)

[疏] 別中에 九句를 明九種相하니 皆自性無故라 論에 云, 相分別對治가 有九種이라하니 謂體生等九는 是其所治요 無之一字는 是自性無니 以爲能治라 論에 以初自性無로 貫下九句니 故로 但顯所治相之差別이라 一, 無體故平等者는 論經에 云無想이라하고 論에 云十二入自相想이라하니 謂內六根이 取外六塵之相을 總名爲想이니 卽十二入之體라 故今經에 云體라 想은 取像으로 以爲體故며 亦自性이 無故라 經에 云無體故平等이라 下皆準此니라 上은 遣分別心이니라

二, 生者는 念展轉行相이니 謂諸入苦果가 虛妄分別로 爲本故니라
三, 成者는 生展轉行相이니 謂生卽苦果라 從果起因일새 故云展轉이

라 上二는 遣染分依他라 但擧緣成에 已顯無生無我[13]義矣니라 四, 卽遣淨相이니 謂本來自淨이오 非滅惑方淨이니 故云平等이니라 五, 遣分別相이니 謂道能分別揀擇滅惑이라 若有分別하면 則有戱論이니 今本無戱論일새 故無分別이라 上二는 遣淨分依他니라

■ (ㄴ) 별상 중에 아홉 구절을 아홉 가지 양상으로 밝혔으니 모두 자성이 없는 까닭이다. 논경에서는, "형상에 대한 분별을 다스림에 아홉 가지가 있다"고 하였다. 말하자면 자체나 생겨나는 등의 아홉 지(地)는 그 다스릴 대상이요, '없다'는 한 글자는 '자성이 없다'는 뜻이니 다스리는 주체가 되는 까닭이다. 논경에는 처음의 자성이 없음으로부터 아래 아홉 구절까지 관통하였으니 그래서 단지 다스림의 대상인 형상의 차별만 밝힌 것이다. (1) '자체가 없으므로 평등하다'고 말한 것은 논경에는 '상념이 없다'고 하였고, 논경의 해석에 '12입의 자체의 양상에 대한 상념'이라 하였다. 말하자면 내부의 여섯 가지 감관이 외부의 여섯 가지 경계의 형상을 취하는 것을 총합적으로 '상념'이라 말하나니 곧 12입의 자체이다. 그래서 지금 본경에서는 '자체'라 하였다. 상념은 형상을 취하는 것으로 근본을 삼기 때문이며, 또한 자성이 없기 때문에 본경에는 '자체가 없으므로 평등하다'고 하였다. 아래는 모두 여기에 준한다. 위는 분별하는 마음을 버린 내용이다.
(2) 생겨남이란 상념이 점차 바뀌어 가는 행상이니 모든 들어감의 고통이란 결과가 허망한 분별심으로 근본을 삼기 때문이다. (3) 이룸이란 생겨남이 점차 바뀌어 가는 행상이니, 생겨남이 곧 고제(苦諦)의 결과임을 말한다. 결과에서 원인이 생겨나므로 '전전(展轉)'이라 하였

---

13) 我는 甲南續金本作成, 卍綱本作生, 原平本作我.

다. 위의 둘은 잡염분의 의타성을 버린 부분이다. 단지 인연으로 성취함만 거론한다면 이미 태어남도 없고 〈나〉도 없다는 이치를 밝혔다. (4) 청정의 양상을 버린 부분이니 본래 스스로 청정한 것이요, 번뇌를 없애고 나서 비로소 청정한 것이 아니므로 '평등하다'고 하였다. (5) 분별하는 양상을 버린 부분이니 말하자면 도가 능히 분별하고 간택하여 번뇌를 없애는 까닭이다. 만일 분별하면 곧 희론이 될 것이니 지금은 본래로 희론이 없으므로 분별이 없게 된다. 위의 둘은 청정분의 의타성을 버린 내용이다.

[鈔] 六, 遣出沒相이니 謂眞如之性이 在妄爲沒이오 離垢에 謂出이라 今妄體가 即眞일새 故無可捨요 眞體가 即空일새 故無可取니라 七, 遣染相이니 即由上義하야 染本寂靜이 即是眞如요 無別眞矣라 上二는 遣圓成이라 即十二入之眞性이니라 八, 遣我非有相이라 此有二意하니 一은 類前釋이니 謂有執言호대 但我는 非有나 不無於事일새 故云如幻等事니 有亦不實이니라 二者는 此句는 遣無니 由上에 以無로 遣有하니 恐便執無일새 故遣云호대 如幻夢等이니 但無其實이언정 非是全無라 故不應執我非有相이라 諸喩雖異나 大旨無殊라 亦可八喩가 別對前來의 總別八句니 謂如幻無相故며 如夢想現故며 果生如影故며 因成如響故며 本淨이 如水月하야 不可取故며 正智는 但是鏡智現故며 焰不可攬하고 亦叵捨故며 化無心現하야 常寂然故니라 九, 遣成壞相이니 成은 即是有요 壞는 即是無요 緣起는 爲成이오 無性은 爲壞라 緣成이 即無性일새 故로 有無不二니라

- (6) 나오고 빠지는 양상을 버린 부분이다. 말하자면 진여의 체성이 망념에 있으면 '몰(沒)'이라 하고, 번뇌를 여의면 '출(出)'이라 말한다.

지금은 망념의 자체가 곧 진여이므로 버릴 수 없으며, 진여의 체성이 곧 〈공〉이므로 취할 수 없다. (7) 잡염의 양상을 버린 부분이다. 곧 위의 이치로 인하여 잡염의 근본이 적정한 것이 바로 진여인 것이어서 따로 진여가 없다. 위의 둘은 원성실성을 버린 내용이니 곧 12입의 참된 성품이다. (8) 〈나〉는 〈유〉의 양상이 아닌 부분이다. 여기에 두 가지 의미가 있으니 하나는 앞과 유례하여 해석한 의미이다. 말하자면 어떤 이가 집착하여 말하기를, "단지 〈나〉만이 〈유〉가 아니지만 현상을 없애지도 못하므로 '허깨비 등의 현상과 같다'고 하였으니 〈유〉도 실상이 아니다. 둘은 이 구절은 〈무〉를 보낸 내용이니 단지 그 실상만 없을 뿐이지 완전히 없다는 것은 아니다. 그러므로 응당히 〈나〉는 〈유〉가 아니라는 모양에 집착하지 말아야 한다. 여러 비유가 비록 다르지만 큰 뜻은 다르지 않다. 또한 여덟 가지 비유[如幻・夢・影・響・水月・鏡像・焰・化]가 개별적으로 앞의 총상과 별상인 여덟 구절을 상대하고 있다. 말하자면 허깨비처럼 형상이 없는 까닭이며, 꿈처럼 상념이 나타나는 까닭이며, 결과가 생겨남이 그림자 같은 까닭이며, 원인으로 이룩됨이 메아리 같은 까닭이며, 본래 청정함은 물 속의 달과 같아서 취할 수 없는 까닭이며, 바른 지혜는 단지 대원경지가 현전한 것만 같은 까닭이며, 불꽃은 잡을 수 없고 버릴 수도 없는 까닭이며, 변화는 무심히 나타나서 항상 고요한 까닭이다. (9) 이루고 무너뜨리는 양상을 버리는 부분이다. 이룸은 곧 〈유〉이고 무너뜨림은 곧 〈무〉이고, 연기는 이룩함이요, 자성 없음은 무너뜨림이 된다. 인연으로 이룩됨이 곧 자성이 없는 것이므로 〈유〉와 〈무〉가 둘이 아니라는 뜻이다.

別中에 前七은 以無로 遣有라 然其疏中에 解前七句가 自有五意하니
一, 依論總句는 是十二入이라 則別別句가 皆十二入이니 謂十二入
體와 十二入生等이라 二者, 通遣十二入上三性之義니 初句는 遣徧
計니 故云此遣分別이라 分別은 古譯遍計之名이니라 次四는 染分과
淨分이니 俱遣依他요 六과 七은 皆遣圓成이니 疏文에 自具니라

三者, 爲破前地之慢이니 慢依四諦而起라 初二는 遣苦니 故初云想
이니라 二云生者는 諸入苦果라 次一은 遣集이니 以成是苦之因故요
第四句는 遣滅이니 故云非滅惑方淨이라 第五句는 遣道니 故云謂道
分別이오 六과 七은 亦遣滅이라 然이나 四是滅惑을 名滅이오 六과 七
은 卽顯滅理之滅이니 故皆云眞如니라 四는 約進觀後位에 有十二緣
觀이니 前三은 遣染緣起라 體와 生은 卽識等七苦요 成은 卽三煩惱
二業故라 次三은 遣淨緣起니 謂四, 遣無明滅行滅等이오 五, 遣能
逆觀之智요 六, 卽所顯眞體요 七, 雙遣染淨이니 染淨平等故라

五는 約五法이니 初一은 遣名及與妄想이니 言分別故요 次三은 遣相
이니 染淨이 皆相故요 五는 遣正智니 無分別故요 六七은 遣如如니 以
離取捨하야 本來寂靜故라 然이나 遠公은 更有一意하니 謂約三空이
라 初之一句는 遣分別想이니 卽是空門이오 中間五句는 遣其名相이
니 是無相門이오 末後一句는 遣取捨願이니 顯無願門이라 此與初地
義同이니 初地가 以空門으로 治分別하고 無相으로 治相하고 無願으로
治取捨故라하니 此非無理로다 疏以十句가 皆通三空일새 故不顯之
요 但有五意耳니라

● (ㄴ) 별상 중에 앞의 일곱 구절[無體故, 無生故, 無成故, 本來淸淨故, 無戱論
故, 無取捨故, 寂靜故]은 무(無)로 〈유〉를 버리는 의미이다. 하지만 그
소의 문장에서 해석하되, "앞의 일곱 구절에 스스로 다섯 가지 의미가

있으니 1) 논경의 총상 구절은 12입이 된다. 개별의 구절들이 모두 12입에 속하나니 12입의 체성과 12입에서 생겨남 등을 말한다.

2) 통틀어 12입 속의 삼성(三性)의 이치를 없애었으니 (1)은 변계성(遍計性)을 버리는 것이요, 그래서 이것은 '분별을 버린다'고 하였다. '분별'은 고역(古譯)에서 변계성이라 한 것을 번역한 명칭이다. 다음의 (2) (3) (4) (5)의 네 구절은 잡염분과 청정분이니 모두 의타성(依他性)을 버린 내용이요, (6)과 (7)은 원성실성(圓成實性)을 버리는 내용이니 소의 문장에 잘 갖추어 있다.

3) 앞 지(地)의 거만함을 타파하기 위함이니 거만함은 사성제에 의지하여 일어나는 까닭이다. 처음의 둘[無體故, 無生故]은 고성제를 없앤 것이므로 (1)에 '상념'이라 하였다. (2)에 '생겨난다'고 한 것은 고제의 결과에 들어가는 것이다. 다음의 (3) [無成故]은 집성제를 버리는 뜻이니 이룩함이 바로 고제의 원인이 되는 까닭이다. (4) [本來淸淨故]는 멸성제를 버리는 뜻이니 그래서 "번뇌를 없애야 비로소 청정해지는 것이 아니다"라고 하였다. (5) [無戱論故]는 도성제를 버리는 뜻이니 그래서 '도성제의 분별'이라 한 것이요, (6)과 (7) [無取捨故, 寂靜故]은 또한 멸(滅)성제를 버리는 뜻이다. 하지만 (4)에서 번뇌를 없애는 것을 멸(滅)성제라고 하였고, (6)과 (7)은 없앤다는 이치가 멸(滅)성제임을 밝혔으므로 '모두 진여'라고 하였다.

4) 관법에 나아간 다음 지위에 12연기의 관법이 있나니, 앞의 (1) (2) (3) 셋은 잡염의 연기를 버린다는 뜻이다. 그중 체성과 생겨남은 의식 등의 일곱 가지 고성제이고, 이룩함은 곧 세 가지 번뇌와 두 가지 업인 까닭이다. 다음의 (4) (5) (6)의 세 구절은 청정분의 연기를 버리는 뜻이다. 말하자면 (4)에서 무명이 없어지면 행이 없어지는 등을

버리는 뜻이요, (5)는 거꾸로 관찰하는 주체인 지혜를 버리는 뜻이요, (6) 드러낼 대상인 진여의 체성이요, (7) 잡염과 청정을 동시에 버리는 뜻이니 잡염과 청정이 평등하여진 까닭이다.

5) 다섯 가지 법을 의지한 내용이니, (1) [無體故]은 명칭과 망상을 버리는 뜻이니 분별을 말한 까닭이요, 다음의 (2) (3) (4) 세 구절[無生故, 無成故, 本來淸淨故]은 양상을 버리는 뜻이니 잡염과 청정이 모두 양상인 까닭이요, (5) [無戲論故]는 바른 지혜를 버리는 뜻이니 분별이 없는 까닭이요, (6)과 (7)[無取捨故, 寂靜故]은 여리지(如理智)와 여량지(如量智)[합쳐서 如如]를 버리는 뜻이니, 취하고 버림을 여의어서 본래 적정한 까닭이다.” 그러나 혜원법사는 “다시 한 가지 의미가 있으니 세 가지의 공문(空門)에 의지하여 견해를 말한다. 처음 한 구절은 분별하는 상념을 버리는 부분이니 곧 <공>의 문이요, 중간의 (2) (3) (4) (5) (6) 다섯 구절은 그 명칭과 양상을 버리는 뜻이니 곧 무상(無相)의 문이요, 마지막 (9)[寂靜故]는 취하고 버리는 서원을 버리는 뜻이니 무원(無願)의 문을 밝힌 내용이다. 이것과 초지의 이치가 같나니 초지가 <공>의 문으로 분별을 다스리고, <무상>의 문으로 양상을 다스리고 <무원>의 문으로 취하고 버림을 다스리는 까닭이다”라고 하였으니, 이것도 일리 있는 주장이다. 소에서는 열 구절이 모두 세 가지 <공>에 통하므로 밝히지 않은 것이요, 단지 다섯 가지 의미만 있을 따름이다.

ㄴ) 총합하여 구분하다[料揀] 2.
(ㄱ) 세 가지를 버리고 한 가지로 회통하다[遣三會一] (上之 10下6)

[疏] 上之九句에 初七은 以無로 遣有요 次一은 以喩로 遣無요 後一은 不二로 遣俱이니 則雙非入中矣니라
■ 위의 아홉 구절에서 처음부터 일곱 구절까지는 〈무〉로 〈유〉를 버린다는 뜻이요, 다음 하나[如幻等故]는 비유로 〈무〉를 버린다는 뜻이요, 나중의 하나[有無不二故]는 둘이 아닌 도리로 〈유〉와 〈무〉를 모두 버린다는 뜻이다. 다시 말하면 동시에 아닌 것으로 중도(中道)에 들어간다는 뜻이다.

[鈔] 上之九句下는 第二, 總相料揀이라 疏文有二하니 一, 明遣三會一이니 謂遣有遣無와 及俱有無하야 會非有無之中道也니라
● ㄴ) 上之九句 아래는 총합적인 양상으로 구분함이다. 소의 문장에 둘이 있으니 (ㄱ) 세 가지를 버리고 한 가지로 회통함이다. 말하자면 〈유〉를 버리고 〈무〉를 버림과 〈유〉와 〈무〉를 함께 버리고 〈유〉와 〈무〉도 아닌 중도(中道)로 회통한 내용이다.

(ㄴ) 거듭 아홉째 구절을 밝히다[重明第九] 2.
a. 〈유〉와 〈무〉를 부정하지 않고 모두 아니라는 이치를 세워서 구구(俱句)를 버리다[以不壞有無成俱非義以遣俱句] (又此 10下10)

[疏] 又此不二가 則不壞有無니 謂說空하야 遣於有執이요 說有는 爲遣空迷니 有是不異空之有요 空是不異有之空이라 無別空有로대 而爲二也니 是遣俱句니라
■ 또한 이 둘이 아닌 것이 곧 〈유〉와 〈무〉를 부정하지 않는 이치이다. 말하자면 〈공〉을 말하는 것은 〈유〉에 대한 집착을 버리기 위

함이고, 〈유〉라 말하는 것은 공(空)에 미혹함을 버리기 위함이니, 결국 유(有)는 〈공〉과 다르지 않은 유(有)이고, 공(空)은 〈유〉와 다르지 않은 공(空)이다. 공과 유가 다름이 없으면서 둘이 되는 것이니 구구(俱句)를 버리는 내용이다.

[鈔] 又此不二下는 第二, 重明第九成不壞義하야 能遣俱句와 及俱非句라 卽分爲二니 初는 以不壞有無成俱非義로 以遣俱句요 後는 以不壞有無成俱句義하야 遣俱非句라 今初니 先은 標不二니 意云, 若無有無인댄 將何不二요 故로 涅槃에 云, 若無一二인댄 云何說言非一非二라하나니 故로 不二義가 成於不壞니라

謂說空下는 辨相이라 於中에 先은 明不壞하야 以成俱非요 此句는 明不壞空이로대 而非相於[14)]空일새 故空非空也니라 言說有爲遣空迷者는 此句는 明不壞有而非存[15)]於有니 故有非有也요 故成俱非라 次云有是不異空之有요 空是不異有之空者는 此二句가 顯經不二하야 成不壞義라 次云無別空有而爲二者는 正遣俱也니라

● (ㄴ) 又此不二 아래는 거듭 아홉째 구절의 부정하지 않는 이치를 세워서 능히 구구(俱句)와 구비구(俱非句)를 버림에 대해 밝힘이다. 곧 둘로 나누리니 a. 〈유〉와 〈무〉를 부정하지 않고 모두 아니라는 이치를 세워서 구구(俱句)를 버림이요, b. 〈유〉와 〈무〉를 부정하지 않고 모두 긍정하는 이치를 세워서 구비구(俱非句)를 버림이다. 지금은 a. 이니 둘이 아님을 표방함이니 의미로 말하면, "만일 〈유〉와 〈무〉가 없다면 무엇을 가지고 둘이 아니라 하는가?" 그래서 『열반경』에, "만일 하나와 둘이 없다면 어째서 하나도 아니요, 둘도 아니

---

14) 相於는 甲南續金本作立相.
15) 存은 甲南續金本作無, 遣忘記作立.

라고 하였는가?"라 하였다. 그러므로 둘이 아닌 이치가 부정하지 않는 이치를 성취함이 된다.

㈢ 謂說空 아래는 행상을 밝힘이다. 그중에 a. <유>와 <무>를 부정하지 않고 모두 아니라는 이치가 성립됨을 밝힘이요, 이 구절은 <공>을 부정하지 않지만 형상이 공함을 세우지도 않으므로 <공>이로되 공이 아닌 것이다. '<유>를 설하여 <공>에 미혹함을 버리기 위한다'라고 말한 것이 이 구절은 <유>를 부정하지 않지만 <유>를 세우지도 않으므로 <유>이면서 <유>가 아닌 것이다. 따라서 구비구(俱非句)가 성립된다. 다음에, '<유>가 <공>과 다르지 않은 <유>이고, <공>이 <유>와 다르지 않은 <공>이다'라고 말한 것은 이 두 구절이 본경의 둘이 아니어서 무너뜨리지 않는 이치가 성립됨을 밝힘이다. 다음에 '<공>과 <유>가 다름이 없으면서 둘이 된다'고 말한 것은 바로 구구(俱句)를 버린 내용이다.

b. <유>와 <무>를 부정하지 않고 구구(俱句)의 이치를 세워서 구비구(俱非句)를 버리다[以不壞有無成俱句義遣俱非句] 3.
a) 표방하여 거론하다[標擧] (又旣 11下3)
b) 행상을 밝히다[顯相] (則不)

[疏] 又旣不二에 亦不壞有니 則不異無之有가 是不有之有요 不異有之無가 是不無之無라 則亦遣俱非니

■ 또한 이미 둘이 아닌 이치로 <유>를 부정하지 않는 내용이다. <무>와 다르지 않은 유(有)가 <유>가 아닌 유(有)이고, <유>와 다르지 않은 무(無)가 <무>가 아닌 무(無)이니 또한 구비구(俱非句)

를 버리는 내용이다.

[鈔] 又旣不二下는 二, 明不壞有無로 以成俱句하야 遣俱非也라 上二句는 標요 從則不異無下는 二, 顯相이라 此句는 將不二하야 立有요 次云不異有之無等者는 將不異하야 立無也라 是爲由不二故로 不壞니 不壞則空有가 雙存일새 結云則遣俱非니라

- 又旣不二 아래는 b. 〈유〉와 〈무〉를 부정하지 않음으로 구구(俱句)를 성립하여 구비구(俱非句)를 버리는 내용이다. 위의 두 구절은 a) 표방함이요, b) 則不異無 아래부터는 행상을 밝힘이다. 이 구절은 둘이 아닌 것으로 〈유〉를 세운 부분이요, 다음에 '〈유〉와 다르지 않은 〈무〉 등이다'라고 말한 것은 다르지 않은 것으로 〈무〉를 세운 부분이다. 이것은 둘이 아님으로 인하여 부정하지 않는 내용이니 부정하지 않는 것은 〈공〉과 〈유〉가 함께 존재하는 까닭에 결론적으로 구비구(俱非句)를 버리는 내용이 된다.

c) 결론하여 찬탄하다[結歎] (斯乃)

[疏] 斯乃四句百非의 諸見皆絶이니 方爲般若現前之因이니라
- 이렇게 되어야 비로소 사구(四句)와 백비(百非)의 여러 견해가 모두 끊어질 것이니, 바야흐로 반야가 현전하게 되는 원인이 되는 것이다.

[鈔] 斯乃四句下는 三, 結歎이라 謂上遣四句하고 又借俱非하야 以遣俱句하니 非立俱非요 今將俱句하야 以遣俱非언정 非立俱也라 雖遣四句나 不壞四句하야 存泯이 無礙일새 故로 結云百非四句諸見皆絶이

라 然이나 遠公은 但有初段의 遣三會一하니 彼云호대 此與涅槃의 十一空으로 大同이라하며 彼亦用前八하야 以空으로 遣有하고 第九一空은 以有로 遣無하고 第十空空으로 有無를 俱遣하고 彼處大空은 就空實하야 以論이라하니 亦是一理라 十一空義는 至下當明이니라

● c) 斯乃四句 아래는 결론적으로 찬탄함이다. 말하자면 위에서 네 구절[四句]을 버리고 또한 구비구(俱非句)를 빌려서 구구(俱句)를 버렸으니 구비구를 세우려는 것이 아니며, 지금은 구구(俱句)를 가져서 구비구(俱非句)를 버리긴 하였지만 구구(俱句)를 세우려는 것도 아니다. 비록 네 구절[有, 無, 俱有俱無, 俱非]을 버렸지만 네 구절을 부정하지도 않아서 두고 없앰이 걸림이 없으므로 결론하되, "네 구절과 백비(百非)의 여러 견해가 모두 끊어졌다"고 하였다. 하지만 혜원법사는 단지 첫 단락의 견삼회일(遣三會一)만 두었으니 저가 이르되, "이것과 『열반경』의 11가지 〈공〉과 거의 같다"고 하였다. 저에서 또 "앞의 여덟 가지를 써서 〈공〉으로 〈유〉를 버리고, 아홉째의 한 가지 〈공〉은 〈유〉로 〈무〉를 버리고, 열 번째 〈공〉마저 공함[空空]으로 〈유〉와 〈무〉를 모두 버리고, 저곳의 태허공(太虛空)은 공의 실법에 입각하여 논한 것이다"라고 하였다. 이 또한 일리 있는 견해이다. 11가지 〈공〉의 이치는 아래에 가서 밝힐 것이다.

ㄷ. 행상을 결론하여 제6지에 들어가다[結行入地] (第三 12上9)

菩薩이 如是觀一切法自性淸淨하여 隨順無違하여 得入第六現前地하나니
보살이 이렇게 일체법을 관찰하여 제 성품이 청정하고 따

라 순종하며 어김이 없으면 제6 현전지에 들어가나니

[疏] 第三, 結行入地[16]라 文有五句하니 一, 牒前所觀十平等法이오 二, 自性淸淨者는 遠離前地의 染淨慢垢요 三, 隨順眞如十平等法이오 四, 以無分別心으로 無違所觀이오 五, 由前四能하야 得入六地니라
- ㄷ. 행상을 결론하여 제6지에 들어감이다. 경문에 다섯 구절이 있으니 (1) 앞의 관법의 대상인 열 가지 평등한 법을 따옴이요, (2) '자성이 청정하다'는 것은 앞 지(地)의 잡염과 청정의 거만한 번뇌를 멀리 여읨이요, (3) 진여의 열 가지 평등한 법에 수순함이요, (4) 무분별의 마음으로 관법의 대상과 어긋나지 않음이요, (5) 앞의 네 가지 공능으로 인하여 제6지에 들어감이다.

ㄹ. 행상의 범주를 밝히다[辨行分齊] 4.
ㄱ) 간략히 경문을 해석하다[略釋經文] (第四 12下4)

得明利隨順忍이요 未得無生法忍이니라
밝고 이로운 수순인은 얻었으나 무생법인은 얻지 못하였느니라."

[疏] 第四, 辨行分齊中에 二句니 得明利忍은 對前顯勝이오 未得無生은 對後彰劣이라
- ㄹ. 행상의 범주를 밝힘 중에 두 구절이 있다. 밝고 이로운 수순하는 법[隨順忍]을 얻는 것은 앞과 상대하여 뛰어남을 밝힌 내용이고, 태어

---
16) 行은 甲續金本作得誤; 原南及探玄記作行.

남이 없는 이치를 얻지 못한 것은 뒤와 상대하여 열등함을 밝힌 내용이다.

ㄴ) 법의 수와 부류를 밝히다[彰忍數類] (仁王 12下6)

[疏] 仁王經中에 說有五忍하니 謂伏과 信과 順과 無生과 寂滅이라 前四에 各有下中上하니 地前에 得伏忍三品이오 九地를 如次配次三忍하고 十地와 及佛은 得寂滅忍[17]이라 若瓔珞中인대 開出等覺이오 則亦有三品[18]이니라

■ 『인왕경』중에 다섯 가지 법을 밝혀 놓았으니 말하자면 (1) 복인(伏忍)과 (2) 신인(信忍)과 (3) 순인(順忍)과 (4) 무생인(無生忍)과 (5) 적멸인(寂滅忍)이다. 앞의 네 가지에는 각기 하품과 중품과 상품이 있으니 십지 이전에 (1) 복인(伏忍)의 세 품을 얻고, 이처럼 초지에서 제9지까지 순서대로 (2) (3) (4)의 세 가지 인을 배대하고 제10지와 불지(佛地)에서 (5) 적멸인(寂滅忍)을 얻게 된다. 만일 『영락경』을 의지하면 전개하여 등각(等覺)까지 나오게 했고 또한 세 품이 있다.

[鈔] 第四辨行分齊라 文中에 四니 一, 略釋經文이오 二, 彰忍數類오 三, 會釋經文이오 四, 彰忍差別이라 仁王下는 二, 彰忍數類라 仁王五忍은 歷位에 但成十四요 瓔珞에 加一이라 五忍之相은 辨差別中에 當影出之니라

● ㄹ. 행상의 범주를 밝힘이다. 문장에 넷이니 ㄱ) 간략히 경문을 해석

---

17) 5忍에 대해서는 『仁王般若經』菩薩敎化品 제3에 밝혀 놓았다. (대정장 권8 p. 826-)
18) 『瓔珞本業經』上권 賢聖學觀品 제3에서는 六忍에 대해 밝혀 놓았다. "復名六忍. 信忍法忍修忍正忍無垢忍一切智忍. 復名六慧. 聞慧思慧修慧無相慧照寂慧寂照慧."(대정장 권24 p. 1012 b-)

함이요, ㄴ) 법의 부류를 밝힘이요, ㄷ) 경문과 회통하여 해석함이요, ㄹ) 법의 차이점을 밝힘이다. ㄴ) 仁王 아래는 법의 수와 부류를 밝힘이다. 『인왕경』의 다섯 가지 인(忍)은 지위를 거치면 단지 14가지만 성립하고, 『영락경』에서는 하나를 더하였다. 오인(五忍)의 양상은 차이점을 밝힘에서 비추어 내보이겠다.

ㄷ) 경문과 회통하여 해석하다[會釋經意] (今四 13上1)

[疏] 今四와 五와 六은 皆得順忍이니 此當上品이라 治於細慢일새 故云明利라 言隨順者는 順後無生忍故니라
■ 지금의 제4지와 제5지와 제6지는 모두 (3) 수순하는 법을 얻나니 여기서는 상품에 해당한다. 미세한 거만함을 다스리기 때문에 '밝고 날카롭다'고 말한다. '수순한다'는 말은 뒤의 (4) 무생인에 수순하기 때문이다.

[鈔] 今四五六下는 三, 會釋經文이라 由慢有麤細故로 忍分三品이니 四地는 治衆生我慢과 解法慢하야 爲麤니 得下品忍이오 五地는 治身淨慢이니 次細라 得中品忍이오 此地는 治染淨慢이니 最細라 得上品忍이니 故云治於細慢이라 故云明利니 明[19]無不鑒이며 利無不破라 然治由習增일새 故從下至上이오 障由漸斷일새 故從麤至細라
言順後無生[20]者는 順忍에 有二義하니 一者는 順法이니 故로 十忍品에 云,[21] 法有亦順知며 法無亦順知라하니라 二者는 順忍이니 未證無

---

[19] 明은 南續金本作明者.
[20] 後無生은 甲南續金本作於後地.
[21] 인용한 게송을 具云하면, "法有亦順知하며 法無亦順知하야 隨彼法如是하야 如是知諸法이로다."(교재 권3 p.-)

生이나 隨順彼忍故라 今約位說인대 前爲後因이니 正宜此釋이라 由此地에 破相하야 趣入眞境일새 故로 順上地無生忍也니라

● ㄷ) 今四五六 아래는 경문과 회통하여 해석함이다. 거만함에 거칠고 미세함이 있는 까닭에 법을 세 품류로 구분하였으니 제4지는 중생의 아만과 법을 알았다는 거만함을 다스려서 거침을 삼았으니 하품의 법을 얻은 것이요, 제5지는 몸이 청정하다는 거만함을 다스려서 다음으로 미세함을 삼았으니 중품의 법을 얻은 것이요, 이 제6지는 잡염과 청정의 거만함을 다스려서 가장 미세함으로 상품의 법을 얻은 것이므로 "미세한 거만함을 다스린다"고 하였다. 그래서 '밝고 예리하다'고 하였으니, 밝아서 비추지 못하는 것이 없고 예리하여 타파하지 못하는 것이 없다. 그러나 다스림은 익힘이 증가함으로 인하였으니 아래로부터 위에 이르는 것이요, 장애는 점차 끊음으로 인하였으니 거침에서 미세함에 이른다는 뜻이다.

'뒤의 (4) 무생법인을 따른다'고 말한 것은 (3) 수순하는 법인에 두 가지 의미가 있다. 첫째는 법을 따르는 것이다. 그래서 십인품에 이르되, "법이 있어도 따라서 알고 법이 없어도 따라서 알며"라고 하였다. 둘째는 수순하는 법이니 아직 무생을 증득하지는 못했지만 저 법에 따르는 까닭이다. 지금은 지위에 의지하여 설명한다면 앞으로 뒤의 원인을 삼은 부분이니 바로 이렇게 해석해야 한다. 이 6지에서 양상을 타파하여 진실한 경계에 취향하여 들어감으로 인하여 상위의 지의 무생법인을 따르게 된다는 뜻이다.

ㄹ) 법의 차이점을 밝히다[彰忍差別] 3.
(ㄱ) 실법이 같지 않음에 의탁한 설명[寄實不同] (然約 13下2)

(ㄴ) 질문을 빌려서 따지기 시작하다[假問徵起] (寄位)

[疏] 然이나 約實位에 初地에 卽得無生이어니와 今約寄位일새 當七八九니라 寄位가 何以有此不同고
- 그러나 실법의 지위에 의탁하면 초지에도 바로 무생(無生)을 얻을 수 있겠지만 지금은 의탁한 지위에 의지하면 제7지와 제8지·제9지에 해당한다. 의탁한 지위가 무엇 때문에 이것과 다른 점이 있는가?

(ㄷ) 그 차이점을 밝히다[辨其差別] 2.
a. 전체적인 양상을 밝히다[明通相] (謂若 13下3)

[疏] 謂若約空無我理하야 爲無生者인대 卽初地에 證如니 所以名得이라
- 말하자면 만일 공하여 〈내〉가 없다는 도리에 의지하여 무생을 삼는다면 초지에도 진여를 증득하나니 그 때문에 '얻는다'고 이름하였다.

[鈔] 然約實位下는 四, 彰忍差別이라 疏文有三하니 初, 總明實寄不同이오 二, 寄位何以下는 假問徵起오 三, 謂若約下는 辨差別相이라 於中有二하니 先은 明通相이오 後는 彰別相이라 前中에 通則初地明得이니 謂初地에 得無我일새 亦得名空平等理며 亦可名爲無生이니 無我가 卽是空無生故라 六地는 名空平等[22]이며 亦可得名無生無我니 空平等理가 卽是無生이면 空無我故라 七地已上에 得無生忍일새 亦可得名無我와 及空平等이니 以無生理가 卽是無我와 及空平等故라

---

22) 等下에 甲南續金本有理字.

故로 名爲通이니라
- ㄹ) 然約實位 아래는 법의 차이를 밝힘이다. 소의 문장에 셋이 있으니 (ㄱ) 실법에 의탁하면 같지 않음을 총합적으로 밝힘이요, (ㄴ) 寄位何以 아래는 질문을 빌려 따지기 시작함이요, (ㄷ) 謂若約 아래는 차이점의 양상을 밝힘이다. 그중에 둘이 있으니 a. 전체적인 양상을 밝힘이요, b. 개별적인 양상을 밝힘이다. a.에서 전체적으로는 초지에도 분명히 얻나니, 이를테면 초지에 〈내〉가 없음을 얻으므로 〈공〉과 평등한 도리라고 이름하기도 하고 남이 없다[無生]고도 말할 수 있나니 〈내〉가 없음이 바로 〈공〉하여 남이 없음인 까닭이다. 제6지는 〈공〉과 평등하다고 이름하며, 또한 남이 없고 내가 없다고 이름하나니 〈공〉과 평등한 도리가 그대로 남이 없으며 공하여 〈내〉가 없기 때문이다. 제7지 이상에 무생법인을 얻으므로 또한 〈내〉가 없다거나 〈공〉과 평등하다고 이름할 수도 있나니, 남이 없는 도리가 바로 〈내〉가 없으며 〈공〉과 평등한 까닭이다. 그래서 전체적이라 하였다.

b. 개별적인 양상을 해석하다[釋別相] 2.
a) 총합하여 표방하다[總標] (今不 14上1)

[疏] 今不得者는 有四義故니
- 지금 얻지 못한 것은 네 가지 의미가 있기 때문이다.

[鈔] 今不得下는 二, 彰其別相[23]이니 則非唯初地에 未得此忍이라 而此

---
23) 彰其는 甲南續金本作釋.

六地도 亦未得之니 以約分別에 無我와 與空과 及無生理인 三相이 異故니라
- b. 今不得 아래는 개별적인 양상을 해석함이다. 말하자면 오로지 초지에만 이 법을 얻지 못할 뿐만 아니라 이 제6지에도 얻지 못하나니 〈내〉가 없음과 〈공〉과 남이 없는 도리인 세 가지 양상이 다르다고 구분함에 의지한 까닭이다.

b) 개별로 해석하다[別釋] 4.
(a) 〈공〉한 도리가 얕고 깊음을 밝히다[空理淺深辨] (一約 14上4)

[疏] 一, 約空理淺深이니 初地는 觀法虛假하야 破性顯空일새 但名無我어니와 今此地中에는 破相趣寂하니 但名平等이라 若約證實反望인대 由來常寂이오 無相可生이라 斯理轉深일새 故로 七地에 方得이오 若約契本常寂인대 斯理最妙니 故十地後得이니라

■ (a) 〈공〉한 도리가 얕고 깊음에 의지하여 밝힘이다. 초지는 법이 헛되고 거짓임을 관찰하여 체성을 타파하고 〈공〉을 드러내었으므로 단지 〈내〉가 없다고 이름하였지만, 지금 이 제6지에서는 모양을 타파하고 고요함에 향하였으므로 단지 평등하다고만 이름하였다. 만일 실법을 증득함에 의지하여 반대로 비교하면 본래로 항상 고요함이요, 모양이 없으므로 생겨날 수 있다. 이런 이치가 더욱 깊으므로 제7지에 비로소 얻을 수 있고, 만일 근본에 계합함에 의지하여 항상 고요하다면 이런 이치가 가장 미묘할 것이니 그래서 십지의 뒤에 얻게 된다.

[鈔] 文中에 二니 先, 總標오 二, 一約空下는 釋有四門이라 卽分四別이니 第一門中에 正開前約理通義하야 初顯無我라 言破性顯空者는 若人若法이 皆無性故[24]로 空이라 此則義當信忍이니 擧初攝後일새 故云初地니라 今此地等者는 豈唯無性이리오 相亦不存이라 故로 經文에 云, 無相無體故로 平等이라하나니 非唯有相이라 空相도 亦遣하야사 方爲眞空平等理也라 義當順忍이니 擧後攝前하야 義該四五니라

若約證實下는 當無生忍이니 擧初攝後하야 義該八九라 而言證實反望者는 上之二義가 但破空性相故라 今[25]已證實하니 反望性相컨대 本來常寂이어니 何俟破竟하야사 方說無我와 及空平等이리오 斯理轉深者는 則上空平等中에 亦合言斯義漸深이니 文略無耳니라

若約契本下는 卽寂滅忍이니 擧初該後하야 云十地後得이라 而言契本常寂者는 前無生忍은 證實望相에 則前所破가 與所證으로 未同이어니와 今寂滅忍은 契所破常寂이 卽所證故니 故云最妙니라

● 소문에 둘이니 a) 총합하여 표방함이요, b) 一約空 아래는 개별로 네 문으로 해석함이다. 곧 네 문으로 나누어 차별하였으니 첫째 문에는 바로 앞의 이치에 의지하여 전체적인 의미를 전개하여 처음에는 〈내〉가 없음[無我]을 밝혔다. '체성을 타파하여 공함을 밝힌다'고 말한 것은 사람과 법이 모두 체성이 없는 연고로 공한 것이다. 이것은 이치가 (2) 신인(信忍)에 해당하나니 처음을 거론하여 뒤를 섭수한 것이므로 초지라 하였다. '지금 이 제6지에서' 등이라 말한 것은 어찌 오로지 체성이 없을 뿐이리오. 모양도 두지 않는다. 그래서 경문에 이르되 "모양이 없고 체성이 없으므로 평등하다"고 하였으니, 오로지 있는 모양[有相]뿐만 아니라 〈공〉한 모양도 보내야만 비로소 진실

---

24) 故下에 甲南續金本有無性故.
25) 今下에 南續金本有此字.

한 〈공〉과 평등한 이치가 되는 것이다. 의미는 (3) 순인(順忍)에 해당하나니 뒤를 거론하여 앞을 섭수하여 이치로 제4지와 제5지를 포함한다.

(4) 若約證實 아래는 무생인(無生忍)에 해당하나니 처음을 거론하여 뒤를 섭수하여 의미로 제8지와 제9지를 포함한다. 하지만 '실법을 증득함에 의지하여 반대로 비교한다'고 말한 것은 위의 두 가지 이치가 단지 〈공〉의 체성과 양상을 타파할 뿐이기 때문이다. 지금은 이미 실법을 증득하였으니 반대로 체성과 양상을 비교한다면 본래로 항상 고요한데 어째서 모두 타파하기를 기다려야만 비로소 〈내〉가 없고 〈공〉하여 평등하다고 말하겠는가? '이런 이치가 더욱 깊다'고 말한 것은 위의 〈공〉하여 평등한 중에도 또한 합하여 "이런 이치가 점차로 깊다"고 말하였으니 경문에는 생략하여 없을 뿐이다.

(5) 若約契本 아래는 적멸인(寂滅忍)이니 처음을 거론하여 뒤를 포함하여 "십지의 뒤에 얻게 된다"고 말하였다. '근본에 계합함에 의지하여 항상 고요하다'고 말한 것은 앞의 (4) 무생법인은 실법을 증득하여 양상으로 비교할 적에 앞에서 타파한 것과 같지 않겠지만, 지금 (5) 적멸인은 타파할 대상이 항상 고요함이 곧 증득할 대상에 계합한 까닭이니, 그래서 '가장 미묘하다'고 하였다.

(b) 행법에 입각하여 분별하다[就行分別] (二就 15上1)

[疏] 二, 就行分別이니 六地已前에 漸起諸行이니 謂初願次戒等이니 故名爲生이오 七地已上는 念念에 頓起一切諸行이니 故云無生이니라
- (b) 행법에 입각하여 분별함이니 제6지 이전에 점차로 여러 행법을 시

작하였다. 말하자면 처음에는 서원, 다음에는 계법 따위이니 그래서 '생겨난다'고 하였고, 제7지 이상은 생각 생각에 단박 일체의 모든 행법을 시작하나니 그래서 '남이 없다'고 말하였다.

[鈔] 二就行分別等者는 此約生起名生이니 七地에 頓起어니 何名無生이리오 以起行이 皆遍하야 無可新起일새 故云無生耳니라
- (b) '행법에 입각하여 분별한다'는 등은 여기서는 나기 시작함에 의지하여 '생겨난다'고 이름하였으니, 제7지에 몰록 일어나는 것인데 어째서 '남이 없다'고 이름하겠는가? 행법을 시작함이 모두에 두루 해서 새롭게 시작할 만한 것이 없으므로 '남이 없다'고 말했을 뿐이다.

(c) 〈공〉과 〈유〉로 분별하다[空有分別] (三約 15上5)

[疏] 三, 約空有二法이니 六地已前에 空有가 間起일새 名之爲生이오 七地已上에는 寂用이 雙行일새 故名無生이니라
- (c) 〈공〉과 〈유〉의 두 법에 의지하여 분별함이다. 제6지 이전에는 〈공〉과 〈유〉가 간헐적으로 시작하였으므로 '난다'고 하였고, 제7지 이상에는 고요함과 작용함이 함께 행하므로 '남이 없다'고 말하였다.

[鈔] 三約空有者는 亦是生起之生이 不同前行이오 隨一行中하야 有空有故라 入觀에 起空하고 出觀에 起有일새 故間起名生이어니와 七地는 常在觀하야 而涉有不迷於空하고 觀空不礙於有일새 故稱方便이오 更無出入之殊일새 故云無生이니라

● (c) '<공>과 <유>의 두 법에 의지하여'란 또한 생겨난다는 의미의 <남>이 앞의 행법과 같지 않고, 한 가지 행법을 따라서 <공>과 <유>가 있는 까닭이다. 관법에 들어갈 적에 <공>을 일으키고 관법에서 나올 적에 <유>를 일으키므로 간헐적으로 시작함을 '난다'고 이름하였지만, 제7지는 항상 관법에 있어서 <유>를 건너면서도 <공>에 미혹하지 않고 <공>을 관하면서도 <유>에 걸리지 않으므로 방편이라 칭하고, 더욱이 나고 들어가는 다름마저 없으므로 '남이 없다'고 한다.

(d) 수행에 의지하여 분별하다[約修分別] (四約 15下1)

[疏] 四, 約修分別이니 行修未熟을 名之爲生이오 行修純熟을 名曰無生이라 此則七地已還에 未得無生이라 故로 經就八地하야사 方顯無生하니라
■ (d) 수행에 의지하여 분별함이니 행법을 닦음이 능숙하지 않은 것을 '설다' '생소하다'고 말하고, 행법을 닦음이 순수하고 익숙함을 '설지 않다'고 말하였다. 이렇다면 제7지 아래에는 설지 않음을 얻을 수 없다. 그러므로 본경에서는 제8지에 가서야 비로소 설지 않음을 얻는다고 밝혔다.

[鈔] 四約修分別者는 此約生熟之生이니 生澁을 名生이오 純熟을 名不生이라 七地에는 猶有功用일새 故名生澁이오 八地는 無功하고 任運而進일새 故云純熟이니라
● (d) '수행에 의지하여 분별한다'는 것은 여기서는 설고 익숙한 의미의

'섥' '생소함'에 의지한 것이다. 설고 껄끄러운 것을 '설다'고 말하고, 순수하고 익숙한 것을 '설지 않다'고 말한다. 제7지에는 아직도 공용이 있으므로 '설고 껄끄럽다'고 하였고, 제8지는 공용이 없고 마음대로 승진하므로 '순수하고 익숙하다'고 말하였다.

(나) 머물지 않는 도의 행법이 뛰어나다[不住道行勝] 3.

❖ 제6회 십지품 제6 現前地 (科圖 26-59; 闕字卷)

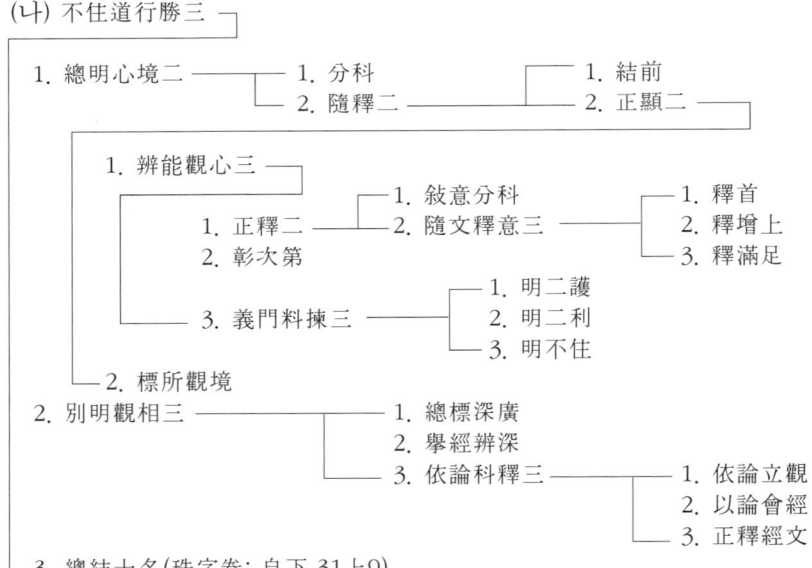

ㄱ. 총합하여 마음 경계를 밝히다[總明心境] 2.

ㄱ) 과목 나누기[分科] (第二 15下8)

佛子여 此菩薩摩訶薩이 如是觀已에 復以大悲爲首하며 大悲增上하며 大悲滿足하여 觀世間生滅하고
"불자여, 이 보살마하살이 이렇게 관찰하고는 다시 대비가 머리가 되고 대비가 늘어나고 대비가 만족하여 세간의 나고 멸함을 관찰하고,

[疏] 第二, 不住道行勝中에 分三이니 初, 總顯心境이오 二, 作是念下는 別明觀相이오 三, 佛子此菩薩로 至如是十種下는 結成觀名이라
- (나) 머물지 않는 도의 행법이 뛰어남 중에 셋으로 나누리니 ㄱ. 총합적으로 마음의 경계를 밝힘이요, ㄴ. 作是念 아래는 관법의 양상을 따로 밝힘이요, ㄷ. 佛子此菩薩에서부터 如是十種 아래는 관법의 명칭을 결론함이다.

ㄴ) 과목에 따라 해석하다[隨釋] 2.
(ㄱ) 앞을 결론하다[結前] (今初 15下10)

[疏] 今初에 有二하니 先, 如是觀已는 結前이라 所以結者는 由前觀察隨順하야 得至不住道故라
- 지금은 (ㄱ)에 둘이 있으니 a) '이렇게 관찰하고는'은 앞을 결론함이다. 결론한 이유는 앞의 관찰에 수순함으로 인해 머물지 않는 도를 얻게 되는 까닭이다.

[鈔] 第二不住等者는 先, 總科오 後, 今初下는 別釋이라 然總顯心境이라 遠公이 云, 約初入心에 明不住道요 從作是念下는 就正住地하야 明

不住道라하니 今但爲標일새 不取古釋이니라 由前觀察者는 故로 論經에 云, 是菩薩이 如是觀一切法하야 隨順得至라하고 論釋에 云, 得至不住道行勝故라하니라 今經에 略無隨順得至之言하고 而言如是觀已하시니 意則合有일새 故疏取論하야 躡前釋이니라

● (나) '머물지 않는' 등이란 ㄱ) 총합하여 과목 나눔이요, ㄴ) 今初 아래는 개별로 해석함이다. ㄱ. 총합하여 마음의 경계를 밝힘에서 혜원법사가 이르되, "처음의 들어가는 마음에 의지하면 머물지 않는 도의 행법을 밝힘이요, 作是念부터 아래는 바로 제6지에 머무름에 입각하여 머물지 않는 도를 밝혔다"고 하였다. 지금은 단지 표방하기만 하였으므로 옛 어른들의 해석을 취하지 않았다. '앞의 관찰을 말미암아'란 논경에서, "이 보살이 이렇게 일체법을 관하여 수순하여 이른다"고 하였고, 논경의 해석에는 "머물지 않는 도의 행법이 뛰어남에 이른 까닭이다"라고 하였다. 본경에는 '수순하여 이른다'는 말을 생략하였고, 그렇지만 '이렇게 관하고 나서'라고 하였으니 의미는 〈유〉에 합하므로 소가가 논경을 취하여 앞을 토대로 해석한 내용이다.

(ㄴ) 바로 밝히다[正顯] 2.
a. 관하는 주체인 마음을 밝히다[辨能觀心] 3.

a) 바로 경문을 해석하다[正釋文] 2.
(a) 의미를 밝히고 과목을 나누다[敍意分科] (後復 16上8)

[疏] 後, 復以下는 正顯이라 文有四句하니 前三은 辨能觀心이오 後一은 標所觀境이라 前三은 皆悲요 後一은 是智니 由此相導일새 故名不住

라 故로 論에 結云, 不住生死涅槃故라하니라 今初三中에 爲物觀緣일새 總稱大悲요 隨觀不同일새 故分三別이니라

- (ㄴ) 復以 아래는 바로 밝힘이다. 소의 문장에 네 구절이 있으니 a. 앞의 세 구절은 관찰하는 주체인 마음을 밝힘이요, b. 뒤의 한 구절은 관찰할 대상인 경계를 표방함이다. 앞의 셋은 모두 대비의 마음이요, 뒤의 하나는 지혜이니, 이로 인해 서로 인도하므로 '머물지 않는다'고 말하였다. 그러므로 논경에서, "생사와 열반에 머물지 않기 때문이다"라고 결론하였다. 지금의 처음 세 구절 중에 중생을 위해 연기를 관찰하므로 총합적으로 대비(大悲)라 칭하고, 따라서 관찰함이 같지 않으므로 세 가지로 나누어 구별하였다.

(b) 경문을 따라 의미를 해석하다[隨文釋意] 3.
㊀ 우두머리에 대한 설명[釋首] (一首 16下2)

[疏] 一, 首者는 初義니 先起大悲而觀緣故라 故로 論에 云, 不捨過去와 現在와 未來코 大悲攝勝故라하니 以雖同一切智觀하야 觀三世流轉하고 厭離有爲나 而以大悲로 爲先일새 故勝二乘이니라

- ㊀ '우두머리'란 첫 구절의 의미이니 먼저 대비심을 일으켜서 연기를 관찰하기 때문이다. 논경에서는 "과거·현재·미래의 중생을 버리지 않고 대비로 섭수함이 뛰어나기 때문이다"라고 하였다. 비록 일체 종지의 관법과 같아서 세 시절로 유전함을 관찰하고 유위법을 싫어하지만 대비심으로 우두머리를 삼은 연고로 이승보다 뛰어나다.

[鈔] 今初三中下는 且釋能觀三悲라 疏文有三하니 初, 正釋文이오 二, 彰

次第오 三, 義門料揀이라 初中에 以雖同下는 釋論의 正釋勝字니 若無大悲하면 即同二乘이어니와 今有故로 勝이라 然一切種智觀者는 即大品經에 以聲聞으로 名一切智하고 菩薩로 名道種智하고 如來로 爲一切種智라하시니 此則橫對大小因果하야 分此三別不同하야 謂佛爲一切種智니라 觀三世流轉者는 將下經意하야 釋論不捨過去現在未來之言이라 其厭離有爲는 即下論觀名이니 依大悲爲首하야 立此觀故라 而以大悲下는 正釋勝義니라

- 今初三中 아래는 우선 관찰하는 주체인 세 가지가 대비임을 설명한 내용이다. 소의 문장에 셋이 있으니 a) 바로 경문을 해석함이요, b) 순서를 밝힘이요, c) 의미로 구분함이다. a) 중에 以雖同 아래는 논경에서 승자(勝字)를 바로 해석한 내용이다. 만일 대비심이 없었다면 이승과 같겠지만 지금은 대비가 있는 까닭에 뛰어난 것이다. 그런데 '일체종지로 관찰한다'는 것은 『대품반야경』에서 "성문을 일체의 지혜라 하고 보살로 도의 종자인 지혜라 말하고 여래로 일체종지로 한다"고 말하였다. 이렇다면 수행으로 대·소승의 인행과 과덕을 상대하여 이런 세 가지 다른 점을 구분하여 부처님으로 일체종지라 말한 것이다. '삼세로 유전함을 관찰한다'고 말한 것은 아래 경문의 의미를 가려서 논경의 '과거·현재·미래의 중생을 버리지 않는다'라는 말을 해석한 부분이다. 그중 '유위법을 싫어한다'는 것은 아래 논경의 관법의 명칭이니 대비를 머리로 삼음에 의지하여 이런 관법을 건립했기 때문이다.

而以大悲 아래는 뛰어남의 의미를 바로 설명한 내용이다.

㈢ 늘어남에 대한 설명[釋增上] (二增 17上2)

[疏] 二, 增上者는 論에 云, 一切法中에 智淸淨故라하나니 謂以道相智觀이오 不唯但觀三世하야 而遍了諸法이니 故云一切法中이니 以此導前하야 令悲增上이라 故로 下經에 云大悲轉增이라하시니라

㋁ '늘어난다'는 것은 논경에 이르되, "일체법 가운데 지혜가 청정한 까닭이다"라고 하였다. 말하자면 도의 모양으로 지혜를 관찰한 것이요, 오로지 단지 삼세만을 관하여 모든 법을 두루 요달한다는 것은 아니다. 그러므로 '일체법 가운데'라고 하였으니 이것으로 앞을 이끌어 대비를 늘어나게 한다. 그래서 아래 경문에서 '대비가 더욱 늘어난다'고 말하였다.

[鈔] 謂以道相下는 釋論이니 卽菩薩自智也라 不唯但觀三世는 對上顯勝이오 次, 而遍了諸法下는 當相辨勝이라 言了諸法者는 若內若外와 有爲無爲를 無不知故라 以此導下는 明由智勝故로 悲成增上이니라

㋁ 謂以道相 아래는 논경을 해석한 내용이니 곧 보살 자체의 지혜를 뜻한다. '오로지 단지 삼세만 관하는 것이 아니다'라고 말한 것은 위와 상대하여 뛰어남을 밝힌 내용이요, ㋂ 而遍了諸法 아래는 모양에 당하여 뛰어남을 밝힌 내용이다. '모든 법을 요달한다'고 말한 것은 내부와 외부의 유위법과 무위법을 알지 못함이 없기 때문이다. ㋃ 以此導 아래는 지혜가 뛰어난 까닭에 대비가 늘어남을 성취함에 대해 밝힌 내용이다.

㊂ 만족함에 대한 설명[釋滿足] (三滿 17上9)

[疏] 三, 滿足者는 論에 云, 一切種으로 微細는 因緣을 集觀故라하나니 謂以

一切種智로 委照無遺일새 故名微細니라
- ㈢ '만족하다'는 것은 논경에서는 "일체 종지가 미세한 것은 인연을 모아서 관찰한 까닭이다"라고 하였다. 말하자면 일체종지로 남김없이 자세하게 비추는 연고로 '미세하다'고 말하였다.

[鈔] 謂以一切下는 釋論이니 卽如來智也라
- 謂以一切 아래는 논경을 해석한 내용이니 여래의 지혜라는 뜻이다.

b) 순서를 밝히다[彰次第] (三悲 17下2)

[疏] 三悲가 爲次하야 後後轉深이니 智轉勝故라
- 세 가지 대비가 차례대로 뒤로 갈수록 점점 깊어지나니 지혜가 더욱 뛰어난 까닭이다.

c) 의미의 부문으로 구분하다[義門料揀] 3.
(a) 두 가지 막는 행법을 밝히다[明二護] (據論 17下2)
(b) 2리행에 대해 밝히다[明二利] (旣三)
(c) 머물지 않음을 밝히다[明不住] (俱通)

[疏] 據論現文하면 初則雙明悲智하야 俱護煩惱小乘이오 後는 但唯語於智니 義當但護煩惱라 旣三을 俱稱悲하니 卽下三觀이라 則皆雙護凡小며 俱通二利니 皆雙不住也니라
- 논경에 의거하여 경문을 표현한다면 처음에는 자비와 지혜를 함께 밝혀서 번뇌와 소승을 동시에 막았고, 뒤에는 단지 오직 지혜만을 말

하였지만 의미로는 번뇌를 막는 행법에만 해당한다. 이미 셋을 모두 대비라 칭하였으니 아래의 세 가지 관법을 뜻한다. 다시 말하면 모두 범부와 소승을 동시에 막는 행법이며, 두 가지 이익에 모두 통하나니 모두 함께 머물지 않는다는 뜻이다.

[鈔] 三悲爲次下는 第二, 彰次第라 據論現文下는 三은 義門料揀이라 於中에 有三하니 初는 明二護요 二는 明二利오 三은 明不住라 而文分二니 先은 別明初門이오 後는 三門通例라 今初의 二護에 自有二義하니 一, 按論文인대 由上文의 大悲爲首者는 不捨過去現在未來는 卽是智義요 大悲攝故는 卽是悲義니 悲護小乘하고 智護煩惱라 後二에는 但言一切法中에 智淸淨故라 一切種微細因緣集觀은 明唯約智니라 旣三俱下는 第二, 通例니 觀은 卽煩惱護凡이오 悲는 卽護小[26]라 二護에 卽具二利하니 有智故로 不住生死하고 有悲故로 不住涅槃이니 故로 三義가 具矣니라

- b) 三悲爲次 아래는 순서를 밝힘이다. c) 據論現文 아래는 의미의 부문으로 구분함이다. 그중에 셋이 있으니 (a) 두 가지 막는 행법에 대한 설명이요, (b) 두 가지 이익에 대한 설명이요, (c) 머물지 않는 도에 대한 설명이다. 하지만 소문을 둘로 나눈다면 ① 첫째 번뇌와 소승을 동시에 막는 문을 따로 밝힘이요, ② 세 가지 문을 통틀어 유례함이다. 지금은 ①의 두 가지 막는 행법에 자연히 두 가지 뜻이 있으니 1) 논경의 문장을 살펴보면 위의 '대비가 머리가 되고'라고 말한 것은 과거·현재·미래의 중생을 버리지 않은 것이 그대로 지혜의 뜻인 까닭이요, '대비로 섭수한다'고 말한 것은 바로 대비의 의미이니,

---

26) 小는 南續金本作凡小.

대비로 소승을 막고 지혜로 번뇌를 막는다는 의미이다. 2) 뒤의 둘에는 단지 '일체의 법 가운데 지혜가 청정한 까닭이다'라고만 말하였다. '일체 종지가 미세한 것은 인연을 모아서 관찰한 까닭이다'라고 말한 것은 오로지 지혜에만 의지하여 설명한 내용이다.

② 旣三俱 아래는 통틀어 유례함이니 관법은 번뇌이니 범부를 막는 행법이요, 대비는 소승을 막는 행법이다. 두 가지 막는 행법에 2리행(二利行)을 구비하였으니 지혜가 있는 까닭에 생사에 머물지 않고, 대비가 있는 까닭에 열반에도 머물지 않는다. 그러므로 세 가지 의미가 구비된다.

b. 관찰할 대상인 경계를 표방하다[標所觀境] (後句 18上2)

[疏] 後句, 標所觀者는 前滅後生이며 染生淨滅故니라
■ b. 뒤 구절에서 '관찰할 대상인 경계를 표방한다'는 것은 앞에서 없애고 뒤에서 생겨나며, 잡염은 생겨나고 청정은 없어진 까닭이다.

[鈔] 前滅後生者는 無明이 緣行이니 前緣이 已滅하야 引起後故라 若前不滅하면 則墮常故요 若後不生인대 卽是斷故라 無明緣行者는 由前滅故로 後方得生이라 十二支가 皆然이니 自是一義로 釋之니라 言染生淨滅者는 無明이 緣行하고 行緣識等은 卽是染生이오 無明滅故로 行滅者는 斯爲淨滅이라 下引雜集하야 名染淨觀이니라 又次經에 云, 由着我故로 世間生이 爲生이니 不着我者는 則無生處니 名滅이라하시니라
● '앞에서 없애고 뒤에서 생겨난다'는 것은 무명이 행을 반연하나니 앞의 조건이 이미 없어져서 뒤를 끌어내기 때문이다. 만일 앞의 조건이

없어지지 않는다면 상견(常見)에 떨어진 것이요, 만일 뒤가 생겨나지 않는다면 바로 단견(斷見)일 것이다. '무명이 행을 반연한다'는 것은 앞이 없어짐으로 인해 뒤가 비로소 생겨난다는 뜻이다. 12지분이 모두 그러하나니 이 한 가지 이치로 해석하였다. '잡염이 생기고 청정이 없어진다'고 말한 중에 '무명이 행을 반연하고 행이 의식을 반연한다'는 등은 곧 잡염이 생겨난다는 뜻이요, '무명이 없어짐으로 인해 행이 없어진다'는 것은 청정이 없어진다는 뜻이다. 아래에서 『잡집론』을 인용하여 '잡염과 청정의 관법'이라 이름하였다. 또 다음의 경문에 이르되, "모두 〈나〉에 집착한 탓으로 세간에 태어나는 것을 '태어난다'고 하고, 만일 〈나〉를 여의면 날 곳이 없는 것을 '없어짐'이라 이름하리라"고 하였다.

ㄴ. 관법의 양상을 따로 밝히다[別明觀相] 3.
ㄱ) 깊고 넓음을 총합적으로 표방하다[總標深廣] 3.
(ㄱ) 깊은 뜻을 표방하여 거론하다[標擧深旨] (第二 18上9)

[疏] 第二, 別明觀相이니 卽緣起觀이라 然이나 緣起深義는 佛敎所宗이니 乘智階差하야 淺深이 多種이니라

■ ㄴ. 관법의 양상을 따로 밝힘이니 곧 연기의 관법을 가리킨다. 그러나 연기의 깊은 의미는 불교 교법의 근본 종지이니, 각 승(乘)의 지혜로 단계가 차이나므로 깊고 얕음이 여러 종류인 것이다.

[鈔] 第二別明觀相等者는 疏文有三하니 初는 總顯深廣이오 二, 擧經辨深이오 三, 依論科釋이라 今初에 文三이니 初, 標擧深旨오 二, 引論

略開오 三, 融通無礙라 今初에 疏云然緣起等者는 自古로 諸德이 多云, 三教之宗은 儒則宗於五常이오 道宗自然이오 佛宗因緣이라 然이나 老子가 雖云, 道生一하고 一生二하고 二生三하고 三生萬物이라함이 似有因緣이나 而非正因緣이라 言道生一者는 道卽虛無自然故라 彼又云호대 人法地하고 地法天하고 天法道하고 道法自然이라하니 謂虛通曰道니 卽自然而然이라 是則雖有因緣이나 亦成自然之義耳니라 佛法에 雖有無師智와 自然智나 而是常住眞理요 要假緣顯이니 則亦因緣矣라 故教說三世와 修因契果니 非彼無因과 惡因이라 故로 楞伽經에 大慧가 白佛言[27]호대 世尊說常不思議라하시며 彼諸外道도 亦說常不思議하니 何以異耶잇고 佛言하사대 彼諸外道는 無有常不思議니 以無因故요 我說常不思議는 有因이니 因於內證이니 豈得同耶아하니 是則眞常이 亦因緣顯이니라 淨名에 云, 說法이 不有亦不無나 以因然故로 諸法生이라하며 法華에 亦云, 諸佛兩足尊이 知法常無性이나 佛種이 從緣起일새 是故로 說一乘이라하시며 下經에 云,[28] 一切諸法이 因緣爲本이라하시며 中論에 云, 未曾有一法이 不從因緣生이니 是故로 一切法이 無不是空者며 則眞空中道도 亦因緣矣라하시라 若爾인대 涅槃十六에 云,[29] 我觀諸行하건대 悉皆無常을 云何知耶아 以因緣故로 若一切法이 從緣生者인대 則知無常이로다 是諸外道가 無有一法도 不從緣生일새 是故로 無常이라하니 則外道도 有因緣矣로다 釋曰, 此明外道가 在因緣內하야 執於緣相하야 以爲常住일새 是故로 破之하야 言無常耳니라 今明教詮因緣妙理하야 具常無常이어니 豈得同耶아 況復宗者는 從多分說이니 所以因緣이 是所宗

---

27) 인용문은 『4권 능가경』제1권의 一切佛語心品 제1의 내용이다. (대정장 권16 p. 486b23-)
28) 云은 南續金本作又云.
29) 인용문은 『大般涅槃經』제13권 聖行品 제19의 下의 내용이다. (대정장 권12 p. 605 a-p. 852)

尙이라 不應致疑니라

乘智階差者는 乘은 謂三乘과 五乘이라 三乘觀緣은 已如上說이오 五乘人天도 亦以戒善으로 爲因緣矣라 智는 謂智慧니 如下所引이라 下智觀者는 得聲聞菩提等이라 以大乘中에 旣分因果일새 故로 智異小乘이니라 言階差者는 復有二意하니 一은 則上結隨乘智異요 二는 如一菩提가 隨觀深淺하야 亦多階級이니 故云多種이니라

● ㄴ. '관법의 양상을 따로 밝힌다'는 등은 소의 문장에 셋이 있으니 ㄱ) 깊고 넓음을 총합적으로 표방함이요, ㄴ) 경문을 거론하여 깊음을 밝힘이요, ㄷ) 논경에 의지해 과목 나누어 해석함이다. 지금은 ㄱ)에 소문이 셋이니 (ㄱ) 깊은 뜻을 표방하여 거론함이요, (ㄴ) 논서를 인용하여 간략히 전개함이요, (ㄷ) 걸림 없음으로 원융하게 회통함이다. 지금은 ㄱ)의 소문에서 '그러나 연기' 등이라 말한 것은 예로부터 여러 어른들이 대부분 말하되, "세 가지 종교의 근본종지는 유교(儒敎)에서는 오상(五常)을 종지로 하였고, 도교(道敎)에서는 자연(自然)을 종지로 하였고, 불교에서는 인연법을 종지로 하였다." 하지만 노자(老子)가 비록, "도는 하나를 낳고 하나는 둘을 낳으며 둘은 셋을 낳고 셋은 만물을 낳는다"고 말한 것이 인연법과 비슷하지만 바른 인연법이 아니다. '도는 하나를 낳는다'고 말한 것에서 도는 곧 허무와 자연을 뜻한다. 저『노자』에 또 이르되, "사람은 땅을 본받고 땅은 하늘을 본받고 하늘은 도를 본받으며 도는 자연을 본받는다"고 하였다. 말하자면 빈 것과 통함을 일러 도라 하나니 곧 자연스럽게 그러한 것이다. 이렇다면 비록 원인과 조건이 있다 하더라도 또한 자연의 의미를 이룰 뿐이다. 불법에도 비록 스승 없는 지혜[無師智]와 자연스러운 지혜[自然智]가 있지만 그러나 항상 참된 이치에 머물며 인

연을 빌려서 나타나려 하나니 역시 인연법이다. 그러므로 교법에서 삼세와 인행을 닦아 과덕에 계합함을 말하나니, 저 원인 없음과 악한 원인은 해당하지 않는다. 그래서 『능가경(楞伽經)』에서 대혜(大慧)보살이 부처님께 사뢰어 말씀하되, "세존께서 '항상하고 부사의하다'고 설하셨으니, 이것은 모든 외도가 말한 항상함과 부사의의 인연과 어떻게 다릅니까?' 하니 부처님께서 대혜에게 말씀하셨다. '저 모든 외도들이 항상함과 부사의가 없다'고 말한 것은 원인이 없기 때문이요, 내가 말한 항상함과 부사의는 원인이 있나니 안으로 증득함을 인하였으니 어찌 같겠는가? (왜냐하면 모든 외도의 항상함과 부사의는 자상(自相)으로 인하여 이루어지지 않았기 때문이다)"라고 하였으니, 이것은 참되고 항상함이 또한 인연법임을 밝힌 내용이다. 『유마경』에도, "법을 설함이 있지도 않고 없지도 않지만 인연법인 연고로 여러 현상법이 생긴다"고 하였다. 『법화경』 방편품에도, "항상하고 성품 없는 진실한 법, 양족존(兩足尊)은 알지마는 부처 되는 종성들이 인연 따라 생기므로 그래서 말씀하신 일승의 법"이라 하였다. 아래 경문에서는, "일체의 모든 법 인연으로 근본을 삼는다"고 하였고, 『중론』에도, "어떤 한 법도 인연에서 나지 않음이 없으니 그러므로 온갖 법은 〈공〉이 아닌 것이 없다. 진실로 공한 중도도 역시 인연법이다"라고 하였다. 그렇다면 『열반경』 제16권에는, "부처님께서 다시 말씀하시었다. '선남자여, 나는 모든 법이 다 무상하다고 보노라. 어떻게 아는가 하면, 인연으로 말미암은 까닭이니 어떤 법이든지 인연으로 생기는 것은 무상한 줄 알지니라. 모든 외도들은 한 법도 인연으로 좇아 생기지 않은 것이 없느니라'"라고 하였으니, 다시 말하면 외도도 인연이 있는 것이다. 해석하자면 여기서는 외도가 인연 속에 있으면서 인연의 모양을 고집하여 항상 머문다고 함을 밝혔으니, 이런 까닭에 타파하여 '항상하지 않다'고 말한다. 지금은 교법으로 인연법의 오묘한 이치를 말하여 항상함과 항상하지 않음을 갖추어 설명하였는데 어찌 같을 수 있겠는가? 하물며 다시 근본 종지는 많은 부분을 따라 설하였다. 그러므로 인연이 근본 종지로 숭상하는 것이니 응당히 의심하지 말지니라.

'각 승의 지혜로 단계가 차이난다'고 말한 부분에서 '승(乘)'이란 삼승과 오승을 말한다. 삼승이 연기를 관함은 위에서 이미 말한 내용과 같고, 오승의 인천승도 또한 오계와 십선법으로 인연을 삼았다. '지(智)'는 지혜를 말하나니 아래에 인용한 내용과 같다. 아래의 지혜의 관법이란 성문의 보리 따위를 얻는 것이다. 대승법 중에도 이미 인행과 과덕으로 나누었으므로 지혜가 소승과 다르다. '단계'라 말한 것은 다시 두 가지 의미가 있으니, 1) 위에서 승(乘)을 따라 지혜가 달라진다고 결론하였다. 2) 마치 하나의 보리가 관법의 깊고 얕음을 따라 여러 등급이 있게 되는 것과 같은 까닭에 '여러 종류'라고 말하였다.

(ㄴ) 논서를 인용하여 간략히 전개하다[引論略開] (龍樹 19下8)

[疏] 龍樹가 云, 因緣이 有二하니 一은 內요 二는 外라 外는 卽水土穀芽等이오 內는 卽十二因緣이라하시니 今正辨內니라

■ 용수(龍樹)보살이 이르되, "뭇 인연법에 두 가지가 있으니 (1) 내부의 것이요, (2) 외부의 것이다. (2) 외부의 것이란 곧 물과 진흙과 곡식과 새싹 따위를 가리키고, (1) 내부의 것이란 바로 12인연을 가리킨다"라고 하였으니 지금은 내부의 인연법을 바로 밝힌 내용이다.

[鈔] 龍樹云等者는 二, 引論略開니 卽十二門論이라 文에 云,³⁰⁾ 謂水土人工時節穀子가 爲因緣하야 而芽得生이오 乳及酵煖과 人工이 爲緣하야 而酪得生이오 泥團輪繩과 及陶師等緣으로 而器得成이니 皆外因緣也라하니라

- (ㄴ) 龍樹云 등이란 논서를 인용하여 간략히 전개함이니 곧 『십이문론(十二門論)』을 뜻한다. 논문에 이르되, "밖의 인연이라 함은 물과 진흙, 사람의 공력·시절·곡식 종자가 인연이 되어 싹이 나고 우유와 효소·따뜻함과 사람의 공력이 인연이 되어 소락(酥酪)이 나게 되고, 또 진흙과 노끈과 옹기장이 따위의 인연으로 그릇이 만들어지는 것이니 모두 외부의 인연이다"라고 하였다.

(ㄷ) 걸림 없음으로 원융하게 회통하다[融通無礙] (然外 20上3)

[疏] 然이나 外由內變하야 本末相收니 卽總含法界一大緣起라 染淨交徹하야 義門非一이니 下當略示하리라

- 그러나 외부는 내부로 인하여 변해서 근본과 지말을 서로 거두나니, 곧 총합적으로 '법계를 하나로 본 큰 연기'를 포함하고 있다. 잡염과 청정이 서로 사무쳐서 이치의 문이 하나가 아닌 것이니, 아래에 가서 간략히 보이겠다.

---

30) 인용문은 『十二門論』 제1권 觀因緣門 제1의 내용이다. (대정장 권30권 p. 159c28-)
 【뭇 인연에서 난 법은 제 성품이 없는 것이니 제 성품이 없다면 어찌 이 법이 있으랴》 뭇 인연에서 난 법이 두 가지가 있으니, 첫째는 안의 것이요 둘째는 밖의 것이다. 뭇 인연에도 두 가지가 있으니, 첫째는 안의 것이요 둘째는 밖의 것이다. 밖의 인연이라 함은 진흙·도르래·노끈·옹기장이 따위가 화합해서 병이 나는 것 같고, 또 실·베틀·북·베 짜는 이 따위가 화합해서 비단이 나는 것 같고, 또 터를 다듬고 기초를 쌓고 대들보·서까래·진흙·이엉·사람의 공력 따위가 화합하여 집이 나는 것 같고, 또 우유·그릇·체·사람의 공력 따위가 화합해서 소락이 나는 것 같고, 또 종자·땅·물·불·바람·허공·시절·사람의 공력 따위가 화합해서 싹이 나는 것 같은 종류이니, 밖의 인연의 법이란 모두가 이런 것임을 알라.】

[鈔] 然外由內變下는 三, 融通無礙라 外諸器界는 內識頓變한 增上之果요 亦因自業이니 故云內變이라 言本末相收者는 內卽是本이오 外卽是末이니 以唯心義로는 則內收外요 託境生心이면 則末亦收內라 若以法性으로 爲本인댄 法性融通하야 緣起相由니 則塵包大身이며 毛容刹土라 是故로 合爲一大緣起也니라

染淨交徹者는 然瑜伽論에 云, 緣起門은 云何오 謂依八門하야 緣起流轉하니 一은 內識生門이오 二는 外緣成熟門이오 三은 有情世間의 生死門[31]이오 四는 器世間成壞門이오 五는 食任持門이오 六은 自所作業增上勢力이니 受用隨業하야 所得愛非愛果門이라 七은 威勢門이오 八은 淸淨門이라하니라 釋曰, 然論不釋이나 義略可知라 八淸淨은 卽無明滅에 行滅等이오 七威勢는 卽勢用緣生이니 無明이 緣行等이오 六自所作業은 卽正是有支習氣요 五食任持는 卽四食不同하야 隨界通局이오 四器界는 可知로다 三有情은 揀外無情이오 二와 及外緣門은 如論說이라 一內識生은 卽名言習氣라

● (ㄷ) 然外由內變 아래는 걸림 없음으로 원용하게 회통함이다. 외부의 모든 기세간(器世間)은 내부의 의식이 단박에 변하여 생긴 더 나은 결과이며, 또한 자신의 업 때문이니 그래서 '내부 때문에 변한다'고 하였다. '근본과 지말을 서로 거둔다'고 말한 것에서 내부는 곧 근본이요, 외부는 지말에 해당한다. 오직 마음이란 이치로는 내부가 외부를 거두며, 경계에 의탁하여 마음이 생겨나는 것으로 보면 지말로 내부를 거둘 수 있다. 만일 법성으로 근본을 삼는다면 법성은 원용하게 통하여 연기법이 서로 연유하게 된다. 다시 말하면 미진이 큰 몸을 싸며 터럭이 부처님의 국토를 용납하는 것이다. 이런 까닭에 합하

---

31) 生死는 論南續金本作死生.

여 하나의 큰 연기법이 된다.

'잡염과 청정이 서로 통한다'는 것은 더구나 『유가사지론』에 이르되, "연기의 문은 무엇인가? 여덟 가지 문에 의하여 헤매게 되나니, (1) 내부의 의식에서 생기는 문[內識生門]이요, (2) 외부의 대상 경계에서 성숙하는 문[外緣成熟門]이요, (3) 유정 세간에서 나고 죽는 문[有情世間生死門]이요, (4) 그릇 세간에서 이루어지고 무너지는 문[器世間成壞門]이요, (5) 음식으로 유지하는 문[食任持門]이요, (6) 스스로가 지었던 업의 왕성한 세력으로 수용하고 업을 따라 얻게 되는 사랑스럽고 사랑스럽지 않은 결과의 문[自所作業增上勢力受用隨業所得愛非愛果門]이요, (7) 위엄 있는 세력의 문[威勢門]이요, (8) 깨끗함의 문[淸淨門]이다"라고 하였다. 해석하자면 더구나 저 논경에서는 해석하지 않았지만 이 치는 대략 알 수 있다. (8) 청정한 문은 무명이 없어지면 지어 감이 멸하는 등이요, (7) 위엄 있는 세력의 문은 세력의 작용으로 연기하여 생긴다는 뜻이니 무명이 지어 감 따위를 반연함이요, (6) 자신이 지은 업의 문은 바로 ① 유지(有支)의 익힌 기운의 뜻이요, (5) 음식으로 유지함의 문은 네 가지 음식32)이 같지 않아서 경계를 따라 통하고 국한하며, (4) 그릇 세간의 문은 알 수 있으리라. (3) 유정 세간의 문은 외부의 무정물과 구분한 것이요 (2) 외부 경계에서 성숙하는 문은 유가론의 설명과 같다. (1) 내부의 의식에서 생긴 문은 곧 명언습기(名言習氣)33)에 해당한다.

---

32) 四食: ① 段食 ② 觸食 ③ 思食 ④ 識食을 가리킨다. (불교학대사전 p.672-) 食은 범어 āhāra의 번역. '끌어당기다' '기르다' '보존해 나간다'의 뜻. 이것은 중생이나 성자의 육신을 보존하여 유지하는 것을 말한다. 여기에 世間食과 出世間食이 있다. 위의 四食은 세간식에 해당한다.

33) 習氣: 범어 vāsanā의 번역. 習이라고도 한다. 우리들의 마음속에 인상지어지고 밴 관습의 기분·습성을 말한다. 습기에는 3종이 있으니 (1) 名言習氣: 명언(언어적 표상)에 의해서 훈성된 종자이니 곧 명언종자를 말한다. 일체의 유위법을 각기 내게 하는 직접의 因으로 곧 等流果를 인생하는 점에서 等流習氣라고도 한다. 이것을 表義名言(의미를 나타내는 소리)에 의한 습기와 顯境名言(대상 경계를 緣慮하는 심왕과 심소)에 의한 습기로 나

言下當略示者는 非但門有其八이라 義亦無量이니 散在經疏의 隨文釋中과 及下釋[34] 緣起竟處와 總結十門[35] 之意하야 收十爲五와 乃至顯四佛性하야 融爲大緣起等이라 義門이 旣散하니 今且就內하야 略示染淨호리라 一은 染緣起요 二는 淨緣起요 三은 染淨雙融緣起라 此三緣起는 各有四門이라 染中四者는 一, 緣集一心門이오 二, 攝本從末門이오 三, 攝末歸本門이오 四, 本末依持門이라 第二淨緣起에 亦四門者는 一은 本有門이오 二는 修生門이오 三은 本有卽修生門이오 四는 修生卽本有門이라 第三染淨雙融亦四門者는 一, 飜染顯淨門이오 二, 以淨應染門이오 三, 會染卽淨門이오 四, 染盡淨泯門이라 以此諸門과 及該內外無盡事理하야 並合爲一無障無礙法界大緣起也니라

● '아래에 가서 간략히 보이겠다'고 말한 것은 여덟 가지 문이 있을 뿐만 아니라 이치도 한량없나니, 경소의 문장을 따라 해석함과 아래 연기에 대한 해석이 끝나는 곳과 십문을 총합하여 결론한 의미에 산재되어 있어서 십문을 다섯 문으로 거두어 묶었다. 네 가지 불성(佛性)을 밝혀서 법계의 큰 연기 따위로 융합하였다. 이치의 문이 이미 산재되었으니 지금은 우선 내부의 것에 입각하여 잡염과 청정의 연기법을 간략히 보이겠다. 1) 잡염의 연기요, 2) 청정의 연기요, 3) 잡염과 청정을 함께 융합한 연기이다. 이 세 가지 연기는 각기 네 가지 문이 있다. 1) 잡염의 연기에서 네 가지는 첫째, 연기가 한 마음에 모이는 문

눈다. (2) 我執習氣: 아집에 의해서 길들여진 습기. (3) 有支習氣: 有支 곧 三有의 因인 선악의 업에 의해서 熏成된 業種子를 말한다. 이숙과를 초래하는 점에서 異熟習氣라고도 한다. 또 (2) 아집습기를 없애고 等流習氣와 異熟習氣의 2종으로 하는 수도 있다. (불교학대사전 p.899-)

34) 釋은 甲本作解, 南續金本作解釋.
35) 門은 南續本作明, 金本作方皆誤; 案下疏有總結十名一科其子科第三以義總收下에 又有出十門意 及收十爲五等科 鈔意指此.

이요, 둘째, 근본을 거두어 지말을 따르는 문이요, 셋째, 지말을 거두어 근본으로 돌아가는 문이요, 넷째, 근본과 지말이 의지하는 문이다. 2) 청정의 연기법에도 네 가지 문이 있으니 첫째, 본래로 있는 문이요, 둘째, 닦아서 생겨난 문이요, 셋째, 본래 있음이 닦아 생김과 합치하는 문이요, 넷째, 닦아 생김이 본래 있음과 합치하는 문이다. 3) 잡염과 청정을 함께 융합한 연기에도 네 가지 문이 있으니 첫째, 잡염을 바꾸어 청정을 드러내는 문이요, 둘째, 청정으로 잡염과 응하는 문이요, 셋째, 잡염이 청정과 합치함을 아는 문이요, 넷째, 잡염이 다하고 청정이 없어지는 문이다. 이런 여러 문과 내부와 외부의 끝없는 현상과 이치를 포괄하여 모두 합쳐서 장애가 없고 걸림 없는 법계의 큰 연기법[無障礙法界大緣起]이 된다.

ㄴ) 경문을 거론하여 깊음을 밝히다[擧經辨深] 2.
(ㄱ) 경문을 총합적으로 과목 나누어 십중으로 끝없음을 밝히다
　　[總科經文有十重以顯無盡] (今經 21上10)
(ㄴ) 점차로 전개하여 생각하기 어려움을 밝히다[展轉開顯以辨難思]
　　　　　　　　　　　　　　　　　　　　　　　(各有)

[疏] 今經文內에 略顯十重하야 窮究性相하야 以顯無盡이 非唯[36]寄位가 同於二乘이니라 言十重者는 一은 有支相續이오 二는 攝歸一心이오 三은 自業助成이오 四는 不相捨離요 五는 三道不斷이오 六은 三際輪廻요 七은 三苦集成이오 八은 因緣生滅이오 九는 生滅繫縛이오 十은 隨順無所有盡이라 各有逆順하야 卽成二十하니 故로 下에 結云호대

---

36) 唯는 南綱續金本作爲, 原纂本作唯.

如是逆順觀察이라하니 逆은 卽緣滅이오 順은 卽緣生이라 此約逆順生死流注하야 以爲逆順이어니와 若準對法第四하면 此中逆順을 彼名染淨이니 染淨之中에 各有逆順하야 則成四十이라 至下當說하리라 今以易故로 經中에 略無하고 但二十重이라 論主가 復以上三悲觀門으로 解此十重하야 則成六十이오 古人은 兼取彼果分中의 三空觀之하면 則有一百八十重으로 觀於緣起니라

■ 본경의 문장 속에 대략 십중(十重)으로 밝혀서 체성과 양상을 궁구하여 끝없음을 밝힌 것이 오직 의탁한 지위가 이승과 같은 것만은 아니다. 십중(十重)이라 말한 것은 ① 유지가 상속하는 문이요, ② 한 마음으로 섭수되는 문이요, ③ 자기의 업을 도와 이루는 문이요, ④ 서로 떨어지지 않는 문이요, ⑤ 삼도로 끊어지지 않는 문이요, ⑥ 삼제로 윤회하는 문이요, ⑦ 세 가지 고통이 모여 이루는 문이요, ⑧ 인연으로 나고 없어지는 문이요, ⑨ 나고 없어짐에 얽힌 문이요, ⑩ 아무 것도 없이 다하는 관찰을 따르는 문이다. 각기 역관과 순관이 있어서 20중으로 되나니, 그러므로 아래에 결론하되, "이렇게 수순하고 거슬러서 모든 연기를 관찰한다"고 하였다. 역관은 인연이 없어짐이요, 순관은 인연이 생겨남이다. 이것은 수순하고 거스르는 나고 죽음이 계속됨에 의지하여 순관과 역관이 되겠지만 만일『대법론(對法論)』제4권에 준해 보면 본경에서 역관과 순관이라 한 것을 저기서는 '잡염'과 '청정'이라 칭한다. 잡염과 청정 속에 각기 순관과 역관이 있어서 40중이 이루어진다. 이것은 아래에 가서 다시 설명하겠다. 지금은 쉬운 까닭에 경문에는 생략하였고 단지 20중(重)뿐이다. 논주가 다시 위의 세 가지 대비의 관법을 이 십중(十重)으로 나누면 60중(重)이 된다. 옛사람은 저 과덕의 부분 중 세 가지 <공>의 관법을 겸하

여 취하면 180중(重)으로 연기를 관찰함을 주장하였다.

[鈔] 今經文下는 二, 擧經顯深이라 於中有二하니 先, 總科經文의 文有十重하야 以顯無盡이오 後, 各有逆順下는 展轉開顯하야 以辨難思라 古人兼取者는 疏意가 不美此釋하고 亦不言非라 故로 擧古人하고 不言去取라 若依染淨逆順하야 成四十重하야 三觀歷之하면 成百二十 斯理가 然也로다

● ㄴ) 今經文 아래는 경문을 거론하여 깊음을 밝힘이요, 그중에 둘이 있으니 (ㄱ) 총합적으로 경문을 과목 나누어 십중(十重)으로 끝없음을 밝힘이요, (ㄴ) 各有逆順 아래는 점차로 전개하여 생각하기 어려움을 밝힘이다. '옛사람이 겸하여 취한다'는 것은 소가의 주장이 이 해석보다 좋지 않지만 또한 아니라고 말하지도 않았다. 그러므로 옛사람을 거론하였지만 버리고 취한다고 말하지도 않았다. 만일 잡염과 청정, 순관과 역관에 의지해서 40중(重)을 이루어 세 가지 관법으로 거쳐서 120중(重)을 이루면 이런 이치가 성립될 것이다.

ㄷ) 논경에 의지해 과목을 해석하다[依論科釋] 3.
(ㄱ) 논경에 의지해 관법을 세우다[依論立觀] 6.
a. 명칭을 나열하다[列名] (論三 22上5)
b. 모양을 풀이하다[釋相] (初但)

[疏] 論三觀者는 一, 相諦差別觀이오 二, 大悲隨順觀이오 三, 一切相智觀이라 初, 但觀二諦有爲가 無有我故니 卽大悲爲首觀也오 二, 悲隨物增이니 卽大悲增上觀이오 三은 卽委悉窮究因緣性相諸門觀故

니 卽大悲滿足觀이라
- 논경의 세 가지 관법이란 ㊀ 양상적인 진리로 구분하는 관법이요, ㊁ 대비로 수순하는 관법이요, ㊂ 온갖 양상과 지혜로 행하는 관법이다. ㊀은 단지 두 가지 이치의 유위법이 〈내〉가 없음을 관찰할 뿐이니 대비로 우두머리를 삼는 관법이요, ㊁ 대비가 중생을 따라 늘어나는 것이니 곧 대비가 더욱 늘어나는 관법이요, ㊂ 자세하게 인연의 체성과 양상의 여러 문을 궁구하는 관법인 까닭이니 곧 대비가 만족한 관법이다.

c. 대품반야경으로 회통하다[會同大品] (初一)
d. 열반경으로 증명하다[以涅槃證] (故涅)

[疏] 初一은 下同二乘一切智也요 次一은 自顯菩薩道相智요 後는 卽上同諸佛一切種智라 故로 涅槃에 云,[37] 十二因緣을 下智觀故로 得聲聞菩提하고 中智가 觀故로 得緣覺菩提하고 上智觀故로 得菩薩菩提하고 上上智觀故로 得佛菩提라하시니 初二菩提는 卽初觀意요 餘二는 各一可知로다
- 처음의 ㊀ 相諦差別觀은 아래로 이승의 모든 지혜와 같으며, 다음의 ㊁ 大悲隨順觀은 자연히 보살도의 양상과 지혜를 드러내는 것이요, 뒤의 ㊂ 一切相智觀은 위의 모든 부처님의 일체종지와 같다. 그러므로 『열반경』에서는, "12인연을 낮은 지혜로 관찰하면 성문의 깨달음

---

37) 인용문은 『열반경』 제25권의 師子吼菩薩品 제23의 ①의 내용이다. 經云, "善男子. 觀十二緣智凡有四種. 一者下. 二者中. 三者上. 四者上上. 下智觀者不見佛性. 以不見故得聲聞道. 中智觀者不見佛性. 以不見故得緣覺道. 上智觀者見不了了. 不了了故住十住地. 上上智觀者見了了故得阿耨多羅三藐三菩提道. 以是義故十二因緣名爲佛性. 佛性者卽第一義空. 第一義空名爲中道. 中道者卽名爲佛. 佛者名爲涅槃."(대정장 권12 p.768c12-)

을 얻고, 중간의 지혜로 관찰하면 연각의 깨달음을 얻고, 높은 지혜로 관찰하면 보살의 깨달음을 얻고, 가장 높은 지혜로 관찰하면 부처의 깨달음을 얻게 된다"고 하였다. 처음 성문과 연각의 두 가지 깨달음은 ㊀의 뜻이고 나머지 둘[上智觀, 上上智觀]은 각기 ㊁와 ㊂에 해당하나니 알 수 있으리라.

e. 비방과 힐난을 해명하다[釋通妨難] (前約 22下3)

[疏] 前約爲物에 三皆稱悲요 今約觀心에 三皆智觀이라 是知三句가 各有悲智相導로다
■ 앞은 중생을 위함에 의지하였으니 셋이 모두 대비로 칭하며, 지금은 마음을 관찰함에 의지하였으니 셋이 모두 지혜의 관법이 된다. 이로써 세 구절이 각기 대비와 지혜가 서로 이끌고 있음을 알겠다.

[鈔] 論三觀者下는 第三, 依論科釋이라 於中에 二니 先은 依論立觀이오 後는 以論會經이라 前中에 有六하니 一, 列名이오 二, 初但觀下는 釋相이니 皆以前經의 三悲로 會之라 三, 初一下者는 會同大品三智요 四, 故涅槃下는 以涅槃으로 證成이니 涅槃에는 開於二乘은 敎行이 不同일새 故二乘異어니와 大品에 合은 其理果是一일새 故合二乘이라 義皆符此일새 故得並引이니라 五, 前約爲物下는 釋通妨難이니 謂有問言호대 經是三悲요 論爲三觀하니 豈得引前하야 以成今說고할새 故爲此通이라 六, 融此三觀下는 融通顯勝이라
● ㄷ) 論三觀者 아래는 논경에 의지해 과목 나누어 해석함이다. 그중에 둘이니 (ㄱ) 논경에 의지해 관법을 세움이요, (ㄴ) 논경으로 본경

을 회통함이다. (ㄱ) 중에 여섯이 있으니 a. 명칭을 나열함이요, b. 初但觀 아래는 양상을 해석함이니 모두 앞의 경문에서 세 가지 대비로 회통하였기 때문이다. c. 初一 아래는 『대품반야경』의 세 가지 지혜로 회통함이요, d. 故涅槃 아래는 『열반경』으로 증명함이다. 『열반경』에서 이승을 전개한 것은 교법과 행법이 같지 않으므로 이승과 다른 것이지만, 『대품반야경』과 합한 것은 그 이치의 결과가 하나인 까닭에 이승을 합한 것이다. 이치로는 대개 이것과 부합하는 연고로 함께 인용하였다. e. 前約爲物 아래는 비방과 힐난을 해석하고 해명함이다. 어떤 이가 묻되, "본경의 세 가지 대비를 논경에는 세 가지 관법으로 삼았으니 어찌 앞의 세 가지 대비를 인용하여 지금 여기에 설하는가?"라고 하므로 이렇게 해명하였다. f. 融此三觀 아래는 원융하게 통하여 뛰어남을 드러냄이다.

f. 원융하게 회통하여 뛰어남을 드러내다[融通顯勝] (融此 22下4)

[疏] 融此三觀에 唯在一心이니 甚深般若이 於是而現이니라
- 이런 세 가지 관법을 융합할 적에 오로지 한 마음만 있으니 매우 깊은 반야가 여기서 드러나게 된다.

[鈔] 言三觀一心者는 卽同空假中也니 一人이 頓修에 非約乘分이라 言甚深般若者는 般若가 有二하니 一者는 是共이니 如云欲得聲聞乘인대 當學般若等이라 法華에 云,[38] 一切諸法이 皆悉空寂하야 無生無滅이며 無大無小며 無漏無爲일새 如是思惟에 不生喜樂이라하시니 卽共般

---

38) 云은 甲南續金本作亦云.

若라 此名爲淺이어니와 今悲智를 雙運하고 理事齊觀일새 故其所發이 卽是不共이니 爲甚深般若矣니라

- '세 가지 관법이 오로지 한 마음뿐'이라 말한 것은 곧 공관과 가관과 중도관을 가리키나니, 한 사람이 단박에 닦나니 교법에 의지해 나누지 않았다. '매우 깊은 반야'라 말한 것은 반야[39]에 둘이 있으니 1) 공통의 반야이니 마치 성문의 법을 얻으려 한다면 마땅히 반야를 공부하라 함과 같은 따위이다. 『법화경』(신해품 게송)에 이르되, "일체 모든 법이 모두 다 비어 고요하며, 나고 멸함 없으며, 크고 작음 없으며, 새는 것도, 해야 할 것도 없다고 생각하여 기쁜 마음을 내지 아니하였나이다"라고 하였으니 모두 공통의 반야[共般若]를 가리킨다. 이것은 얕은 반야를 말하지만 지금은 대비와 지혜를 동시에 움직이고 현상과 도리를 함께 관조하므로 그 발생된 지혜가 바로 2) 함께하지 않는 반야[不共般若]인 것이니 매우 깊은 반야이다.

(ㄴ) 논경으로 본경을 회통하다[以論會經] 3.
a. 논경과 본경을 표방하여 거론하다[標擧論經] (然論 23上8)

[疏] 然이나 論의 三觀이 雖徧釋經이나 而與十門으로 開合이 不等이라
- 하지만 논경의 세 가지 관법이 비록 두루 본경을 해석한 것이지만 열 가지 문과는 열고 합한 내용이 같지 않다.

---

[39] 般若: 범어 prajñā의 음역. 慧·智慧·明·黠慧라고 번역한다. 모든 사물의 도리를 분명히 뚫어 보는 깊은 지혜를 뜻한다. 여기서 반야를 2종으로 나누면, (1) 共般若: 성문, 연각, 보살을 위해 공통으로 설한 반야와 不共般若: 다만 보살만을 위해 설해진 반야라 한다. (2) 實相般若: 반야의 지혜에 의해 관조된 對境으로서 일체법의 진실하고 절대적인 모습(이것은 반야가 아니지만 반야를 일으키는 근원이므로 이렇게 부른다.)과 觀照般若: 일체법의 진실하고 절대적인 모습[實相]을 관조하여 알아내는 지혜. (3) 世間般若와 出世間般若로 나눈다. (불교학대사전 p.458-)

[鈔] 然論三觀下는 二, 以論會經이라 於中有三하니 初, 標擧요 二, 別釋三觀開合이오 三, 二利分別이라 今初니 言與十門下는 如初觀에 總束十門하야 爲三은 則經開論合이오 而分第二의 一心所攝前半하야 爲第一義하니 卽經合論開요 其第三觀에 開初門前半하야 爲染淨分別觀하고 後半은 屬依止觀하니 卽經合論開요 以八九二門으로 爲無始觀하니 卽經開論合[40]이니라

● (ㄴ) 然論三觀 아래는 논경으로 본경을 회통함이다. 그중에 셋이 있으니 a. 논경과 본경을 표방하여 거론함이요, b. 개별로 세 관법의 열고 합함에 대한 해석이요, c. 두 가지 이익으로 구분함이다. 지금은 a.이니 與十門이라 말한 아래는 첫 관법에 총합적으로 열 가지 문으로 묶어서 셋으로 한 까닭은 본경을 전개하여 논경과 합함이다. 하지만 본경의 ② 일심소섭문(一心所攝門)의 앞의 반을 나누어 제일가는 이치로 삼았으니 본경은 합하고 논경을 전개한 것이요, 그 ③ 일체상지관(一切相智觀)에 ① 유지상속문(有支相續門)의 앞의 반을 열어서 잡염과 청정을 구분하는 관법을 삼았고, 뒤의 반은 의지하는 관법에 속하나니 곧 본경은 합하고 논경은 연 것이요, ⑧ 인연생멸문(因緣生滅門)과 ⑨ 생멸계박문(生滅繫縛門)의 두 가지 문으로 비롯함 없는 관법을 삼았으니 곧 본경은 열고 논경은 합한 내용이다.

b. 세 가지 관법의 열고 합함[三觀開合] 3.
a) 온갖 지혜의 관법[一切智觀] (初一 23下8)

[疏] 初, 一切智觀이라 攝經十門하야 總爲三段이니 一은 成答相差別이니

---

40) 此下에 甲南續金本有初相諦差別五字, 原本無; 案初相諦差別觀 卽下疏初一切智觀 下鈔但稱初觀.

此攝十中初門이라 二는 第一義差別이니 攝經第二門中之半이오 三은 名世諦差別이니 攝餘八門半이라 所以分三者는 初一, 顯妄我非有요 後二, 顯眞俗非無라 眞辨緣性하고 俗明緣相에 義理가 周備故니라

■ a) 온갖 지혜의 관법이다. 본경의 십문을 거두어 총합하여 세 문단으로 하였으니 a. 성(成)·답(答)·상(相)으로 구분함이다. 이것은 십문 중의 (a) 有支相續門을 포섭한다. b. 제일가는 이치의 차별이니 본경의 (b) 一心所攝門의 반을 포섭하고 c. 세속적인 진리의 차별이니 (b) 一心所攝門의 나머지 반과 그 외 여덟 문을 포섭한다. 셋으로 나눈 이유는, 처음 하나는 망녕된 <나>는 있지 않음을 밝힌 부분이요, 뒤의 둘은 진제와 속제는 없는 것이 아님을 밝힌 부분이다. 진제는 관련된 본성을 밝히고 속제는 관련된 양상을 밝힌다고 하면 이치와 도리가 두루 갖추어지게 된다.

[鈔] 初一切智觀下는 第二, 別釋三觀開合이라 中에 初觀[41]에 有二하니 先, 正明이오 言十中初門者는 卽有支相續門이오 二, 攝第二門中之半者는 卽攝歸一心前半이니 經에 云, 佛子여 此菩薩摩訶薩이 復作是念호대 三界所有가 唯是一心이 是也라 三, 攝餘八門半者는 半은 卽第二一心門中에 從如來가 於此分別演說下하야 及盡第十門이니라

● b. 初一切智觀 아래는 개별로 세 가지 관법의 열고 합함을 해석함이다. 그중에 a) 온갖 지혜의 관법에 둘이 있으니 (a) 바로 밝힘이요, '십문 가운데 제1문'이라 말한 것은 곧 (a) 유지상속문(有支相續門)이요, '제2문의 반을 포섭한다'는 것은 (b) 일심소섭문(一心所攝門)의 반

---

41) 中初觀은 南金本作中.

을 포섭한다는 뜻이다. 경에 이르되 "불자여, 이 보살마하살이 다시 이런 생각을 하되 '삼계에 있는 것은 오직 일심(一心)뿐'이라 한 것이 그것이다. '나머지 여덟 문과 반을 포섭한다'는 것에서 반(半)이란 곧 (b) 일심소섭문(一心所攝門) 가운데 '여래가 이것을 분별하여 말한다'는 아래로부터 (j) 수순무소유진문(隨順無所有盡門)의 끝까지이다.

※ 三觀攝十門說 : 十門과 三觀과의 상호포섭관계를 말한 내용이다.

(闕字卷 23下8)

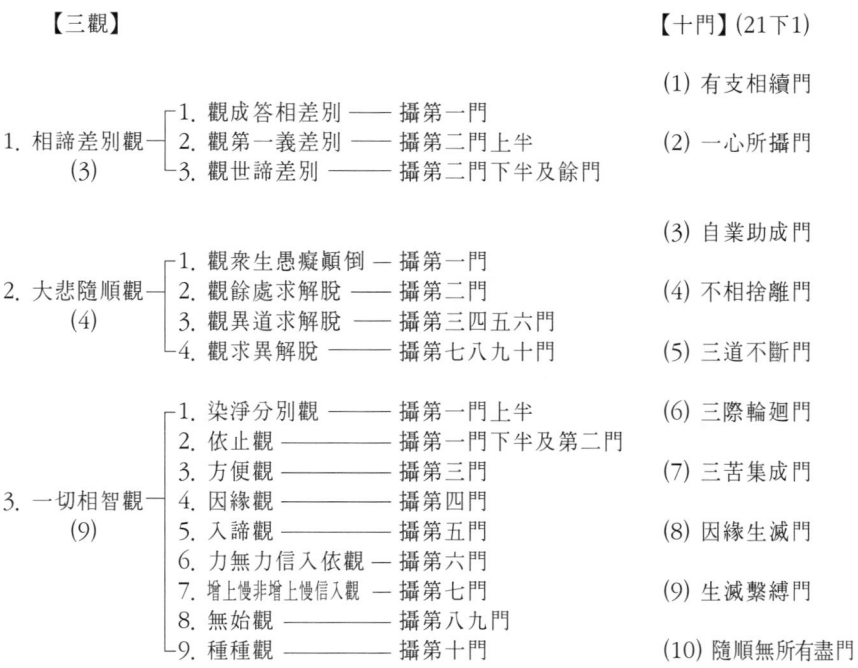

제6절 現前地 가) 地行 (나) 不住道行勝   91

b) 대비로 수순하는 관법[大悲隨順觀] 2.
(a) 바로 밝히다[正明] (第二 24上5)
(b) 관법을 하는 이유[所以] (此之)

[疏] 第二, 大悲隨順觀이라 分十爲四니 一은 觀衆生愚癡顚倒니 攝十門 中의 第一門이오 二는 餘處求解脫이니 攝第二門이오 三은 異道求解脫이니 攝次四門이오 四는 求異解脫이니 攝後四門이라 此之四觀에 初一은 就情彰過요 後三은 就法辨非라 於中에 二는 是所依理非니 對彼正理하야 名所取我하야 以爲餘處요 三은 是所依行法非니 擧其法非하야 明其行失이오 後一은 明所求果非니 以苦로 欲捨苦故니라

■ b) 대비로 수순하는 관법이다. 십문을 나누어 넷으로 하였으니 ㉮ 중생들의 어리석음과 잘못된 생각을 관찰함이니 십문 중의 (a) 유지상속문(有支相續門)을 포섭하고, ㉯ 다른 곳에서 해탈을 구함이니 (b) 일심소섭문(一心所攝門)을 포섭하고, ㉰ 다른 갈래에서 해탈을 구함이니 다음의 네 문[(c) 自業助成門 (d) 不相捨離門 (e) 三道不斷門 (f) 三際輪廻門]을 포섭하고, ㉱ 별다른 해탈을 구함이니 뒤의 네 문[(g) 三苦集成門 (h) 因緣生滅門 (i) 生滅繫縛門 (j) 隨順無所有盡門]을 포섭한다. 이런 네 가지 관법에서 처음 하나[㉮ 觀衆生愚癡顚倒]는 망녕된 생각에 입각하여 허물을 드러낸 부분이요, 뒤의 셋은 법에 입각하여 그릇됨을 밝힌 내용이다. 그중에 둘째[㉯ 觀餘處求解脫]는 의지한 이치가 그릇되었으니 저 올바른 이치에 상대하여 취착(取着)한 〈나〉를 '다른 곳'이라 이름한 것이요, 셋째[㉰ 觀異道求解脫]는 의지한 행법이 그릇된 것이니 그 법이 그릇됨을 거론하여 그 수행이 잘못임을 밝힌 부분이요, 뒤의 하나[㉱ 觀求異解脫]는 구하는 결과가 그릇됨을 밝힌 내용이니, 고통으로

고통을 버리려고 한 까닭이다.

[鈔] 第二大悲隨順觀中에 亦二니 先은 正明이오 後는 出所以라 今初니 一, 觀衆生愚癡顚倒者는 謂癡迷性相하야 倒執我所故라 二, 餘處求解脫者는 卽謂⁴²⁾凡夫愚癡顚倒니 常應於阿賴耶識中과 及阿陀那識中에 求其解脫이어늘 乃於餘處我我所中에 求解脫故로 第二, 一心門이니 明唯一心이라 可於中求니 心外에 無法⁴³⁾니라

三異道者는 論에 云, 顚倒因이 此有四種하니 一은 冥性因이오 二는 自在因이오 三은 苦行因이오 四는 無因이니 如次四門破之라 一, 自業助成門에 明有支가 各有二種하야 由業能生이며 非由冥性이오 二, 不相捨離門이니 明以無明等으로 爲行等因하고 非由自在요 三, 三道不斷門이니 明業惑이 而爲苦因이요 欲求脫苦인대 當斷業惑이어늘 反修苦行하니 是起妄業이라 計苦行心은 卽是煩惱니 如是妄想이 寧是解脫因耶아 四, 三際輪廻門이니 謂旣以前際二支는 是中際五支因이오 中際三支는 是後際二支因이니 何得言無因耶아

● b) 대비로 수순하는 관법 중에 둘이니 (a) 바로 밝힘이요, (b) 관법을 하는 이유이다. 지금은 (a)이니 '㉠ 중생들의 어리석음과 잘못된 생각을 관찰한다'는 것은 말하자면 체성과 양상에 어리석고 미혹하여 〈내 것〉이라고 잘못 고집하는 까닭이다. '㉡ 다른 곳에서 해탈을 구한다'는 것은 곧 범부의 어리석음과 잘못된 생각을 말하니, 항상 아뢰야식과 아타나식에서 그 해탈을 구해야 할 텐데 다른 곳의 〈나〉와 〈내 것〉에서 해탈을 구하는 까닭으로 (b) 일심소섭문(一心所攝門)이라 하였으니 오로지 일심뿐이요, 그 가운데에서 구할 것을

---

42) 卽謂는 甲本作謂, 南續金本作謂諸.
43) 法下에 甲南續金本有故字.

밝혔으니 마음 밖에 법이 없기 때문이다.

'㉣ 다른 갈래'란 논경에 이르되, "잘못된 원인이 네 가지가 있다. 1) 명성(冥性)44)의 원인이요, 2) 자재천에 태어난 원인이요, 3) 고행을 고집한 원인이요, 4) 원인이 없음이니 순서대로 네 문을 타파한 내용이다." (c) 자업조성문(自業助成門)에 지분이 각각 두 종류가 있어서 업으로 인하여 능히 생겨나는 것이며 명성(冥性) 때문이 아니며 (d) 불상사리문(不相捨離門)이니 무명(無明) 등으로 행 등의 원인을 삼았고 자재천 때문이 아님을 밝혔고, (e) 삼도부단문(三道不斷門)이니 업과 번뇌가 고통의 원인이 됨을 밝힌 것이요, 고통에서 벗어날 것을 구하려 한다면 마땅히 업과 번뇌를 끊어야 할 것인데 반대로 고행을 닦으니 망녕된 업을 일으킨 것이요, '고행한다'고 헤아리는 마음은 바로 번뇌인 것이니, 이런 망상이 어찌 해탈의 원인이 되겠는가? (f) 삼제윤회문(三際輪廻門)이다. 말하자면 이미 전제(前際)의 두 지분[無明와 行]은 중제(中際)의 다섯 지분[識, 名色, 六入, 觸, 受]의 원인이요, 중제의 세 지분[愛, 取, 有]은 후제(後際)의 두 지분[生, 老死]의 원인이 되는데 어째서 무인(無因)이라 하는가?

四, 求異解脫者는 謂不識眞解脫하고 求三界苦等하야 爲解脫故로 名之求異라 眞解脫者는 有四種相하니 一은 離一切苦相이오 二는 無爲相이오 三은 遠離染相이오 四는 出世間相이라 此四가 卽涅槃樂常淨我이니 故로 下四段에 破之라 一은 卽第七의 三苦集成은 但有妄苦의 而無眞樂이오 二는 卽第八의 因緣生滅은 無有常德이오 三은 卽第

---

44) 冥性: 명제의 성품을 말한다. 冥諦는 상카학파[數論師]가 세운 25諦 가운데 제1을 일컫는 말이다. 이 冥諦 중에 본래 一切諸法이 갖추어 있는데 緣에 따라 차례차례로 일어난다고 말한다. 그래서 冥諦는 제법의 實性이라고 주장한다. (불교학대사전 p.377-)

九의 生滅繫縛은 但是染縛이라 無有淨德이오 四는 卽第十의 隨順無所有盡은 以順有故로 非是出世니 故無我德也니라 此之四觀下는 二, 出四所以니 亦揀四門之別相也니라

- '㉔ 별다른 해탈을 구한다'는 것은 참된 해탈을 알지 못하고 삼계의 고통 등을 구하여 해탈을 삼기 때문에 '별다른 해탈을 구한다'고 말하였다. 참된 해탈이란 네 가지 양상이 있으니 (1) 온갖 고통을 여읜 양상이요, (2) 무위(無爲)의 양상이요, (3) 잡염을 멀리 여읜 양상이요, (4) 세간에서 벗어난 양상이다. 이 네 가지가 열반의 즐겁고 항상하며 청정하고 <나>인 것이니 그래서 아래 네 문단에서 타파하였다. 첫째로 (g) 삼고집성문(三苦集成門)은 단지 망녕된 고통만 있고 참된 즐거움이 없으며, 둘째로 (h) 인연생멸문(因緣生滅門)은 항상한 덕이 없으며, 셋째로 (i) 생멸계박문(生滅繫縛門)은 단지 잡염의 속박뿐이어서 청정한 덕이 없으며, 넷째로 (j) 수순무소유진문(隨順無所有盡門)은 <유>에 수순하는 까닭에 출세간이 아니므로 <나>의 덕이 없다.

㉔ 此之四觀 아래는 네 가지 이유를 내보임이니 또는 네 부문의 개별적인 행상으로 구분하기도 한다.

c) 온갖 양상과 지혜로 행하는 관법[一切相智觀] (第三 25下3)

[疏] 第三, 一切相智觀이라 攝十爲九니 一은 染淨分別觀이니 攝初半門이오 二는 依止觀이니 攝初門後半과 及第二門이오 三은 方便觀이오 四는 因緣相觀이오 五는 入諦觀이오 六은 力無力信入依觀이오 七은 增上慢非增上慢信入觀이니 上五門은 如次各攝一門이라 八은 無始觀이니 攝八九二門이오 九는 種種觀이니 攝第十門이라 釋相差別은 至

門當知니라

- c) 온갖 양상과 지혜로 행하는 관법이다. 십문을 거두어 아홉 가지 관법으로 묶었으니 (1) 잡염과 청정을 구분하는 관법이니 (a) 유지상속문의 반을 섭수한다. (2) 의지하는 관법이니 ① 유지문의 반과 (b) 일심소섭문(一心所攝門)을 섭수한다. (3) 방편의 관법이요, (4) 인연하는 양상의 관법이요, (5) 이치에 들어가는 관법이요, (6) 세력 있고 세력 없는 믿음으로 들어가 의지하는 관법이요, (7) 증상만이나 증상만 아닌 믿음으로 들어가는 관법이니, 위의 오 문은 차례대로 각기 한 문을 섭수한다. (8) 시작 없는 관법이니 (h) 인연생멸문과 (i) 생멸계박문의 두 문을 섭수한다. (9) 갖가지 관법이니 (j) 수순무소유진문(隨順無所有盡門)을 섭수한다. 양상에 대한 해석과 차별은 그 문에 가서 알게 되리라.

[鈔] 第三等者는 謂⁴⁵⁾計我緣生이 爲染이오 無我緣滅이 爲淨이라 二, 依止觀이니 攝初門後半과 及第二門⁴⁶⁾者는 謂初門에 有二佛子하니 從後佛子는 明迷眞起妄緣相次요 半門은 明依第一義니 以不知故로 卽起諸緣이어늘 是爲染依라 第二門은 明見第一義니 諸緣轉滅이 便爲淨依라 三, 方便觀은 卽第三自業助成門이니 謂因緣有支가 各有二業하야 爲起後方便이라 若滅前前하면 則後後가 不生이니 是解脫方便이라 四, 因緣相觀은 卽第四不相捨離門이니 謂有支無作故라 旣由前前하야 令後後不斷하야 助成後後하니 則後後無性이어니와 何有前前이 能作後後리오 卽以無作으로 爲緣之相이라 五, 入諦觀者는 卽第五三道不斷門이니 三道苦集諦故요 逆觀이 卽滅道故라

---

45) 謂는 南續金本作一.
46) 後는 甲南續金本作次.

六, 力無力信入依觀[47]은 卽第六三際輪廻門이니 謂此三際가 爲因義邊에는 名爲有力이오 爲果義邊에는 名爲無力이라 若約三際인대 前際가 於現五에 有力이오 於當二에 無力이며 中際愛等은 於當에 有力하고 於現에 無力이니 以斯三際로 化波凡夫하야 令信入依行이라 七, 增上慢非增上慢信入觀者는 卽第七三苦集成門이니 不如實知微苦我慢이 卽增上慢이라 若知微苦하며 非增上慢이라 不知를 令知일새 名爲信入이니라

八, 無始觀은 此有二意하니 一, 約俗說인대 因緣이 爲生滅之本이니 生死無際일새 故因緣이 無始요 二, 約眞說인대 見法이 緣集하야 無有本性은 可爲依止일새 故名無始라 攝八九二門者는 第八門의 因緣生滅이라 但一念緣生이 卽是不生이니 故云無始요 第九門은 隨順轉故而生이오 非有本也라 九, 種種下는 卽隨順無所有盡門이니 由隨順有故라 有欲色愛等之殊일새 故云種種이니라

● c) 등이란 말하자면 (1) 나의 인연에서 생겨났다고 계탁함이 잡염이고 내가 없고 인연 없는 것이 청정함이다. (2) 의지하는 관법이니 (a) 유지상속문의 반과 (b) 일심소섭문을 섭수한다. 말하자면 (a) 유지상속문에 두 개의 불자(佛子)가 있으니, 뒤의 불자(佛子)부터는 진리에 미혹하여 망념을 일으키고 모양을 반연하는 차례를 밝힘이요, 반의 문은 제일가는 이치에 의지함을 밝힌 내용이니, 알지 못하는 까닭에 여러 인연을 일으키는데 이것이 잡염의 의지처이다. (b) 일심문은 제일가는 이치를 발견함을 밝혔으니 여러 인연이 점차 없어지는 것이 문득 청정의 의지처이다. (3) 방편의 관법은 곧 (c) 자업조성문이다. 말하자면 유지(有支)를 인연함이 각기 두 가지 업이 있어서 위하여 방편

---

47) 觀은 原本作止觀, 南金本作觀; 上六字는 甲續本作下.

을 일으킨다. 만일 앞과 앞을 없애면 뒤와 뒤가 생기지 않나니 해탈하는 방편이 된다. (4) 인연하는 양상의 관법은 곧 (d) 서로 떨어지지 않는 문이니, 말하자면 유지(有支)가 지음이 없는 까닭이다. 이미 앞과 앞으로 인해 뒤와 뒤로 하여금 끊어지지 않고 뒤와 뒤를 도와 이루게 되나니, 뒤로 갈수록 체성이 없어질 텐데 어째서 앞과 앞이 능히 뒤와 뒤를 지을 수 있겠는가? 즉 지음 없음으로 반연하는 모양을 삼은 것이다. (5) 이치에 들어가는 관법이란 곧 (e) 세 가지 도가 끊어지지 않는 문이니 삼도가 고제와 집제이며 거꾸로 관함은 곧 멸제와 도제인 까닭이다. (6) 세력 있고 세력 없는 믿음으로 들어가 의지하는 관법은 곧 (f) 삼제(三際)로 윤회하는 문이다. 말하자면 이 세 시절[三際]이 인행의 의미로 보면 세력 있음이 되고, 과덕의 의미로 보면 세력 없음이 된다는 뜻이다. 만일 세 시절에 의지하면 과거가 현재의 다섯 가지[識, 名色, 六入, 觸, 受]에 대해서는 세력 있음이 되고, 미래의 둘[生, 老死]에 대해서는 세력 없음이 된다. 현재의 애욕 따위[愛, 取, 有]는 미래에 대해서는 세력 있음이요, 현재에 대해서는 세력 없음이니 이런 세 시절로 저 범부를 교화하여 하여금 믿고 들어가 의지하여 수행한다는 뜻이다. (7) 증상만이나 증상만 아닌 믿음으로 들어가는 관법은 (g) 세 가지 괴로움이 모여 이루는 문이니, 사실대로 작은 괴로움과 아만이 곧 증상만임을 알지 못하는 까닭이다. 만일 작은 괴로움을 알면 증상만이 아닐 것이다. 알지 못하던 것을 알게 하므로 '믿어 들어간다'고 말하였다.

(8) 시작 없는 관법은 여기에 두 가지 의미가 있으니 1) 속제에 의지하여 말한다면 인연이 나고 죽는 근본이 되나니, 나고 죽음은 시절이 없는 까닭에 인연이 시작이 없는 것이요, 2) 진제에 의지하여 말한다

면 현상법이 인연이 모인 것이어서 근본 성품이 없음을 발견하면 의
지할 수 있으므로 '시작이 없다'고 말한다. '(h) 인연생멸문과 (i) 생
멸계박문의 두 문을 섭수한다'고 말한 것에서 (h) 인연이 생멸하는 문
은 단지 찰나 간에 인연이 생김은 그대로 나지 않는 것이므로 '시작이
없다'고 하였고, (i) 생멸에 계박된 문은 따라 바뀌는 까닭에 나는 것
이지 근본이 있는 것은 아니다. (9) 種種 아래는 (j) 아무것도 없이
다하는 관찰을 따르는 문이니 <유>에 수순하기 때문이다. 욕계와
색계의 애욕 따위가 다른 점이 있으므로 '갖가지'라고 하였다.

c. 2리행(二利行)으로 분별하다[二利分別] 2.
a) 총상 해석[總] (然其 27上2)

[疏] 然其三觀이 俱通二利하니 若隨相分別인대 相諦觀은 卽自利요 次大
悲觀은 明其利他요 一切相智는 通於二利라

■ 그런데 그 세 가지 관법이 모두 2리행에 통한다. 만일 양상에 따라
구분한다면 ㊀ 양상적인 이치로 구분하는 관법은 자리행이고 ㊁ 대
비로 수순하는 관법은 이타행이 분명하고 ㊂ 온갖 양상과 지혜로 행
하는 관법은 2리행(二利行)에 통하는 개념이다.

b) 별상 해석[別] 2.
(a) 총합하여 과목 나누다[總科] (於中 27上3)

[疏] 於中에 分別인대 復各不同하니 前五는 自利요 次二는 利他요 後二는
二利成熟이라

- 그중에서 구분한다면 다시 각기 다르다. 앞의 다섯 가지 관법[(1) 染淨觀 (2) 依止觀 (3) 方便觀 (4) 因緣觀 (5) 入諦觀]은 자리행이요, 다음의 두 가지 관법[(6) 力無力觀 (7) 增上慢觀]은 이타행이요, 뒤의 두 가지 관법 [(8) 無始觀 (9) 種種觀]은 2리행이 성숙한 행법이다.

[鈔] 然其三觀下는 第三, 二利分別이라 三觀爲三이라 第三觀中에 先, 總이오 後, 於中已下는 別明이라 言次二利他者는 卽六의 力無力과 及 七의 增上慢이니 皆令他信入故니라

- c. 然其三觀 아래는 2리행으로 분별함이다. 세 가지 관법이 셋이 되나니 ㊂ 온갖 양상과 지혜로 행하는 관법 중에 a) 총상 해석이요, b) 於中 아래는 별상 해석이다. '뒤의 두 가지 관법은 이타행이다'라고 한 것은 (6) 역무력관(力無力觀) (7) 증상만관(增上慢觀)이니 모두 다른 이를 믿고 들어가게 하기 때문이다.

(b) 개별로 밝히다[別辨] 3.
㊀ 다섯 가지 관법은 자리행이다[初五自利] (前五 27上7)

[疏] 前五中에 初二는 通染淨이니 一은 示染淨相이오 二는 示染淨依요 後 三은 唯觀染이라 於中에 初二는 建立染法이니 一은 染法之因이오 二 는 染法之緣이오 後一은 就染觀過라

- 앞의 다섯 가지 관법 중에 처음의 두 가지[(1) 染淨觀 (2) 依止觀]는 잡염과 청정에 통하나니 (1)은 잡염과 청정의 양상을 보임이요, (2)는 잡염과 청정의 의지처를 보임이요, 뒤의 세 가지[(3) 方便觀 (4) 因緣觀 (5) 入諦觀]는 오직 잡염만 관찰한다. 그중에도 처음의 두 가지는 잡염의

법을 건립하나니 (3)은 잡염법의 원인이요, (4)는 잡염법의 간접 원인이요, 뒤의 하나[(5) 入諦觀]는 잡염에 입각하여 허물을 관찰하는 행법이다.

[鈔] 初二通染淨者는 初門은 名染淨分別故요 次門은 迷爲染依요 悟爲淨依라 故로 疏列云호대 一은 示染淨相이오 二는 示染淨依니라 後三, 唯觀染者는 以第三方便觀이니 一, 染法之因은 自業助成故니 上文에 云亦解脫方便者는 約逆觀說이나 本明染法이라 二, 染法之緣者는 卽第四의 因緣相觀이니 前約⁴⁸⁾業親能生後일새 故說爲因이오 今約助成하야 不相捨離일새 故說爲緣이니라 後一就染觀過者는 以入諦觀하야 正約順觀에 但苦集故니라

● '처음의 두 가지는 잡염과 청정에 통한다'고 말한 것은 (1)은 잡염과 청정을 분별한다는 뜻이요, (2)는 미혹이 잡염의 의지처가 되고 깨달음은 청정의 의지처가 된다. 그러므로 소가가 나열하여 "(1)은 잡염과 청정의 양상을 보임이요, (2)는 잡염과 청정의 의지처를 보임이다"라고 말하였다. '뒤의 세 가지는 오직 잡염만 관찰한다'고 말한 것은 (3)은 방편의 관법이니 첫째 잡염법의 원인이 자업으로 도와서 성취한 까닭이다. 위의 문장에서 '또한 해탈하는 방편'이라 말한 것은 거꾸로 관찰함에 의지한 말이지만 근본은 잡염법을 밝힌 내용이다. '(4)는 잡염법의 간접 원인이다'라고 말한 것은 곧 (4)는 인연의 양상인 관법이니 앞에서는 업이 직접 뒤를 나게 함에 의지하였으므로 원인이라 하였고, 지금은 도와서 성취함에 의지하여 서로 버리고 여의지 않았으므로 간접 원인이라 하였다. '뒤의 하나는 잡염에 입각하여 허

---

48) 約下에 甲南續金本有二字.

물을 관찰하는 행법이다'라고 말한 것은 이치에 들어가는 진리로 바로 수순함에 의지하면 단지 괴로움만 모이는 까닭이다.

㈢ 두 관법은 이타행이다[次二利他] (次二 27下7)

[疏] 次二는 利他中에 初一은 化凡이오 後一은 化小라
- ㈢ 다음의 둘[力無力觀, 增上慢觀]은 이타행 중에 처음 하나는 범부를 교화하는 행법이요, 뒤의 하나는 소승을 교화하는 행법이다.

[鈔] 次二利他者[49]는 有力無力은 令凡信入이니 能所生義요 卽增上慢非增上慢은 令小信入이니 以微細行苦를 二乘不知故니라
- '㈢ 두 가지 관법은 이타행'이라 한 것은 (6) 유력무력(有力無力)의 관법은 범부를 믿고 들어가게 하나니 태어나는 주체와 대상의 뜻이요, (7) 증상만과 증상만이 아닌 관법은 소승을 믿어 들어가게 함이니, 미세한 행고(行苦)로 인해 이승을 알지 못하기 때문이다.

㈢ 두 관법은 2리행이다[後二二利] (後二 27下10)

[疏] 後二는 二利成熟中에 初는 眞諦觀이니 見法緣集하야 無本性故로 名爲無始요 後는 俗諦觀이니 但順緣轉일새 故云種種이니라
- 뒤의 둘[(8) 無始觀 (9) 種種觀]은 2리(二利)행이 성숙한 가운데 처음의 (8) 무시관(無始觀)은 진제의 관법이니 현상법이 인연이 모여서 근본성품이 없음을 발견한 까닭에 '시작이 없는 관법'이라 하였고, (9) 종

---

49) 者下에 南續金本有一字.

종관(種種觀)은 속제의 관법이니 단지 인연이 바뀜만을 따랐으므로 '여러 가지'라 하였다.

[鈔] 初眞諦觀者는 上釋無始가 雖通二義나 約眞이 爲正故라 後俗諦觀者는 有種種故니라
● 처음의 진제의 관법은 위에 해석한 '시작함이 없는 관법[無始觀]'은 비록 두 가지 뜻에 통하지만 진제에 의지하면 바른 것이 되고, 뒤의 속제의 관법은 여러 가지가 있기 때문이다.

(ㄷ) 바로 경문을 해석하다[正釋經文] 3.

❖ 제6회 십지품 제6 現前地 (科圖 26-60; 闕字卷)

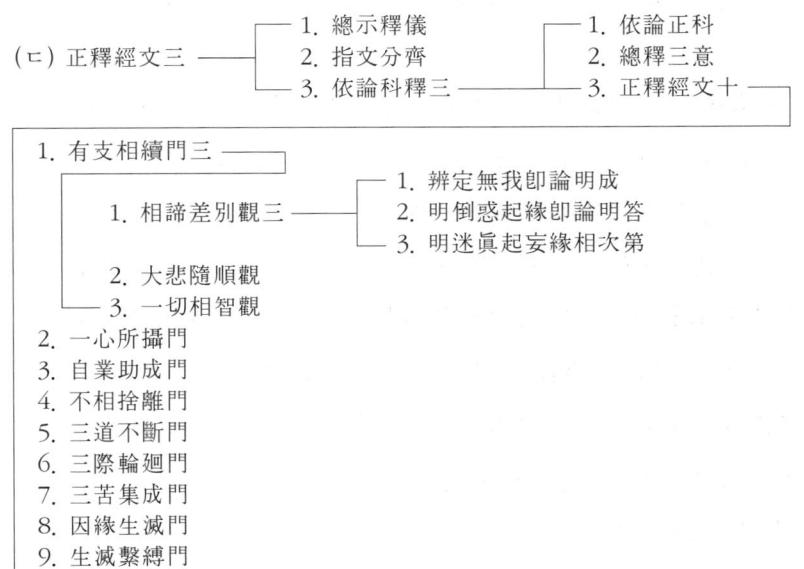

a. 총합하여 해석한 모양을 보이다[總示釋儀] (已知 28上4)

[疏] 已知大意하니 次, 正釋文하리라 依經十段하야 而並以論三觀으로 次第釋之요 更無別理니라
- 이미 큰 뜻을 알았으니 다음에 (ㄷ) 바로 경문을 해석함이다. 본경의 열 문단을 의지하여 논경의 세 가지 관법[㊀ 相諦差別觀 ㊁ 大悲隨順觀 ㊂ 一切相智觀]으로 병합하여 순서대로 해석한 것이요, 다시 별다른 이치가 있는 것은 아니다.

[鈔] 次正釋文下는 第三, 釋文50)이라 於中有三하니 一은 總示釋儀요 二는 指文分齊요 三은 依論科釋이라 今初에 云51)並以論三觀等者는 因古德52)이 總有四重하니 一은 直釋經文이오 後三은 方依論三觀重釋53)하니 不知直釋은 名爲何觀이라 旣別無觀에 如何異論고 設有別觀이라도 又不出名하며 亦令論主로 釋未盡理일새 故云但以三觀釋之하면 更無別理라하니라
- (ㄷ) 次正釋文 아래는 바로 경문을 해석함이다. 그중에 셋이 있으니 a. 총합적으로 해석한 모양을 보임이요, b. 지문의 범주요, c. 논경의 과목에 의지한 해석이다. 지금은 a.에서 '논경의 세 가지 관법을 병합한다'는 것은 옛사람의 해석이 총합적으로 네 가지 중첩이 있기 때문이다. (ㄱ) 곧바로 경문을 해석함이요, 뒤의 셋[(ㄴ) (ㄷ) (ㄹ)]은 비로소 논경의 삼관(三觀)을 의지하여 거듭 해석함이니, 곧바로 해석한 내용은 무슨 관법인지 모르겠다. 이미 따로이 관법이 없는데 어째서 다

---

50) 上鈔는 南續金本作已知大意下 次正釋文.
51) 上十二字는 南金本無, 云은 甲續本無, 南金本作言而.
52) 因古德은 甲南續金本作由古德解釋.
53) 釋下에 甲南續金本有其義二字.

르게 말하는가? 설사 별다른 관법이 있다고 하더라도 그 명칭에서 벗어나지 못할 것이며, 또 논주로 하여금 완전하게 해석하지 못하게 할 것이므로 "단지 삼관(三觀) 만으로 해석하더라도 다시 별다른 이치는 없으리라"고 하였다.

b. 지문의 범주[指文分齊] (經之 28下1)

[疏] 經之十段은 前五는 佛子요 次三은 復次요 後二는 又字로 以爲揀別이라 唯初門中에 中間에 有一佛子라
- 본경의 열 문단이란 앞의 다섯 과목은 '불자(佛子)'요, 다음의 세 과목은 '부차(復次)'요, 뒤의 두 과목은 '우무(又無)'라는 글자로 구분한다. 오로지 ① 유지상속문에만 중간에 불자(佛子)라는 글자가 한 번 더 나온다.

c. 논경의 과목에 의지한 해석[依論科釋] 3.
a) 논경에 의지하여 과목 나누다[依論正科] (今初 28下3)

[疏] 今初에 有支相續門은 先은 依相諦差別觀이니 三段之中에 當成答相三字라 即分爲三이니 初, 至則無生處는 辨定無我니 即論明成이라 謂雙擧解惑하야 釋成無我故니 則知緣集은 但是妄我라 二, 復作是念下는 倒惑으로 起緣이니 即論明答이라 謂對難하야 釋通無我義故라 三, 後佛子는 迷眞起妄하는 緣相次第니 即論의 明相이라
- 지금은 (a) 유지상속문이니 먼저 ㊀ 양상적인 이치로 구분하는 관법에 의지하나니 세 문단 중에 '성(成)·답(答)·상(相)'의 세 글자에 해

당한다. 곧 셋으로 나누리니 (1) 則無生處까지는 무아(無我)임을 규정함이니 곧 논경의 '성(成)'을 밝힌 내용이다. 말하자면 소견과 번뇌를 함께 거론하여 무아로 해석한 까닭이니, 인연이 모인 것은 단지 망녕된 <나>뿐임을 안 것이다. (2) 復作是念 아래는 잘못된 번뇌로 인연을 일으키는 것이니 곧 논경의 '답(答)'을 밝힌 내용이다. 말하자면 힐난에 상대하여 무아(無我)의 이치와 통하는 것으로 해석한 까닭이다. (3) 뒤의 불자(佛子)는 진리를 미혹하여 망녕된 연기의 양상을 일으키는 순서이니 곧 논경의 '상(相)'을 설명한 내용이다.

[鈔] 經之十段下는 第二, 指文分齊라 先依相諦[54]下는 三, 依論科釋이라 於中亦三이니 初, 依論正科니라
- b. 經之十段 아래는 지문의 범주이다. c. 先依相諦 아래는 논경의 과목에 의지한 해석이다. 그중에 또 셋이니 a) 논경에 의지하여 과목 나눔이다.

b) 총합하여 세 가지 뜻으로 해석하다[總釋三意] (此三 28下10)

[疏] 此三을 若望十門인대 皆顯妄我가 非有요 三自相望인대 合之爲二니 前二는 顯起因緣하야 明緣無我요 後一은 起緣次第로 明緣有相이라 經依此義하야 中間에 加一佛子라하나니 皆有染淨이니라
- 이 셋을 열 문에 비추어 보면 모두 망녕된 <내>가 없음을 밝힌 내용이요, 셋을 서로 비추어 보면 합하여 둘이 된다. 앞의 둘[㊀ 相諦差別觀, ㊁ 大悲隨順觀]은 인연을 일으켜 인연이 무아라는 설명을 드러낸 것이

---

54) 先依相諦는 續金本作今初有支.

요, 뒤의 하나[㊂ 一切相智觀]는 인연이 일어나는 순서로 인연법이 양상이 있음을 밝힌 부분이다. 본경은 이 뜻에 의지하여 '중간에 불자(佛子)를 하나 더했다'라고 하였으니 모두 잡염과 청정이 있게 된다.

c) 바로 경문을 해석하다[正釋經文] 10.
(a) 유지(有支)로 상속하는 문[有支相續門] 3.

㈠ 양상적인 진리로 차별하는 관법[相諦差別觀] 3.
① 결정코 무아라고 밝힌 것은 논경의 성(成)이다[辨定無我卽論明成] 3.
㉮ 총합하여 경문의 의미를 내보이다[總出文意] (今初 29上3)

[疏] 今初成者는 將觀緣起에 先釋成無我하야 辨定所宗이니 一以貫諸하야 則現十門이 皆成無我니라
- 지금은 처음의 '성(成)'이란 장차 연기를 관찰할 적에 먼저 무아(無我)임을 해석하여 근본 종지를 밝힌 내용이니, 일관되게 열 문이 모두 무아(無我)임을 밝힌 내용이다.

[鈔] 二, 此三若望下는 總釋三義오 三, 今初成者下는 正釋經文이라 於中에 又三이니 初는 總出文意요 二는 辨定所破요 三은 方釋文이라 初一은 可知로다
- b) 此三若望 아래는 총합적으로 세 가지 뜻으로 해석함이요, c) 今初成者 아래는 바로 경문을 해석함이다. 그중에 또 셋이니 (a) 총합하여 경문의 의미를 내보임이요, (b) 타파할 대상을 규정함이요, (c) 비로소 경문을 해석함이다. 처음 (a)는 알 수 있으리라.

㈁ 타파할 대상을 규정하다[辨定所破] (此是 29上4)

[疏] 此是正破我執習氣니라
- 이것은 바로 〈나〉라는 고집의 습기를 타파하려는 것이다.

[鈔] 此是正破者는 二, 辨定所破라 卽唯識第八에 釋外難頌이니 難云호대 若無外緣이면 云何有情이 生死相續고 故有頌曰호대 由諸業習氣와 二取習氣俱하야 前異熟이 旣盡에 復生餘異熟이라하니라 釋曰, 下取意釋이니 熏習氣分은 名爲習氣니 卽是種子요 諸業習氣는 卽罪等三業이오 二取習氣는 總有四種55)하니 一은 相見이오 二는 名色이오 三은 心及心所요 四는 本末이니 第八異熟을 名之爲本이오 六識異熟을 名之爲末이라 業是增上緣이니 二取因緣이 互相助成일새 故生死流轉이라하니 此는 第一師義니라

第二師云호대 生死相續이 由諸習氣라 然諸習氣가 總有三種하니 下亦義引하리라 一은 名言習氣요 二는 我執習氣요 三은 有支習氣는 謂招三界異熟業種56)이라하니 廣如下明이라 名言習氣는 前已頻引하니 卽下經에 云, 於三界田中에 植心種子라 言我執習氣者는 下에 具引

---

55) 인용문은 『成唯識論』 제8권의 내용을 요약한 것이다. (대정장 권31 p. 43a18-) [상분과 견분, 정신적인 요소[名]와 물질적인 요소[色], 심왕과 심소, 근본[제8식]과 지말[7식] 및 그것들의 인식은 모두 二取에 포함된다. 그것[위의 여덟 가지]에 훈습되고 직접 능히 그것을 일으킨다. 근본식에 있는 세력을 二取習氣라고 이름한다. 이것[名言種子]은 미래세의 이숙과의 심왕과 그 상응법[심소]의 모든 인연종자를 나타낸다. (제19 게송에서) '함께함[俱]'이란, 업종자와 二取種子와 함께함으로써 疎所緣緣[업종자]과 親所緣緣[二取種子]으로서 서로 돕는다는 뜻이다.] * 또 『成唯識論述記』 제8권본의 내용을 참고하자. (대정장 권43 p. 515 c-)

56) 인용문은 『성유식론』 제8권의 내용이다. (대정장 권31 p. 43b2-) [또한 태어나고 죽는 일이 상속하는 것은 모든 습기에 의거한다. 그런데 모든 습기에 총체적으로 세 종류[三熏習]가 있다. 첫째는 名言習氣이니, 유위법의 각기 다르게 직접 훈습된 종자를 말한다. 언어[名言]에 두 가지가 있다. 하나는 뜻을 표현하는 언어[表義名言]이니, 능히 뜻을 나타내는 음성의 차이다. 다른 하나는 대상을 나타내는 언어[顯境名言]이니, 곧 능히 대상을 요별하는 심왕과 심소법이다. 두 가지 언어에 따라서 훈습된 종자가 유위법의 각기 다른 인연이 된다. 둘째는 我執習氣이니, 허망되게 나와 나의 소유로 집착하는 종자를 말한다. 아집에 두 가지가 있다. 하나는 선천적으로

論文하리니 謂虛妄執我我所種子라 我執이 有二하니 一, 俱生我執이니 即修所斷我我所執이오 二, 分別我執이니 即見所斷我我所執이라 隨二我執이 所熏成種하야 令有情等으로 自他差別이라하니라 解云[57]호대 然俱生我執은 通六七識이오 分別我執은 唯第六識이라 因我執故로 相分之中에 亦熏五蘊種子니 即名言熏習我執種子라 令自他差別일새 故別立之라 故로 有支와 我執이 皆增上緣이니라

頌明二取習氣는 即我執과 名言이니 取我我所며 及取名言故로 皆名二取니라 釋曰, 今經에 破此我執이라 亦即俱舍頌에 說前後中際에 爲遣他愚惑[58]이라하니 以三際愚가 俱愚我故라 如下三際輪廻中釋이니라 瑜伽論中에도 亦遣三際愚惑於我라하니니 與俱舍로 同이라 又云호대 遣三際愚는 遣內無知요 若遣非情無知하면 即遣我所故라하니라 今破二我하야 以顯二空이니라

● ⑭ 此是正破란 타파할 대상을 규정함이다. 곧 『성유식론』 제8권에 외도의 힐난을 해명한 게송이다. 힐난하되 "(비록 내부의 식만이 있다고 말하지만,) 외부의 대상[外緣]이 없으면, 무엇에 의거해서 유정이 생사에 상속하는가?" 그래서 게송으로 답하되 "모든 업의 습기와 이취(二取)

일어나는[俱生] 아집이니[7식이 8식의 見分을 대상으로 하고, 의식이 五取蘊을 대상으로 하여 각각 〈나〉와 〈나의 소유〉로 집착하는 것], 곧 수도에서 단멸되는 나와 나의 소유라는 집착이다. 다른 하나는 분별에 의해 일어나는 아집이니[신체에 대한 그릇된 이론에 근거한 아집], 곧 견도에서 단멸되는 나와 나의 소유라는 집착이다. 두 가지 아집에 따라서 훈습된 종자가 유정 등으로 하여금 자신과 남의 차별을 짓게 만든다. 셋째는 有支習氣이니, 삼계의 이숙과를 초감하는 업종자를 말한다. 윤회세계의 원인[有支에서 有는 三有, 즉 三界이고, 支는 원인이라는 뜻]에 두 가지가 있다. 하나는 有漏善이니, 곧 능히 애착할 만한 과보[人天報]를 초감하는 업이다. 다른 하나는 모든 불선법이니, 곧 애착할 만한 것이 아닌 과보[三惡趣의 괴로움의 과보]를 초감하는 업이다. 윤회세계의 두 가지 원인에 따라서 훈습된 종자가 이숙과로 하여금 살기 좋은 세계[善趣]와 악취의 차별이 있게 한다. 마땅히 알라. 아집습기와 유지습기는 차별 있는 과보에 대해서 증상연이 된다.]

57) 인용문은 『成唯識論述記』 제8권의 내용이다. 述記云, "論. 隨二名言至各別因緣. 述曰. 隨二爲緣相分等中熏五蘊種親辨體故. 論. 二我執習氣至我我所種. 述曰. 此令自他成其差別通六七識. 非如攝論唯說第七. ㅡ—"(대정장 권43 p.517 a-).

58) 인용문은 『阿毘達磨俱舍論』 제9권 分別世品 제3의 내용이다. (대정장 권29 p.49-)

의 습기와 함께 함으로써 이전의 이숙식이 이미 멸하면 다시 다른 이숙식을 생겨나게 한다"고 하였다. 해석한다면 아래에는 의미를 취하여 해석한 부분이니 훈습한 기분을 '습기'라고 이름하나니 곧 '종자(種子)'를 뜻하며, 여러 업의 습기는 곧 죄(罪) 등 세 가지 업이요, 이취(二取)의 습기는 통틀어 네 종류가 있다. ① 상분과 견분 ② 정신적인 요소[名]와 물질적인 요소[色] ③ 심왕과 심소 ④ 근본과 지말이니 제8식의 이숙업은 근본이라 하고, 제6식의 이숙업은 지말이라 한다. 업은 증상연을 말하나니, "이취(二取)의 인연이 서로 돕기 때문에 생사에 유전한다"고 하였으니 이것은 첫 번째 스님의 주장이다.

두 번째 스님이 말하되, "생사에 상속함이 여러 습기로 인한다. 그런데 여러 습기에 세 종류가 있으니 아래는 뜻으로 인용하리라. ① 명언습기(名言習氣)요, ② 아집습기(我執習氣)요, ③ 유지습기(有支習氣)[59]이다. 예컨대 삼계에 이숙되는 업과 종자를 초감한다"고 하였다. 자세하게는 아래에 가서 밝히리라. 명언습기에 대해서는 앞에서 이미 자주 인용한 내용이다. 곧 아래 논경에 이르되 '삼계의 밭에'와 '마음의 종자를 심고'라 하였다. ① 아집습기란 아래에 논서의 문장을 갖추어 인용하겠다. "허망되게 〈나〉와 〈내 것〉으로 집착하는 종자를 말한다. 아집(我執)에 두 가지가 있다. 1) 선천적으로 일어나는 아집[俱生我執]이니 곧 수도위에서 단멸되는 〈나〉와 〈내 것〉이라는

---

59) 名言習氣는 명언종자·명언훈습종자라고도 하며, 언어[名言]를 사용한 개념적인 사고에 의해 이식된 종자이다. 또는 모든 종자를 총칭하여 명언종자라고 하기도 하는데, 심리활동의 대부분이 언어에 의한 개념으로 구성되기 때문이다. 종자는 언어활동에 의해 아뢰야식에 이식된 잠재적인 에너지이며, 또한 언어활동을 일으키는 원동력이다. * 我執習氣는 아집종자·아집훈습종자라고도 하며, 자아가 실재한다는 견해[我見]에 의해 아뢰야식에 인식된 종자이다. * 有支習氣는 업습기·업종자라고도 하며, 유정을 삼유(三有: 욕계·색계·무색계)에서 생사윤회하게 만드는 종자이다. 선이나 악업에 훈습된 종자로서, 미래의 생존상태[有]를 결정하고 발생하는 직접 원인이다. * 名言習氣는 일체법을 생기시키는 직접적인 인연[親因緣]이고, 아집습기와 유지습기는 증상연이다. 아집습기는 우리로 하여금 자타의 구분이 있게 하는 증상연이고, 유지습기는 이숙과로 하여금 선이나 악취의 차이가 있게 하는 증상연이다. (譯者註)

집착이다. 2) 분별에 의해 일어나는 아집[分別我執]이니, 곧 견도위에서 단멸되는 〈나〉와 〈내 것〉이라는 집착이다. 이 두 가지 아집에 따라서 훈습된 종자가 유정 등으로 하여금 자신과 남의 차별을 짓게 만든다." 풀이하자면 그런데 구생아집(俱生我執)은 6식과 7식에 통하고, 분별아집(分別我執)은 6식뿐이다. 아집으로 인하여 상분 가운데 또한 오온의 종자를 훈습하나니 곧 명언으로 훈습한 아집종자이다. 하여금 나와 남을 차별하게 하므로 따로 건립한다. 그래서 유지(有支)와 아집(我執)이 모두 증상연(增上緣)이 된다.

(19번째 게송에서) 이취습기는 곧 아집습기와 명언습기이니 〈나〉와 〈내 것〉을 취하여 명언을 취하는 까닭에 모두 이취(二取)라고 이름한다. 해석하자면 지금 본경에서 이 아집습기를 타파한 내용이다. 또한 『구사론(俱舍論)』게송에 "전제・후제・중제에서 저의 어리석고 미혹함을 버리도록 한 것이네"라고 하였으니, 삼세의 어리석음은 함께 〈나〉를 어리석게 하는 까닭이다. 아래의 (f) 삼제윤회관(三際輪廻觀)에서 해석한 내용과 같다. 『유가론』에서도 역시 삼세에 〈나〉에게 어리석고 미혹함을 버리게 한 내용이 있으니 『구사론』과 같다. 또 이르되, "삼세의 어리석음 버리는 것은 안으로 무지(無知)함을 버리는 것이요, 만일 유정에 대한 무시(無知)가 아닌 것을 버린다면 곧 〈내 것〉을 버리게 되는 까닭이다"라고 하였다. 지금은 〈나〉와 〈내 것〉인 두 가지를 타파하여 둘이 공함을 밝혔다.

㈐ 바로 경문을 해석하다[正釋經文] 3.
㉠ 간략히 경문을 해석하다[略釋經文] (文中 30下1)

作是念하되 世間受生이 皆由着我니 若離此着이면 則無
生處로다
이런 생각을 하느니라. '세간에 태어나는 것이 모두 〈나〉
에 집착한 탓이니, 만일 〈나〉를 여의면 날 곳이 없으리라.'

[疏] 文中二句니 初言世間受生이 皆由着我者는 卽反擧惑情하야 明我
非理니 但是苦集故요 若離此着則無生處者는 卽順擧解心하야 明
理非我니 是滅道故라 此는 直順經文이니 已無我義가 成矣니라

■ 경문에 두 구절이 있으니 처음에 '세간에 태어나는 것이 모두 〈나〉
에 집착한 탓'이라 말한 것은 곧 미혹한 생각을 반대로 거론하여
〈나〉의 이치답지 않음을 밝힌 것이니 단지 고제와 집제[苦의 원인]뿐
이요, '만일 〈나〉를 여의면 날 곳이 없으리라'고 말한 것은 잘 아는
마음을 거론함에 따라서 이치로 〈나〉가 아님을 밝혔으니 멸제[苦의
없어짐]와 도제[苦의 없어짐에 이르는 길]인 까닭이다. 이것은 바로 경문에
따른 분석이니 이미 〈내〉가 없다는 이치가 성립하게 된다.

[鈔] 文中二句下는 第三, 正釋經文이라 於中有三하니 初는 略釋經文이오
二는 擧論經會釋이오 三은 引論反徵이라 今初에 先, 正釋이오 後, 此
直順下는 結成이라 今初에 言但是苦集者는 世間受生이 卽是妄苦요
着我之心이 卽是集因이라 是滅道者는 若離此着은 卽是道諦요 則
無生處는 卽是滅諦[60]니라

● ㉢ 文中二句 아래는 바로 경문을 해석함이다. 그중에 셋이 있으니
㉠ 간략히 경문을 해석함이요, ㉡ 유식론과 논경을 거론하여 회통함

---
60) 但是苦集以下는 金本誤入疏文.

이요, ㉢ 논경을 인용하여 반대로 질문함이다. 지금은 ㉠에서 ⓐ 바로 해석함이요, ⓑ 此直順 아래는 결론함이다. 지금은 ⓐ에서 '단지 고제와 집제뿐'이라 말한 것은 세간에 태어나는 것이 그대로 망녕된 괴로움이요, <나>에 집착하는 마음이 그대로 집제의 원인이다. '멸제와 도제이다'라고 말한 것은 만일 이런 집착을 여의면 그대로 도제이며 '날 곳이 없다'는 것은 바로 멸제이다.

㉡ 유식론과 논경을 거론하여 회통하다[擧論經會釋] (論經 30下7)

[疏] 論經에 言受身處生者는 以我執習氣가 但令自他差別이라 故로 論에 云, 五道中의 所有生死差別이라하니 若五道差別은 自由業招耳니라

■ 논경에서 '세간의 몸을 받아 태어난다'라고 말한 것은 아집습기가 단지 나와 남만을 차별하게 한다는 뜻이다. 그러므로 논경에서 '오도(五道) 중의 모든 생사의 차별'이라 말하였으니 저 오도의 차별은 스스로의 업으로 인해 초감되었을 뿐이다.

㉢ 논경을 인용하여 묻고 해석하다[以論徵釋] 3.
ⓐ 총합하여 표방함을 말하다[申總標擧] (又論 31上7)

[疏] 又論主가 反徵惑情하야 顯成無我니라

■ 또 논주가 미혹한 생각을 반대로 물어서 <내>가 없음이 됨을 밝혔다.

[鈔] 論經言下는 二, 擧論經會釋이라 於中에 四意니 一, 擧論經이오 二,

以我執下는 以唯識意로 釋成論經이니 唯識論에 云, 隨二我執所熏成種하야 令有情等으로 自他差別이라하니라 三, 故論云下는 擧本論自釋이라 旣言五道之中所有生死하니 明是一一道中에 自他之身差別義耳라 四, 若五道下는 以業習氣로 成上我執이 但令自他差別之義이니 謂業이 能令自他로 共有니 若人若天과 苦樂六道가 卽有支習氣라 若我執習氣인댄 亦二取攝이니 已如上辨이니라 又論主反徵下는 第三, 引論反徵釋이라 於中에 三이니 初는 總標요 二는 別徵釋이오 三은 結成無我라

- ㉡ 論經言 아래는 유식론과 논경을 거론하여 회통함이다. 그중에 네 가지 뜻이니 ⓐ 논경을 거론함이요, ⓑ 以我執 아래는 유식론의 의미로 논경을 해석함이다. 『성유식론』에서는, "두 가지 아집습기를 따라 훈습한 것으로 종자를 이루어서 중생 등으로 하여금 자신과 남을 차별하게 한다"라고 하였다. ⓒ 故論云 아래는 논경을 거론하여 스스로 해석함이다. 이미 '오도 중의 모든 생사'라 말하였으니 하나하나의 갈래 중에 자신과 남의 몸을 차별하는 이치가 분명할 따름이다. ⓓ 若五道 아래는 업의 습기로 위의 아집이 단지 자신과 남을 차별하는 이치를 이룬 것이다. 말하자면 업이 능히 자신과 남을 공유케 하나니 인간과 천상의 괴롭고 즐거운 육도가 곧 유지(有支)의 습기 때문이라는 뜻이다. 만일 아집습기라 한다면 또한 이취(二取)에 섭속될 것이니 이미 위에서 밝힌 내용과 같다. ㉢ 又論主反徵 아래는 논경을 인용하여 반대로 묻고 해석함이다. 그중에 셋이니 ⓐ 총합하여 표방함이요, ⓑ 개별로 묻고 해석함이요, ⓒ <내>가 없음으로 결론함이다.

ⓑ 개별로 묻고 해석하다[別申徵釋] 2.
㉮ 세간에 태어난 것은 모두 〈나〉에 집착한 탓이란 말을 묻다
[徵世間受生皆由着我] 2.
㉠ 백론의 허용하고 뺏는 형식에 의지하여 논파하다
[依百論縱奪破] (初徵 31上7)

[疏] 初는 徵着我하야 明凡應同聖過니 云, 若第一義中에 實有我相者는 此按定所執이오 着我之心이 卽是第一義智는 此反以縱立이니 謂稱實我知故라 次云, 不應世間受身處生者는 以理正徵이니 謂若我是滅理요 着心是道인대 則凡應同聖하야 得於涅槃하리라 何以着我하야 世間에 受生耶아

㉠ 〈나〉에 집착한 탓임을 물어서 범부가 성인과 같으리란 허물을 밝힘이니 '만일 제일가는 이치 중에 진여에 〈나〉라는 모양이 있다'고 말한 것은 고집한 바를 참고하여 정한 것이요, 〈나〉에 집착한 마음이 바로 제일가는 이치의 지혜라는 것은 반대로 놓아 성립함이다. 말하자면 실법에 걸맞게 〈나〉를 알기 때문이다. 다음에 '응당히 세간에 몸을 받아 태어나지 않으리라'라고 말한 것은 이치를 반대로 물은 내용이다. 말하자면 만일 〈내〉가 멸제의 이치이고 집착한 마음이 도제의 이치라면 범부는 응당 성인과 같아서 열반을 얻게 되리라. 그런데 어째서 〈나〉에 집착하여 세간에 태어나겠는가?

㉡ 인명론에서 세운 비량을 의지해 해석하다[依因明立量釋]

(此中 31下2)

[疏] 此中에 應爲立過云호대 若第一義中에 實有我者인대 凡應同聖은 爲立宗이오 以有能證第一義中에 實我智故는 爲出因이오 如諸生盡聖人은 爲同喩라 此則凡應同聖은 凡旣同聖인대 卽無凡夫니 復成一過니라

■ 이 가운데 세운 허물에 대해 응당히 말하면, "만일 제일가는 이치 중에 진실로 〈내〉가 있다면 범부는 성인과 같아짐은 종지를 세움이 되고, 제일가는 이치를 증득하는 주체 중에 '진실로 〈나〉라는 지혜가 있기 때문'이란 것은 벗어나는 원인이 된다. 마치 저 생사가 다한 성인은 범부와 성인이 같다는 비유가 된다"고 해야 한다. 이렇다면 '범부가 성인과 같아진다'는 말은 범부가 이미 성인과 같다면 범부가 없는 것이니, 다시 한 가지 허물을 이루게 된다.

[鈔] 初徵着我下는 二, 別徵釋이라 中에 二句니 先은 徵世間受生皆由着我요 後는 徵若離此着하면 則無生處라 今初61)니 於中에 二意니 先, 標擧요 後, 若第一義下는 擧論牒釋이라 然이나 論에 但云호대 若第一義中에 實有我相者인대 着我之心이 卽是第一義智62)라 不應世間受身處生이라하니라 疏有二釋이니 一, 依百論縱奪勢釋이오 二, 依因明立量以釋이라 前中63)에 疏節論文하야 以爲三段에 兼疏有四하니 一, 初句는 按定이오 二, 次句는 縱立이오 三,64) 後句는 正徵이오 四, 何以着我下는 卽疏擧經하야 反質結破라 但觀向引論文하면 自分主客이니라 云何結破오 然有二意하니 一, 結成縱破니 縱其有我라도 已成過故니 擧經反成이오 二, 着我로 旣世間生인대 明知着我之心이

---

61) 上二十九字는 南金本作先依百論縱奪以破.
62) 智下에 甲南續金本有次云二字.
63) 上二十二字는 南金本作今.
64) 三下에 南續金本有以字.

非第一義智요 所着之我도 非第一義니 明理無我矣라 即奪破其我
니라

- ⓑ 徵着我 아래는 개별적으로 묻고 해석함이다. 그중에 두 구절이니 ㉠ 세간에 태어나는 것이 모두〈나〉에 집착한 탓이란 말을 물음이요, ㉡ 만일 이런 집착을 여의면 태어날 곳이 없다는 말을 물음이다. 지금은 ㉠이니 그중에 두 가지 의미가 있다. 하나는 표방하여 거론함이요, 뒤의 하나는 若第一義 아래는 논경을 거론하여 따와서 해석함이다. 하지만 논경에서는 단지 "만일 제일가는 이치 중에 진실로〈나〉라는 모양이 있다면〈나〉에 집착한 마음이 그대로 제일가는 이치의 지혜일 것이므로 응당 세간에 몸을 태어나지 않는다"라고만 하였다. 소의 문장에 두 가지로 해석하였으니 ㉮『백론』의 허용하고 뺏는 형식에 의지하여 해석함이요, ㉯『인명론』에서 세운 비량(比量)을 의지해 해석함이다. ㉮에서 소가가 논경의 문장을 나누어 세 단락으로 삼을 적에 소의 넷으로 구분한 것을 겸하였다. Ⓐ 첫 구절은 정해 둠이요, Ⓑ 다음 구절은 허용하여 세움이요, Ⓒ 뒤 구절은 바로 질문함이요, Ⓓ 何以着我 아래는 소가가 본경을 거론하여 반대로 질문하여 논파함이다. 단지 앞에서 인용한 논문만을 관찰하면 자연히 주와 객으로 나누어진다. 어떻게 결론하여 타파하는가? 거기에 두 가지 의미가 있으니 1) 결론적으로 허용하여 타파함[縱破]이니〈내〉가 있다고 허용하더라도 이미 허물이 되기 때문이니 경문을 거론하여 반대로 성립함이요, 2)〈나〉에 집착하여 이미 세간에 태어났다면〈나〉에 집착한 마음이 제일가는 이치의 지혜가 아님을 분명히 알 것이요, 집착할 대상인〈나〉도 제일가는 이치가 아닐 것이니 (진여의) 이치에는〈내〉가 없음이 분명하다. 다시 말하면 그〈나〉를 뺏

어서 타파함이 된다.

此中應爲下는 二, 依因明立量破니 疏文에 已具라 然總意에 云, 謂 第一義我는 是有法이오 凡應同聖은 是宗法이오 以我是持自性法이며 有彼凡應同聖宗中法일새 法與有法으로 和合爲宗이라 因은 云, 以有第一義中에 實我智故요 同喩는 如生盡聖人이라 上에 三支가 已具니라 凡應同聖은 此句가 合結이니 應云, 生盡聖人은 有實智라 生盡聖人은 是聖人이니 凡夫가 旣有實我智인대 同彼聖人이 是聖人이라 而言生盡者는 遮不定過니 若但云聖人인대 恐有難云호대 爲如須陀洹의 七反受生之聖人耶아 爲如羅漢의 我生已盡之聖人耶아 故定取後句니라 大乘頓悟에는 八地已上에 卽同羅漢이오 漸悟에는 初地에 許其生盡이니라 從凡旣同聖下는 例成一過라 凡應同聖은 是雜亂過요 今無聖人65)은 是斷滅過니라

● ㉮ 此中應爲 아래는 『인명론』에서 세운 비량을 의지해 논파함이니 소의 문장에 이미 구비되어 있다. 그런데 총합한 의미로 말하면, "제일가는 이치의 〈나〉는 〈유〉의 법이요, '범부가 성인과 같아진다'는 것은 종지의 법이요, 〈나〉는 자성을 유지하는 법이요, 저 범부가 성인과 같아진다는 종지가 있으므로 법과 〈유〉의 법을 화합해서 근본 이치[宗]가 된 것이다." 근거 이유[因]를 말한다면 "제일가는 이치 중에 진실된 〈나〉의 지혜가 있기 때문이요, '비유와 같다'는 것은 생사가 다한 성인과 같다." 위에서 세 갈래가 이미 구비되었다. '범부가 성인과 같아진다'고 함은 이 구절이 결론과 합함이니, 응당히 말하면 "생사가 다한 성인은 진실된 지혜가 있으며 생사가 다한 성인이 진정

---

65) 聖人은 雜華記云 凡夫之誤.(『三家本私記』雜花記 p. 191-)

한 성인이니 범부가 이미 진실된 〈나〉의 지혜가 있다면 저 성인이 진정한 성인과 같으리라." 그러나 '생사가 다했다'고 말한 것은 일정하지 않은 허물을 차단한 부분이니, 만일 단지 성인이라고만 한다면 아마도 어떤 이가 힐난하되, "수다원의 일곱 번 반복하여 태어나는 성인이 되는가? 아라한의 나의 생이 이미 다하였다는 성인이 되는가?" 그러므로 뒤 구절로 정하여 취한 것이다. 대승법의 단박에 깨달음에는 제8지 이상이 아라한과 같지만, 점차 깨달음에는 초지에 그 생이 다함을 허용한다.

凡旣同聖부터 아래는 한 가지 허물을 사례로 취한 내용이다. '범부가 성인과 같아진다'고 말한 것은 섞이고 혼란한 허물[雜亂過]이요, 지금에 '범부가 없다'고 말한 것은 끊어 없앤 허물[斷滅過]이 된다.

㊦ 이런 집착이 없으면 태어날 곳이 없다는 말에 대해 묻다
  [徵若無此着則無生處] 2.
㉮ 바로 표방하여 거론하다[正標擧] (次反 32下7)

[疏] 次, 反徵後句하야 明聖應同凡過云이라
  ■ ㊦ 반대로 뒤 구절을 물어서 '성인이 범부와 같아진다'는 허물을 밝힌 부분이다.

㉯ 논경을 따와서 해석하다[牒論釋] 3.
Ⓐ 백론의 허용하고 뺏음에 의지하여 해석하다[依百論縱奪以釋]
                                        (又復 32下7)
Ⓑ 인명론에서 세운 비량을 의지하여 해석하다[依因明立量以釋] (此中)

[疏] 又復若第一義中에 實有我相者인대 若離着我라도 應常生世間이리니 以不稱實이 同於妄執하야 非第一義智故라 此中에 應爲立過云호대 以理實有我인대 聖應同凡은 爲宗이오 次는 聖證無我하니 違理倒惑은 非聖智故는 爲出因이오 如諸凡夫는 爲同喩니 此則結成聖應同凡過라 聖旣同凡인대 則無聖人이니 復是一過니라

■ 또다시 만일 제일가는 이치 중에 진실로 〈나〉라는 모양이 있다면 만일 〈나〉에 대한 집착을 여의더라도 응당히 항상 세간에 태어나게 될 테니 실법에 걸맞지 않음이 허망한 집착과 같아서 제일가는 이치의 지혜가 아닌 까닭이다. 이 가운데 응당히 허물을 세워 말하면 "진여의 실법에 〈내〉가 있다면 성인이 범부와 같아진다는 것은 종지가 될 것이요, 다음에 성인이 〈내〉가 없음을 증득하였으니, '이치에 위배된 뒤바뀐 의혹은 성인의 지혜가 아니다'라고 말한 것은 벗어나는 원인이 되고, '저 범부와 같다'는 것은 비유와 같음이 된다. 이렇다면 결론적으로 '성인이 범부와 같아진다'는 허물이 된다. 성인이 이미 범부와 같다면 성인이 없는 것이니 다시 한 가지 허물이 될 것이다.

[鈔] 次反徵後句下는 此第二, 反徵이라 若離此着에 則無生處라 文中에 二니 先, 標擧요 後, 又復下는 牒論解釋이라 然이나 論에 但云호대 若第一義中에 實有我相者인대 若離着我라도 則應常生世間이라하니라 今疏에 亦有兩重解釋호대 文小異前이라 而分爲三이니 初는 以百論의 縱奪勢釋이오 二는 以因明立量以釋이오 三은 擧經雙結反徵以破라 初中에 然準前論인대 亦應有三이어늘 而文稍略이라 兼疏爲三이니 初, 按定所執이오 二, 若離下는 卽以離正徵이오 三, 以不稱實下는 疏釋論意니 卽同前第二의 反以縱立이니 而論이 含在前若離此着

句中이라 謂第一義中에 實有於我가 以爲眞理인대 今離着我는 則不稱理하야 同於凡夫의 違理妄執이니 斯則縱成이라

此中應爲下는 二, 立量破니 應云호대 第一義中에 實我는 是有法이오 聖應同凡은 是宗法이오 因은 云, 以有無我迷理倒惑故요 同喩는 云如諸凡夫니 則三支가 已具니라 疏云此則結成聖應同凡者는 卽合結也니 應云호대 凡夫가 有倒惑하면 凡夫가 是凡夫라 聖人이 有倒惑하면 同彼凡夫가 是凡夫니 成雜亂過라 次云聖旣同凡下는 例結一過니 成斷滅過니라

- Ⓑ 次反徵後句 아래는 반대로 물음이다. 만일 이런 집착이 없다면 태어날 곳이 없으리라. 경문 중에 둘이니 앞은 표방하여 거론함이요, 뒤의 又復 아래는 논경을 따와서 해석함이다. 그러나 논경에서 단지 "만일 제일가는 이치 중에 진실로 〈나〉라는 모양이 있다면 〈나〉에 대한 집착을 여의었더라도 응당히 항상 세간에 태어난다"고 해야 하리라. 지금 소에서도 두 가지 해석을 하였으되 문장은 앞과 조금 다르다. 그리고 셋으로 나누었으니 ① 백론의 허용하고 뺏음에 의지하여 해석함이요, ② 『인명론』에서 세운 비량을 의지하여 해석함이요, ③ 경문을 거론하여 동시에 결론하고 반대로 질문하여 논파함이다. ① 중에서 앞의 논경에 준한다면 또한 응당히 셋이 있어야 할 텐데 문장이 더욱 생략된 것 같다. 소를 겸하여 셋으로 나누었으니 (1) 고집할 대상을 규정함이요, (2) 若離 아래는 여읨에 합치하여 바로 물음이요, (3) 以不稱實 아래는 소가가 논경의 뜻을 해석함이니 곧 앞의 ② 반대로 허용하여 세움과 같나니, 그러나 논경이 앞의 若離此着이란 구절 속에 포함되어 있다. 말하자면 제일가는 이치 중에 진실로 〈내〉가 있음으로 진실한 이치를 삼는다면 지금의 〈나〉에 대한 집

착을 여읨은 이치에 걸맞지 않아서 범부의 이치에 위배되어 허망하게 집착함과 같을 것이니 이것은 허용함이 된다.

㉮ 此中應爲 아래는 『인명론』에서 세운 비량을 의지하여 논파함이다. 응당히 "제일가는 이치 중에 진실한 〈나〉는 〈유〉의 법이요"라고 해야 한다. '성인이 범부와 같아진다'는 말은 종지의 법[宗]이요, 근거이유[因]를 말하면 "〈내〉가 없음에 대해 이치에 미혹하여 뒤바뀐 의혹이 있기 때문이다." 비유와 같다는 말은 "모든 범부와 같나니 세 갈래가 이미 구비되었다"는 뜻이다. 소가가 "이렇다면 '성인이 범부와 같아진다'고 결론한 것은 합하여 결론함[合結]이다. 응당히 범부가 뒤바뀐 의혹이 있으면 범부가 곧 범부일 것이다. 성인에게 뒤바뀐 의혹이 있으면 저 범부가 곧 범부인 것과 같아지리니 섞이고 혼란한 허물을 이루게 된다. 다음에 '성인이 이미 범부와 같다'고 결론함이니 끊어 없애는 허물[斷滅過]을 이루게 된다.

ⓒ 경문을 거론하여 동시에 결론하고 반대로 질문하여 논파하다
[擧經雙結反質以破] (是以 33下7)

[疏] 是以로 經에 云, 若離此着하면 則無生處라하시니 則反顯妄情이 定是過也니라

- 이런 까닭에 경문에 이르되, "만일 이런 〈나〉에 대한 집착을 여의면 날 곳이 없으리라"고 하였다. 말하자면 허망한 생각이 결정코 허물이 된다는 뜻이다.

[鈔] 是以經云下는 三, 擧經雙結反質以破라 言雙結者는 雙結百論과 因

明이라 結百論者는 謂縱其有我니 聖應同凡은 爲縱破요 今離我不生일새 明定無我는 卽是奪破라 若結因明立量인대 但是縱成其過니 是他比量이라 今擧經無我에 則彼量이 不成하니 謂離我에 旣不受生하니 則知第一義中에 定無有我어니 安有我智66)리요 故로 疏에 結云 反顯妄情定是過也니라

- ⓒ 是以經云 아래는 경문을 거론하여 동시에 결론하고 반대로 질문하여 논파함이다. '동시에 결론한다'고 말한 것은 『백론(百論)』과 『인명론(因明論)』을 동시에 결론한다는 뜻이다. '『백론』을 결론한다'는 것은 말하자면 〈내〉가 있음을 허용한 부분이다. '성인이 범부와 같아진다'는 것은 허용하여 논파함이 되고, 본경에는 〈나〉에 대한 집착을 여의면 태어나지 않으므로 분명하게 〈내〉가 없음으로 정한 것은 곧 뺏어서 논파함이다. 만일 『인명론』에서 비량을 세워 결론한다면 단지 그 허물을 허용하기만 할 것이니 타비량(他比量)67)이 된다. 지금은 경문의 〈내〉가 없음을 거론할 적에 저 비량이 성립하지 않는다. 말하자면 〈나〉를 여의면 이미 태어나지 않을 것이니, 다시 말하면 제일가는 이치 중에 결정코 〈내〉가 없을 것인데 어찌 〈나〉라는 지혜가 있겠는가? 그러므로 소가가 결론하되 "허망한 생각이 결정코 허물임을 반대로 드러낸다"고 하였다.

ⓒ 〈내〉가 없음으로 결론하다[結成無我] (二過 34上5)

---

66) 我智는 南續金本作智故.
67) 他比量: 三比量의 하나. 三比量은 因明學에서 말하는 세 가지 비량이다. (1) 自比量: 자기만이 허락하는 것으로 구성하는 비량. (2) 他比量: 타인만이 허락하는 것으로 구성하는 비량. (3) 共比量: 자타가 모두 함께 허락하는 것으로 구성하는 비량. 量은 범어 pramāña의 번역. 좁은 뜻으로는 '대상을 바르게 인식하고 논증하는 수단 근거'를 말한다. (불교학대사전 p.740-)

[疏] 二過旣成하니 則無我理가 昭然可見이로다
- 두 가지 허물[雜亂過, 斷滅過]이 이미 성립하였으니 〈내〉가 없다는 이 치를 분명하게 볼 수 있으리라.

② 뒤바뀐 의혹으로 인연을 일으킴은 논경의 답(答)이다
[明倒惑起緣卽論明答] 4.

❖ 제6회 십지품 제6 現前地 (科圖 26-61; 闕字卷)

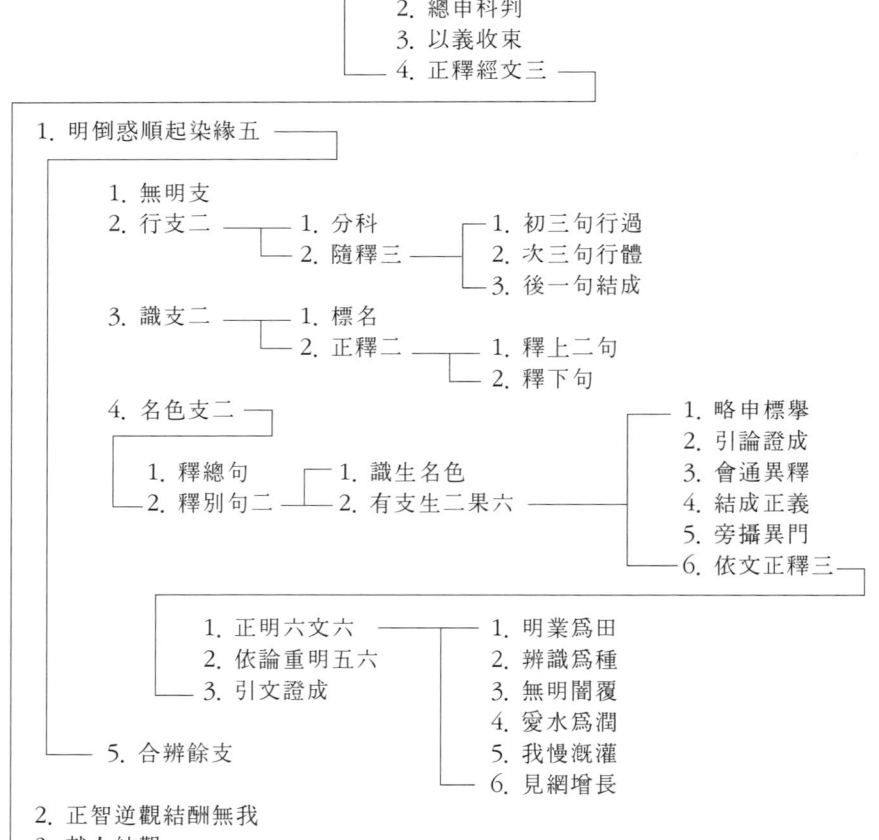

㉮ 힐난에 대답한 의미를 거론하다[擧答難意] 2.
㉠ 첫째 힐난에 대답하다[答初難] (第二 34上6)
㉡ 나중의 힐난에 답하다[答後難] (第二)

[疏] 第二, 倒惑起緣이 卽論明答이니 答外伏難故라 兩難을 二答이니 一, 執情徵理難을 情乖正理答이오 二, 常求下는 執相徵實難을 相不依我答이라 今初에 難云호대 若實無我인대 云何着我오 如空中에 無人인대 豈計有人이리오 旣着於我하고 不着無我하니 明知有我로다 答云호대 由無智故로 於無我處에 執着於我이언정 非由有我니 如翳見空華라 豈空中에 有華리오 第二難에 云호대 若實無我인대 何以貪着於我오 世間受生이 爲緣次第니 明知有我라야 方得⁶⁸⁾爲緣하야 次第生起로다 答云호대 正由無我計我는 癡愛가 爲本이오 倒惑으로 造業이라 乃至老死하야 何要我耶아 答意는 正爾니라

■ ② 뒤바뀐 의혹으로 인연을 일으킴은 논경의 답(答)에 대한 설명이니 외부의 숨은 힐난에 대답한 부분이다. 두 가지 힐난에 두 가지로 대답하였으니 ㉠ 생각에 사로잡혀 이치를 물어 힐난함에 대해 생각은 어긋나지만 이치는 올바르게 대답하였고 ㉡ 常求 아래는 모양을 고집하니 실법을 물어 힐난함에 대해 모양은 <나>에게 의지하지 않음으로 대답하였다. 지금은 ㉠에 대해 힐난하되, "만일 진실로 <내>가 없다면 어떻게 <나>를 집착하겠는가? 마치 허공에 사람이 없는데 어찌 사람이 있다고 생각하는가?" 함과 같다. 이미 <나>를 집착한 것이지 <내>가 없음에 집착하지는 않았으니 <내>가 있음을 분명히 알겠다. 대답하되, "지혜가 없는 까닭에 <내>가 없는 곳에서

---
68) 得은 續金本作謂.

〈나〉를 집착한 것이지 〈내〉가 있기 때문인 것은 아니다. 마치 티끌로 인해 허공 꽃을 보는 것과 같다. 어찌 허공에 꽃이 있겠는가? ㉡ 힐난하되, "만일 진실로 〈내〉가 없다면 어떻게 〈나〉를 탐착하겠는가? 세간에 태어남이 인연의 차례에 의해 따라가는가? 〈내〉가 있는 것을 분명히 알아야만 비로소 인연에 의지해 차례로 일어나게 될 것이 아닌가?" 대답하되 "진정으로 〈내〉가 없음을 〈나〉로 계탁함은 어리석은 애정이 근본이 되기 때문이요, 뒤바뀐 의혹으로 업을 지은 것이다. 늙고 죽음에 나아가서 어찌 〈나〉를 찾겠는가?" 하니 대답한 의미는 바로 그렇다.

[鈔] 第二倒惑起緣卽論明答下는 分四니 一, 釋答이라
- ② '뒤바뀐 의혹으로 인연을 일으킴은 논경의 답(答)에 대한 설명'이라 한 아래는 넷으로 나누어지나니 ㉮ 답(答)에 대한 해석이다.

㉯ 총합하여 과목 나누다[總申科判] (就文 34下5)

[疏] 就文하야 分三이니 初, 明倒惑順起染緣이오 二, 此因緣故下는 正智逆觀하야 結酬無我요 三, 菩薩如是下는 就人結觀이라
- 경문에 입각하여 셋으로 나누었으니 ㉠ 뒤바뀐 의혹이 잡염의 인연을 따라 일으킴을 밝힘이요, ㉡ 此因緣故 아래는 바른 지혜로 거꾸로 관하여 무아를 결론하여 대답함이요, ㉢ 菩薩如是 아래는 사람에 입각하여 관법을 결론함이다.

㉰ 의미로 묶다[以義收束] 2.

㉠ 바로 거두어 묶다[正收束] (今初 34下7)
㉡ 본경과 논서를 회통하다[會經論] (此約)

[疏] 今初라 然十二支가 卽爲十二別은 亦無間然이라 而諸論中에 多攝爲四하니 一은 能引支니 謂無明行이 能引識等五果種故요 二는 所引支니 謂識等五는 是前二支의 所引發故요 三은 能生支니 謂愛取有가 近生當來의 生老死故요 四는 所生支니 卽生老死가 是愛取有의 近所生故라 此約二世一重因果하야 明生引別이니 若依三世兩重因果인대 則生引互通이라 今經에는 並具니라

■ 지금은 ㉠이다. 그런데 12가지 지분이 곧 12가지로 구별함도 또한 간단 없이 그렇다는 뜻이다. 그러나 여러 논문에 대부분 넷으로 포섭하였으니 (1) 지분을 이끄는 주체[能引支]이다. 말하자면 무명과 지어감이 의식 따위의 다섯 가지 결과[識, 名色, 六入, 觸, 受]의 종자를 능히 끌어들이기 때문이요, (2) 지분으로 이끌 대상[所引支]이다. 말하자면 의식 따위의 다섯 가지는 앞의 두 지분이 이끌어서 일어난 것인 까닭이요, (3) 지분을 나게 하는 주체[能生支]이다. 말하자면 애정과 취함과 존재의 지분이 가깝게는 미래의 태어남과 늙고 죽음의 지분을 생기게 하는 까닭이요, (4) 지분으로 생겨날 대상[所生支]이다. 말하자면 태어남과 늙고 죽음이 애정과 취함과 존재에 가깝게 생겨난 것이기 때문이다. 이것은 이세일중인과(二世一重因果)에 의지하여 생겨나고 이끌어 구별함을 밝힌 내용이니, 만일 삼세양중인과(三世兩重因果)에 의지한다면 능생지(能生支)와 능인지(能引支)가 서로 통할 것이다. 본경에는 함께 구비되어 있다.

[鈔] 二, 就文分三下는 總科요 三, 今初然十二下는 以義收束이오 四, 且依十二下는 正釋經文이라 三中에 瑜伽와 對法에 皆同爲四라 今依唯識第八인대 論文이 未盡하니 下疏에 具之라 然能所引은 皆在因中이오 能生과 所生은 因果對說이라 故로 唯識第八[69]에 明十五依處建立十因中에 三은 習氣依處니 謂內外種이 未成熟位니 卽依此處하야 立牽引因이니 謂能牽引遠自果故라하니 今取起種하야 但名能引이라 其能所生은 卽彼論에 云, 四는 有潤種子依處니 謂內外種이 已成熟位니 卽依此處하야 立生起因이니 謂能生起近自果故라하니 正當今文에 愛取有三이 是已潤故니라

此約二世下는 會通經論이라 若準唯識하면 三世小乘이라 今按下經하야 具明二義라 言生引互通者는 無明行中에 有愛取有하고 愛取有中에 有無明行하며 識等五果는 卽生老死니 俱是果位라 並如下說이니라

● ㉔ 就文分三 아래는 총합하여 과목 나눔이요, ㉕ 今初然十二 아래는 의미로 묶음이요, ㉖ 且依十二 아래는 바로 경문을 해석함이다. ㉔ 중에 『유가론』과 『대법론』에서는 모두 똑같이 넷으로 나누고 있다. 지금은 『성유식론』 제8권에 의지한다면 논문이 완전하지 못하니 아래 소에서 갖추어 보이겠다. 그런데 이끄는 주체와 대상은 모두 원인 중에 있고, 생기는 주체와 대상은 원인과 결과를 상대하여 말하였다. 그러므로 『성유식론』 제8권에 15가지 의지처를 열 가지 원인으로 건립한 중에 "셋째는 습기의 의지처[習氣依處]이니, 내부와 외부의 종자가 아직 성숙하지 않은 단계를 말한다. 곧 이 의지처에 의거해서 견인인(牽引因)[70]을 건립한다. 능히 멀리 자기 결과를 끌어당기기 때

---

[69] 인용문은 『成唯識論』 제8권의 내용이다. (대정장 권31 p. 41b-)
[70] 牽引因은 습기를 말한다. 일체법은 보고 듣고 깨달아 알 적마다 아뢰야식에 훈습되고, 이것이 원인이 되어 장차 연을 만나면 온갖 현상을 일으킨다. 그런데 이것이 아뢰야식 중에서 아직 성숙되지 않아서 현실로 특수한 결과를 끌어오지 않았을 때에, 그 자체에 어떤 결과를 이끌어 낼 결정적인 속성(定性)이 있기 때문에, 종자를 牽引因이라고 한다.

문이다"라고 하였다. 지금은 종자를 일으켜서 단지 '이끄는 주체'라고만 하였다. 그 이끄는 주체와 대상은 곧 저 논에서, "넷째는 성숙된 종자의 의지처[有潤種子依處]이니, 내부와 외부의 종자가 이미 성숙한 단계를 말한다. 곧 이 의지처에 의거해서 생기인(生起因)[71]을 건립한다. 능히 가까이 자기 결과를 일으키기 때문이다"라고 하였으니, 바로 본경의 문장에도 "애정과 취함에 셋이 있는 것이 이미 성숙되었기 때문이다"라고 해야 하리라.

ⓒ 此約三世 아래는 본경과 논서를 회통함이다. 만일 『유식론』에 준한다면 삼세는 소승법이다. 지금은 아래 경문을 살펴보면 두 가지 뜻으로 구비하여 설명하였다. '생기고 이끎이 서로 통한다'고 말한 것은 무명과 지어 감의 지분 속에 애욕과 잡음과 존재가 있고, 애욕과 잡음과 존재 속에 무명과 지어 감의 지분이 있으며, 의식 따위의 다섯 가지 결과는 태어남과 늙고 죽음과 합치하나니 모두 결과의 지위이다. 아울러 아래 설명한 내용과 같다.

※ 十二支生引互通說 (闕字卷 35下2)

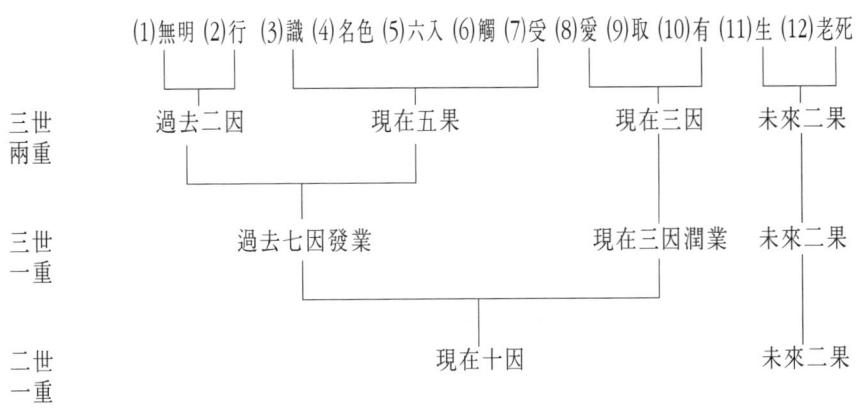

---

71) 위에서 말한 종자가 진정한 자기 결과[自果]를 낼 때의 종자를 生起因이라고 한다.

㉔ 바로 경문을 해석하다[正釋經文] 3.
㉠ 뒤바뀐 미혹이 잡염의 인연을 따라 일으키다[明倒惑順起染緣] 5.

ⓐ 무명의 지분[無明支] 5.
ⓑ 경문을 과목 나누다[科經文] (且依 35下6)

復作是念하되 凡夫無智하여 執着於我하여 常求有無하며
또 생각하기를 '범부는 지혜가 없어 <나>에 집착하여 항상 있는 것 없는 것을 구하며,

[疏] 且依十二하야 文[72]分爲五니 初로 至有無는 辨無明支요
- 우선 12지분[73]에 의지하여 경문을 다섯으로 나눌 것이니, 처음부터 有無까지는 무명의 지분에 대한 설명이다.

[鈔] 且依十二者는 以此經中에 次第行列故라 又欲總收二世와 三世故라 然就經文인댄 且合分五니 一은 無明이오 二는 行이오 三은 識이오 四는 名色이오 五는 合辨餘支니라 初至有無下는 此段에 有五하니 一, 科經이오
- '우선 12지분에 의지하여'란 본경 중에 차례로 줄지어 나열한 내용이

---

72) 文은 甲南續金本作支.
73) 『俱舍論』제9권의 分別世品 제3의 2의 게송에 云, "전생의 미혹한 위치가 무명이며 전생의 모든 업을 지어 감이라 하고 의식이 태어남의 쌍임을 결성하며 여섯 감관의 전을 이름과 물질이라 하네. / 눈 따위의 감관이 생김으로부터 셋이 어울리는 이전을 여섯 감관이라 하고 三受(受)의 인(因=境)이 다른 그것에서 알지 못함을 닿임이라고 이름하네. / 음욕과 사랑이 있기 전이 느낌이요, 물건 탐내고 음욕을 갖춘 욕망이며 온갖 환경과 온갖 것을 얻기 위하여 두루 달려 구함을 잡음이라 이름하네. / 존재란 앞으로 있을 과보의 업을 능히 짓고 이끄는 것을 말하며 미래의 존재 결성함을 나기라 하고 미래에 받을 것이 늙어 죽음이네.'《宿惑位無明 宿諸業名行 識正結生蘊 六處前名色/ 從生眼等根 三和前六處 於三受因異 未了知名觸/ 在婬愛前受 貪資具婬愛 爲得諸境界 遍馳求名取/ 有謂正能造 牽當有果業 結當有名生 至當受老死》] (대정장 권29 p.48b12-)

다. 또 총합적으로 이세와 삼세로 묶으려 하기 위함이다. 그런데 경문에 입각하면 우선 합하여 다섯으로 나누어지나니 ㉮ 무명의 지분 ㉯ 지어 감의 지분 ㉰ 의식의 지분 ㉱ 명색의 지분 ㉲ 나머지 지분을 합쳐서 밝힘이다. '처음부터 有無까지는' 아래는 이 단락에 다섯이 있으니 ㉠ 경문을 과목 나눔이요,

㉡ 간략히 해석하다[略釋] (無智 35下9)

[疏] 無智는 是癡요 常求有無는 卽是有愛라
■ '지혜가 없다'는 것은 어리석음이요, '항상 있는 것 없는 것을 구한다'는 것은 바로 존재에 대한 애욕을 뜻한다.

[鈔] 二, 無智是癡下는 略釋이라 故로 論에 云, 此示無明과 有愛는 是二가 有支爲根本故라하니 有愛는 卽三有之愛也라 亦同涅槃에 生死本際가 凡有二種하니 一者는 無明이오 二者는 有愛라 是二中間에 卽有生老病死라하니라
● ㉡ 無智是癡 아래는 간략히 해석함이다. 그러므로 논경에서는, "이것은 무명과 존재에 대한 욕망이 이 둘이 <유>의 지분으로 근본을 삼는 까닭이다"라고 하였으니, 존재에 대한 애욕은 곧 삼유[곧 3界]의 욕망을 뜻한다. 또한 『열반경』에서는, "나고 죽음과 근본시절이 대개 두 종류가 있으니 첫째는 무명이요, 둘째는 존재에 대한 욕망이다. 이 둘의 중간에 곧 태어나 늙고 병들고 죽음이 있다"라고 하였다.

㉢ 힐난을 해명하고 성(成)을 해석하다[通難釋成] (然依 36上4)

[疏] 然依三世인대 諸惑이 謝往를 總名無明이로대 略擧發潤은 有支本故라 若約二世인대 雖諸煩惱가 皆能發潤이나 而發業位에 無明力이 增일새 故名無明이라

- 그런데 삼세(三世)에 의지한다면 여러 의혹이 떠나가는 것을 총합하여 무명(無明)이라 하였지만 간략히 거론하고 윤기를 내는 것은 유지(有支)가 근본인 까닭이다. 만일 이세(二世)에 의지한다면 비록 모든 번뇌가 모두 윤기를 내긴 하지만 업을 일으키는 지위에서는 무명의 힘이 돋보이므로 무명이라 한 것이다.

[鈔] 三, 然依三世下는 通難釋成이니 應有難云호대 旣擧二支하야 爲有支本인대 那得上判에 唯屬無明고할새 故爲此通이니라 初, 依三世는 卽俱舍에 云宿惑謂74)無明이라하니 則過去의 若無明과 若愛를 皆名無明이라하니라 二, 依二世는 卽唯識文이니 諸惑이 皆能發業하니 豈無愛耶아

- ① 然依三世 아래는 힐난을 해명하고 성(成)을 해석함이다. 어떤 이가 힐난하되, "이미 두 지분을 거론하여 유지(有支)를 근본으로 삼았다면 어찌 위의 과목 나누기에서 오로지 무명만 섭속하였는가?"라고 하므로 이렇게 해명하였다. (1) 앞의 삼세(三世)에 의지한 설명은 『구사론』 제9권에서는, "전생의 미혹한 지위가 무명이요"라 하였다. 다시 말하면 과거의 무명과 애욕[愛]을 모두 무명이라 한다고 하였다. (2) 이세(二世)에 의지한 것은 『유식론』의 문장이니 모든 의혹이 모두 업을 일으킬 수 있나니 어찌 욕망이 없겠는가?

---

74) 謂는 俱舍論 원문에 位.(대정장 권29 p. 48 b12-)

㉠ 바로 그 체성을 내보이다[正出其體] (唯取 36下1)

[疏] 唯取能發은 正感後世善惡業者로 以爲其體라
- 오로지 능히 진정으로 다음 생[後世]을 초감하는 선악의 업을 일으키는 주체만을 취하여 그 체성으로 삼는다.

[鈔] 四, 唯取能發下는 正出其體니 卽唯識에 初能引後라 彼論에 具云호대 此中에 無明은 唯取能發은 正感後世善惡業者요 卽彼所發이라야 乃名爲行이니 由此하야 一切順現受業과 別助當業은 皆非行支라하니라 釋曰, 卽彼已下는 出行支體니 下文에 方用이라 故引此無明體니 是見道全이오 修道一分이라
- ㉠ 唯取能發 아래는 바로 그 체성을 내보임이다. 말하자면 『성유식론』제8권에서 처음의 무명이 능히 뒤의 지분을 이끈다는 뜻이다. 저 논문을 갖추어 말하면, "이 중에서 무명(無明)이란 오직 능히 진정으로 다음 생을 초감하는 선악의 업을 일으키는 것만을 취한다. 곧 그것이 일으킬 대상을 지어 감[行]이라고 이름한다. 이것으로 인해 모든 현세에 받는 업과 미래세에 받는 업은 모두 지어 감의 지분[行支]이 아니다"라고 하였다. 해석하자면 卽彼 아래는 지어 감의 지분의 체성을 내보인 부분이니, 아래 문장에서 쓰게 될 것이다. 그러므로 이 무명의 체성을 이끄나니 견도의 전부이며 수도의 일부분이기도 하다.

㉡ 논경으로 경문을 해석하다[以論釋經] (希常 36下7)

[疏] 希常이 爲有니 於有樂事에 欲常住故요 求斷이 爲無니 於有苦事에

願斷滅故니라
- 항상하기를 바라는 것이 〈유〉이니 즐거운 일이 있는 곳에서 항상 머물고 싶기 때문이요, 끊어지기를 구하는 것이 〈무〉이니 괴로운 일이 있는 곳에서 끊어져 없어지기를 원하는 까닭이다.

[鈔] 五, 希常爲有下는 以論釋經이니 論에 云, 是中에 無智로 至有無者는 希求常斷이라하니라 餘文은 疏釋하니라
- ㉠ 希常爲有 아래는 논경으로 경문을 해석함이다. 논경에 이르되, "이 가운데 지혜 없음에서 유무(有無)까지라 한 것은 항상하기를 구하고 끊어지기를 구한다는 뜻이다." 나머지 문장은 소가의 해석이다.

ⓑ 지어 감의 지분[行支] 2.
㉠ 과목 나누기[分科] (次不 37上2)

不正思惟로 起於妄行하여 行於邪道하여 罪行福行不動行을 積集增長하며
바르게 생각하지 못하고 허망한 행을 일으키어 삿된 도를 행하므로, 죄 받을 행과 복 받을 행과 변동하지 않는 행이 쌓이고 증장하며,

[疏] 次, 不正思惟로 至增長은 明行支라 文有七句하니 初三은 行過요 次 三은 行體요 後一은 結成이라
- ⓑ 바르게 생각하지 못함에서부터 증장함까지는 지어 감의 지분을 밝힘이다. 문장이 일곱 구절이니 ㉮ 처음의 세 구절은 지어 감의 허물

이요, ㉣ 다음 세 구절은 지어 감의 체성이요, ㉮ 나중의 한 구절은 결론함이다.

㊦ 과목에 따라 해석하다[隨釋] 3.
㉠ 세 구절은 지어 감의 허물[初三句行過] (初云 37上4)

[疏] 初云不正思惟者는 是行俱無明이니 涅槃에 說此爲無明因하나니 亦無明攝이라 躡前起後일새 故로 因果를 互擧라 次句는 就人彰過니 謂起妄行者는 必是凡夫라 無明이 爲因하야 求有造業故라 故로 初地에 云, 凡所作業이 皆顚倒相應이라하나니 反示菩薩勝義라 謂菩薩은 雖行於有나 起於善行하니라 以明으로 爲因하야 不求有造일새 不名妄行이라 下句는 就法彰過니 論에 云, 示於解脫處의 不正行故라하나니 若行涅槃路하야사 方爲正道니라

■ 첫 구절에서 '바르게 생각하지 않는다'는 것은 지어 감이 무명과 함께 한다는 뜻이다. 『열반경』에서는 "이것으로 무명의 원인을 삼는다"고 말하였으니 또한 무명에 섭속된다. 앞을 토대로 뒤를 시작하였으므로 원인과 결과를 서로 거론하였다. 다음 구절[起於妄行]은 사람에 입각하여 허물을 밝힘이다. 말하자면 허망한 행을 일으킨 이는 반드시 범부일 것이다. 무명이 원인이 되어 〈유〉를 구하려고 업을 짓기 때문이다. 그러므로 초지에서, "모든 짓는 업이 뒤바뀌게 되며"라고 하였으니, 반대로 보살이 뛰어나다는 뜻을 보인 내용이다. 말하자면 보살은 비록 〈유〉를 행한다 하더라도 선한 행위를 일으킨다는 뜻이다. 〈밝음〉으로 원인을 삼으면 구하지 않아도 지음이 있으므로 허망한 행이라 이름하지 않는다. 아래 구절[行於邪道]은 법에 입각하

여 허물을 밝힘이다. 논경에 이르되, "해탈하는 곳의 바르지 않은 행을 보인 까닭이다"라고 하였으니, 만일 열반의 길로 가야만 비로소 바른 길이 된다는 뜻이다.

[鈔] 初云不正者는 此有二意하니 一者는 爲無明支가 通諸煩惱니 已如前明이라 今取正起行時에 迷於行過니 卽行俱無明이오 非前發業인 無明支攝이니라 涅槃說此者[75]는 第二意니 爲無明支는 要與行俱요 獨頭起者는 非無明支라 則此一句가 猶是無明이니 故로 下疏에 云躡前起後니라 論經에 但云, 恒隨邪念하야 妄行邪道라하나니 邪念이 卽是無明異名이라 是故로 論에 云, 恒隨邪念은 示無明因이라하야늘 遠公이 釋云호대 明行用無明爲因이라하니라

言涅槃說者는 卽三十七經이오 南經三十三인 迦葉菩薩品이니 因說無明이 是一切諸漏根本하야 迦葉菩薩이 言[76]하사대 世尊하 如來가 昔於十二部經에 說言하사대 不善思惟因緣으로 生於貪欲瞋癡라하나니 今何因緣으로 乃說無明이닛고 佛言하사대 善男子야 如是二法이 互爲因果하야 互相增長이니 不善思惟가 生於無明하고 無明因緣으로 生不善思惟니라 善男子야 其能生長諸煩惱者를 皆悉名爲煩惱因緣이니 親近如是煩惱因緣일새 名爲無明不善思惟라하니라 釋曰, 旣互相生일새 故卽無明이니라 瑜伽에 亦云[77]호대 問이라 若說無明을 以不如理作意로 爲因인대 何因緣故로 於緣起敎中에 不先說耶아 答이라 彼唯是不斷因이오 非雜染因故라 所以者何요 非不愚者가 起此作意니 依雜染因하야 說緣起敎라 無明自性은 是染汚法이오 不如理

---

75) 者下에 甲南續金本有取字.
76) 인용문은 『涅槃經』 제33권 迦葉菩薩品 제24의 ③의 내용이다. (대정장 권12 p.830b21-)
77) 亦云은 甲南續金本無. 인용문은 『瑜伽師地論』 제10권 本地分中有尋有伺等三地의 ⑦의 내용이다. (대정장 권30 p.324c-)

作意自性은 非染汚故라 彼不能染汚無明이나 然由無明力所染汚하야 又生雜染業煩惱力之所熏發인 業之初因일새 謂初緣起니 是故로 不說不如理作意라하니라 釋曰, 若瑜伽意인대 則前凡夫無智가 是起業無明이오 不善思惟는 非無明體니 不立爲支어니와 今明能生無明이 亦無明攝이라 瑜伽는 剋體요 此經은 從通이니라

- 첫 구절에서 '바르게 생각하지 않는다'고 말한 것은 여기에 두 가지 의미가 있다. 1) 무명의 지분이 모든 번뇌에 통하게 되나니 이미 앞에서 밝힌 내용과 같다. 지금 진정으로 시작한 지어 감을 취할 적에 지어 감의 허물을 미혹하게 하나니 곧 지어 감이 무명과 함께한다는 뜻이지 앞에서 일으킨 업이 무명의 지분에 포섭된다는 뜻은 아니다. 『열반경』에서 이렇게 설한다'고 말한 것은 2)이니, '무명의 지분이 지어 감과 함께하려 한다'는 뜻이니, 혼자서 일어나는 것은 무명의 지분이 아닌 것이다. 말하자면 이 한 구절이 무명과 같은 까닭에 아래에 소가가 '앞을 토대로 뒤를 시작한다'고 말한다. 논경에서는 다만 "항상 삿된 생각을 따라 허망하게 삿된 도를 행한다"고 하였으니, 삿된 생각이 그대로 무명의 다른 이름이다. 이런 까닭에 논경에서, "항상 삿된 생각을 따른다는 것은 무명의 원인을 보인 것이다"라고 해석하였다. 혜원법사는 해석하되, "지어 감은 무명을 원인으로 삼는다는 뜻을 밝혔다"고 하였다.

『열반경』에서 이것을 말했다'는 것은 곧 제37권의 경문이요, 남본으로는 제33권의 가섭보살품(迦葉菩薩品)에 해당한다. 무명이 일체의 모든 번뇌의 근본이라고 설함으로 인해 가섭보살이 말하였다. "세존이시여, 여래께서 예전에 12부경에서 말씀하시되, 잘 생각하지 못하는 인연으로 탐욕·성내는 일·어리석음이 생긴다 하시더니, 이제는 무

슨 인연으로 무명이라 말씀하시나이까?" 부처님께서 말씀하셨다. '(선남자여, 이 두 가지 법은 서로 인이 되고 과가 되어서 서로서로 증장하게 하나니,) 잘 생각하지 못하므로 무명을 내고, 무명의 인연으로 잘 생각하지 못함을 내느니라. 선남자여, 능히 모든 번뇌를 자라게 하는 것은 다 번뇌의 인연이라 이름하고, 이 번뇌의 인연을 친근함을 무명이요, 잘 생각하지 못함이라 하느니라. (종자가 싹을 내는 것과 같아서, 종자는 가까운 원인이요, 사대(四大)는 먼 원인이니, 번뇌도 그와 같으니라)"라고 하였다. 해석하자면 이미 서로서로 나게 하였으므로 무명과 합치하는 내용이다. 『유가사지론』에서도, 묻는다. 만일 무명은 이치답지 않은 뜻 지음으로써 원인이 된다고 말한다면, 무슨 인연으로 연기의 가르침[緣起敎] 중에서 먼저 설명하지 않는가?' 답한다. '그것은 바로 끊임없는 원인일 뿐이기 때문이요, 잡염법(雜染法)의 원인은 아니기 때문이다. 무슨 까닭이냐 하면, 어리석지 않은 이는 이런 뜻 지음[作意]을 일으키지 않나니 잡염법의 원인에 의지하여 연기의 가르침을 말하기 때문이다. 무명의 제 성품은 바로 더러움에 물들지마는 이치답지 않은 뜻 지음의 제 성품은 더러움에 물들지 않는다. 그러므로 그것은 무명을 물들게 할 수는 없지마는 그러나 무명의 힘으로 인해 더러움에 물들게 된다. 또 남의 여러 잡염[生雜染]은 업과 번뇌의 힘에서 훈발하는 바로서 업의 처음 원인[業初因]을 처음의 연기[初緣起]라고 하나니, 그러므로 이치답지 않은 뜻 지음이라 설명하지 않는다'"라고 하였다. 해석하자면 『유가사지론』의 주장이라면 앞의 범부의 지혜 없음이 업을 일으키는 무명이요, 잘 생각하지 못함은 무명의 체성이 아니니, 지분으로 세우지는 않았지만 지금은 생기게 하는 주체인 무명이 마찬가지로 무명에 섭속됨을 밝혔다. 『유가론』에서는 체성에 입각하였고 본경은 통하는 이치를 따른 내용이다.

言躡前起後因果互舉者는 此中에 正明行支가 卽無明이 緣行일새 故云躡前起後니 卽舉其因이라 前에 正說起業無明은 卽舉其果니 故로 云互舉라 若準涅槃인대 無明이 能生不善思惟하니 則知無明에 亦有因義나 正爲支體일새 不可說因耳니라

次句就人彰過에 疏文有四하니 一, 釋經이오 二, 故初地下는 引證이라 旣言顚倒相應이 卽是求有며 迷三界苦하야 謂爲樂故라 三, 反示菩薩勝義니 卽是論釋이라 四, 謂菩薩下는 是疏釋論이니 卽唯識의 諸門分別中에 第六有漏無漏門이니 謂有支는 皆是有漏요 無漏는 非有支故라 菩薩勝義는 卽是無漏니 亦是第十一學無學分別門이라 故로 彼論에 云,[78] 一切가 皆唯非學無學이니 聖者의 所起有漏善業은 明爲緣故며 違有支故로 非有支攝이니 由此應知聖必不造하야 感後有業이며 於後苦果에 不迷求故라하니라 故今疏文이 用彼論[79]意니라 體虛不眞일새 故名[80]妄行이어니와 菩薩善知일새 故不名妄이니라 若行涅槃下는 是疏釋論이니라

● '앞을 토대로 뒤를 시작하였으므로 원인과 결과를 서로 거론한다'고 말한 것은 이 가운데 바로 지어 감의 지분이 곧 무명이 지어 감을 반연한 것임을 밝힌 까닭에 "앞을 토대로 뒤를 시작한다"고 하였으니 그 원인을 거론한다는 뜻이다. 앞에서 바로 '업을 일으키는 무명'이라 말한 것은 바로 그 결과를 거론한 것이므로 '서로 거론한다'고 하였다. 만일 『열반경』에 준해 보면 무명이 능히 잘 생각하지 못함을 생

---

78) 인용문은 『成唯識論』제8권 제11 學等分別門의 내용이다. (대정장 권31 p.44b18-)
79) 彼論은 南續金本作於彼.
80) 名은 甲南續金本作云.

기게 한다. 다시 말하면 무명에도 원인의 뜻이 있지만 바로 지분의 체성이 되는 줄 알았으므로 원인이라 말하지 않았을 뿐이다.

다음 구절은 사람에 입각하여 허물을 밝힘에서 소의 문장에 넷이 있으니 ① 경문을 해석함이요, ② 故初地 아래는 인용하여 증명함이다. 이미 '뒤바뀌게 되며'라고 말한 것이 그대로 <유>를 구함이며 '삼계의 괴로움을 미혹하여 즐거움으로 삼는다'고 말한 까닭이다. ③ 반대로 보살이 뛰어나다는 뜻을 보임이니 그대로 논경의 해석이다. ④ 謂菩薩 아래는 소가가 논경을 해석함이니 곧 『성유식론』 제5권의 여러 방면으로 분별한 가운데 제6. 유루와 무루의 문이다. 말하자면 존재의 지분은 모두 유루이고 무루는 존재의 지분이 아니기 때문이다. '보살이 뛰어나다'는 의미는 바로 무루인 것이니 또한 제11. 학과 무학으로 분별하는 문이다. 그러므로 저 『성유식론』에 이르되, "일체가 모두 오직 유학도 무학도 아니다. 성자가 일으킨 유루의 선업은 지혜[明]를 조건[緣]으로 삼기 때문이고, 12가지 지분[有支]에 거스르기 때문에 12가지 지분에 포함되지 않는다. 이것에 의거해서 마땅히 다음과 같이 알아야 한다. 성인은 반드시 미래세의 존재를 초감하는 업을 짓지 않는다. 미래세 존재의 고통스러운 과보에 대해서 미혹되게 구하지 않기 때문이다"라고 하였다. 그러므로 지금 소의 문장에서 저 유식론의 주장을 가져다 쓴 것이다. 체성은 헛되고 진실하지 않은 까닭에 허망한 지어 감이라 이름하였지만 보살은 잘 알기 때문에 허망하다고 말하지 않는다. 若行涅槃 아래는 소가가 논경을 해석함이다.

㉠ 세 구절은 지어 감의 체성[次三句行體] (次三 39上9)

[疏] 次三句는 辨行體相이니 以三業相應思로 造三行故라 謂由迷異熟
愚하야 違正信解하고 起感三塗惡業과 及人天別報苦業을 皆名罪行
이라 然이나 別必兼總이나 唯感別報는 非行支故라 由迷眞實義愚하
야 不知三界가 皆苦하고 妄謂爲樂하야 起欲界善業을 名福行이오 八
禪淨業을 名不動行이니라

- ㉠ 다음의 세 구절[罪行, 福行, 不動行]은 지어 감의 체성적인 모양을 밝힘이니 세 가지 업과 상응한 생각으로 세 가지 행을 짓기 때문이다. 말하자면 이숙에 미혹한 어리석음으로 인해 바른 믿음과 이해를 위배하고 삼악도에 감득할 업과 인간과 천상의 개별적 과보인 괴로운 업을 일으키는 것을 모두 '죄받을 행'이라 하였다. 그러나 개별적 과보는 반드시 총합적 과보를 겸하지만 오로지 개별적 과보를 감득하는 것은 지어 감의 지분이 아니기 때문이다. 진실한 이치에 미혹한 어리석음으로 인해 삼계가 모두 고통인 줄 알지 못하고 망녕되게 즐거움으로 말하여 욕계의 선업을 일으키는 것을 '복 받을 행'이라 한다. 팔선(八禪, 사선천과 사공천)의 깨끗한 업을 '변동하지 않는 행'이라 칭한다.

[鈔] 以三業相應者는 總出業體라 亦卽唯識第八의 三性分別門이라 大
乘三業은 皆思爲體니 動身之思를 名爲身業이오 發語之思를 名爲
語業이오 思之當體는 卽是意業이라 三行은 卽是經中三句니 皆通三
業이니 則通色非色位라 謂由下는 顯三業相이라 然愚略有二하니 一
은 迷異熟義愚요 二는 迷眞實義愚라 初愚는 謂迷當報하야 不知善
惡으로 感當苦樂일새 故於現在에 恣情造惡이니 謂殺生等에 有三品
故로 成三塗因이니 如二地說이니라

言及人天者는 五戒와 及下品十善은 是人總報之業이오 前曾損他하야 感諸根缺等은 即是別報라 曾決罰他하야 亦招此報等일새 故爲苦業이라 從然別下는 釋感別報가 非屬行支義故라 唯識에 亦云[81]호대 由此一切順現受業과 別助當業은 皆非行支라하니 以無明支가 於發業中에 有能通發總別報者하며 有能但發總報之者하며 亦有但發別報之者라 唯取初二가 爲無明支之所發起며 行支所攝이오 第三은 非是行支所攝이니 故로 疏에 揀云, 唯感別報는 非行故라하니라 由迷眞實義愚者는 即第二愚라 三界는 苦果요 業惑은 是集이오 即道理는 勝義일새 故名眞實이라 今謂苦爲樂하고 迷業是集일새 故起福行이라 八禪淨業은 亦是此愚니라

● '세 가지 업과 상응한 까닭'은 업의 체성을 총합하여 내보임이다. 또한 『성유식론』 제8권의 제8 삼성(三性)으로 분별하는 문이다. 대승법의 세 가지 업은 모두 생각으로 체성을 삼나니 몸을 움직이려는 생각을 신업(身業)이라 하고, 말을 하려고 생각하는 것을 어업(語業)이라 하고, 생각의 체성 그 자체는 그대로 의업(意業)이다. 세 가지 행은 곧 본경의 세 구절이니 모두 세 가지 업에 통하나니, 물질과 물질 아닌 지위에 통한다. 謂由 아래는 세 가지 업의 모양을 밝힌 내용이다. 그런데 어리석음은 대략 둘이 있으니 (1) 이숙의 이치에 미혹한 어리석음이요, (2) 진실한 이치에 미혹한 어리석음이다. (1)의 어리석음은 미래의 과보에 미혹하여 선과 악으로 미래의 괴롭고 즐거움을 감득하는 줄 알지 못하는 연고로 현재의 방자한 생각으로 악행을 짓게 된다. 말하자면 살생 따위에 세 가지 품이 있는 까닭에 삼악도의 원인을 이루나니, 2지에 설명한 내용과 같다.

---

81) 『대정장』 권31 p.43 b25-.

'인간과 천상의 개별적 과보'라 말한 것은 오계(五戒)와 하품의 십선법은 인간의 총합적 과보의 업이요, 전생에 일찍이 남을 손해나게 하여 여러 감관이 결여되는 따위를 감득하는 것이 바로 개별적 과보이다. 일찍이 결정코 남을 벌주어서도 이런 과보를 초래하므로 괴로운 업이 되었다. 然別부터 아래는 개별적 과보를 감득함이 지어 감의 지분의 뜻에 속하지 않는다고 해석한 까닭이다. 『성유식론』에도 이르되, "이것에 의해 모든 현세에 받는 업과 미래세에 받는 업은 모두 지어 감의 지분[行支]이 아니다"라고 하였다. 무명의 지분이 업을 일으킨 중에 어떤 것은 능히 총합적 과보와 개별적 과보를 통틀어 일으키게 하며, 어떤 것은 능히 단지 총합적 과보만 일으키게도 하며, 또 어떤 것은 개별적 과보만 일으키게도 하기 때문이다. 오로지 처음의 둘은 무명의 지분에서 일으켜진 것이며 지어 감의 지분에 포섭되는 것만을 취한 것이요, 셋째[不動行]는 지어 감의 지분에 포섭된 것이 아니므로 소가가 구분하되, "오로지 개별적 과보만 감득하는 것은 지어 감의 지분이 아닌 까닭이다"라고 하였다. '진실한 이치에 미혹한 어리석음으로 말미암는다'고 말한 것은 곧 둘째 어리석음이다. 삼계는 괴로움의 과보요, 업을 감득하는 것은 괴로움의 원인이 모임이요, 도제에 합치한 이치는 뛰어난 이치인 연고로 '진실하다'고 이름하였다. 지금은 괴로움을 즐거움으로 삼고 미혹한 업은 집제라 말하였으므로 '복 받을 행'을 일으킨 것이니, 팔선(八禪)의 깨끗한 업도 또한 이런 어리석음이 된다.

㋎ 지어 감의 지분을 결론하다[後一句結成] (後句 40下1)

[疏] 後句는 結成行支니 謂作已無悔며 積集增長하야 有遷流故니라
- ㉠ 뒤 구절[積集增長]은 지어 감의 지분을 결론함이다. 말하자면 짓고 나서는 뉘우칠 줄 모르며 쌓이고 증장해서 옮겨 흘러 다니기 때문이다.

ⓒ 인식의 지분[識支] 2.
㉮ 명칭을 표방하다[標名] (次於 40下4)

於諸行中에 植心種子하여 有漏有取하며
여러 가지 행에 마음의 종자를 심고 번뇌도 있고 잡음도 있으므로,

[疏] 次, 於諸行下는 明識支니
- ⓒ 於諸行 아래는 의식의 지분을 밝힘이다.

㉯ 바로 해석하다[正釋] 2.
㉮ 위의 두 구절을 해석하다[釋上二句] 2.
Ⓐ 바로 경문을 해석하다[正釋經文] (謂旣 40下4)

[疏] 謂旣發行已에 由行熏心하야 令此本識으로 能招當來의 生老死故일새 名之爲種이라 若無行熏하면 終不成種일새 故云於諸行中에 植心種子니라
- 말하자면 이미 지어 감[行]을 일으킨 뒤에는 지어 감[行]이 마음을 훈습함으로 인해 이 근본 의식으로 하여금 능히 미래의 나기[生]와 늙어

죽음[老死]을 불러오게 하므로 '종자'라 말하였다. 만일 지어 감이 훈습하지 않으면 마침내 종자를 이룰 수 없으므로 "여러 가지 행(行)에 마음의 종자를 심는다"고 하였다.

Ⓑ 여러 경과 논서를 인용하다[引諸經論] 3.
㈠ 다른 교법을 거론하다[擧他敎] 3.
① 유식론을 인용하다[引唯識論] (卽是 40下7)

[疏] 卽是所引識等五種이 於一刹那에 爲行所集하야 無有前後라 約爲異熟六根之種을 名六處支요 爲異熟觸受種을 名觸受支오 除本識種이 爲識支體와 及此三種인 諸餘異熟蘊種코 皆名色支일새 故無前後니라 因位는 難知로대 但依當起分位하야 說五有殊니 五不離心일새 但名心種이라 又隱餘四하고 就現說故니라

■ 인용된 의식 등 다섯 가지가 한 찰나 사이에 행으로 모인 바가 되어 앞뒤가 없다. 다르게 변화한 육근의 종자는 육처[外六處니 곧 六境]의 지분이 되고, 이숙의 닿임과 느낌의 종자를 닿임과 느낌의 지분[觸受支]이라 이름한다. 근본 의식의 종자가 의식의 지분의 체성이 된 것과 이런 세 가지인 나머지 다르게 변화된 종자가 된 것을 제외하고 모두 이름과 물질의 지분[名色支]이라 하나니, 그래서 '앞뒤가 없다'고 하였다. 인행의 지위에서는 알기 어렵지만 단지 미래에 일어날 부분적인 지위에만 의지하여 다섯 가지에 다름이 있다고 말한다. 다섯 가지가 마음을 여의지 않았으므로 단지 '마음의 종자'라고만 이름한다. 또 나머지 넷은 숨었고 드러난 것에만 입각하여 설명한 까닭이다.

[鈔] 次於下는 明識支라 疏文有二하니 先, 附經略釋이오 後, 卽是所引下는 引證廣釋이라 於中에 三이니 一은 擧他敎요 二는 會今經이오 三은 申今論이라 初中에 引二論一經하야 明所引寬狹하니 初, 引唯識하야 但取識種이라 於中分四하니 一, 總明五種이 是所引支요 二, 約爲異熟下는 別示五相이라 旣云此五가 起無前後하니 故不依次라 而論에 具云호대 此中에 識種을 謂本識因이니 除後三因코 餘因은 皆是名色種攝이오 後之三因은 如名次第하야 卽後三種이라하니라 釋曰, 三因은 卽六處와 觸과 受니 疏已別配니라 識支는 卽是第八識種이니 望當異熟에 親因緣故라

三, 因位難知下는 通妨難이니 謂有難言호대 旣無前後인대 何以先識後觸受耶아할새 故爲此通이니라 四, 五不離心下는 會釋經文이니 旣有五種인대 何以但名植心種子오할새 故爲此釋이라 而有二意하니 一은 約總別하야 云不離心이오 二는 約隱顯하야 兼會今疏하야 但名此段爲識支故라 識等五支가 皆通因果하니 識則顯因隱果요 四則顯果隱因이니 後果에 但說生名色芽하고 不說識故니라

● ⓒ 次於 아래는 의식의 지분을 밝힘이다. 소의 문장에 둘이 있으니 ㉮ 경에 덧붙여 간략히 해석함이요, ㉯ 卽是所引 아래는 인용하고 널리 해석함이다. 그중에 셋이니 ㉠ 다른 교법을 거론함이요, ㉡ 본경과 회통함이요, ㉢ 지금의 논리를 펼침이다. 그중에 두 가지 논서와 한 경전을 인용하여 인용문이 넓고 좁음을 밝혔다. 처음에는 유식론을 인용하여 의식의 종자만 취하였다. 그중에 넷으로 나누리니 ㉠ 총합적으로 다섯 가지가 인용할 지분임을 밝힘이요, ㉡ 約爲異熟 아래는 개별적으로 다섯 가지 양상을 보임이다. 이미 이런 다섯 가지가 일어남에 앞뒤가 없으므로 순서에 의지하지 않는다. 하지만 논에 갖

추어 말하되, "이 중에 의식의 종자를 근본 의식의 원인이라 말하나니 미래의 세 가지 원인[愛, 取, 有]을 제외하고 나머지 원인[無明, 行]은 모두 이름과 물질의 종자에 포섭된다. 미래의 세 가지 원인은 명칭의 순서에 따라 미래의 세 가지 종자가 된다"고 하였다. 해석한다면 세 가지 원인은 곧 육처(六處)와 닿임과 느낌을 말하나니 소가가 이미 개별적으로 배대하였다. 의식의 지분은 곧 제8식의 종자를 가리키나니 미래의 이숙과 비교하면 친인종(親因種)인 까닭이다.

㉰ 因位難知 아래는 비방과 힐난을 해명함이다. 말하자면 어떤 이가 힐난하되, "이미 앞뒤가 없다면 어째서 의식이 앞이고 닿임과 느낌이 뒤가 되는가?"라고 할 것이므로 이렇게 해명하였다. ㉱ 五不離心 아래는 경문과 회통하여 해석함이니 "이미 다섯 종류가 있다면 어째서 단지 '마음의 종자를 심는다'고만 하였는가?"라고 할 것이므로 이렇게 해석한 내용이다. 그러나 두 가지 의미가 있으니 1) 총상과 별상에 의지하여 마음을 여의지 않는다고 말하였고, 2) 숨고 나타남에 의지하여 지금의 소와 겸하여 회통하여 단지 이 문단을 의식의 지분이라고만 이름하였다. 의식 등의 다섯 가지 지분[識, 名色, 六處, 觸, 受]이 모두 원인과 결과에 통하나니, 의식은 원인을 드러내고 결과는 숨었으며 네 가지 지분은 결과는 드러나고 원인은 숨었다. 뒤의 결과에도 단지 이름과 물질의 싹이 생긴다고만 말하고 의식은 말하지 않았다.

2 잡집론과 회통하다[會通雜論] (然唯)
3 연기경과 회통하다[會緣起經] (緣起)

[疏] 然이나 唯識論中에 但識等種이 以爲所引하고 而集論中에 說此識支

가 通於能引이라하니 正取業種이 爲識支故라 識種은 乃是名色支攝이니라

緣起經에 說通能所引[82]이라하니라 業種識種을 俱名識故라 識種은 但是名色所依요 非名色故니 不同集論이니라

■ 그러나 『성유식론』에서는 "단지 의식 따위의 종자가 이끌 대상의 지분[所引支]이 된다"고 하였고, 『잡집론』에는 "이 의식의 지분이 이끄는 주체의 지분[能引支]에도 통한다"[83]고 말하였으니, 바로 업의 종자가

---

82) 인용문은 『분별연기초승법문경(分別緣起初勝法門經)』의 내용이다. 經云, "云何能引所引緣起. 世尊告曰. 第一無明緣行. 行緣識. 識緣名色. 名色緣六處. 六處緣觸. 觸緣受. 是名能引所引緣起復言世尊. 云何能生所生緣起. 世尊告曰. 第二無明緣受. 受緣愛. 愛緣取. 取緣有. 有緣生. 生緣老死. 是明能生所生緣起復言世尊. 云何名爲第一無明與其能引所引緣起作等起緣. 世尊告曰. 謂有一類. 愚於當來後有自體. 卽便發起後有希求. 由愚所生後有希求. 便於後有見勝功德. 若於現法. 執著可愛不可愛境. 邪分別故. 造非福行. 彼於資具生貪著故. 或於怨憎生瞋恚故. 及彼相應不能決了. 功德過患放逸愚故. 造斯惡行. 卽於後世所有過失. 不能思惟. 不能解了. 行相無明. 能作如是非福行緣. 若於後有見勝功德. 或見出離便造福行或不動行. 彼依敎法或依誨法. 發起思擇及修習故. 能造斯行. 應如是是思擇修習. 雖在善心. 然不如理作意思惟. 故是後有愚癡所引. 謂於後有見勝功德. 癡覆藏故. 及見出離. 癡覆藏故. 如是非福行不動行. 障礙對治. 與六識身俱生俱滅. 能於現在已得生滅. 異熟識中安置諸行. 三種習氣由此方便. 攝受後有新生種子. 攝受後有新種子故. 於當生中所起後有. 所攝名色. 六處觸受次第而生. 此名色等. 於現已得異熟識中. 但起因性未有果性. 是故但名所引緣起. 如是名爲第一無明與其能引所引緣起作等起緣"(대정장 권16, p.838a-)

83) 인용문은 『大乘阿毘達磨雜集論』제4권 本事分 중 三法品 제1의 ④의 내용이다. (대정장 권31 p.711b-) ['약섭지'란 앞에서 분별한 12지분을 지금 다시 세 가지 지분으로 간략하게 한 것으로 ① 능인지(能引支) ② 소인지(所引支) ③ 능생지(能生支) ④ 소생지(所生支)를 가리킨다. 단지 이와 같은 네 종류의 지분에 연유하여 일체의 인과가 생기하는 법을 모두 간략하게 수렴하게 되는 것으로, 원인이 존재하는 때에는 능인지와 소인지가 적용되고, 과보가 존재하는 때에는 능생지와 소생지가 적용된다. ① 능인지란 무명·행·식의 지분이니, 미래에 생겨나는 것을 일으키는 까닭에 진제의 경계에 대해 지혜가 없는 것을 위주로 하여 여러 가지 '행'의 업을 조작하여 심법 가운데에서 훈습하는 까닭이다. ② 소인지란 명색·육처·촉·수의 지분이니, 심법의 습기의 세력에 연유하여 미래의 명색 따위가 앞뒤로 서로 의지하여 순서에 따라 생기하는 종자를 늘리는 까닭이다. ③ 능생지란 애·취·유의 지분이니 욕애(欲愛) 따위의 애착하는 힘을 영구히 끊지 못한 것에 연유하여 욕 따위에 애착하고 기꺼워하는 것으로 묘행과 악행의 차별을 앞세워 탐욕을 일으키는 것이니, 유유(有有)로써 '식'을 취하게 되기 때문에, 명종위(命終位)에서 장차 그 탐욕에 해당하는 이숙을 받게 된다. 이는 하나의 업의 습기에 따라 '유'가 현전하는 까닭이다. ④ 소생지란 생·노사의 지분이다. 이와 같은 업의 차별적인 습기에 연유하여 '유'가 현전하기 때문에 하나의 취와 한 번의 '생' 따위에 따르는 차별중동분(差別衆同分) 가운데에서 예전에 소인(所引)된 '명색' 따위의 이숙이 생겨나는 까닭에 '생'과 '노사'에 대한 세 가지 유위의 모양을 드러내고자 말하는 것이다. 따라서 '노사'를 합하여 하나의 지분으로 세운 까닭은 늙는 것을 여의게 되면 바로 죽는다는 것을 드러내기 위해서이다. 그렇다고 해서 이것은 태중에 생겨난 신체 가운데에 '명색' 따위를 여의고 '육처' 따위의 법을 얻게 된 것이 아니다. 그에 따라 각각 별도로 지분을 건립하는 것이다.]

* 중동분(衆同分, nikaya-sabhagata)으로서, 만약 일체법으로 하여금 같게 만드는 因이다. 예를 들면 사람은

의식의 지분이 됨을 취한 까닭이다. 의식의 종자는 결국 이름과 물질의 지분[名色支]에 포섭된다.

『연기경(緣起經)』에는 '이끄는 주체와 대상에 통한다'고 설하였다. 업의 종자와 의식의 종자를 모두 의식이라 이름하기 때문이다. 의식의 종자는 단지 이름과 물질의 의지처일 뿐 이름과 물질은 아닌 까닭이니 『잡집론』의 주장과 다르다.

[鈔] 然唯識下는 第二, 會通集論하야 欲顯不同일새 故擧集論의 識爲能引이니 是彼所立이오 正取業種은 是出所以니 以行이 熏心하야 招當果識일새 故爲識支니라 若爾인대 識種은 何收오할새 故云名色이니 名色이 寬故니라

緣起經說下는 三, 會緣起經이라 於中에 三이니 初, 總擧요 二, 業種識種下는 正辨所立이니 由業熏識하야 招於當識일새 故以二種으로 名爲識支라 業種能引과 識種所引이 共爲識支라 三, 識種但是下는 出彼難意하야 結彈集論이라 言但是所依요 非名色體는 依根本識하야사 方說餘識의 有羯刺藍故라 爲果가 旣爾에 爲因도 亦然이니라

● ② 然唯識 아래는 『잡집론』과 회통하여 다른 점을 밝히려 한 까닭에 『잡집론』의 '의식이 이끄는 주체의 지분이 된다'는 것을 거론하였으니, 저 논에서 건립한 내용이요, 바로 업의 종자를 취한 것은 이유를 내보인 부분이니, 지어 감이 마음을 훈습하여 미래의 결과인 의식을 초래한 연고로 의식의 지분으로 삼은 것이다. 만일 그렇다면 의식의 종자는 어떻게 거두는가? 그러므로 이름과 물질이라 하였으니 이름과

용모나 성격 등이 모두 서로 다르지만 다 같이 사람이라고 말하는 것은, 곧 동분이 있어서 그로 하여금 同類로 만들기 때문이다. 이 동분에 有情同分과 法同分이 있다. 유정동분은 유정으로 하여금 서로 비슷하게 만드는 동분이고, 법동분은 非情으로 하여금 서로 비슷하게 만드는 동분이다.]

물질이 넓은 까닭이다.

③ 緣起經說 아래는 『연기경』과 회통함이다. 그중에 셋이니 ㉮ 총합적으로 거론함이요, ㉯ 業種識種 아래는 바로 건립한 내용을 분별함이다. 업이 의식을 훈습함으로 인해 미래의 의식을 초래하는 까닭에 두 종류로 의식의 지분이라 칭하였다. 업의 종자인 이끄는 주체의 지분과 의식의 종자인 이끌 대상의 지분이 함께 의식의 지분이 된다. ㉰ 識種但是 아래는 저 힐난한 의미를 내보여서 결론적으로 『잡집론』을 비판한 내용이다. '단지 의지할 대상일 뿐 이름과 물질의 체성이 아니다'라고 말한 것은 "근본적 의식에 의지해야만 비로소 나머지 의식의 갈라람이 있다"고 말한 까닭이다. 결과가 이미 그러하다면 원인도 마찬가지이다.

㊁ 본경과 회통하다[會今經] (今經 42上6)
㊂ 논경의 주장을 펼치다[申今論] (論云)

[疏] 今經은 意同緣起經說이니 通取二故로 雙擧行識이니라 論에 云, 此中에 起心種子者는 示生老死體性者는 謂未來二果가 以此識種으로 爲親因故니라

■ 본경은 의미가 『연기경』의 주장과 같나니 통틀어 둘[能引支, 所引支]을 취하는 연고로 지어 감과 의식을 함께 거론하였다. 논경에서 '이 가운데 마음의 종자를 일으킨다는 것은 나기와 늙어 죽음의 체성을 보인 것이다'라고 말한 것은 이를테면 미래의 두 가지 결과[生, 老死]가 이 의식의 종자로 직접 원인을 삼았기 때문이다.

[鈔] 今經意下는 第二, 會今經이니 故雙擧行識하야 出同之文이라 旣言
於諸行中에 植心種子라하니 義當識支며 明通取二니라 論云此中
下는 三, 申今論釋하야 顯心偏得種名이오 亦顯此是因緣之義니라
- 㠯 今經意 아래는 본경과 회통함이다. 그래서 지어 감과 의식을 함께 거론하여 같은 문장을 내보인 것이다. 이미 "여러 가지 지어 감에 마음의 종자를 삼는다"고 하였으니, 이치로는 의식의 지분에 해당하며 통틀어 둘을 취함에 대해 밝혔다. 㠯 論云此中 아래는 논경의 주장을 펼쳐서 마음에만 종자라는 명칭을 얻음에 대해 밝혔고, 또한 이것이 바로 인연법의 이치임을 밝힌 내용이다.

㋻ 아래 구절을 해석하다[釋下句] (次有 42下2)

[疏] 次, 有漏有取는 成上種義니 謂行及識等의 名言種子가 皆通無漏라
今與三漏로 相應일새 故名有支니 如初地中에 以欲等四流로 起心種
故라 有漏는 是愛요 有取는 是取니 愛取潤故로 能招後有니라
- ㋻ '번뇌도 있고 취함도 있다'고 말한 것은 아래 구절을 해석함이니 위의 종자의 이치를 성립함이다. 말하자면 지어 감과 의식 따위의 명칭과 언사의 종자가 모두 번뇌 없음에 통한다는 뜻이다. 지금은 세 가지 번뇌와 상응하므로 존재의 지분[有支]이라 하였다. 마치 초지에서 욕구 따위의 네 가지 물줄기로 인해 마음종자가 일어나는 것과 같다. 번뇌 있음은 애욕이요 취함이 있음은 잡음이란 뜻이니, 애욕의 물기를 취하는 연고로 능히 뒷세상의 존재를 초래하게 된다.

[鈔] 次有漏下는 疏文有三하니 初, 總顯文意요 二, 如初地下는 引證이니

彼經에 云, 欲流와 有流와 無明流와 見流가 起心意識種子라하니라
三, 有漏下는 別釋經文이라 旣擧愛取하니 種未潤時를 但名所引이오
愛取潤竟일새 故名能生이니라

- 次有漏 아래는 소의 문장에 셋이 있으니 Ⓐ 총합적으로 의미를 밝힘이요, Ⓑ 如初地 아래는 인용하여 증명함이다. 저 경문에 이르되, "욕계의 폭류, 색계의 폭류, 무명의 폭류, 소견의 폭류가 서로 계속하여 마음·뜻·의식의 종자를 일으킨다"라고 하였다. Ⓒ 有漏 아래는 개별적으로 경문을 해석함이다. 이미 애욕과 잡음을 거론하였으니 종자가 성숙하지 않은 때를 단지 이끌 대상의 지분이라 하고, 애욕과 잡음에 업을 성숙함[潤業]이 끝났으므로 생기는 주체의 지분이라 칭한다.

ⓓ 이름과 물질의 지분[名色支] 2.
㊀ 총상 구절을 해석하다[釋總句] (次復 43上1)

復起後有의 生及老死하나니 所謂業爲田이오 識爲種이어든 無明闇覆하고 愛水爲潤하고 我慢漑灌하고 見網增長하여 生名色芽하니라
다시 오는 생의 나고 늙고 죽음을 일으키나니, 이른바 업은 밭이 되고, 식은 종자가 되는데, 무명이 덮이고, 애정의 물이 축여 주고 <나>라는 교만이 물을 대어 주므로 소견이 증장하여 이름과 물질이란 싹이 나느니라.

[疏] 次, 復起下는 辨名色支라 初之二句에 文含二意하니 一者는 成上種義니 由起生死하야 心得種名이오 二者는 總標後義니 現行名等이 皆

生老死故니 卽同初地의 於三界田中에 復生苦芽니라

- ⓓ 復起 아래는 이름과 물질의 지분을 밝힘이다. ㉠ 처음 두 구절에 두 가지 의미가 포함되어 있으니 (1) 위의 종자의 뜻을 성립함이니, 생사를 일으킴으로 인하여 마음에 종자라는 명칭을 얻게 됨이요, (2) 총합적으로 뒤의 뜻을 표방함이니, 명칭 등이 모두 나기와 늙어 죽음[老死]을 현행케 하는 까닭이다. 곧 초지에서 "삼계의 밭에 다시 고통이란 싹을 나게 한다"고 말한 내용과 같다.

㉡ 별상 구절을 해석하다[釋別句] 2.
㉮ 의식에서 이름과 물질이 나오다[識生名色] (所謂 43上5)

[疏] 所謂下는 別이라 亦有二意하니 一은 通約十二니 自此로 至生名色芽는 是識生名色이라

- ㉡ 所謂 아래는 별상 구절이다. 또 두 가지 의미가 있으니 (1) 통틀어 12지분을 의지한 뜻이니, 이로부터 이름과 물질의 싹이 나옴에 이르기까지는 의식에서 이름과 물질이 나온다.

[鈔] 復起下는 辨名色支라 疏中에 二니 先, 釋總句오 後, 所謂下는 釋別句라 總中에 言現行名等皆生老死者는 等取五果니 謂識과 名色과 六入과 觸과 受라 此五가 從初結生하야 直至於受라 諸增長位를 總名爲生이오 諸衰變位를 名之爲老요 蘊壞爲死니 不離此五라 依三世說인대 現在五果가 卽是過去生老死也니라

- ⓓ 復起 아래는 이름과 물질의 지분을 밝힘이다. 소의 문장에 둘이니 ㉠ 총상 구절을 밝힘이요, ㉡ 所謂 아래는 별상 구절을 해석함이다.

㉠ 총상 구절 중에 '명칭 등이 나기와 늙고 죽음을 현행케 한다'는 말은 다섯 가지 결과를 함께 취한 부분이다. 이를테면 의식과 이름과 물질, 육처, 닿임, 느낌을 말한다. 이런 다섯 가지가 처음 생기면서부터 바로 느낌까지 이른다. 모든 증상하는 지위를 총합적으로 '생긴다'고 말한다. 모든 쇠퇴하고 변하는 지위를 '늙음'이라 하고 쌓임이 무너짐을 '죽음'이라 칭한다. 이런 다섯 가지를 여의지 않은 것이 삼세를 의지한 설명이라면 현재의 다섯 가지 결과는 과거의 태어남과 늙고 죽음에 해당한다.

㉯ 유지(有支)에서 두 가지 결과가 나오다[有支生二果] 6.
Ⓐ 대략 말하고 표방하여 거론하다[略申標擧] (二爲 43下1)

[疏] 二, 爲顯前來에 已具十因이니 則辨有支가 生於生死라 名色이 居初일새 次第辨耳라 謂由前心等五種이 有漏有取하야 愛取潤故로 復起後有는 是標有支가 生於二果요 今別顯有支之相이니라

■ ㉯ 전세(前世)로부터 이미 열 가지 원인이 갖추어진 것으로 밝혀 본다면 유지(有支)에서 나고 죽음이 나온 것임을 밝혔고, 이름과 물질이 처음에 있으므로 순서대로 밝혔을 뿐이다. 말하자면 앞의 마음 등 다섯 가지가 유루의 존재와 잡음으로 인하여 애욕과 잡음을 성숙시키는 까닭에 다시 후세의 존재를 일으킨 것은 곧 유지(有支)에서 두 가지 결과[生과 老死]가 나온 것임을 표방한 것이며, 지금은 유지(有支)의 양상을 따로 밝힌 내용이다.

[鈔] 二爲顯下는 此明二世一時하야 而辨能生所生支라 於中에 有六하니

一은 略標擧요 二는 引論證成이오 三은 會通異解오 四는 結成正義오 五는 傍攝異門이오 六은 依門正釋이라 今初[84])에 有三하니 初, 標十因이 生於二果요 二, 名色下는 通妨이니 謂有問言호대 若生二果인대 應云生이 生老死어늘 何言生名色芽요 答云호대 爲欲顯於當來二果差別之相하야 次第說五故라 識在於種故로 名色이 居初耳니라 三, 謂由下는 就經略辨이니 下別當具니라

● ㉤ 爲顯 아래는 여기서 두 시절[현재와 미래]이 한 시절임을 밝혀서 나기의 주체와 대상의 지분으로 밝힌 내용이다. 그중에 여섯이 있으니 Ⓐ 간략히 표방하여 거론함이요, Ⓑ 논서를 인용하여 증명함이요, Ⓒ 다른 견해와 회통함이요, Ⓓ 바른 이치를 결론함이요, Ⓔ 곁들여 다른 부문을 포괄함이요, Ⓕ 다른 부문에 의지하여 바로 해석함이다. 지금은 Ⓐ에 셋이 있으니 ㊀ 열 가지 원인에서 두 가지 결과가 나온 것임을 표방함이요, ㊁ 名色 아래는 비방을 해명함이다. 어떤 이가 묻되, "나기에서 늙고 죽음이 나왔다고 해야 할 것인데, 어째서 이름과 물질의 싹이 나왔다고 말하는가?" 대답하되, "미래의 두 가지 결과의 차별된 양상을 밝히기 위하여 순서대로 다섯 가지를 설명하였기 때문이며, 의식은 종자 속에 들었으므로 이름과 물질의 지분이 처음에 있는 것일 뿐이다." ㊂ 謂由 아래는 경문에 입각하여 대략 밝힌 내용이니 아래에 따로 갖추게 될 것이다.

Ⓑ 논서를 인용하여 증명하다[引論證成] (故唯 43下10)

[疏] 故로 唯識에 云, 愛取合潤하야 能引業種과 及所引因일새 轉名爲有

---

84) 上二十七字는 南金本作於中.

니 俱能近有後有果故[85]라하니라
- 그러므로 『성유식론』에 이르되, "애욕과 잡음을 합하여 성숙[潤]시키는 이끄는 주체[能引支]의 업 종자 및 이끌려지는 대상[所引支]의 원인인 다섯 가지 종자를 바꾸어 존재의 지분[有]이라고 이름한다. 모두 능히 가까이 '다음 세상의 존재[後有]'의 과보를 있게 하기 때문이다."

[鈔] 故唯識下는 二, 引論證成이니 論文에 具云호대 三, 能生支니 謂愛取有라 近生當來生老死故니 謂緣迷內異熟果愚하야 發生能招後有諸業으로 爲緣하야 引發親生當來生老死位五果種已하고即指前也라 復迷於外增上果愚하야覆業無明也 緣境界受하야 發起貪愛하고即是愛支 緣愛하야 復生欲等四取라即取支也 愛取가 合潤하야 能引業種과 及所引因일새即五果種 轉名爲有니 俱能近有後有果故라하니라 今疏에 略引하야 但取合潤하야 成有義耳니라

- ⑬ 故唯識 아래는 논서를 인용하여 증명함이다. 논문의 내용을 갖추어 말하면, "셋째는 '생겨나게 하는 주체의 지분[能生支]'이니, 애욕[愛]·잡음[取]·존재[有]를 말한다. 가까이 미래의 태어남과 늙고 죽

---

[85] 인용문은 『成唯識論』제8권의 내용이다. (대정장 권31 p. 43c15-) [셋째는 능히 생겨나게 하는 지분[能生支]이니, 갈애[愛]·취착[取]·존재의 형성[有]이다. 가까이 미래의 태어남과 늙고 죽음을 일으키기 때문이다. 내부의 이숙과에 미혹한 어리석음에 반연하여 참으로 능히 미래세의 존재를 초감하는 여러 업을 일으켜서 緣으로 삼고, 직접 미래세의 태어남과 늙고 죽음의 단계의 5과를 일으킬 만한 종자를 말한다. 다시 외부의 증상과에 미혹한 어리석음에 의해 境界受를 반연하여 탐애를 일으킨다. 갈애를 緣으로 하여 다시 욕구의 잡음 등 네 가지 잡음[四取; 欲取·見取·戒禁取·我語取]을 일으킨다. 갈애와 취착을 합하여 촉진시키는 能引의 업종자 및 이끌려지는 원인[所引支의 원인인 다섯 가지 종자를 말한다]을 바꾸어 존재의 형성[有]이라고 이름한다. 모두 능히 가까이 미래세의 존재의 과보를 있게 하기 때문이다. 어떤 곳에서 오직 업종자만을 존재의 형성이라고 이름한다고 말한 것『유가사지론』제10권(대정장 권30 p. 326 a-)]은, 이것이 능히 참으로 이숙과를 초감하기 때문이다. 또한 어떤 곳에서 오직 다섯 가지 종자만을 존재의 형성이라고 이름한다고 말한 것은, 직접 미래세의 식 등을 일으킬 만한 종자이기 때문이다. ― 넷째는 생겨나는 지분[所生支]이니, 태어남과 늙고 죽음을 말한다. 갈애·취착·존재의 형성에 가까이 생겨나는 것이기 때문이다. 中有로부터 本有에 이르기까지, 아직 노쇠하지 않은 미래를 모두 태어남의 지분[生支]에 포섭시킨다. 모든 노쇠하는 단계를 총체적으로 늙음이라고 이름한다. 몸이 무너지고 목숨이 다하는 것을 죽음이라고 이름한다.]

음을 일으키기 때문이다. 말하자면 내부의 이숙과에 미혹한 어리석음에 반연하여 참으로 능히 미래세의 존재를 초감하는 여러 업을 일으켜서 인연으로 삼고, 직접 미래세의 나기와 늙고 죽음의 단계의 다섯 가지 결과를 일으킬 만한 종자를 발생한다. (앞을 지적한 부분) 다시 외부의 증상과에 미혹한 어리석음(업을 덮는 무명)에 의해 '경계에 대한 느낌[境界受]'을 반연하여 애욕을 일으킨다. (바로 애욕의 지분이다) 애욕을 인연으로 하여 다시 욕구 등의 등 네 가지 잡음[86]을 일으킨다. (잡음의 지분이다) 애욕과 잡음을 합하여 성숙시키는 이끄는 주체[能引]의 업종자와 이끌려지는 원인[所引支의 원인](다섯 가지 결과의 종자)을 바꾸어 존재의 지분[有]이라고 이름한다. 모두 능히 가까이 미래세의 존재의 과보를 있게 하기 때문이다"라고 하였다. 지금 소에서는 간략히 인용하여 단지 합하고 성숙하는 것만 취하여 존재의 지분[有]의 이치를 이루었다.

ⓒ 다른 견해와 회통하다[會通異解] (瑜伽 44上9)

[疏] 瑜伽第十에 唯說業種하야 名爲有者는 此能正感異熟果故니 如後段說이라 三十八中에 復說唯識等五하야 名爲有者는 親生當來識等五故니라

■ 『유가사지론』제10권에는 "오로지 업의 종자만 일컬어 존재라고 이름한 것은 이것은 능히 이숙의 결과를 바로 초감하는 까닭이니, 뒤 단락에서 설명한 내용과 같다. 제38권에는 다시 의식 따위의 다섯 가지[識, 名色, 六處, 觸, 受]만을 존재라고 말한 것은 직접 미래의 의식 따

---

86) 여기서 四取는 欲取·見取·戒禁取·我語取를 말한다.

위의 다섯 가지 지분을 생기게 하는 까닭이다.

[鈔] 瑜伽第十下는 三, 會通異解라 總有二文하니 皆唯識論에 暗通瑜伽라 今顯所引論名과 及次第耳니라 初唯說業種者는 意에 云, 因是善惡이오 果是無記니 名異熟果라 識等五種이 雖正爲因能生이나 無力正生果故로 不得名有라 故로 瑜伽에 次⁸⁷⁾問云호대 何故로 不說自體하야 爲自體緣耶아 答이라 由彼自體는 若不得餘緣하면 於自體雜染에 不能增長하고 亦不損減하니 是故로 不說이라하니 卽斯意也니라
言如後段者는 後段經에 云, 取所起有漏業이 爲有是也니라 三十八中下는 卽第二意라 唯取五種이니 意取因緣하고 揀去業種增上緣故니라

㉮ 瑜伽第十 아래는 다른 견해와 회통함이다. 총상에 두 가지 문장이 있으니 모두『성유식론』에서 가만히『유가론』과 회통한 내용이다. 지금은 인용한 논서의 명칭과 권수를 밝히기만 하였다. ⓐ 唯說業種이란 의미로 말하면 "원인은 선과 악이며 결과는 무기이니 이런 것을 이숙의 결과라 이름한다. 의식 따위의 다섯 종류가 비록 바로 원인으로 능히 생겨났지만 바로 결과를 생기게 하는 힘은 없는 연고로 존재라고 이름하지는 않는다." 그러므로『유가사지론』에서 다음으로 "묻되, "무엇 때문에 자체를 자체의 조건이 된다고 말하지 않는가?" 답한다. "그 자체가 만일 다른 조건을 얻지 못하면 자체에서 여러 가지 물듦이 늘어나지도 않고 또한 줄어지지도 않나니, 그러므로 말하지 않는다"라고 하였으니 바로 이 뜻이다.

如後段說이라 말한 것은 뒤 문단의 경문에 이르되, "잡음으로 일으

---

87) 故次는 南續金本無. 아래의 인용문은『瑜伽師地論』제10권 本地分中有尋有伺等三地의 ㉯의 내용이다.(대정장 권30 p.324c~)

킨 유루업(有漏業)을 존재(有)라 한다"고 한 것이 그것이다. 三十八中 아래는 두 번째 의미이다. 오로지 다섯 종류만 취하나니 의미로 인연을 취하였고, 업의 종자가 증상연(增上緣)이 됨은 가려서 없앴다.

ⓓ 바른 이치로 결론하다[結成正義] (實則 44下10)

[疏] 實則總有八支하야 共立有名이라 唯除無明하고 通有成九어니와 今經에 復加無明하면 則通前하면 十因이 共招二果니라
- 실제로는 여덟 지분을 총합하여 가지고 함께 〈有〉라는 명칭을 세웠다. 오로지 무명만 제외하고 〈유〉와 통하면 아홉 지분이 되겠지만 본경에는 다시 무명을 더하면 앞과 통하여 열 가지 원인이 함께 두 가지 결과를 초래함이 된다.

[鈔] 實則總有八支下는 四, 結成正義라 業種이 爲一이오 識等이 爲五하면 則所潤有六이니 是有支體라 愛取가 令潤이 如水入芽라 能所를 合論일새 故言有八이라 合八爲有언정 有無別體일새 故云假有니 即唯識論의 諸門分別中에 假實分別이라 論에 云十二有支가 九實三假니 一은 已潤六支니 合名有故요 二는 即生死요 三相位에 別立生死故라하니 今當其一이니라
- ⓓ 實則總有 아래는 바른 이치로 결론함이다. 업의 종자가 하나이고 의식 따위가 다섯이면 성숙시킬[潤業] 대상이 여섯 가지가 있나니 〈有支〉의 체성이 된다. 애욕과 잡음이 성숙하는 것이 마치 물이 싹에 들어가는 것과 같다. 주체와 대상을 합하여 논하는 연고로 "여덟 가지 지분이 있다"고 말하였다. 여덟 지분을 합하여 〈유〉가 되었지

만 〈유〉에 개별적인 체성이 없으므로 〈가유(假有)〉라 하였으니, 유식론의 여러 문으로 분별한 중에 가법과 실법으로 분별하는 문이다. 논경에 이르되, "12유지가 아홉 지분은 실법이고 세 지분은 가법(假法)이니, 하나[업의 종자이니 곧 무명]가 이미 여섯 지분을 윤업(潤業)하였으므로 합해서 〈유〉라고 이름하고, 둘은 나기와 늙어 죽음을 말하고 세 가지 모양의 지위에서 나기와 죽음을 개별적으로 세웠기 때문이다"라고 하였으니, 지금은 그 하나에 해당한다.

㉤ 곁들여 다른 부문을 포괄하다[傍攝異門] (若以 45上8)

[疏] 若以十二가 是前世二果인대 則一世中에 具十二矣니라
- 만일 12지분이 '과거세의 두 가지 결과이다'라고 한다면 한 생에 12지분을 구비함이 된다.

[鈔] 若以十二下는 五, 傍攝異門이니 謂今世의 十因所依가 即前世之二果일새 故成十二라 然生老死는 離識等五하면 雖無別體나 增長衰變하야 相有異故며 是假有故니 故成十二라 今文中無일새 故云旁攝이니라
- ㉤ 若以十二 아래는 곁들여 다른 부문을 포괄함이다. 말하자면 현재의 열 가지 원인의 의지처가 과거세의 두 가지 결과이므로 12가지가 된다. 그러나 나기와 늙어 죽음은 의식 따위의 다섯 지분을 여의면 비록 개별적인 체성은 없지만 늘어나거나 쇠퇴하고 변하여 형상이 달라짐이 있는 것이며 가법으로 존재하는 까닭이니 그래서 12지분이 되었다. 지금의 경문에는 없으므로 '곁들여 포괄한다'고 말하였다.

Ⓕ 경문에 의지하여 바로 해석하다[依文正釋] 2.
㊀ 표방하다[標] (且約 45下3)

[疏] 且約有支인대 文有六緣하니
- 먼저 유지(有支)에 의지한다면 경문에 여섯 가지 조건이 있다.

[鈔] 且約有支下는 第六, 依文正解라 上二句는 標니 由上開二義라 今廢識生名色하고 但取有生於生[88]일새 故云且約有支니라
- Ⓕ 且約有支 아래는 경문에 의지하여 바로 해석함이다. 위의 두 구절[復起後有, 生及老死]은 ㊀ 표방함이니 위에서 전개한 두 가지 이치[89]로 인한 까닭이다. 지금은 의식에서 이름과 물질이 생겨남을 없애고 다만 〈유〉에서 나기를 생기게 하는 이치만 취하였으므로 "먼저 〈유〉지에 의지한다"고 하였다.

㊁ 해석하다[釋] 3.
① 바로 여섯 문장을 밝히다[正明六文] 6.
㉮ 업이 밭이 됨에 대한 설명[明業爲田] (一業 45下6)

[疏] 一, 業爲田이니 卽是行種이라 望所生果에 但爲增上緣故라
- ㉮ 업이 밭이 됨이니 바로 지어 감의 종자라는 뜻이니, 생겨날 결과와 비교하면 단지 증상연(增上緣)만 될 뿐이다.

---

88) 於生은 甲南續金本無, 案上疏云 辨有支生於生死.
89) 두 가지 이치란 앞의 一, 已潤六支 合明有故 二, 卽生死라는 소문을 가리킨다.

[鈔] 一業爲田下는 別釋이라 卽是行種者는 現行之業은 當念卽謝니 熏識爲種이 是所潤故라 望所生果者는 如田無種에 不能生故니라

● 二業爲田 아래는 개별적인 해석이다. '바로 지어 감의 종자이다'라고 말한 것은 현행하는 업은 미래의 생각으로는 끝난 것이니, 의식을 훈습하여 종자가 되는 것이 윤업할 대상인 까닭이다. '생겨날 결과와 비교한다'는 것은 마치 밭에 종자가 없으면 (싹이) 생겨날 수 없는 것과 같다.

대 의식이 종자가 됨에 대한 설명[辨識爲種] (二識 45下10)

[疏] 二, 識爲種이니 卽是識等五種이 爲後生死作親因故라 如世種植이 依田肥瘦라 然其菽麥이 隨自種生이라 論에 總釋云호대 隨順攝取罪福等行하야 業爲地故라하니 此는 正明隨順於愛하야 攝前行識之種하야 而成有支也니라

■ 대 의식이 종자가 됨이니 바로 의식 등의 다섯 종류가 다음 생의 나고 죽음에 대해 직접적인 원인을 짓는 까닭이다. 마치 세간에서 종자를 심는 것이 밭의 비옥하고 황폐함에 달려 있음과 같다. 하지만 콩이나 보리는 자기 종자를 따라 생겨난다. 논경에 총합하여 해석하되, "(후유가 있게 된다는 것은) 수순하고 섭취하여 죄받을 행과 복 받을 행 따위를 성취하나니 여기에서 업이 땅이 된다"고 하였다. 이것은 애욕을 따라서 앞의 지어 감과 의식의 종자를 섭취하여 유지(有支)를 성취함에 대해 바로 설명한 내용이다.

[鈔] 二識爲種者는 此識이 爲種이라 以識等五가 未至現行에 卽名言種이

라 望於後世生死之果에 是因緣故로 故云親因이니 此卽自體緣起也
라 次, 如世下는 雙喩上二니 若無業因하면 識不成種이니 故感苦樂
이 唯善惡業이라 是故로 識種은 三習氣中에 唯是名言이오 非有支故
니라

- 대 '의식이 종자가 된다'는 말은 이런 의식이 종자라는 뜻이다. 下 의
식 따위의 다섯 종류가 현행에 이르지 않은 것을 종자라고 말하였다.
다음 생의 나고 죽음의 결과와 비교하면 의식의 지분이 원인으로 반
연하기 때문에 '직접적인 원인'이라 말한다. 이것은 곧 자체로 연기한
다. 다음에 下 如世 아래는 위의 둘[業爲田, 識爲種]을 동시에 비유한
부분이다. 만일 업의 원인이 없다면 의식은 종자를 이루지 못하나니,
그래서 괴로움과 즐거움이 오직 선업과 악업만 초감할 뿐이다. 이런
까닭에 의식의 종자는 세 가지 습기90) 중에 오직 명언습기(名言習氣)
일 뿐 유지습기(有支習氣)는 아니다.

다 무명의 그늘로 덮다[無明闇覆] (三無 46上9)

[疏] 三, 無明暗覆니 論主가 取前經無明일새 故云, 前說無智暗障하야 無
明覆蔽故91)라하니라 此則依於等能發起니 遠爲助故라 亦是擧於前
世하야 例今世故라 準唯識意인댄 非前發業無明이니 卽是覆業無明
이라 亦是愛攝이니 卽迷外增上果愚라 又諸煩惱가 皆能潤故라 以約
十因에 同一世故니라

- 다 무명의 그늘로 덮음이니 논주가 앞의 무명이란 경문을 취한 연고
로 "앞에서는 지혜 없는 암둔의 장애를 무명의 그늘에 덮였다"고 말

---

90) 세 가지 습기란 ① 名言習氣요 ② 我執習氣요 ③ 有支習氣를 말한다.
91) 故는 金本無, 論原南續本有.

하였다. 이것은 평등하게 일어나는 주체에 의지한 해석이니 멀게는 도움이 되는 까닭이다. 또한 과거세를 거론하여 현재세에 유례한 까닭이다. 유식론의 의미에 준해 보면 앞의 업을 짓기 시작한 무명[發業無明]이 아니요, 그대로 업을 덮는 무명[覆業無明]이란 뜻이다. 또 애욕에 포섭되기도 하는데 외도의 뛰어난 과보에 현혹된 어리석음이다. 또 모든 번뇌가 다 능히 성숙시키기 때문이다. 열 가지 원인에 의지하면 한 세상과 같은 까닭이다.

[鈔] 三無明者는 釋此一句하야 就文分四니 一, 擧論釋이오 二, 此則下는 釋論意요 三, 擧例오 四, 引他論이오 二中에 言等能發起者는 卽俱舍論等起之義니 論에 云, 等起有二種하니 因과 及緣刹那라 如次第應知名轉과 名隨轉이라하니라 釋曰,[92] 初句는 標니 表無表色인 等起가 有二種이라 次句는 分別이니 一, 因等起요 二, 緣等起니 發業前心을 名因等起니 在先爲因故라 與業俱心을 名緣刹那等起니 同刹那時故라 下句는 立名이니 因等起心을 名轉이니 轉名爲起라 將作業時에 能引發故니라 刹那等起를 名爲隨轉이니 謂隨業轉이니 正作業時에 不相離故라하니라 解曰, 今取業前無明이니 卽因等起也니 故遠爲助니라

● 団 '무명의 그늘로 덮는다'는 이 한 구절을 해석하는 데 경문에 입각하면 넷으로 나누어지나니 ㉠ 논경을 거론하여 해석함이요, ㉡ 此則 아래는 논경의 주장에 대한 해석이요, ㉢ (사례를) 거론하여 유례함이

---

[92] 인용문은 『俱舍論頌疏』本卷 제12의 내용이다. 疏云, "釋曰. 初一行頌. 明二等起. 第二一行頌. 約六識. 明差別. 後一行頌. 約三性辨同異. 等起有二種者. 標也. 表無表色等起. 有二種也. 因及彼刹那者. 列名也. 一因等起. 二刹那等起. 發業前心. 名因等起. 在先爲因故與業俱心. 名刹那等起同一刹那時故. 如次第應知名轉名隨轉者. 因等起心. 說名爲轉. 謂能轉業. 轉之言起. 將作業時. 能引發故. 刹那等起. 名爲隨轉. 謂隨業轉. 正作業時. 不相離故."(대정장 권41 p.894a-)

요, ㄹ 다른 논서를 인용함이다. ㄴ에서 '평등하게 시작하는 주체'라고 말한 것은 『구사론』의 '평등하게 일어난다'는 이치를 뜻한다. 저 『구사론』에 이르되, "평등하게 일어남에 두 종류가 있으니 원인이 평등하게 일어남[因等起]과 조건이 찰나 간에 평등하게 일어남[緣刹那等起]이다. 차례대로 바뀜과 따라 바뀜이라 이름하는 줄 응당히 알아야 한다." 해석하자면 "첫 구절은 표방함이니 표색과 무표색인 평등하게 일어남이 두 종류가 있다. 다음 구절은 분별한 내용이다. 1) 원인이 평등하게 일어남이요, 2) 조건이 찰나 간에 평등하게 일어남이다. 업을 짓기 시작하기 전의 마음을 '원인이 평등하게 일어난다'고 하나니, 앞에 있으므로 원인이 된 것이다. 업과 함께 일어나는 마음을 '조건이 찰나 간에 평등하게 일어난다'고 하나니, 찰나 간의 짧은 시간인 까닭이다. 아래 구절은 명칭을 세운 부분이니 인등기(因等起)의 마음을 바꿈이라 하고, '바꾼다'고 이름한 것은 '일어난다'는 뜻이다. 장차 업을 지을 적에 이끌어 시작하는 주체인 까닭이다. 연찰나등기(緣刹那等起)를 '따라 바꾼다'고 이름한다. 말하자면 업을 따라 바꾼다는 뜻이니 실제로 업을 지을 때에 서로 여의지 않기 때문이다"라고 하였다. 풀이한다면 지금은 업 이전의 무명을 취하였으니 인등기(因等起)이므로 멀게는 도움이 된다는 뜻이다.

三, 引例釋이니 卽依三世하야 爲例니 前世無明이 旣具一切煩惱하고 今現在愛取之中에도 亦具諸惑故니라
準唯識下는 四, 引他論이니 此之無明이 亦是能潤이요 愛取所攝이라 前은 是發業無明이오 此는 是覆業無明일새 故不同也니라 卽迷外增上果愚者는 出愛支中無明之相이니 亦唯識文이라 如前已引하니라

次, 又諸煩惱下는 亦唯識文이니 爲成前義라 又亦不局迷外增上故라 唯識에 云,[93] 一切煩惱가 皆能潤業이나 而潤業位에 愛取力이 勝耳라하니라 次云[94] 以約十因者는 十因이 同世에 必是生報之業이니 能發과 能潤이 一處俱故라 若遠公意인대 無明이 有四하니 一은 迷理無明이니 義通終始요 二는 發業無明이니 在於行前이오 三은 覆業無明이니 此在行後識前이오 四는 受生無明이니 與識으로 同時하며 或在識後라 望過去種子心識에 在於識後요 望能生識에 與識으로 同時라 하니라 今是受生無明[95]이니라

- ㄴ 사례를 인용하여 해석함이니 삼세에 의지하여 유례하였으니 과거의 무명에 이미 모든 번뇌를 구비하였고, 지금 현재세의 애욕과 잡음 속에도 여러 의혹을 구비한 까닭이다.

  ㄷ 準唯識 아래는 다른 논서를 인용함이다. 이런 무명이 또한 윤업하는 주체이고 애욕과 잡음에 포섭된다. 앞은 발업무명(發業無明)이요 이것은 부업무명(覆業無明)이므로 같지 않다. '외도의 뛰어난 과보에 현혹된 어리석음'이라고 말한 것은 애욕의 지분 속에서 무명의 모양을 내보인 것이니 역시 『유식론』의 문장이며, 앞에서 이미 인용했던 내용이다.

---

93) 인용문은 『成唯識論』 제8권의 내용이다. (대정장 권31 p.44a19-) [[문] 무엇에 반연하여 업을 일으키는 데는 총체적으로 무명만으로 건립하고, 업을 성숙시키는 지위에서는 별도로 애욕와 잡음의 지분을 건립하는가? [답] 모든 번뇌는 다 업을 일으키고 성숙시키긴 하지만, 업을 일으키는 단계에서는 무명의 세력만이 증성하다. 11가지 뛰어난 일을 갖추기 때문이니, 인식대상의 뛰어남 등을 말한다. 자세한 것은 경전에서 말씀한 것과 같다. 업을 성숙시키는 단계에서는 애욕의 세력만이 집중적으로 증성한다. 갈애는 물[水]이 능히 기름지고 윤가나게 하는 것과 같다고 말하기 때문이다. 반드시 여러 번 물을 끌어대어 바야흐로 존재의 형성이라는 싹을 일으킨다. 또한 처음과 나중에 의거해서 애욕과 잡음의 두 가지를 나눈다. 거듭해서 일으키는 뜻이 없으므로 하나의 무명만으로 건립한다. 잡음의 지분[取支] 중에서 모든 번뇌를 포함하긴 하지만, 애욕이 성숙시키는 것이 뛰어나므로 애욕이 증성시킨다고 말한다.]
94) 次云은 南本無, 甲續金本作次.
95) 是下에 甲南續金本有第四二字.

다음의 又諸煩惱 아래도 또한 『유식론』의 문장이니 앞의 이치를 성립하기 위한 내용이다. 또 외도의 뛰어난 과보에 국집하여 현혹되지 않는다는 뜻이다. 『성유식론』에 이르되, "모든 번뇌는 다 업을 일으키고 성숙시키긴 하지만, (업을 일으키는 단계에서는 무명의 세력만이 증성한다. 11가지 뛰어난 일[96]을 갖추기 때문이니, 인식 대상의 뛰어남 등을 말한다. 자세한 것은 경전[97]에서 말씀한 것과 같다.) 업을 성숙시키는 단계에서는 애욕과 잡음의 세력만이 뛰어나다"고 하였다. 다음에 열 가지 원인[十因][98]에 의지해 밝힌 것은 열 가지 원인이 같은 세상에서는 반드시 과보를 생기게 하는 업이 되나니 일으키는 주체와 성숙시키는 주체가 한 곳에 함께 있기 때문이다. 만일 혜원법사의 주장에 의지한다면 무명이 넷이 있으니 (1) 이치에 미혹한 무명이니 이치가 처음과 끝까지 통하고, (2) 업을 일으키는 무명이니 지어 감의 앞에 있으며, (3) 업을 덮는 무명이니 이것은 지어 감의 뒤이고 의식의 앞에 있으며, (4) 태어나게 하는 무명이니 의식과 같은 시간이며, 혹은 의식의 뒤에 있기도 하다. 과거의 종자인 마음의 인식과 비교하면 의식의 뒤에 있으며, 〈나기〉의 주체인 의식과 비교하면 의식과 같은 시간이다"라고 하였다. 지금

---

96) (1) 인식대상의 뛰어남[所緣勝]이니, 두루 잡염법과 청정법을 반연하기 때문이다. (2) 작용의 뛰어남[行相勝]이니, 진실한 것을 조복하고 허망된 것을 나타내기 때문이다. (3) 인연의 뛰어남[因緣勝]이니, 미혹과 업이 생겨나는 근본이기 때문이다. (4) 평등히 일으킴의 뛰어남[等起勝]이니, 평등히 능히 能引緣・所引緣・能生緣・所生緣의 법을 일으키기 때문이다. (5) 전이의 뛰어남[轉異勝]이니, 隨眠・纏縛・相應・不共의 네 가지가 달라지기 때문이다. (6) 삿된 행의 뛰어남[邪行勝]이니, 사성제에 대해서 증익과 손감의 행을 일으키기 때문이다. (7) 모습의 뛰어남[相狀勝]이니, 미세한 自相이 두루 애착할 만한 것과 애착할 만한 것이 아닌 것의 共相에 널리 통하여 일어나기 때문이다. (8) 작업의 뛰어남[作業勝]이니, 流轉의 의지처[所依]의 일을 조작하고, 적정함이 能障의 일을 조작하기 때문이다. (9) 장애의 뛰어남[障碍勝]이니, 뛰어난 법과 광대한 법[廣法: 無爲眞如]을 장애하기 때문이다. (10) 따라서 전전함의 뛰어남[隨轉勝]이니, 有頂天에 이르기까지 따라서 전전하기 때문이다. (11) 다스림의 뛰어남[對治勝]이니, 두 가지 승묘한 지혜[妙智]에서 다스려지기 때문이다.
97) 『연기경』 상권(고려장 권10, p.774下; 대정장 권16, p.837 c). 연기경이란 『分別緣起初勝法門經』을 말한다.
98) 十因이란 『瑜伽師地論』 제38권의 菩提分品에서 밝힌 내용으로 (1) 隨說因 (2) 觀待因 (3) 牽引因 (4) 生起因 (5) 攝受因 (6) 引發因 (7) 定異因 (8) 同事因 (9) 相違因 (10) 不相違因을 말한다.

은 (4) 태어나게 하는 무명에 해당한다.

래 애욕의 물로 적셔 주다[愛水爲潤] (四愛 47下5)

[疏] 四, 愛水爲潤이니 論主가 指前常求有無之愛는 卽是擧例라 亦卽是 前標中의 有漏니 以前有愛가 無明攝故니라
- 래 애욕의 물로 적셔 줌이니 논주가 앞의 '항상 있는 것 없는 것을 구하려는 애욕'을 지적한 것은 바로 사례를 거론한 내용이다. 또한 앞의 표방함 중의 유루이니 앞의 '애욕이 있음'은 무명에 섭속되기 때문이다.

[鈔] 論主指前者는 故論에 云호대 常求有無愛水潤故라하나니 明是指前이라 今云卽是擧例者는 此中之愛가 不異無明支中愛故니라 亦卽是前者는 前에 云, 有漏는 是愛요 有取는 是取라하니 故是此中愛支라 次云, 以前有愛者는 彼是無明中愛니 卽發業愛耳라 今是潤業之愛 일새 故不同也니라
- '논주가 앞을 지적한다'는 것은 짐짓 논경에 이르되, "항상 있는 것 없는 것을 구하는 것은 애욕의 물로 적셔 주는 까닭이다"라고 하였으니 앞을 지적한 것이 분명해진다. 여기서 '바로 사례를 거론한 것이다'라고 말한 것은 이 중의 애욕이 무명의 지분 속의 애욕과 다르지 않기 때문이다. '또한 앞의 표방함'이라 말한 것은 앞에서 말하되, "번뇌 있음은 애욕이요, 취함이 있음은 잡음을 말한다"고 하였으니, 그래서 이 중 애욕의 지분인 것이다. 다음에 앞의 '애욕이 있다'고 말한 것은 저기서는 무명 속의 애욕이니 업을 일으키는 애욕일 뿐이다. 지

금은 업을 성숙시키는 애욕이므로 같지 않은 내용이다.

㉣ 아만이 물을 대 주다[我慢漑灌] (五我 48上2)

[疏] 五, 我慢漑灌者는 卽是取支니 要數漑灌하야사 方生有芽라 我語等 取가 爲我慢故라 若悟無我하면 容不生故니라

■ ㉣ '아만이 물을 대 준다'는 것은 바로 잡음의 지분이니 자주자주 물 대 주어야 비로소 〈유〉의 싹이 생겨난다. 나의 말 따위의 잡음이 아 만이 되는 까닭이다. 만일 〈내〉가 없음을 깨닫게 되면 나지 않음을 용납하기 때문이다.

[鈔] 要數漑灌者는 故로 唯識에 云,[99] 於潤業位에 愛力이 偏增하니 說愛 如水하야 能沃潤故라 要數漑灌하야사 方生有芽라 且依初後하야 分 愛取二라하니 謂愛初를 名愛요 愛後를 名取니라 我語等者는 卽上論 에 云,[100] 緣愛하야 復生欲等四取라하니라

釋曰, 謂一은 欲取요 二는 見取요 三은 戒取요 四는 我語取니 今順 經中의 我慢之言이라 先擧我語하야 以等餘三이니라 言欲取者는 謂 取五妙欲境故니라 瑜伽에 云, 欲取는 云何오 謂於諸欲에 所生貪欲

---

99) 앞에서 인용문을 보인 적이 있다. (대정장 권31 p.44a19-)
100) 인용문은 『成唯識論』 제8권의 내용이다. (대정장 권31 p.43c17-) [내부의 이숙과에 미혹한 어리석음에 반연하 여 참으로 능히 미래세의 존재를 초감하는 여러 업을 일으켜서 緣으로 삼고, 직접 미래세의 태어남과 늙고 죽음 의 단계의 5과를 일으킬 만한 종자를 말한다. 다시 외부의 증상과에 미혹한 어리석음에 의해 경계수(境界受) 를 반연하여 탐애를 일으킨다. 애욕을 緣으로 하여 다시 욕구의 잡음 등 네 가지 잡음[四取]을 일으킨다. 애욕 과 잡음을 합하여 촉진시키는 能引의 업종자 및 이끌려지는 원인[所引支의 원인]을 바꾸어 존재의 형성[有]이 라고 이름한다. 모두 능히 가까이 미래세의 존재의 과보를 있게 하기 때문이다. 어떤 곳에서 오직 업종자만을 존재의 형성이라고 이름한다고 말한 것은, 이것이 능히 참으로 이숙과를 초감하기 때문이다. 또한 어떤 곳에서 오직 다섯 가지 종자만을 존재의 형성이라고 이름한다고 말한 것은, 직접 미래세의 인식 등을 일으킬 만한 종 자이기 때문이다.] * 어떤 곳이란 『유가사지론』 제10권(고려장 권15, p.600下; 대정장 권30, p. 326 a-)을 말하 며, 또 다섯 가지 종자[五種]는 애욕과 四取를 말한다.

이니라 見取는 云何오 謂除薩迦耶見하고 於所餘見의 所有貪欲이니라 戒禁取는 云何오 謂於邪願의 所有貪欲이니라 我語取는 云何오 謂於 薩迦耶見의 所有貪欲이니라 有人이 釋云호대 戒는 謂惡戒요 禁은 謂 狗牛等禁[101]이오 我語는 謂內識이 依之說我故라하니라 有餘師說호대 我見과 我慢을 名爲我語라 云何此二를 獨名我語오 由此二種하야 說有我故니 我非有故로 說名我語라 如契經에 說호대 苾蒭야 當知하 라 愚昧無聞하야 異生之類가 隨假言說하야 起於我執이나 於中에 無 我와 及與我所라하니라云云 瑜伽에 云, 欲取는 唯生欲界苦果요 餘 三은 通生三界苦果라하니라

- '자주자주 물을 대 주어야'라고 말한 까닭은 『성유식론』에 이르되 "업을 성숙시키는 단계에서는 애욕의 세력만이 집중적으로 증성한다. 애욕은 물[水]이 능히 기름지고 윤기 나게 하는 것과 같다고 말하기 때문이다. 반드시 자주 물을 끌어대어야 바야흐로 존재라는 싹을 일으킨다. 또한 (애욕의) 처음과 나중에 의지하여 애욕과 잡음의 두 가지로 나눈다"라고 하였으니, 말하자면 애욕의 처음을 '애욕'이라고 말하고 애욕의 나중을 '잡음'이라고 말한다. '나의 말 따위'란 곧 위의 논에서 이르되, "애욕을 연(緣)으로 하여 다시 욕구의 잡음 등 네 가지 잡음[四取][102]을 일으킨다"고 하였다. 해석하자면 1) 욕구의 잡음이요, 2) 소견의 잡음이요, 3) 계법의 잡음이요, 4) 내 말에 대한 잡음이다. 지금은 본경의 아만이란 말을 따랐으므로 먼저 4) 내 말에 대한 잡음을 거론하여 나머지 셋을 함께 취하였다. '욕구의 잡음'이라 말한 것은 다섯 가지 오묘한 욕구의 경계를 취한 까닭이다. 『유가사지론』에 이르되, "1) 욕구의 잡음[欲取]이란 무엇인가? 모든 욕심에서

---

101) 禁은 甲續金本作戒.
102) 四取는 三界의 번뇌를 네 가지로 나눈 것이고, 또한 12연기설 중의 取支를 자세히 구분한 것이다.

생겨나는 온갖 욕구의 탐착[欲貪]이다. 2) 소견의 잡음[見取]이란 무엇인가? 몸에 대한 고집[身見=薩迦耶見]을 제외한 그 밖의 소견에 잠재된 온갖 욕구의 탐착이다. 3) 계율로 금지함을 잡음[戒禁取]이란 무엇인가? 삿된 소견에 대해 일으키게 되는 계율과 금지에 대한 온갖 욕구의 탐착이다. 4) 나의 말에 대한 잡음[我語取]이란 무엇인가? 몸에 대한 고집에 잠재된 온갖 욕구의 탐착이다"라고 하였다. 어떤 이가 해석하되, "계율이란 악을 경계함이요, 금지란 개나 소 따위를 금지한다는 뜻이요, 나의 말이란 내부의 의식이 그 아어취(我語取)에 의지하여 〈나〉라고 말하기 때문이다"라고 하였다. 어떤 다른 스님은 "〈나〉의 소견과 〈나〉라는 거만함을 나의 말이라 이름하기도 한다"고 해석하였다. 어째서 이 두 가지를 유독 나의 말이라 하는가? 이런 두 종류로 인해서 〈내〉가 있다고 말하기 때문이니, 나는 존재가 아닌 까닭에 〈나〉의 말이라 이름한다. 계경에서 말하되, "비구여, 마땅히 알아라. 어리석고 어둡고 들은 것이 없어서 중생의 무리가 가법의 말을 따라 〈나〉라는 고집을 일으키지만 그중에 〈나〉와 〈내 것〉은 없다"고 하였다. 그래서 『유가사지론』에서는, "욕구의 잡음은 욕심 세계의 괴로운 결과를 나게 할 뿐이지만 나머지 셋은 공통적으로 세 가지 세계의 괴로운 결과를 낸다"고 하였다.

㋻ 소견의 그물이 늘어나다[見網增長] 3.
㋀ 체성을 밝히다[明體] (六見 48下9)
㋁ 의미를 내보이다[出意] (令無)
㋂ 인용하여 증명하다[引證] (論總)

[疏] 六, 見網增長은 亦是取支니 見取攝故라 我見이 爲本하야 諸見이 生故며 令無漏法으로 不能壞故로 名之爲網이니라 論에 總釋云호대 如是住如是生心者는 總顯生名色芽니 由無明愛하야 令上識種으로 安住業地일새 名色心生故니라

■ 囲 소견의 그물이 늘어남도 역시 잡음의 지분이니, 소견의 잡음[見取]에 포섭되기 때문이다. 〈나〉라는 소견이 근본이 되어 온갖 소견이 생겨나는 까닭이다. 번뇌 없는 법으로 하여금 능히 무너뜨리지 못하게 하는 연고로 그물이라 이름하였다. 논경에 총합적으로 해석하되 '이와 같이 머무르고 이와 같이 마음을 일으킨다'고 말한 것은 총합적으로 이름과 물질의 싹이 생겨남을 밝힌 내용이니, 무명과 애욕으로 인해 위의 의식의 종자로 하여금 업의 땅에 잘 머물게 하므로 이름과 물질이라는 마음이 생기는 것이다.

[鈔] 六見網下는 疏文有二하니 先, 出見網之體요 後, 令無漏下는 出見網名意니 網은 卽是喩라 已下種子하고 復加土覆나 恐有蟲鳥하야 羅之以網에 則禽獸가 不能侵이니 今此已下生死之種하고 更羅見網에 則無漏鳥獸가 不能侵損하야 決定受生故니라

論總釋者는 以論에 繼釋無明覆蔽故와 常求有無愛水潤故竟하고 便云호대 如是住如是生心이라하니라 故疏以此二句로 總顯生名色芽니 謂識爲能住種이오 業爲所住地요 愛取와 無明은 是住因緣이니 故云由無明愛하야 令上識種으로 安住業地니 此釋如是住라 下云名色心生者는 釋如是生心이니 名色이 爲所生心이오 上은 皆爲能生이니라

● 囲 見網 아래는 소의 문장이 둘이니 ㉠ 소견의 그물의 체성을 내보임이요, ㉡ 令無漏 아래는 '소견의 그물'이라 한 의미를 밝힘이니, 그물

은 비유이다. 이미 씨 뿌리고 다시 흙으로 덮어 주었지만 벌레나 새들이 쪼아 먹을까 두려워서 그물을 쳐 놓았으니 짐승들이 침범할 수 없는 것이다. 지금 여기서 나고 죽음의 종자를 뿌리고 다시 소견의 그물을 쳐 놓았으니, 번뇌 없는 새나 짐승들이 침범하여 훼손하지 못하고 결정코 태어나는 까닭이다.

'논경에 총합적으로 해석한다'는 것은 논경에서 무명의 그늘이 덮은 이유와 항상 있는 것 없는 것 구하려는 애욕의 물이 적셔 주는 이유를 조금 해석하자마자 문득 이르되, "이와 같이 머무르고 이와 같이 마음을 일으킨다"고 하였다. 그러므로 소가가 이런 두 구절로 이름과 물질의 싹이 생겨남을 총합하여 밝혔다. 말하자면 의식이 능히 종자를 머물게 하고 업은 종자가 머물 땅이 되고 애욕의 잠음과 무명은 머물 원인과 조건이다. 그래서 "무명과 애욕으로 인해 위의 의식의 종자가 업의 땅에 잘 머물게 한다"고 하였다. 이것은 '이와 같이 머문다'는 말을 해석한 내용이다. 아래에 '이름과 물질이란 마음이 생겨난다'고 말한 것은 '이와 같이 마음을 일으킨다'는 말을 해석한 내용이니, 이름과 물질은 생겨날 대상의 마음이요, 위는 모두 생겨날 주체가 된다.

② 논경에 의지해 다섯째 아만과 여섯째 소견을 거듭 밝히다
 [依論重明五六] 2.

㉮ 아만에 대해 밝히다[明我慢] (次却 49下3)

[疏] 次, 却釋我慢하리라 彼經에 云, 我心漑灌이라하야늘 論에 云, 我가 是 我所며 我我想이 是慢者라하시니 謂我是我所로 釋我字니 以非斷執

我라 亦執行業이 是所修故라 次, 我我想是慢者는 釋彼心字라 心卽
想義니 依我하야 起於我想하고 以陵他故로 名之爲慢이니 正同今經
하니라

- ② 아만에 대해 다시 한 번 해석하겠다. ㉮ 저 경문에서 '<나>라는 마음이 물을 대어 준다'고 하였는데 논경에서 해석하되, "<나>는 <내 것>을 말하며 <나>를 <나>라고 생각함이 거만함이다"라고 하였다. 말하자면 <나>는 <내 것>으로 아 자(我字)를 해석하였으니 <나>에 대한 집착을 끊을 뿐만 아니라 또한 행하는 업에 집착함도 닦을 대상이기 때문이다. 다음에 "<나>를 <나>라고 생각함이 거만함이다"라고 말한 것은 저 (경문의) 심 자(心字)를 해석한 말이다. 마음은 생각이란 뜻이니 <나>에 의지하여 <나>라는 생각을 일으키고 남을 능멸하는 까닭에 거만함이라 이름하였으니 바로 본경의 의미와 같다.

[鈔] 次却釋我慢等者는 言却釋者는 經有六句로대 方釋前[103]四하고 慢
見을 未釋일새 便卽總釋이라 總釋[104]을 已竟하고 更釋慢見일새 故云
却釋이라 謂我是下는 疏釋論文이니라

- ② '아만에 대해 다시 한 번 해석한다'는 등에서 '다시 한 번 해석한다'고 말한 것은 본경에 여섯 구절이 있지만 비로소 앞의 네 구절을 해석하였고, 거만한 소견에 대해서는 해석하지 않았으므로 문득 총합적으로 해석한 것이다. 이미 끝나고 나서 거만한 소견에 대해 다시 해석하였으므로 '다시 한 번 해석한다'고 말하였다. 謂我是 아래는 소가가 논경의 문장을 해석한 부분이다.

---

[103] 前은 南續金本作於.
[104] 總釋은 大作釋總, 金本無, 嘉弘南續本作總釋.

⑭ 소견의 그물에 대해 밝히다[明見網] (次釋 49下10)

[疏] 次, 釋見網云호대 我生이며 不生이라하시니 生은 卽是常이오 不生은 是斷이니 斷常이 爲本하야 具足六十二見이라 故로 末句에 云, 如是種種 諸見也라하시니라
■ ⑭ 소견의 그물에 대해 해석하되, "<내>가 태어나거나 태어나지 않는다"고 말하였으니 태어난다는 것은 상견이요, '태어나지 않는다'는 것은 단견이니, 상견과 단견이 기본이 되어 62가지 소견을 구비하게 된다. 그러므로 마지막 구절에서, '이러한 갖가지 여러 소견'이라 하였다.

[鈔] 次釋見網等者는 此中에 論文에 具云호대 我生과 不生일새 如是等種種見網이라하시니라 餘是疏釋이니라
● ⑭ '소견의 그물에 대해 해석한다'고 말한 것은 이 가운데에서 논경의 문장을 갖추어 말해 보면 "<내>가 태어나거나 태어나지 않으므로 이러한 따위가 소견의 그물이다"라고 하였다. 나머지는 소가의 해석이다.

③ 경문을 인용하여 증명하다[引文證成] 2.
㉮ 앞을 인용하여 증명하다[引前證成] (如初 50上4)

[疏] 如初地中에 始於無明하야 終至識支를 皆名邪見이라 然이나 遠公과 諸德이 皆云호대 我와 我所者는 受生之時에 自見己身을 名之爲我요 見父母精血을 名爲我所라 又謂父母가 是我夫妻라하야 當受生時에

제6절 現前地 가) 地行 (a) 有支相續門 ② 明倒惑起緣　175

與父母로 競色하야 謂己[105]諍得이라하야 便起勝想일새 故名爲慢이라 我生者는 我唯此處에 生이오 不於餘處生이라하니 此並通取中有의 求生之愛라 於理에 無失이로다

■ 마치 초지(初地)에서 무명을 시작으로 의식의 지분까지를 모두 삿된 소견이라 이름하였다. 그러나 혜원법사나 여러 스님들이 모두 말하되, "〈나〉와 〈내 것〉이란 태어날 적에 스스로 자기 몸을 보고서 〈나〉라고 이름 지은 것이요, 부모의 정기와 혈육을 보고서 〈내 것〉이라 이름 지은 것이다. 또 부모가 '〈나〉의 지아비요, 부인이다'라고 말하여 장차 태어날 적에 부모와 용모[色이니 곧 배우자의 性]를 다투어 '자기가 쟁취하였다'고 하여 문득 이겼다는 생각을 일으키므로 거만함이라 이름 짓는다"라고 하였다. '내가 태어난다'고 말한 것은 "〈나〉는 오로지 이곳에서만 태어나고 다른 곳에서 태어나지 않는다"고 하였으니, 이것은 중간 존재[中有]의 나기를 구하는 애착을 통틀어 취한 것이니 이치에 잘못됨이 없다.

[鈔] 如初地下는 引證이니 意云, 初地에는 從無明下의 有九句經을 皆名邪見이라 今上의 六句經文에는 無明業識을 皆名見網이니라

● ③ 如初地 아래는 경문을 인용하여 증명함이니 의미로 말하면, "초지에는 無明부터 아래의 아홉 구절의 경문을 모두 사견(邪見)이라 한다. 지금은 위의 여섯 구절의 경문에는 무명의 업과 의식을 모두 소견의 그물이라 한다.

[나] 이름과 물질의 뜻을 밝히다[辨名色義] 3.

---

105) 己는 續金本作已, 原南本作己.

㉠ 앞을 결론하고 뒤를 시작하다[結前生後] (然上 50下2)
㉡ 이치를 세워서 바로 밝히다[立理正明] (卽是)

[疏] 然上諸句는 皆明能生이오 生名色芽는 卽是所生이라 當報五果에 初結生蘊이니 卽是識支라
- 그러나 위의 여러 구절은 모두 생겨나는 주체를 밝힌 것이고, 이름과 물질의 싹을 내는 것은 바로 생겨날 대상이다. 미래의 과보가 다섯 가지 결과이면 처음은 생겨나고 쌓임으로 결론한다면 그대로 의식의 지분이 된다.

[鈔] 然上諸句下는 釋生名色芽라 中에 三이니 初, 結前生後요 卽是所生 下는 二, 立理라 合云生識이니 故引俱舍意니 識이 正結生蘊故라
- 나 然上諸句 아래는 이름과 물질의 싹이 생겨난 뜻을 해석함이다. 그 중에 셋이니 ㉠앞을 결론하고 뒤를 시작함이요, ㉡이치를 세움이다. 합하여 '의식을 낸다'고 하였으니 짐짓 『구사론』의 의미를 인용한 부분이니, 의식이 바로 생겨나고 쌓임으로 결론한 까닭이다.

㉢ 이름과 물질이라 이름한 이유[出稱名色所以] 2.
ⓐ 바로 숨고 드러남에 의지한 이유[正約隱顯] (今以 50下5)

[疏] 今以前辨識種에 隱於餘四하고 今辨現行에 略其總報所依하니 欲顯識與名色으로 次第相生義故며 復欲顯其通種現故로 故有隱現이니라
- 지금은 앞의 의식의 종자를 밝히면서 나머지 넷은 숨었고 지금은 현

행을 밝힌다면 총합적인 과보가 의지할 대상을 생략한 내용이다. 의식이 이름과 물질과 함께 차례대로 서로 생겨나는 이치를 밝히려 한 까닭이며, 다시 그 종자와 현행에 통하는 이치를 밝히려고 한 까닭에 숨고 나타남이 있다.

[鈔] 三, 今以前下는 出稱名色所以라 所以有二하니 一은 約隱顯故오 二는 名色이 與識으로 不相離故라 前中에 亦二니 一은 正明隱顯이오 二는 出所以라 今初니 五種은 但顯心種이오 五現은 但顯後四라 五種得名을 望於五果에 豈得五果而無識耶아 故云略其總報니 總報는 卽第八識이니 大乘에는 第八이 是識支體요 餘之七識은 名色支攝故라 依於第八일새 故云所依니라

欲顯識生下는 二, 出隱顯所以라 所以가 有二하니 欲顯識緣名色故니 若種과 現이 皆五면 則識緣名色이 不成이라 二, 復欲顯下는 顯通種現이니 通種은 異小요 通現은 異於唯識之義니라

- ㄷ 今以前 아래는 이름과 물질이라 이름한 이유를 내보임이다. 그 이유가 둘이니 ⓐ 숨고 드러남에 의지한 이유이고 ⓑ 이름과 물질이 의식과 함께 서로 여의지 않기 때문이다. ⓐ에 또 둘이니 ㉮ 바로 숨고 드러남에 대해 설명함이요, ㉯ 이유를 내보임이다. 지금은 ㉮이니 다섯 가지 종자[106]에서 단지 마음의 종자만 밝혔고, 다섯 가지 현행에서는 단지 뒤의 네 가지만 밝혔다. '다섯 가지 종자'라 이름한 것을 다섯 가지 결과와 비교하면 어찌 다섯 가지 결과를 얻었는데 의식이 없겠는가? 그러므로 총합적인 과보는 생략하였으니 총합적인 과보는 바로 제8식을 가리킨다. 대승법에서는 제8식이 의식의 지분의 체

---

106) 애욕과 四取이니 四取는 一欲取 二見取 三戒取 四我語取를 말한다.

성이요, 나머지 7식은 이름과 물질의 지분에 포함되기 때문이다. 제8식에 의지하는 까닭에 '의지처'라 한다.

ⓐ 欲顯識生 아래는 숨고 드러난 이유를 내보임이다. 이유가 둘이 있으니 1) 의식은 이름과 물질을 인연함을 밝히려 한 까닭이니, 저 종자와 현행이 모두 다섯 가지라면 의식이 이름과 물질을 인연함이 성립하지 않을 것이다. 2) 復欲顯 아래는 종자와 현행에 통하는 이치를 밝힌 까닭이다. 종자와 통함은 소승과 다르고 현행과 통함은 유식의 이치와도 다르다.

ⓑ 서로 여의지 않음에 의지해 밝히다[明不相離] (然 名 51上5)

[疏] 然이나 名色等이 必有所依本識이니 故로 初地에 云, 於三界田에 復生苦芽하니 所謂名色共生이라하며 論에 云,107) 共阿賴耶識生故라하니 卽此後文에 云,108) 與識共生이니라

■ 그러나 이름과 물질 따위가 반드시 의지하는 근본 의식이 있으니 그래서 초지에 이르되, "삼계의 밭에 다시 고통이란 싹을 틔우나니, 이른바 이름과 물질[名色]이 저와 함께 나서 떠나지 아니하며"라고 하였고, 논경에서는, "이름과 물질이 아뢰야식과 함께 생겨난다"고 하였으며, 뒷부분의 경문에 "의식과 함께 생겨난다"고 하였다.

[鈔] 然名色下는 第二,109) 名色與識으로 不相離故라 如二束蘆라 先, 正明이오 後, 故初地下는 引證이라 總引三文하니 一은 引前經의 但云

---

107) 인용문은 『十地經論』 제3권의 내용이다. 初歡喜地에 云, "一者報相 名色共阿黎耶識生 如經於三界地復有芽生 所謂名色共生故 名色共生者 名色共彼生故"(대정장 권26 p.142b13-)
108) 與識共生은 闕字卷 58上7에 보이는 경문이다.
109) 第二는 南續金本作後明.

苦芽하면 不局名色이오 二는 引論釋이니 旣名色이 共阿賴耶生인대 則 知名色이 依現行識이로다 三은 卽此後文下는 引後文證이니 次下에 當釋하리라 以此三文으로 卽知此中에 具於二支나 隱於識支하고 顯 名色耳니라

- ⓑ 然名色 아래는 이름과 물질이 의식과 서로 여의지 않기 때문이니 마치 두 개의 갈대 꾸러미와 같다. Ⓐ 앞은 바로 설명함이요, Ⓑ 뒤의 故初地 아래는 인용하여 증명함이다. 총합하면 세 가지 문장을 인용 하였으니 1) 앞부분 경문의 단지 고통의 싹이라고만 한 것을 인용하 면 이름과 물질에만 국한되지 않고 2) 논경의 해석을 인용하였으니 이미 이름과 물질이 아뢰야식과 함께 생겨난다면 이름과 물질이 현행 하는 의식에 의지함을 알 수 있다. 3) 卽此後文 아래는 뒷부분 경문 은 인용하여 증명함이니, 아래에 가서 해석하리라. 이런 세 가지 인용 한 문장으로 두 가지 지분을 구비하였지만 의식의 지분은 숨었고 이 름과 물질이 드러난 것일 뿐이다.

ⓒ 나머지 지분을 합해서 밝히다[合辨餘支] 2.
ⓕ 총합하여 지적하다[總指] (五名 51下7)
ⓕ 이유를 내보이다[出所以] (然此)

名色이 增長하여 生五根하며 諸根이 相對生觸하며 觸對 生受하며 受後希求生愛하며 愛增長生取하며 取增長生 有하며 有生已하여는 於諸趣中에 起五蘊身이 名生이요 生已衰變이 爲老요 終歿이 爲死라 於老死時에 生諸熱 惱하고 因熱惱故로 憂愁悲歎衆苦皆集이니

이름과 물질이 증장하여 오온이 생기고, 여러 근이 상대하여 촉이 생기고, 촉과 상대하여 받아들임이 생기고, 받아들인 뒤에 희망하여 구하므로 사랑이 생기고, 사랑이 증장하여 취착이 생기고, 취착이 증장하여 유가 생기고, 유가 생기면 여러 갈래 중에 오온으로 된 몸을 일으키는 것을 난다 하고, 나서는 변하고 쇠하는 것을 늙는다 하고, 필경에 없어지는 것을 죽는다 하며, 늙어서 죽는 동안에 여러 가지 시끄러움이 생기고, 시끄러움으로 인하여 근심하고 걱정하고 슬퍼하고 탄식하여 여러 가지 고통이 모이느니라.

[疏] 次,[110] 名色增長下는 辨六入等八支니 如後段明이라 然此一段은 意欲答於受生所以니 故로 具出諸惑隱顯等殊요 不在顯相이라 在於後段하니라

■ ⓔ 名色增長 아래는 육입(六入) 따위의 여덟 지분[六入, 觸, 受, 愛, 取, 有, 生, 老死]을 합해서 밝힘이니 뒤 단락에 설명한 내용과 같다. 그러나 이 한 문단은 의미가 태어나는 이유를 대답하려는 것이므로 여러 의혹이 숨고 드러남 따위가 다름을 갖추어 내보인 것이요, 드러난 모양에 있지 않나니 뒤 단락에 설명되어 있다.

[鈔] 次名色增長下는 疏文有二하니 先, 總指오 後, 然此一段下는 出指所以니 以此段中에 未欲顯相故니라

● ⓔ 名色增長 아래는 소의 문장에 둘이 있으니 ㉠ 총합하여 지적함이요, ㉡ 然此一段 아래는 지적한 이유를 내보임이니, 이 문단 중에 모

---

110) 次는 金本作五.

양을 밝히려 하지 않은 까닭이다.

ⓛ 바른 지혜로 거꾸로 관찰하여 무아(無我)로 결론하여 대답하다
[正智逆觀結酬無我] (二約 52上2)

此因緣故로 **集**이라 **無有集者**하며 **任運而滅**이라 **亦無滅者**하니
이는 인연으로 모이는 것이요 모으는 이가 없으며 그와 같이 멸하는 것이요 멸하는 이가 없나니,

[疏] 二, 約逆觀하야 結酬無我라 初二句는 約生하야 明無我니 但由[111]無明等集이언정 非由我集이라 又上句는 揀無因이오 下句는 揀邪因이라 後二句는 約滅하야 明無我니 刹那性滅이오 無使之然이니라

■ ⓛ 거꾸로 관찰함에 의지하여 무아(無我)로 결론하여 대답함이다. 처음 두 구절은 태어남에 의지하여 〈내〉가 없음을 설명하였으니 단지 무명 따위의 모임으로 인한 것이지 〈나〉로 인해 모인 것이 아니다. 또 위 구절은 원인 없음과 구분한 내용이고, 아래 구절[無有集者]은 삿된 원인과 구분한 내용이다. 뒤의 두 구절[任運而滅―]은 멸(滅)제에 의지하여 〈내〉가 없음을 밝힌 내용이니, 찰나 간에 체성이 없어짐이요, 없음으로 인해 그렇게 된 것은 아니다.

[鈔] 下句揀邪因者는 以我爲因이 是邪因故라 此衛世意니 彼以神我로 爲作者故라 若僧佉師인대 則以冥性으로 而爲作者하니 我是知者요

---

111) 由는 南續金本作日.

而非作者니라

- '아래 구절은 삿된 원인과 구분하였다'는 말은 〈나〉로 원인을 삼는 것이 삿된 원인인 까닭이다. 이것은 바이세시카학파의 주장이니, 저들은 신령스러운 〈나〉[神我]를 행위하는 이[作者]로 삼은 까닭이다. 만일 상카학파의 스님에 의지한다면 명성(冥性)으로 작자(作者)를 삼나니 〈나〉는 아는 자요, 작자가 아닌 까닭이다.

ⓒ 사람에 입각하여 관법으로 결론하다[就人結觀] (三就 52上9)

菩薩이 如是隨順觀察緣起之相이니라
보살이 이런 인연으로 생기는 모양을 따라서 관찰하느니라.

[疏] 三, 就人結觀이라 如是觀者는 卽隨順緣起之理니라
- ⓒ 사람에 입각하여 관법으로 결론함이다. 이런 인연으로 관찰함이란 연기법에 수순하는 이치를 뜻한다.

③ 진리에 미혹하여 망념을 일으키는 연기의 양상을 차례대로 밝히다 [明迷眞起妄緣相次第] 2.

㉮ 구분하다[料揀] 5.
㉠ 가름을 표방하여 바로 밝히다[標章正明] (第三 52上10)
㉡ 외부의 질문을 가정적으로 설정하다[假設外徵] (論云)

[疏] 第三, 迷眞起妄緣相次第者는 卽論의 相差別也라 論에 云, 若因緣

이 無我인대 以何相으로 住오 因緣集行이라하나니 謂當相을 名住요 生後를 爲行이니라

- ③ 진리에 미혹하여 망념을 일으키는 연기의 양상을 차례대로 밝힘이란 곧 논경의 '양상의 차별[相差別]'에 해당한다. 논경에 이르되, "만일 인연법이 <나>라는 주체가 없다면 어떤 양상으로 머무는가? 인연이 모여 행한다"고 하였다. 말하자면 자체의 양상을 '머문다'고 하고, 생겨난 뒤를 '행한다'고 한다는 뜻이다.

❖ 제6회 십지품 제6 現前地 (科圖 26-62; 闕字卷)

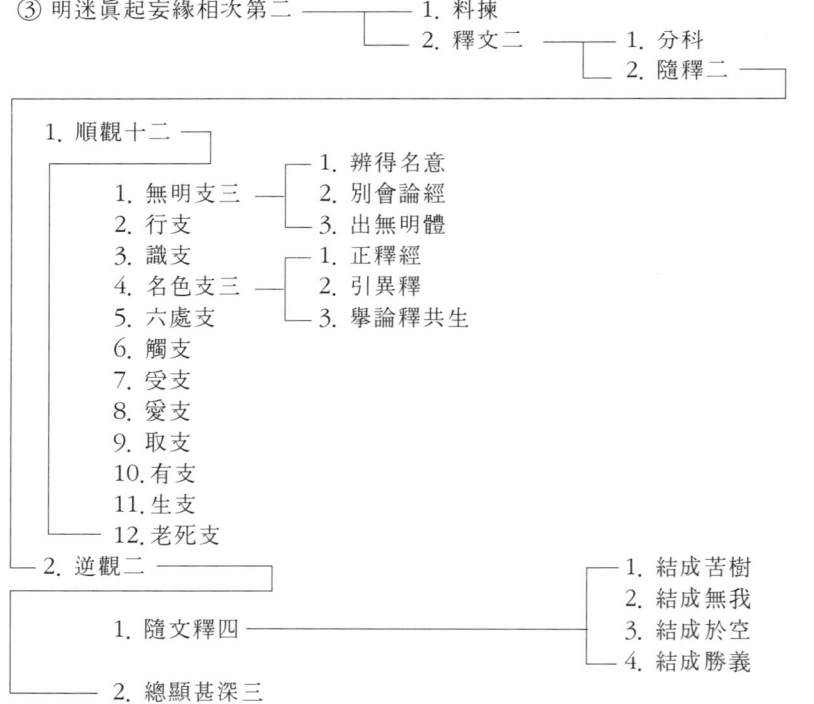

ⓒ 경문의 의미로 답하다[以經意答] (故經)
ⓓ 두 가지 개별적 양상을 묻다[徵二別相] (然成)

[疏] 故로 經意에 云, 迷諸諦理하야 起相集耳니라 然이나 成答相三이 通是有支相續이라 而兩重緣相의 差別은 云何오
■ 그러므로 경문의 의미로 말하면 "모든 성제(聖諦)의 이치에 미혹하여 양상의 모임이 일어난 것일 뿐이다. 그러나 성과 답과 양상의 셋이 공통적으로 〈존재〉의 지분으로 상속한다. 하지만 두 겹으로 연기하는 양상의 차이점은 어떤 것인가?

[鈔] 第三迷眞起妄下는 文前에 有五하니 一, 標章이오 二, 論云下는 論主가 假設外徵이니 謂當相下는 疏釋論이라 三, 故經意下는 以經之意로 答論假徵이라 四, 然成答相三下는 徵二別相이오
● ③ 迷眞起妄 아래는 경문에 앞서 다섯이 있으니 ㉠ 가름을 표방함이요, ㉡ 論云 아래는 외부의 질문을 가정적으로 설정함이다. 謂當相 아래는 소가의 해석이다. ㉢ 故經意 아래는 경문의 의미로 논경에서 가정한 질문에 답함이다. ㉣ 然成答相 아래는 두 가지 개별적 양상으로 질문함이요,

㉤ 포함되는 관계를 대답으로 밝히다[答顯包含] 2.
ⓐ 개별적인 설명[別明] 5.
㉠ 미혹할 대상에 다름이 있음에 의지하여 밝히다[約所迷有異]
(略有 52下5)

[疏] 略有五異하니 一, 前約妄我起緣이니 卽迷我執이오 此約迷諦起緣이
니 卽迷眞實義라
- 대략 다섯 가지 차이점이 있으니 ⓐ 앞에서는 망녕된 〈나〉를 의지
하여 인연이 시작되나니 곧 〈나〉에 미혹한 집착을 말하고, 여기서
는 성제에 미혹함에 의지하여 인연이 시작되나니 곧 진실한 이치에 미
혹함을 말한다.

[鈔] 五, 略有五異下는 答顯包含이라 於中에 有二니 先, 別明이오 後, 有
斯五下는 總結이라 前中에 一은 約所迷有異니 前迷無我는 卽迷眞
空이오 此迷眞實義는 卽是妙有라 以有文에 云, 不了第一義故라
- ㉰ 略有五異 아래는 포함되는 관계를 대답으로 밝힘이다. 그중에
둘이 있으니 ⓐ 개별적인 설명이요, ⓑ 有斯五 아래는 총합하여 결론
함이다. ⓐ 중에 ㉠ 미혹할 대상이 다름에 의지하여 설명한 내용이
다. 앞에서 〈내〉가 없음에 미혹한 것은 곧 참된 〈공〉에 미혹함이
요, 여기의 진실한 이치는 곧 미묘한 〈유〉를 말한다. 〈유〉의 문
장에 이르되 "제일가는 이치를 알지 못하기 때문이다"라고 하였다.

㉡ 일어나는 순서가 같지 않음에 의지하여 밝히다[約起次不同]
(二前 52下10)

[疏] 二, 前約緣起하고 此約緣次故며 前은 通取十因一處로 共起名色이
오 此中에는 一向單說次第라
- ㉡ 앞에서는 인연이 일어남에 의지하여 밝힌 내용이고, 여기서는 인연
이 일어나는 순서에 의지하여 밝힌 까닭이다. 앞은 열 가지 원인이 한

곳에서 (의식과) 함께 이름과 물질이 일어남을 통틀어 취하였고, 여기서는 한결같이 단지 순서만 말하였다.

[鈔] 二는 約起次不同이니 可知로다
- ⓕ 일어나는 순서가 같지 않음에 의지하여 밝힘이니 알 수 있으리라.

ⓒ 세상에 통하고 국한함이 있음에 의지하여 밝히다[約世有通局]
(三前 53上3)

[疏] 三, 前에는 通三世二世니 以許十因이 同一世故며 義取亦通五世오 此는 唯三世니 以名色等이 唯約現故요 義取亦通一世라
- ⓕ 앞에서는 삼세(三世)와 이세(二世)에 통하였으니 열 가지 원인이 동일한 세상인 까닭이며 이치로는 또한 오세(五世)에도 통함을 취한 것이요, 여기서는 오로지 삼세(三世)뿐이니 이름과 물질 따위가 현행에만 의지한 까닭이요, 이치로는 일세(一世)에도 통한다.

[鈔] 三約世有通局이니 言義取亦通五世者는 後段에 當明이라 言此唯三世者는 此句는 標也요 以名色等唯約現故者는 出所以也라 前段에 名色等五를 就種爲義에 則是二世요 後列五果는 皆約現行이니 卽果酬昔因이라 依於果上하야 復起愛取하야 招後生死일새 則有三世어니와 今此段中에는 旣唯約現일새 故但有三이니라 義取亦通一世者는 至下當知니라
- ⓕ 세상에 통하고 국한함이 있음에 의지하여 밝힘이니 '이치로는 또한 오세에도 통함을 취하였다'고 말한 것은 뒤 문단에 가서 밝히리

라. '여기서는 오로지 삼세(三世)뿐이다'라고 말한 것은 이 구절은 표방함이요, '이름과 물질 따위가 오로지 현행에 의지한 까닭이다'라고 말한 것은 이유를 내보임이다. 앞 단락에서 이름과 물질 따위의 다섯 가지 지분을 종자에 입각하여 뜻을 삼으면 이세(二世)가 되고, 뒤에 나열한 다섯 가지 결과도 모두 현행에 의지한 분석이니 곧 결과로 옛 원인에 답한 내용이다. 결과적 측면에 의지하여 다시 애욕과 잡음을 일으켜서 뒤의 나고 죽음을 초래하므로 삼세(三世)가 있게 되지만, 지금 이 단락에는 이미 오직 현행만 의지하였으므로 셋만 있는 것이다. '이 치로는 일세(一世)에도 통한다'고 말한 것은 아래에 가서 알게 되리라.

④ 인연에 숨고 드러남이 있음에 의지해 밝히다[約緣有隱顯]

(四前 53下1)

[疏] 四, 前文은 欲明三世並備하야 於無明中에 說有愛故며 於現在中에 說無明故요 此中에는 三世互有隱顯일새 不許相通이라
- ④ 앞의 문장은 삼세(三世)가 함께 구비되어 무명 속에 애욕이 있음을 말한 까닭이며, 현재에 무명이 있음을 말했다고 밝혔기 때문이며, 여기서는 삼세에 번갈아 숨고 드러남이 있으므로 서로 통함을 용납하지 않는다.

[鈔] 四前文者는 四, 約緣有隱顯이라 言於無明中下는 出備相也라 無明이 在於過去어늘 說有愛取하니 則備三惑矣라 行이 卽是有니 未潤에 名行이오 潤卽有故니 有二業矣라 必依七苦니 別說에 爲五요 總說에 爲二라 故此明過去에 備十二矣라 但擧經文無明之中에 說有愛取

나 例餘에 必有니라 言於現在中說無明故者는 明現在中에 具十二也라 現在愛取之內에 既有無明하니 則三惑이 具矣라 則¹¹²⁾所潤有行하니 已同過去에 有於二支인 無明行也라 現在八支는 居然可知로다 增長과 衰變에 亦具生老死矣니라

● ㉠ 앞의 문장이란 인연에 숨고 드러남이 있음에 의지해 밝힌 내용이다. 於無明中이라 말한 아래는 구비한 양상을 내보임이다. 무명이 과거에 있어서는 애욕과 잡음이 있다고 말하였으니 세 가지 의혹을 구비한 내용이다. 지어 감이 바로 존재이니 업에 성숙되지 않은 상태를 지어 감이라 하고, 성숙된 이후는 〈존재〉인 까닭이니 두 가지 업이 된다. 그러면 반드시 일곱 가지 고통에 의지하나니 개별적으로 말하면 다섯 가지가 되고 총합하여 말하면 둘이 된다. 그러므로 여기서 과거에 12지분을 모두 갖추었음을 밝힌 내용이다. 단지 경문의 '무명 속에 애욕을 가졌다'고 말한 것을 거론하였지만 나머지에 유례하면 반드시 있는 것이다. '현재 속에 무명을 말한 까닭이다'라고 말한 것은 현재 속에 12지분이 구비되었음을 밝힌 부분이다. 현재의 애욕과 잡음 속에 이미 무명을 가졌으니 세 가지 의혹이 구비된 것이다. 다시 말하면 윤업의 대상에 지어 감이 있으니 이미 과거에 두 가지 지분인 무명과 지어 감이 있는 것과 같다. 현재의 여덟 지분은 쉽게 알 수 있으리라. 늘어나거나 쇠퇴하고 변할 적에도 또한 나기와 늙고 죽음을 구비하게 된다.

㉡ 양상으로 차별함에 의지하여 대답하다[約答相差別] (五前 54上2)

---

112) 上六字는 遺忘記與雜花記云 恐衍.

[疏] 五, 前爲答難이오 此爲辨相이니 如論意故니라
- ㉠ 앞은 힐난에 답하기 위한 부분이고, 여기서는 양상을 밝히기 위함이니 논경의 의미와 같기 때문이다.

[鈔] 五前爲答難者는 五, 約答相差別이라 及取下結하면 並可知之니라
- ㉠ '앞은 힐난에 답하기 위한 것'이란 양상으로 차별함에 의지하여 대답함이다. 더욱이 아래를 취하여 결론하면 아울러 알 수 있을 것이다.

ⓑ 총합하여 결론하다[總結] (有斯 54上4)

[疏] 有斯五異하야 兩處에 辨緣호대 共明相續하야 總破癡倒하니 故로 但束爲十門之一이니라
- 여기에 다섯 가지 차이점이 있다. 두 곳에서 인연을 밝히되 함께 상속함을 밝혀서 어리석음과 뒤바뀜을 총합적으로 타파하였으니, 그래서 단지 묶어서 열 가지 문의 하나로 삼았다.

㉯ 경문 해석[釋文] 2.
㉠ 과목 나누기[分科] (文中 54上8)

佛子여 此菩薩摩訶薩이 復作是念하되 於第一義諦에 不了故로 名無明이요
불자여, 이 보살마하살이 또 이렇게 생각하느니라. '제일가는 이치를 알지 못하므로 무명이라 하고,

[疏] 文中에 亦二니 初는 順이오 後는 逆이라
- ㉯ 경문 해석에 또한 둘이니 ⓐ 수순하여 관찰하는 행법이요, ⓑ 거꾸로 관찰하는 행법이다.

[鈔] 文中亦二下는 釋文이라 然下釋名이 多依俱舍하니 俱舍가 與涅槃二十七로 義則全同이라 小有別處는 至文當知니라
- ㉯ 文中亦二 아래는 경문 해석이다. 그러나 아래 명칭 해석이 대부분 『구사론』에 의지하였으니 『구사론』이 『열반경』 제27권과 이치로는 완전히 똑같다. 조금 다른 곳이 있는 것은 문장에 가면 알게 되리라.

㉡ 과목에 따라 해석하다[隨釋] 2.
ⓐ 수순하여 행하는 관법[順觀] 12.

㉮ 무명의 지분[無明支] 3.
㉠ 명칭을 얻게 된 의미를 밝히다[辨得名意] (順中 54上8)

[疏] 順中에 初는 無明支라 言於第一義不了者는 然十二支가 皆依眞起요 無有自性이니 故로 下偈에 云,[113] 觀諸因緣實義空也라하니라 而無明이 最初로 親迷諦理하야 而起於行이라 旣橫從空起하야 不可復原일새 故令無明으로 特受迷稱이니라
- ⓐ 수순하여 관찰하는 행법 중에 ㉮ 무명의 지분이다. '제일가는 이

---

113) 인용문은 십지품 現前地의 重頌分에 나오는 게송이다. 經云, "觀諸因緣實義空이나 不壞假名和合用하며 無作無受無思念이나 諸行如雲徧興起로다"(교재 권2 p. 457-)
[인연법 관찰하니 참이치 비고 거짓 이름의 화합한 작용을 깨뜨리지 않으며, 짓는 이도 받는 이도 생각도 없어 모든 행이 구름처럼 일어나도다].

치를 알지 못한다'고 말한 것은 그러나 12지분이 모두 진제(眞諦)에 의지하여 일어난 것이요, 제 성품이 없다. 그러므로 아래 게송에서 "인연법 관찰하니 참이치 비고"라 하였다. 그러나 무명이 가장 먼저 직접 성제의 이치를 미혹하여 지어 감을 일으킨 것이다. 이미 까닭 없이 <공>에서부터 일어나서 다시 밝힐 수 없으므로 무명으로 하여금 특별히 미혹하다는 이름을 받게 한다는 뜻이다.

[鈔] 初無明支에 疏文有三하니 初, 辨得名이니 意明次第요 第二, 會論經이오 三, 出無明體相이라 今初辨名이라 然十二114)下는 通難이니 何於無明에 偏受迷稱고 後, 而無明下는 答顯可知로다 言意明次第115)者는 故로 瑜伽에 問云116)호대 何因緣故로 無明等支를 作如是次第요 答이라 諸愚癡者가 要先愚於所應知事요 次卽於彼에 發起邪行等이라하나니 此無明은 約人迷理하야 橫從空起라

● ㉠ 무명의 지분에 소의 문장에 셋이 있으니 ㉮ 명칭을 얻게 된 의미를 밝힘이니 의미로는 차례를 설명함이요 ㉯ 논경과 회통함이요, ㉰ 무명의 체성과 양상을 내보임이다. 지금은 ㉮ 명칭에 대해 밝힘이다. 然十二 아래는 힐난을 해명함이니 어째서 무명에만 치우쳐 미혹하

---

114) 上十七字는 南金本作辨.
115) 上四字는 甲南續金本作顯次.
116) 인용문은 『瑜伽師地論』제10권의 내용이다. (대정장 권30 p.323c~) [[문] 무슨 인연 때문에 무명 등의 여러 가지를 이와 같은 차례를 지어서 설명하는가? [답] 여러 어리석은 이들은, 반드시 먼저 알아야 하는 일에 어리석고, 다음에는 그것에 삿된 행을 일으키고, 삿된 행으로 인해 마음이 뒤바뀌게 되고, 마음의 뒤바뀜 때문에 결생(結生)이 계속되고, 결생이 계속되기 때문에 모든 감관이 원만해지고, 모든 감관이 원만해지기 때문에 두 가지[二=觸受]로 대경을 수용하고, 대경을 수용하기 때문에 탐착하거나 바라며 구하고, 바라며 구하기 때문에 바야흐로 찾는 때에는 번뇌가 무성하게 자라고, 번뇌가 무성하게 자라기 때문에 후생의 사랑스럽고 사랑스럽지 않은 업을 일으키고, 일으키는 업의 무성하게 자라는 힘 때문에 다섯 길[五趣]의 나고 죽음의 안에서 괴로운 과보가 생기고, 괴로운 과보가 생긴 뒤에는 늙고 죽음[老死] 등의 괴로움이 있나니, 안의 몸[內身]이 변하고 달라져서 끝게 되는 늙어 죽음의 고통과 경계가 변하고 달라져서 끌게 되는 근심하고 한탄하는 고통과 몹시 시달리는 고통이 그것이다. 그러므로 세존께서는 이와 같은 차례로 12가지를 말씀하셨다.]

다고 칭하는가? 而無明 아래는 답하여 밝힘이니 알 수 있으리라. '의
미로는 차례를 설명한다'고 말한 것은 『유가사지론』에 이르되, "묻
는다. '무슨 인연 때문에 무명 등의 여러 가지를 이와 같은 차례를 지
어서 설명하는가?' 답한다. '여러 어리석은 이들은, 반드시 먼저 알아
야 하는 일에 어리석고, 다음에는 그것에서 삿된 행을 일으키고, 삿
된 행으로 인해 마음이 뒤바뀌게 된다' "라고 하였다. 여기의 무명은
사람이 도리에 미혹함에 의지하여 까닭 없이 <공>에서부터 일어난
것을 가리킨다.

㋖ 따로 논경과 회통하다[別會論經] (論經 54下10)

[疏] 論經에 云, 諸諦第一義者는 卽四諦也라 故로 對法에 云,[117] 眞實義
愚者는 謂迷四聖諦라하니 所迷는 卽是實義요 能迷는 卽愚니라

■ 논경에서 '여러 성제의 제일가는 이치'라고 한 것은 사성제를 가리킨
다. 그러므로 『대법론』에는, "진실한 이치에 어리석다는 것은 사성제
에 미혹함을 뜻한다"고 하였으니, 미혹할 대상은 '진실한 이치'를 말
하고 미혹하는 주체는 '어리석음'을 뜻한다.

[鈔] 論經云下는 二, 會論經이라 以上에 云實義空은 則是以眞空으로 爲
第一義어니와 準論經意히 乃是四諦가 爲第一義니 卽四重勝義中의

---

117) 인용문은 『阿毘達磨雜集論』 제7권 決擇分中諦品 제1의 ②의 내용이다. (대정장 권31 p.728c~) 『진실한 이치에 대한 우매함에 연유해서 복행과 부동행이 발휘된다는 것』이란 진실이란 바로 사성제이니 이러한 우매함에 처해 있기에 '진실한 이치에 대한 우매함'이라고 이름하는 것이다. 진제를 깨닫지 못한 자는 비록 선심을 일으키더라도 그것의 수면에 따라 묶여지는 까닭에 이 또한 우매함이라고 이름하는 것이다. 그러한 세력에 연유해서 삼계의 고통에 대해 진실되게 알지 못하고 후유(後有)의 인의 성품인 복행과 부동행을 일으키게 되는 것이다. 진제를 깨달은 자가 아니면 이 같은 업을 발휘시키게 되나니, 실로 진실한 이치에 대한 우매함이 없기 때문이다. 그리하여 그와 같은 업으로써 이같은 생을 인한다고 말하게 된다.]

道理勝義故니라 次引對法하야 證成論經이니 亦順涅槃에 我昔與汝 等으로 不識四眞諦일새 是故로 久流轉生死大苦海故니라 瑜伽中에 廣說無明[118]하야 歷一切法하나니 謂若內若外와 若業若果와 佛法僧 等히 皆是無明이라 今略擧四諦에 則無所不攝이니라

- ㉔ 論經云 아래는 따로 논경과 회통함이다. 위에서 진실한 이치가 〈공〉하다고 말한 것은 진실한 〈공〉이므로 제일가는 이치로 삼았지만 논경의 주장에 준하여 비로소 사성제가 제일가는 이치가 되었으니, 네 겹의 뛰어난 이치 중의 도리승의(道理勝義)인 까닭이다. 다음으로 『대법론』을 인용하여 논경의 주장을 증명하였으니, 또한 『열반경』에 따른다면 내가 예전에 너희들과 함께 사성제를 알지 못한 까닭에 오랫동안 나고 죽음의 큰 고통의 바다에서 유전한다. 『유가사지론』에서는 무명이 모든 법에 걸쳐 있음을 자세히 말하였다. 말하자면 내부와 외부와 업과 과보와 부처님과 법과 스님네 따위에 이르기까지 모두 무명인 것이다. 지금은 사성제만 대략 거론하였으므로 포함되지 않은 것이 없다.

㉮ 무명의 체성을 내보이다[出無明體] (別有 55上9)

[疏] 別有暗法을 名爲無明이오 非但遮詮이라 明無而已니라

- 따로 법에 어두움이 있는 것을 무명이라 이름한 것이요, 단지 역설적 표현일 뿐만 아니라 밝음이 없을 따름이다.

[鈔] 別有暗法下는 三, 出無明體相[119]이라 於中[120]에 先, 正出體니 別有

---

118) 明은 南續金本作知.
119) 相은 甲南續金本作性.

一法은 是明所治라 後, 非但下는 揀濫이라 此揀二義니 即二師解니 謂一師가 云, 無明者는 謂體非明이니 此即遮詮이니 如非有非無니 法體는 非是有無故라하며 第二師는 云, 應謂明無이니 此但無彼明 處를 即名無明이라하니 故今揀之하야 非是明無而已라하면 理則盡矣 로다 猶恐難見일새 具引論釋하리라 俱舍第十論에 云,[121] 無明은 何義 요(問也라) 謂體非明이니라(即第一師의 非前智明이라) 若爾인대 無明은 應 是眼等이로다 釋曰, 難也니 眼等五根도 亦非智明故니라 論云호대 既 爾인대 此義는 應是無智明也로다 釋曰, 此는 第二釋이니 謂明無之 處를 即名無明이니라 論云, 若爾인대 無明은 體應非有로다 釋曰, 難 也라 若是明無之處를 名無明者인대 無是無明이라 體應非有로다 論 云호대 爲明有體가 揀第二義 義不濫餘라 揀第一義 頌曰, 明所治가 無明이니 如非親實等이라하니라 釋曰, 上句는 明有實體니 謂此無明 이 不了四諦라 明所對治를 名曰無明이니 與明으로 相違를 方名無明 이요 非是離明之外에 皆是無明이니 故로 不同第一이며 亦非明無之 處를 名爲無明이니 不同第二니라

- ㉮ 別有暗法 아래는 무명의 체성과 양상을 내보임이다. 그중에 Ⓐ 바로 체성을 내보임이니 따로 한 가지 법이 있는 것은 밝음으로 다스 릴 대상이다. Ⓑ 非但 아래는 구분함이다. 여기서 두 가지 이치로 구 분하였으니 곧 두 스님의 견해이다. 말하자면 첫 번째 스님은 무명을 말하되 "체성이 밝지 않은 것이니 이것은 역설적 표현이니 마치 <유> 도 아니요, <무>도 아니라 함과 같으니, 법의 체성은 <유>인 것도 <무>인 것도 아니기 때문이다"라고 하였다. 두 번째 스님은, "응당

---

120) 中下에 甲南續金本作中有二.
121) 인용문은 『俱舍論』제10권 分別世品 제3의 ③의 내용이다. "無明何義. 謂體非明. 若爾無明應是眼等. 既爾. 此義應謂明無. 若爾無明體應非有. 爲顯有體義不濫餘. 頌曰《明所治無明 如非親實等》"(대정장 권29 p.51c-)

히 밝음이 없다고 해야 한다. 이것은 단지 저 밝은 곳이 없음만을 무명이라 이름한다"고 하였다. 그러므로 지금 구분하여 '밝음이 없을 뿐이 아니다'라고 한다면 이치를 다한 표현이리라. 오히려 보지 못할까 두려우므로 논경의 해석을 갖추어 인용하겠다. 『구사론』 제10권에 이르되 "무명은 어떤 뜻이 있는가?(질문이다) 그 자체가 밝음이 아니라는 것이다. (첫 번째 스님의 앞의 지혜의 밝음이 아니라는 대답) 만일 그렇다면 무명은 응당 눈 따위이겠구료." 해석한다면 힐난이니 눈 따위 다섯 가지 감관도 또한 지혜의 밝음이 아닌 까닭이다. 논경에서는 "이미 그렇다면 이 이치는 응당히 지혜의 밝음이 아니다"라고 하였다. 해석하자면 이것은 두 번째 스님의 해석이다. 말하자면 밝음이 없는 곳을 무명이라 이름한다. 논에 이르되, "만일 그렇다면 무명의 자체는 응당 있는 것이 아니겠구료." 해석하자면 힐난한 부분이다. 만일 밝음이 없는 곳을 무명이라 말한다면 '무(無)'는 다른 것이 없음이니 자체도 응당히 있지 않을 것이다. 논에 이르되, "자체가 있다는 뜻을 밝히며(두 번째 이치와 구분하다) 딴[눈 따위] 것과 섞인 것이 아님을 밝히기 위하여(첫 번째 이치와 구분하다) 게송으로 말하였다. "밝음으로 다스려야 할 무명이기에 친한 벗 아님과 진실 아님 따위와 같네." 해석하자면 위 구절은 진실로 자체가 있음을 밝혔으니 말하자면 이 무명이 사성제를 알지 못한 것이다. 밝음으로 다스릴 대상을 이름하여 무명이라 하였으니, 밝음과 서로 위배되는 것을 비로소 무명이라 하고 밝음을 여읜 외부가 모두 무명이라는 것은 아니다. 그러므로 첫 번째와 다르며 또한 밝음이 없는 곳을 무명이라 이름한 것도 아니니 두 번째와도 다르다.

下句는 擧喩釋成이니 論에 云, 如諸親友가 所治怨敵이니 親友와 相違를 名非親友이언정 非異親友며 非親友無라하니라 釋曰, 此는 以怨으로 喩無明이오 親友로 喩明이라 非親友者는 卽是怨家니 怨有體矣라 言非異親友者는 非異親友之外에 餘人을 皆名非親友也니 此喩無明이 不濫眼等이라 言非親友無者는 非無父母朋友가 卽名非親友也라 此喩無明이 非無體也니라 言實等者는 以上非字로 貫下實等이니 亦如非實者는 諦語를 名實이니 此所對治요 虛誑言論은 名爲非實이라 非異於實은 皆名非實이라 如殺生等 亦非實無를 名爲非實이니 此明非實有體라 等取非法과 非義와 非事니 如不善法을 名爲非法이요 不善義를 名爲非義요 不善事를 名爲非事라 此與善法等으로 相違를 名非法等이니 皆明有體非無라 故로 論에 結云호대 如是無明別有實體이니 是明[122] 所治이니 非異非無라하니라 釋曰, 非異는 揀初義요 非無는 揀第二라 無明이 若無有體인대 何能與行으로 爲緣이리요 經說無明이 能染於慧하야 令不淸淨이 明有體也라 餘如彼說하니라

- 아래 구절은 비유를 들어 해석한 부분이다. 논에 이르되, "친한 벗을 원수에게 상대할 적에 친한 벗과 서로 위배되므로 친한 벗이 아니라고 이름한 것이요, 친한 벗과 다른 것이 아니요, 친한 벗이 없는 것도 아니다"라고 하였다. 해석하자면 이것은 원수로 무명에 비유하였고, 친한 벗으로 밝음에 비유하였다. '친한 벗이 아니다'라고 말한 것은 바로 '원수의 집'이란 뜻이니 원수가 자체가 있는 것이 된다. '친한 벗과 다른 것은 아니다'라고 말한 것은 친한 벗과 다른 외부의 나머지 사람을 모두 친한 벗이 아니라고 말한 것은 아니다. 이것은 무명이 눈 따위와 구분하지 못함에 비유한 부분이다. '친한 벗이 없는 것도

---

122) 明은 金本作名誤.

아니다'라고 말한 것은 부모가 없는 친한 벗이 친구가 아니라고 말한 것은 아니다. 이것은 무명이 자체가 없지 않음을 비유한 것이다. '진실 따위'로 말한 것은 위의 '아님[非]'이라는 글자로 아래의 진실 따위를 관통한 개념이다. 또한 '진실 아님 따위와 같다'고 말한 것은 사성제의 말을 진실이라 이름하였으니 이것은 다스릴 대상이요, 헛되거나 속이는 말과 논리를 진실 아님이라 이름 지은 것이다. 진실과 다른 것은 모두 진실 아님이라 이름한 것은 아니다.(마치 살생하는 따위와 같다) 또한 진실이 없는 것을 진실이 아니라고 이름한 것도 아니니,(이것은 진실 아닌 것이 자체가 있음을 밝힌 내용이다) 법이 아님과 이치가 아님과 현상이 아님을 평등하게 취한 내용이다. 마치 선하지 않은 법을 법이 아니라고 이름하고, 선하지 않은 이치를 이치가 아니라고 하고, 선하지 않은 현상을 현상이 아니라고 이름하는 것과 같다. 이것은 선한 법 따위와 서로 위배되는 것을 법이 아님 따위로 이름한 것이니 모두 자체가 있고 없지 않음을 밝힌 것이다. 그러므로 논에 결론하되, "그와 같은 무명은 따로 실체가 있어서 밝음으로 다스려야 할 대상이고 다르지도 않고 없지도 않다"고 하였다. 해석하자면 '다르지도 않다'는 것은 첫째 의미와 구분한 말이요, '없지도 않다'는 것은 둘째 의미와 구분한 말이다. 무명이 만일 자체가 없다면 어찌 지어 감과 반연할 수 있겠는가? 경에서 무명이 능히 슬기를 더럽혀서 청정하지 않음으로 만들 수 있는 것이 자체가 있는 것이 분명하다. 나머지는 저 논에 설명한 내용과 같다.

㊦ 지어 감의 지분[行支] 4.
㉠ 본경을 바로 해석하다[正釋經] (二所 57上2)

所作業果가 是行이요
지어 놓은 업과를 행이라 하고,

[疏] 二, 所作業果名行者는 行支也라 業은 卽罪等三業이니 是彼無明所起果故라 故로 偈에 云, 所作思業愚癡果라하고
- ㉤ '지어 놓은 업과를 행이라 이름한다'는 것은 지어 감의 지분이다. 업은 죄 따위의 세 가지 업을 가리키나니 저 무명에서 일으킨 결과인 까닭이다. 그러므로 (본경의) 게송에 이르되, "'생각으로 지은 업은 우치(愚癡)의 과보'"라고 하였고,

㉮ 논경을 인용하여 해석하다[引論釋] (而論)
㉯ 소가의 해석[疏釋論] (此出)
㉰ 고덕의 해석을 거론하다[擧古釋] (遠公)

[疏] 而論에 云, 是中無明所作業果者는 所謂名色者는 此出果體라 體는 謂行體니 卽名色故라
遠公이 釋論云호대 行有三業하니 意業은 爲名이요 身과 口는 爲色이라하니라 故로 婆沙에 云, 名色이 有二하니 一은 方便名色이오 二는 報名色이라 若云名色이 緣識인대 卽方便名色이오 若云識緣名色인대 卽報名色이라하니 今以行으로 爲方便名色이니라
- 논경에서 '이 가운데 무명으로 지은 업의 결과'라 한 것은 이른바 이름과 물질이란 여기서 과보의 자체가 나온 것이다. 자체는 지어 감의 자체를 말하나니 이름과 물질과 합치하기 때문이다.
혜원법사가 논경을 해석하되 "지어 감에 세 가지 업이 있으니 생각으

로 짓는 업이 이름이 되고, 몸과 입으로 짓는 업이 물질이 된다"고 하였다. 그러므로 『비바사론』에 이르되, "이름과 물질[名色]이 두 가지이니 (1) 방편인 명색이요, (2) 보답인 명색이다. 만일 명색이 의식을 반연한다고 하면 (1) 방편인 명색을 뜻하고, 만일 의식이 명색을 반연한다고 하면 (2) 보답인 명색을 뜻한다"고 하였으니 지금은 지어 감으로 (1) 방편인 명색을 삼은 내용이다.

[鈔] 二所作業果者는 於中에 四니 一, 正釋經이오 二, 而論下는 引論釋이오 三, 此出果下는 疏釋論이니 以名色이 通爲生死之體요 以無明等은 是行蘊等의 各別法故로 各自有體라 行今該通일새 故取通體하야 以爲其體니라 四, 遠公釋下는 擧古釋이니 義無所違라 但引婆沙의 名色이 緣識은 此名色이 在因中이요 識緣名色은 是六處別名이니 則似名色과 與識이 有前後義하야 大乘에도 亦有互相緣義나 義則不然이라 因果之中에 皆二가 互相緣이오 此是因中에 互爲緣義라 如下當說이니라

● ㉤ 지어 놓은 업과란 그중에 넷이니 Ⓐ 바로 경문을 해석함이요, Ⓑ 而論 아래는 논경을 인용한 해석이요, Ⓒ 此出果 아래는 소가가 논경을 해석함이다. 명색이 통틀어 나고 죽음의 체성이 되었으며, 무명 따위가 지어 감의 쌓임[行蘊] 따위의 각기 다른 법인 까닭에 각기 자연히 자체가 있게 된다. 지어 감은 여기서 포괄적으로 통하므로 전체를 취하여 그 자체를 삼았다. Ⓓ 遠公釋 아래는 옛사람의 해석을 거론함이니 이치가 위배된 것이 없다. 단지 『비바사론』의 '명색이 의식을 반연한다'는 것은 여기의 명색이 원인 중에 있는 것이요, '의식이 명색을 반연한다'는 것은 육처(六處)의 개별 명칭일 뿐이다. 다시 말하

면 명색과 의식이 앞과 뒤의 이치가 있어서 대승법에서도 또한 서로서로 반연하는 이치가 있는 것 같지만 이치가 꼭 그런 것은 아닙니다. 인과법에도 모두 둘이 서로서로 반연하고 여기서는 원인 중에 서로 반연하는 이치이니, 아래에 가서 설명할 내용과 같다.

① 인식의 지분[識支] (三行 57下7)

行依止初心이 是識이요
행을 의지한 첫 마음이 식이요,

[疏] 三, 行依止下는 識支라 論에 云, 於中識者는 彼依止故라하니 彼는 卽是行이라 此中에 語倒하니 應言依彼라 故로 論經에 云, 依行有初心識이라하시니 謂由行熏心하야 有當果種이며 乃至現行이라 故로 瑜伽에 云, 因識爲緣하야 相續果識이 前後次第라하니라

① 行依止 아래는 인식의 지분이다. 논경에서는, "그중에 인식이란 저것의 의지처인 까닭이다"라고 하였으니 저것이란 지어 감을 가리킨다. 이 가운데 말이 뒤바뀌었으니 응당히 '저것에 의지한다'고 말해야 한다. 그러므로 논경에서 "지어 감에 의지하여 첫 마음인 인식이 있다"라고 하였다. 말하자면 지어 감으로 인해 마음을 훈습해서 미래의 과보의 종자가 있으며 나아가 현행이 있다. 그러므로 『유가사지론』에서는, "의식으로 인해 반연이 되어 결과인 의식이 앞뒤의 차례로 상속한다"고 하였다.

[鈔] 三行依止下는 識支라 初, 擧論이오 二, 彼卽是行下는 釋論이라 謂由

行熏心等者는 行은 謂罪等三業이라 唯識에 云,[123] 此雖纔起에 無間卽滅하야 無義能招當異熟果나 而熏本識하야 起自功能하시니 卽此功能을 說爲習氣라 是業氣分이며 熏習所成이니 揀當現業일새 故云習氣라 如是熏習이 展轉相續하야 至成熟時에 招異熟果하니 此顯當果勝增上緣이라하니라 釋曰, 但觀所引과 及下瑜伽하면 疏文은 可知니라

- ㉠ 行依止 아래는 인식의 지분이다. ㉮ 논경을 거론함이요, ㉯ 彼卽是行 아래는 논경을 해석함이다. '말하자면 지어 감으로 인해 마음을 훈습한다'는 등은 지어 감이란 죄 등의 세 가지 업을 말한다. 『성유식론』에 이르되, "이 현행의 업은 일어나자마자 바로 다음 찰나에 멸하여, 능히 미래의 이숙과를 초감할 만한 뜻이 없긴 하지만, 근본의식에서 자신을 일으킬 만한 세력을 훈습한다. 곧 이 세력을 습기라고 말한다. 이것은 업의 기분(氣分)이고, 훈습에서 이루어진 것이다. 미래와 현재의 업을 가려내기 때문에 '습기'라고 이름한다. 이와 같이 습기가 전전하여 상속해서, 성숙한 때에 이르러 이숙과를 초감한다. 이것은 미래 과보의 뛰어난 증상연을 나타낸다"고 하였다. 해석하자면 단지 이끌 대상과 아래의 『유가사지론』만 살펴보면 소의 문장은 알 수 있으리라.

㉡ 이름과 물질의 지분[名色支] 3.
㉮ 바로 경문을 해석하다[正釋經] (四與 58上8)

---

123) 인용문은 『成唯識論』 제8권의 내용이다. (대정장 권31 43a14-) * 여기서 '예전의 업'이란, 설일체유부에서 과거에 자체[體]가 있다고 하는 曾業을 말한다. 현재의 업이란, 순세외도(順世外道)에서 일체의 과보는 오직 현재의 업이 얻는 것으로서, 지을 때에 곧 받는다고 주장하는 것을 가리킨다.

與識共生四取蘊이 爲名色이요
식과 함께 나는 사온[共生四取蘊]을 이름과 물질이라 하고,

[疏] 四, 與識下는 名色支라 初一識字는 卽是現行識支라 識爲種邊에 唯是賴耶요 在現行位에 通於六識이라 今揀現非種일새 故云共生四蘊이니 識蘊은 已屬所依識故니라

- ㉠ 與識 아래는 이름과 물질의 지분이다. 처음의 식(識)이란 한 글자는 현행하는 의식의 지분이다. 의식은 종자의 쪽이 되면 오로지 아뢰야식뿐이요, 현행의 지위에 있을 때에는 육식에 통하는 개념이다. 지금은 종자가 아닌 현행만 가려내는 까닭에 '함께 나는 사온[共生四取蘊]'이라 하였으니 의식의 쌓임은 이미 의지할 대상인 의식에 속하기 때문이다.

[鈔] 四與識下는 名色支라 疏文有三하니 初는 正釋經이오 二는 引異釋이오 三은 擧論釋共이라 今初니 言四蘊者는 謂色受想行이라 則色蘊이 爲色이오 三蘊은 爲名이라 何以無識고 故로 次釋에 云, 識蘊은 已屬所依識支故라하니 上且順經이니라

- ㉠ 與識 아래는 이름과 물질의 지분이다. 소의 문장에 셋이 있으니 ㉮ 바로 경문을 해석함이요, ㉯ 다른 해석을 인용함이요, ㉰ 논경을 거론하여 함께 남에 대해 해석함이다. 지금은 ㉮이니 사온(四蘊)이라 말한 것은 물질과 느낌과 생각과 지어 감을 가리킨다. 다시 말하면 물질의 쌓임은 물질로 삼고 나머지 삼온(三蘊)은 명칭으로 삼았다. 어째서 의식이 없는가? 그러므로 다음에 해석하되 "의식의 쌓임은 이미 의지할 대상인 의식의 지분에 속하였기 때문이다"라고 하였으니,

위는 우선 본경에 따른 해석이다.

㉘ 다른 해석을 인용하다[引異釋] 2.
Ⓐ 유식론을 인용하다[引唯識] (若言 58下4)

[疏] 若言四蘊曰名이오 羯刺藍等을 爲色인대 則所依現行之識이 亦唯賴耶니라
- 만일 사온(四蘊)을 이름으로 삼고 갈라람 따위[胎中五位]를 물질로 삼는다면 의지할 대상인 현행하는 의식이 또한 아뢰야식일 뿐이다.

[鈔] 若言四蘊下는 二, 引異釋이니 先은 引唯識이니 卽第三論이라 引經하야 證有第八識이니 下文에 當具引論文하리라 言所依現行之識도 亦唯賴耶者는 以非色四蘊으로 爲名인대 則名色支之中에 已有識竟이라 故로 唯識에 云,[124] 眼等轉識이 攝在名中이니 此識이 若無하면 說誰爲識고하니라 釋曰, 故以第八로 爲識支也니라 恐有救云호대 名中에 識蘊은 是眼等五요 識支는 卽是第六識故라할새 故로 次論에 云, 亦不可說名中識蘊하야 謂五識身이며 識은 謂第六이라 羯邏藍時에는 無五識故라하니라 釋曰, 大와 小에 共許初七日內에 無五識故라 故我大乘에 以第七識으로 爲名中識이니라 俱舍에 亦云호대 名은 謂非色이니 卽是四蘊이라하니 然其識蘊은 意在第六이니라 又俱舍에 說호대 唯約位說에 在於識後하고 不說與識으로 同時互依라하니라 上云羯

---

124) 인용문은 『成唯識論』 제3권의 내용이다. (대정장 권31 p.17a28-) [안식 등 전식은 名에 포함된다. 이 식이 만약 없다면, 무엇을 식이라고 말하겠는가? 또한 名 중의 識蘊은 五識이고, 식은 제6식이라고도 말할 수 없다. 羯邏藍의 시기에는 五識이 없기 때문이다. 또한 모든 轉識은 잠시 단절됨이 있기 때문에 어느 때나 명색을 執持하는 힘이 없는데, 어떻게 항상 명색과 緣이 된다고 말하겠는가?]

邏[125])藍等者는 此云雜穢니 父母不淨이 爲雜일새 深可厭患爲穢라 而言等者는 此上初位로 等餘四位니 故로 俱舍에 總云[126])호대 最初 羯邏[127])藍이라하니 此云薄酪[128])이오 二에 云次生頞部曇이라하니 此云 胞也요 三에 從此生閉尸라하니 此云軟肉이오 四는 閉尸生健南이라하 니 此云堅肉이오 五는 次鉢羅奢佉라하니 此云支節이라 此之五位를 皆名色支라 此第五位는 亦六處攝이라 下有三句는 皆六處支니 偈에 云, 後髮毛爪等과 及色根諸相이 漸次而轉增이라하니 皆第五位攝이 라 若取一生인댄 皆名色攝이니 即六處와 觸과 受가 皆屬名色일새 故 復云等也니라

- ㉗ 若言四蘊 아래는 다른 해석을 인용함이니 Ⓐ『유식론』을 인용함 이니 곧『성유식론』제3권을 가리킨다. 경문을 인용하여 제8식이 있 음을 증명하였으니 아래 문장에 가서『유식론』의 문장을 갖추어 인 용하겠다. '의지할 대상인 현행하는 의식도 역시 아뢰야식뿐이다'라 고 말한 것은, 물질을 제외한 사온으로 명칭을 삼았다면 이름과 물 질의 지분 중에 이미 의식이 있고난 끝이다. 그러므로『성유식론』에서 는, "안식(眼識) 등 전식(轉識)은 이름에 포함된다. 이런 의식이 만약 없다면 무엇을 의식이라고 말하겠는가?"라고 하였다. 해석한다면 그 러므로 제8식으로 의식의 지분을 삼은 것이다. 아마도 어떤 이가 구 제하려고 말하되 "이름 중에 의식의 쌓임은 눈 따위의 다섯이요, 의식 의 지분은 바로 제6식이기 때문이다"라고 할 것이다. 다음의『성유식 론』에서, "또한 이름 중의 의식의 쌓임[識蘊]은 제5식이고, 의식은 제6

---

125) 邏는 南續金本作剌 與疏合, 原本作邐 與唯識合; 案上鈔科謂疏引唯識 應從唯識作邏.
126) 인용문은『俱舍論』제9권의 分別世品 제3의 ②의 내용이다. (대정장 권29 p. 47c17-)
127) 邏는 南續金本作剌 原本作邐, 俱舍論麗本作剌 宋元明宮本作邏.
128) 酪下에 甲南續金本有一也二字.

식이라고도 말할 수 없다. 갈라람의 시기에는 5식(五識)이 없기 때문이다"라고 하였다. 해석한다면 대승과 소승에서 공통적으로 처음 칠일 안에는 5식이 없다고 허용하는 까닭이다. 그래서 우리 대승법에서 제7식으로 이름 중의 의식을 삼았다.『구사론』에도, "이름은 물질이 아님을 가리키나니 바로 사온을 뜻한다"라고 하였다. 그런데 그 의식의 쌓임은 의미가 제6식에 있다. 또『구사론』에 말하였다. "오로지 지위에 의지하여 설할 적에는 의식의 뒤에 있고 의식과 함께 동시에 서로 의지한다고는 말하지 않는다." 위에서 '갈라람'이라 말한 것은 번역하면 '섞이고 더러움[雜穢]'이라 하니 부모의 깨끗하지 않음이 섞였으므로 깊이 싫어하여 병통이 되는 것을 '더럽다'고 한다. '따위'라 말한 것은 이 위의 첫째 지위로 나머지 네 지위를 함께 취한 것이다. 그러므로『구사론』에 총합하면 "최초의 갈라람(羯邏藍=凝滑)"이라 하였으니 번역하면 '얇은 소락'이라 하고 두 번째는 "다음으로 알부담(頞部曇=皰)이 생긴다"고 하였으니 번역하면 '여드름 같다'고 한다. 셋째는 "이로부터 폐시(閉尸=血肉)가 생긴다"고 하였으니 번역하면 '부드러운 고깃덩이'라 하고, 넷째는 "폐시에서 건남(鍵南=堅肉)이 생긴다"고 하였으니 번역하면 '단단한 고깃덩이 같다'고 한다. 다섯째는 "다음에는 발라사거(鉢羅奢佉=支節)가 생기고"라 하니 번역하면 '갈래와 마디'라 한다. 이런 다섯 가지 지위를 모두 이름과 물질의 지분이라 한다. 이 다섯 지위는 육처에도 포섭된다. 아래 있는 세 구절은 모두 육처의 지분이니 게송으로 말하되, "그 후에는 터럭·손톱·발톱 따위와 그리고 감관과 모든 모습이 차차로 더욱 더 자라나게 되네"라고 하였으니, 모두 다섯째 지위에 포섭된다. 만일 한 생만 취한다면 모두 명색(名色)에 포섭될 것이다. 다시 말하면 육처의 감촉과 느낌의 지분이 모두 명색에 속하므로 다시 '따위'라 말하였다.

Ⓑ 유가론을 인용하다[引瑜伽] (瑜伽 59下5)

[疏] 瑜伽에 云, 俱有依根曰色이오 等無間依根曰名이라하나니 則通五蘊爲體라 即四七日來에 根未滿位니라

■ 『유가사지론』에는, "선천적으로 갖춘 의지처[俱有依]의 감관을 '물질'이라 하고, 등무간멸의(等無間滅依)의 감관을 '이름'이라 한다"고 하였다. 말하자면 오온을 통틀어 자체로 삼는다는 뜻이다. 다시 말하면 네 번째 칠일 이래로 감관이 완전하지 않은 지위를 뜻한다.

[鈔] 瑜伽論下는 後, 引瑜伽라 俱有意根은 已見問明品하니 即眼等色根이 與識으로 同時를 名爲俱有니 意取五色根이니라 等無間依者는 要前念이 滅하야 引生後念故라 此即瑜伽가 約三際하야 出因緣體文이니 然此段論文을 數處에 引用하니 今當具引129)하리라 彼論에 云,130) 云何緣起體요此問也 答이라 略說인대 由三種相하야 建立緣起하니 謂從前際하야 中際生하고 從中際하야 後際生이라 中際生已에 若趣流轉커나 若趣淸淨究竟이니라 云何從前際中際生하야 中際生已에 後趣流轉고 謂如有一不了가 前際無明所攝하야 無明으로 爲緣하야 於福非福과 及與不動에 身語意業이 若作若增長하면 由此隨業識하야 乃至命終히 流轉不絶이니 能爲後有의 相續識因이라 此識이 將生果時에 由內外貪愛가 正現在前하야 以爲助伴하야 從彼前際로 旣捨命已에 於現在世에 自體得生호대 在母胎中하야 以因識으로 爲緣하

---

129) 引下에 南續金本有故字.
130) 인용문은 『瑜伽師地論』 제9권 本地分中有尋有伺等三地의 ⑥의 내용이다. (대장장 권30 p. 321a-)

야 相續果識이 前後次第而生하며 乃至羯邏藍等位가 差別而轉이라 在母胎中하야 相續果識이 與名色으로 俱하야 乃至衰老히 漸漸增長이라 爾時에 感生受業名色이 與異熟果라 又異熟識이 卽依名色而轉하나니 由必依託六處轉故라 是故로 經에 言名色이 緣識이라하니라

● ⑧ 瑜伽論 아래는 유가론을 인용함이다. 구유의(俱有依)[131]인 뜻의 감관[意根]은 이미 문명품(問明品)에서 보았다. 눈 따위의 물질의 감관이 의식과 동시인 것을 구유의(俱有依)라고 하나니, 의미로는 다섯 가지 중 물질의 감관을 취한다. 등무간멸의(等無間滅依)란 앞생각이 없어져서 뒷생각을 생기게 하려 하기 때문이다. 이것은 『유가사지론』이 세 시절에 의지하여 인연의 자체를 내보인 문장이다. 그러나 이 단락의 논문을 여러 곳에서 인용하였으니 지금 갖추어 인용해 보겠다. 저 논에 이르되, "무엇을 연기의 본체[緣起體]라고 하는가? 답한다. '만일 간략하게 말하면 세 가지 모양으로 말미암아 연기를 세우게 된다. 말하자면 과거로부터 현재가 생기고, 현재로부터 미래가 생기며, 현재가 생긴 뒤에는 유전으로 나아가기도 하고 깨끗한 궁극[清淨究竟]으로 나아가기도 한다. 무엇을 과거로부터 현재가 생기고 현재가 생긴 뒤에 다시 유전으로 나아가는 것이냐 하면, 어떤 사람이 과거를 분명히 모름은 무명에 딸린 바로서, 무명이 반연이 되어 복과 복이 아닌 것과 동요하지 않는 몸과 말과 뜻의 업에 대하여 짓기도 하고 더욱 자라게도 하나니, 이로 인해 업을 따르는 의식이 목숨을 마치기까지

---

131) 俱有依와 等無間滅依 : (1) 俱有依 : 俱有根이라고도 한다. 心·心所와 동시에 있으면서 또 의지처가 되는 것 선천적으로 타고난다. 俱舍宗에서는 眼·耳·鼻·舌·身의 다섯 가지 감관 및 그 기능을 말한다. 유식종에서는 五根 및 意識·末那識·아뢰야식을 말한다. 俱有根이란 俱有依로서의 감관이란 뜻. (2) 等無間滅依 : 또는 開導依라고도 한다. 세 가지 所依의 하나. 心·心所가 前念 後念으로 옮겨 변할 때에, 전념의 마음이 후념의 心·心所를 생기게 하기 위하여 소의가 된다는 뜻으로 '전념의 마음'을 말한다. 곧 後念의 心·心所는 전념의 마음이 멸하여 의식의 영역을 넘겨 받고야 비로소 생기는 것이므로 후념의 心·心所에서 前念의 마음을 바라보고 말하는 것이다. (불교학대사전 p.145-, p.334-)

헤매면서 끊어지지 않으며, 후생의 몸에 서로 이어지는 의식의 원인이 된다. 이 의식이 장차 결과를 내려 할 적에 안과 밖의 탐애가 바로 앞에 나타나 있으면서 돕는 반려[助伴]가 됨으로 인해 저 과거로부터 목숨을 버린 뒤에 현재의 세상에서 그의 몸이 생기게 되며, 어머니의 배 안에 있으면서 원인의 의식[因識]으로써 반연을 삼아 결과의 의식[果識]에 서로 이어져서 앞과 뒤에 차례로 나고, 갈라람 등의 지위에 이르기까지 차별되면서 변천하며, 어머니 태 안에서 서로 이어지는 결과의 의식과 이름과 물질이 함께하면서 쇠약하고 늙음에 이르기까지 점차로 늘어나고 자란다. 그때에 바로 다음 세상에 받을 업[生受業]의 이름과 물질을 이숙과(異熟果)와 함께 초감하게 된다. 또 이숙식이 곧 이름과 물질에 의하면서 생김은 반드시 육처에 의탁하여 생기기 때문이니, 그러므로 경전에서 말씀하시되 '이름과 물질은 의식을 반연한다[名色緣識]'"고 하셨다.

俱有依根을 曰色이오 等無間依根을 曰名이니 隨其所應하야 爲六識所依라 依止彼故132)로 乃至命終히 諸識流轉이니라 又五色根의 若根所依大種과 若根處所와 若彼能生大種을 曰色이오 所餘를 曰名이니 由識執受諸根하야 隨相續故133)로 方得流轉이라 故此二種이 依止於識하야 相續不斷이라 由此道理하야 於現在에 識緣名色하고 名色이 緣識이 猶如束蘆라 乃至命終히 相依而轉하나니 如是를 名爲從前際와 中際로 諸行이 緣起生이오 中際生已에 流轉不絶이니라 當知此中에 依胎生者云云하니라 云何從中際後際로 諸行이 緣起生고 謂中際已生補特伽羅가 受二種先業果니 謂受內異熟果와 及境界所

---

132) 故下에 南續金本有故字.
133) 隨故는 論作墮法, 南續金本無.

生外¹³⁴⁾增上果라 此補特伽羅가 或聞非正法故며 或先慣習故로 於
二果愚에 由愚內異熟果故로 於後有生苦를 不如實知라 由迷後有
後際無明增上力故로 如前諸行¹³⁵⁾에 若作若增長이라 由此新¹³⁶⁾所
作業故로 說此識을 名隨業識이라 即於現法中에 說無明爲緣故로
行生하고 行爲緣故로 識生이니 此識이 於現法中에 名曰因識이라 能
攝受後生果識故라하니라 釋曰, 此上一段論文을 三節疏要니 一, 出
名色支體요 二, 亦證名色이 與識으로 互依요 三, 證二世立三際義
라 下文에 略指하리니 應尋此文이니라 即四七日來者는 示其分齊니라

● 구유의(俱有依)의 감관을 물질이라 하고, 등무간멸의(等無間滅依)의 감
관을 이름이라 하나니, 그의 알맞은 바에 따라서 여섯 가지 의식의 의
지처가 되고 그를 의지하여 머무르기 때문에 목숨을 마칠 때까지 모
든 의식은 변천하게 된다. 또 다섯 가지 물질의 감관[五色根]과 감관
의 의지처의 원소[大種]와 감관의 처소[根處所]와 그를 나게 하는 원소
를 물질이라 하고, 그 밖의 것을 이름이라고 한다. 의식의 잡아들임
[執受]으로 인해 모든 감관이 서로 이어지는 법[相續法]에 떨어지고 비
로소 변천될 수 있으며, 그러므로 이 두 가지는 의식에 의지하여 머무
르면서 계속 끊어지지 않는다. 이 도리로 인해 현재의 세상에서 의식
은 이름과 물질에 반연되고 이름과 물질은 의식에 반연되는 것이 마
치 갈대 다발과 같으며, 이에 목숨을 마치기까지 서로 의지하면서 변
천한다. 이와 같은 것을 "과거로부터 현재의 모든 지어 감[諸行]의 연
기가 나며, 현재가 생긴 뒤에는 헤매면서 끊이지 않는다"고 말한다.
이 가운데서 태생(胎生)에 의한 차례인 줄 알아야 한다. "무엇을 현재

---

134) 外는 論作受 南續金本無.
135) 雜花記云 前諸之間論有於字.
136) 新下에 甲南續金本有作字 論原本無.

로부터 미래의 모든 지어 감의 연기가 난다고 하느냐 하면, 현재에 이미 푸드갈라로 태어나면 두 가지의 먼저 업의 과보[先業果]를 받나니, 안의 이숙과(異熟果)와 경계에서 나게 되는 느낌의 증상과(增上果)를 받는다. 이 푸드갈라는 혹은 바르지 않은 법을 듣기도 하고 혹은 먼저 자주 익혔기 때문에 두 가지 결과에 대하여 어리석어지며, 안의 이숙과에 어리석기 때문에 후생 몸[後有]에서 괴로움을 내건만 사실대로 모르며, 후생 몸을 미혹으로 인해 미래의 무명의 왕성한 힘 때문에 앞에서와 같은 모든 행을 짓고 또는 더욱 자라게 한다. 이 새로 짓게 되는 업으로 인해 이 의식을 설명하여 업을 따르는 의식[隨業識]이라 하며, 곧 현재의 법 중에서 "무명을 반연으로 삼기 때문에 지어 감[行]이 생기고, 지어 감을 반연으로 삼기 때문에 의식이 생긴다"고 설명한다. 이 의식을 현재의 법 중에서 원인 의식[因識]이라 하나니, 미래 세상의 결과 의식[果識]을 포섭하여 들일 수 있기 때문이다"라고 하였다. 해석하자면 이 위의 한 문단의 논문을 세 구절로 해석하려 하였으니 1) 이름과 물질의 지분의 자체를 내보임이요, 2) 또한 이름과 물질이 의식과 서로 의지함을 증명한 부분이요, 3) 이세(二世)에 과거 현재 미래의 시절을 세운 이치를 증명하였다. 아래 문장에 간략히 지적하리니 응당히 이 문장을 찾아볼 것이다. '다시 말하면 네 번째 칠일 이래'란 그 한계를 보여 준 부분이다.

㉠ 논경을 거론하여 함께 남에 대해 해석하다[擧論釋共生] 2.
Ⓐ 논경의 해석을 거론하다[擧論釋] (論云 61下2)
Ⓑ 함께 난 이유를 내보이다[出共所以] (又云)

[疏] 論에 云, 名色이 與識으로 共生故者는 此言揀濫이니 恐人이 誤謂名共色生故라 又云호대 識과 名色이 遞相依故者는 釋前共義니 謂識由名色得起하고 名色이 依識得存이 如水與塵이 互相依持하야 以爲泥團이며 亦如束蘆하야 乃至命終히 相依而轉이라 故로 上答文에 總名苦果를 爲名色芽니라

■ 논경에서, '이름과 물질이 의식과 함께 나기 때문이다'라고 말한 것은 구분하는 말이니, 사람들이 이름이 물질과 함께 난다고 잘못 말할까 염려하는 까닭이다. 또 '의식과 이름과 물질이 번갈아 서로 의지하는 까닭이다'라고 말한 것은 앞의 함께라는 이치를 해석한 내용이다. 말하자면 의식이 이름과 물질로 인해 일어남을 얻고, 이름과 물질이 의식에 의지하여 존재하게 되는 것이 마치 물과 티끌이 서로서로 의지하여 진흙 덩이가 되는 것과 같으며, 또한 갈대 묶음과 같아서 목숨이 다함에 이르기까지 서로 의지하여 전변한다. 그러므로 위에 답한 문장에 총합하여 고통의 결과라 이름 지어서 이름과 물질의 싹이라 하였다.

[鈔] 論云名色下는 三, 擧論釋共[137]이라 然不示名色之相하고 直說共生之義라 然論兩句에 相續云호대 名色이 與識共生故며 識과 名色이 遞相依故라하나니 今疏는 離而釋之니 則前句는 正釋共義라 初地經에 云, 名色이 共阿賴耶識生故라하니라

又云識下는 出共所以라 云釋前共義者는 卽上所引瑜伽之意가 亦同唯識第三에 證有第八之文이라 論에 云, 又契經에 說호대 識緣名色하고 名色緣識이라 如是二法이 展轉相依가 譬如束蘆가 俱時而轉

---

137) 共은 甲南續金本作共生之義.

이라하나니 若無此識하면 彼識[138]自體가 不應有故라 謂彼經中에 自作是釋호대 名은 謂非色四蘊이오 色은 謂羯邏濫等이라 此二가 與識으로 相依而住가 如二束蘆하야 更互爲緣하야 恒俱時轉하야 不相捨離라 眼等五識[139]는 攝在名中이라 此識若無하면 說誰爲識等이리요 釋曰, 上引論文[140]이 有三節하니 初, 正證相依義요 二, 謂彼經中下는 卽前證四蘊[141]名이니 故로 上에 云, 下卽當引論이니라 三, 眼等五下는 前已引竟이니 一段義周일새 故復重引이니라 言如束蘆者는 如立二束之蘆에 二頭相依하야사 方得安立이니 去東에 西倒요 去西에 東倒라 名色이 與識으로 互依가 其義亦然이라 下第五門에 亦有此喩니라

- ㉠ 論云名色 아래는 논경을 거론하여 함께 남에 대해 해석함이다. (Ⓐ 논경의 해석을 거론함이니) 그러나 이름과 물질의 양상을 보여 주지 않고 곧바로 함께 나는 이치를 말하였다. 그런데 논경의 두 구절에 서로 이어 말하되, "이름과 물질이 의식과 함께 나기 때문이며, 의식과 이름과 물질이 번갈아 서로 의지하기 때문이다"라고 하였으니 지금의 소에서는 떼어놓고 해석하였다. 말하자면 앞 구절은 바로 함께 나는 이치를 해석한 부분이다. 초지의 경문에서는, "이름과 물질이 아뢰야식과 함께 생겨나기 때문이다"라고 하였다.

Ⓑ 又云識 아래는 함께 생겨나는 이유를 내보임이다. '앞의 함께라는 이치를 해석한다'고 말한 것은 위에서 인용한『유가사지론』의 주장이 또한『성유식론』제3권의 제8식이 있음을 증명한 문장과 같다.『성

---

138) 彼識은 原本作賴耶, 甲南續金本作名色, 論作彼識.
139) 五識은 遺忘記云 轉識. (『三家本私記』遺忘記 p.267-)
140) 文下에 南續金本有具字.
141) 上八字는 甲南續金本作下前證四.

유식론』에 이르되, "또한 경전에서 말씀하되,¹⁴²⁾ 의식은 이름과 물질에 반연이 되고, 이름과 물질은 의식에 반연이 되며, 이러한 두 법이 전전해서 서로 의지하는 것이, 비유하면 갈대 묶음이 동시에 전전하는 것과 같다고 한다. 만일 이 의식이 없다면 그 의식의 자체가 있을 수 없기 때문이다." 말하자면 저 경문에서 스스로 해석하되 "이름은 물질을 제외한 사온(四蘊)을 말하고 물질이란 갈라람 따위를 가리킨다. 이 둘이 아뢰야식과 서로 의지하여 머무는 것이 마치 두 다발의 갈대 묶음과 같아서 서로서로 반연이 되어 항상 오랫동안 전변하여 서로 여의지 않는다. 눈 따위의 전5식은 이름 속에 포섭되어 있다. 이 아뢰야식이 만일 없었다면 누가 의식 따위라고 말하겠는가?" 해석한다면 위에 인용한 논문이 세 문단이 있으니 (1) 서로 의지하는 이치를 바로 증명함이요, (2) 謂彼經中 아래는 앞에서 사온(四蘊)이라 말한 것을 증명함이다. 그러므로 위에서 "아래에 가서 논문을 인용하겠다"고 하였다. (3) 眼等五 아래는 앞에서 이미 인용한 내용이니, 한 단락의 이치가 두루 하여졌으므로 다시 거듭하여 인용하였다. '마치 갈대 묶음과 같다'고 말한 것은 마치 두 묶음으로 세운 갈대가 두 끝이 서로 의지하여야만 비로소 잘 서 있을 수 있게 됨과 같나니, 동쪽으로 가면 서쪽이 넘어지고 서쪽으로 가면 동쪽이 넘어지게 된다. 이름과 물질이 의식과 서로 의지하는 그 이치 또한 마찬가지이다. 아래의 ⑤ 삼도부단문(三道不斷門)에도 또한 이런 비유가 있다.

故上答文下는 引上爲證이니 苦果가 總爲名色이니 明知名色이 必共識俱也로다 然上諸文에 已顯體相이어니와 未知何獨此二가 相依요

---

142) 다음은 十理證 가운데 제7 識名色互爲緣證이다. 경전에서 名色과 識의 두 법이 展轉히 서로 의지해서 不離한다고 말씀한다. 여기서 말하는 識은 곧 제8식임을 논증한다.

故로 瑜伽에 問云[143]호대 已說一切支가 非更互爲緣이어늘 何故로 建立名色이 與識으로 互爲緣耶아 答이라 識이 於現法中에 用名色爲緣故며 名色이 復於後法中에 用識爲緣故라 所以者何오 以於母腹中에 有相續時에 說互爲緣故라 由識爲緣하야 於母腹中에 諸精血等과 名色所攝受로 和合共成羯邏藍性하니 卽此名色이 爲緣하야 復令彼識으로 於此에 得住라하니라 釋曰, 二義中에 前標는 卽通現果니 名色이 與因識爲緣하야 令識得住니 卽名色이 緣識義라 故로 上行支에 亦以名色으로 爲體니 名色이 總故라 後義는 正辨入胎互爲緣義니 卽今文의 所用이라 已知互爲緣相하니 四蘊에만 何獨皆稱爲名고 第一師는 云,[144] 在胎蒙昧하야 未辨苦樂하고 微有名而已라하니 此依分位니 六處之前과 識支之後하면 可爾어니와 旣二相依하야 從生至死히 皆名色攝이니 何得稱名이리요 俱舍論에 云,[145] 名唯行攝이라하니 何四가 皆名고 總有四釋이라 四蘊稱名之義하니 一師는 云隨所立名하야 根境勢力이 於義에 轉變일새 故說爲名이라 問이라 云何隨名하야 勢力이 轉變고 答이라 謂隨種種勢共立名하야 於彼彼義에 轉變詮表니 卽如牛馬色味等名이니라 問이라 此復何緣으로 標以名稱고 答이라 於彼彼境에 轉變而緣이라하니라 解云호대 已上은 論文이니 此師意者는 如今時名이 隨於古昔의 名之勢力하야 得於義에 轉變詮表라 或詮此境하며 或詮彼境하며 詮彼彼境일새 名爲轉變이라 名旣如此하니 四蘊도 亦然이니 謂受等四蘊이 隨根境勢力하야 於境에 轉變而緣이니 轉變如名일새 故標名稱이라 言轉變緣者는 謂緣此緣彼하야 名轉變緣也니라

---

143) 인용문은 『瑜伽師地論』 제10권 本地分中有尋有伺等三地의 7의 내용이다. (대정장 권30 p. 328a-)
144) 云은 南續金本作釋云.
145) 인용문은 『阿毘達磨俱舍論』 제10권 분별세품 제3의 ③의 내용이다. (대정장 권29 p. 52-)

● ⓒ 故上答文 아래는 위를 인용하여 증명함이니 고통의 결과를 총합하여 이름과 물질이 된 것이니 이름과 물질이 반드시 의식과 함께 생겨나는 줄 분명히 알겠다. 그러나 위의 여러 문장에서 이미 자체와 양상을 드러내었지만 어째서 유독 이 두 가지가 서로 의지하는 줄 알지 못하겠다. 그런 까닭에 『유가사지론』에서 묻되, "이미 온갖 지분이 서로가 반연되는 것이 아니라고 말하였거늘 무엇 때문에 이름과 물질은 의식과 서로 반연되는 것이라 세우는가?" 답한다. "의식은 현재의 법 중에서 이름과 물질로써 반연하기 때문이며, 또 이름과 물질은 뒤의 법 중에서 의식으로써 반연하기 때문이다. 무슨 까닭이냐 하면 어머니 배 속에서 서로 이어짐이 있을 때에 서로가 반연이 되기 때문이다. 의식이 반연이 됨으로 인해 어머니 배 속에서 모든 정혈(精血)의 물질은 이름에 포섭되어서 어울려서 함께 갈라람의 성질을 이루므로 곧 이것은 이름과 물질이 반연이 되며, 다시 그 의식은 여기에서 머무를 수 있게 되기 때문이다"라고 하였다. 해석한다면 두 가지 이치 중에서 앞의 표방함에서는 현재의 과보와 통한다. 이름과 물질이 원인인 의식[因識]과 반연하여 의식으로 하여금 머물게 하는 것이니 곧 이름과 물질이 의식을 반연하는 이치가 된다. 그러므로 위의 지어 감의 지분에도 이름과 물질로 자체를 삼은 것이니, 이름과 물질이 총상이기 때문이다. 뒤의 이치는 어머니의 태중에 들어가 서로 반연하는 이치를 바로 밝힌 부분이니, 곧 지금 문장에서 쓰고 있는 것이다. 이미 서로 반연하는 양상으로 사온(四蘊)에만 어째서 유독 모두 이름이라 하는 줄 알았다. 첫 번째 스님은 해석하되, "태중에서는 어리석고 혼미해서 괴로움과 즐거움을 구분하지 못하고 겨우 이름만 있을 뿐이다"라고 하였으니 이것은 부분적 지위인 육처의 앞과 의식의 뒤에 의

지한다면 그럴 수 있겠지만 이미 두 지분이 서로 의지하여 나면서부터 죽음에 이르기까지 모두 이름과 물질에 포섭되었으니 어찌 이름이라고 부를 수 있겠는가?『구사론』에서는 '이름만 오로지 지어 감에 섭속된다'고 하였으니 어째서 사온(四蘊)이 모두 이름이겠는가? 총합하면 네 가지 해석이 있게 된다. 사온(四蘊)을 이름이라 부르는 이치 중에 한 스님은 "이름이라고 세운 바를 따라 감관과 대상의 세력이 전변하는 뜻이 있으므로 이름이라고 말한 것이다. 묻는다. '어떤 것을 이름을 따라 그 세력이 전변함이라고 하는가?' 답한다. '말하자면 세상에서 함께 세운 온갖 이름을 따라 그의 법에 대해서 전변한다는 표현이 있게 되었으니, 곧 소와 말과 빛깔과 맛 따위의 명칭과 같다.' 묻는다. '이것에는 다시 무슨 연유로 명칭으로 표방하는가?' 답한다. '저와 저의 대상에서 전변하면서 반연하기 때문이다.'" 풀이하자면 이상은『구사론』의 문장이니 이 스님의 주장을 마치 현재의 이름이 예전의 이름의 세력을 따라서 이치를 얻을 적에 전변한다고 표현함과 같다. 혹은 이런 경계를 말하며 저와 저의 경계를 말하므로 전변한다고 이름한다. 이름한 것이 이미 이러하니 사온(四蘊)도 마찬가지이다. 말하자면 느낌 따위의 사온이 감관과 경계의 세력을 따라 경계를 전변하여 반연하나니 이름처럼 전변하는 연고로 명칭으로 표방하였다. '전변하여 반연한다'고 말한 것은 이를테면 이것을 반연하고 저것을 반연하는 것을 '전변하여 반연한다'고 이름한다.

第二師는 云[146]又隨類名이라하니 此解意者는 謂一切法이 不通二類

---

[146] 이 부분은『구사론』의 문장을 네 가지 의미로 나눈 것인데 논문을 보면, "此復何緣標以名稱. 於彼彼境轉變而緣. 又類似名. 隨名顯故. 有餘師說. 四無色蘊捨此身已轉趣餘生. 轉變如名. 故標名稱."(대정장 권29 p.52-)

하니 一者는 色類요 二者는 非色類라 四蘊與名이 同非色類니 以似名故로 四蘊이 名名이라하니라 第三師는 云, 隨名顯故라하니 此解意者는 謂色法은 麤著일새 不須名顯이니 如眼見也요 四蘊은 微細하니 要須名顯이라 必藉名故로 故標名稱也니라 第四師는 云, 有餘師說호대 四無色蘊이 捨此身已에 轉趣餘生하니 轉變이 如名일새 故標名稱이라하니라 解云, 此師는 約捨身하야 名轉變이라 初師는 據緣境하야 名轉變이니 轉變은 雖同이나 二釋이 別也라하니라 釋曰, 上皆俱舍論이라 疏不斷得失이나 若取易知인대 第二와 三師의 理易分明이라 任情去取니라

● 두 번째 스님은 "유사한 이름을 따른다"고 하였다. 여기서 의미를 해석한다면 일체법이 두 종류에는 통하지 않나니, 첫째는 물질 종류요, 둘째는 물질이 아닌 종류이다. 사온(四蘊)과 명칭이 모두 물질이 아닌 종류이니 유사한 명칭인 까닭에 "사온(四蘊)을 이름이라 부른다"고 하였다. 세 번째 스님은 "이름을 따라 밝히기 때문이다"라고 하였다. 의미를 풀이한다면 물질적인 법[色法]은 크고 드러나므로 명칭으로 드러낼 필요가 없나니 마치 눈으로 확인함과 같다. 사온은 미세하므로 명칭으로 드러내야 한다. 반드시 이름을 빌리는 연고로 명칭으로 표방한다. 네 번째 스님은 "어떤 다른 스님이 말하되, 네 가지 물질이 없는 쌓임이 이 몸을 버리고 나서 점점 다른 세상으로 향하나니 전변함이 이름과 같으므로 명칭으로 표방한다"고 하였다. 풀이한다면 "이 스님은 몸을 버림에 의지하여 전변한다고 이름한다. 첫째 스님은 경계를 반연함에 의거해서 '전변한다'고 하였으니, 전변하는 것은 같더라도 두 가지 해석이 다르다"고 하였다. 해석하자면 위는 모두 『구사론』의 문장이니 소가가 옳고 그름을 단정하지 않았지만, 만일 쉽

게 알려고 한다면 두 번째와 세 번째 스님의 이치가 쉽고 분명하다.
생각에 따라 취하고 버리도록 하라.

㉡ 여섯 감관의 지분[六處支] 3.
㉮ 바로 해석하다[正釋] (五六 64上6)

**名色增長이 爲六處요
이름과 물질이 증장하여 육처가 되고,**

[疏] 五, 六處支니 謂四七日後에 諸根滿位라 六處明盛을 名增成意處니 色增成餘五라 俱舍에 云, 從生眼等根하야 三和前은 六處라하니라

■ ㉡ 여섯 감관의 지분이다. 말하자면 네 번째 칠 일 뒤에 모든 감관이 완성된 지위이다. 육처(六處)가 분명하고 왕성해진 것을 '생각의 감관이 왕성하다'고 이름하나니, 물질이 늘어나서 나머지 다섯 감관이 이루어진 것이다. 『구사론』의 게송에서는, "눈 따위의 감관이 생김으로부터 셋이 어울리는 이전을 여섯 감관이라 하고"라고 하였다.

[鈔] 五六處支라 於中에 有三하니 初는 正釋이오 二는 解妨이오 三은 總結分位라 初中에 名增成意處者는 四蘊이 爲名之時에 未分識相이나 今意識이 明了일새 故名爲增이라 故로 上唯識에 云, 在名中時하야 但有第七이라하니 今發第六일새 故名意處니라 此增增明[147]하고 色增增多일새 云成餘五니라 爲[148]堅肉時에는 未分五根일새 但名一色이나 今色根이 漸具일새 故開爲五니라

---
147) 明은 續金本作名.
148) 爲는 甲南續金本作謂.

俱舍下는 引證이니 生眼等[149]後三和前也니라

- ⓛ 여섯 감관의 지분이다. 그중에 셋이 있으니 ㉮ 바로 해석함이요, ㉯ 비방을 해명함이요, ㉰ 부분의 지위로 결론함이다. ㉮에서 '생각의 감관이 왕성하다고 이름한다'는 것은 사온(四蘊)을 이름이라 할 때에는 의식의 양상과 구분되지 않지만 지금은 의식이 분명하므로 '왕성하다'고 말하였다. 그러므로 위에서 인용한 『유식론』[150]에서 "이름에 있을 때에는 단지 제7식일 뿐이다"라고 하였으니, 지금은 제6식으로 시작하였으므로 '생각의 감관'이라 하였다. 이것은 더더욱 분명해지고 물질은 점점 더 많아지는 까닭에 '나머지 다섯을 이룬다'고 하였다. 건남[四七日]일 때에는 다섯 감관이 구분되지 않았으므로 단지 물질 하나뿐이라 하였지만 지금은 물질의 감관이 점차 갖추어진 까닭에 다섯 가지로 전개하였다.

  俱舍 아래는 인용하여 증명함이니, 눈 따위의 감관이 생기고부터 셋[根·境·識의 셋]이 어울리기 이전이다.

㉯ 비방을 해명하다[解妨] (前段 64下4)

[疏] 前段은 爲明意根이 本有하야 云成五根耳니라

- 앞의 문단은 생각의 감관이 본래로 있음을 밝히기 위해 '다섯 감관을 이룬다'고 했을 뿐이다.

[鈔] 前段爲明下는 二, 解妨이니 謂有問言호대 前段經에 云, 名色이 增長

---

149) 等은 弘本作爲誤, 嘉大南續金本作等.
150) 인용문은 『成唯識論』 제3권의 내용이다.

하야 生[151]五根이어늘 今何得言名色이 增長하야 爲六處耶아할새 故爲此通이니라 意根이 本有는 卽是七識이니 故云生五根이라 今但意增일새 云成六處니 明意가 非新生故니라

- ㉤ 前段爲明 아래는 비방을 해명함이다. 어떤 이가 묻되, "앞 문단의 경문에서 '이름과 물질이 왕성하여 다섯 감관이 생겨난다'고 하였는데 지금은 어째서 '이름과 물질이 왕성하여 여섯 감관이 되었다'고 말하는가?"라고 할 것이므로 여기에 해명한 것이다. '생각의 감관이 본래 있다'는 것은 바로 제7식을 가리킨다. 그래서 '다섯 감관이 생겨난다'고 하였다. 지금은 단지 생각만 왕성하므로 "여섯 감관을 이룬다"고 하였으니, 생각의 감관이 새롭게 생겨났다는 뜻이 아님이 분명하다.

㉮ 부분의 지위로 결론하다[結分位] (俱舍 64下9)

[疏] 俱舍十一에 五果之中에 前三은 胎內요 餘二는 胎外니라
- ■ 『구사론』 제11권에 다섯 가지 결과 중에 앞의 셋[名色, 六處, 觸]은 모태 속이요, 나머지 둘[受, 愛]은 모태 바깥을 가리킨다.

[鈔] 俱舍十一下는 三, 總結分位니 通結前三이라 小乘에는 識支라하니 初託胎時에 識이 明顯故요 羯邏藍等五位는 皆名色支니 卽從第五位로 至未出胎가 皆六處攝이니 以第五位가 經時長故라 餘如前辨하니라
- ㉮ 俱舍十一 아래는 부분의 지위로 결론함이다. 통틀어 앞의 셋을 결론함이다. 소승법에는 의식의 지분이라 하였으니 처음 모태에 의탁

---

151) 生은 南續金本作則生.

했을 때에 의식이 분명하고 뚜렷한 까닭이요, 갈라람 따위의 다섯 가지 지위는 모두 이름과 물질의 지분이니 곧 다섯 번째 지위[발라사거]로부터 모태 중에서 나오지 않았을 때까지가 모두 여섯 감관의 지분에 섭속되나니, 다섯 번째 지위가 걸리는 시간이 오래이기 때문이다. 나머지는 앞에서 밝힌 내용과 같다.

⑪ 닿임의 지분[觸支] (六觸 65上5)

根境識인 三事和合이 是觸이요
근과 경계와 식이 화합한 것을 닿임이라 하고,

[疏] 六, 觸이니 謂觸對가 雖有三和나 於三受因에 尙未了知하고 但能觸對니라
■ ⑪ 닿임의 지분이다. 말하자면 닿임이 상대한 것이 비록 셋이 어우러짐이 있지만 세 가지 느낌[苦受, 樂受, 捨受]의 원인에는 오히려 알지 못하고 단지 닿임의 주체만 상대한다.

[鈔] 六觸者는 卽根境識인 三和所生이니 能有觸對일새 故名爲觸이라 俱舍頌에 云, 觸六이 三和生이라하니 觸雖是一이나 據識分六이라 小乘에 有難云호대 五識根境이 許同時起인대 可得三和어니와 意根은 過去요 識居現在요 法或未來니 何得三和오 彼有二釋하니 一云, 意法이 爲因하고 發識이 爲果가 卽三和義라하고 二云, 意法識三이 同一觸果니 卽三和義라하니라 上之二釋이 不約同世하야 而說三和라하니라 若大乘宗인대 七爲意根이니 俱得同世라 然이나 薩婆多는 離三

和外에 別有觸法하니 是心所法이라하고 若經部師[152]인대 三和가 卽
觸이라하니 正順今文이니라 然此六觸을 攝之爲二니 前五는 名有對
觸[153]이오 意觸은 名增語觸이라 觸雖無對나 所依眼等이 是有對故니
依主受名이니라 增語는 是名이니 名能詮表하야 增勝於語라 眼等五
識은 唯緣靑等하고 不緣靑名이어니와 意識은 能緣靑等하고 亦緣於名
하니 從境立名일새 名增語觸이니라

雖有三和下는 卽俱舍意니 頌에 云, 於三受因異에 未了知를 名觸이
라하니라 三受因者는 謂三受境이니 境能生受일새 故名爲因이니 卽出
胎後三兩歲來에 卽未了三일새 故不名受니라

 ㉑ 닿임의 지분이란 감관과 경계와 의식인 셋이 어우러져 생긴 것이
니, 닿임의 주체를 상대하므로 닿임이라 이름하였다. 『구사론』의 게
송에는, "여섯 가지 닿임이 셋이 어우러져 생긴다"고 하였으니, 닿임
은 비록 하나이지만 의식에 의거하여 여섯 가지로 나누어진다. 소승
법에서 어떤 이가 힐난하되, "전5식의 감관과 경계가 동시에 일어남
을 허용한다면 셋이 어울릴 수 있겠지만 생각의 감관은 과거이고, 의
식은 현재에 있고 현상법은 혹은 미래일 것이니 어떻게 셋이 어우러질
것인가?" 저기에 두 가지 해석이 있다. 한 스님은 말하되, "생각과 법
은 원인이 되고 의식을 낸 것은 결과가 되는 것이 곧 셋이 어우러진다
는 이치이다"라고 하였다. 둘째 스님은 말하되, "생각과 법과 의식의
셋이 똑같이 닿임의 결과이니 곧 셋이 어우러지는 이치이다"라고 하
였다. 위의 두 가지 해석이 "같은 세상에 의지하여 셋이 어우러진다고
말한 것은 아니다." 만일 대승의 종지에 의지한다면 제7식이 생각의
감관이 되나니 모두 같은 세상을 얻은 것이다. 그러나 살바다종(薩婆

---

152) 師는 南續金本作宗.
153) 有對觸은 原本作爲觸對, 南續金本作爲對觸; 玆從俱舍論.

多宗)은 셋이 어우러짐을 여읜 밖에 따로 닿임과 법이 있으니 심소법이라 한다. 만일 경량부(經量部)의 스님이라면 '셋이 어우러짐이 곧 닿임이다'라고 할 것이니 바로 지금의 경문을 따른 내용이다. 그러나 이런 여섯 가지 닿임을 거두어 둘로 삼았으니 앞의 다섯[眼·耳眼·鼻眼·舌眼·身觸]은 상대가 있는 닿임[有對觸]이라 하고, 생각의 닿임은 말을 더하는 닿임[增語觸]이라 이름한다. 닿임은 비록 상대함이 없지만 의지처인 눈 따위가 상대가 있기 때문이니 의주석(依主釋)으로 명칭을 받은 것이다. 말을 더함이 곧 이름이니 이름으로 능히 표현하여 말을 좋게 더한 것이다. 눈 따위의 전5식은 오로지 푸른 것 따위만 반연하고 푸르다는 이름을 반연하지는 않지만, 의식은 푸른 따위를 능히 반연하고 또한 이름까지 반연하나니, 경계를 따라 이름을 세웠으므로 '말을 더하는 닿임'이라 이름한다.

雖有三和 아래는 『구사론』의 주장이니 게송으로, "세 가지 느낌[三受]의 원인(因=境)이 다른 그것에서 알지 못함을 닿임이라고 이름하네"라고 하였다. '세 가지 느낌의 원인'이란 세 가지 느낌의 경계이니 경계가 능히 느낌을 내므로 원인이라 이름하였으니, 곧 태중에서 나온 뒤 두세 살까지는 이 셋을 알지 못하므로 느낌이라 이름하지 않았다.

㉠ 느낌의 지분[受支] (七受 66上3)

觸共生하여 **有受**요
촉과 함께 생기는 것을 받아들임이라 하고,

[疏] 七, 受支라 分別三受하야 領納於觸일새 名觸共生이라 此前四支는

唯約現行이니라

■ ㉠ 느낌의 지분이다. 세 가지 느낌으로 분별하여 닿임을 받아들이므로 '닿임과 함께 난다'고 한다. 여기까지 네 가지 지분[名色, 六處, 觸, 受]은 오로지 현행에만 의지한 개념이다.

[鈔] 七은 受支라 俱舍에 云, 在婬愛前이 受라하니 謂五六歲去로 至十四五來에 已了三受因差別相이나 未起婬愛일새 但名爲受라 涅槃經에 云,[154] 染着一愛를 名之爲受라하니 謂依食愛니라 俱舍頌에 云, 從此로 生六受하니 五는 觸身이오 餘는 心이라하니 謂於六觸에 生於六受니 謂眼觸이 爲緣하야 所生諸受等이라 六中에 前五는 名爲身受니 依色根故라 色根이 聚集을 卽名爲身이니 身之受故라 意觸所生을 名爲心受니 心之受故라 領納於觸은 已如前釋이니라

此前四支下는 總結行相이라 若小乘說인대 約位明支인대 五皆現行이어니와 今就大乘에 識支는 通種이오 故四가 現行이니라

● ㉠ 느낌의 지분이다. 『구사론』에 이르되, "음욕의 사랑이 있기 전이

---

154) 인용문은 『大般涅槃經』 제25권 師子吼菩薩品 제23의 ①의 내용이다. (대정장 권12 p. 770a-) [선남자여, 十二인연은 모든 중생이 평등하게 가진 것이며, 안에도 있고 밖에도 있느니라. 무엇을 인연이라 하는가? 과거의 번뇌를 무명이라 하고, 과거의 업을 行이라 하고, 현재 세상에 처음으로 태에 드는 것을 識이라 하고, 태에 들어서 五分과 四根이 구족하지 못한 것을 名色이라 하고, 四根을 구족하였지만 觸이라 이름할 수 없는 때를 六入이라 하고 괴롭고 즐거움을 분별하지 못하는 것을 觸이라 하고, 한 가지 사랑[一愛]에 물드는 것을 受라 하고, 五欲을 익히어 가까이함을 愛라 하고, 안과 밖으로 탐하여 구함을 取라 하고, 안엣 일 밖엣 일을 위하여 몸과 입과 뜻으로 업을 일으킴을 有라 하고, 현재 세상의 식을 미래의 生이라 하고, 현재의 명색·육입·觸·受를 미래 세상의 늙고 병들고 죽는 것이라 하나니, 이것을 十二인연이라 이름하느니라. 선남자여, 모든 중생이 비록 十二인연을 가졌으나 혹은 구족하지 못하니, 가라라 때에 죽으면 十二인연이 없고, 생으로부터 늙고 죽는 데 이르면 十二인연을 구족하는 것이니라. 색계의 중생들은 세 가지 受와 세 가지 觸과 세 가지 愛가 없고, 늙고 병드는 일이 없지마는, 十二인연을 구족하였다 이름하며, 무색계의 중생들은 색도 없고 내지 늙고 죽음도 없지마는 역시 十二인연을 구족하였다 이름하나니, 반드시 얻을 것인 까닭이며, 그러므로 중생들이 평등하게 十二인연을 구족하였다 하느니라. 선남자여, 부처 성품도 그와 같아서 모든 중생들이 마땅히 아누다라삼약삼보리를 이룰 것이므로, 모든 중생들이 모두 부처 성품이 있다고 내가 말하느니라.]

느낌이다"라 하였다. 말하자면 5·6세 이후부터 14·15세에 이르기까지 이미 세 가지 느낌의 원인을 알고 양상을 차별하지만 음욕의 사랑을 일으키지 않았으므로 단지 느낌이라고만 이름한다. 『열반경』에 이르되, "한 가지 사랑[一愛]에 물드는 것을 느낌이라 하고"라 하였으니 먹는 사랑[食愛]155)에 의지한다는 뜻이다. 『구사론』의 게송에서는, "이로부터 여섯의 느낌이 생기나니, 다섯은 몸에 속하고 그 외는 마음이네"라 하였다. 말하자면 여섯 가지 닿임에서 여섯 가지 느낌이 나온 것이다. 다시 말하면 눈의 닿임이 반연하여 생겨난 여러 느낌 따위이다. 여섯 가운데 앞의 다섯은 몸의 느낌이니 빛깔의 감관이 모인 것을 몸이라 하나니 몸의 느낌인 까닭이다. 생각의 닿임으로 생겨난 것을 마음의 느낌이라 하나니 마음이 느끼기 때문이다. 닿임을 받아들이는 것은 이미 앞에서 해석한 내용과 같다.

此前四支 아래는 행상을 총합하여 결론함이다. 만일 소승법으로 지위에 의지해 지분을 밝힌다면 다섯은 모두 현행일 것이지만, 지금은 대승법에 입각하여 의식의 지분은 종자에 통한다고 보나니, 그런 까닭에 넷은 현행이다.

㈐ 사랑의 지분[愛支] (八愛 66下4)

於受染着이 是愛요
받아들이는 데 물드는 것을 사랑이라 하고,

[疏] 八, 愛支니 以三受中에 樂受纏緜希求일새 故云染着이니 卽是中下

---

155) '먹는 사랑'이란 『열반경』 제33권에 云, "欲界復有二種愛心. 一者欲愛. 二者食愛. 觀是二愛至心訶責. 旣訶責已得入涅槃."(대정장 권12 p.826b-)

品貪이라 此雖通緣하야 內外二果나 諸論에 多取緣外境愛增上果生하니라

- ㉷ 사랑의 지분이다. 세 가지 느낌 중에 즐거운 느낌이 솜처럼 얽혀서 바라고 구하므로 '물들고 집착한다'고 하였으니 바로 중품과 하품의 탐욕이다. 이것이 비록 반연과 통하여 안의 과보가 둘이지만 여러 논서에 대부분 바깥 경계를 반연한 사랑이 늘어나는 과보를 취하여 나눈 것이다.

[鈔] 八은 愛支라 俱舍에 云, 貪資具와 婬愛라하니 謂十五六後에 貪妙資具하고 婬愛가 現行이나 未廣追求일새 但名爲愛니라 然이나 疏中에 云 樂等纏緜希求者는 等字156)는 等餘二受요 纏緜은 約樂受요 希求는 通二故라 俱舍에 云,157) 從此三受하야 引生三愛라하니 謂由苦逼하야 有於樂受하야 發生欲愛하며 或有於樂과 非苦非樂受하야 發生色愛하며 或有唯於非苦非樂受하야 生無色愛니라 卽是中下는 皆唯識論文이니라

- ㉷ 사랑의 지분이다. 『구사론』에서는, "물건 탐내고 음욕을 갖춘 애욕이며"라고 하였다. 말하자면 15·16세 이후에 예쁜 물건을 탐내고 음욕의 사랑이 현행하지만 널리 추구하지는 않으므로 단지 '사랑'이라고만 이름한다. 그러나 소의 문장 중에 '즐거운 느낌 따위가 솜처럼 얽혀 바라고 구한다'고 말한 것은 등(等)이란 글자가 나머지 두 가지 느낌을 함께 취한 것이요, '솜처럼 얽힌다'는 것은 즐거운 느낌에 의지한 표현이요, '바라고 구한다'는 것은 나머지 두 느낌에 통하는 표현이다. 『구사론』에서 "세 가지 느낌에 이끌려 세 가지 사랑이

---

156) 者等字는 南續金本作等者.
157) 대정장 권29 p.51a-

생겨난다"고 하였다. 말하자면 고통과 핍박으로 인해 즐거운 느낌이 있어서 음욕의 사랑이 생겨나며, 혹은 즐거운 느낌과 덤덤한 느낌에서 색계의 사랑(色愛)[158]이 생겨나며, 혹은 오로지 덤덤한 느낌만 있어서 무색계의 사랑[無色愛]이 생겨난다. 卽是中 아래는 모두『유식론』의 문장이다.

㈠ 잡음의 지분[取支] (九取 67上4)

**愛增長이 是取요
사랑이 증장한 것을 잡음이라 하고,**

[疏] 九, 取支라 雖攝餘惑이나 而愛潤이 勝故로 說是愛增이라 然上二支는 通現及種이니라
- ㈠ 잡음의 지분이다. 비록 나머지 미혹을 포섭하고 있지만 사랑으로 업을 성숙하게 함이 뛰어난 연고로 '사랑이 늘어난다'고 하였다. 그러나 위의 두 지분[愛, 取]은 현행과 종자에 서로 통한다.

[鈔] 九는 取支라 俱舍에 云, 徧馳求를 名取라하니 取는 謂貪也라 年旣長大에 貪五欲境하야 四方馳求하야 不憚勞倦이라 愛取別者는 初起를 名愛요 相續轉盛을 別立取名이니라
雖攝餘惑下는 卽唯識論文이니 正是彼論이 會此經文이니라 然上二支者는 愛支初起가 卽是現行이니 當念에 卽能熏識成種이라 依此愛

---

158) 色愛는 곧 色貪을 가리킨다. 色貪은 五結 중의 하나로 五下分結과 五上分結이 있다. 전자는 중생을 欲界에 결박시키는 번뇌이니, ① 有身見 ② 戒禁取見 ③ 疑 ④ 欲貪 ⑤ 瞋恚이다. 후자는 色界·無色界의 上二界에 결박시키는 번뇌이니, ① 色貪 ② 無色貪 ③ 掉擧 ④ 慢 ⑤ 無明의 다섯을 가리킨다. (불교학대사전 p. 49-)

種하야 而生於取니 取卽現行이라 是故로 經에 云, 愛增爲取라하니라 下會四緣中에 愛望於取하야 有四緣者는 以愛種子가 增成於取니 取는 卽愛種之現行故라 故同一貪이나 初心이 爲愛요 轉盛이 名取라 卽此愛種이 便是取種이니 是故로 二支가 皆通種現이니라

● ㊀ 잡음의 지분이다. 『구사론』에서는, "두루 달려가 구함을 잡음이라 이름하네"라 하였으니 잡음은 탐욕을 가리킨다. 나이가 이미 많아지면 오욕(五欲)의 경계를 탐착해서 사방으로 달려가 구하여 수고롭고 피곤함도 꺼리지 않는다. 사랑과 잡음을 구별한 것은 처음 일어난 것을 '사랑'이라 하고 이어져서 더욱 왕성한 것을 따로 '잡음'이란 이름을 세운 내용이다.

雖攝餘惑 아래는 『유식론』의 문장이니 저 논문으로 이 경문을 바로 회통한 내용이다. 그런데 위의 두 지분에서 사랑의 지분이 처음 일어나는 것이 현행이니, 그 마음에 능히 의식을 훈습해서 종자를 이룬 부분이다. 이 사랑의 종자에 의지하여 잡음을 나게 하였으니 잡음이 곧 현행이다. 이런 까닭에 경문에서 "사랑이 증장한 것을 잡음이라 한다"고 하였다. 아래에서 네 가지 조건[159] 중에 사랑을 잡음과 비교하여 '네 가지 조건이 있다'고 한 것은 사랑의 종자가 증장하여 잡음이 되었으니, 잡음은 곧 사랑의 종자가 현행하는 것이기 때문이다. 그러므로 같은 탐욕이긴 하지만 처음 마음이 사랑이 되고 더욱 왕성한 것을 잡음이라 한다. 다시 말하면 이런 사랑의 종자가 문득 잡음의 종자이다. 이런 까닭에 두 지분이 모두 종자와 현행에 통한다.

① 존재의 지분[有支] (十有 67下5)

---

159) 이는 闕字卷 105장上-107장 참조.

取所起有漏業이 爲有요
취함으로 일으킨 유루업을 유라 하고,

[疏] 十, 有支니 由四取心中이 所起諸業일새 故名有漏라 此業이 親能招
當果故로 名之爲有라 此約三世일새 不同前段의 愛取合潤業等을 名
有니 此前之業은 已隔現行名色等故니라
- ① 존재의 지분이니 네 가지 잡음[欲取, 見取, 戒取, 我語取][160]이 마음속
에 일어난 여러 가지 업으로 인해 '샘이 있다'고 이름한다. 이 업이 직
접 미래의 결과를 능히 초래하기 때문에 〈유〉라 이름하였다. 여기
는 삼세(三世)에 의지하므로 앞 단락의 사랑과 잡음이 합해서 업을 성
숙시키는 따위를 〈유〉라 하나니, 이 앞의 업은 현행하는 이름과 물
질 따위와 이미 현격하게 다른 까닭이다.

[鈔] 十有支者는 俱舍論에 云, 有는 謂正能造라 牽當有果業이니 由馳求
故로 積集하야 能牽當有果業이라 業名爲有라하니라 若言有當果故로
此則有者인대 但是有無之義요 若言當有之果인대 則有는 是三有니
故로 唯識에 云, 俱能近有後有果故라하니라 則有가 有二義하니 一者
는 能有彼果요 二者는 當有라 今能有彼하며 因從果稱일새 故業名有
라 然이나 唯識論에 雖約二世나 有義는 不殊니라 此約三世者는 對前
揀濫이니 在文可知니라
- ① 존재의 지분이란 『구사론』에는, "존재란 앞으로 있을 과보의 업을
능히 짓고 이끄는 것을 말하나니, 달려 구함으로 인해 앞으로 있을
결과의 업을 쌓고 모으며 능히 이끄는 위치를 존재라고 이름한다"라

---

160) 앞의 다섯 가지 결과 참조.

고 하였다. 만일 미래의 결과가 있으므로 여기서 존재라고 말한다면 단지 있고 없다는 의미일 뿐이요, 만일 미래 존재의 결과라 말한다면 존재는 삼유(三有)[161]일 것이다. 그러므로『성유식론』에서는, "모두 능히 가까이 미래세의 존재의 과보를 있게 하기 때문이다"라고 하였다. 말하자면 존재가 두 가지 뜻이 있으니 1) 능히 저 결과를 존재하게 함이요, 2) 미래의 존재이다. 지금은 능히 저 결과를 있게 하며 원인이 결과로부터 이름 지었으므로 업을 존재라 이름한다. 그러나 유식론에는 비록 이세(二世)를 의지하였지만 존재의 이치는 다르지 않다. '여기는 삼세(三世)에 의지한다'고 말한 것은 앞과 상대하여 구분함이니 경문에 있으니 알 수 있으리라.

㊉ 나기의 지분[生支] (十一 68上6)

從業起蘊이 爲生이요
업으로부터 온(蘊)을 일으키는 것을 나기라 하고,

[疏] 十一, 生支라 約增上緣하야 云從業起라 始從中有로 未衰變來를 皆 名爲生이니라
- ㊉ 나기의 지분이다. 증상연(增上緣)에 의지하여 '업으로부터 일으킨 것'이라 말하였다. 처음 중간 존재[中有]로부터 쇠변(衰變)에 이르기 전까지를 모두 〈나기〉라 이름한다.

---

161) 三有: 범어 trayo-bhava의 번역으로 삼계의 欲有・色有・無色有와 일생의 生有(태어나는 1찰나)・本有(生으로부터 死에 이르는 동안의 금생의 존재)・死有(죽을 때의 1찰나)를 말한다. (불교학대사전 p.760-) 여기서는 후자의 뜻.

[鈔] 十一은 生支라 言約增上緣者는 以經에 云從業起蘊을 名生故라 業은 是善과 惡이오 生은 是無記異熟果故라 若約因緣인댄 從二取種하야 親生於生이니 義如前說이니라

始從中有下는 彰其分齊니 亦唯識文이라 言從中有者는 中有陰滅에 後有陰이 生故라 未衰變者는 四十已來니라 若俱舍云[162]인댄 結當有를 名生이니 從此捨命하야 正結當有인 此位五蘊을 總名爲生이라 當來生支는 卽如今識이 當來인 生顯일새 立以生名이라 此與涅槃으로 一無有二니 故云, 現在識을 名生이오 現在의 名色과 六處와 觸과 受를 名爲老死라 據此經論하면 生支는 位局하니 唯初託胎요 名色位後는 皆屬老死라 不同唯識이니라

● ⑪ 나기의 지분이다. '증상연에 의지한다'고 말한 것은 경문에 "업으로부터 쌓임을 일으킨 것을 〈나기〉라 이름한다"고 한 까닭이다. 업은 선한 업과 악한 업을 뜻하고, 〈나기〉란 무기의 성질인 이숙의 결과인 까닭이다. 만일 원인과 조건[因緣]에 의지한다면 두 가지 잡음의 종자로부터 직접 〈나기〉가 나왔으니 이치는 앞에서 설명한 내용과 같다.

始從中有 아래는 그 범주를 밝힘이니 역시『유식론』의 문장이다. '중간 존재로부터'라 말한 것은 중간 존재의 몸이 없어질 적에 후생 존재의 몸이 태어나기 때문이다. '쇠변에 이르기 전까지'는 40세에 이르기 전을 뜻한다. 만일『구사론』에 의지해 말한다면 "미래의 존재 결성함을 〈나기〉라 하나니 이 업의 힘으로 인해 여기에서 목숨을 버리고

---

162)『俱舍論頌疏』제9권의 내용이다. 疏云, "此位五蘊總名爲有. 業名爲有. 有當果故. 以業勝故. 標以有名結當有名生者. 從此捨命. 正結當有. 此位五蘊總立生名. 當來生支. 卽如今識. 當來生顯. 立以生名. 現在識强. 當體受稱. 至當受老死者. 於當來世. 受生已後. 有名色支. 次生六處支. 次生觸支. 次生受支. 此之四位所有五蘊. 總名老死. 如是老死. 卽如今世名色六處觸受四支. 從生支後老死相顯. 標老死名論云."(대정장 권41 p.871 a-)

바로 앞으로 있을 존재를 결성하는 위치의 오온을 총합하여 나기라고 이름한다. 앞으로 있을 〈나기〉의 지분은 마치 지금의 의식이 미래의 생에 나타날 것이므로 〈나기〉란 이름을 세운 것과 같다." 이것은 『열반경』과 함께 한결같이 똑같나니 그래서 이르되, "현재의 의식을 나기라 이름하고 현재의 이름과 물질과 여섯 감관과 닿임과 느낌을 늙어 죽음이라 이름한다." 이런 경전과 논서에 의거하면 〈나기〉의 지분은 지위가 국한되나니 오로지 처음 태중에 의탁할 때일 뿐이요, 이름과 물질의 지위 다음은 모두 늙어 죽음에 섭속되나니 『유식론』과는 주장이 다르다.

㉑ 늙고 죽음의 지분[老死支] 3.
㉓ 경문을 해석하다[正釋文] (十二 68下8)

蘊熟이 爲老요 蘊壞가 爲死라
온이 성숙함을 늙음이라 하고, 온이 무너짐을 죽음이라 하고,

[疏] 十二, 老死이니 卽諸衰變位니 名爲蘊熟이라
■ ㉑ 늙고 죽음의 지분이니 곧 모든 쇠변하는 지위이니 쌓임의 성숙이라 이름한다.

[鈔] 十二는 老死支라 疏文有三하니 初, 正釋文이오 第二, 示體요 第三, 解妨이라 今初니 卽諸衰變位者는 亦唯識文이라 四十已後에 容顔이 漸衰일새 卽屬於老니라 若俱舍云인대 至當受는 老死라하니 義如生支

中說이니라
- ㉧ 늙고 죽음의 지분이다. 소의 문장에 셋이 있으니 ㉠ 경문을 해석함이요, ㉡ 체성을 보임이요, ㉢ 비방과 힐난을 해명함이다. 지금은 ㉠이니 '모든 쇠변하는 지위'란 역시 『유식론』의 문장이다. 40세 이후에 용모와 얼굴이 점점 쇠퇴하므로 늙음에 속한다. 만일 『구사론』에 의지해 말한다면 " 미래의 느낌까지가 늙어 죽음이네"라고 하였으니, 이치는 〈나기〉의 지분에서 설명한 내용과 같다.

㉡ 체성을 보이다[示體性] (故上 69上2)

[疏] 故上二支가 體通五蘊이나 唯是現行이라
- ■ 그러므로 위의 두 지분이 체성은 오온에 통하지만 오로지 현행일 뿐이다.

[鈔] 故上二支者는 第二, 示體라 然上引俱舍에 彼約分位緣起하야 一一支下는 皆有彼位五蘊과 及無明顯故로 立無明名等言하니 則十二支에 皆具五蘊이어니와 今從增勝하야 有具不具일새 故結此二에 具五蘊也요 餘不結者는 隨本支體하야 而爲蘊攝이라 種現도 亦然하야 雖是於苦나 不同上識이 通於種現이니라
- 그러므로 위의 두 지분이란 ㉡ 체성을 보임이다. 그러나 위에서 인용한 『구사론』에 저기는 나누어진 위치의 인연이 일어남에 의지하여, 낱낱의 지분 아래는 모두 저 위치의 오온과 무명의 드러남이 있는 까닭에 무명이란 이름 따위의 말을 세운 것이다. 그렇다면 12지분에 모두 오온을 갖춘 것이겠지만 지금은 늘어나고 뛰어남에 따라 구비함과

구비하지 못함이 있으므로 이 둘에 오온을 갖춘 것으로 결론한 것이요, 나머지는 결론 내리지 못한 것은 근본과 지말의 체성에 따라 쌓임에 섭속된 까닭이다. 종자와 현행도 그러해서 비록 괴롭지만 위의 의식이 종자와 현행에 통함과는 다르다.

㉠ 비방과 힐난을 해명하다[解妨難] 2.
Ⓐ 비방과 힐난에 대해 바로 밝히다[正明妨難] (欲令 69上8)

[疏] 欲令生厭하야 合五成二하야 以顯三苦며 老非定有일새 附死立支라 別離等五는 餘時에 雖有나 死時에 多故로 偏就死說이니라
  ■ 싫어함을 내게 하기 위해 현재의 다섯 결과를 합쳐 둘로 만들어서 세 가지 고통을 밝혔으며, 늙음은 정해져 있는 것이 아니므로 죽음에 붙여서 지분을 세웠다. 떠나는 따위의 다섯은 다른 때에도 비록 있겠지만 죽을 때에 특히 많은 까닭에 치우쳐 죽음에 입각하여 말하였다.

[鈔] 欲令生厭下는 第三, 通妨이니 略有三妨하니 一은 云, 未來生死가 卽現識等이어늘 何以現在에 立五하고 未來에 立二요 俱舍에 通此하야 但云호대 略果及略因을 由中可比二라하니 現在五果를 未來에는 說二일새 故云略果요 現在二惑을 過去에는 說一無明하니 故云略因이라 由中已廣일새 故初後略이니 比二可知라 過此更說하면 便爲無用이라하니 上卽論意니라 若爾인대 何不初後의 目所不覩에 廣說因果하야 可比於中고 是故로 應言호대 示迷本際하야 因合一惑이요 現所起惑에 明示始終하야 令其不行일새 當相辨差일새 別163)示五位요 當果를

---
163) 別은 南續金本作明.

令厭하야 合爲老死니라 然唯識論에 雖約二世나 亦有此問하니 論에 云, 何緣으로 所生에는 但立生老死하고 所引에는 別立識等五支요 答云호대 因位에 難知差別相故로 依當果位하야 別立五支요 果位는 易了差別相故로 總立二支하야 以顯三苦라하니라 則今疏文이 含於二意하니 欲令生164)厭하야 合立二支는 卽是前意요 合立二支하야 以顯三苦는 卽唯識意니 謂生顯行苦요 老顯壞苦요 死顯苦苦니라 唯識에 雖約種과 現이 不同이나 三苦生厭은 三世宜用이니라 老非定有者는 亦唯識文이니 應有問言호대 老位極長이어늘 何不別立고 答意에 云, 謂有夭逝하야 不至老故니라

- ㈆ 欲令生厭 아래는 비방과 힐난을 해명함이니 대략 세 가지 비방이 있으니 1) 미래의 나고 죽음이 곧 현재의 의식 따위인데 어째서 현재에 다섯을 세우고 미래에 둘을 세우는가? 『구사론』에서 이것을 해명하여 다만, "결과를 생략하고 원인을 생략함은 현재에는 그 둘에 견줄만 하기 때문이네"라고만 하였다. 현재의 다섯 가지 결과를 미래에는 두 가지로 말하였으므로 '결과를 생략한다'고 하였고, 현재의 두 가지 미혹[愛와 取]을 과거에는 무명 한 가지만 말하였으므로 '원인을 생략한다'고 말하였다. 현재에 연유함이 이미 넓으므로 처음과 뒤를 생략한 것이니, '그 둘에 견줄 만한 것'은 알 수 있으리라. 이것을 지나서 다시 말하면 문득 '작용이 없다'고 하나니 위까지는 논경의 주장이다. 만일 그렇다면 어째서 과거와 미래[初後]의 눈으로 보지 못한 대상에 대해 자세하게 원인과 결과를 말하여 현재에 견줄 만하다고 하였는가? 이런 까닭에 "근본 시절에 미혹하여 원인이 한 가지 미혹에 합한 것을 보인 것이요, 현재 일으킨 미혹에 처음과 끝을 분명히

---

164) 生은 南續金本作起.

보여서 그것을 행하지 못하게 하려고 모양에 맞게 차이점을 밝혔으므로 다섯 지위로 나누어 보인 것이요, 미래의 결과를 싫어하게 하려고 합쳐서 늙음과 죽음으로 삼은 것이다"라고 해야 한다. 그러나『유식론』에도 비록 이세(二世)를 의지하긴 했지만 또한 이런 질문이 있다.『성유식론』에 이르되, "무엇에 반연하여, 생겨난 것[所生支]에는 태어남과 늙고 죽음의 지분으로 건립하고, 이끌려진 것[所引支]에는 별도로 의식 등 다섯 가지 지분으로 건립하는가?" 답하기를, "원인의 단계[因位]에서는 차별된 양상을 알기 어렵기 때문에, 결과의 단계에 의거해서 별도로 다섯 가지 지분으로 건립한다. (다음 생명이 이어지는 시기에는 원인인 의식의 양상을 나타낸다. 다음에 감관이 아직 구족하지 않은 때에는 명색의 양상을 증장시킨다. 다음에 감관이 구족할 때에는 여섯 가지 감관[六處]이 분명하게 성숙한다. 이것에 의지해서 촉(觸)을 일으키고, 촉에 의거하여 수(受)를 일으킨다. 그때를 '과보를 받는 일이 다 이루어진다'고 이름한다. 이 결과의 단계에 의지해서 원인을 건립하여 다섯 가지로 삼는다.) 결과의 단계에서는 차별된 양상을 알기 쉽기 때문에, 총체적으로 두 가지 지분[生, 老死]으로 건립함으로써 세 가지 괴로움[三苦]을 나타낸다"[165]라고 하였다. 다시 말하면 지금 소의 문장이 두 가지 주장을 포함하였으니 '싫어함을 내게 하기 위해 현재의 다섯 결과를 합쳐 둘로 만든다'는 것은 곧『구사론』의 주장이요, 합쳐서 두 가지 지분을 세워 세 가지 괴로움을 밝힌 것은『유식론』의 주장이다. 말하자면 나기는 행고(行苦)를, 늙음은 괴고(壞苦)를, 죽음은 고고(苦苦)를 밝힌 내용이다.『유식론』에도 비록 종자와 현행이 다름에 의지했지만 세 가지 괴로움에서 싫증이 생겨나는 것은 삼세(三世)에 의지하여 작용한 것으로 보았다. '늙음은 정해져 있는

---

[165] 태어남은 行苦, 늙음은 壞苦, 죽음은 苦苦를 나타낸다.

것이 아니다'라고 말한 것은 또한 유식론의 문장이니, 응하여 어떤 이가 묻기를 "늙음의 단계가 지극히 긴데 어째서 따로 건립하지 않는가?" 대답한 의미를 말하면 "어떤 이는 일찍이 죽어서 늙음에까지 이르지 못하기 때문이다"라고 하였다.

別離等五[166]下는 三, 有妨云호대 別離憂悲等은 自少及長히 皆悉有之러늘 何爲附在老死支中고 通云호대 多故니라 復應問言호대 老旣不定일새 附死立支인대 病亦不定이어늘 何不附立고 答云호대 病又不遍이니 兼不定故요 老遍三界일새 故附立支라 諸趣界中에 除中夭者코 皆有衰相故니라 復應問言[167]호대 名色이 不遍이어늘 何故로 立支요 謂色界全과 欲界化生에는 六處가 頓起하니 何有名色고 唯識에 答云호대 定故로 立支니 胎卵濕生이 六處未滿에 定有名色故라 又名色支가 亦是遍有니 有色化生이 初受生位에 雖具五根이나 而未有用하니 爾時에 未名六處支故요 初生無色에 雖定有意根이나 而不明了일새 未名意處라 故有名色이니라 由斯論說에 十二有支컨대 一切一分이 上二界有라하니 卽是唯識에 引於瑜伽第十文也라 餘如前說하니라

● Ⓐ 別離等五 아래는 어떤 이가 비방하되, "이별하고 슬퍼하고 근심하는 따위는 어린아이부터 어른에 이르기까지 모두 다 가지고 있는데 어째서 늙고 죽음의 지분에 붙였는가?" 해명하기를, "많기 때문이다." 다시 응하여 묻기를 "늙음이 이미 일정하지 않았는데 죽음에 붙여서 지분으로 세운다면, 병듦 또한 일정하지 않은 것인데 어째서 붙여서 건립하지 않았는가?" 답하기를, "병듦도 또한 두루 하지 않으면서 겸하여 일정하지 않은 까닭이요, 늙음은 삼계(三界)에 두루 하

---

166) 別離는 甲本無, 上四字는 南續金本作死時等.
167) 인용문은 『成唯識論』 제8권의 문장이다. (대정장 권31 p. 43c26-)

므로 일부러 붙여서 지분으로 건립한 것이다. 여러 갈래와 세계 중에 중간에 일찍 죽는 이는 제외하고 모두 쇠퇴하는 양상이 있기 때문이다." 다시 응하여 묻기를 "이름과 물질도 두루 하지 않은데 무슨 까닭으로 지분을 세웠는가?" 말하자면 색계의 전부와 욕계의 화생(化生)에는 여섯 감관이 몰록 일어나나니 어떻게 이름과 물질이 있을 수 있겠는가?『성유식론』에서 답하기를, "정해진 까닭에 지분으로 건립한다. 태로 나는 것, 알로 나는 것, 습기로 나는 것에는 아직 여섯 감관이 구족되지 않을 때부터 반드시 이름과 물질이 있기 때문이다. 또한 명색의 지분도 역시 두루 하다. 색계에서 화생(化生)의 초기에 생명을 받는 단계에서는 다섯 가지 감관을 갖추긴 하지만, 아직 작용이 있지 않다. 그때를 아직 여섯 감관의 지분[六處支]이라고 이름하지 않기 때문이다. 처음 형상 없는 세계에 태어날 때에는 의식의 감관[意根]이 있긴 하지만, 명료하지 않으므로 아직 의식의 의지처[意處]라고 이름하지 않기 때문이다. 이것에 의해 논서에서 말하되 '12유지(有支)의 모든 하나하나의 지분이 색계와 무색계에 있다'168)고 한다"라고 말하였다. 바로『유식론』에서『유가사지론』제10권의 문장을 인용한 내용이다. 나머지는 앞에서 설명한 내용과 같다.

Ⓑ 이치로 거듭 해석하다[以義重釋] (然此 70下9)

[疏] 然此一段이 有支는 亦通一生에 前後建立이라 餘支는 可知요 唯生一種은 通取於前耳니 思之니라
- 그러나 이 한 단락이 존재의 지분은 또한 한 생에 앞뒤로 건립함에 통

---

168)『유가사지론』제10권(고려장 권15, p.602下; 대장장 권30, p.327 b-).

한다. 나머지 지분은 알 수 있을 것이고, 오로지 〈나기〉의 한 종류는 앞을 통틀어 취할 뿐이니 생각하여 보라.

[鈔] 然此一段下는 二, 以義重釋이니 謂卽於今生에 初, 迷諦理요 二, 卽作業이오 三, 業依初心爲識이니 如下一念緣生에 但通取一生長時일새 故云前後建立이라 言唯生一種通取前者는 謂有問言호대 旣云一生인대 生在初託胎時하고 今居有後어늘 那言一生고 故今答云호대 通取前來諸增長位가 皆從有起니 此有가 雖是過去之有나 但取所生하야 以成十二라 亦可有支之後에 所起五蘊을 卽名爲生이라 旣云義取하니 不可尅定이니라

● ⓑ 然此一段 아래는 이치로 거듭 해석함이다. 말하자면 금생에 입각하여 처음은 사성제의 이치를 미혹하고, 둘째는 업을 짓는 단계요, 셋째는 업에 의지한 첫 마음(=곧 無明)이 의식이 되나니 아래의 찰나에 연기가 일어날 적에 다만 한 생의 오랜 시간을 통틀어 취하게 되므로 '앞뒤로 건립한다'고 말하였다. '오로지 〈나기〉의 한 종류만 앞을 통틀어 취한다'고 말한 것은 어떤 이가 묻되, "이미 한 생이라 말하였으면 〈나기〉는 처음 태중에 의탁할 때이고, 지금은 〈존재〉의 뒤에 있는데 어찌하여 한 생이라 하였는가?" 그래서 지금 답하되, "앞까지의 모든 늘어나는 단계가 모두 〈존재〉로부터 일어남을 통틀어 취하였다. 이 존재가 비록 과거의 존재이더라도 다만 생겨난 것[所生支]만 취하여 12지분을 만든 것이다." 또한 존재의 지분 뒤에 일어난 오온을 바로 〈나기〉라 이름할 수도 있다. 이미 '이치로 취한다'고 하였으니 모두 정할 수는 없다.

ⓑ 거꾸로 행하는 관법[逆觀] 2.

㉠ 경문에 따라 해석하다[隨文釋] 4.
㉮ 괴로움의 나무로 결론하다[結成苦樹] (後逆 71下1)

死時離別에 愚迷貪戀하여 心胸煩悶이 爲愁요 涕泗咨嗟
가 爲歎이요 在五根이 爲苦요 在意地가 爲憂요 憂苦轉
多가 爲惱니 如是但有苦樹增長이언정
죽을 때에 이별하는 것을 어리석어 탐내고 그리워하여 가슴이 답답한 것을 걱정이라 하고, 눈물 흘리며 슬퍼함을 탄식이라 하나니, 오근에 있어서는 괴로움이라 하고, 뜻에 있어서는 근심이라 하고, 근심과 괴로움이 점점 많아지면 시달림이라 하나니, 이리하여 괴로움이란 나무가 자라거니와,

[疏] 後, 逆觀中에 一은 結是苦樹니 謂無明과 行이 引識에서 至受가 爲苦芽요 愛緣引受[169]하야 至有가 是守養이요 生老死가 爲苦樹요 從芽守養이 是增長義라 又於現法中에 無明造業이 爲小苦樹요 若愛取潤하면 則得增長이어니와 不潤에 尙滅이니 況更增耶아 又初二는 爲根이요 次二는 爲身이요 次三은 爲枝[170]요 次三은 爲華요 後二는 爲果라

---

169) 雜花記云 上四字는 瑜伽作受緣引愛.《三家本私記》雜花記 p.204-)『瑜伽師地論』제10권의 내용을 보자. (대장장 권30 p.328-) [[문] 연기의 가운데서 어떤 것이 괴로움의 싹[苦芽]이며, 어느 것이 괴로움의 싹을 지키고 기르며, 어떤 것이 괴로움의 나무[苦樹]가 되는가? [답] 무명과 지어 감과의 반연으로 이끌게 되는 의식에서 느낌에 이르기까지가 바로 괴로움의 싹이며, 느낌의 반연으로 이끌게 되는 욕망에서 존재까지가 바로 괴로움의 싹을 지키고 기르며, 나기와 늙어 죽음은 바로 괴로움의 나무인 줄 알아야 하리라.]
170) 枝는 續金本作支.

■ ⓑ 거꾸로 행하는 관법 중에 ㉮ 괴로움의 나무로 결론함이다. 말하자면 무명과 지어 감과의 반연으로 이끌게 되는 의식에서 느낌에 이르기까지가 바로 괴로움의 싹이며, 느낌의 반연으로 이끌게 되는 사랑에서 존재까지가 바로 괴로움의 싹을 지키고 기르며, 〈나기〉와 늙어 죽음은 바로 괴로움의 나무[苦樹]이다. 싹에서부터 지키고 기르는 것이 늘어나는 이치이다. 또 현재의 법 중에 무명이 지은 업이 작은 괴로움의 나무가 되고, 만일 사랑과 잡음으로 성숙하게 하면 늘어남을 얻었지만 성숙하게 하지 않을 적에 오히려 없어지게 될 것인데, 하물며 다시 더할 수 있겠는가? 또 처음의 둘[無明, 行]은 뿌리가 되고, 다음의 둘[識, 名色]은 몸이 되고, 다음의 셋[六入, 觸, 受]은 가지가 되고, 다음의 셋[愛, 取, 有]은 꽃이 되고, 뒤의 둘[生, 老死]은 열매가 된다.

[鈔] 後逆觀中에 疏文分二니 先, 隨文正釋이오 後, 結成甚深이라 前中에 自有四節하니 一은 結成苦요 二는 結無我요 三은 結於空이오 四는 結成勝義라 苦中에 自[171]有三節하니 一, 二世因果를 相望하야 唯取七苦하야 爲苦樹하고 惑業五因으로 爲苦緣이니 故로 五種이 爲苦芽라 二果爲苦樹니 此는 瑜伽第十이라

二, 又於現法下는 以因으로 爲果하야 云於現法中이니 現法之時는 亦是二世之義라 言[172]潤則增長者는 亦潤行種과 及識種耳라 三, 又初下는 通取十二緣이니 若因若果가 爲一苦樹라 無明이 發業일새 故爲苦樹根이니 若不發業하면 不受後有果故라 識與名[173]色은 爲苦

---
171) 苦中自는 甲南續金本作初結成苦相.
172) 言은 甲南續金本作若愛取.
173) 名은 金本作明誤.

樹身이니 以識與名色이 從因至果히 互相依持하야 爲生死體故라 次六入과 觸과 受는 依名色上하야 開顯增長이니 對境領受가 如枝[174]依身하야 而開別故라 約二世說인대 但是因中에 約果說耳니라 次愛와 取가 合潤成有하야 決定當生일새 苦喩如花니 上十은 爲因故오 後二는 是苦果라 上三은 皆依二世어니와 後之一釋은 可通三世라 依過의 二因하야 招識名色之體가 而爲樹身이요 六入과 觸과 受의 現行開顯 等이 爲枝니 已是苦樹竟이라 依上하야 復起當因일새 故三이 爲花요 感當二果가 爲苦樹果라 則雖是一樹나 義有兩重이니라

- ⓑ 거꾸로 행하는 관법 중에 소의 문장을 둘로 나누었으니 ㉠ 경문에 따라 바로 해석함이요, ㉡ 매우 깊음으로 결론함이다. ㉠ 중에 자연히 네 구절이 있으니 ㉮ 괴로움의 나무로 결론함이요, ㉯ <내>가 없음으로 결론함이요, ㉰ <공>으로 결론함이요, ㉱ 뛰어난 이치로 결론함이다. ㉮ 괴로움의 나무 중에 자연히 세 부분이 있으니 (1) 이세(二世)의 원인과 결과를 서로 비교하여 오로지 일곱 가지 괴로움을 취하여 괴로움의 나무로 삼았고, 미혹과 업의 다섯 가지 원인으로 괴로움의 반연을 삼았다. 그러므로 다섯 종자가 괴로움의 싹이 된다. 두 가지 열매를 괴로움의 나무로 삼았으니 이것은 『유가사지론』제10권의 내용이다.
(2) 又於現法 아래는 원인으로 열매를 삼아서 '현재의 법 중에서'라 하였으니 현재의 법일 때에는 또한 이세(二世)의 이치이다. '성숙하게 하면 늘어난다'고 말한 것은 또한 지어 감의 종자와 의식의 종자를 성숙하게 한 것일 뿐이다. (3) 又初 아래는 12가지 반연을 통틀어 취한 것이니 원인과 결과가 모두 괴로움의 나무가 되었다. 무명이 업을

---

174) 枝는 金本作technical誤.

일으키므로 괴로움의 나무의 뿌리가 되나니, 만일 업을 일으키지 않으면 후생에 존재라는 결과를 받지 않기 때문이다. 의식과 이름과 물질은 괴로움의 나무 본체가 되나니, 의식과 이름과 물질이 원인부터 결과에 이르기까지 서로서로 의지하여 나고 죽음의 본체가 되기 때문이다. 다음의 여섯 감관과 닿임과 느낌은 이름과 물질의 위를 의지하여 열어서 늘어남을 밝혔으니, 경계를 상대하여 느낌을 받는 것이 마치 가지가 본체에 의지하지만 전개함이 다름과 같다. 이세(二世)에 의지하여 설명한다면 다만 원인 중에 결과만 잡아 설했을 뿐이다. 다음의 사랑과 잡음이 합쳐 성숙하게 하여 존재를 이루어 미래의 존재가 결정되므로 괴로움의 꽃에 비유하나니, 위의 열 지분은 원인이 되기 때문이요, 뒤의 두 지분[生, 老死]은 괴로움의 결과가 된다. 위의 셋은 모두 이세(二世)에 의지한 개념이지만 뒤의 한 가지 해석은 삼세(三世)에 통할 만하다. 과거의 두 가지 원인에 의지하여 의식과 이름과 물질의 본체를 초래함이 나무의 본체가 되고, 여섯 감관과 닿임과 느낌의 현행으로 드러나는 따위가 가지가 되어서 이미 괴로움의 나무가 되었다. 위에 의지하여 다시 미래의 원인을 일으키므로 그래서 셋은 꽃이 되고 미래의 두 결과를 초감함이 괴로운 나무의 열매가 된다. 그렇다면 비록 나무는 하나이지만 이치는 두 겹이 되는 것이다.

㉮ 〈내〉가 없음으로 결론하다[結成無我] (無我 72下2)
㉯ 〈공〉으로 결론하다[結成於空] (無作)

無我無我所하며 無作無受者니라
〈나〉도 없고 〈내 것〉도 없고, 짓는 이도 없고 받는 이도 없

도다.'

[疏] 無我無我所는 結成無我요 無作無受는 結成於空이라
- '나도 없고 〈내 것〉도 없다'는 것은 〈내〉가 없음으로 결론함이다. '짓는 이도 없고 받는 이도 없다'는 것은 〈공〉으로 결론함이다.

[鈔] 無作無受下는 三, 結成於空者는 經有者字는 則似人空이나 人空은 卽上無我요 今無作受之體라 在因에 爲作이요 在果에 爲受니 能作과 能受는 卽是於我요 所作과 所受는 同號我所라 然我爲能作은 唯勝論義요 若數論師인대 我非能作이요 冥性이 能作이라하니라 旣能作을 望我에 有同不同하니 所作受等은 非局我所요 則自在等도 亦名作者라 故該一切因果之法하야 名爲顯空이라 是則無明도 亦爲能作이요 行爲所作이라 又行은 爲能受요 識等은 爲所受라 則亦無性일새 皆悉空寂이니라

- ㈎ 無作無受 아래는 〈공〉으로 결론함이라 한 중에서 본경에 자(者)라는 글자가 있는 것은 남이 공함[人호]인 것 같지만 남이 공함은 곧 위의 〈내〉가 없음을 뜻하고, 지금은 짓고 받는 자체가 없다는 뜻이다. 원인의 단계에서는 지음이 되고 결과의 단계에서는 받음이 되나니, 짓는 주체와 받는 주체는 바로 〈나〉이며 지을 대상과 받을 대상은 함께 〈내 것〉이라 부른다. 그러나 〈내〉가 짓는 주체가 되는 것은 바이세시카 학파[175]의 이치일 뿐이요, 만일 상카 학파[176]의 주장

---

175) 바이세시카[vaiśeṣika, 勝論] 학파: 인도의 정통 六派哲學에서도 극단적인 실재론적 입장을 대표하였다. 우주만유를 공간적으로 분석하는 唯物論的 多元論으로서, 세계의 구성을 여섯 가지 범주[六句義], 즉 실체[實, dravya]·속성[德, guṇa]·행위[業, karma]·보편성[同, sāmānya]·특수성[異, viśeṣa]·내재성[화합성, samavāya]으로 설명한다. 舊譯家의 六句義의 명칭은 實·德·業·大有性·同異性·和合性이다. 후대에는 이 중에서 제5 특수성[異]을 異·有能·無能·俱分의 넷으로 나누고, 별도로 비존재성[無, abhava]을 건립하여 합해서 열 가지 범주[十句義]로 한다.

대로라면 〈나〉는 짓는 주체가 아니요 명성(冥性)이 짓는 주체일 것이다. 이미 짓는 주체를 〈나〉와 비교하면 같기도 하고 다르기도 하나니, 짓는 대상과 받는 대상 따위는 〈내 것〉에만 국한되는 것이 아니다. 말하자면 자재천 등에서도 또한 짓는 이라 하였다. 그러므로 일체의 원인과 결과의 법을 포괄하여 '〈공〉을 밝힌다'고 말한다. 그렇다면 무명도 또한 짓는 주체가 될 것이고, 지어 감은 지을 대상이 될 것이다. 또한 지어 감은 받는 주체가 되고, 의식 따위는 받을 대상이 된다. 그렇다면 또한 체성이 없으므로 모두 다 공적함이 된다.

㈢ 뛰어난 이치로 결론하다[結成勝義] (復作 73上5)

復作是念하되 若有作者인댄 則有作事요 若無作者인댄 亦無作事어니와 第一義中엔 俱不可得이니라
또 생각하기를 '만일 짓는 이가 있으면 짓는 일이 있을 것이요, 만일 짓는 이가 없으면 짓는 일도 없을 것이니, 제일가는 이치에는 모두 찾아볼 수가 없는 것이로다' 하느니라."

[疏] 復作是念下는 以我로 況法하야 結成勝義故니라
- 復作是念 아래는 〈나〉로 법에 비교하여 뛰어난 이치로 결론하기 때문이다.

---

176) 상캬[Saṁkhya, 數論] 학파: 그들에 의하면, 25원리[諦] 중에서 푸루샤[神我]와 프라크리티[根本自性]를 제외한 나머지 23법이 아직 변현하지 않은 동안에는, 푸루샤는 아직 경계를 수용하지 않으며, 23법이 나타날 때 푸루샤가 그것을 수용한다고 한다. 그리고 푸루샤는 자체[體]가 상주한다고 말한다. 명제(冥諦)는 수론사가 세운 25諦 가운데 제1을 가리킨다. 이 冥諦 중에 본래 一切諸法이 갖추어 있는데 緣에 따라 차례대로 일어난다고 한다. 그래서 명제는 諸法의 實性이라 주장한다.

[鈔] 復作下는 四, 結成勝義者는 上顯無病에 所病이 有異요 今明空理에 一理無差일새 故異上空이니라
- ㉣ 復作 아래는 뛰어난 이치로 결론함에서 위에서는 병드는 이가 없을 적에 병들 대상에 다름이 있음을 밝혔고, 지금은 〈공〉한 이치에 한결같은 이치로 어긋남이 없음을 밝혔으므로 위의 〈공〉과 다른 내용이다.

㉰ 총합하여 매우 깊음을 밝히다[總顯甚深] 3.
㉮ 총합적으로 표방하다[總標] (故瑜 73上8)

[疏] 故瑜伽에 說호대 由十種相하야 緣起甚深이니 六義는 依無常이요 一義는 依苦요 一義는 依空이요 二義는 依無我라하니라
- 그러므로『유가사지론』에서는, "열 가지 모양으로 인해 연기의 매우 깊다는 이치를 알아야 하리니, 여섯 가지의 무상하다[無常]는 이치와 괴롭다[苦]는 이치와 〈공〉하다[空]는 이치와 두 가지의 〈내〉가 없다[無我]는 이치에 의지하여 설명한다"고 하였다.

[鈔] 故瑜伽說下는 二, 總顯甚深이라 於中에 有三이니 初는 總標요 次는 別釋이오 後는 結會라 今初에 言甚深者는 瑜伽第十에 云,[177] 問[178]이라 如世尊說하사대 緣起가 甚深이라하니 此甚深義를 云何應知요 答이라 由十種相하야 應知緣起甚深之義니 謂依無常義와 苦義와 空義와 無我義라하시니라 釋曰, 下에 直釋十義호대 但云依無常義者라하야 便列十義하나니 今疏가 取下釋意하야 便總配云호대 六義는 依無常

---
177) 인용문은『瑜伽師地論』제10권 本地分中有尋有伺等三地의 ㉦의 내용이다. (대정장 권30 p.327c-)
178) 云問은 甲南續金本作問云.

이오 一義는 依苦等이라하니라

- ㊦ 故瑜伽說 아래는 총합하여 매우 깊음을 밝힘이다. 그중에 셋이 있으니 ㉮ 총합적으로 표방함이요, ㉯ 개별적으로 해석함이요 ㉰ 결론적으로 회통함이다. 지금은 ㉮에서 '매우 깊다'고 말한 것은 『유가사지론』제10권에 이르되, "묻는다. '세존께서는 연기가 심히 깊느니라고 말씀하셨는데, 이 매우 깊다는 이치를 어떻게 알아야 하는가?' 답한다. '열 가지 모양으로 인해 연기의 매우 깊다는 이치를 알아야 하리니, 무상하다[無常]는 이치와 괴롭다[苦]는 이치와 공하다[空]는 이치와 〈내〉가 없다[無我]는 이치에 의지하여 설명한다'"라고 하였다. 해석한다면 아래에 바로 열 가지 이치를 설명하되 '단지 무상하다[無常]는 이치에 의지한다'라고만 말하면서 문득 열 가지 이치를 나열하였으니, 지금 소가가 아래에 해석한 의미를 취하여 총합하여 배대하되, "여섯 가지는 무상한 이치에 의지하고 한 가지는 괴롭다는 이치에 의지한다"는 따위이다.

㉯ 개별로 해석하다[別釋] (今初 73下6)

[疏] 今初에 一, 從自種子며 亦待他緣이요 二, 從他며 亦待自요 三, 俱從이나 無作用이요 四, 此二因性이 非不是有라 此四義는 即前段中의 但因緣故로 集이요 無有集者라 五, 雖無始其相이 成就나 而刹那滅이요 六, 雖刹那滅이나 而似停住라 此二는 即前任運而滅이나 亦無滅者니라 一義依苦者는 一味苦相이 而似三相이니 故結云苦樹라
一義依空者는 謂離有情의 作者와 受者나 然似不離顯現이라 即今에는 無作無受라 二義依無我者는 一은 雖實無我나 似我相現이니 即

今에는 無我我所라 二는 依勝義諦에 雖不可說이나 而言諸法自性可說이라 卽今復作是念已下經文에 十義備矣니라

■ 지금 첫째[依無常義]에서 (1) 자신의 종자로부터 시작하며 또한 다른 반연을 기다리기도 한다. (2) 남의 종자로부터 시작하며 또한 자기 반연을 기다리기도 한다. (3) 모두로부터 시작하지만 작용함이 없으며 (4) 이 두 가지 원인[自因, 他因]의 체성이 〈유〉가 아닐뿐더러 이런 네 가지 이치는 곧 앞 단락179) 중의 단지 인연뿐이므로 모이게 되고 모으는 것도 없다. (5) 비록 시작함 없이 그 모양을 이룩하지만 찰나 간에 없어지며 (6) 비록 찰나 간에 없어지지만 잠시 머무는 것처럼 보인다. 이 두 가지 이치는 앞에서는 마음대로 없어지지만 또한 없어질 것도 없다. '한 가지 이치는 괴로움에 의지한다'는 것은 한 맛의 괴로운 모양이 세 가지 모양인 듯이 보이나니, 그래서 결론하여 '괴로움의 나무[苦樹]'라 하였다.

'한 가지는 〈공〉의 이치에 의지한다'는 것은 말하자면 중생들의 짓는 이와 받는 이를 여의었지만 여의지 않은 것처럼 나타난다는 뜻이다. 따라서 지금은 지을 것도 없고 받을 것도 없다. '두 가지 이치는 〈내〉가 없음에 의지한다'는 것은 첫째, 비록 실제로 〈내〉가 없긴 하지만 〈나〉라는 모양이 나타난 것처럼 보이나니, 그래서 지금에는 〈나〉도 없고 〈내 것〉도 없다. 둘째, 뛰어난 이치의 진리에 의지하면 비록 말할 수는 없지만 그러나 모든 법의 제 성품은 말할 수 있다고 말한다. 바로 지금의 復作是念 아래의 경문에 열 가지 이치가 구비되어 있다.

---

179) 52장上 10항에 보면 "만일 인연법이 〈나〉라는 주체가 없다면 어떤 양상으로 머무는가? 인연이 모여 행한다[若因緣이 無我인대 以何相으로 住오 因緣集行이오]"라고 한 부분을 가리킨다. (譯者註)

[鈔] 今初一從下는 二, 別釋이니 初, 釋無常六義라 然이나 此文을 難解니 如從自種子와 亦待他緣이 與第二句의 從他와 亦待自인 二句로 何別고 故로 每句中에 皆有兩義하니 從自種子는 是自生義요 亦待他緣은 不自生義라 下三도 例之니라 故로 雜集第四에 云[180]호대 又諸法이 不從自生이며 亦不從他生이며 不共不無因生이오 非不自作과 他作의 因緣生이라 是故로 甚深하나니 故로 不自生이나 亦從自生이오 二는 不他生이나 亦從他生이오 三은 不共生이나 亦從共因緣生이라 上三句中에 皆有二義하니 若唯自種生이면 非曰甚深이오 若唯不自生이면 亦非甚深이어니와 故一句에 兼二하야사 方曰甚深이니 正同中論에 因緣所生法[181]이 卽空과 卽假와 卽中之義라 雜集에 釋不自生等에 自有二義하니 至第八門하야 當知니라 下에 總結云호대 若緣起理가 非自非他하야 遣雙句者도 猶爲甚深이온 況總亡四句耶아 是故로 緣起最極甚深라하니라 釋曰, 不見此論하면 瑜伽를 難了라 故로 從

---

180) 인용문은 『大乘阿毘達磨雜集論』제4권 本事分中三法品 제1의 ④의 내용이다. (대정장 권31 b712-) [또 모든 연기법은 자체적으로 생겨나지도 않고 다른 것에 의해 생겨나지도 않고 함께 생겨나지도 않는다. 자작(自作)도 아니요, 타작(他作)에 원인해서 생기는 바도 아닌 까닭에 '심히 깊다'고 하는 것이다. '자체적으로 생겨나지 않는다는 것'이란 일체법이 자체적으로 만들어지지 않는 것을 가리킨다. 그들이 태어나지 않은 때에는 자체적인 성품이 없기 때문이다. '다른 것에 의해 생겨나지 않는다는 것'이란 그러한 여러 연도 창조자가 아닌 까닭이다. '함께 생겨나지도 않는다는 것'이란 이와 같은 두 가지 원인에 연유해서 말하는 것이다. '자작도 아니요, 타작에 원인해서 생기는 바도 아닌 것'이란 연에는 과보의 생산이 유추되는 공능이 있기 때문이다. 또 '차별이 있다는 것'이란 중연을 대기하여 생겨나기 때문에 자율적인 창조가 아니라는 것을 말하려는 것이다. 비록 중연이 있더라도 종자가 없으면 태어나지 못하기 때문에 타율적인 창조도 아니다. 또 그러한 것들은 모두 작용이 없는 까닭에 자타의 공통적인 창조도 아니다. 종자 및 중연이 모두 유공능(有功能)인 까닭에 원인 없이 생겨나는 것도 아니다. 그리하여 이와 같이 해설하게 된다. 자체적인 종자가 존재하는 까닭에 타율적으로 창조되는 것도 아니고 중연을 대기하는 까닭에 자율적으로 창조되는 것도 아니다. 작용이 없는 까닭에 자타의 공통적인 창조도 아니다. 유공능인 까닭에 무인도 아니다. 이와 같이 연기의 이치는 자율적인 창조도 아니고 타율적인 창조도 아니다. 이 같은 두 구절의 유계(遺誡)만으로도 그 이치가 아주 심오한데 하물며 4구의 이치는 말할 바가 있겠는가? 그리하여 연기란 궁극적으로 심오한 것이다.]

181) 인용문은 『中論』觀四諦品 제24의 내용이다. 偈云, "《衆因緣生法 我說卽是無 亦爲是假名 亦是中道義/ 未曾有一法 不從因緣生 是故一切法 無不是空者》"(대정장 권30 p.33b11-) 《뭇 인연에서 나는 법을 나는 그대로가 없음이라 하며 겸하여 거짓인 이름이라 하며 중도(中道)의 이치라 부르기도 한다 / 어떤 한 법도 인연에서 나지 않음이 없으니 그러므로 온갖 법은 〈공〉이 아닌 것이 없다》]

自種子는 是自生義요 亦待他緣은 卽以他로 遣自義요 二, 從他者는 是他生義요 亦待自者는 以自로 遣他義요 三, 俱從者는 共生義며 無作用者는 以無性으로 遣共義요 四, 此二因性非不是¹⁸²⁾有者는 以共功能으로 遣無因義라 前之三句에 有無性과 緣生이 二義일새 故皆有存亡이오 第四句에는 不立無因일새 故唯有以共으로 遣無因義耳라 五, 相雖成就나 而不礙滅이요 六, 滅而似停이라 初之四句에 就緣所生法하야 以論甚深하고 五六二句에 以所生法으로 對有爲之相하야 以論甚深이라 前四는 以是緣生之法일새 是故로 無常이오 後之二句는 刹那滅故로 是故로 無常이라 餘文은 可知니라

● ㉗ 今初一從 아래는 개별로 해석함이니 ① 무상함에 의지한 여섯 가지 이치에 대한 설명이다. 그러나 이 문장은 알기 어렵나니, 자기 종자로부터 생겨남과 또한 다른 반연을 대기함이 둘째 구절의 '남의 종자로부터 생겨남과 자체적인 반연을 대기한다'는 것은 두 구절과 무엇이 다른가? 그러므로 구절마다 모두 두 가지 이치가 있으니 자기 종자로부터는 스스로 생겨난다는 뜻이요, 또한 다른 반연을 기다린다는 것은 자체적으로 생겨나지 않는다는 뜻이다. 아래 세 구절은 유례하여 보라. 그러므로 『잡집론』 제4권에서는, "또 모든 연기법은 자체적으로 생겨나지도 않고 다른 것에 의해 생겨나지도 않고 함께 생겨나지도 않고 원인 없이 생겨나지도 않는다. 자작(自作)도 아니요, 타작(他作)에 원인해서 생기는 바도 아닌 까닭에 '매우 깊다'고 한다"라고 하였다. 그러므로 1) 자체적으로 생겨나지 않지만 또한 자체적으로 생겨나기도 함이요, 2) 다른 것에 의해 생기지 않지만 또한 다른 것으로부터 생겨나기도 함이요, 3) 함께 생기지 않지만 또한 함께

---

182) 是는 金本作自誤.

원인해서 생겨나기도 함이다. 위의 세 구절 중에 모두 두 가지 이치가 있으니 만일 오직 자체적인 종자에서만 생긴다면 매우 깊다고 할 수 없고, 만일 유독 자체적으로는 생기지 않는다면 또한 매우 깊음이 아닐 것이지만 일부러 한 구절에 두 구절을 겸하여야만 비로소 '매우 깊다'고 할 수 있나니 바로 『중론』관사제품(觀四諦品)의 "여러 인연으로 생겨난 법이 곧 없으며 거짓 이름이며 중도의 이치이다"라는 내용과 같다. 『잡집론』에서 자체적으로 생기지 않는 따위를 해석할 적에 자연히 두 가지 이치가 있으니 ⑧ 인연생멸문(因緣生滅門)에 가서 알게 되리라. 아래에 총합적으로 결론하되, "이와 같이 연기의 이치는 자율적인 창조도 아니고 타율적인 창조도 아니다. 이 같은 두 구절의 유계(遺誡)만으로도 그 이치가 아주 심오한데 하물며 네 구절의 이치는 말할 필요가 있겠는가? 그리하여 연기란 궁극적으로 가장 심오한 것이다"라고 하였다. 해석한다면 이 『잡집론』을 보지 않으면 『유가론』의 의미를 알기 어렵다. 그러므로 (1) '자체적인 종자로부터'는 자체적으로 생기는 이치요, 또한 타율적 반연을 대기함은 곧 다른 것 때문에 자체적인 것을 보내는 의미이며, (2) '다른 것으로부터'란 타율적인 것으로부터 생기는 이치요, 또한 자체적인 반연을 대기함이란 자체적인 것 때문에 타율적인 것을 버리는 이치이다. (3) '모두 따른다'는 것은 함께 생긴다는 이치이며, '작용이 없다'는 것은 체성이 없음으로 함께라는 이치를 보냄이요 (4) '이 두 가지 원인이 체성이 <유>가 아닌 것만 아니다'라는 것은 함께하는 공능으로 원인이 없는 이치를 보낸 것이다. 앞의 세 구절에 체성이 없음과 반연으로 생겨남이 두 가지 이치이므로 모두에 두고 없앰이 있고, 넷째 구절에는 원인 없음을 세우지 않았으므로 오직 함께함으로 원인 없는 이치를 보냈을 뿐이다. (5) 모양은 비록 성취했지만 없어짐에 걸리지 않고 (6) 없어졌지만 머무는 듯 보인다. 처음의 네 구절에 반연으로 생겨난 법에 입각하여 매우 깊음을 논의하였고, 다섯째와 여섯째 구절에는 생겨난 법으로 유위법의 모양에 상대하여 매우 깊음을 논의하였다. 앞의 네 구절은 반연으로 생겨난 법인 까닭에 항상함이 없고, 뒤의 두 구절은 찰나 간에 없어지는 까닭에 항상함이 없다. 나머지 문장은 알 수 있으리라.

㉠ 매우 깊음으로 결론하여 회통하다[結會甚深] 2.
Ⓐ 진실한 지혜에 의지하여 결론하다[約眞實智] (由前 75上8)

[疏] 由前緣相이 皆是似義일새 故逆觀中에 直顯眞實하야 性相이 無礙일새 故爲甚深이니 緣起之觀이 正在於此니라
■ 앞의 반연하는 모양이 모두 이치와 같음으로 인해서 ㉠ 거꾸로 행하는 관법 중에 바로 진실을 드러내어 체성과 모양이 걸림 없으므로 매우 깊음이 되나니, 연기의 관법이 바로 여기에 있다.

[鈔] 由前緣下는 第三, 結會甚深이라 於中에 二니 初, 約眞實智結이요 二, 約法住智結이라 故로 瑜伽에 云, 應以幾智로 知緣起耶아 答이라 以二智니 謂法住智와 及眞實智라 云何眞實智오 謂如[183]觀甚深義라하나 然瑜伽에는 甚深之義에 皆性相對說하니 如云從自種子는 是相이오 亦待他緣은 是性이니 謂以他로 破自하야 顯不自生故라 餘如上說이니라 今經은 逆觀일새 唯顯不自生義하고 不顯從自種子義라

---

183) 如字下에 瑜伽師地論에는 有學見跡三字. (대정장 권30 p. 327c20-)

以從自種子는 卽是識爲種하야 復起後有生及老死니 故此不說이라 十義가 皆然일새 故云由前緣相이 皆是似義니라 十箇似義는 皆在相中故로 特由性相無礙일새 故曰甚深云云[184]하야 正在於此니라

- ㉑ 由前緣 아래는 매우 깊음으로 결론하여 회통함이다. 그중에 둘이니 ① 진실한 지혜에 의지하여 결론함이요, ② 법에 머무는 지혜에 의지하여 결론함이다. 그러므로 『유가사지론』에서는, "몇 가지 지혜로 연기를 알아야 하는가? 답한다. '두 가지 지혜로 아나니 법에 머무는 지혜[法住智]와 진실한 지혜[眞實智]로써 안다. 어떻게 진실지(眞實智)로써 아는가 하면, 배움에서 자취를 보는 것과 같이 심히 깊은 이치를 자세히 살핀다'"라고 하였다. 그러나 『유가론』에는 심히 깊은 이치에 모두 체성과 모양으로 상대하여 말하였으니, 마치 자체적인 종자로부터는 모양이요, 또한 타율적 반연을 대기함은 체성이다. 말하자면 타율적인 것으로 자체적인 것을 타파하여 자체적이 아님을 드러낸 까닭이다. 나머지는 위에서 설명한 내용과 같다. 지금 본경은 거꾸로 행하는 관법이므로 오로지 자체적으로 생겨나지 않는 이치만 드러내었고, 자체적인 종자로부터 생겨나는 이치는 드러내지 않았다. 자체적인 종자로부터 생김은 그대로 의식이 종자가 되어 다시 후생의 존재와 늙어 죽음을 일으키는 까닭에 여기서 말하지 않았다. 열 가지 이치가 모두 그러하므로 "앞의 반연하는 모양이 모두 이치와 같음으로 인해서"라고 말하였다. 열 가지의 이치와 같은 모양은 모두 모양 속에 있으므로 특별히 체성과 모양에 걸림 없으므로 '매우 깊다'고 하였고, '바로 여기에 있다'고 하였다.

---

184) 云云은 遺忘記의 견해이다. (『三家本私記』 遺忘記 p.275-)

ⓑ 법에 머무는 지혜에 의지하여 결론하다[約法住智] (又無 75下9)

[疏] 又無作作者는 卽顯緣生이오 非天人作이라 若佛出世커나 若不出世에 安住法性하야 法住法界라 故로 於此一觀도 已爲甚深이온 況加後二아

- 또 '지음도 없고 짓는 이도 없다'는 것은 곧 반연에서 생겨남이요, 하늘 사람이 짓는 것이 아님을 밝힌 내용이다. 부처님께서 세상에 나오시거나 나오시지 않거나 간에 법의 본성에 안주하여 법이 법의 세계에 머문다는 뜻이다. 그러므로 이 한 가지 관법[㉮ 相諦差別觀]으로도 이미 매우 깊은데 뒤의 두 가지 관법을 더함이겠는가!

[鈔] 又無作作者下는 二, 約法住智하야 結成甚深이니 故로 瑜伽에 云, 云何法住智요 謂如佛施設開示를 無倒而知라하고 次重徵釋云호대 問이라 如世尊言하사대 是諸緣起는 非我所作이오 亦非餘作이라 所以者何오 若佛出世커나 若不出世에 安住法性하야 法住法界니라 云何法性等고 答이라 是諸緣起는 無始時來로 理成就性이니 是名法性이오 如成就性하야 以無顚倒文句로 安立을 是名法住요 由此法住하야 以彼法性으로 爲因일새 是故로 說彼名爲法界라하니라 釋曰, 但觀論文하면 疏自明了니라

- ⓑ 又無作作者 아래는 법에 머무는 지혜에 의지하여 결론함이다. 그러므로 『유가사지론』에서는, "어떻게 법에 머무는 지혜로 아는가? 이를테면 부처님이 베풀고 열어 보이는 것과 같이 뒤바뀜 없이 아는 것이다"라고 하였다. 다음에 거듭 묻고 해석하였다. "묻는다. 세존께서 말씀하시되, '이 모든 연기는 내가 짓는 바가 아니고, 다른 이가

짓는 것도 아니다. 왜냐하면 부처님이 세상에 나오거나 세상에 나오지 않거나 간에 법성(法性)과 법주(法住)와 법계(法界)에 편안히 머무르기 때문이다'라고 하심과 같다. 무엇을 법성(法性) 등이라 하는가? 답한다. '이 모든 연기가 비롯함 없는 때로부터 오면서 진리로써 성취되는 성품을 바로 법의 본성이라 하며, 성취되는 성품 그대로 뒤바뀜 없는 문구로써 편안히 세움을 바로 법이 머문다고 하며, 이 법이 머무는 것은 그 법성으로써 원인을 삼음으로 그를 말하여 법계라 한다'"라고 하였다. 해석하자면 단지 논서의 문장만 살펴보면 소의 문장을 자연히 밝게 알 수 있으리라.

㊂ 대비로 수순하는 관법[大悲隨順觀] 2.
① 가름으로 표방하다[標章] (二約 76上9)

[疏] 二, 約大悲隨順觀者는 四觀之中에 此가 第一門이니 卽當第一愚癡顚倒觀이라

- ㊂ 대비로 수순하는 관법에 의지하면 네 가지 관찰[185] 중에 이것이 ①이니 곧 (1) 어리석음으로 뒤바뀐 관법에 해당한다.

② 가름에 따라 해석하다[解釋] 3.
㉮ 총상 해석[總釋] (論總 76上10)
㉯ 별상 해석[別釋] (下別)
㉰ 총상의 현상적인 관찰에 대한 해석[釋總中事觀] (今菩)

---

[185] 네 가지 관찰이란 ㉮ 觀衆生愚癡顚倒 ㉯ 觀餘處求解脫 ㉰ 觀異道求解脫 ㉱ 觀求異解脫을 가리킨다. (譯者註)

[疏] 論에 總釋云호대 隨所着處하야 愚癡及顚倒니 此事觀故라하니 謂十二因緣은 是所着處요 癡迷性相하야 倒執我所니라 下는 別釋意하야 明癡隨所迷하야 立二顚倒하니 一은 從初로 至則無生處는 明迷緣性之無我하야 執我成倒니 以着我故라 則世間生이 明是顚倒라 若離此着하면 則無生處는 反顯此着이 必是顚倒라 二, 復作下는 竟初一門하고 明愚緣相之緣하야 生疑惑顚倒이니 謂無智故로 常求有無하야 滯斷常之二塗일새 故云疑惑이니 致緣相之相續이 明是顚倒니라 今菩薩이 順彼衆生愚倒之事하야 起悲觀察일새 名爲事觀이니라

■ 논경에서 총합적으로, "집착한 바에 따라 어리석어서 뒤바뀌었으니 이런 현상적인 관찰 때문이다"라고 해석하였다. 말하자면 12인연은 집착한 곳이고 체성과 모양에 어리석고 미혹해서 〈내 것〉으로 뒤바꾸어 고집하는 것이다. 아래는 개별적으로 의미를 분석하여 어리석음이 미혹한 바를 따라 두 가지 뒤바뀐 견해를 세우나니 (1) 처음부터 則無生處까지는 반연하는 성품이 내가 없음을 미혹해서 〈나〉에 집착하여 뒤바뀜이 되는 것을 밝혔으니 〈나〉에 집착하기 때문이다. 세간에 태어남이 바로 뒤바뀜임을 밝힌 부분이다. '만일 이런 집착을 여의면 태어나는 곳이 없다'고 한 것은 이런 집착이 반드시 뒤바뀜임을 반대로 드러낸 것이다. (2) 復作 아래는 처음 한 문을 마치고 모양을 반연하는 형상의 반연에 어리석어 의혹하여 뒤바뀜을 냄에 대해 밝혔다. 말하자면 지혜가 없기 때문에 항상 있고 없음을 구해서 단견과 상견의 두 가지 진흙 밭에 빠지므로 의혹이라 하였다. 반연하는 모양이 이어짐까지는 뒤바뀜을 밝힌 내용이다.

지금 이 보살이 저 중생들이 어리석어 뒤바뀐 현상에 따라 대비심을 일으켜 관찰하므로 이름하여 '현상적인 관찰[事觀]'이라 하였다.

[鈔] 二約大悲下는 疏文有二하니 先, 標章이요 後, 論總下는 解釋이요 於中에 三이니 一은 總釋이요 二는 別釋이오 三은 却釋事觀이라 今初[186]니 先, 擧論이니 謂十二下는 二, 疏釋論이라 遠公이 亦云호대 不緣無我일새 故曰愚癡요 謬執有我일새 稱曰顚倒라하니 此言은 小局이니라 下別釋下는 二, 別開二倒니 前意는 由迷緣性일새 故是愚癡요 無我에 執我일새 故是顚倒라 從以着我下는 論擧經意하야 明倒所以니 第二意는 明迷於緣起하야 不知從緣無眞實故로 卽是愚癡요 疑惑不決이 卽是顚倒라 從謂無智下는 以經釋成이니 無智求有로 釋成愚癡라 滯斷常下는 釋成疑惑이오 致緣相之相續은 釋疑是倒義라 今此菩薩下는 三은 却釋總中事觀이니 二倒相顯하야 事義가 方明일새 故在後釋이니라

● 二約大悲 아래는 소의 문장에 둘이 있으니 ① 가름으로 표방함이요, ② 論總 아래는 가름에 따라 해석함이다. 그중에 셋이니 ㉮ 총합적인 해석이요, ㉯ 개별적인 해석이요, ㉰ 현상적인 관찰을 해석함이다. 지금은 ㉮이니 ㉠ 논경을 거론함이다. ㉡ 謂十二 아래는 소가가 논경을 해석함이다. 혜원법사도 말하되, "〈내〉가 없음을 반연하지 않는 까닭에 '어리석다'고 말하고, 잘못 〈내〉가 있다고 고집하므로 '뒤바뀐다'고 하였으니, 이 말은 조금 국집한 견해이다.

㉯ 下別釋 아래는 개별로 두 가지 뒤바뀜으로 해석함이니 ㉠ 앞의 의미는 반연의 체성을 미혹함으로 인해 어리석은 것이요, 〈내〉가 없는 곳에 〈나〉를 고집하므로 뒤바뀐 것이다. ㉡ 以着我부터 아래는 논경에서 본경의 의미를 거론하여 뒤바뀐 이유를 밝혔다. 둘째 의미는 연기법을 미혹해서 반연에서 진실함이 없는 줄 알지 못한 까닭으

---

186) 上鈔는 南續金本作論總釋下 初總釋也.

로 바로 '어리석음'이요, 의혹하여 결정하지 못하는 것이 바로 '뒤바뀜'이다. ㉢ 謂無智부터 아래는 경문 해석이니, 지혜가 없이 〈유〉를 구함으로 어리석음을 해석한 내용이다. ㉣ 滯斷常 아래는 의혹에 대한 해석이요, '반연하는 모양의 이어짐까지는 의혹이 곧 뒤바뀜이다'라는 이치를 해석한 내용이다.

㉤ 今此菩薩 아래는 현상적인 관찰을 다시 해석함이다. 두 가지 뒤바뀜이 서로 드러나야만 현상적인 이치가 비로소 밝아지므로 뒷부분에 해석하였다.

㈢ 온갖 양상과 지혜로 행하는 관법[一切相智觀] 4.

① 이 부문에 섭속됨을 밝히다[彰門所攝] (三約 77上8)
② 두 가지 관법을 개별적으로 밝히다[別顯二觀] (謂初)
③ 그 두 가지 관법을 거론하여 이 관법이 뛰어남을 밝히다
   [擧其二觀顯此爲勝] (相諦)

[疏] 三, 約一切相智觀은 九觀之中에 此門이 攝第一觀全과 及第二之半이라 謂初의 成答인 二文은 名染淨分別觀이라 此有二意하니 一, 着我가 爲染이오 離我가 爲淨이라 二, 着我故로 緣相生이 爲染이오 離我故로 緣相滅이 爲淨이라 後相인 經文은 卽屬第二依止觀이니 謂雖依第一義나 以不知故로 卽起諸緣이니 是爲染依요 見第一義하면 諸緣이 則滅하니 便爲淨依니라 相諦觀中에 不知故로 成緣相이오 大悲觀中에 不知가 便爲顚倒니라

■ ㈢ 온갖 양상의 지혜에 의지한 관법은 아홉 가지 관법 중에 이 부문

이 (1) 염정분별관(染淨分別觀)의 전부와 (2) 의지관(依止觀)의 반을 섭수한다. 말하자면 처음의 성(成)과 답(答)의 두 문장은 잡염과 청정으로 분별하는 관법이라 이름하였다. 여기에 두 가지 의미가 있으니 (1) <나>에 집착함이 잡염이 되고, <나>를 여읜 것이 청정이 된다. (2) <나>에 집착한 까닭에 반연하는 모양이 생겨남을 '잡염'이라 하고, <나>를 여읜 까닭에 반연하는 모양이 없어짐을 '청정'이라 한다. 뒤의 상(相)인 경문은 (2) 의지관(依止觀)에 섭속된다. 말하자면 비록 제일가는 이치에 의지하지만 알지 못하는 까닭에 모든 반연을 일으키나니, 이것을 '잡염에 의지한다'라고 하고 제일가는 이치를 발견하면 모든 반연이 소멸하나니 단박에 청정에 의지함이 된다. ㊀ 양상적인 진리로 차별하는 관법 중에 알지 못하는 까닭에 반연하는 모양을 이루는 것이요, ㊁ 대비심으로 수순하는 관법 중에 알지 못하는 것이 바로 뒤바꿈이 된다.

[鈔] 三은 約一切相智觀이라 文中有四니 一, 彰門所攝이라 言及第二觀之一半者는 第二는 卽依止觀이라 依止有二하니 一, 依第一義니 卽是相續門이오 二, 依一心이니 卽第二一心所攝門이라 第一義一心일새 故但半耳니라 二, 謂初成答下는 別顯二觀이니 初, 染淨에 有二하니 前意는 約因이오 後意는 約果니 卽雜集等의 染淨義니라 三, 相諦觀下는 擧其二觀하야 顯此爲勝이니 以前二觀에 但有不知나 今具知不知가 爲染淨이니 故로 深細也니라

- ㊂ 온갖 양상의 지혜에 의지한 관법이다. 경문 중에 넷이 있으니 ① 이 부문에 섭속됨을 밝힘이다. '둘째 관법의 반을 섭수한다'고 말한 것은 (2) 의지관(依止觀)을 가리킨다. 의지함에 둘이 있으니 1) 제일가

는 이치에 의지함이니 곧 (a) 유지상속문(有支相續門)을 말하고 2) 한결같은 마음에 의지함이니 곧 (b) 일심소섭문(一心所攝門)을 말한다. 제일가는 이치의 한결같은 마음이므로 단지 반이라고만 하였다. ② 謂初成答 아래는 두 가지 관법을 개별적으로 밝힘이다. ㉮ 잡염과 청정에 둘이 있으니 앞의 의미는 원인에 의지함이요, 뒤의 의미는 결과에 의지함이니 『잡집론』 등의 잡염과 청정의 이치를 가리킨다. ③ 相諦觀 아래는 그 두 관법을 거론하여 이것이 뛰어남을 밝힘이다. 앞의 두 관법에서는 단지 알지 못함만 있었지만 지금은 알고 알지 못함이 갖추어짐을 잡염과 청정으로 삼았으니 그래서 깊고 미세한 것이다.

④ 한 문이 깊고 넓은 모양을 총합하여 결론하다[總結一門深廣之相] 3.
㉮ 가로로 삼승의 세 가지 지혜에 상대하여 이룬 분석[成橫對三乘三智]
(然上 78上2)
㉯ 대승법의 세 가지 지혜에 국한한 분석[唯局大乘三智] (又初)
㉰ 세 가지 지혜를 융합하여 일심(一心)을 이룬 분석
[融其三智成於一心] (雖無)

[疏] 然上의 相續一門은 經文이 無二나 隨義分三이니 初, 明倒惑起緣이 實無有我하야 成一切智觀이오 次는 順癡倒事하야 成道相智觀이오 後는 委究解惑染淨性相하야 成種智觀이니라 又初는 順根本이오 次는 順後得이오 後는 即無礙니라 雖無我所나 不壞相故로 而起大悲요 能所本空일새 悲而無着이요 雙窮性相하야 不滯自他요 三觀이 一心일새 成無礙智라 甚深般若가 寧不現前이리요 一門도 尙然이온 況加餘九아

■ 그러나 위의 (a) 유지상속문 하나는 경문이 둘이 없지만 이치를 따르면 셋으로 나누어지나니 (1) 뒤바뀌고 미혹함에서 일어난 반연이 실제로 〈나〉가 없음을 밝혀서 ㉮ 온갖 지혜의 모양으로 관찰함을 이룬 것이요, (2) 어리석고 뒤바뀐 현상에 따라 ㉯ 양상의 지혜에 의지한 관법을 이룬 것이요, (3) 미혹을 이해하는 잡염과 청정의 체성과 모양을 자세히 궁구하여 일체종지로 관찰함을 이룬다. 또 (1)은 근본지를 따르고 (2)는 후득지를 따르고 (3)은 무애지(無礙智)에 합치하게 된다. 비록 〈내 것〉은 없지만 모양을 무너뜨리지 않는 까닭에 대비심을 일으키는 것이요, 주체와 대상이 본래로 〈공〉해서 중생을 어여삐 여기더라도 집착하지 않으며, 체성과 모양을 동시에 궁구해서 자신과 남에게 지체하지 않음이요, 세 가지 관법이 한 마음이므로 걸림 없는 지혜를 성취한다. 그러니 매우 깊은 반야가 어찌 나타나지 않으리오. 한 문도 오히려 그러한데 하물며 나머지 아홉 문을 더함이겠는가?

[鈔] 四, 然上相續下는 總結一門深廣之相이라 於中有三이니 初, 成橫對三乘三智니 三智之義는 已如前配[187]니라 二, 又初順下는 局大乘三智라 然通因果니라 三, 雖無我所下는 融其三智하야 而成一心이니 初는 空卽假故로 不礙起悲요 二, 能所本空下는 假不礙空일새 悲而無着이요 三, 雙窮下[188]는 卽空卽假일새 不滯自他니 自卽根本이오 他卽後得이라 四, 三觀一心下는 總結無礙하야 成般若因이오 五, 一門下는 結歎深廣이니라

---

187) 上四字는 甲南續金本作前已配屬.
188) 此下에 南續金本有中字.

- ④ 然上相續 아래는 한 문이 깊고 넓은 모양을 총합적으로 결론함이다. 그중에 셋이 있으니 ㉮ 가로로 삼승의 세 가지 지혜에 상대하여 이룬 분석이니, 세 가지 지혜의 이치는 이미 앞에서 배대한 것과 같다. ㉯ 又初順 아래는 대승법의 세 가지 지혜에 국한한 분석이지만 원인과 결과에 통한다. ㉰ 雖無我所 아래는 그 세 가지 지혜를 융합하여 한 마음을 이룬 것이니 1) 공관(空觀)이 가관(假觀)과 합치한 연고로 대비심을 일으킴에 걸리지 않으며, 2) 能所本空 아래는 가관이 공관에 걸리지 않으므로 대비심을 일으키더라도 집착이 없으며, 3) 雙窮 아래는 공관에 합치하면서 가관에 합치하므로 자기와 남에게 지체하지 않나니, 자기는 근본지를 뜻하고 남은 후득지를 뜻한다. 4) 三觀一心 아래는 총합적으로 무애지로 결론하여 반야의 원인을 이룬 것이요, 5) 一門 아래는 결론적으로 깊고 넓음을 찬탄함이다.

大方廣佛華嚴經 제37권
大方廣佛華嚴經疏鈔 제37권의 ② 闕字卷 下

제26 十地品 ⑫

② (b) 일심소섭문(一心所攝門)과 (c) 자업조성문(自業助成門)

제6 현전지(現前地)의 열 가지 연기에 대한 관법은 두 번째 (b) 일심소섭문(一心所攝門)이 단연 탁월하다. 모든 것이 한 마음에서 비롯된 것이니 바로 일체유심조(一切唯心造)의 설명이 될 수 있다.

"불자여, 이 보살마하살이 또 이렇게 생각하느니라. '삼계에 있는 것이 오직 한마음뿐인데, 여래가 이것을 분별하여 12가지[有支]라 말하였으니, 다 한 마음을 의지하여 이렇게 세운 것이로다.'"

마음으로 삼계가 생긴 것이고	了達三界依心有하며
열두 가지 인연도 그런 것이며	十二因緣亦復然이라
나고 죽음 마음으로 짓는 것이니	生死皆由心所作이니
마음이 다한다면 생사도 없어.	心若滅者生死盡이로다

다음은 (c) 자업조성문(自業助成門)의 게송이다.

무명의 짓는 업이 둘이 있으니	無明所作有二種하니
반연을 미혹하고 행의 인 되며	緣中不了爲行因이라
이와 같이 나중엔 늙어 죽나니	如是乃至老終歿하여
이로부터 고통 생겨 다함이 없다.	從此苦生無有盡이로다

大方廣佛華嚴經疏鈔 제37권의 ② 闕字卷 下

제26. 십지법문을 설하는 품[十地品] ⑫

(b) 한 마음으로 섭수되는 문[一心所攝門] 3.

❖ 제6회 십지품 제6 現前地 科圖 (26-63; 闕字卷)

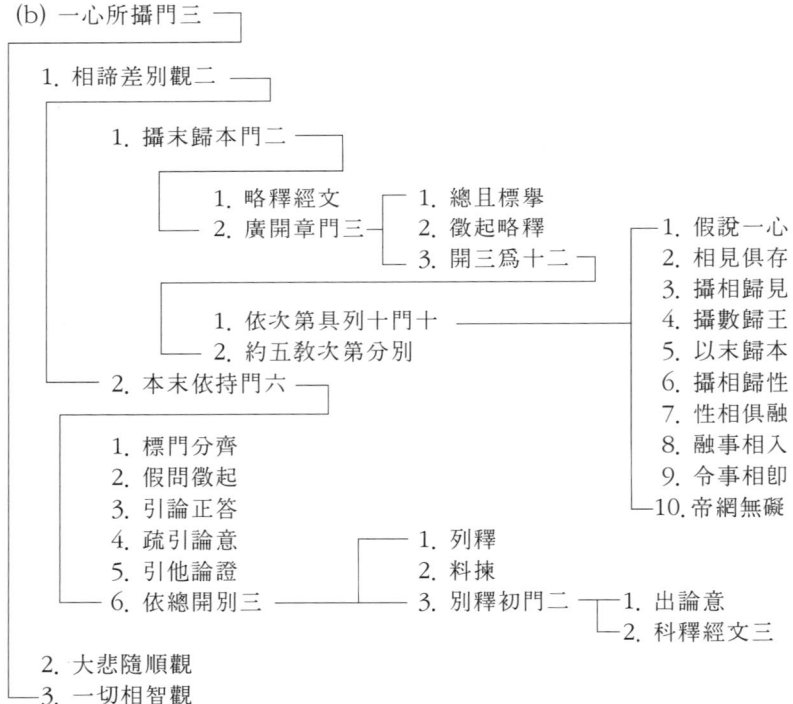

㈠ 양상적인 진리로 구분하는 관법[相諦差別觀] 2.

ⓑ 지말을 거두어 근본으로 돌아가는 문[攝末歸本門] 2.
㉮ 간략히 경문을 해석하다[略釋經文] 2.
㉠ 논경의 문장을 거론하다[擧論文] (第二 78下6)

佛子여 此菩薩摩訶薩이 復作是念하되 三界所有가 唯是
一心이라
"불자여, 이 보살마하살이 또 이렇게 생각하느니라. 삼계에
있는 것이 오직 한 마음뿐인데,

[疏] 第二, 一心所攝門中이라 然此一門이 乃含多意나 且分二別이니 一, 攝末歸本門이오 二, 如來於此下는 本末依持門이라 今初니 依論三觀에 初約相諦니 即當第二인 第一義諦觀이라 論에 生起云호대 云何 第一義差別고 如是證第一義하면 則得解脫함이 彼觀故라하시니 此明 修觀所以라 以第一義는 是緣生之性이니 若見緣生하면 則脫緣縛일 새 故修彼觀이라 而論經에 雖云皆一心作이나 意取能作一心이니 故 云第一義觀이니라

■ (b) 한 마음으로 섭수되는 문이다. 그런데 이 한 문이 비로소 여러 가지 의미를 포함하고 있지만 우선 세 가지로 나누어 구분하였으니 ① 지말을 거두어 근본으로 돌아가는 문이요, ② 如來於此 아래는 근본과 지말이 의지하는 문이다. 지금은 ①이니 논경의 세 가지 관법에 의지할 적에 ㉠ 양상적인 이치로 구분하는 관법에 의지하였으니 곧 (2) 제일가는 이치로 차별하는 관법에 해당한다. 논경에 시작하면서 말하되, "무엇이 제일가는 이치로 차별함인가? 이와 같이 관찰하여 제일가는 이치를 증득하면 해탈을 얻게 되나니 저 관법 때문이다"라

고 하였다. 이것은 관법을 닦는 이유를 밝힘이다. 제일가는 이치는 연기가 생기는 체성이니, 만일 연기가 생김을 발견하면 연기의 속박에서 벗어나게 되므로 저 관법을 닦는 것이다. 비록 모두 '한 마음으로 짓는다'고 말하였지만 의미로는 짓는 주체가 한 마음임을 취하게 되므로 '제일가는 이치로 차별하는 관법'이라고 말한다.

[鈔] 第二一心所攝門이라 今初에 依論三觀下는 疏文有二하니 先, 略釋經이오 後, 廣開義라 今初니 先, 擧論이오 後, 此明修觀下는 疏釋論文이라 從而論經雖云下는 後, 釋立觀所以니 以若取三界虛妄하면 卽是所作이오 便屬世諦요 今取能作하야 爲第一義니라

- (b) 한 마음으로 섭수되는 문이다. 지금은 ①에서 依論三觀 아래는 소의 문장에 둘이 있으니 ㉮ 간략히 경문을 해석함이요, ㉯ 자세히 이치를 전개함이다. 지금은 ㉮이니 ㉠ 논경의 문장을 거론함이요, ㉡ 此明修觀 아래는 소가가 논경을 해석함이다. ㉢ 而論經雖云부터 아래는 관법을 건립한 이유를 해석함이다. 만일 삼계가 허망함을 취하면 그대로 지을 대상이 되어 문득 세간적인 이치에 섭속되고, 지금은 짓는 주체를 취하여 제일가는 이치로 삼는다.

㉡ 논경으로 경문을 해석하다[論釋經] (論云 79上5)

[疏] 論에 云, 但是一心者는 一切三界가 唯心轉故라하시니 此言이 則總이라 轉者는 起作義며 亦轉變義니라

- 논경에 이르되, "단지 한 마음이 짓는다는 것은 일체의 삼계가 오직 마음이 굴리기 때문이다"라고 하였으니 이 말씀이 총상이 된다. '굴

린다'는 것은 '일으켜 짓는다'는 뜻이며, 또한 '굴러 변한다'는 뜻이다.

[鈔] 論云下는 二, 論釋經이오 從此言則總下는 疏釋論이라 上取觀名이 唯是能作이어늘 今云三界唯心轉故로 則通能所라 然이나 能所가 有 二하니 若法性宗인대 以第一義가 隨緣成有하면 卽爲能作이오 所有 心境은 皆通所作이니 以不思議熏과 不思議變이 是現識因故라 若法 相宗인대 第一義心은 但是所迷요 非是能作이라 有三能變하니 謂第 八等이라 故로 一卷唯識論에 云,[189] 又復有義하니 大乘經中에 說하 사대 三界唯心이라하시니 唯是心者는 但有內心하고 無色香等外諸境 界라 此云何知오 如十地經에 說三界가 虛妄이 但是一心作故라하시 니 心과 意와 與識과 及了別等인 如是四法이 義一名異니 此依相應 心說이오 非不相應心說이니라 心有二種하니 一은 相應心이니 所謂一 切煩惱結使와 受想行等이 皆心相應이라 以是故로 言心과 意와 與 識과 及了別等이 義一名異故니라 二는 不相應心이니 所謂第一義諦 라 常住不變하야 自性淸淨心故니 言三界虛妄이오 但一心作이라하시 니 是相應心이요 今依法性일새 故云第一義心을 以爲能作이라

● ㉠ 論云 아래는 논경으로 경문을 해석함이요, ⓑ 此言則總부터 아래는 소가가 논경을 해석함이다. 위에서는 관법의 명칭을 정한 것이 오직 짓는 주체 때문뿐이었는데 지금은 "삼계가 오직 마음이 굴리는 까닭에 주체와 대상에 통한다"고 하였다. 그러나 주체와 대상이 둘이 있으니 만일 법성종(法性宗)에 의지하면 제일가는 이치가 인연 따라 〈유〉를 이루면 곧 짓는 주체를 삼고, 가지고 있는 마음경계는 지을 대상에 모두 통하나니 불가사의한 훈습[眞如熏習]과 불가사의한 변화

---

189) 『1권 유식론』: 世親보살이 짓고 後魏의 般若流支가 번역한 논서이다. 또한 『유식이십론』의 다른 번역서이다.(대정장 권31 p.64b19-)

[無明熏習]가 곧 현재 의식의 원인인 까닭이다. 만일 법상종에 의지한 다면 제일가는 이치의 마음은 단지 미혹의 대상일 뿐 짓는 주체가 아니다. 세 가지 변화하는 주체가 있으니 제8식 따위를 말한다. 그러므로 『1권 유식론』에서는, "다시 또 이치가 있으니 대승경전에서 '삼계가 오로지 마음뿐이다'라고 하셨으니, '오로지 마음뿐'이란 단지 내적인 마음만 있고 빛깔과 향기 따위의 모든 외적인 경계는 없다는 뜻이다. 어떻게 알아야 하는가? 『십지경(十地經)』에서 '삼계가 허망하니 단지 한 마음이 짓는다'고 말하기 때문이다. 마음과 생각과 의식과 경계를 요별하는 따위인 이런 네 가지 법이 이치는 하나이지만 이름이 다르니, 이것은 상응하는 마음에 의지하여 말한 것이요, 상응하지 않는 마음에 의지하여 말한 것이 아니다. 마음에 두 가지가 있으니 1) 상응하는 마음이다. 말하자면 온갖 번뇌의 속박과 느낌과 생각과 지어 감 따위가 모두 마음과 상응하나니, 이런 까닭에 '마음과 생각과 의식과 경계를 요별하는 따위가 이치는 하나이지만 이름은 다르다'고 말한다. 2) 상응하지 않는 마음이다. 이를테면 제일가는 이치가 항상 머물러 변화하지 않고 제 성품이 청정한 마음인 까닭에 '삼계가 허망하니 단지 한 마음이 짓는다'고 하였다. 이런 까닭에 게송으로 '오로지 의식일 뿐 경계는 없기 때문이다'라고 말하였다"라고 하였으니, 이것은 상응하는 마음을 뜻한다. 지금은 법성종에 의지하므로 "제일가는 이치의 마음을 짓는 주체로 삼는다"고 말하였다.

言轉者는 起作義며 亦轉變義者는 卽唯識意니 彼論第二에 總釋三能變云호대 能變이 有二하니 一은 因能變이오 二는 果能變이라하야 釋此二變에 皆云生起하니 故로 彼論에 云, 一은 因能變이니 謂第八識中

의 等流와 異熟인 二因習氣니 等流習氣는 由七識中의 善惡無記하야 熏令生長이오 異熟習氣는 由六識中의 有漏善惡하야 熏令生長이라하니라 釋曰, 種子生現行이 名因習氣라 論中[190]에 先標後釋하니라 等流는 卽七識中三性種子니 各生自現이라 唯除第八이니 不能熏故라 異熟習氣는 唯除第七이니 七是無記일새 非異熟因이라 前是因緣이요 此增上緣이니라 論에 云, 二는 果能變이니 謂前二種習氣力故로 有八識生하야 現種種相이라하니라 釋曰, 卽前二因의 所生現果니 謂有緣法이 能變現者를 名果能變이라 種種相者는 卽第八識相應心所인 相과 見分等이니라 論에 別釋云호대 等流習氣가 爲因緣故로 八識體相이 差別而生일새 名等流果니 果似因故라하니라 釋曰, 卽以現識三性種子로 各自生現이니라 論에 云, 異熟의 增上緣으로 感第八識의 酬引業力하야 恒相續故로 立異熟名이어니 感前六識인 酬滿業者는 從異熟起하니 名異熟生이오 不名異熟이니 有間斷故라 卽前異熟과 及異熟生을 名異熟果니 果가 異因故라하니라 釋曰, 八識은 是總果일새 故是異熟主[191]이니 主가 引生餘感六識業을 名之爲滿業等이니라 以上論文이 皆以生起로 而釋變義니 故로 疏云, 轉卽轉生이며 亦轉變義라하니라

● '굴린다는 것은 일으켜 짓는다는 뜻이며, 또한 점점 변한다는 뜻이다'라고 말한 것은 『성유식론』의 주장이니 저 논서 제2권에 총합적으로 세 가지 변화시키는 주체[能變]를 해석하되, "능변에 두 종류가 있다. 첫째는 원인으로서의 능변[因能變][192]과 둘째는 결과로서의 능변[果能變][193]이다"라고 하여 이 두 가지 변화의 주체에 모두 '생겨난다'고 하

---

190) 論中은 甲南續金本作於中有二.
191) 主는 金本作生誤, 原南纂續本作主; 案述記云 唯第八識是總果故 是果之主 餘果方生 主引生故.
192) 因能變 : 여기서 因은 제8식이 집지하는 종자를 말한다. 이 因의 종자로부터 전변해서 만법을 생겨나게 하므로 종자를 能變의 체로 한다. 여기서 變은 전변(轉變, parinama)의 뜻으로서 원인이 전변하여 결과가 생겨나는 것을 나타낸다.
193) 果能變 : 여기서 果는 8식의 현행을 말한다. 果能變은 현행식을 능변의 體로 한다. 과능변에는 다음과 같은

였다. 그래서 저 논서에 이르되, "(1) 원인으로서의 능변이니, 제8식 중의 등류습기와 이숙습기의 두 가지 원인(곧 업의 종자)의 습기를 말한다. 등류습기(等流習氣)[194]를 7식 중의 선·악·무기에 의해 훈습하여 생성·증장케 한다"고 하였다. 해석한다면 종자에서 생겨난 현행을 원인의 습기라고 이름한다. 논서에는 먼저 표방해 놓고 뒤에 해석하였다. 등류습기란 곧 7식 중의 세 가지 성품의 종자를 말하나니, 각기 자신으로부터 생겨나는데 오직 제8식만 제외되나니 능히 훈습하지 못하기 때문이다. 이숙습기(異熟習氣)는 오직 제7식만 제외하나니 7식은 무기이므로 이숙의 원인이 아니다. 앞은 인연이요, 이것은 증상연이다. 논에 이르되, "(2) '결과로서의 능변'이니, 앞에서 말한 두 가지 습기의 세력에 의해 8식[자체분]이 생겨나서 갖가지 양상을 나타내는 것을 말한다"라고 하였다. 해석한다면 앞의 두 가지 원인에서 생겨난 현행의 결과이다. 말하자면 존재에서 반연한 법이 변화의 주체로 나타난 것을 결과로서의 능변(能變)이라 한다. 갖가지 모양이란 제8식과 상응한 마음의 요소인 상분과 견분 따위를 가리킨다. 논에서 따로 해석하되, "등류습기를 인연으로 하기 때문에 8식의 체성과 양상이 차별적으로 생겨난다. 이것을 '등류과(等流果)'라고 이름하니 결과가 원인과 비슷하기 때문이다"라고 하였다. 해석한다면 곧 현재의 의식인 세 가지 성품의 종자로 각기 자분의 현행을 낸다. 논에 이르되, "이숙습기를 증상연(增上緣)으로 하여 제8식을 초감한다. 이끄

세 가지 전변이 포함된다. 첫째는 과거의 業力이 증감됨으로써 이숙습기가 활동할 수 있게 되어, 아뢰야식이 다른 衆同分으로 태어난다. 둘째는 등류습기가 활동할 수 있게 됨으로써, 아뢰야식으로부터 轉識이 생기게 된다. 셋째는 현행된 8식의 자체로부터 견분과 상분이 변현된다.

[194] 等流에서 等은 相似의 뜻으로서 원인[因]이 果性과 비슷하기 때문이고, 流는 流類의 의미로서 결과가 원인의 부류[類]이므로 流라고 한다. 等流는 '같은 종류'라는 뜻으로서, 자기와 같은 종류의 결과를 내는 종자를 말한다. 善因에서 善果를 내고, 惡因에서 惡果를 내는 것처럼, 종자로부터 일어나는 결과인 현행법과 비슷할 때, 그것을 등류습기라고 한다.

는 업[引業)[195]의 힘에 응하여 항상 상속하기 때문에 이숙이라는 명칭을 건립하며, 전6식도 초감한다. 원만하게 하는 업[滿業)[196]에 응하는 것은 이숙식으로부터 일어나기 때문에 '이숙생(異熟生)'이라고 이름한다.[197] 이숙식이라고는 이름하지 않나니, 잠시 단절되는 때가 있기 때문이다.[198] 곧 앞의 이숙[제8식]과 이숙생을 '이숙과(異熟果)'라고 이름한다. 결과가 원인과 다르기 때문이다"라고 하였다. 해석한다면 제8식은 총합적인 결과이므로 이숙의 주체가 되나니, 주체가 나머지 감득한 육식(六識)의 업을 이끌어 생기게 하는 것을 이름하여 '원만하게 하는 업' 등으로 이름한다. 이상의 논문은 모두 생겨나는 것으로 '변화'의 뜻을 해석하였으니, 그러므로 소가가 "전(轉)은 굴러 생겨나는 것이며 구르고 변화하는 것을 뜻한다"고 하였다.

又 下論中에 釋第二能變의 依彼轉緣이니 彼云호대 轉은 謂流轉이니 顯示此識이 恒依彼識하야 取所緣故라하며 彼疏에 釋云호대 流는 是相續義요 轉은 是生起義니 謂依第八하야 或種或現이 相續起義라하나니라 又彼論第一에 釋由假說我法有種種相轉云호대 轉은 謂隨緣施設有異라하며 又云호대 彼相은 皆依識所轉變而假施設이라하며 又云호대 變은 謂識體가 轉似二分이라하나라 釋曰, 言彼相者는 卽上我法

---

195) 引業 : 總報業을 가리킨다. 異熟果를 초래하는 선악의 업에 총보업과 別報業이 있다. 총보업은 총체적인 果體로서의 제8식을 이끌어내므로 引業이라고도 한다.
196) 滿業 : 別報業은 6식을 이끌어 내는 업으로서, 총보의 과체(果體, 제8식)를 장엄하여 원만하게 하므로 滿業이라고도 한다.
197) 총보업에 이끌려 생기된[引生] 제8식을 眞異熟이라고 하고, 별보업에 이끌려 생기된 6식을 異熟生이라고 이름한다. 총보업과 별보업은 별개의 체가 아니라 총보의 果體 위에 별보의 결과[果]도 감득한다.
198) 진정한 이숙[眞異熟]인 것은 선악업의 결과이고, 不斷이며, 삼계에 두루 하는 것의 세 가지 뜻이 있어야 한다. 그런데 五識은 잠시 단절됨이 있고, 제6식도 五位無心이라 하여 오위(五位 : 無想天・無想定・滅盡定・極睡眠・極悶絶)에서는 작용하지 않는다. 따라서 6식은 잠시 단절됨이 있으므로, 이숙의 조건인 不斷의 의미를 缺한다. 이것은 이숙식으로부터 생겨난 것[異熟生]이지, 眞異熟이 아님을 밝힌다.

이오 識體는 卽是自證分이니 此는 相과 見이 俱依自證起故라 上來正意는 爲證以起以變하야 釋論轉字라 然이나 已具於能變之相이라 前後經疏가 皆要此文이니라

● 또 아래 논문에서 둘째 변화의 주체에서 저 전변하는 인연에 의지하였으니 저 논에 이르되, "(『삼십송』의 제5 게송에서) '전(轉)이라는 것은 유전(流轉)을 말한다. 이 의식은 항상 그 식(識)[199]에 의지하고, 인식대상을 파악한다는 것을 나타내기 때문이다'"라고 하였다. 저 소에서 해석하되, "유(流)는 '상속한다'는 뜻이고 전(轉)은 '생겨난다'는 뜻이다. 말하자면 제8식에 의지해서 종자와 현행이 상속해서 일어난다는 뜻이다"라고 하였다. 또 저『성유식론』제1권에서 "허망된 것[假]에 의거해서 자아와 법이 있다고 말하나니 (자아와 법의) 갖가지 모습들이 생겨난다"는 부분을 해석하되, "게송에서 생겨난다[轉]라는 것은 조건[緣]에 따라 시설해서 차이가 있다"고 하였다. 또 이르되, "그 모양들은 모두 의식이 전변한 것[識所變]에 의지해서 가정적으로 시설된다"고 하였다. 또 이르되, "변(變)이란 의식 자체[識體]가 전변한 것이 두 가지 부분[心分= 상분과 견분]으로 나타나는 듯한[似現][200] 것을 가리킨다"라고 하였다. 해석한다면 '저 모양'이라 말한 것은 곧 위의 〈나〉와 법이요, '의식 자체'란 그대로 자증분(自證分)을 가리키나니, 이것은 상분과 견분이 모두 자증분에 의지하여 생겨나기 때문이다. 여기까지 바른 의미는 생겨나고 변화함으로 논경의 전자(轉字)를 해석함을 증명한 부분이다. 그러나 이미 능변의 모양을 갖추었으므로 앞뒤의 경문과 소문이 모두 이 문장을 중요하게 생각하였다.

---

199) 제8식의 종자와 현행식을 말한다.
200) 사현(似現, pratibhasa)은 顯現·變似라고도 하며, 식이 인식대상을 닮은 형상을 띠는 작용을 말한다. pratibhasa는 원래 물에 비친 달 등의 영상을 의미하는 용어였는데, 唯識敎學에서는 마음속에 나타난 사물의 영상 또는 주체 쪽의 인식작용을 의미하게 되었다.

㉯ 자세히 가름의 문으로 전개하다[廣開章門] 3.
㉠ 총합하여 우선적으로 표방하다[總且標擧] (然此 81上10)

[疏] 然此一文을 諸敎에 同引하야 證成唯心이라
- 그런데 이 한 문장을 여러 교법에서 함께 인용하여 오직 마음뿐인 이치를 증명하고 있다.

[鈔] 然此一文下는 二, 廣開章門이라 於中有三하니 初, 總標擧니 唯識과 攝論等에 皆指華嚴의 一心作義하니라
- ㉯ 然此一文 아래는 자세히 가름으로 전개함이다. 그중에 셋이 있으니 ㉠ 총합하여 우선적으로 표방함이니 『유식론』과 『섭대승론』 등에서 모두 『화엄경』의 '한 마음이 짓는다'는 이치를 지적하고 있다.

㉡ 질문을 일으켜 간략히 해석하다[徵起略釋] (云何 81下3)

[疏] 云何一心이 而作三界오 略有三義하니 一은 二乘之人은 謂有前境하고 不了唯心일새 縱聞一心이라도 但謂眞諦之一이라하며 或謂由心轉變이 非皆是心이라하며 二는 異熟賴耶를 名爲一心이니 揀無外境일새 故說一心이라하며 三은 如來藏性淸淨一心이니 理無二體일새 故說一心이라 此初一心을 菩薩이 不爲此觀이오 後二의 一心을 經意가 正明이라 通於三觀히 約淸淨一心하야 爲第一觀이니 通此二心이 爲後二觀이라 後二一心은 略如問明하니라
- 어떻게 한 마음이 삼계를 짓는가? 대략 세 가지 이치가 있으니 (1) 이승의 사람은 앞에 경계가 있더라도 오직 마음뿐임을 깨닫지 못하므

로 비록 한 마음임을 들었더라도 단지 진제 중의 하나일 뿐이라 말하며, 혹은 마음으로 인해 구르고 변한 것이 모두 마음인 것은 아니라고 하였다. (2) 이숙의 아뢰야식을 이름하여 한 마음이라 하나니, "바깥 경계가 없음과 구별하기 위해 한 마음을 말한다"고 하였다. (3) 여래장 본성의 깨끗한 한 마음은 이치가 두 가지 체성이 없으므로 한 마음이라고 말한다. 여기서 처음의 한 마음을 보살은 이런 관법을 하지 않으며, 뒤의 두 가지는 한 마음을 경문의 의미로 바로 밝힌 내용이다. 세 가지 관법에서 모두 깨끗한 한 마음에 의지하여 제일가는 관법을 삼았으니 이런 두 가지 마음이 뒤의 두 가지 관법이 되게 한 것이다. 뒤의 둘에서 한 마음은 대략 문명품과 같다.

㉢ 삼관을 열어 열 개 문으로 삼다[開三爲十] 2.
ⓐ 순서에 따라 열 개 문을 모두 나열하다[依次第具列十門] 10.
㊀ 한 마음으로 가정하여 설명하는 문[假說一心] (廣開 81下10)

[疏] 廣開有十이니 初之一門은 假說一心이니 謂實有外法이며 但由心變動故라 下之九門이 實唯一心이니라

- 자세히 전개하면 열 가지가 되나니 ㊀ 한 마음으로 가정하여 설명하는 문이다. 말하자면 실제로 외부의 법이 있으며 단지 마음으로 인해 변동하기 때문이다. 아래의 아홉 문은 실제로는 한 마음일 뿐이다.

[鈔] 云何一心下는 第二, 徵起略釋이오 廣開有十下는 三, 開三爲十이라 上三義中에 初一은 不開요 開第二하야 爲次三하고 開第三하야 爲後六이라 然이나 皆從寬至狹이니라

- ㉡ 云何一心 아래는 질문을 일으켜 간략히 해석함이요, 廣開有十 아래는 ㉢ 삼관(三觀)을 열어 열 문으로 삼음이다. 위의 세 가지 이치 중에 (1) 하나는 전개하지 않은 것이고, (2)를 전개하여 다음의 셋으로 삼았고, (3)을 전개하여 뒤의 여섯 문으로 삼은 것이다. 그러나 모두 넓은 곳에서부터 좁은 곳에 이르는 순서이다.

㈀ 상분과 견분이 모두 존재하는 문[相見俱存] (二相 82上4)

[疏] 二, 相과 見이 俱存일새 故說一心이니 此通八識과 及諸心所와 幷所變相分이니 本影이 具足이라 由有支等의 熏習力故로 變現三界依正等報니 如攝大乘과 及唯識等諸論에 廣說하니라

- ㈀ 상분과 견분이 모두 존재하므로 한 마음[一心]이라 말하나니, 여기서는 제8식과 모든 심소와 변화할 대상인 상분에 통하나니 본체와 그림자가 구족함을 뜻한다. 〈존재〉의 지분 등의 훈습하는 힘으로 인하여 삼계의 의보와 정보 따위의 과보로 변해 나타나나니 마치 『섭대승론』과 『성유식론』 등 여러 논서에서 자세히 설명한 것과 같다.

[鈔] 二相見俱存者는 唯識正義를 四師가 各立은 已見問明이어니와 今此는 從多일새 故云相見이라 八識心王과 及諸心所에 皆有二分하니 當體는 即見分이요 從幷所變下는 即是相分이라 相有二義하니 一은 識所頓變이니 即是本質이오 識等緣境은 唯變影緣이니 不得本質이라 言由有支等者는 影變因果니 已如上說이니라

- ㈀ '상분과 견분이 모두 존재한다'는 것은 『성유식론』의 정의를 네 분 스님이 각기 건립한 것은 이미 문명품에서 본 적이 있지만 지금 여기

서는 많은 것을 따르는 연고로 상분(相分)과 견분(見分)이라 하였다. 제8식의 심왕(心王)과 여러 심소(心所)에 모두 두 부분이 있으니 체성 그 자체는 곧 견분이요, 병소변(幷所變)부터 아래는 그대로 상분이다. 상분(相分)에 두 가지 이치가 있으니 1) 의식으로 단박에 변화할 대상이니 곧 근본 바탕이요, 의식 따위가 경계를 반연함은 오로지 그림자의 반연만 변화하는 것이니 근본 바탕을 얻지는 못한다. '존재의 지분 등의 훈습력으로 인해'라고 말한 것은 그림자가 변화한 원인과 결과를 뜻하나니 이미 위에서 설명한 내용과 같다.

① 상분을 거두고 견분으로 돌아가는 문[攝相歸見] (三攝 82下2)

[疏] 三, 攝相歸見일새 故說一心이니 亦通王數라 但所變相分이 無別種生이오 能見識生호대 帶彼影起라하니 如解深密經과 二十唯識과 觀所緣緣論에 具說斯義하시니라

■ ① 상분을 거두어 견분으로 돌아가므로 한 마음이라 말하였으니 또한 심왕과 심수에 통한다. 단지 변화할 대상인 상분만이 종자에서 생기는 것과 다름이 없다. 의식에서 생김을 능히 볼 수 있지만 '저 그림자와 동반하여 일어난다'고 하였으니,『해심밀경』과『유식이십론』과『관소연연론(觀所緣緣論)』에 이런 이치를 구체적으로 설명하였다.

[鈔] 三攝相下는 然初와 及四와 五는 皆唯識의 所破故라 彼論初에 云호대 又爲開示謬執我法迷唯識者하야 令達二空하야 於唯識理에 如實知故라하니 此破凡外니 今文에 所無라 次論에 復云호대 有迷謬唯識理者라하니 釋曰, 下皆護法이 廣破四師니 此는 標也라 次論에 云[201]호

대 或執外境이 如識非無라하니 釋曰, 此卽有宗이니 依十二處敎하야 執心境俱有니 是第一義라

論에 云, 或執內識이 如境非有라하니 釋曰, 此破淸辨이니 依密意空敎하야 撥識亦無니라 論에 云, 或執諸識이 用別體同이라하니 釋曰, 卽大乘一類菩薩이 言八識體가 唯是一也라하야 如一水와 鏡에 多波와 像이 生이라하니 卽當此中의 第五義也니라

論에 云, 或執離心하면 無別心所라하니 釋曰, 此卽經部覺天의 所計니 以有經[202])에 言호대 士夫와 六界의 染淨이 由心이니 無心所相이라 雖於蘊中에 亦有心所나 但於識上에 分位假立이오 無別實有라하니라 然이나 淸辨計는 雖撥皆空이나 强違中道코 而立唯境이오 順世는 亦立唯四大種이 成有情故라하니 若依此義인대 應有四句니 淸辨과 順世는 有境無心이오 中道大乘은 有心無境이오 一切有部는 有心有境이오 邪見撥無는 都無心境이라 然이나 其有王無所가 卽此第四라 而今指經論이 與彼로 不同하니라

然第三義에 言如解深密者는 卽第一經의 心意識相品第三이니 廣慧菩薩이 問佛호대 菩薩이 於心意識에 秘密善巧한대 佛答云하사대 廣慧야 當知하라 於六趣生死에 彼有情과 及四生이 身分[203])生起호대 於中에 最初一切種子인 心識이 成熟하고 展轉和合하야 增長廣大라 依二執受하니 一者는 有色諸根과 及所依執受요 二者는 相名分別 言說戲論習氣執受라 有色界中에는 具二執受나 無色界中에는 不具二種이라하시니라 釋曰, 無色에는 不具하니 卽無色根하고 則唯有相名分別習氣하니 明是唯見이로다 次下經에 又云하사대 廣慧여 阿陀那識

---

201) 云은 南續金本作復云.
202) 遺忘記云 有經은 卽入胎經.(『三家本私記』遺忘記 p. 281-)
203) 分은 甲南續金本作外誤, 經原本作分; 遺忘記云 身外生起者 外器界生起.

이 爲依止며 爲建立故로 六識身轉이니 謂眼과 耳鼻舌身意識이라 此中에 有識은 眼及色이 爲緣하야 生眼識이어든 與眼識으로 俱隨行하며 同時同境인 有分別意識이 轉等이라하시니 則知皆是唯立見分이로다 此見은 亦卽安慧所立인 一自證分이니 謂多立有相見二分일새 去相하고 取見하야 爲自證耳이라

● ㉠ 攝相 아래는 그러나 ㉡와 ㉢와 ㉣는 모두 『유식론』에서 타파한 내용이기 때문이다. 저 『성유식론』의 첫 부분에 이르되, "또한 그릇되게 자아와 법으로 집착하여 유식(唯識)[204]에 미혹한 자에게 열어 보여서, 두 가지 <공>을 통달함으로써 유식의 궁극적인 진리[理][205]에 대해서 있는 그대로 알게 하기 위해서이다"라고 하였다. 이것은 범부와 외도를 타파한 것이니 지금 소문에는 없는 부분[206]이다.

다음에 논에서 다시, "또한 유식의 궁극적인 진리에 미혹하거나 잘못 아는 자가 있다"고 하였다. 해석한다면 아래는 모두 호법(護法)논사가 네 분 스님의 견해를 논파한 내용이니 이것은 표방함이다. 다음에 논에 말하였다. "혹은 외부대상이 의식처럼 없는 것이 아니라고 집착한다." 해석한다면 이것은 유부종[有部宗, 곧 설일체유부][207]이니 12처의 교법에 의지하여 마음과 경계가 모두 있다고 집착함이니 이것이 첫째 이치[㉠ 假說一心門]이다. 논에 말하였다. "혹은 내부의 식이 외부대상

---

204) '唯識'에는 궁극적인 진리[理]에 도달하기 이전의 唯識觀에서 識의 관념으로서의 '유식'과, 궁극적인 진리(진여, 무분별지혜)로서의 '유식' 두 가지가 있다. 지금은 전자를 가리킨다. 여기서 유식(唯識, vijñaptimātra)의 갖춘 이름은 唯識無境이다. 오직 식의 존재만을 인정하고, 식의 외부에 독립적으로 존재한다고 遍計所執되는 대상[境]의 존재는 부정된다. 그것은 다만 식이 轉變하여 見分과 相分으로 분화될 때, 우리는 그릇되게 전자를 實我로, 후자를 實法으로 집착하는데, 사실 그것은 似我와 似法으로써 실체성이 없다. 따라서 인식되는 객관[所取]이 비존재성이므로, 인식하는 주관[能取]도 비존재성이 된다. 이것을 境識俱泯이라고 한다.

205) 유식의 궁극적인 진리[唯識理]는 일반적으로 유식성[唯識性, vijñāptimātratā]으로 말해진다. 곧 진여(眞如, tathatā)와 無分別智이다. 이것은 我空과 法空의 이치를 깨쳐서 번뇌장과 소지장을 소멸하고, 열반과 보리를 증득한 상태이다. 다시 말하면 轉依로써 轉識得智를 이루어, 여덟 가지 識이 네 가지 지혜로 전환된 상태이다.

206) 화변(火辨, Citrabhāna) 등이 논서를 짓는 취지를 나타낸다.

처럼 존재하지 않는다고 집착한다." 해석한다면 이것은 청변(淸辨)논사[208]를 논파한 부분이니, 밀의가 공한 교법에 의지해서 의식도 없는 것으로 부정한 견해이다. 논에 말하였다. "혹은 모든 식이 작용은 다르나 자체[體]는 같다고 집착한다."[209] 해석한다면 대승의 일부보살들이 '8식의 자체가 오직 하나'라고 말하여 "마치 동일한 물에 일렁이는 물결과 거울에 그림자가 생기는 것과 같다"고 하였으니 여기의 다섯째 이치[⑤ 以末歸本門]에 해당한다.

논에 말하였다. "혹은 심왕(心王)[210]에서 떠나서 별도의 심소(心所)[211]는 없다고 집착한다." 해석한다면 이것은 경량부(經量部)의 각천(覺天)논사[212]가 계탁한 견해이다. 어떤 경전에 말씀하되, "유정은 육계(六界)[213]의 잡염법과 청정법은 심왕에 의거하나니,[214] 심소의 모양은 없다. 비록 오온 중에 또한 심소가 있지만 단지 의식 위에 부분적 위치로 가정적으로 세운 것이요, 따로 실제로 존재하는 것은 아니다"라고 하였다. 그러나 청변의 견해는 비록 모두 공하다고 무시하지만 억지로 중도에 위배하고 오직 경계뿐이라고 주장한 것이요, 순세학파(順世學派)는 또한 오로지 사대종(四大種)만이 유정을 이룬다고 주장한다. 만일 이런 이치에 의지한다면 응당히 네 구절이 될 것이다. 1) 청변과 순세학파는 경계는 있고 마음이 없으며, 2) 중도의 대승교법

---

207) 설일체유부(說一切有部, Sarvāsti-vāda) 등에서 주장한 三世實有 法體恒有說을 가리킨다.
208) 『성유식론술기』에 의하면, 중관학파의 청변(淸辨, Bāviveka) 등의 惡取空의 견해를 말한다.
209) 대승 중에서 일부 보살들이 주장한 八識體一說을 말한다.
210) 심왕(心王, citta)은 식별작용을 비롯한 정신현상의 주체로서, 구체적으로 八識을 가리킨다.
211) 심소(心所, caitta)는 심왕에 수반되는 심리작용이다. 유식학에서는 모두 51가지 심소가 있으며, 심왕과 심소는 體를 달리하며 상응하여 함께 일어난다고 주장한다.
212) 경량부(經量部, Sautrāntika), 說一切有部의 覺天 등의 주장으로서, 다만 受・想・思의 세 가지 심소만 인정한다.
213) 六界는 地・水・火・風・空・識이다.
214) 『說無垢稱經』제2권(고려장 권9, p. 1044下; 대정장 권14, p. 563 b-).

은 마음만 있고 경계는 없으며, 3) 설일체유부종은 마음도 있고 경계도 있으며, 4) 사견으로 무시하는 외도는 마음과 경계가 모두 없음이 된다. 그러나 '심왕은 있고 심소는 없다'는 것이 여기의 넷째 이치[④ 攝數歸王門]가 된다. 하지만 경전과 논서가 저것과 다름을 지적하였다.

그런데 셋째 이치[③ 攝相歸見門]에서 '해심밀경과 같다'고 말한 것은 『해심밀경(解深密經)』제1권 심의식상품(心意識相品) 제3의 내용이니, "광혜보살이 부처님께 여쭈었다. '세존께서는 심(心)·의(意)·식(識)의 비밀에 공교한 보살이란, 어디까지를 심·의·식의 비밀에 공교한 보살이라 하오며, 여래께서는 어디까지를 시설하여 그것이 심·의·식의 비밀에 공교함이라 부르시나이까?' 부처님께서 답하시되, '광혜여 마땅히 알라. 여섯 갈래[六趣]의 나고 죽음에서 모든 유정은 모든 유정 가운데 떨어져서 혹은 난생(卵生)에 있거나 태생(胎生)에 있거나, 습생(濕生)에 있거나 혹은 화생(化生)에 있으면서 신분(身分)을 일으키느니라. 그 가운데 최초에 일체종자의 심식(心識)이 익어지고, 더욱 더 화합하여 자라나고 넓어져서 두 가지 집수(執受)에 의지하느니라. 1) 유색(有色)의 모든 감관과 의지하는 바 집수요, 2) 모습[相]·이름[名]·분별하는 말과 희론인 습기의 집수이니라. 유색계에는 두 가지 집수(執受)가 구족하지만 무색계에는 두 가지 집수가 구족하지 않느니라'"라고 하였다. 해석한다면 무색계에는 구족하지 않나니 무색의 감관을 구족하고 오로지 모습과 이름으로 분별하는 습기만 남았으니 견분뿐인 것이 분명하다. 다음에 아래 경에서 말하되, "광혜여, 아타나식으로 의지를 삼고, 건립하는 까닭에 여섯 가지 식신(識身)이 구르나니, 이른바 안식(眼識)·이·비·설·신·의식이니라. 이 가운데

식이 있으니, 눈과 색을 반연으로 삼고 안식이 있느니라. 안식과 함께 따라 행하며, 동시에 같은 경계를 분별하는 의식이 있어 구르느니라"라고 하였다. 말하자면 모두가 오로지 견분으로만 세운 것임을 알겠다. 여기의 견분은 또한 안혜(安慧) 논사가 건립한 하나뿐인 자증분(自證分)이다. 말하자면 대부분 상분과 견분의 둘을 세우므로 상분은 제외하고 견분만 취하여 자증분으로 삼은 것이다.

言二十唯識者는 亦名唯識二十論이라 有二十偈故니 世親菩薩이 造하시고 唐三藏譯이라 最初에 卽云호대 安立大乘三界唯心이니 以契經에 說三界唯心일새니라 心意識了別을 名之差別이니 此中에 說心과 意와 兼心所는 唯遮外境이오 不遣相應이라 內識이 生時에 似外境現이 如眼有翳에 見髮蠅等이나 於中에 都無少分實義라하니 釋日, 此亦明唯心義라 復有一卷唯識論하니 天親菩薩이 造하시고 後魏瞿曇般若流支가 譯이라 細尋하면 乃是二十唯識을 同本異譯이로대 而文稍顯著라 先列二十偈하시니 初偈에 云호대 唯識無境界어늘 以無塵妄見이 如人目有翳에 見毛月等事라하고 偈竟에 問云호대 初偈는 明何義오 答日, 凡作論이 有三義하니 一者, 立義니 卽是初句요 二者, 引證이니 卽第二句요 三者, 譬喩니 卽下二句라하야 下文에 廣釋호대 亦明外相이 無實하고 唯心現故로 名攝相歸見이니라

- 二十唯識이란 또한 『유식이십론』이라고도 부른다. 20개의 게송이 있는 까닭이니 세친(世親) 보살이 짓고 당나라 현장(玄奘)삼장이 번역한 논서이다. 제일 첫 부분에 말하였다. "대승에서는 삼계가 오직 의식뿐이라고 건립하였으니, 계경에서 '삼계가 오로지 마음뿐이다'라고 설한 까닭이다. 심·의·식으로 분별하는 것을 차별이라 부르나니

이 가운데 마음과 생각과 겸하여 심소는 오로지 외부의 경계만 차단할 뿐 상응심은 보내지 않았다. 내부의 의식이 생길 때에 외부의 경계가 나타난 것처럼 눈에 티끌이 있으면 터럭이나 파리로 보이지만 그 중에 어떤 실다운 이치도 없는 것과 같다"고 하였다. 해석한다면 이것도 또한 오직 마음뿐이라는 이치를 밝힌 내용이다. 다시『1권 유식론』이 있으니 천친보살이 짓고 후위(後魏)의 반야유지(般若流支)가 번역한 논서이다. 자세히 살펴보면『유식이십론(唯識二十論)』과 같은 책의 다른 번역본인데 문장은 더욱 뚜렷하다. 먼저 20개의 게송을 나열하였으니 첫 게송에 이르되, "오로지 의식뿐 경계는 없거늘 수없는 망녕된 소견이 마치 사람의 눈에 티끌이 들어가면 털이나 달 따위로 보이는 것과 같네"라 하였고, 게송 끝에 묻되 "첫 게송은 무슨 뜻인가? 답하기를, 대개 논서를 짓는 것이 세 가지 이치가 있으니 1) 이치를 세우기 위함이니 바로 첫 구절이다. 2) 인용하여 증명하기 위함이니 둘째 구절이요, 3) 비유로 밝히기 위함이니 아래 두 구절이다"라고 하여 아래 문장에 자세히 해석하였는데, 또한 외부의 모양에 실다운 이치가 없고 오직 마음으로만 나타나는 연고로 '상분을 거두어 견분으로 돌아간다'고 이름 붙인다.

言觀所緣緣論者는 但有兩紙하니 陳那菩薩이 造라 論에 云[215]호대 諸有가 欲令眼等五識으로 以外色作所緣緣者라하야 或執極微하야 許有實體라하니 能生識故며 或執和合하니 以識生時에 帶彼相故라하나

---

[215]『관소연연론』의 인용문을 소개해 보자. (대정장 권31 p.888b1-) [모든 존재[有]가 눈 등 다섯 식[五識]으로 하여금 바깥 물질로써 반연할 대상의 연을 만들려고 하는지라, 혹 지극히 미세한 것을 고집하여 실체가 있다고 인정하는 것은 능히 식을 내기 때문이다. 혹 화합한 것을 고집하여 그것으로 식이 생길 적엔 저 모양을 띠기 때문이다. 이 두 가지가 다 이치가 아니니, 그 까닭은 무엇이겠는가? 『지극히 미세한 것에 다섯 가지 식에 있어서 혹 연하더라도 반연할 대상이 아니니 저 모양은 식이 없기 때문에 마치 눈의 감관과 같은 것이네》 반연할 대상

二俱非理니 所以者何오 極微가 於五識에 設緣非所緣이니 彼相에는 識無故가 猶如眼根等이라하니라 釋曰, 此破前極微가 生識이라 長行에 破意에 云, 眼等이 能發識이나 識上에 無眼相이오 極微가 能發識인달하야 識豈有微相이리오 故無所緣이라하고 又偈에 云, 和合於五識하야 設緣非所緣이니 彼體實無故가 猶如第二月이라하니라 釋曰, 觀長行意인대 此破上和合으로 以生識이니 謂彼執言호대 堅等多相이 和合一處有라 是現量境이 能發於識이라하니 破意에 云호대 和合에는 法無實이니 故로 如眼錯亂하야 見第二月이라하니라 釋曰, 以無上의 二相하고 唯有於識일새 故名攝相歸見이니라 然이나 陳那가 立於三分이니 今言無相者는 相實無故라 下正義에 云, 彼所緣緣이 非全不有라 內色이 如外現하야 爲識所緣緣이니 許彼相在識이며 及能生識故라하니라 釋曰, 長行에 內識이 似外境現이 爲所緣緣이니 許眼等識이 帶彼相起와 及彼生識故라 結云호대 諸識에 唯216)內境相이 爲所緣緣하니 理極成也라하니 則非全無相이오 相全屬識이니 故云歸見이니라 然上疏引은 皆賢首意니 欲成十義일새 故復引之니라 法相立識은 如前所引唯識論辨이니라

● '관소연연론'이라 말한 것은 단지 두 장의 분량뿐이니 진나(陳那)보살의 저술이다. 논에 이르되, "모든 존재[有]가 눈 등 오식으로 하여금 바깥 물질로써 반연할 대상의 연을 만들려고 하는지라, 혹 지극히 미세한 것을 고집하여 '실체가 있다'고 인정하는 것은 능히 식을 내기

의 연[所緣緣]이란 이를테면, 연하는 식이 저 모양을 띠고서 일어나거나 또는 실체가 있어서 연하는 식으로 하여금 저것을 의탁하여 물질 등 지극히 미세한 것을 내는지라, 설사 실체가 있어서 능히 다섯 가지 식을 낸다면 연의 뜻이 있다고 용납하겠지만, 그러나 연할 것은 아니니, 눈 등이 눈 등의 식에 저 모양이 없기 때문이다. 이같이 지극히 미세한 것은 눈 등의 식에 반연할 대상의 뜻이 없는 것이다.《화합이 다섯 가지 식에 있어서 혹 반연할 대상이라도 연함이 아니니 저 체(體)가 사실 없기 때문에 마치 둘째의 달[第二月]과 같음이네》
216) 識唯는 金本作唯識誤.

때문이다. 혹 화합한 것을 고집하여 그것으로 식이 생길 적엔 저 모양을 띠기 때문이다. 이 두 가지가 다 이치가 아니니, 그 까닭은 무엇이겠는가? '지극히 미세한 것에 다섯 가지 식에 있어서 혹 연은 되지만 연할 대상은 아니니, 저 모양은 식이 없기 때문에 마치 눈의 감관과 같은 것이네'"라고 하였다. 해석한다면 여기서 앞의 지극히 미세한 것이 식을 낸다는 주장을 타파하였다. 장항에서 그 주장을 타파하되, "눈 따위가 능히 식을 내긴 하지만 의식 위에 눈의 모습은 없고, 지극히 미세한 것이 능히 의식을 내는 것과 같아서 의식에 어찌 미세한 모습이 있겠는가? 따라서 반연할 대상은 없다"고 하였다. 또 게송으로 이르되 "감관과 대경의 화합이 다섯 가지 식에 있어서 혹 반연할 대상에도 연하지 않나니 저 자체(體)가 사실 없기 때문에 마치 두 번째 달과 같다네." 해석한다면 장항의 의미를 살펴본다면 위의 화합으로 식을 낸다는 주장을 타파한 것이다. 이를테면 저것을 집착하여 말하되, "견고한 물질 따위의 다양한 모습이 한곳에 화합하여 존재하는지라, 현량의 경계가 능히 식을 발생한다"고 하였는데, 그 주장을 타파하여 이르되, "화합에는 그런 현상법이 실제로는 없나니 마치 눈이 어지러워지면 두 번째 달을 보는 것과 같네"라고 하였다. 해석한다면 위의 두 가지 모양이 없고 오직 의식만 있으므로 이름하여 '상분을 거두어 견분으로 돌아간다'고 하였다. 그러나 진나(陳那) 보살은 세 부분을 세웠으니 지금 '모양이 없다'고 말한 것은 상분이 실제로 없기 때문이다. 아래 정의에 이르되, "저 반연할 대상의 연이 (어찌 완전히 있지 않거나) 완전히 있지 않은 것이 아니겠는가? (만일에 그렇다면 또 어떠한 것인가?) '안의 빛이 바깥의 나타남과 같아서 식의 반연할 대상의 그 연이 되나니, 이는 저 형상을 인정하는 것이 식에 있고 또는 저 형상에 대한 식을 내기 때문이네.'" 해석한다면 장항에 내부의 식이 외부경계가 나타나 반연할 대상을 연함이 되는 것 같았으니, 눈 따위의 식이 저 모양을 띠고 일어나고 그리고 저기서 생긴 의식을 허용한 까닭이다. 결론하기를, "이러한 모든 식은 다만 내부의 대경(對境)과 현상이 그 반연할 대상의 연이 될 뿐이니, 이 때문에 이치가 잘 성립된다"라고 하였다. 다시 말하면 완전히 모양이 없는 것은 아니요, 모양이 완전히 의식에 속하나니 그래서 '견분으로 돌아간다'고 하였다. 그러나 위의 소가가 인용한 것은 모두 현수(賢首)대사의 주장이니, 열 문의 이치를 이루려고 다시 인용하였다. 법상종에서 의식을 세운 것은 앞에서 인용한 유식론에서 밝힌 내용과 같다.

㉣ 심수를 거두어 심왕으로 돌아가는 문[攝數歸王] (四攝 85下5)

[疏] 四, 攝數歸王일새 故說一心이니 唯通八識이라 以彼心所가 依王無體며 亦心變故라 如莊嚴論說이니라

- ㉣ 심수를 거두어 심왕으로 돌아가는 문이므로 한 마음을 말하였으니 오직 8식에만 통한다. 저 심소가 심왕에 의지해서 체성이 없으며 또한 마음이 변한 까닭이니 『장엄론(莊嚴論)』에서 설명한 내용과 같다.

[鈔] 四攝數歸王下는 具名大乘莊嚴經論[217]이니 無着菩薩造라 有十三卷하니 第四卷述求品第十二中에 有此意也라 論에 云, 自界와 及二光이 癡共과 諸惑起니 如是諸分別인 二, 實應遠離라하니라 釋曰, 自

---

217) 이 부분은 중간에 글자가 빠진 듯하나 확정 불가.

界는 謂自阿賴耶識種子요 二光은 謂能取光과 所取光이니 此等分別이 由共無明과 及諸餘惑하야 故로 得生起라 如是諸分別이 二實應遠離者는 二實은 謂所取實과 及能取實이니 如是二實染淨을 應求遠離니라…〈下略〉…

- ㉢ 攝數歸王 아래는 (장엄론을 인용하여 설명한 내용이니,) 갖추어 이름하면『대승장엄경론(大乘莊嚴經論)』이니 무착(無着)보살의 저술로 전 13권으로 제4권의 술구품(述求品) 제12 중에 이런 의미가 있다.『대승장엄론』에 이르되, " '자기의 경계와 두 빛과 어리석음은 모든 미혹과 함께 일어나니, 이와 같은 온갖 분별은 두 가지의 실법을 마땅히 멀리 여의어야 한다.' 해석한다면 자기의 경계는 자체적인 아뢰야식의 종자를 말하고, 두 빛이란 취하는 주체의 빛과 취할 대상의 빛을 말한다." 이러한 따위의 분별은 무명과 여러 미혹과 함께 말미암기 때문에 생겨나게 된다. " '이와 같은 온갖 분별은 두 가지 실법을 마땅히 여의어야 한다'고 말한 것에서 '두 가지 실법'이란 취할 대상의 실법과 취하는 주체의 실법을 말한다. 이러한 두 가지 실법의 잡염과 청정을 응당히 멀리 여의기를 구해야 한다"고 하였다. …〈아래 생략〉…

㉡ 지말을 거두어 근본으로 돌아가는 문[以末歸本] (五以 86下6)

[疏] 五, 以末歸本故로 說一心이니 謂七轉識이 皆是本識差別功能이오 無別體故라 楞伽에 云,[218] 藏識海가 常住어늘 境界風所動으로 種種諸識浪이 騰躍而轉生이라하시며 又云, 譬如巨海浪이 無有若干相하

---

218) 인용문은『楞伽阿跋多羅寶經』(4권 능가경) 제1권 一切佛語心品 제1의 게송이다. 經云,《譬如巨海浪 斯由猛風起 洪波鼓冥壑 無有斷絶時 / 藏識海常住 境界風所動 種種諸識浪 騰躍而轉生 —— / 譬如海波浪 是則無差別 諸識心如是 異亦不可得 / 心名採集業 意名廣採集 諸識識所識 現等境說五》(대정장 권16 p. 484 b-)

야 諸識心도 如是하야 異亦不可得이라하니라 旣云離水코 無別有浪하
니 明離本識에 無別前七이로다

- ㉡ 지말을 거두어 근본으로 돌아가기 때문에 한 마음을 말하였다. 말하자면 7전식(轉識)이 모두 본식의 차별한 공능이요, 따로 자체가 없기 때문이다. 『능가경(楞伽經)』에 이르되, "장식(藏識)의 바다가 상주하지만 경계의 바람이 일어나 갖가지 알음알이[諸識]의 물결이 뛰놀고 구르면서 생겨나네"라 하였다. 또 이르되, "비유컨대 큰 바다의 물결에 어떤 모습도 없는 것처럼 모든 알음알이의 마음도 이와 같이 달라짐도 얻을 수 없네"라고 하였다. 이미 말하기를 물을 여의고 따로 파도가 있지 않나니, 본식을 여의고는 앞의 7식과 다름없음을 밝힌 것이다.

[鈔] 五以末歸本下는 其五六七三門은 全同問明이니 但爲明[219]自淺之深일새 故復重說耳라 後之三心은 卽玄中具니 謂唯心所現故와 法性融通故等說이니라

- ㉡ 以末歸本 아래는 ㉤ ㉥ ㉦의 세 문은 완전히 보살문명품과 같은데, 단지 얕음에서 깊음으로 밝히기 위함이므로 다시 거듭 설명했을 뿐이다. 뒤의 세 가지 마음은 현담(玄談)에서 구비된 내용이니, 말하자면 오로지 마음으로 나타난 것임과 법성이 융통한 까닭인 등으로 설명하였다.

㉢ 양상을 거두어 체성으로 돌아가는 문[攝相歸性] (六攝 87上4)

---

219) 明下에 南續金本有其字.

[疏] 六, 攝相歸性일새 故說一心이니 謂此八識이 皆無自體하고 唯如來藏이 平等顯現이라 餘相皆盡이니 經에 云, 一切衆生이 卽涅槃相等이라 楞伽에 云, 不壞相이 有八이로대 無相亦無相이라하시니 如是等文의 誠證이 非一이니라

■ ㉚ 양상을 거두어 체성으로 돌아가는 까닭에 한 마음을 말하였다. 말하자면 이 제8식이 모두 자체적인 성품이 없고 오직 여래장과 평등하게 나타날 뿐이다. 나머지 모습은 모두 다하였으니 경문에 이르되, "일체중생이 바로 열반의 모습과 평등하다"고 하였고, 『능가경』에는 "무너지지 않는 모습이 여덟 가지가 있는데 모양이 또한 모양이 없는 것도 아니다"라고 하였으니 이러한 따위의 문장으로 진실하게 증명함이 하나가 아니다.

㉠ 체성과 양상을 함께 융합하는 문[性相俱融] (七性 87上8)

[疏] 七, 性相俱融일새 故說一心이니 謂如來藏이 擧體隨緣하야 成辦諸事로대 而其自性은 本不生滅이니 卽此理事가 渾融無礙라 是故로 一心二諦가 皆無障礙라 起信에 云, 依一心法하야 有二種門하며 乃至不相離故라하며 又密嚴에 云,[220] 佛說如來藏이 以爲阿賴耶라하며 及如金與指環喩等이라하며 又勝鬘에 云, 自性淸淨心이 不染而染을 難可了知며 染而不染도 亦難可了知라하시니 皆明性淨이 隨染하야 擧體成俗이니 卽生滅門이오 染性이 常淨하야 本來眞淨이니 卽眞如門이라 斯則卽淨之染이 不礙眞而恒俗이오 卽染之淨이 不破俗而恒眞이

---

[220] 인용문은 『大乘密嚴經』下권 自識境界品 제7의 내용이다. 經云, 《佛說如來藏 以爲阿賴耶 惡慧不能知 藏卽賴耶識 / 如來淸淨藏 世間阿賴耶 如金與指環 展轉無差別 / 譬如巧金師 以淨好眞金 造作指嚴具 欲以莊嚴指 / 其相異衆物 說名爲指環 現樂諸聖人 證於自智境》"(대정장 권16 p. 747 a-)

라 是故로 不礙一心코 雙存二諦니 深思有味니라

■ ㉠ 체성과 양상을 함께 융합하므로 한 마음을 말하였다. 말하자면 여래장이 몸 전체가 인연 따라 모든 현상을 만들었지만 그 자체 성품은 본래로 나고 없어지지 않나니 곧 이런 이치와 현상이 섞이고 융합하여 걸림이 없다. 이런 까닭에 한 마음과 두 진리가 모두 장애가 없다.『기신론』에 이르되, "일심법(一心法)에 의지하여 두 가지 문이 있으니 (무엇이 둘인가? 첫째는 심진여문(心眞如門)이요, 둘째는 심생멸문(心生滅門)이니, 이 두 가지 문이 모두 각각 일체의 법을 총괄하고 있다. 이 뜻이 무엇인가?) 이 두 문이 서로 여의지 않기 때문이다"라고 하였다. 또『밀엄경(密嚴經)』에서는, "부처님께서 말씀하신 여래장이 아뢰야이니"라 하였고, 나아가 금과 금반지의 비유를 말했다. 또『승만경(勝鬘經)』에서는, "제 성품이 청정한 마음이어서 물들지 않는데 물드는 일이 있다는 것은 참으로 알기 어려우며, 물들면서 물들지 않는 것도 또한 알기 어려우니라"고 하였다. 모두 성품이 청정함이 물듦을 따라서 전체로 세속을 이루나니 곧 생멸문이요, 물드는 성품이 항상 청정해서 본래로 참되고 청정하나니 곧 진여문이다. 이렇다면 청정함에 합치한 더러움이 진제를 장애하지 않으면서 항상 속제이며 더러움에 합치한 청정이 속제를 타파하지 않으면서 항상 진제이다. 이런 까닭에 한 마음을 장애하지 않고서 동시에 두 진리가 존재하나니 깊이 생각해 보면 재미있는 논리이다.

㉷ 현상과 융합하여 서로 들어가는 문[融事相入] (八融 87下8)

[疏] 八, 融事相入일새 故說一心이니 謂由心性이 圓融無礙일새 以性成事

며 事亦鎔融하야 不相障礙라 一入一切와 一中解無量等이라 一一塵內에 各見法界로 天人修羅가 不離一塵이라 其文非一이니라

- ㈦ 현상과 융합하여 서로 들어가므로 한 마음을 말하였다. 말하자면 마음의 본성이 원융하고 걸림이 없으므로 체성으로 현상을 이루는 것이며 현상 또한 융합하여 서로 장애하지 않는다. 하나가 모두에 들어가며 하나 중에 한량없는 것을 아는 따위이다. 낱낱의 티끌 속에 각기 법계를 발견하므로 천상과 인간과 아수라가 한 티끌을 여의지 않나니 그런 증거문이 하나가 아니다.

㊇ 현상으로 하여금 서로 합치하게 하는 문[令事相卽] (九令 88上2)

[疏] 九, 令事相卽일새 故說一心이니 謂依性之事일새 事無別事라 心性이 旣無彼此之異요 事亦一切卽一이라 上文에 云, 一卽是多며 多卽一221)等이라하니라

- ㊇ 현상으로 하여금 서로 합치하게 하는 까닭에 한 마음을 말하였다. 말하자면 체성에 의지한 현상이므로 현상과 별다른 현상이 없다. 마음의 체성이 이미 저것과 이것의 다름이 없으며, 현상 또한 온갖 것이 하나와 합치한다. 위의 십주품(十住品)의 경문에 "하나가 바로 여럿이며 여럿이 곧 하나이다"라고 말한 따위이다.

㊈ 인드라망처럼 걸림 없는 문[帝網無礙] (十帝 88上5)

[疏] 十, 帝網無礙일새 故說一心이니 謂一中에 有一切하고 彼一切中에 復

---

221) 十住品 게송이다. "《一卽是多多卽一과 文隨於義義隨文이여 如是一切展轉成을 此不退人應爲說하며》"

有一切하야 重重無盡이라 皆以心識과 如來藏性이 圓融無盡故니라
- ① 인드라망처럼 걸림이 없으므로 한 마음을 말하였다. 말하자면 하나 속에 온갖 것이 있고 저 온갖 것 속에 다시 온갖 것이 있어서 거듭거듭 다함이 없다. 모두 마음과 의식과 여래장 본성이 원융하고 그지없는 까닭이다.

ⓑ 다섯 교법에 의지하여 차례로 구분하다[約五敎次第分別]
(上之 88上8)

[疏] 上之十門에 初一은 小敎요 次三은 涉權이오 次三은 就實이오 後三은 約圓中不共이라 若下同諸乘인대 通十無礙라 一部大宗이 非獨此品이니라 隨一一門하야 成觀이 各異니 可以虛求니라
- 위의 열 문(十門)에서 처음 하나[㊀ 假說一心門]는 소승교요, 다음의 셋[㊁ 相見俱存門 ㊂ 攝相歸見門 ㊃ 攝數歸王門]은 방편을 수반한 교법이요, 다음의 셋[㊄ 以末歸本門 ㊅ 攝相歸性門 ㊆ 性相俱融門]은 실법에 입각한 교법이요, 뒤의 셋[㊇ 融事相入門 ㊈ 令事相卽門 ㊉ 帝網無礙門]은 원교(圓敎)와 함께하지 않는 부분이다. 만일 아래로 여러 교법과 함께한다면 열 가지 걸림 없음에 통한다. 한 부류의 큰 종지가 유독 이런 품류만이 아닐뿐더러 낱낱의 문을 따라 관법을 이룸이 각기 다르니 부질없이 구함이 될 수도 있다.

[鈔] 上之十門下는 二, 約敎分別이니 卽具五敎라 涉權은 是始敎오 就實은 通二니 一은 卽終敎니 終敎를 亦名實敎故라 其攝相歸性은 亦通頓敎라 以後三敎는 皆同一乘이라 並揀於權일새 故頓亦名實이라 後

三圓融은 卽是圓敎라 而言不共者는 圓敎가 有二하니 一은 同敎요 二는 別敎라 別이 卽不共이니 不共實頓故라 二, 同敎者는 同頓同實故라 今顯是別일새 故云不共이니라

若下同諸乘下는 約融通說이니 若下同同敎一乘인대 卽收次三就實이오 若同於三乘인대 亦收前四니 以其圓敎가 如海包含하야 無不具故니라

- ⓑ 上之十門 아래는 다섯 교법에 의지하여 구분함이니 곧 다섯 교법을 갖추었다. '방편을 수반한 교법'이란 대승시교(大乘始敎)를 가리키고, '실법에 입각한 교법'이란 둘을 겸하나니 첫째는 대승종교(大乘終敎)이니 실교(實敎)라고도 일컫는다. 그 '형상을 거두어 체성으로 돌아간다'는 말은 또한 돈교(頓敎)에 통하는 구분이다. 뒤의 세 가지 교법은 모두 일승교(一乘敎)에 해당한다. 아울러 방편교와 구분하기 위해 돈교도 실법이라 이름하였다. '뒤의 셋이 원융하다'는 말은 그대로 원교(圓敎)를 가리킨다. 그러나 '함께하지 않는다'고 말한 것은 원교에 둘이 있으니 1) 교법이 같은 일승[同敎一乘]이요, 2) 교법이 다른 일승[別敎一乘]이다. '교법이 다르다'는 것이 곧 '함께하지 않는다'는 뜻이니, 실교나 돈교와 함께하지 않기 때문이다. 다음의 '함께하는 교법'이란 돈교와도 함께하고 실교와도 함께하기 때문이다. 지금은 별교(別敎)를 드러내기 위해 '함께하지 않는다'고 말하였다.

  若下同諸乘 아래는 원융하게 통함에 의지한 설명이다. 만일 아래에서 동교일승과 같다면 '다음의 셋은 실법에 입각한 교법'을 거두게 되고, 만일 삼승과 같다면 또한 앞의 넷[소승교와 방편대승]을 거두게 되나니, 그 원교가 바다처럼 감싸 안아서 구비하지 않은 것이 없기 때문이다.

② 근본과 지말이 의지하는 문[本末依持門] 6.
㉮ 문의 범주를 표방하다[標門分齊] (第二 88下9)
㉯ 질문을 가정하여 따지기 시작하다[假問徵起] (緣相)
㉰ 논경을 인용하여 바로 답하다[引論正答] (論云)

[疏] 第二, 本末依持門이니 此下로 終於十門히 皆[222])是世諦差別이니라 緣相이 本寂하니 但應觀眞이어늘 何以復觀世諦差別고 論에 云, 隨順觀世諦하야 卽入第一義故라하니라

- ② 근본과 지말이 의지하는 문이다. 이 아래로 열 문에 이르기까지 모두 세속적인 이치[俗諦]로 구분한 내용이다. 반연하는 모양은 본래로 고요하니 단지 진실한 이치[眞諦]만 관해야 할 텐데 어째서 다시 세속적인 이치를 관함으로 차별하였는가? 논경에 이르되, "세속적인 이치에 수순하여 관찰하면 곧 제일가는 이치의 진리에 들어가게 된다"고 한 까닭이다.

㉱ 소가가 논경의 의미를 인용하다[疏引論意] (俗爲)
㉲ 다른 논서를 인용하여 증명하다[引他論證] (中論)

[疏] 俗爲眞詮이니 了俗無性하야사 方見眞耳니라 中論에 云,[223]) 若不知世諦하면 不得第一義故라하니라

- 세속적인 이치는 진실한 이치의 표현이 되나니, 세속적인 이치가 체성이 없음을 요달해야만 비로소 진실한 이치를 발견할 수 있기 때문이

---

222) 皆는 金本作豈誤.
223) 不知의 知는 中論作依. 인용문은 『중론』 제4권 觀顚倒品 제23의 내용이다. 論云, "《若不依俗諦 不得第一義 不得第一義 則不得涅槃》"(대정장 권30 p.33-) [세속의 진리에 의지하지 않으면 제일의제를 얻을 수 없고 제일의제를 얻지 못하면 열반을 얻지 못한다]

다. 『중론』에서는, "만일 세속적인 이치를 알지 못하면 제일가는 이치를 얻지 못한다"고 한 까닭이다.

㊅ 총상에 의지해 별상을 전개하다[依總開別] 3.
㉠ 해석을 나열하다[列釋] (此觀 89上2)
㉡ 구분 짓다[料揀] (六中)

[疏] 此觀이 有六하니 一, 何者是染고 染依止觀이니 卽雙辨能依所依니 攝此半門이오 二, 因觀이니 觀染因故니 攝次二門이라 三, 攝過觀이니 唯苦集故라 四, 護過觀이니 護凡邪見故요 五, 不厭厭觀이니 防小慢故라 上三이 次第로 各攝一門이라 六, 深觀이니 顯因緣之理가 妙過情取故라 此는 攝後三門이니라 六中에 初二는 建立染相이오 次一은 就染觀過요 次二는 正觀防非요 後一은 觀行이 深極이니라

■ 이 관법이 여섯 가지가 있으니 (1) 어떤 것이 잡염인가? 잡염이 의지한 관법이다. 다시 말하면 의지하는 주체와 의지할 대상을 함께 밝혔으니 이 문의 반[(b) 一心所攝門의 ② 本末依止門]을 섭수한 부분이요, (2) 잡염의 원인의 관법이니 잡염의 원인을 관찰한 연고로 다음의 두 문[(c) 自業助成門 (d) 不相捨離門]을 섭수한다. (3) 허물을 섭수한 관법이니 오로지 고성제와 집성제뿐인 까닭이다. (4) 허물을 막아 내는 관법이니 범부의 삿된 소견을 막기 때문이요, (5) 싫어하지 않음을 싫어하는 관법이니 소승의 아만을 막기 때문이다. 위의 셋이 차례로 각기 한 가지 문을 섭수한다. (6) 심오한 관법이니 원인과 조건의 이치가 생각으로 취한 것을 묘하게 초과하였음을 드러낸 까닭이다. 이 관법 뒤의 세 문[(h) 因緣生滅門 (i) 生滅繫縛門 (j) 無所有盡門]을 섭수한 내

용이다.224)

여섯 가지 관법 중에 처음의 둘[(1) 染依止觀 (2) 染因觀]은 잡염의 모양으로 건립한 행법이요, 다음의 하나[(3) 攝過觀]는 잡염에 입각하여 허물을 관하는 행법이요, 다음의 둘[(4) 護過觀 (5) 不厭厭觀]은 바로 관찰하여 잘못을 막는 행법이요, 뒤의 하나[(6) 深觀]는 관하는 행법이 심오하고 지극한 까닭이다.

[鈔] 第二, 本末依持門이라 疏文有六하니 一, 標門分齊225)니 卽八門半이라 二, 緣相下는 假問徵起오 三, 論云隨順下는 引論正答이라 全同涅槃十二卷의 佛答文殊義226)니 已見玄文하니라 四, 俗爲眞詮下는 疏釋論意오 五, 中論云下는 引他論證이니 卽四諦品이라 亦見上文하니라 六, 此觀有六下는 依總開別이니 謂於世諦八門半中에 爲六觀故라 於中에 三이니 初, 列釋이오 二, 料揀이오 三, 別釋初門이라 今初니 一一觀中에 文皆有二하니 觀字已上은 依論標名이요 觀字向下는 是疏

---

224) 이 부분을 아래 料揀과 합하여 정리해 보자. 相諦觀이 攝六觀이니 卽攝十門中의 八門半이라(譯者註)
 ·染相建立 ─┬─ 1. 染依止觀 ─── ② 一心所攝門 중 ─ ㉡ 本末依止門
            └─ 2. 染因觀 ────── ③ 自業組成門 ─── ④ 不相捨離門
 ·就染觀過 ──── 3. 攝過觀 ────── ⑤ 三道不斷門(唯苦·集諦)
 ·正觀防非 ─┬─ 4. 護過觀 ────── ⑥ 三際輪廻門
            └─ 5. 不厭厭觀 ──── ⑦ 三苦集成門
 ·觀行深極 ──── 6. 深觀 ──────── ⑧ 因緣生滅門   ⑨ 生滅繫縛門   ⑩ 無所有盡門
225) 標門分齊는 遺忘記云 觀門分齊962 非十門之分齊.(『三家本私記』遺忘記 p.283-)
226) 인용문은『大般涅槃經』제12권 聖行品 제19의 내용이다. (대정장 권12 p.684c-) [그때에 문수사리보살이 부처님께 여쭈었다. '세존이시여, 말씀하시는 세제와 제일의제의 뜻이 어떠하나이까? 세존이시여, 제일의제 가운데 세제가 있나이까? 세제 가운데 제일의제가 있나이까? 만일 있다면 한 이치일 것이옵고, 없다면 여래의 허망한 말씀이 아니겠나이까?' '선남자여 세제란 것이 곧 제일의제니라.' '세존이시여, 만일 그렇다면 두 이치가 아니겠나이까?' '선남자여, 좋은 방편이 있어서, 중생들을 따라서 두 이치가 있다고 말하느니라. 선남자여, 만일 말만을 따른다면 두 가지가 있나니, 하나는 세간법이요 둘은 출세간법이니라. 선남자여, 출세간 사람의 알 것은 제일의제라 하고, 세간 사람의 알 것은 세제라 하느니라. 선남자여, 오음이 화합한 것을 아무라 하거든, 범부 중생은 그 일컫는 대로 따르는 것은 세제라 하고, 오음에도 아무라는 이름이 없고, 오음을 여의고도 아무라는 이름이 없음을 알지니, 출세간 한 사람이 그 성품과 모양과 같이 아는 것은, 제일의제라 하느니라.']아래의 已見玄文이란『玄談』제5권의 내용을 가리킨다. (字字卷 61上8)

辨意라 因有自他일새 故須二門이니 卽染依止는 名爲他因이오 第二因
觀은 名爲自因이라 染有四句하야 故攝三門²²⁷⁾하니 他因은 卽第三自
業助成이오 自因은 卽第四不相捨離니 故皆染因이라

攝過는 卽第五三道不斷門이니 謂惑業苦니 惑業是集故라 護過는 卽
第六三際輪廻門이니 說此하야 能除外道三過라 三過는 如下라 不厭
厭觀은 卽第七, 三苦集成門이니 凡小는 不厭이나 菩薩은 厭故니라 深
觀은 卽後三門이라 四句로 求生不可得故며 無生而生일새 故曰深觀이
니 豈同情取아

六中初二下는 二, 料揀이니 攝六爲四라 初二染相者는 一은 卽能依
所依요 二는 卽自因他因이니 皆迷染相이라 下三은 可知로다

- ② 근본과 지말이 의지하는 문이다. 소의 문장에 여섯이 있으니 ㉠ 관법의 문의 범주를 표방함이니 여덟 문과 반이다. ㉡ 緣相 아래는 질문을 가정하여 따지기 시작함이요, ㉢ 論云隨順 아래는 논경을 인용하여 바로 답함이다. 『열반경』 제12권의 부처님께서 문수보살의 질문에 답하신 이치이니 이미 현담에서 본 적이 있다. ㉣ 俗爲眞詮 아래는 소가가 논경의 주장을 해석함이요, ㉤ 中論云 아래는 다른 논서를 인용하여 증명함이니 곧 『중론』 사제품(觀四諦品)으로 위의 문장에서 본 내용이다. ㉥ 此觀有云 아래는 총상에 의지해 별상을 전개함이다. 말하자면 세속적인 이치에 해당하는 여덟 문과 반 가운데에 여섯 가지 관법을 배대한 까닭이다. 그중에 셋이 있으니 ㉠ 해석을 나열함이요, ㉡ 구분 지음이요, ㉢ 첫째 문[② 本末依持門]을 따로 해석함이다. 지금은 ㉠이니 낱낱의 관법에 문장이 모두 둘로 나누어진다. 觀字 위는 논경에 의지해 명칭을 표방함이요, 觀字 아래는 소

---

227) 遺忘記云 卽染依止云云八字 六行名爲自因等十二字 皆衍, 而其第二因觀四字 牒疏之言 當在因有自他之上也.(『三家本私記』遺忘記 p. 283-)

가가 의미로 분별함이다. 원인에 자체적인 것과 다른 것이 있으므로 두 문이 있으니, (다시 말하면 (1) 잡염이 의지한 관법은 다른 원인이라 하였고, (2) 잡염의 원인의 관법은 자체적인 원인이라 한다. 잡염에 네 구절이 있어서 세 문을 포함하고 있으니) 다른 원인은 (c) 자업조성문(自業助成門)을 가리킨다. 자기 원인은 곧 (d) 불상사리문(不相捨離門)을 가리키나니 그래서 모두 잡염의 원인인 것이다.

'(3) 허물을 섭수한 관법'이란 ⑤ 삼도부단문(三道不斷門)을 가리키나니 말하자면 미혹과 업과 고통의 셋이니 미혹과 업은 집(集)성제인 까닭이다. '(4) 허물을 막아 내는 관법'이란 ⑥ 삼제윤회문(三際輪廻門)을 가리키나니 이것을 말하여 능히 외도의 세 가지 허물[㉭ 餘處求解脫 ㉰ 異道求解脫 ㉱ 求異解脫]을 없앤다. 세 가지 허물은 아래와 같다. '(5) 싫어하지 않음을 싫어하는 관법'이란 곧 (g) 三苦集成門을 가리키나니 범부와 소승은 싫어하지 않지만 보살은 싫어하기 때문이다. '(6) 심오한 관법'이란 뒤의 세 문[(h) 因緣生滅門 (i) 生滅繫縛門 (j) 無所有盡門]을 가리킨다. 네 구절로 중생을 구하는 것이 가능하지 않은 까닭이며, 남이 없이 나므로 심오한 관법이라 하였으니 어찌 생각으로 취함과 같겠는가?

㉡ 六中初二 아래는 구분 지음이니 여섯 가지 관법을 거두어 넷으로 묶은 내용이다. '처음의 둘은 잡염의 모양'이라 한 것은 첫째, 의지하는 주체와 의지할 대상이요, 둘째, 자체적인 원인과 다른 원인을 말하나니 모두 잡염의 모양을 미혹한 까닭이다. 아래 세 가지에 대해서는 알 수 있으리라.

㉢ 첫째 문을 따로 해석하다[別釋初門] 2.

ⓐ 논경의 주장을 내보이다[出論意] (今此 90上5)

[疏] 今此半門은 卽染依止觀이니 因緣有分은 爲染이니 而此染相이 依止 一心故라 論에 云, 此是二諦差別이라하니 以純眞은 不生이오 單妄은 不成이라 一心之眞과 雜染之俗이 此二和合하야 有因緣集이니라

- 지금 이 문의 반인 ⓑ 본말의지문(本末依持門)은 곧 잡염이 의지한 관법이니 인연의 각 부분들이 잡염으로 되었음을 뜻한다. 하지만 이런 잡염의 모양이 한 마음을 의지한 까닭이다. 논경에 이르되, "이것은 진실한 이치와 세속적인 이치의 둘로 구분한 것이다"라고 하였다. 순수한 진리는 나지 않으며, 허망함만으로는 이루어지지 않는다. 한 마음의 진실한 이치와 섞이고 물든 세속적인 이치의 이 둘이 화합해서 인연의 모임이 있게 된다는 뜻이다.

[鈔] 今此半門下는 三, 別釋228)이라 於中에 有二니 初, 出論意요 後, 科文이라 今初니 觀因緣有分爲染者는 此論에 自釋호대 何者가 是染分고하니 分은 卽支義라 從而此染下는 釋染依止니 此卽論主의 生起之文이라 而論에 但云因緣有分이니 依止一心이라함을 疏開釋之니라 次229)論에 云此是二諦差別者는 是230)論解經이니 具云호대 此是二諦差別이니 一心雜染和合因緣集觀이라하니 疏文은 略耳니라 從以純眞不生下는 疏釋이니라

- ㉢ 今此半門 아래는 첫째 문을 따로 해석함이다. 그중에 둘이 있으니 ⓐ 논경의 주장을 내보임이요, ⓑ 경문을 과목 나누어 해석함이

---

228) 釋下에 甲南續金本有初門.
229) 次는 甲本作本, 南續金本作故本.
230) 上八字는 甲南續金本作下二.

다. 지금은 ⓐ이니 '인연의 각 부분이 잡염으로 된다'고 말한 것은 이 논경에 스스로 해석하되, "무엇이 잡염의 지분인가?"라고 하였으니 분(分)은 곧 지분의 뜻이다. 而此染부터 아래는 잡염의 의지처를 해석함이니 이것은 곧 논주가 시작한 문장이다. 하지만 논경에서 단지 "인연의 각 부분은 한 마음에 의지한다"고만 말한 것을 소가가 풀어서 해석한 내용이다. 다음으로 논경에서 '이것은 진제와 속제의 둘로 구분한다'고 말한 것은 논경에서 경문을 해석한 내용이다. 갖추어서 말한다면 "이것은 진제와 속제의 둘로 차별하였으니 한 마음이 섞이고 물든 것과 화합하여 인연이 모인 것에 대한 관찰이다"라고 하였는데, 소의 문장에서는 생략했을 뿐이다. 以純眞不生 아래는 소가의 해석이다.

ⓑ 경문을 과목 나누어 해석하다[科釋經文] 3.
㊀ 총상 해석[總] (經中 90下 5)
㊁ 따져 묻다[徵] (次徵)

如來於此에 分別演說하시되 十二有支가 皆依一心하여 如是而立이라하시라 何以故오
여래가 이것을 분별하여 12가지라 말하였으니, 다 한 마음을 의지하여 이렇게 세운 것이로다. 무슨 까닭인가?

[疏] 經中에 三이니 初는 總이니 謂依一心하야 分別十二則十二가 爲一心所持라 而特言如來說者는 一心頓具는 非佛이면 不知故라 謂顯如來가 過去覺緣性已에 等相續起를 展轉傳說故니라 次는 徵이니 意에

云호대 十二有支가 三世行列하며 前後引生이어늘 何以今說皆依一心고

- 경문에 셋이니 ㉠ 총상 해석이다. 말하자면 한 마음에 의지하여 12지분으로 구분하면 12지분이 한 마음을 의지처로 삼는다. 하지만 특히 '여래께서 말씀하셨다'고 말한 것은 한 마음에 몰록 구족된 것을 부처님이 아니면 알지 못하는 까닭이다. 예컨대 여래께서 과거에 연기의 체성을 깨달은 다음에 평등하게 상속하여 일어남을 점차로 전하여 설했음을 밝힌 까닭이다. ㉡ 따져 물음이다. 의미로 말하면 "12가지 지분이 삼세로 줄지어 나열하였으며 앞뒤로 〈나기〉를 이끌었는데, 어째서 지금은 모두 '한 마음을 의지한다'고 말하는가?

㉠ 해석하다[釋] 3.
㉮ 간략히 예전 해석을 비판하다[略彈古釋] (後釋 91上4)

隨事貪欲이 與心共生하나니 心是識이요 事是行이라 於行迷惑이 是無明이요 與無明及心共生이 是名色이요 名色增長이 是六處요 六處三分合이 爲觸이요 觸共生이 是受요 受無厭足이 是愛요 愛攝不捨가 是取요 彼諸有支生이 是有요 有所起가 名生이요 生熟이 爲老요 老壞가 爲死니라

일을 따라서 생기는 탐욕이 마음과 함께 나나니, 마음은 식이요, 일은 행이라. 행에 미혹함이 무명이며, 무명과 마음으로 더불어 함께 나는 것이 이름과 물질이요, 이름과 물질이 증장한 것이 육처요, 육처의 셋이 합한 것이 촉이요, 촉과

함께 나는 것이 받아들임이요, 받아들임이 만족하지 않는 것이 사랑이요, 사랑으로 거두어 버리지 아니함이 취함이요, 이 여러 가지가 생기는 것이 유요, 유가 일으킨 것이 나는 것이요, 나서 성숙함이 늙음이요, 늙어서 무너짐을 죽음이라 하도다.

[疏] 後는 釋이라 中에 論無別解요 古來諸德이 但云離本識心하야는 一切不成이라하나 而其釋相에는 經生越世라하니 此雖不失依持之義나 未爲得旨니라

■ ① 해석함이다. 그중에 논경에는 별다른 해석이 없고 예전의 모든 대덕들이 단지 "본래의 의식하는 마음을 여의고는 모두를 이루지 못한다"고만 말하였지만, 그 모양을 해석할 적에는 "생(生)을 지나고 세월을 초월한다"고 하였다. 이것은 비록 의지한다는 뜻은 잃지 않았지만 아직 종지를 얻지는 못한 견해이다.

㉡ 정의를 표방해 보이다[標示正義] (今謂 91上7)

[疏] 今謂說主가 巧示니 非唯三世가 不離眞心이라 今一念心에 頓具十二니 彌顯前後가 不離一心이라 此同俱舍第九에 明刹那十二因緣也니라

■ 지금은 설법하는 주인이 공교하게 보인다고 말하였다. 오로지 삼세가 진실한 마음을 떠나지 않을 뿐만 아니라 지금 한 생각에 금방 12가지를 구비하였으니, 앞뒤가 한 마음 떠나지 않았음을 더욱 드러낸 부분이다. 이것은 『구사론(俱舍論)』 제9권에서 찰나간에 12가지 인연

을 구비함에 대해 밝힌 내용과 같다.

㉮ 총합하여 포함관계를 밝히다[總顯包含] 3.
Ⓐ 본체에 의지하여 둘을 섭수하다[約體攝二] (是以 91上10)

[疏] 是以로 此一門中에 含多緣起하니 一은 含攝論의 二種緣起니 彼第二에 云, 若略說緣起인대 有二하니 一, 分別自性緣起니 謂依阿賴耶識하야 諸法이 生起라하니 卽今一心依持라 二, 分別愛非愛緣起니 謂十二緣起라 於善惡趣에 能分別愛非愛인 種種自體로 爲緣性故라하니 卽通今釋文과 及前後九段이니라

■ 이런 까닭에 이 하나의 문 속에 여러 가지 연기법을 포함하고 있으니 첫째, 『섭대승론』의 두 가지 연기법을 포함한 것이다. 저 『섭대승론』 제2권에 이르되, "만일 간략하게 연기법을 말한다면 두 가지가 있으니 (1) 자성을 분별하는 연기법이다. 이를테면 아뢰야식에 의지해서 모든 법이 생겨난다"고 하였으니, 곧 지금의 한 마음이 의지처인 것이다. "(2) 사랑과 사랑 아님으로 분별하는 연기법이다. 이를테면 12연기법이다. 착한 갈래와 악한 갈래에 능히 사랑과 사랑 아님을 분별하는 갖가지 자체로 연기의 체성을 삼은 까닭이다"라고 하였으니, 곧 지금의 경문 해석과 앞뒤의 아홉 문단과 통한다.

[鈔] 後釋中下는 疏文分三하니 初, 略彈古釋이요 二, 今謂說主下는 標示正義요 三, 是以此門下는 總顯包含이라 於中에 三이니 初는 約體攝二오 二는 約義攝五오 三은 約時攝六이라 今初니 一은 自性緣起者는 卽二取習氣요 二는 愛非愛緣起는 卽諸業習氣니 全同唯識의 由諸

業習氣와 二取習氣俱하야 前異熟이 旣盡에 復生餘異熟也니라

- ① 釋中 아래는 소의 문장을 셋으로 나누었으니 ㉠ 간략히 예전 해석을 비판함이요, ㉡ 今謂說主 아래는 정의를 표방해 보임이요, ㉢ 是以此門 아래는 총합적으로 포함관계를 밝힘이다. 그중에 또 셋이니 Ⓐ 본체에 의지하여 둘을 섭수함이요, Ⓑ 이치에 의지해 다섯을 섭수함이요, Ⓒ 시간에 의지해 여섯을 섭수함이다. 지금은 Ⓐ이니 '(1) 자성을 분별하는 연기법'이란 곧 두 가지 느낌의 습기로 분별함을 뜻한다. '(2) 사랑과 사랑 아님으로 분별하는 연기법'이란 곧 모든 업의 습기로 분별함을 뜻한다. 『유식론』의 모든 업의 습기와 두 가지 느낌의 습기를 함께함으로 인하여 앞의 이숙이 이미 다하면 다시 나머지 이숙을 나게 한다는 주장과 완전히 같다.

Ⓑ 이치에 의지해 다섯을 섭수하다[約義攝五] 3.
㊀ 네 가지 명칭을 표방하고 나열하다[標列四名] (二含 91下8)
㊁ 셋을 뒤에 둔 뜻을 지적하다[指三在後] (後三)

[疏] 二, 含俱舍第九의 四種緣起니 一者는 刹那요 二者는 連縛이요 三者는 分位요 四者는 遠續이라 後三은 通餘九門이요

- Ⓑ 『구사론』 제9권의 네 가지 연기법을 포함한 구분이니 (1) 찰나연기요, (2) 연달아 계박하는 연기법이요, (3) 지위로 구분하는 연기법이요, (4) 멀리 이어지는 연기법이다. 뒤의 셋[(2) 連縛 (3) 分位 (4) 遠續]은 나머지 아홉 문과 통한다.

㊂ 찰나연기에 대해 따로 해석하다[別釋刹那] 3.

① 개별적인 설명[別釋] 2.

㉮ 찰나연기에 대한 설명[釋刹那] 3.
㉠ 찰나연기의 뜻을 간략히 밝히다[略申刹那義] (此中 91下9)

[疏] 此中에는 正當第一이니 彼云²³¹⁾호대 云何刹那오 謂刹那頃에 由貪行殺等하야 具有十二하야 彼廣說相하니 與此로 大同이라
■ 이 중에는 바로 (1)에 해당한다. 저 논서에 이르되, "어떤 것을 찰나연기라고 하는가? 말하자면 찰나의 순간에 탐욕으로 인해 살해하는 원인을 행하면 12지분을 갖추게 된다"고 하여 저 논서에 모양을 자세히 설명하였으니 이것과 크게는 같다.

[鈔] 二舍俱舍下는 卽第二, 約義攝五라 於中有三하니 初, 標列이니 標列에 唯四어늘 何言攝五오 下有例釋同時同體義故니라 二, 後三下는 指三在後오 三, 此中正當第一下는 別釋刹那하야 卽消經文이라 於中有三하니 初는 別釋이오 二는 總結이오 三은 例釋同體라 今初²³²⁾니
● ⑬ 二舍俱舍 아래는 이치에 의지해 다섯을 섭수함이다. 그중에 셋이

---

231) 인용문은 『俱舍論』 제9권의 分別世品 제3의 ②의 내용이다. (대정장 권29 p. 48b20-) [또 모든 연기법을 차별하면 넷으로 말할 수 있으니, 첫째는 찰나요, 둘째는 연달아 맞닿음[連縛]이요, 셋째는 나누어진 위치[分位]요, 넷째는 멀리 계속함[遠續]이다. [문] 어떤 것을 찰나라고 하는가? [답] 말하자면 찰나의 순간에 탐욕으로 말미암아 살해하는 원인을 행하면 12지분을 갖추게 되나니 어리석음은 무명이라 말하며, 생각은 곧 지어 감이요, 온갖 경계와 원인에 대하여 분별함은 의식이라 말하고, 의식이 셋의 쌓임[蘊=色・受・想]과 함께 어울림을 모두 이름과 물질이라고 말하며, 이름과 물질의 감관에 머무는 것을 여섯 감관이라 말하고, 여섯 감관이 딴 것에 대하여 화합하면 닿임이 있고, 닿임을 받아들이는 것을 느낌이라 하며, 탐욕은 바로 욕망이요, 이것과 더불어 모든 속박과 서로 응하면 잡음이라 이름하고, 일으킨 몸과 말의 두 업을 존재라 이름하며, 이와 같은 모든 법이 일어나는 것을 곧 나기라고 이름하며, 성숙되어 변해지는 것을 늙음이라 하고, 사라져 없어지는 것을 죽음이라고 이름한다.]

232) 上二十一字는 南金本作此中下 別釋刹那 卽消經文.

있으니 ㄷ 네 가지 명칭을 표방하고 나열함이다. 표방하여 나열한 것은 넷 뿐인데 어째서 '다섯을 섭수한다'고 말하였는가? 아래에 같은 시기와 같은 체성이란 이치를 유례하여 해석한 까닭이다. ㄹ 後三 아래는 셋을 뒤에 둔 뜻을 지적함이요, ㅁ 此中正當 아래는 찰나에 대해 따로 해석하여 경문을 풀이하였다. 그중에 셋이 있으니 ① 개별적인 설명이요, ② 총합적으로 결론함이요, ③ 체성이 동일함으로 유례하여 설명함이다. 지금은 ①이다.

ㄴ 차례에 의지하지 않음에 대한 설명[釋不依次第] (故今 92上5)

[疏] 故今에 不必依次요 意顯一心頓具니라 隨事貪欲與心共生者는 此則總指所行之事라 貪事가 非一일새 隨取一事하야 於一念中에 則具十二니

■ 그러므로 지금은 반드시 차례에 따르지 않으며 한 마음에 몰록 구비되었음을 의미로 밝힌 부분이다. '일을 따라 생겨난 탐욕이 마음과 함께한다'고 말한 것은 이것은 행할 대상의 일을 총합적으로 지적한 내용이다. 탐욕의 일은 하나가 아니므로 한 가지 일을 취함을 따라 한 생각 속에 12지분을 구비한다는 뜻이다.

[鈔] 故今不必依次者는 初는 即識支요 二는 是行支요 三은 方無明일새 故不依次라 而俱舍에 具有十二라하니라 下에 云癡是無明이오 思即是行이라하니 猶依次第라 況不依次며 非一刹那耶아

● '그러므로 지금은 반드시 차례에 따르지 않는다'고 말한 것은 처음은 의식의 지분이요, 둘째는 지어 감의 지분이요, 셋째에 비로소 무명이

라 하였으므로 차례를 따르지 않은 것이다. 그러나 『구사론』에는 "12지분을 구비하였다"고 하였고, 아래에는 "어리석음은 무명이며, 생각은 곧 지어 감이다"라고 하였으니 차례를 따르는 것과 같다. 차례를 따르지 않음과 비교하면 한 찰나가 아니겠는가?

ⓓ 세 가지 일의 모양에 대해 바로 해석하다[正釋三事相] 3.
ⓐ 탐욕의 일은 의식을 의지한다[貪事依識] (謂行 92下1)

[疏] 謂行此貪事에 必依心起요 復了別前境하니 故로 心卽識支라
- 이를테면 이런 탐욕의 일을 행할 적에 반드시 마음에 의지하여 시작하며, 다시 앞의 경계를 요별하나니 그러므로 '마음이 곧 의식의 지분'인 것이다.

[鈔] 謂行此貪下는 識支라 然有二義하니 一, 依心起니 是大乘義니 卽八識心이라 復了別下는 卽俱舍意니 於諸境界에 了別을 名識이라
- 謂行此貪 아래는 의식의 지분이다. 그런데 두 가지 이치가 있으니 1) 마음에 의지해 일어나나니 대승법의 이치로 곧 8식의 마음을 가리킨다. 復了別 아래는 2) 『구사론』의 주장이니 모든 경계를 요별하는 것을 의식이라 한다.

ⓑ 탐욕의 일은 지어 감을 이룬다[貪事成行] (事是 92下5)

[疏] 事是行者는 貪事가 卽是意業之行이니 若形身口하면 亦是二行이오 不知貪過가 能招於苦를 名於行迷惑이니라 與無明과 及心으로 共生

이 是名色者는 名色이 是總이니 爲二所依를 名與共生이라 故로 晉經에 云, 識所依處가 爲名色이라하니라 故로 俱舍에 云, 識俱三蘊을 總稱名色이라하니 意明以受蘊은 自是受支故니라 名色增長이 是六處者는 不生五識에 唯名十界요 五識이 依生에 乃名十處니 識依相顯이 即是增長이라 增長之言은 宜譯爲開顯이니라 俱舍에 云, 住名色根을 說爲六處라하니 謂六根은 是別이니 以別依總하야 開成於六을 稱住名色이라

■ '일은 지어 감'이라 말한 것은 탐욕의 일이 바로 의업의 지어 감이니, 만일 몸과 입으로 표현되었다면 또한 두 가지 지어 감이요, 탐욕의 허물이 능히 괴로움을 초래하는 줄 알지 못하는 것을 '지어 감에 미혹하다'고 말한다. '무명과 마음이 함께 생겨난 것이 이름과 물질이다'라고 말한 것은 이름과 물질이 총상이니 두 가지[無明과 識]의 의지할 대상을 '더불어 함께 생긴다'고 말하였다. 그러므로 『60권 화엄경』에서는, "의식의 의지처를 이름과 물질로 삼는다"고 하였으며, 그래서 『구사론』에서는, "의식이 셋의 쌓임[三蘊= 色·受·想蘊]과 함께 어울림을 총합하여 이름과 물질이라고 한다"고 하였다. 의미로 말하면, 느낌의 쌓임은 자체가 느낌의 지분임을 밝힌 까닭이다. '이름과 물질이 늘어난 것이 육처이다'라고 말한 것은 전5식이 생겨나지 않았을 적에 오로지 십계(界)라 할 뿐이요, 5식이 의지하여 생길 적에 십처(處)라 이름하나니, 의식이 모양에 의지하여 드러나는 것이 바로 증장이다. (그래서) 증장(增長)이란 말은 의당 '열어서 드러낸다[開顯]'고 번역해야 한다. 『구사론』에서는, "이름과 물질의 감관에 머무는 것을 여섯 감관이라 한다"고 하였다. 말하자면 여섯 감관은 별상이니 별상이 총상을 의지하여 여섯으로 전개되는 것을 '이름과 물질에 머문다'고 말

한다.

[鈔] 不生五識者는 十界는 卽五根과 五境이니 以十八界의 根과 識이 別故라 若明十二處인대 攝識在根이니 故云五識依生 乃名十處라 五根에 加意일새 故云六處라 大乘意根은 異識支故라 俱舍小乘은 卽第六識이 是識支體니 故云住名色根爲六處니라 彼疏에 釋云호대 眼等五識이 住名色根일새 故說五根하야 以名六處니 雖卽233)勝是五나 六處攝故라하니라

● '전5식이 생겨나지 않는다'고 말한 것은 십계는 다섯 감관과 다섯 가지 경계를 가리키나니, 18계의 감관과 의식이 다른 까닭이다. 만일 12처(處)를 밝힌다면 의식을 섭수함이 감관에 있나니 그래서 "5식이 의지하여 일어나는 것을 십처라 한다"고 말하였다. 다섯 감관에 생각의 감관[意根]을 더한 까닭에 육처라 하였다. 대승법의 의근은 의식의 지분과 다르기 때문이다. 구사종(俱舍宗)과 소승은 제6식이 의식의 지분의 자체라 하므로 "이름과 물질의 감관에 머무는 것으로 육처를 삼는다"고 말한다. 저 소에서 해석하되, "눈 따위 5식이 이름과 물질의 감관에 머물기 때문에 다섯 감관을 말하여 육처라 이름하나니 비록 다섯 감관보다 뛰어나지만 육처에 섭속되기 때문이다."

[c] 탐욕의 일은 미혹을 이룬다[貪事成惑] 4.
[下] 사랑을 이루다[成愛] (貪必 93上9)

[疏] 貪必對境이 爲觸이오 受必領觸이며

---

233) 卽은 甲南續金本無; 勝은 俱舍頌疏作然.

- 탐욕은 반드시 경계와 상대함이 닿임이 되고, 느낌은 반드시 닿임을 받는다.

[鈔] 貪必對境者는 釋觸也니 論에 云, 六處가 對餘和合이 是觸이라하니라 釋云호대 餘는 謂識境이라하니라
- '탐욕은 반드시 경계와 상대한다'고 말한 것은 닿임에 대한 해석이다. 논에 이르되, "여섯 감관이 딴 것에 상대하여 화합하면 닿임이다"라고 하였다. 해석한다면 딴 것이란 의식의 경계를 뜻한다.

上 잡음을 이루다[成取] (貪卽 93下1)

[疏] 貪卽是愛니 名受無厭이라 愛攝不捨는 卽是欲取라
- 탐욕이 바로 애욕이니 느낌에 만족하지 않는 것을 말한다. '사랑으로 거두어 버리지 않는 것'이 바로 '욕망의 잡음'이라 한다.

[鈔] 釋取順經인대 云是欲取라 若俱舍云인대 與此相應諸纏을 名取라하야늘 彼疏에 釋云호대 卽無慚과 無愧과 昏沈과 掉擧等이 與貪으로 相應也라하니라
- 잡음을 경문에 따라 해석한다면 욕망의 잡음이라 한다. 만일 『구사론』에 의지해 말한다면 "이것과 더불어 모든 속박과 서로 응하면 잡음이라 말한다"고 하였는데, 저 소에서 해석하되 "무참(無慚)과 무괴(無愧)와 혼침(昏沈)과 도거(掉擧) 따위가 탐욕과 함께 상응한 것을 뜻한다"고 하였다.

③ 존재를 이루다[成有] (愛取 93下5)

[疏] 愛取가 潤前六支하야 成有니 故但前諸有支生이 卽是有義라
- 사랑과 잡음이 앞의 여섯 지분을 성숙하여 존재를 이룬다. 그래서 단지 앞의 여러 지분이 생겨난 것이 바로 〈존재〉의 이치일 뿐이다.

[鈔] 釋有順[234]經하야 云諸支生이어니와 若俱舍云인대 所起身語二業을 名有라하니라
- 존재를 경문에 따라 해석하여 '여러 지분이 생긴다'고 하였지만, 만일 『구사론』에 의지해 말한다면 "일으킬 대상인 몸과 입의 두 가지 업을 〈존재〉라 한다"고 하였다.

③ 나기를 이루다[成生] (有所 93下8)

[疏] 有所起者는 卽前諸法이니 起便是生義라 生熟爲老者는 物生에 卽異故요 老壞爲死者는 刹那滅故라 又依大乘當相壞故라 故로 經에 云, 初生에 卽有滅이나 不爲愚者說故[235]라하시니라
- '〈존재〉가 일으킨 것'이란 앞의 모든 법을 뜻하나니 일으킴이 그대로 〈나기〉의 뜻이다. '나서 성숙함이 늙음'이라 한 것은 사물이 나면 달라지기 때문이요, '늙어서 무너짐을 죽음이라 한다'는 것은 찰나간에 없어지기 때문이다. 또 대승법에서 당장에 무너짐에 의지한 까닭이다. 『능가경』에 이르되, "물질은 생기면 곧 없어지나 어리석은

---

234) 順은 續金本作潤誤.
235) 初生의 初는 經作物. 인용문은 『4권 능가경』 제4권의 一切佛語心品 ④의 내용이다. 經云, "《空無常刹那 愚夫妄想作 如河燈種子 而作刹那想 / 刹那息煩亂 寂靜離所作 一切法不生 我說刹那義 / 物生則有滅 不爲愚者說 無間相續性 妄想之所動 / 一》"(대정장 권16 p. 512 c19-)

사람에게는 말하지 않는다"라고 하였다.

[鈔] 老壞爲死는 全同論文이라 刹那滅故는 是彼疏釋이니라
● '늙어서 무너짐을 죽음이라 한다'는 것은 완전히 논의 문장과 같다. '찰나 간에 없어지기 때문'이란 저 소[俱舍論頌疏]의 해석이다.

🞄 나머지 셋에 대한 설명[釋餘三] (此若 94上2)

[疏] 此若不斷하면 則名連縛이오 十二支位五蘊을 皆名分位요 卽此順後無始來有를 名爲遠續이니라
■ 이것이 만일 끊어지지 않으면 '연달아 계박함'이라 하고, 12지분으로 구분한 오온을 모두 '지위로 구분함'이라 하고, 이것이 뒤를 따라 시작함 없는 존재가 된 것을 '멀리 이어짐'이라 이름한다.

[鈔] 此若不斷下는 二, 略釋餘三緣起라 論에 云, 連縛者는 如品類足論에 謂徧有爲요 十二支位의 所有五蘊은 皆分位攝이오 卽此懸遠相續無始는 說爲遠續이라하니 上皆論文이니라 釋曰,[236] 連縛은 要因果가 無間相連起也니 若情非情이 皆有生滅하야 念念相續故라 刹那와 連縛은 徧一切有爲니 云謂徧有爲라 分位緣起는 要約順生受業과 及不定業이니 三世十二支와 五蘊分位라 若遠續者는 卽前分位가 遠相續耳라 故로 論에 云卽此相續이라하니라 順正理論에 云호대 遠續

---

[236] 인용문은『俱舍論頌疏』제9권의 내용이다. 論云, "復有說者. 刹那連縛. 如品類足. 俱徧有爲十二支位所有五蘊. 皆分位攝. 卽此懸遠相續無始. 說名遠續(已上論文)解云. 言刹那者, 一刹那也. 連縛者. 因果無間相連起也. 若情非情. 皆有生滅. 念念相續故. 刹那連縛. 徧一切有爲也. 前解刹那唯是有情. 此師解刹那亦通非情也. 分位緣起. 約順生受業及不定受業. 三世十二支五蘊分位也. 遠續者. 卽前分位. 約順說受業. 及不定受業. 隔越多生. 無始遠續之因果也." (대정장 권41 p.872a-)

緣起237)는 謂前後際에 有順後受業과 及不定業일새 無始流轉이니 如說無明과 有愛의 本際를 不可知等이라 連縛緣起238)는 取相隣接하야 相繫不斷이라하니라 彼疏에 云,239) 遠續은 唯隔越이요 連縛은 唯無間이오 遠續은 唯異熟因이니 若兼無情하면 亦同類因이라 連縛은 定非異熟이니 異熟因은 非連縛故라 通同類와 徧行과 能作이오 除相應과 俱有니 此二는 非前後故라하니라

- 대 此若不斷 아래는 간략히 나머지 셋에 대해 설명함이다. 『구사론』에 이르되, "(1) 찰나연기와 (2) 연달아 계박하는 연기는 『품류족론(品類足論)』에서 말함과 같나니, 둘 다 유위(有爲)에 두루 한다는 뜻이다. 12지분으로 구분한 오온은 모두 (3) 지위로 구분하는 연기에 포섭된다. 그리고 이것이 멀리 있으면서도 계속하여 끝없음을 (4) 멀리 이어지는 연기라고 말한다." 위는 모두 논문이다. 해석한다면 연달아 계박함에서 중요한 것은 원인과 결과가 간단없이 상속해서 일어난다는 부분이다. 저 유정이나 유정 아닌 것이 모두 생멸이 있어서 생각 생각에 상속하기 때문이다. (1) 찰나연기(刹那緣起)와 (2) 연박연기(連縛緣起)는 모든 유위에 두루 하나니 그래서 '유위에 두루 하다'고 하였다. (3) 분위연기(分位緣起)는 <나기>를 따라 받은 업과 일정하지 않은 업에 의지한 구분이니, 삼세와 12지분과 오온으로 지위를 구분한다. 저 (4) 원속연기(遠續緣起)에서 중요한 것은 앞의 분위연기가 멀리 이어지는 것뿐이다. 그러므로 논에서 "이것이 서로 이어진다"고 하였다. 『순정리론(順正理論)』에서는, "원속연기(遠續緣起)란 말하자면, 전·후제에 순후수(順後受)와 부정수(不定受)의 업의 번뇌가 있기

---

237) 起는 南續金本作者誤.
238) 起는 甲南續金本作者誤.
239) 云은 南續金本作釋云.

때문에 비롯함이 없음으로부터 윤전한다.[240] '무명과 애욕이 있는 따위의 본제(本際)는 알지 못한다'라고 말한 것과 같다. 연박연기(連縛緣起)란 말하자면 동·이류(同異類)의 인과가 끊임없이 상속해서 일어나는 것이다"라고 하였다. 저 소에 이르되, "원속연기는 오직 비롯함 없이 떨어져 초월하였을 뿐이요, 연박연기는 오로지 (원인과 결과가) 간단없이 이어질 뿐이요, 원속은 이숙의 원인일 뿐이니 만일 무정중생을 겸하면 또한 동류의 원인이 되기도 한다. 연박은 결정코 이숙이 아니니 이숙의 원인은 연달아 계박함이 아닌 까닭이다. 동류인(同類因)과 변행인(遍行因)과 능작인(能作因)에 통하며, 상응인(相應因)과 구유인(俱有因)은 제외되나니 이 둘은 앞뒤의 관계가 아니기 때문이다"라고 하였다.

② 총합하여 결론하다[總結] (大小 94下6)

[疏] 大小理通이나 或六八識이 異耳라 非聖教量이면 孰信斯旨리요 論主가 不解에 殆似疏遺로다
■ 대승과 소승이 이치로는 통하지만 혹은 6식이기도 하고 8식이기도 함이 다를 뿐이다. 성교량(聖教量)이 아니면 누가 이런 종지를 믿겠는가? 논주가 알지 못해서 아마도 빠뜨린 것[疏遺] 같다.

[鈔] 大小理通者는 二, 總結이오 亦是釋妨難이니 謂有問言호대 今釋一乘에 唯一心法이어늘 何以[241]引俱舍하야 爲證고 故爲此答호대 一心之

---
240) 순후수업(順後受業), 부정업(不定業)으로서 다생을 건너뛰어서 비롯함 없음으로부터 멀리 이어지는 인과이다.
241) 以下에 南續金本有却字.

義는 小乘에 立六하고 大有八等이 則有不同[242]이나 若一刹那에 具十二支인대 則大小가 皆具니라 非聖敎量等者는 結示令信也라 自古로 不爲此釋이어늘 今總約一念에 具十二일새 故以聖敎量으로 證이오 非臆說矣라

言論主不釋殆似疏遺者는 論主가 造俱舍論에 非是不知로대 將爲易解일새 故不解釋이어늘 由論不釋하야 令後로 誤解가 卽似疏遺라 殆者는 近也니 近似之言은 顯非失矣니라

● ②'대승과 소승이 이치로는 통한다'고 말한 것은 총합적으로 결론함이요, 또한 비방과 힐난에 대한 해명이다. 이를테면 어떤 이가 묻되, "지금은 일승에 오직 한 마음의 법뿐이라 해석하였는데 어째서『구사론』을 인용하여 증명하였는가?" 그래서 이렇게 답하였다. "한 마음의 이치는 소승에서는 6식을 세우고 대승에서는 8식이 있다"는 등이다. 같지 않은 점이 있지만 만일 일 찰나 간에 12지분을 구비한다면 대승과 소승이 모두 갖춘 것이 된다. '성교량이 아니라면' 등은 결론적으로 보여서 믿게 한 내용이다. 예전에는 이렇게 해석하지 않았는데 지금은 총합적으로 한 마음에 12지분을 구비함에 의지한 까닭에 성교량으로 증명한 것이요, 근거 없는 말[臆說]이 아니다.

'논주가 알지 못해서 아마도 빠뜨린 것 같다'고 말한 것은 논주가 『구사론』을 지을 적에 알지 못한 것은 아니지만 쉽게 이해할 줄 알고 해석하지 않은 것인데, 논에서 해석하지 않음으로 말미암아 후배들이 잘못 알게 한 것이 '빠뜨린 것과 같다'는 뜻이다. '아마'란 가까이란 뜻이니, 가깝고 비슷하다는 말은 빠뜨린 것이 아님을 밝힌 부분이다.

---

242) 上三字는 南續金本作不同也.

③ 체성이 동일함으로 유례하여 설명하다[例釋同體] (此文 95上6)

[疏] 此文에 正辨同時異體인 十二有支어니와 若同時同體로 亦具十二인대 謂迷第一義가 卽是無明이오 有漏有取가 便名爲行이오 體卽是識이오 亦卽名色이오 卽是意處요 對境에 名觸이오 領境이 名受요 染境은 名愛요 著境은 名取요 招報는 爲有요 體現은 名生이오 卽異滅은 爲老死니라

■ 이 문장에서는 같은 시간에 체성이 다른 12지분을 바로 밝혔는데, 만일 같은 시간에 동일한 체성으로도 12지분을 구비한다면 제일가는 이치에 미혹한 것이 바로 무명이요, 유루법으로 취함이 있는 것을 문득 지어 감이라 하고, 본체가 의식이요, 또한 이름과 물질이기도 하고 생각의 의지처도 된다. 경계를 상대하면 닿음이라 하고, 경계를 받아들임이 느낌이요, 경계에 물든 것을 애욕이라 하고, 경계에 집착하는 것은 잡음이라 하고, 과보를 초감(招感)한 것은 존재가 되고, 본체가 나타난 것을 〈나기〉라 하고, 달라져서 없어짐을 늙어 죽음이라 한다.

[鈔] 此文正辨下는 第三, 例釋同時同體를 可知로다
● ③ 此文正辨 아래는 같은 시간과 체성이 동일함으로 유례하여 설명함은 알 수 있으리라.

ⓒ 시간에 의지해 여섯을 섭수하다[約時攝六] 2.
㊀ 오세(五世)에 대해 자세하게 해석하다[廣釋五世] 2.
1 바로 밝히다[正明] (以此 95下1)

② 비방을 해명하다[通妨] (此依)

[疏] 以此十二有支로 約時通說에 總有六種하니 一, 依五世하야 說十二支니 謂過去의 無明과 行이 復從過去過去煩惱生인대 此則煩惱가 生惑業이오 過去二因이 生現五果는 則惑業이 生苦요 若現生未來하고 未來에 更生未來인대 則苦復生苦라 此依三世推因徵果하야 假說有五언정 非約展轉이니 不墮無窮이니라

■ 이런 12지분으로 시간에 의지하여 통틀어 설할 적에 총합하면 6종이 있으니 (1) 오세(五世)에 의지하여 12지분을 설하였다. 말하자면 과거의 무명과 지어 감이 다시 과거로부터 과거의 번뇌가 생긴다면 이것은 번뇌가 미혹과 업을 나게 한 것이요, 과거의 두 가지 원인이 현재의 다섯 가지 결과를 낸 것은 미혹과 업에서 고통이 생겨난 것이요, 만일 현재에서 미래가 생기고 미래에서 다시 미래가 생긴다면 고통에서 다시 고통이 난 것이 된다. 이것은 삼세에 원인으로 미루어 결과를 물어서 가정적으로 오세(五世)가 있다고 말할지언정 점차 바뀜에 의지한 것은 아니니 끝없음에 떨어지지 않은 견해이다.

[鈔] 以此十二下는 第三, 約時攝六이라 於中에 有二하니 先, 廣釋五世요 後二依三世下는 略例餘五라 前中에 先은 正明이오 後는 通妨이라 今²⁴³⁾初니 卽涅槃三十七意며 南經三十四라 迦葉이 問觀業苦어늘 如來가 釋之하시니 經에 云,²⁴⁴⁾ 智者가 復觀煩惱因緣으로 生於煩惱

---

243) 上三十三字는 南金本無, 今初下에 甲南續金本作有正明也.
244) 인용문은 『大般涅槃經』 제37권 迦葉菩薩品 제12의 ⑤의 내용이다. (대정장 권12 p. 585c~) [또 다음에 선남자야, 지혜로운 이는 업을 관찰하고 번뇌를 관찰하고 나서 다음에 이 두 가지로 얻게 되는 과보를 관찰하나니, 이 두 가지의 과보는 곧 괴로움[苦]이니라. 이미 괴로움이라는 것을 알면 곧 능히 일체에서 태어남을 받는 것을 버리느니라. 지혜로운 이는 다시 관찰하기를 '번뇌의 인연으로 번뇌를 생하고, 업의 인연으로 또한 번뇌를

하고 業因緣故로 亦生煩惱하며 煩惱因緣으로 復生於業하고 業因緣故로 生苦하며 苦因緣故로 生於煩惱하고 煩惱因緣故으로 生[245)]有支하며 有因緣故로 生苦하고 有因緣故로 生有하며 有因緣故로 生業하고 業因緣故로 生煩惱하며 煩惱因緣故로 生苦하고 苦因緣故로 生苦니라 善男子여 智者가 若能作如是觀하면 當知是人은 能觀業苦라 하시니라

- ㉢ 以此十二 아래는 시간에 의지해 여섯을 섭수함이다. 그중에 둘이 있으니 ㈀ 오세(五世)에 대해 자세하게 해석함이요, ㈁ 二依三世 아래는 나머지 다섯을 간략히 유례함이다. ㈀ 중에서 ① 바로 밝힘이요, ② 비방을 해명함이다. 지금은 ①이니『열반경』제37권의 주장이며 남본으로는 제34권에 해당한다. 가섭보살이 업과 고통을 관함에 대해 여쭈었는데 여래께서 해석한 내용이다. 경에 이르되, "지혜로운 이는 다시 관찰하기를 '번뇌의 인연으로 번뇌를 생하고, 업의 인연으로 또한 번뇌를 생하고, 번뇌의 인연으로 다시 업을 생하고, 업의 인연으로 괴로움을 생하고, 괴로움의 인연으로 번뇌를 생하고, 번뇌의 인연으로 존재를 생하고, 존재의 인연으로 괴로움을 생하고, 존재의 인연으로 존재를 생하고, 존재의 인연으로 업을 생하고, 업의 인연으로 번뇌를 생하고, 번뇌의 인연으로 괴로움을 생하고, 괴로움의 인연으로 괴로움을 생한다'고 하느니라. 선남자야, 지혜로운 이가 만일

생하고, 번뇌의 인연으로 다시 업을 생하고, 업의 인연으로 괴로움을 생하고, 괴로움의 인연으로 번뇌를 생하고, 번뇌의 인연으로 존재를 생하고, 존재의 인연으로 괴로움을 생하고, 존재의 인연으로 존재를 생하고, 존재의 인연으로 업을 생하고, 업의 인연으로 번뇌를 생하고, 번뇌의 인연으로 괴로움을 생하고, 괴로움의 인연으로 괴로움을 생한다고 하느니라. 선남자야, 지혜로운 이가 만일 능히 이렇게 관찰을 하면, 마땅히 이 사람은 능히 업과 괴로움을 관찰한다는 것을 알아야 하느니라. 왜냐하면 앞에서 관찰한 바와 같은 것은 곧 태어나고 죽는 12인연이니, 만일 사람이 능히 이와 같이 태어나고 죽는 12인연을 관찰하면, 마땅히 이 사람은 새로운 업을 짓지 않고 능히 낡은 업을 파괴한다는 것을 알아야 하느니라.]

245) 故生은 南續金本作生於.

능히 이렇게 관찰을 하면, 마땅히 이 사람은 능히 업과 괴로움을 관찰한다는 것을 알아야 하느니라"라고 하였다.

遠公이 釋云호대 此就五世하야 以明因緣이니 謂過去過去에 有其二支하니 煩惱因緣으로 生煩惱者는 從彼過去過去煩惱하야 生於過去無明也요 業因緣故로 亦生煩惱者는 從彼過去過去業行하야 生於[246]次過去無明이니라 其次過去에 亦立二支하니 煩惱因緣으로 復生於業者는 過去無明이 生於行支요 業生苦者는 謂從前行하야 生現識支니라 現在世中에 立其四支하니 言苦因緣故生煩惱者는 謂於現在五果에 起於愛取요 煩惱因緣으로 生於有者는 從現愛取하야 起現有支요 有因緣故生苦者는 從現在有支하야 生未來生老死支요 有因緣故生有者는 從現有支하야 生未來有니라 現在世中에 善惡二業은 爲同類因이니 生未來善惡業故라 其次는 未來에 出於三支하니 有因緣生業者는 未來業行이 前後相生이요 言業因緣故生煩惱者는 從未來世의 所造業하야 起未來世의 潤生煩惱요 煩惱因緣生苦者는 從未來世의 潤生煩惱하야 生於未來未來生支니라 未來未來에는 唯立一支하니 苦因緣으로 生苦者는 從彼未來未來生支하야 生彼世의 老死支也라하니라 釋曰, 以上疏文으로 對此經釋하면 於義에 可了나 但疏文이 稍略耳니라

● 혜원법사가 해석하되, "이것은 오세(五世)에 입각하여 인연법을 밝힌 내용이다. 말하자면 과거와 과거에 그 두 지분이 있으니 '번뇌의 인연으로 번뇌를 생한다'는 것은 저 과거와 과거의 번뇌로부터 과거의 무명을 생한다는 뜻이요, '업의 인연으로 또한 번뇌를 생한다'는 것은

---

[246] 於下에 南續金本有其字.

저 과거와 과거의 업의 지어 감으로부터 다음 과거의 무명을 생한다는 뜻이다. 그 다음 과거에도 또한 두 지분을 세웠으니 '번뇌의 인연으로 다시 업을 생한다'는 것은 과거의 무명이 지어 감의 지분을 생한다는 뜻이요, '업의 인연으로 괴로움을 생한다'는 것은 말하자면 앞의 지어 감으로부터 현재 의식의 지분을 생한다는 뜻이요, 현재의 세상에 그 네 가지 지분을 세웠으니 '괴로움의 인연으로 번뇌를 생한다'고 말한 것은 이를테면 현재의 다섯 가지 결과에 애욕과 잡음을 일으키고, '번뇌의 인연으로 존재를 생한다'는 것은 현재의 애욕과 잡음으로부터 현재의 존재의 지분을 일으킨 것이요, '존재의 인연으로 괴로움을 생한다'는 것은 현재의 존재의 지분으로부터 미래의 〈나기〉와 늙어 죽음의 지분을 생한다는 뜻이요, '존재의 인연으로 존재를 생한다'는 것은 현재의 존재의 지분으로부터 미래의 존재를 생한다는 뜻이다. 현재의 세상에 착하고 악한 두 가지 업은 동류인(同類因)이 되나니 미래의 착하고 악한 업을 생하는 까닭이다. 그 다음은 미래에 세 가지 지분이 나오나니 '존재의 인연으로 업을 생한다'는 것은 미래의 업의 지어 감이 앞뒤로 서로 생한다는 뜻이요, '업의 인연으로 번뇌를 생한다'고 말한 것은 미래 세상에서 지은 업으로부터 미래 세상의 윤업으로 생긴 번뇌를 일으킴이요, '번뇌의 인연으로 괴로움을 생한다'는 것은 미래 세상의 윤업으로 생긴 번뇌로부터 미래와 미래의 〈나기〉의 지분을 생한다는 뜻이다. 미래와 미래에는 오직 한 지분만 세웠으니 '괴로움의 인연으로 괴로움을 생한다'는 것은 저 미래와 미래의 〈나기〉의 지분으로부터 저 세상의 늙어 죽음의 지분을 생한다는 뜻이다"라고 하였다. 해석한다면 이상의 소의 문장으로 이 경문과 상대하여 해석하면 이치를 알 수는 있지만 단지 소의 문장이 너무 생략되었을 뿐이다.

此依三世下는 二, 釋妨이니 謂有問言호대 若過去無明이 更依過去인대 則前이 無始요 未來老死가 更生未來老死之果인대 則未來가 無窮이니 則無明은 非無因이오 老死는 非無果라 有無窮過라할새 故今答云호대 今依推過去無明이 非自然生[247]이며 復因宿習을 未來에 不得對治하면 則苦果가 無窮이라 因果가 相關일새 故有五世언정 五世之外에 更不關涉이니 故非無窮이라 若約三世輪環인대 無無窮過니라

● ② 此依三世 아래는 비방을 해명함이다. 이를테면 어떤 이가 묻되, "만일 과거의 무명이 다시 과거에 의지한다면 앞은 비롯함 없음이요, 미래의 늙어 죽음이 다시 미래의 늙어 죽음의 결과를 생한다면 미래가 끝이 없는 것이다. 다시 말하면 무명은 원인이 없는 것이 아니요, 늙어 죽음은 결과가 없는 것이 아니라 '끝없는 허물이 있다'고 하는 연고로 지금 대답하기를, 지금은 과거의 무명이 자연으로 생한 것이 아님을 추구함에 의지하였으며 다시 오래된 습기를 미래에 다스리지 못한 원인이라면 괴로움의 결과가 끝이 없다. 원인과 결과가 서로 관계되는 까닭에 오세(五世)가 있을 텐데 오세의 밖에 다시 관섭이 아니니 그래서 끝이 없는 것이 아니다. 만일 삼세의 윤회의 고리에 의지한다면 끝없는 허물이 아닐 것이다.

㊂ 나머지 다섯을 간략히 유례하여 해석하다[略例餘五] (二依 97上7)

[疏] 二, 依三世요 三, 依二世요 四, 依一世前後建立이니 並如初門中辨

---

[247] 上三字는 甲南續金本作墮自然.

이라 五, 同時異體요 六, 同時同體니 卽如此文이니라
- ㈡ (나머지 다섯을 간략히 유례하여 해석함이니) (2) 삼세(三世)에 의지한 해석이요, (3) 이세(二世)에 의지한 해석이요, (4) 일세(一世)에 의지하여 앞뒤로 건립함이다. 아울러 ① 유지상속문(有支相續門)에서 밝힌 내용과 같다. (5) 같은 시간과 다른 체성이요, (6) 같은 시간과 같은 체성이니 곧 이 문장과 같다.

㈢ 대비로 수순하는 관법[大悲隨順觀] 6.
① 그 관법의 명칭을 표방하다[標其觀名] (二 約 97上9)

[疏] 二, 約大悲隨順觀中에 卽當第二餘處求解脫이니라
- ㈢ 대비로 수순하는 관법에 의지하면 ㉯ 다른 곳에서 해탈을 구함[248]에 해당한다.

[鈔] 二約大悲下는 此文有六하니 一, 標觀名이니 故로 論에 徵云호대 云何餘處에 求解脫耶아
- ㈢ 約大悲 아래는 이 소문에 여섯이 있으니 ① 그 관법의 명칭을 표방함이다. 그러므로 논에서 따져 물었다. "어째서 다른 곳에서 해탈을 구하려 하는가?"

② 논경을 인용하여 양상을 해석하다[引論釋相] (謂是 97下2)

[疏] 謂是凡夫愚癡顚倒를 常應於阿賴耶識과 及阿陀那識中에 求解脫

---

[248] 앞의 闕字卷 24上5항에서 해탈을 구하는 네 가지의 잘못된 행법에 대해 설명하였으니 ㉮ 觀衆生愚癡顚倒 ㉯ 觀餘處求解脫 ㉰ 觀異道求解脫 ㉱ 求解異解脫을 말한다.

이며 乃[249])於餘處我我所中에 求解脫故니라
- 이를테면 중생들의 어리석음과 뒤바뀐 것을 항상 아뢰야식과 아타나식에 응하여 해탈을 구하며, 나아가 다른 곳인 〈나〉와 〈내 것〉에서 해탈을 구하기 때문이다.

③ 경문을 인용하여 다스리다[引經對治] (經明 97下4)

[疏] 經明唯是一心이라 則心外에 無我法이니 當於一心中에 求니라
- 경문에서 오직 한 마음뿐임을 밝혔다. 말하자면 마음 밖에 〈나〉와 법이 없나니 마땅히 한 마음 중에서 구해야 한다는 뜻이다.

[鈔] 二, 謂是凡夫下는 引論釋相이오 三, 經明唯是下는 以論意로 引經而爲對治라 於我等中求가 爲非요 於心中求가 爲是니라
- ② 謂是凡夫 아래는 논경을 인용하여 양상을 해석함이요, ③ 經明唯是 아래는 논경의 의미로 경문을 인용하여 다스림이다. 〈나〉 따위에서 구함은 잘못이 되고 마음에서 구함은 옳은 것이 된다.

④ 사례를 인용하여 해석하다[引例爲釋] (亦同 97下7)

[疏] 亦同淨名에 諸佛解脫은 當於衆生心行中求니라
- 또한 『유마경』에서 "모든 부처님의 해탈은 모든 중생들의 마음 작용[心行] 속에서 찾아야 합니다"라고 한 것과 같다.

---

249) 乃는 原本作及誤, 南續金本作反 論作乃.

[鈔] 四, 亦同淨名下는 引例爲釋이니 卽問疾品이라 因問空室之由하야 尋末歸本하야 有三重問答하니 一은 問250)호대 空을 當於何求오 答曰, 當於六十二見中求니라 又問호대 六十二見은 當於何求오 答曰, 當於諸佛解脫中求니라 又問호대 諸佛解脫은 當於何求오 答曰, 當於一切衆生心行中求라하시니라 然尋古釋인대 略有三意하니 第一意는 云, 執見하면 乖空이니 則顯空非是見이라 佛解脫中에 無見이니 則知見非解脫이라 衆生心行中에 無佛解脫이니 當知諸佛解脫中에는 則非衆生이 親契空矣라하니 卽生公意니라 二는 云, 空智가 因於見生이니 則空智는 無性이라 無性故로 智空이오 諸佛解脫은 而非有요 邪因正生이니 邪亦空矣라 諸佛解脫을 因悟衆生心行이면 則解脫空矣니라 三者는 約其空體無二하야 所以互求라 理無不徧이니 此意는 近於今經이라 今經은 正明於眞妄心求니라 見妄性空하야 悟本眞體라 如下當釋이니라

● ④ 亦同淨名 아래는 사례를 인용하여 해석함이니 『유마경』 문질품(問疾品)의 내용이다. 집이 텅 빈 이유를 물음으로 인하여 지말을 찾아 근본으로 돌아가서 세 번 거듭 질문과 대답이 있으니 "1) '이 공성(空性)은 어디에서 찾아야 합니까?' 답한다. '이 공성은 62견(六十二見) 속에서 찾아야 합니다.' 또 묻는다. '62견은 어디에서 찾아야 합니까?' 답한다. '모든 부처님의 해탈 속에서 찾아야 합니다.' 또 묻는

---

250) 인용문은 『維摩詰所說經』 中권 文殊師利問疾品 제5의 내용이다. (대정장 권14 p. 544b28-) [문수사리가 물었다. '거사여 이 방은 어째서 텅 비었으며 시중들이 하나도 없습니까?' 유마힐이 말했다. '일체의 불국토 또한 모두 자체가 비어 있습니다.' '무슨 까닭에 비어 있습니까?' '<공>하기 때문에 비어 있습니다.' 문수사리가 또 물었다. '이 공은 어떠한 공입니까?' '이 공은 분별이 없는 공[無分別空]입니다.' '공의 성품은 분별할 수 있습니까?' '이것을 분별하는 것 또한 공입니다. 왜냐하면 공의 성품은 분별할 수 없어서 공이라 하기 때문입니다.' '이 공성은 어디에서 찾아야 합니까?' '이 공성은 六十二見 속에서 찾아야 합니다.' '육십이견은 어디에서 찾아야 합니까?' '모든 부처님의 해탈 속에서 찾아야 합니다.' '모든 부처님의 해탈은 어디에서 찾아야 합니까?' '모든 중생들의 마음 작용 속에서 찾아야 합니다.']

다. '모든 부처님의 해탈은 어디에서 찾아야 합니까?' 답한다. '모든 중생들의 마음 작용 속에서 찾아야 합니다'라고 하였다." 그런데 예전의 해석을 참고하면 대략 세 가지가 있다. 첫째 주장은 "소견을 고집하면 〈공〉을 어기나니 〈공〉은 소견이 아님을 밝힌 부분이다. 부처님의 해탈에는 소견이 없나니 알음알이와 소견은 해탈이 아닌 것이다. '중생들의 마음 작용 속'에 부처님의 해탈은 없나니, 부처님의 해탈 속에는 중생이 직접 〈공〉에 계합하지 못함을 마땅히 알아야 한다"고 하였으니 곧 도생법사의 주장이다. "2) 〈공〉한 지혜는 소견으로 인해 생하나니 〈공〉한 지혜는 자체성품이 없다. 성품이 없는 까닭에 지혜가 〈공〉하고 부처님의 해탈은 있는 것이 아니요, 삿된 것은 바른 것으로 인해 생하나니 삿됨도 또한 〈공〉한 것이다. 부처님의 해탈이 중생의 마음 작용을 깨달음으로 인한다면 〈공〉을 해탈한 것이요, 3) 그 〈공〉한 체성이 둘이 없음에 의지하여 서로 구하는 까닭이다. 이치가 두루 하지 않음이 없으니 이 주장은 본경과 흡사하다. 본경은 참되고 허망한 마음에서 구함을 바로 밝힌 부분이다. 허망한 체성이 〈공〉함을 발견하여 본래로 진실한 체성임을 깨닫는 것이다. 아래에 가서 다시 해석하겠다.

⑤ 논문을 회통하여 해석하다[會釋論文] (言阿 98下1)

[疏] 言阿賴耶는 此云藏識이니 能藏一切雜染品法하야 令不失故니 我見愛等執藏으로 以爲自內我故라 此名은 唯在異生과 有學이니라 阿陀那者는 此云執持니 執持種子와 及色根故로 此名은 通一切位니 此二는 卽心之別名이라 論主가 意明心含染淨일새 故로 雙擧二名하니

釋一心義니라

■ 아뢰야(阿賴耶)라는 말은 번역하면 '저장하는 의식[藏識]'이라 하나니 모든 잡염의 품류의 법을 능히 저장해서 잃어버리지 않게 하는 까닭이니, <나>라는 소견과 <나>에 대한 애착 따위의 고집의 창고로 '자신의 내부적인 <나>[自內我]'를 삼기 때문이다. 이런 명칭은 오직 이생중(異生衆)과 유학에만 해당한다. 아타나(阿陀那)란 '잡고 간직한다'고 번역하나니 종자와 물질의 감관을 잡아 간직하기 때문이다. 이런 명칭은 모든 지위에 통하나니 이 둘은 곧 마음의 또 다른 명칭이다. 논주가 마음이 잡염과 청정을 포함하고 있다는 의미로 설명한 까닭에 동시에 두 가지 이름을 거론하였으니 일심(一心)의 뜻으로 해석한 내용이다.

[鈔] 言阿賴耶者下는 五, 會釋論文이라 然唯識第三에 明第八識이 總有七名하니 故로 彼論에 云,[251] 然第八識이 雖諸有情이 皆悉成就나 而隨義別하야 立種種名하니 謂或名心이니 由種種法熏習種子의 所積集故요 或名阿陀那니 執持種子와 及諸色根하야 令不壞故요 或名所知依니 能與染淨所知諸法으로 爲依止故요 或名種子識이니 能徧任持世出世間諸種子故라 此等諸名이 通一切位라하니라 釋曰, 前名心者는 望種積集이요 此種子識은 唯望能生일새 故不[252]立也니라 次論에 云, 或名阿賴耶니 攝藏一切雜染品法하야 令不失故라 我見愛等執藏으로 以爲自內我故니 此名은 唯在異生과 有學이라 非無學位인 不退菩薩이니 有雜染法執藏義故라하니라 釋曰, 然準賴耶에 有三藏義니 故로 上論에 云, 此識이 具有能藏과 所藏과 執藏義故라 謂

---

251) 『成唯識論』 제3권의 내용이다. (대정장 권31 p. 13c07-)
252) 不은 遺忘記雜花記共作別. (『三家本私記』 遺忘記 p. 288, 雜華記 p. 213-)

與雜染으로 互爲緣故로 有情이 執爲自內我故라하니라

- ⑤ 言阿賴耶者 아래는 논문을 회통하여 해석함이다. 그런데『성유식론』제3권에서는 제8식에는 총합적으로 일곱 가지 명칭이 있음을 밝혔다. 그러므로 저 논에 이르되, "그런데 제8식은 비록 모든 유정이 다 가지고 있지만, 의미의 차이에 따라 여러 가지 명칭을 붙인다. 이를테면 1) 마음[心]이라고 이름하나니, 갖가지 법으로 인하여 훈습된 종자가 모여진 곳이기 때문이다. 2) 혹은 아타나식(阿陀那識)이라고 이름하나니, 종자와 신체[色根]를 유지해서 무너지지 않게 하기 때문이다. 3) 혹은 소지의(所知依)라고 이름하나니, 인식대상[所知]인 여러 잡염법과 청정법의 의지처가 되기 때문이다. 4) 혹은 종자식(種子識)이라고 이름하나니, 세간과 출세간의 여러 종자를 능히 두루 맡아 지니기 때문이다. 이들 여러 명칭은 제8식의 모든 지위에 통한다."253)라고 하였다. 해석한다면 1) 마음이라 이름한 것은 종자를 쌓고 모음을 바라본 견해이고 2) 종자식이란 오로지 생겨나는 주체만 바라본 견해이므로 따로 건립한 것이다. 다음으로 논에 이르되, "5) 혹은 아뢰야식이라고 이름하나니, 모든 잡염품의 법을 거두어 저장[含藏]해서 소실되지 않게 하기 때문이고, 아견(我見)과 아애(我愛) 등에 집착되어 자신의 내부적인 자아로 삼기 때문이다.254) 이 명칭은 오직 중생과 유

---

253) 이상 네 가지 명칭은 有漏와 無漏, 범부위[凡位]와 성자위[聖位]에 통하기 때문에 모든 지위[一切位]라고 말한다. 이 네 가지는 賴耶三位 중에서 相續執持位에서의 명칭이다.
254) 賴耶三位 중에서 我愛執藏現行位의 제8식을 '藏識', 즉 아뢰야식이라고 부르는 까닭을 말한다. 뢰야삼위는 因位에서 佛果의 지위[果位]에 이르는 사이에 제8식에서 일어나는 변화를 세 가지로 나눈 것으로서, 이외에 善惡業果位, 相續執持位가 있다. 我愛執藏現行位는 제7식이 제8식의 견분을 인식대상[所緣]으로 하여, 常一主宰하는 실재적 주체[我, atman]로 착각하여 집착하는 기간이다. 범부로부터 보살은 제7지[遠行地]까지, 二乘은 유학의 성자까지의 제8식을 아뢰야식이라고 이름한다. 이 기간 동안에는 물론 善惡業果位[이숙식]와 相續執持位[아타나식]도 병행하지만, 아애집장현행의 뜻이 가장 강하고 그 과실이 크므로 아뢰야식이라고 부른다. 제8지[不動地] 이상의 보살과 이승의 무학위[아라한]에서는 순(純)무루종자가 상속해서 아집을 영원히 일으키지 않으므로, 제8식에 대해서 아뢰야식이라는 명칭을 사용하지 않는다.

학위(有學位)와 7지 이전의 보살에만 있다. 무학위(無學位)와 8지 이상의 불퇴전보살에게는 잡염법에 집착되는 뜻이 없기 때문이다"라고 하였다. 해석한다면, 아뢰야식에 준하면 세 가지 저장의 뜻이 있으므로 위의 『성유식론』에 이르되, "이 식에 구체적으로 능장(能藏)·소장(所藏)·집장(執藏)의 뜻이 있기 때문이다. 능장(能藏)과 소장(所藏)의 뜻은 잡염법과 서로 인연이 되기 때문이며, 집장(執藏)의 뜻은 유정[제7식]이 집착해서 자기 내면의 자아로 삼기 때문이다"[255]라고 하였다.

釋曰, 言互爲緣은 卽具能所二藏이니 一은 能持染種인대 種名所藏이오 識是能藏이니 爲現行異熟이 能持種子라 二는 是雜染法所熏所依인대 則染法은 名能藏이오 此識은 爲所藏이라 起信疏에 云,[256] 又藏自體를 於諸法中이라하며 大乘法師가 云, 謂由七轉識이 熏成種子하야 識體가 與種子로 無異性故로 亦隨所藏種子하야 不離轉識하고 藏在轉識中이오 三은 又爲第七之所執藏이라하니라 今但出二義하고 闕所藏者는 約通無漏하야 不說所藏이니라 次論에 云, 或名異熟識이니 能引生死善不善業異熟果故라 此名은 唯在異生과 二乘과 諸菩薩位요 非如來地니 猶有異熟無記法故라하니라 釋曰, 此通二乘無學과 十地菩薩이니 以如來는 唯善이오 無無記故니라 次論에 云, 或名無垢

---

255) 自相은 '자체의 양상'이라는 의미로서, 제8식이 賴耶三藏, 즉 능장(能藏: 持種義)·소장(所藏: 受薫義)·집장(執藏: 我愛執義)의 세 가지 뜻을 갖추므로 아뢰야식[藏識]이라고 이름하는 것을 말한다. 유정의 정신적·신체적 행위는 모두 종자(종자, bija)의 형태로 아뢰야식에 저장된다. 能藏은 제8식이 능히 모든 잡염법(선·악·무기)의 종자를 저장·보존하는 것을 말한다. 모든 잡염품은 아뢰야식에 결과[異性]로서 저장된다. 所藏의 의미는 두 가지가 있다. 첫째는 제8식이 7轉識에 의해 모든 잡염법의 훈습을 받아들이는 所熏處의 역할을 하는 것이다. 둘째는 모든 잡염품의 법, 즉 구체적인 경험세계 속에 그것을 발생한 아뢰야식이 원인[因性]으로서 내재하는 것을 말한다. 執藏은 말나식이 아득한 옛적부터 아뢰야식을 자아로 착각하여 我愛를 일으켜서 집착하는 것을 말한다. (譯者註)
256) 인용문은 『大乘起信論義記』 中권의 내용이다. 疏云, "又能藏自體於諸法中. 又能藏諸法於自體內. 故論云 能藏所藏我愛執藏. 此之謂也. 此依義立名也."(대정장 권44 p. 255c10-)

識이니 最極淸淨하야 諸無漏法의 所依止故라 此名은 唯在如來地有요 菩薩과 二乘과 及異生位에는 持有漏種하야 可受熏習이언정 未得善淨第八識故라하니라 釋曰, 非煩惱依일새 故名無垢라 今論에 唯擧二名者는 賴耶는 意在唯染이오 阿陀那는 意在通淨이니 略擧一對하야 通爲所求之處라 其理가 已同일새 故로 疏에 云, 論主意明心含染淨이라하니라

- 해석한다면 '서로 연이 된다'고 말한 것은 주체와 대상의 두 가지 저장의 뜻을 갖춘다는 뜻이다. 첫째, 잡염의 종자를 능히 간직하면 종자는 저장할 대상을 말하게 되고, 의식은 저장하는 주체를 말하게 되나니, 현행하는 이숙식이 능히 종자를 간직하는 것이 된다. 둘째, 잡염법을 훈습하는 대상이고 잡염법이 의지할 대상이라면 잡염법은 저장하는 주체가 되고 이 의식은 저장할 대상이 된다.『기신론소(起信論疏)』에 이르되, "또 자체를 모든 법 가운데 저장한다"고 하였고, 대승법사[窺基법사]가 이르되, "예컨대 7전식이 훈습하여 종자를 만들어 의식의 본체에는 종자와 다른 성품이 없음으로 인하였고, 또한 저장할 대상인 종자를 따라 7전식을 여의지 않고 전식에 저장된다. 셋째, 또 제7식의 잡아 저장할 대상이 된다"고 하였다. 지금은 단지 두 가지 이치만 내보였고 셋째, 저장할 대상이 빠진 이유는 무루법에 통함에 의지하여 저장할 대상은 말하지 않았다. 다음 논에 이르되, "6) 또는 이숙식(異熟識)이라고 이름하니, 능히 생사를 이끌고, 착하고 착하지 않은 업의 이숙의 결과이기 때문이다. 이 명칭은 오직 범부와 이승과 여러 보살의 지위에서만 적용된다. 여래의 지위에서는 이제 이숙무기(異熟無記)의 법이 없기 때문이다"라고 하였다. 해석한다면, 이것은 이승의 무학위와 십지 보살에 해당하나니 여래의 지위는 선심소(善心所)

뿐이요, 무기는 없는 까닭이다. 다음 논에 이르되, "(7) 혹은 무구식(無垢識)이라고 이름하나니, 가장 청정해서 모든 무루법의 의지처이기 때문이다. 이 명칭은 오직 여래지(如來地)에만 있다. 보살과 이승과 범부의 지위에서는 유루종자(有漏種子)를 지니고 훈습을 받을 수 있으므로, 선하고 청정한 제8식을 증득하지 못하기 때문이다"라고 하였다. 해석한다면 번뇌의 의지처가 아닌 까닭에 '더러움이 없다[無垢]'라고 이름 붙인다. 지금 논경에서 오직 두 가지 명칭만 거론한 이유는 아뢰야식은 오직 잡염뿐이라는 뜻이요, 아타나식은 청정과도 통하는 뜻이니 간략히 한 대구(對句)를 거론하여 통틀어 구할 대상의 의지처를 삼은 내용이다. 그런 이치가 이미 같은 까닭에 소가가 "논주가 마음이 잡염과 청정을 포함하고 있다는 의미로 설명하였다"고 말하였다.

⑥ 구하는 모양을 따로 해석하다[別釋求相] (求義 100上5)

[疏] 求義는 云何오 若有我執하면 成阿賴耶오 若我執이 亡하면 則捨賴耶 名이오 唯阿陀那니 持無漏種이면 則妄心斯滅하고 眞心顯現이라 故로 下偈에 云, 心若滅者면 生死盡이라하나니 卽妄滅也요 非心體滅이니라

■ 구하는 뜻은 무엇인가? 만일 〈나〉에 대한 집착이 있으면 아뢰야를 이룰 것이요, 〈나〉에 대한 집착이 없어지면 아뢰야라는 이름을 버리게 되고 오로지 아타나일 뿐이니, 무루의 종자를 간직하면 허망한 마음이 없어지고 진실한 마음이 드러날 것이다. 그러므로 아래 게송에서는, "마음이 다한다면 나고 죽음도 없어"라고 하였으니 곧 허망한 마음만 없어지는 것이며, 마음의 본체가 없어진다는 뜻은 아니다.

[鈔] 求義云何下는 六, 別釋求相이니 卽示二無我觀이라 於中에 先, 擧迷이요 後, 若我執亡下는 明悟라 卽捨賴耶名者는 唯識에 云阿羅漢位捨라하나니 以三藏中에 無我愛執藏일새 故로 羅漢位捨라 若約菩薩인대 義當八地니 已出三界니라 言妄心斯滅眞心顯現者는 卽起信이니 前疏에 已引하니라 從故下偈下는 引證이니 先引當經이라 具云하면 了達三界依心有며 十二因緣亦復然이라 生死가 皆由心所作이니 心若滅者면 生死盡[257]이라하시니라

次云卽妄滅也非心體滅者는 卽闇引起信하야 成經滅義니 故로 彼文에 云, 但心相滅이언정 非心體滅이라하며 楞伽에 亦云하사대 若阿賴耶滅인대 不異外道의 斷見戱論이라하시니 亦前疏已用하니라

● ⑥ 求義云何 아래는 구하는 모양을 따로 해석함이니 바로 ㉑ 무아의 관법을 보인 내용이다. 그중에 ㉮ 미혹을 거론함이요, ㉯ 若我執亡 아래는 깨달음에 대한 설명이다. '아뢰야라는 이름을 버린다'고 말한 것은 『성유식론』에서, "아라한 지위에서 버리네"[258]라고 하였으니, 저장한다는 세 가지 뜻 중에 <나>에 대한 애착과 집착의 창고가 없기 때문에 아라한 지위에서 버리게 되는 것이다. 만일 보살의 지위에 의지하면 8지에 해당하나니 이미 삼계에서 벗어난 까닭이다. '허망한 마음이 없어지고 진실한 마음이 드러난다'고 말한 것은 『기신론』의 주장이니 앞의 소문에 이미 인용했던 내용이다. 故下偈부터 아

---

257) "了達三界依心有하며 十二因緣亦復然이라 生死皆由心所作이니 心若滅者生死盡이로다."(珠字卷 62下5行).
258) 이 게송들의 뜻을 해설함에 있어서 『성유식론』 제2권·제3권·제4권에 걸쳐 八段十義門으로 설명한다. 우선 十義門은 ① 自相門 : 아뢰야식, ② 果相門 : 이숙식, ③ 因相門 : 일체종자식, ④ 所緣門 : 執受와 處, ⑤ 行相門 : 요별, ⑥ 相應門 : 촉·작의·수·상·사, ⑦ 受俱門 : 捨受, ⑧ 三性門 : 무부무기성. 촉 등도 그러함, ⑨ 因果譬喩門 : 항상 유전(상속)하는 것이 폭포수와 같음, ⑩ 伏斷位大門 : 아라한위이다. 다음에 八段門은 ①②③을 합하여 三相門으로 하고, ④⑤를 합하여 所緣行相門으로 한다. 그리고 제6에 心所同例門을 첨가하여, 총 여덟 가지로 分段한다.

래는 인용하여 증명함이니 본경을 먼저 인용한 부분이다. 갖추어 말하면 "마음으로 삼계가 생긴 것이고 12가지 인연도 그런 것이며 나고 죽음 마음으로 짓는 것이니 마음이 다한다면 나고 죽음도 없어"라고 하였다.

다음에 이르되 '허망한 마음만 없어지는 것이며, 마음의 본체가 없어지는 것은 아니다'라고 말한 것은 가만히 『기신론』을 인용하여 본경의 '없어진다'는 이치를 성립하였다. 그러므로 저 『기신론』에서는, "멸한다는 것은 오직 마음의 모양[心相]만 멸하는 것이요, 마음의 본체[心體]가 멸하는 것이 아니다"라고 하였고, 『능가경』에서는, "만일 아뢰야가 없어지면 외도의 단견이나 희론과 다름이 없다"고 하였으니 또한 앞의 소문에 이미 사용한 내용이다.

㊂ 온갖 양상과 지혜로 행하는 관법[一切相智觀] (三約 100下8)

[疏] 三, 約一切相智觀이니 卽當第二依止觀이라 明此緣集이 依於二種하니 一은 依第一義니 已如前說이라 二는 依心識이니 卽是今文이라 前은 唯約淨이오 此는 通染淨이라 依義如前이니라 又前은 卽依眞起妄이오 此는 則顯妄依眞이니라

- ㊂ 온갖 양상과 지혜로 행하는 관법이니 곧 2) 의지하는 관법259)에 해당한다. 이런 인연의 모임이 두 종류에 의지한 것임을 밝혔으니 (1) 제일가는 이치에 의지한 견해이니 이미 앞에서 말한 것과 같다. (2) 마음과 의식에 의지한 견해이니 바로 지금의 문장이다. (1)은 오직 청정에 의지한 구분이요, (2)는 잡염과 청정에 통하는 구분이다. 이치

---

259) 三觀攝十門說(關字卷 22上8)의 아홉 가지 관법 중에 둘째, 依止觀을 말한다.

에 의지하는 것은 (1)과 같다. 또 (1)은 진심에 의지하여 망심을 일으키는 구분이요, (2)는 망심을 드러내기 위해 진심에 의지하는 구분이다.

[鈔] 卽當第二者는 疏有二解하니 前解는 但[260]唯依第一義故로 唯約淨이오 此는 明有支依持일새 故通染淨이라 第二解[261]中에 依眞起妄者는 不了第一義諦를 名無明等故요 顯妄依眞者는 十二因緣이 皆依一心하야 如是而立故니라

● 卽當第二란 소문에 두 가지 견해가 있으니 (1)의 견해는 다만 오직 제일의제에만 의지한 연고로 청정에만 의지하고, (2)는 지분에 의지함을 밝혔으므로 잡염과 청정에 통한다. (2)의 견해 중에 '진심에 의지하여 망심을 일으킨다'는 것은 제일의제(第一義諦)를 요달하지 못한 것을 무명(無明) 따위라 이름한 까닭이요, '망심을 드러내기 위해 진심에 의지한다'는 것은 12인연이 모두 한 마음에 의지하여 이처럼 건립한 까닭이다.

(c) 자기 업으로 도와 이루는 문[自業助成門] 3.
㊀ 양상적인 진리로 구분하는 관법[相諦差別觀] 2.

① 총합하여 두 가지 원인으로 해석하다[總解二因] 4.
㉮ 표방하여 거론하다[標擧] (第三 101下8)

佛子여 此中無明이 有二種業하니 一은 令衆生으로 迷相

---

260) 上四字는 甲南續金本作釋.
261) 解는 甲南續金本作釋.

所緣[262]이요 二는 與行作生起因이며 行亦有二種業하니 一은 能生未來報요 二는 與識作生起因이며 識亦有二種業하니 一은 令諸有相續이요 二는 與名色作生起因이며 名色도 亦有二種業하니 一은 互相助成이요 二는 與六處作生起因이며 六處도 亦有二種業하니 一은 各取自境界요 二는 與觸作生起因이며 觸亦有二種業하니 一은 能觸所緣이요 二는 與受作生起因이며 受亦有二種業하니 一은 能領受愛憎等事요 二는 與愛作生起因이며 愛亦有二種業하니 一은 染着可愛事요 二는 與取作生起因이며 取亦有二種業하니 一은 令諸煩惱相續이요 二는 與有作生起因이며 有亦有二種業하니 一은 能令於餘趣中生이요 二는 與生作生起因이며 生亦有二種業하니 一은 能起諸蘊이요 二는 與老作生起因이며 老亦有二種業하니 一은 令諸根變異요 二는 與死作生起因이며 死亦有二種業하니 一은 能壞諸行이요 二는 不覺知故로 相續不絶이니라

불자여, 이 가운데서 (1) 무명에 두 가지 업이 있으니 하나는 중생으로 하여금 반연할 바를 미혹하게 함이요, 둘은 행이 생겨나는 인이 되느니라. (2) 행에도 두 가지 업이 있으니 하나는 장래의 과보를 내는 것이요, 둘은 식이 생겨나는 인이 되느니라. (3) 식에도 두 가지 업이 있으니 하나는 여러 유를 서로 계속하게 함이요, 둘은 이름과 물질이 생겨나는 인이 되느니라. (4) 이름과 물질에도 두 가지 업이 있으니 하나는 서로 도와서 성립케 함이요, 둘은 육처가 생겨나

---

262) 於는 金本作相誤; 遺忘記云 相은 於字之誤.(『三家本私記』遺忘記 p. 289-)

는 인이 되느니라. (5) 육처에도 두 가지 업이 있으니 하나는 각각 제 경계를 취함이요, 둘은 촉이 생겨나는 인이 되느니라. (6) 촉에도 두 가지 업이 있으니 하나는 반연할 것을 능히 부딪침이요, 둘은 받아들임이 생겨나는 인이 되느니라. (7) 받아들임에도 두 가지 업이 있으니 하나는 사랑스러운 일과 미운 일을 받아들임이요, 둘은 사랑이 생겨나는 인이 되느니라. (8) 사랑에도 두 가지 업이 있으니 하나는 사랑할 만한 일에 물듦이요, 둘은 취함이 생겨나는 인이 되느니라. (9) 취함에도 두 가지 업이 있으니 하나는 여러 가지 번뇌를 서로 계속하게 함이요, 둘은 유가 생겨나는 인이 되느니라. (10) 유에도 두 가지 업이 있으니 하나는 다른 갈래에 태어나게 함이요, 둘은 태어남이 생겨나는 인이 되느니라. (11) 남에도 두 가지 업이 있으니 하나는 여러 온을 일으킴이요, 둘은 늙음이 오게 하는 인이 되느니라. (12) 늙음에도 두 가지 업이 있으니 하나는 여러 근이 변동하게 함이요, 둘은 죽음이 이르게 하는 인이 되느니라. (13) 죽음에도 두 가지 업이 있으니 하나는 모든 행을 파괴함이요, 둘은 알지 못하므로 서로 계속되어 끊어지지 않느니라."

[疏] 第三, 自業助成이라 中亦三이니 初, 約相諦觀者인대 此下二門이 卽當因觀이라 因觀이 有二하니 一은 他因觀이오 二는 自因觀이라

- (c) 자기 업으로 도와 이루는 문이다. 그중에 또 셋이니 ㊀ 양상적인 진리로 구분하는 관법에 의지한다면 이 아래 (c) 자업조성문(自業助成門)과 (d) 불상사리문(不相捨離門)의 둘이 곧 (2) 원인의 관법에 해당

한다. (2) 원인의 관법에 둘이 있으니 ① 다른 원인의 관법이요, ② 자체적인 원인의 관법이다.

❖ 제6회 십지품 제6 現前地 (科圖 26-64; 闕字卷)

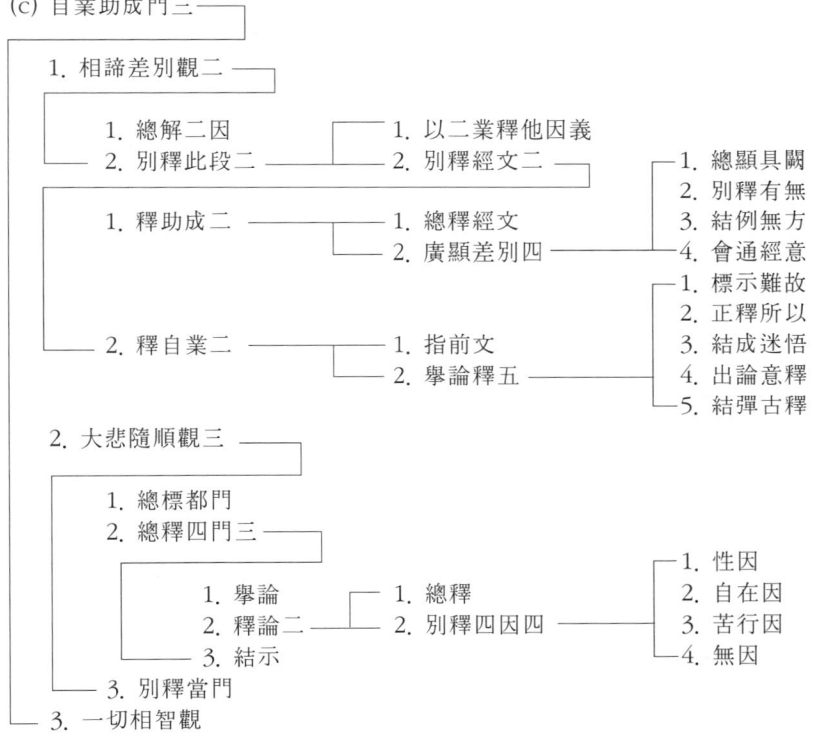

[鈔] 第三自業助成者는 然雜集論에 名建立支業이 各具二業[263]하니 故全同今經이라 依本論初觀中에 二니 先은 總解二因이오 後는 別解此段이라 前中에 一, 總標요 二, 遠公下는 敍昔이라

---

[263] 『大乘阿毘達磨雜集論』제4권의 本事分中三法品 제1의 ④에 나오는 내용이다. 論云, "建立支業者 謂無明支有二種業 一令諸有情於有愚癡 二與行作緣 —"(대정장 권31 p. 711 c-).

● (c) 자기 업으로 도와 이룬다는 것은 『잡집론(雜集論)』에서 '지분의 업을 건립한다'고 말한 것이 각기 두 가지 업을 구비하고 있으므로 본경과 완전히 같다. 논경의 ㉠ 상제차별관(相諦差別觀)에 의지하면 둘이니 ① 총합적으로 두 가지 원인을 해석함이요, ② 이 단락을 개별적으로 해석함이다. ① 중에 ㉮ 총합하여 표방함이요, ㉯ 遠公 아래는 예전 해석에 대한 설명이다.

㉯ 예전 해석에 대한 설명[敍昔] (遠公 102上2)
㉰ 서로 위배됨을 밝히다[辨違] (他因)

[疏] 遠公이 云, 行望無明異故로 名爲他因이오 從前無明하야 生後無明을 名爲自因이라하니라 他因小通이오 自因有妨이니 以論에 云, 自因觀者는 離前支하면 無後支라 經言無明因緣이 能生諸行故라하니라

■ 혜원법사가 이르되, "지어 감이 무명과 비교하면 다르기 때문에 다른 원인이라 하였고, 앞의 무명에서 뒤의 무명이 생기는 것을 자체적 원인이라 한다"고 하였다. 다른 원인은 조금 통하고 자체적 원인은 비방함이 있게 된다. 논경에서는, "자체적 원인의 관법에는 앞의 지분을 여의면 뒤의 지분이 없다"고 하였으니, 본경에서 "무명의 원인과 조건이 능히 모든 지어 감을 나게 한다"고 말한 까닭이다.

[鈔] 三, 他因小通下는 辨違니 以知無明이 異行일새 故許其通이오 而又不知無明을 望行하면 具自他義하고 但爲他因이라할새 故云小通耳라 言自因有妨者는 以違論故니 論主가 旣引無明因緣으로 生行하야사 證離前支하면 則無後支하나니 明以無明으로 爲前이오 行爲後矣어늘

況自因緣內에 無有無明이 生無明支아

- ㉰ 他因小通 아래는 서로 위배됨을 밝힘이니 무명이 지어 감과 다른 줄 아는 연고로 그 통함을 허용하였고, 또 무명을 지어 감과 비교하면 자체적인 원인과 다른 원인의 이치를 구비한 줄 알지 못하고 다만 다른 원인뿐이라고 말하는 까닭에 '조금 통한다'고 하였을 뿐이다. '자체적 원인은 비방함이 있다'고 말한 것은 논경과 어긋나기 때문이니, 논주가 이미 무명의 인연으로 지어 감이 생김을 인용하여 앞의 지분을 여의면 뒤의 지분도 없어짐을 증명한 부분이다. 무명으로 앞을 삼고 지어 감으로 뒤를 삼은 것이 분명한데 하물며 자체적 원인과 조건 속에 무명이 있지 않은데 무명의 지분을 (어떻게) 나게 하겠는가?

㉱ 본경의 이치를 말하다[申今義] 2.
㉠ 개별로 설명하다[別明] (今謂 102下1)
㉡ 총합하여 결론하다[總結] (三觀)

[疏] 今謂他因者는 全賴前支하야 生後支故니 此揀自性이라 故로 大悲觀中에 揀於冥性이오 一切相觀에 名爲方便이라 唯從無明하야 生於行故로 名爲自因이니 此揀餘因이 能生於行이라 亦猶酪이 定從乳生이오 不從石出이라 故大悲觀에 破於自在等因이오 一切相智에 顯因緣相故니라 三觀의 取意는 小異나 文旨는 大同이어늘 諸德이 不尋論文하고 妄爲異釋이니라

- 지금 '다른 원인'이라 말한 것은 전적으로 앞의 지분에 의지하여 뒤의 지분을 나게 한 까닭이니, 이것은 자체적인 성품과 구분한 분석이다. 그러므로 ㉡ 대비로 수순하는 관법 중에 명성[冥性]과 구분한 것이요,

㈢ 온갖 양상과 지혜로 행하는 관법에서는 방편이라 이름한다. 오로지 무명에서 지어 감만을 내기 때문에 '자체적 원인'이라 하였으니, 이것은 나머지 원인이 능히 지어 감을 내는 것과 구분한 개념이다. 또한 소락(酥酪)이 결정코 우유에서 생긴 것이요, 돌에서 나온 것이 아님과 같다. 그러므로 ㉡ 대비로 수순하는 관법에서 자재함 따위의 원인을 타파하고, ㉢ 온갖 양상과 지혜로 행하는 관법에서 인연의 모양을 드러내었다. 세 가지 관법에서 의미로는 조금 다름을 취했지만 경문의 종지는 대개 같은데 여러 대덕들이 논경의 문장을 참고하지 않고 망녕되게 다르게 해석한 까닭이다.

[鈔] 四, 今謂下는 申今正義라 於中에 二니 先은 別明이오 後는 總結이라 前中에 二因이니 皆先은 正明이오 後, 故大悲下는 引二觀爲證이라 大悲觀中冥性은 即外道之自生이니 與自性義同일새 故以他因으로 破其自生이라 自在는 即外道의 從他生義니 故以自因으로 破其他生이라 一切相智中他因은 乃前爲後之方便이오 自因은 即爲因緣之相이라 此義極顯일새 故擧酪喩하야 正喩自因하고 亦喩[264]他因이니 酪不從自生하고 必假乳爲因故라 此則乳爲酪家他因이니 以乳非酪故라 要從乳生이오 不從蒲石等生이니 故乳爲酪家自因이라 以若不要從乳生者인대 因同非因故요 若無他義인대 乳即是酪하야 俱失因果니라

㉣ 今謂 아래는 본경의 정의를 밝힘이다. 그중에 둘이니 ㉠ 개별로 설명함이요, ㉡ 총합하여 결론함이다. ㉠에 두 가지 원인이니 모두 ⓐ 바로 밝힘이요, ⓑ 故大悲 아래는 두 가지 관법을 인용하여 증명함이다. 대비로 수순하는 관법 중에 '명성(冥性)'은 외도들이 스스로 만든

---

264) 喩는 續金本作與誤.

개념이니 자체의 성품과 같은 이치이다. 그러므로 다른 원인으로 '자체적으로 생겼다'는 견해를 타파하였다. '자재함'은 외도들이 다른 것에서 만든 이치이므로 자체적 원인으로 '다른 것에서 생겼다'는 견해를 타파하였다. ㊂ 온갖 양상과 지혜로 행하는 관법 중의 다른 원인은 비로소 앞이 뒤의 방편이 되고, 자체적 원인은 곧 인연의 양상이 된다. 이런 이치가 극적으로 드러나므로 소락(酥酪)의 비유를 거론하여 자체적 원인에 바로 비유하였고, 또한 다른 원인도 비유하였으니, 소락은 자체에서 생기지 못하고 반드시 우유를 원인으로 빌려야 하기 때문이다. 이렇다면 우유는 소락의 입장에서는 다른 원인이 될 것이니 우유는 소락이 아니기 때문이다. 중요한 것은 우유에서 생긴 것이지 부들의 돌[蒲石] 따위에서 생긴 것이 아니므로 우유는 소락의 입장에서는 자체적 원인이 된다. 만일 우유에서 생긴 것이 중요하지 않다면 원인이 원인 아님과 같아지기 때문이요, 만일 다른 이치가 없다면 우유가 바로 소락이 되어서 원인과 결과를 모두 잃게 된다.

三觀取意下는 第二, 總結이니 由大同故로 得引爲證이니라 諸德下는 結彈이라 然自因과 他因은 卽俱舍等의 此有彼有와 此生彼生이라 俱舍第九에 云[265]호대 何故[266]로 世尊이 說前二句요此問也 論에 答云호대 謂依此有彼有와 此生彼生[267]하야 於緣起에 決定故니 如餘處說하사대 依無明有하야 諸行得有요 非離無明코 可有諸行이라 又爲顯示諸支가 傳[268]生이니 謂依此支有하야 彼支가 得有요 由彼支가 生

---

265) 인용문은 『俱舍論』 제9권 分別世品 제3의 ②의 내용이다. (대정장 권29 p. 51-)
266) 何故는 南續金本作云何 論原本作何故.
267) 生下에 南續金本有彼生二字.
268) 傳은 原南續金本作轉, 俱舍及正理論光記寶疏均作傳 下傳生及親傳同. 아래 *표시.

故로 餘支가 得生이라 又爲顯示三際傳*生이니 謂前際有하야 中際得有요 由中際生하야 後際得生이라 又爲顯示親傳*二緣이니 謂有無明하야 無間生行하며 或展轉力으로 諸行方生이라 有餘師說호대 如是二句는 爲破無因과 常因인 二論이니 謂非無因으로 諸行이 可有며 亦非由常自性과 我等無生因故로 諸行得生이라 若爾인댄 便成前句無用이니 但由後句의 此生彼生하야 能具破前[269]無因과 常因等故라 軌範師가 釋此二句호대 爲顯因果不斷과 及生이니云云 有釋호대 爲顯因果住生이라하니라 云云

- ⓒ 三觀取意 아래는 총합하여 결론함이니 이유가 크게는 같은 연고로 인용하여 증명하였다. 諸德 아래는 결론적인 비판이다. 그런데 자체적 원인과 다른 원인은 곧 『구사론』 따위의 '이것이 있으므로 저것이 있고 이것이 생기므로 저것이 생겨난다'는 논리이다. 『구사론』 제9권에 이르되, "질문한다. '무슨 까닭으로 세존께서 앞의 두 구절을 말씀하셨는가?' 답한다. '이를테면 이것이 있으므로 저것이 있고, 이것이 생기므로 저것이 생긴다는 뜻에 의하여 연기에 대해서 결정적임을 알도록 하기 위함이다.'" 딴 곳에서 말씀하시되, "무명이 있음에 의하여 지어 감이 있게 되고, 무명을 떠나서 지어 감이 있는 것이 아니다"라고도 하셨다. 또는 온갖 지분이 전하여 생기는 것을 밝힌 부분이다. 말하자면 이 지분이 있음에 의하여 저 지분이 있게 되고, 저 지분이 생김으로 인해 나머지 지분이 생긴다는 뜻이다. 또 삼제(三際)가 전하여 생기는 것을 밝힘이니, 말하자면 전제에 의하여 중제가 있게 되고 중제가 생김으로 인해 후제가 생기게 된다. 또는 친인연(親因緣)과 전전인연(展轉因緣)인 두 인연을 밝히기 위한 말이다. 말하자

---

269) 前은 南續金本作於.

면 무명이 있으면 간단없이 지어 감을 내고 혹은 전전하는 힘으로 지어 감이 비로소 생긴다. 어떤 스님[經部의 異師, 世曹]은 풀이하되, "그와 같은 두 구절은 원인이 없음[無因]과 항상함이 원인이라는 두 이론을 타파하기 위함이다. 말하자면 원인이 없어서 모든 지어 감이 있는 것이 아니며, 또한 항상함인 자성과 〈나〉 따위의 생김 없는 원인 때문에 모든 행이 나게 되는 것이 아니다"라고 말한다. 만일 그렇다면 곧 앞의 구절이 소용이 없게 되고 다만 뒤 구절의 '이것이 생기므로 저것이 생긴다'는 말로 앞에서 말한 원인이 없음과 항상함이 원인이라는 견해를 쳐부수게 될 뿐이다. 궤범(軌範)의 여러 스님들은 해석하되, "이 두 구절은 인과가 끊어지지 않음과 생김을 밝히기 위함이다"라 하였고, 어떤 이는 해석하되 "인과가 머무름과 생기는 것을 밝히기 위함이다"라고 하였다.

釋曰, 上皆論文이니 今當會釋하리라 此卽雜集等과 及上經中에 是事有故로 是事有요 是事起故로 是事起니 起卽生義라 已如前釋[270]이니라 今且會二因하리라 前支有故로 後支得有는 卽自因義니 以要不離前하야사 方有後故라 此生彼生은 卽他因義니 此支生時에 彼支가 別故라 故로 前第四釋에 此有彼有가 爲親因이오 此生彼生이 爲展轉因이라 展轉者는 卽是他義요 要從前支는 卽是自義라 若望大悲隨順觀인대 則前第五爲破二因이니 義甚相順이라 以自因으로 破無因이니 酪要因乳故요 以他因으로 破於常因이니 必假他因이오 非自性等故라 是則先破二因이 未爲失意니라 旣今經意가 順上論意하야 自他가 昭然이어늘 則諸古德이 非獨闕尋本論이라 亦不見於他論

---

[270] 위의 十地品 제1권의 소문에서 6. 正顯加相의 세 과목 중 (1) 口加에 속한 (나) 自力辯의 疏文(二自 24下3)에 云, "二, 自力辯이니 卽後九句니 自他因緣으로 方有說故라"라 한 부분에 보인다.

之意旨니라

- 해석한다면 위는 모두 논의 문장이니 이제 회통하여 해석하겠다. 이것은 『잡집론』 등과 위의 경문에서 '이 일이 있으므로 이 일이 있으며, 이 일이 일어나므로 이 일이 일어난다'는 뜻이다. 일어나는 것이 곧 생긴다는 뜻이니 이미 앞에서 해석한 내용과 같다. 지금 우선 두 가지 원인을 회통하리라. '앞의 지분이 있으므로 뒤의 지분이 있게 된다'는 것은 자체적 원인의 뜻이니, 앞을 여의지 않아야만 비로소 뒤가 있기 때문이다. '이것이 생기므로 저것이 생긴다'는 것은 곧 다른 원인의 뜻이니, 이 지분이 생겨날 때에 저 지분이 달라지기 때문이다. 그러므로 앞의 넷째 해석[271]에 '이것이 있으면 저것이 있다'는 것이 친인연이 되고, '이것이 생기면 저것이 생긴다'는 것은 전전인연이 된다. '전전한다'는 것은 바로 다른 원인이란 뜻이요, 앞의 지분에서 나온 것만이 자체적 원인이란 뜻이다. 만일 대비로 수순하는 관법과 비교하면 앞의 다섯째로 두 가지 원인을 타파하기 위한 것이니 이치가 더욱 서로 따른다. 자체적 원인으로 원인 없음을 타파하였으니 소락은 우유로 원인이 되어야 하기 때문이고, 다른 원인으로 항상함이 원인임을 타파하였으니 반드시 다른 원인을 빌려야 하며 자체적 성품 따위가 아닌 까닭이다. 이렇다면 먼저 두 가지 원인을 타파한 것이 의미를 잃게 되지는 않는다. 이미 본경의 의미가 위의 『구사론』의 의미를 따라 자체적 원인과 다른 원인이 분명해졌는데, 여러 옛 어른들이 유독 논경을 참고하지 않았을 뿐만 아니라 또한 다른 논서의 주장도 보지 않은 결과이다.

---

271) 이것은 십지품 제1권의 四淨을 해석하는 부분에 나오는 내용이다. 四淨은 自力辯才에 속하는 네 가지의 청정한 변재를 말한다. ① 有作善法淨 ② 無作法淨 ③ 化衆生淨 ④ 身淨 등이니 第四釋이란 ④ 身淨을 해석하는 부분을 가리킨다.

② 이 문단을 개별로 해석하다[別釋此段] 2.
㉮ 두 가지 업으로 다른 원인의 이치를 해석하다[以二業釋他因義]

(今此 104上10)

[疏] 今此一門은 即他因觀이라 經明에 各有二業하니 則一은 是自業이오 二는 是助成이라 而並云他者는 特由無明이 迷於所緣하야 方爲行因이니 若了所緣하면 寧起妄行이리요 又初는 明自業이니 顯是他義요 二는 明生後니 顯是因義라 餘十一支는 倣此思準이니라

- 지금 이 (c) 자업조성문(自業助成門)은 곧 다른 원인의 관법이다. 경문에 각기 두 가지 업이 있음을 밝혔으니 (1) 자기 업이요, (2) 도와 이루는 것이다. 그러나 다른 원인을 함께 말한 것은 특히 무명이 반연할 대상에 미혹함으로 인해 비로소 지어 감의 원인이 된 것이니, 만일 반연할 대상을 요달하면 어찌 망녕된 행을 일으키리오. 또 처음은 자신의 업을 밝혔으니 이것이 원인임을 드러낸 부분이다. 나머지 11가지 지분은 이것과 비슷하게 준하여 생각하면 된다.

[鈔] 今此一門下는 二, 別釋此段이라 於中有二하니 先은 以二業으로 釋他因義요 後는 別釋文이라 今初²⁷²⁾二釋에 前은 合釋이니 以自業之他로 助成後支之因이오 二는 別配라 二字는 可知로다

- ② 今此一門 아래는 이 문단을 개별로 해석함이다. 그중에 둘이 있으니 ㉮ 두 가지 업으로 다른 원인의 이치를 해석함이요, ㉯ 경문을 개별로 해석함이다. 지금은 ㉮에 두 가지 해석이 있으니, 앞은 합하여 해석함이니 자기 업의 다른 원인으로 뒤 지분의 원인을 도와 이룸

---

272) 上六字는 南續金本作此有.

이요, 뒤는 따로 배대함이다. 이(二)라는 글자는 알 수 있으리라.

㉯ 경문을 개별로 해석하다[別釋經文] 2.
㉠ 도와 이룸에 대한 설명[釋助成] 2.
ⓐ 경문을 총합하여 해석하다[總釋經文] (然生 104下7)

[疏] 然이나 生起之因이 卽增上緣이라 以緣으로 名因이니 從通義說이니라
■ 하지만 생겨나는 원인이 곧 증상연이다. 반연으로 원인이라 이름하였으니 일반적인 이치에 따라 말한 내용이다.

※ 四緣攝六因說 (闕字卷 104下10)

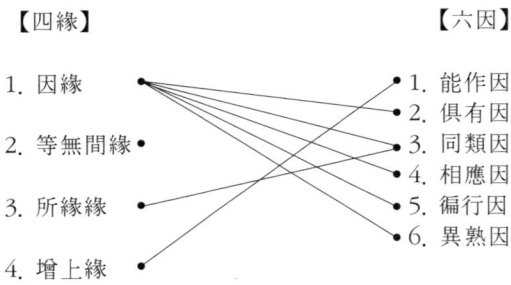

[鈔] 然生起下는 二, 別釋經文이니 先은 釋助成이오 後는 釋自業이라 前中에 二니 先은 總釋經文이오 後는 廣顯差別이라 今初니 經中에 助成은 唯增上緣이라 而云作生起因者는 從通相說이니 別則因親緣疎요 通則因卽是緣이라 故로 俱舍中에 四緣을 攝於六因이라 論에 云,[273] 說有四種緣하니 因緣은 五因性이오 等無間은 非後코 心

---

273) 인용문은 『俱舍論』 제7권의 分別根品 제2의 ⑤의 내용이다. 論云, "廣說因已. 緣復云何. 頌曰.《說有四種緣 因緣五因性 等無間非後 心心所已生 / 所緣一切法 增上卽能作》"(대정장 권29 p.36b-)

心所已生이오 所緣은 一切法이오 增上은 卽能作이라하니라 若唯識論인대 亦攝十因하야 以爲四緣이라 六因과 十因은 前疏에 已說이라 今意는 但顯通耳니라

● ⑭ 然生起 아래는 경문을 개별로 해석함이니 ㉠ 도와 이룸에 대한 설명이요, ㉡ 자기 업에 대한 설명이다. ㉠에 둘이니 ⓐ 경문을 총합적으로 해석함이요, ⓑ 차이점에 대해 자세히 밝힘이다. 지금은 ⓐ이니 경문에서 '도와 이룬다'는 것은 증상연뿐이다. 그러나 '생기인을 짓는다'고 말한 것은 일반적인 행상에 따른 설명이다. 구별한다면 원인은 친하고 조건은 소원하며, 일반적으로는 원인이 곧 조건이다. 그러므로 『구사론』에서는 네 가지 반연을 여섯 가지 원인에 포섭하였다. 논에 이르되, "네 가지 연(緣)이 있다고 말하나니 인연은 다섯 원인의 체성이요, 등무간연(等無間緣)은 최후가 아닌 것으로서 마음과 심소가 이미 생긴 그것이며, 소연연(所緣緣)은 온갖 법을 의미하고 증상연(增上緣)은 바로 능작인(能作因)이네"라고 하였다. 만일 『유식론』에 의지하면 또한 열 가지 원인을 포섭하여 네 가지 반연으로 삼았다. 여섯 가지 원인과 열 가지 원인은 앞의 소문에 이미 설하였다. 지금의 의미는 단지 일반적인 해석을 밝혔을 뿐이다.

ⓑ 차이점에 대해 자세히 밝히다[廣顯差別] 4.
㊀ 구비하고 빠뜨림에 대해 총합적으로 밝히다[總顯具闕]

(於四 105上4)

[疏] 於四緣中에 諸支를 相望인대 增上은 定有니 故로 緣起經과 及此文中에 唯明有一이라 餘之三緣은 有無不定일새 故略不明이니라

■ 네 가지 반연 중에 모든 지분을 서로 비교하면 증상연은 결정코 있는 것이므로 『연기경』과 본경에서 오로지 증상연 하나만 있음을 밝히고 있다. 나머지 세 가지 반연은 있고 없음이 일정하지 않으므로 생략하고 밝히지 않았다.

[鈔] 於四緣下는 二, 廣顯差別이니 卽唯識緣生中의 諸門分別內에 四緣分別門이라 疏多依彼니라 就文하야 分四하니 一은 總顯具闕이오 二는 別釋有無요 三은 結例無方이요 四는 會通經意라 今初니 彼論에 具云274)호대 諸支相望에 增上은 定有요 餘之三緣은 有無不定하니 契經에 依定하야 唯說有一이라하니라 釋曰, 對疏하면 可知라 然增上은 體寬일새 故皆定有요 餘三은 緣局故로 有無가 不定이니라

ⓑ 於四緣 아래는 차이점에 대해 자세히 밝힘이니 곧 『성유식론』의 연에서 생겨남[緣生] 중에 여러 문을 분별한 부분에 사연(四緣)을 분별한 문[四緣分別門]을 뜻하나니, 소가는 대개 저 『유식론』에 의지하였다. 문장에 입각하여 넷으로 나누었으니 ㉠ 구비하고 빠뜨림에 대해 총합적으로 밝힘이요, ㉡ 있고 없음에 대해 개별적으로 해석함이요, ㉢ 결론하여 유례함에 무방함이요, ㉣ 경문의 의미와 회통함이다. 지금은 ㉠이니 저 논을 갖추어 말하면, "모든 지분이 서로 배대하는 데 증상연(增上緣)은 반드시 있다. 나머지 세 가지 인연은 있고 없음이 일정하지 않다. 경전에서는 결정적인 것에 의거해서 오직 하나만이 있다고 말씀한다."275)라고 하였다. 해석한다면 소문과 대조하면 알 수 있으리라. 그러나 증상연은 체성이 넓으므로 결정코 있는 것이오, 나

---

274) 인용문은 『成唯識論』 제8권 제16. 四緣門의 내용이다. (대정장 권31 p.44c21-)
275) 『연기경』 下권에서 오직 하나의 增上緣만이 있다고 말씀한 것은 결정적으로 있는 것에 대해서 말한 것이지, 그렇다고 해서 나머지를 부정하는 것은 아님을 회통한다.

머지 셋은 반연이 국한되는 연고로 있고 없음이 결정되지 않는다.

㉻ 있고 없음에 대해 개별로 해석하다[別釋有無] 2.
㉤ 인연에 대해 밝히다[明因緣] 2.

Ⓐ 바로 밝히다[正明] 4.
㈠ 진실로 있음에 의지한 설명[依實有] (謂愛 105下1)
㈡ 일정하지 않음에 의지한 설명[依不定] (若說)
㈢ 결론하여 유례하여 구분하다[別結例] (餘支)

[疏] 謂愛望於取하고 有望於生에 有因緣義니 以愛增으로 爲取하고 識增으로 爲有故라 若說識支가 是業種者인대 行望於識에 亦作因緣이오 餘支를 相望에 無因緣義라

- "이를테면 애욕의 지분을 잡음에 배대하고, 존재[有]를 〈나기〉의 지분에 배대한 것은 인연의 뜻이 있다.276) 애욕이 증성한 것을 잡음이라 하고 의식이 증성한 것을 존재로 삼은 까닭이다." "만일 의식의 지분은 업종자라고 말하기 때문이라고 하면, 지어 감[行]을 의식에 배대해서도 역시 인연이 된다." "나머지 지분을 서로 배대해서는 인연의 뜻이 없다."

㈣ 다른 논서와 회통하다[會通] 2.
① 집론과 회통하다[會集論] (而集 105下3)

---

276) 애욕[愛]이 증성한 것을 잡음[取]이라고 이름하니, 애욕의 종자가 잡음을 생겨나게 하기 때문이다. 또한 의식 등의 다섯 가지 지분을 바꾸어 존재[有]라고 이름하고, 생겨난 현행을 나기[生]라고 이름한다. 따라서 애욕을 잡음에 배대하고, 또한 존재를 〈나기〉에 배대하여, 因緣의 뜻이 있게 된다.

② 유가론과 회통하다[會瑜伽] (瑜伽)

[疏] 而集論에 說無明을 望行에 有因緣者는 依無明時의 業習氣說이니 無明俱故로 假說無明이나 實是行種이라 瑜伽論에 說諸支가 相望無因緣者는 依現愛와 取하야 唯業有說이라

- "그런데 『잡집론』에서 무명을 지어 감[行]에 배대하여 '인연이 있다'고 말한 것은 무명 시기의 업의 습기에 의거해서이다. 무명과 함께하기 때문에 가정적으로 무명이라고 말한 것으로서, 실제로는 지어 감의 종자이다.277) 『유가사지론』에서 모든 지분을 서로 배대하여 '인연은 없다'고 말한 것은, 현행하는 애욕과 잡음 및 오직 업이 있는 것에 의거해서 말한 부분이다."278)

Ⓑ 구분하다[料揀] (上四 105下6)

[疏] 上四位相望하야 明有因緣이니 初二는 定實이오 次一은 不定이오 後一은 假說이니라

- 위의 네 지위로 서로 배대하여 인연이 있음을 밝혔으니 처음의 둘[愛望於取, 有望於生]은 결정코 실재함이요, 다음의 하나[行望於識]는 정하지 못하고 뒤의 하나[無明望行]는 가정적으로 말한 것이다.

---

277) 『대승아비달마잡집론』 제4권에서의 내용을 회통한다. 즉, 무명을 行에 배대하여 인연의 뜻이 있다고 말한 것은, 무명과 同時의 의지의 업[思業]에 의거해서이고 진정한 무명은 아니다. (고려장 권16, p. 306下; 대정장 권31, p. 711 c-).
278) 『유가사지론』 제10권의 내용을 회통한다. 즉 세 가지 緣이 있다고 말하고, 모든 지분을 서로 배대하여 因緣이 없다고 한 것은 현행의 애욕과 잡음에 의거한 것이지, 종자에 의거한 것이 아니다. 또한 업종자의 존재[有]에 의거해서 말한 것이지, 의식 등 다섯 가지의 종자에 의거한 것이 아니다. 따라서 인연이 있다고 말하지 않아도 위 배되는 것은 아니라고 회통한다. (고려장 권15, p. 599上; 대정장 권30, p. 324 c-).

[鈔] 謂愛望下는 第二, 別釋有無라 於中有二하니 先은 明因緣이요 後는 辨餘二라 前中有二하니 先은 正明이요 後는 料揀이라 前中有四하니 一, 依實有요 二, 依不定이오 三, 結例요 四, 會通他論이라 今[279] 初니 愛是取家因緣者는 夫言因緣은 要辨體親生이니 旣愛增爲取에 則愛是取種이라 能生現取일새 故爲因緣이니라 識增爲有者는 有無別體니 由愛取潤하야 五種이 成有하니 有卽識種이오 生支는 卽識의 現行이라 識種인 有生現故로 故有가 得是生家因緣이니라

若說識支下는 二는 依不定이니 此是唯識의 會對[280] 法意라 若以識種으로 爲識支인대 行非識親因이어니와 今以業種으로 爲識支일새 故行得爲識之因緣이라 此則現行이 爲種因緣이라 識是業種은 如初章辨이니라

◉ ㈇ 謂愛望 아래는 있고 없음에 대해 개별적으로 해석함이다. 그중에 둘이 있으니 ㉮ 인연에 대해 밝힘이요, ㉯ 나머지 둘에 대해 밝힘이다. ㉮에 둘이 있으니 Ⓐ 바로 밝힘이요, Ⓑ 구분함이다. Ⓐ에도 넷이 있으니 ㊀ 진실로 있음에 의지한 설명이요, ㊁ 일정하지 않음에 의지한 설명이요, ㊂ 결론적으로 유례하여 구별함이요, ㊃ 다른 논서와 회통함이다. 지금은 ㊀이니 애욕을 잡음의 입장에서 인연이라고 말한 것은 대개 인연은 체성에 힘써서 직접 생겨나려 하는 것이다. 이미 애욕이 증성한 것을 잡음이라 할 적에 애욕은 잡음의 종자인 것이니, 능히 현행하게 하는 잡음을 내는 연고로 인연이 된다는 뜻이다. 의식이 증성한 것을 존재라 한 것은 있고 없음이 체성이 다르다. 애욕과 잡음이 윤업함으로 인해 다섯 종자[識·名色·六處·觸·受]가 존재를 이루었으니, 존재는 곧 의식의 종자이고 〈나기〉의 지분은 의식의 현

---

279) 上四十九字는 南本作初依實有, 金本無.
280) 對는 金本作得誤.

행이다. 의식의 종자인 존재와 〈나기〉가 현행하는 까닭에 존재가 〈나기〉의 입장에서 인연이 된다는 뜻이다.

㊂ 若說識支 아래는 일정하지 않음에 의지한 설명이다. 이것은『유식론』에서『대법론(對法論)』의 주장과 회통한 내용이다. 만일 의식의 종자로 의식의 지분을 삼는다면 지어 감은 의식의 친인연이 아니겠지만 지금은 업의 종자로 의식의 지분을 삼았으므로 지어 감이 의식의 인연이 될 수 있다. 이렇다면 현행이 종자의 인연이 된다. 의식이 업의 종자인 것은 첫째 가름[(a) 有支相續門]에서 밝힌 내용과 같다.

餘支下는 結例오 而集論下는 四, 會通他論이니 先, 會集論이오 後, 會瑜伽라 今初니 即第四라 於中[281)에 先, 標彼有요 後, 依無明下는 顯其有義하야 明是假說이라 謂依無明俱時之思와 業之習氣가 與無明俱하야 假說業種하야 以爲無明이나 實是行種이 生行現行耳라 然이나 集論中에 名建立支緣이니 論에 云,[282) 建立支緣者는 謂習氣故며 引發故며 思惟故며 俱有故니 建立支緣이 隨其所應하야 依四緣相하야 建立支緣이라 且如無明을 望行에 前生習氣일새 故得爲因[283)緣이니 由彼熏習相續所生諸業하야 能造後有故라一 當於爾時하야 現行無明이 能引發故로 爲等無間緣이오二 由彼發差別諸行하야 流轉相續生故로 思惟彼故로 爲所緣緣이오三 以計最勝等하야 不如理思惟로 緣愚癡位하야 爲境界故며 彼俱有故로 爲增上緣이오 由彼增上緣力하야 令相應思로 顚倒緣境하야 而造作故라四[284) 如是一切를 隨其所應하야 令盡當知[285)라하니라 釋曰, 上於無明望行에 具作四緣하

---

281) 於中은 南續金本作卷.
282) 인용문은『雜集論』제4권 本事分 중 三法品 제1의 ④의 내용이다.(대정장 권31 p.711c-)
283) 因은 原南續金本無, 論有.
284) 上一二三四四字는 注; 原南續金本係正文 論無.

니 旣例一切하야 令盡當知니 則十二支에 皆具四緣이니라 大乘法師가 釋曰,[286] 此唯識論은 依於別體일새 故互有無요 彼는 依分位일새 故得皆具니 彼以無明으로 爲法之式하야 例於餘支라 今唯識論은 且偏會之라하니라 釋曰, 此大乘法師意는 似明唯識이나 不曉彼意니 不合唯會無明與行이라 故下疏에 云호대 旣約因言에 已含[287]餘三이라 하니 則皆具四니라

● 三 餘支 아래는 결론하여 유례하여 구분함이요, 四 而集論 아래는 다른 논서와 회통함이다. ① 잡집론과 회통함이요, ② 유가론과 회통함이다. 지금은 ①이니 곧 제4권이다. 그중에 ㉮ 저것이 있음을 표방함이요, ㉯ 依無明 아래는 그 있는 이치를 드러내어 가정적으로 말한 것임을 밝힌 내용이다. 이를테면 무명에 의지하여 동시에 사유함과 업의 습기가 무명과 함께하여 가정적으로 업의 종자를 말하여 무명으로 삼았지만, 실제로는 지어 감의 종자가 <나기>와 지어 감의 현행일 뿐이다. 그러나 『잡집론』에는 지연(支緣)을 건립하고 있다. 논에 이르되, " '지연(支緣)의 건립'이란 습기에 기인하고, 그 인발(引發)에 기인하고, 사유에 기인하고 구유에 기인하는 것이니, 이 같은 '지연의 건립'도 그 상응되는 바에 따라 네 가지 연의 모양에 의지해서 지연을 건립하게 된다. 마치 무명(無明)에서 지어 감[行]을 유추하는 것처럼 전생의 습기로 인하여 인연(因緣)을 얻게 된다. 그 훈습의 상속에 연유하여 생겨난 여러 업이 능히 후유(後有)를 조작하기 때문에, 바로 이 때 무명이 현행하여 능히 인발하는 까닭에서 '등무간연(等無間緣)'이

---

285) 當知는 甲南續金本無, 論原本有.
286) 인용문은 『成唯識論述記』 제8권의 내용이다. 述記云, "論. 而集論說至實是行種. 述曰. 此會違文. 集論第四. 無明望行有因緣者. 依於無明俱時之思業習氣說. 無明俱故假說無明. 實是行種. 非實無明. 無明旣爾. 餘支准知. 此依別體. 非分位故. 彼論以無明爲首. 例餘應亦爾故. 彼且以無明作法. 此偏會之."(대정장 권43 p.534-)
287) 含은 甲南續金本作合誤.

이뤄진다. 그것이 인발하는 차별에 연유하여 제행이 유전하여 서로 연속해서 생겨나기 때문에, 그와 같은 것을 사유하는 연고로 '소연연(所緣緣)'이 이뤄진다. 가장 뛰어난 것을 헤아리는 따위의 실답지 못한 사유로써 우치위(愚癡位)를 연하여 경계로 삼기 때문에 그러한 것을 구유하는 까닭에 '증상연(增上緣)'이 이뤄진다. 그러한 것을 중성하는 힘에 연유하여 사유의 전도(顚倒)에 상응토록 경계를 반연하게 하고 조작하게 하는 까닭이다. 이와 같이 일체가 그 상응하는 바에 따른다는 것을 남김없이 잘 알아야 한다"라고 하였다. 해석한다면 위에서 무명을 지어 감에 배대할 적에 네 가지 반연을 갖추어 지었다. 이미 모든 것에 유례하여 하여금 남김없이 잘 알게 하나니 12지분에 모두 네 가지 반연을 구비하고 있다. 대승법사가 해석하되, "이『유식론』은 별다른 체성에 의지하였으므로 서로 있고 없음이요, 저는 부분적 지위에 의지한 연고로 모두 구족함을 얻었으니, 저기서는 무명으로 법의 방식을 삼아 나머지 지분에 유례하였다. 지금의『유식론』에서는 우선 치우쳐 회통한 것이다"라고 하였다. 해석한다면 대승법사의 주장은『유식론』에서 밝힌 것과 같지만 저『잡집론』의 의미를 알지 못하였으니 오로지 무명과 지어 감만 회통함은 합당하지 않다. 그러므로 아래 소문에서 "이미 원인에 의지한다는 말에 나머지 세 가지 반연이 포함되어 있다"고 하였으니 모두 네 가지 반연을 갖춘 것이 된다.

瑜伽論下는 二, 會大論이니 第十에 說有三緣하고 無有因緣이라 上牒大論이니라 從依現愛取下는 會上有義니 大論에 言無나 上具說有라 上有四位하니 不定과 假說은 此不須會요 但會二位의 實有因緣

也니라 依現愛取者는 會前愛望於取에 有因緣義니 彼는 以愛增으로 爲取하야 種生現故로 得爲因緣이어니와 今以現行之愛로 望現行取에 非從自種이어니 安得因緣이리요

言唯業有說者는 會前有望於生에 得爲因緣이니 前은 以識種이 起生現行일새 得爲因緣이어니와 今以業種이 爲有하야 而起於生하니 業은 非識體요 但爲增上이어니 安爲[288]因緣이리요 故로 瑜伽에 云, 何故로 相望에 皆無因緣고 答이라 因緣者는 自體種子가 因所顯故라하니라 今現行愛取는 非是種子니 以業으로 望生에 非自體故라 大乘法師가 云호대 若無此論이면 難解[289]瑜伽라하니라 上四位下는 第二, 料揀이니 非唯識論이오 是疏意耳라 尋上하면 可知니라

- ② 瑜伽論 아래는 『유가론』과 회통함이다. 『유가사지론』 제10권에 "세 가지 반연이 있고 인연은 없다"고 말하였다. 위는 『유가론』을 따온 내용이다. 依現愛取부터 아래는 위의 있다는 이치와 회통한 내용이니, 『유가론』에서 없다고 말했지만 위에서 있다는 내용을 갖추어 말하였다. 위에는 네 가지 지위가 있으니 일정하지 않음과 가정적으로 설한 것은 여기서는 회통할 필요가 없고 단지 둘째 지위의 '실제로 인연이 있다'는 것만 회통하였다. '현행하는 애욕과 잡음에 의지해서'란 앞의 애욕을 잡음에 배대할 적에 인연이 있다는 이치와 회통한 부분이다. 저 『성유식론』에서는 애욕이 증성한 것을 잡음으로 삼아 종자에서 현행이 생겨나기 때문에 인연이 되겠지만, 지금은 현행하는 애욕을 현행하는 잡음에 배대할 적에 자기 종자에서 나지 않았는데 어찌 인연이 있을 수 있겠는가?

---

288) 爲는 甲南續金本作成.
289) 解는 甲南續金本作釋, 原本及述記作解.

'오직 업이 있는 것에 의지해서 말한다'고 한 것은 앞의 존재를 〈나기〉에 배대할 적에 인연이 된다고 회통한 내용이다. 앞은 의식의 종자가 현행을 일으키므로 인연이 되었지만 지금은 업의 종자로 존재를 삼아 〈나기〉를 일으킨 것이니, 업은 의식의 체성이 아니요, 단지 증상연일 뿐인데 어찌 인연이 되겠는가? 그러므로『유가론』에 이르되, "어찌하여 모든 지분끼리 서로 배대하는 때에는 인연이 없는가? 답한다. 인연이라 함은, 자체의 종자를 반연하여 나타나게 되는 것이기 때문이다"라고 하였다. 지금 현행하는 애욕과 잡음은 종자가 아니므로 업은 〈나기〉에 배대할 적에 자체가 없기 때문이다. 대승법사가 이르되, "만일 이『성유식론』이 없었으면『유가사지론』을 알기 어려웠을 것이다"라고 하였다. Ⓑ 上四位 아래는 구분함이다. 이는『유식론』의 내용이 아니요, 소가의 주장일 뿐이다. 위를 살펴보면 알 수 있으리라.

㉔ 나머지 둘에 대해 밝히다[辨餘二] 3.
Ⓐ 세 지위가 둘을 갖추다[三位具二] (無明 107下6)
Ⓑ 두 지위가 하나를 갖추다[二位具一] (有望)
Ⓒ 나머지는 모두 없다고 결론하다[結餘皆無] (餘支)

[疏] 無明을 望行하고 愛望於取하고 生望老死에 有餘二緣이라하니 並以現行으로 相望에 無間引生故며 行等思心은 可反緣故라 有望於生하고 受望於愛에 無等無間하고 有所緣緣이라하니 以種으로 望現故며 所生現行이 却緣種故요 餘支를 相望에 二俱非有라하니라

■ "무명을 지어 감에 배대하고, 애욕을 잡음에 배대하며, 〈나기〉를

늙고 죽음에 배대해서는 나머지 두 가지 반연[等無間緣과 所緣緣]이 남아 있다"고 하였으니, 더욱이 현행으로 서로 배대하면 간단없이 이끌어 내는 까닭이며, 지어 감 따위의 사유하는 마음은 반대로 반연할 수 있기 때문이다. "존재를 〈나기〉에 배대하고, 느낌을 애욕에 배대하면 등무간연(等無間緣)은 없고,290) 소연연(所緣緣)은 있다"고 하였으니 종자를 현행에 배대한 까닭이며, 소생지(所生支)인 현행이 도리어 반연의 종자가 되기 때문이다. "나머지 지분을 서로 배대해서는 두 가지가 모두 있지 않다"고 하였다.

[鈔] 無明望行者는 二, 辨餘二緣이라 自有三義하니 初三位는 具二요 次二位는 具一이오 後는 結餘皆無라 今初니 先, 舉論文이요 從並以下는 疏釋이니 並以現行으로 相望하야 總出有二緣所以라 言無間引生者는 明有等無間緣이니 謂等無間緣은 要是現行心心所法이니 前念이 謝滅하야 引生後念故라 無明心心所滅하야 引行思心하고 愛心所滅하야 引起取心이라 此中에 愛支는 亦約現行이라 生及老死는 但是識與名色이 增長衰變이니 增長心滅하야 引生衰變일새 故此三位에 有等無間이니라

言行等思心可反緣故者는 明有所緣緣이라 等者는 等於取及老死니 謂行之思心은 可得反緣前無明支니 故로 無明支가 即是行家의 所緣緣也라 二取가 亦心所일새 故得緣愛니 愛是取家의 所緣緣也라 老死心所가 可緣於生이니 生即老死의 所緣緣也라 皆言反緣者는 後支가 緣前故니라 有望於生者는 此即第二에 二位相望에 但具一緣이라 此上은 論文이오 以種望現下는 釋上無等無間義니 以等無間이 要是

---

290) 존재와 느낌의 지분은 종자이기 때문에, 종자를 현행에 배대하면 등무간연이 아니다.

現行心心所法相引生故라 今有는 是種子요 生은 是現行이니 安得有之아 受亦種子요 愛是現行일새 故非無間이라 從所生現行者는 釋有所緣緣義니 生은 是現行이니 能緣有種이요 愛是現行이니 能緣受種이라 故有와 及受가 爲所緣緣이니라

● '무명을 지어 감에 배대한다'는 것은 ㉑ 나머지 둘에 대해 밝힘이다. 자연히 세 가지 이치가 있으니 (1) 세 지위는 둘을 갖추고 (2) 두 지위는 하나를 갖추고 (3) 나머지는 모두 없다고 결론함이다. 지금은 (1)이니 앞은 논문을 거론함이요, 並以부터 아래는 소가의 해석이니, 더욱이 현행으로 서로 배대하여 총합적으로 두 가지 반연이 있게 된 이유를 내보였다. '간단없이 이끌어 낸다'는 것은 등무간연이 있음을 밝힌 내용이다. 말하자면 등무간연은 현행하는 심왕과 심소법을 필요로 하나니, 앞생각이 없어져서 뒷생각을 이끌어 내기 때문이다. 무명의 마음과 심소가 없어져서 사유하는 마음을 이끌어 행하고, 애욕의 심소가 없어져서 잡음의 심소를 이끌어 일으킨다. 이 가운데 애욕의 지분은 또한 현행에 의지한다. 〈나기〉와 늙어 죽음은 단지 의식과 이름과 물질이 증장하고 쇠퇴하여 변한 것일 뿐이니, 증장하는 마음이 없어져서 쇠퇴하여 변함을 이끌어 내므로 이 세 지위에 등무간연이 있는 것이다.

'지어 감 따위의 사유하는 마음은 반대로 반연할 수 있다'고 말한 것은 소연연이 있음을 밝힌 내용이다. '따위'란 잡음과 늙어 죽음을 함께 취한 것이니, 말하자면 지어 감의 사유하는 마음은 앞의 무명의 지분을 반대로 반연할 수 있다. 그래서 무명의 지분이 바로 지어 감의 입장에서는 소연연이다. 두 가지 잡음이 또한 심소이므로 애욕을 반연하나니 애욕은 잡음의 입장에서 소연연이 된다. 늙어 죽음의 심

소가 <나기>를 반연할 수 있나니 나기는 늙어 죽음의 소연연인 것이다. 모두에 '반대로 반연한다'고 말한 것은 뒤 지분이 앞을 반연하기 때문이다. '존재를 <나기>에 배대한다'는 것은 이것은 둘째로 두 지위를 서로 배대할 적에 단지 한 연(緣)만 갖춘 것이다. 이 위는 논문이요, 以種望現 아래는 위의 등무간연이 없다는 이치를 해석한 내용이니, 등무간연이 현행하는 심왕과 심소법을 서로 이끌어 나게 하려는 것이다. 지금의 존재는 종자가 되고 <나기>는 현행인데 어찌 존재를 얻겠는가? 느낌도 종자이고 애욕은 현행이므로 간단없는 것이 아니다. '소생지인 현행'이란 소연연이 있다는 이치를 해석한 내용이니, <나기>는 현행이니 능히 존재의 종자를 반연하고, 애욕은 현행이니 능히 느낌의 종자를 반연한다. 그러므로 존재와 느낌이 소연연이 되는 것이다.

餘支相望者는 三, 明全無二也라 餘支者는 卽更有六位相望에 總無二緣이니 謂行望識하고 識望名色하고 名色望六入하고 六入望觸하고 觸望受支하고 取望有支에 所以無等無間者는 其果가 皆非現心心所相引生故니 謂識等으로 至受가 皆是種子며 有亦種子라 行爲識因하고 取爲有因이 雖是現行이나 所生識有는 卽是種故로 非等無間이라 所以非所緣緣者는 旣非現行心心所法이어니 何有緣慮리오

● ⓒ 餘支相望이란 나머지는 모두 없다고 결론함이다. 나머지 지분이란 다시 여섯 지위로 서로 배대할 적에 총합적으로 두 가지 반연이 없게 된다. 말하자면 지어 감을 의식에 배대하고, 의식을 이름과 물질에 배대하고 이름과 물질을 육입(六入)에 배대하고, 육입을 닿음에 배대하고, 닿음을 느낌의 지분에 배대하고, 잡음을 존재의 지분에 배대

할 적에, 등무간연이 없는 이유는 그 결과가 모두 현행하는 심왕과 심소에서 서로 이끌어 난 것이 아닌 까닭이다. 다시 말하면 의식 따위로부터 느낌에 이르기까지 모두 종자이며 존재도 종자라는 뜻이다. 지어 감은 의식이 원인이고 잡음은 존재의 원인이 되는 것이 비록 현행이지만, 소생지(所生支)인 의식과 존재는 바로 종자인 연고로 등무간연이 아니다. '소연연이 아닌 까닭'이란 이미 현행하는 심왕과 심소법이 아닌데 어찌 연려심이 있으리오.

㉠ 결론적으로 무방함과 유례하다[結例無方] (此中 109上4)

[疏] 此中에 且依隣近과 順次와 不相雜亂과 實緣起說이니 異此相望에 爲緣不定이라 以其逆과 順에 各有次第와 及超間故니라
■ "이 중에서는 우선 가까이함과 순서와 서로 잡란하지 않은 것과 참다운 연기법에 의거해서 말한다. 이것과 다르게 서로 배대해서는 반연이 되는 것이 일정하지 않다"고 하였으니 그 거꾸로와 올바른 순서에 각기 차례와 간격을 초월함이 있기 때문이다.

[鈔] 此中且依下는 三, 結例無方이니 亦唯識論意라 於中有二니 先, 擧論文이오 後, 以其逆順下는 卽疏釋成이라 然其論中에 乃有四重[291]하니 一, 依隣近에 則異隔越이니 或唯越一이며 越二며 越多라 二, 依順次니 則異逆次니 唯將無明作行之緣이오 不以行으로 爲無明緣等이라 三, 依不相雜亂에 異於雜亂이라 若集論說인대 以無明으로 望行에 乃取無明의 其中行種하야 而爲無明이니 故是雜亂이라 四, 依實緣

---

291) 이 부분은 『成唯識論述記』 제8권 末의 내용이다. (대정장 권43 p.534c~)

起說者는 異於假說이니 如向無明俱時業之習氣가 實是行種이오 假說無明이라 後之二義는 大同小異니라 從異此相望者는 即異上四義니 是向鈔中의 所異가 是也라 既異隔越等일새 故로 疏에 云, 以其逆順各有次第와 及超間故라 且約第一隔越者는 如無明이 與識等五와 及有로 但一增上이니 唯能生起彼種子故라 無明이 與愛取老死로 爲二緣이니 謂所緣緣과 增上緣이라 餘一切緣은 準此可知니라

● ㉠ 此中且依 아래는 결론적으로 무방함과 유례함이니 역시 『성유식론』의 주장이다. 그중에 둘이 있으니 ㉮ 논문을 거론함이요, ㉯ 以其逆順 아래는 소가의 해석이다. 그런데 그 논문에 네 번 거듭이 있으니 첫째, 가까움에 의지하면 떨어져 초월함이 다르나니 혹은 오직 하나만 초월하고 혹은 둘을 초월하고 혹은 여럿을 초월한다. 둘째, 순서에 의지함이니 거꾸로의 차례와 다르나니 오직 무명을 가져 지어 감의 연을 짓기만 하고, 지어 감으로 무명의 반연이 되지는 않는 따위이다. 셋째, 서로 잡란하지 않음에 의거할 적에 잡란함과는 다르다. 만일 『잡집론』에 의지해 말하면, 무명으로 지어 감에 배대하면 도리어 무명을 취하되 그중 지어 감의 종자로 무명을 삼았으니 그래서 잡란한 것이다. 넷째, '실다운 연기에 의지해 설한다'는 것은 가정적으로 말함과 다르나니 마치 앞[292)에서 무명이 업의 습기와 함께하는 것이 실제로는 지어 감의 종자인 것이요, 가정적으로 무명이라 말한 것과 같다. 뒤의 두 가지 이치[不相雜亂, 實緣起說]는 크게는 같고 작게는 다르다.

'이것과 다르게 서로 배대한다'는 것은 위의 네 가지 이치와 다른 부분이니, 앞의 초문(鈔文) 중의 다른 부분이 이것이다. 이미 떨어져 초

---

292) 앞이란 闕字卷 105丈下5의 疏文에 보인다.

월함이 다른 따위이므로 그래서 소가가 "그 거꾸로와 올바른 순서에 각기 차례와 떨어져 초월함 때문이다"라고 하였다. 우선 1) 떨어져 초월함에 의지한 것은 무명이 의식 등 다섯 가지와 존재와 함께 단지 하나만 늘어난 것이니 오로지 능히 저 종자만 생겨나게 하기 때문이다. 무명이 애욕과 잡음과 늙어 죽음과 함께 두 가지 반연을 삼았으니 소연연과 증상연을 말한다. 나머지 모든 반연은 이것과 준하면 알 수 있으리라.

二, 約逆次者는 亦有隣次와 隔越이니 今合說之라 老死가 與生과 愛와 取와 行과 無明으로 爲二緣이니 謂所緣과 增上이다 餘는 但增上이니라 三은 若相雜亂에 有二하니 一은 順이오 二는 逆이라 順中에 有隣次와 隔越하니 隣次는 如對法이니 前無明을 望行이 是也요 隔越은 與前實緣으로 不殊이니 亦約識等五種而說이라 若約當生인대 隨其所應하야 逆次之中에 有隣有間이라 此應思準이니라 上約實[293]緣起說이오 此約增上說이라 然有遠近하니 乃至諸支가 一一應作이라 然이나 此中에 識等五는 依當起位요 諸支의 隔越과 逆次와 超間과 相雜과 爲緣을 一一思準하면 可解라 不繁廣說이니라

- 2) '거꾸로의 순서에 의지한다'는 것은 또한 가까운 차례와 떨어져 초월함이 있으니 지금 합해서 말하리라. 늙어 죽음과 나기와 애욕과 잡음과 지어 감과 무명과 함께 두 가지 반연이 되었으니 소연연과 증상연을 말한다. 나머지는 증상연뿐이다. 3) 만일 서로 잡란함에 의지하면 둘이 있으니, 하나는 올바른 순서요, 둘은 거꾸로의 순서이다. 올바른 순서 중에 가까운 차례와 떨어져 초월함이 있다. 가까운 차

---

293) 約實은 甲南續本作言 金本作約.

례는 『대법론』과 같나니 앞의 무명을 지어 감에 배대한 부분이 이것이고, 떨어져 초월함은 앞의 실다운 연기와 다르지 않나니 또한 의식 등 다섯 가지 종자에 의지하여 말한 부분이다. 만일 미래에 생김에 의지하면 그것의 상응함에 따라 거꾸로의 차례 중에 가까운 것도 있고 떨어진 것도 있으니, 이것에 응해서 생각해야 한다. 위는 실다운 연기법에 의지해 설하였고, 여기서는 증상연에 의지해 설하였다. 그런데 먼 것과 가까운 것이 있으니 나아가 여러 지분이 하나하나 응해서 지어야 한다. 그러나 이 중에 의식 등 다섯 가지는 미래에 의지해 지위를 일으킨 것이요, 여러 지분의 떨어져 초월함과 거꾸로의 차례와 간격을 초월함과 서로 잡란함과 반연이 됨을 하나하나 생각하여 준하면 알 수 있나니, 번다하게 자세히 설하지 않는다.

㉠ 본경의 의미와 회통하다[會通經意] 2.
㉮ 경문에는 단지 증상연만 있음을 밝히다[明經中但有增上]
(爲緣 110上7)
㉯ 네 가지를 갖춘다는 뜻을 총합설명하다[總明具四之義] (又約)

[疏] 爲緣이 旣多義不同하니 經約揀要하야 從定有說이라 又約因言에 已 含餘三이니라
■ 반연은 이미 여러 이치가 같지 않음이 되었으니 본경에는 중요한 것에 의지해서 결정코 있음에 따라 말하였다. 또 원인에 의지해 말할 적에 이미 나머지 셋을 포함하고 있다.

[鈔] 爲緣旣多義下는 四, 會通經意라 於中有二하니 先, 明經中에 但有

增上이니 總言爲生起因故라 若雜集六因인대 卽能作因을 名成起相이오 非謂隣近緣이니 如無明望行에 由此無間하야 生當有故라 二, 又約因言者는 卽總明具四니 如雜集說이니 兼約位故로 但言生起因하고 不定增上故라 若瑜伽意인대 生起가 卽是增上緣耳라 故로 論에 問云호대 若諸支相望에 無因緣者인대 何故로 說言依因果體性하야 建立緣起耶아 答이라 依增上緣의 所攝引發因과 牽引因과 生起因故로 說名爲因이라하니라 故로 大乘法師가 釋云호대 卽以此文으로 證生起因하며 唯說增上緣이라하니라 然生起因을 若別說者인대 卽十因之一이라 言十因者는 瑜伽三十八菩提分品에 云[294]호대 一은 隨說因이오 二는 觀待因이오 三은 牽引因이오 四는 攝受因이오 五는 生起因이오 六은 引發因이오 七은 定別因이오 八은 同事因이오 九는 相違因이오 十은 不相違因이라 謂一切法에 名爲先故로 想이오 想爲先故로 說이니 是名彼諸法隨說因이니라 觀待此故며 此爲因故로 於彼彼事에 若求若取니 此名彼觀待因이오 如觀待手故며 手爲因故로 有執持業이오 觀待足故며 足爲因故[295]로 有往來業이오 觀待節故며 節爲因故로 有屈伸業이오 觀待飢渴故며 飢渴[296]爲因故로 於諸飮食에 若求若取하니 隨如是等無量道理하야 應當了知觀待因相이니라 一切種子를 望後自果에 名牽引因이니라 除種子外에 所餘諸緣을 名攝受因이니라 卽諸種子를 望初自果에 名生起因이니라 卽初種子의 所生起果를 望後種子所牽引果에 名引發因이니라 種種異類의 各別因緣을 名定別因이니라 若觀待因과 若牽引因과 若攝受因과 若生起因과 若引發因과 若定別因인 如是諸因을 總攝爲一하야 名同事因이니

---

294) 인용문은 『瑜伽師地論』 제38권 本地分中 菩薩地4 持瑜伽處力種姓品 제8의 내용이다. (대정장 권30 p. 501a-)
295) 故는 南續金本無, 論原本有.
296) 故飢渴은 甲南續金本無, 論原本無.

라 於所生法에 能障礙因을 名相違因이니라 此障礙因이 若闕若離를 名不相違因이라하시니 餘如彼釋이니라

● ㉓ 爲緣旣多義 아래는 본경의 의미와 회통함이다. 그중에 둘이 있으니 ㉮ 본경에서 단지 증상연(增上緣)만 있다고 밝힘이니, 총합적으로 생겨나는 원인이 됨을 말하였다. 『잡집론』의 여섯 가지 원인에 의지한다면, 능작인(能作因)은 가까이 인접해 있는 연을 말하는 것이 아니다. 마치 무명에서 지어 감[行]을 배대하는 것처럼 이러한 것에 연유하여 간단없이 미래의 존재를 낳기 때문이다. ㉯ 又約因言이란 총합적으로 넷을 구비함을 밝힌 것으로 『잡집론』의 설명과 같다. 겸하여 지위에 의지한 연고로 단지 생겨난 원인이라고만 말하였으니 증상연은 일정하지 않은 까닭이다. 만일 『유가사지론』의 주장대로라면 생겨난 원인이 바로 증상연일 것이다. 그러므로 논에서 묻되, "어찌하여 모든 지분끼리 서로 배대하는 데에 인연이 없다고 하며, 무엇 때문에 원인과 결과의 체성에 의지하여 연기를 세운다고 말하는가? 답한다. 증상연에 소속된 인발인(引發因)과 견인인(牽引因)과 생기인(生起因)에 의지한 까닭에 원인이 된다고 한다"라고 하였다. 그래서 대승 법사가 해석하되, "곧 이런 문장으로 생기인을 증명하여 오직 증상연만 말하였다"고 하였다. 하지만 생기인을 별도로 말한다면 열 가지 원인 중의 하나이다. '열 가지 원인'이라 말한 것은 『유가사지론』 제38권의 보리분품(菩提分品)에 이르되, "무엇이 열 가지 원인인가 하면, 1) 수설인(隨說因)이요, 2) 관대인(觀待因)이요, 3) 견인인(牽引因)이요, 4) 섭수인(攝受因)이요, 5) 생기인(生起因)이요, 6) 인발인(引發因)이요, 7) 정별인(定別因)이요, 8) 동사인(同事因)이요, 9) 상위인(相違因)이요, 10) 불상위인(不相違因)이다. 이를테면 온갖 법은 이름을 먼저로 하기

때문에 생각하게 되고, 생각을 먼저로 하기 때문에 말을 하게 되나니, 이것을 저 모든 법의 1) 수설인(隨說因)이라고 한다. 이것을 관하여 기다리므로 이것이 원인이 되고, 저런 여러 일에 대하여 구하기도 하고 취하기도 하나니, 이것을 저 관대인(觀待因)이라고 한다. 마치 손을 관하여 기다리므로 손이 원인이 되고 붙잡아 가지는 업[執持業]이 있게 되며, 발을 관하여 기다리므로 가고오고 하는 업[往來業]이 있게 되며, 뼈마디를 관하여 기다리므로 뼈마디를 원인으로 굽히고 펴는 업[屈申業]이 있게 되며, 굶주림을 관하여 기다리므로 굶주림을 원인으로 모든 음식을 구하기도 하고 취하기도 함과 같다. 이러한 한량없는 도리에 따라서 2) 관대인(觀待因)의 모양을 분명히 알아야 한다. 온갖 종자를 그 뒤의 제 열매에 대조하여 3) 견인인(牽引因)이라고 하며, 종자를 제외한 그 밖의 모든 인연을 4) 섭수인(攝受因)이라고 하며, 곧 모든 종자를 처음의 제 열매에 대조하여서 5) 생기인(生起因)이라고 하며, 곧 처음 종자의 생기는 바 열매를 뒤 종자가 이끄는 바 열매에 대조하여서 6) 인발인(引發因)이라고 하며, 가지가지 다른 종류의 저마다 따로따로 되는 인연을 7) 정별인(定別因)이라고 한다. 관대인과 견인인과 섭수인과 생기인과 인발인과 정별인의 이와 같은 모든 원인을 한데 묶어서 하나로 하여 8) 동사인(同事因)이라고 하며, 생기는 바 법에 있어서 장애가 되는 원인을 9) 상위인(相違因)이라고 하며, 이 장애되는 원인이 빠지거나 여의는 것을 10) 불상위인(不相違因)이라고 한다"라고 하였으니, 나머지는 저기서 해석한 내용과 같다.

下에 次復云호대 此一切因이 二因所攝이니 一, 能生因이오 二, 方便

因이라 當知此中에 牽引種子와 生起種子는 名能生因이오 所餘諸因은 名方便因이라하니라 釋曰, 意明三과 五는 是能生因이니라 次卽云297)호대 復有四緣298)하니 一, 因緣이오 二, 等無間緣이오 三, 所緣緣이오 四, 增上緣이라 當知此中에 若能生因은 名爲因緣이오 若方便因은 是增上緣이라 等無間緣과 及所緣緣이라 唯望一切心心所法이니 前生開導의 所攝受故며 所緣境界의 所攝受故로 方生方轉하나니 是故로 當知等無間緣과 及所緣緣이 攝受因攝이라하시니 餘如彼論廣明이라 釋曰, 彼論中에 十因別義를 今云爲生起因이니 卽十因中의 第五因也라 卽增上緣이니라 今疏에 依通이어니와 更以別理인대 前能生後가 或親因生이며 或是增上이며 或等無間이며 或爲所緣이라 通云生起는 如分位緣生이 位位五蘊일새 故容具四緣이라 如上集論說耳니라 十因之義는 唯識에 廣明하고 四緣之義는 廣如二論하니 今但略知名目大意하야 以消經耳니라

● 아래에 다음으로 말하되, "이 온갖 원인은 두 가지 원인에 포섭되나니, 첫째는 능히 나게 하는 원인[能生因]이요, 둘째는 방편의 원인[方便因]이다. 이 중에서 6) 인발인의 종자와 5) 생기인의 종자를 '능히 나게 하는 원인'이라고 하고, 그 밖의 모든 원인을 '방편의 원인'이라고 한다"고 하였다. 해석한다면, 의미로는 3) 견인인과 5) 생기인은 능생인임을 밝힌 부분이다. 다음에 잇대어 말하되, "다시 네 가지 반연[四緣]이 있나니, ① 인연이요 ② 등무간연이요 ③ 소연연이요 ④ 증상연이다. 이 안에서의 능히 내는 원인을 바로 ① 인연이라고 하며, 방편의 원인은 바로 ④ 증상연인 줄 알아야 한다. ② 등무간연과 ③ 소연연은 온갖 심왕과 심소에 대조하여 설명될 뿐이다. 저 온갖 마음

---

297) 云下에 原南續金本有因字, 老無.
298) 緣은 原本無, 論有, 甲南續金本作種.

과 마음의 법은 앞에서 생겨서는 열고 인도하며, 포섭하여 들이게 되기 때문이요, 반연할 대상 경계를 포섭하여 들이는 연고로 방금 생겼다가 방금 바뀌나니, 그러므로 ② 등무간연과 ③ 소연연은 4) 섭수인의 소속인 줄 알아야 한다"고 하였다. 나머지는 저 논서에서 자세히 설명한 내용과 같다. 해석한다면 저 논 중의 열 가지 원인에 대해 분별한 이치를 지금은 5) 생기인이라 하였으니 십인(十因) 중의 다섯째 원인이며 곧 증상연이다. 지금 소가가 의지하여 회통하였지만 다시 이치로 구분한다면 앞이 능히 뒤를 나게 하는 것이 혹은 친인연이기도 하고 혹은 증상연이기도 하며 혹은 등무간연이기도 하며 혹은 소연연이기도 하다. 회통하여 말하면 생기인은 저 부분적 지위의 반연으로 나는 것이 지위마다 다섯 쌓임[五蘊]이므로 네 가지 반연을 구비함을 허용한다. 위의 『잡집론』에서 설명한 것과 같을 뿐이다. 십인(十因)의 이치에 대해서는 『유식론』에 자세히 밝혔고 네 가지 반연의 이치는 두 논서에 자세히 밝혔으니, 지금은 단지 명칭과 대강의 의미만 간략히 알아서 경문을 풀이하였다.

ⓒ 자기 업에 대한 설명[釋自業] 2.
ⓐ 앞의 경문을 지적하다[指前文] (其十 112上8)

[疏] 其十二支의 各初自業이 不異前之二門이라
- 그 12지분의 각기 처음 자기 업이 앞의 두 문[(a) 有支相續門 (b) 一心所攝門]과 다르지 않다.

ⓑ 논경의 해석을 거론하다[擧論釋] 5.

㉭ 힐난한 이유를 표방하여 보이다[標示難故] (論主 112上8)
㉰ 이유를 바로 설명하다[正釋所以] (然無)
㉱ 미혹과 깨침으로 결론하다[結成迷悟] (是以)

[疏] 論主는 唯解老死二業者는 以此難故니 擧一例諸니라 然이나 無明은 無因이오 老死는 無果라 故로 前十一이 各與後支로 爲生起因이라 老死는 無果어니 與誰로 爲因고 經文이 意顯與無明으로 爲因이니 則無明이 非無因이며 老死도 非無果라 故云不覺知故로 相續不絶이니 不覺知者가 卽無明也니라 是以로 十二因緣이 猶如尋環하고 如汲井輪하야 無有斷絶이라 反顯若能覺知하면 則無復生死니라

■ 논주는 오로지 늙어 죽음의 두 업만 해석한 것은 이런 힐난 때문이니 하나를 거론하여 모두를 유례하였다. 그러나 무명은 원인이 없으며 늙어 죽음은 결과가 없다. 그러므로 앞의 11가지 지분이 각기 뒤의 지분과 함께 5) 생기인이 된다. 늙어 죽음은 결과가 없으니 누구에게 원인이 되겠는가? 경문에서 의미로는 무명과 함께 원인이 됨을 밝혔으니, 그렇다면 무명은 원인이 없는 것이 아니며 늙어 죽음도 결과가 없는 것이 아니다. 그러므로 "깨달아 알지 못한 연고로 서로 이어져 단절되지 않는 것이니, 깨달아 알지 못하는 것이 곧 무명이다"라고 하였다. 이런 까닭에 12인연이 고리의 끝을 찾음[尋環]과 같고 우물 두레박과 같아서 끊어짐이 없다. 만일 능히 깨달아 알면 나고 죽음을 반복하지 않는다고 반대로 밝히고 있다.

㉡ 논경에서 해석한 의미를 내보이다[出論意釋] (論主)
㉢ 결론적으로 옛 어른들의 해석을 비판하다[結彈古釋] (不見)

[疏] 論主가 總以二業으로 爲後生因하나니 故云, 壞五陰身이 能作後生因하고 以不見知故로 能作後生因이라하니라 意明前陰이 但滅에 則後陰生일새 故初爲因이라 後意는 不知가 即是無明이니 無明爲因에 則十二支가 相續不絶이라 不見此意하고 徒自云云이로다

■ 논주가 총합하여 두 업으로 다음 생의 원인을 삼았으니 그래서 "오음의 몸을 무너뜨려서 능히 후생의 원인을 짓고 보지 못하고 알지 못한 까닭에 능히 후생의 원인을 짓게 된다"고 하였다. 의미로는 앞의 쌓임이 없어지기만 하면 뒤의 쌓임이 생겨나므로 처음은 원인이 된다. 뒤 구절의 의미는 알지 못함이 바로 무명이니, 무명이 원인이 되면 12지분이 서로 이어져 끊어지지 않는다. 이런 의미를 보지 못하고 한갓 스스로만 말하고 있다.

[鈔] 其十二支下는 二, 釋自業이라 於中에 先, 指前이니 不欲繁辭故라 後, 論主下는 擧論解釋이라 於中有五하니 一, 標示難故요 二, 然無明下는 釋難所以요 三, 是以十二下는 結成迷悟之依요 四, 論主總以下는 出論釋意니 先, 擧論이오 後, 意明下는 疏釋이라 五, 不見下는 結彈古釋이라 遠公이 云, 不知가 雖是無明이나 死支가 爲主라 攝屬死支니 如似生時에 亦有結業이나 名爲生支라하야 即是云云하니 不見論意라 若以一支로 兼餘支者인댄 則須無明이 徧於十二어니 何獨死中에 徧說無明고 今明老死가 能生無明일새 故爲此釋이라 諸德이 既昧일새 故曰云云이니라

● ㉡ 其十二支 아래는 자기 업에 대한 설명이다. 그중에 ⓐ 앞의 경문을 지적함이니 번거롭게 늘어놓지 않았을 뿐이다. ⓑ 論主 아래는 논경의 해석을 거론함이다. 그중에 다섯이 있으니 ① 힐난한 이유를 표

방하여 보임이요, ㉯ 然無明 아래는 이유를 바로 설명함이요, ㉰ 是以十二 아래는 미혹과 깨침의 의지처를 결론함이요, ㉱ 論主總以 아래는 논경에서 해석한 의미를 내보임이니 앞은 ㉮ 논경을 거론함이요, ㉯ 意明 아래는 소가의 해석이다. ㉡ 不見 아래는 결론적으로 옛 어른들의 해석을 비판함이다. 혜원법사가 이르되, "알지 못하는 것이 비록 무명이긴 하지만 죽음의 지분이 주가 된다. (그래서) 죽음의 지분에 소속되나니 마치 살아 있을 때도 역시 업으로 맺어진 듯하지만 나기의 지분이라 이름한다"라고 하여 곧 이것을 말한다고 운운(云云)하였으니, 논경의 의미를 발견하지 못한 까닭이다. 만일 한 지분으로 나머지 지분을 겸하였다면 무명이 12지분에 두루 함을 필요로 할 것인데 어찌 유독 죽음에만 치우쳐 무명을 말하였는가? 지금은 늙어 죽음이 능히 무명을 내는 까닭에 이렇게 해석하였음을 밝혔다. 모든 대덕들이 이미 혼미한 연고로 이렇게 말한다[云云].

㉢ 대비로 수순하는 관법[大悲隨順觀] 3.
① 모든 문을 총합하여 표방하다[總標都門] (二 約 113上5)

[疏] 二, 約大悲隨順觀이니 四觀之中에 此下四段은 明第三異道求解脫이라

- ㉢ 대비로 수순하는 관법이니 네 가지 관법 중에 이 아래 네 문단은 (3) 외도에 의지해 해탈을 구하는 행법299)임을 밝혔다.

② 네 문을 총합하여 해석하다[總釋四門] 3.

---

299) 네 가지의 잘못된 행법인 ㉮ 觀衆生愚癡顚倒 ㉯ 觀餘處求解脫 ㉰ 觀異道求解脫 ㉱ 觀求異解脫 중에 ㉰를 뜻한다. (闕字卷 24下5)

㉮ 논경을 거론하다[擧論] (論云 113上7)

[疏] 論에 云, 顚倒因이 有三種하니 性因과 自在因과 苦行因과 及無因이라하니라
- 논경에서는, "뒤바뀐 원인에 세 종류가 있으니 ㉮ 본성적인 원인 ㉯자재천의 원인 ㉰ 고행의 원인 ㉱ 원인 없음이다"라고 하였다.

[鈔] 二, 約大悲下는 文中有三하니 初, 總標都門이오 二, 論云下는 總釋四門이오 三, 別釋當門이라 二中에 有三하니 初, 擧論이오
- ㊂ 約大悲 아래는 소문에 셋이 있으니 ① 모든 문을 총합적으로 표방함이요, ② 論云 아래는 네 문을 총합적으로 해석함이요, ③ 해당 문에 대한 개별적인 해석이다. ②에도 셋이 있으니 ㉮ 논경을 거론함이요,

㉯ 논경을 해석하다[釋論] 2.
㉠ 총합적인 해석[總釋] (此有 113上8)

[疏] 此有四因을 如次四門破之니 前三은 是邪因일새 故幷云顚倒니라
- 이런 네 가지 원인을 순서대로 네 문으로 논파할 것이니, 앞의 셋은 삿된 원인이므로 뭉뚱그려 '뒤바뀐 원인'이라 하였다.

[鈔] 二, 此有四下는 釋論이오 三, 衆生於上邪因下는 結示經意라 二中300)에 先은 總이오 後는 別이라 今初301)니 爲揀濫故라 昔人이 見論

---

300) 上十六字는 南金本無, 甲續本作此有四下라.

에 云, 顚倒因이 有三種이라하고 後列乃四하야 或欲合前二하야 以應前三하고 不知上三이 是邪因일새 故倂云顚倒요 後一은 自是無因이라 邪因과 無因이 合成四過耳니라

- ㉮ 此有四 아래는 논경을 해석함이요 ㉯ 衆生於上 아래는 경문의 의미를 결론하여 보임이다. ㉮ 중에도 ㉠ 총합적인 해석이요, ㉡ 개별적인 해석이다. 지금은 ㉠이니 잘못을 구분하기 위한 까닭이다. 옛 스님들이 논경에서 '뒤바뀐 원인이 세 종류가 있다'고 말한 것을 보고 뒷사람들이 나열하여 넷으로 하기도 하고, 혹은 앞의 둘[㉮ 性因 ㉯ 自在因]을 합하여 전래의 세 종류에 맞추려 하였고, 위의 셋이 삿된 원인임을 알지 못한 까닭에 뭉뚱그려 '뒤바뀌었다'고 말한 것이요, 뒤의 하나[㉰ 無因]는 자체로 원인이 없는 것이다. 삿된 원인과 원인 없음이 합하여 네 가지 허물이 된 것일 뿐이다.

㉡ 네 가지 원인에 대한 개별적인 해석[別釋四因] 4.
ⓐ 본성의 원인[性因] (一性 113下3)

[疏] 一, 性은 卽冥性이니 謂僧佉가 計此하야 爲所知因하니 謂知此冥性에 卽得解脫故라 前云異處에 求解脫은 顯其理非어니와 此中에 雖云所知나 意取行非니라

- ⓐ 본성의 원인이란 곧 명제(冥諦)의 체성이다. 말하자면 상카학파가 이를 계탁하여 알아야 할 원인[所知因]으로 삼았다. 이를테면 이 명제의 성품을 알면 곧 해탈을 얻게 되기 때문이다. 앞에서 '다른 곳에서 해탈을 구한다'고 말한 것은 그 이치가 잘못임을 드러내었다. 여기서

---

301) 上四字는 南金本作釋也.

는 비록 '알아야 할 대상'이라 하였지만 의미로는 '행법이 잘못되었음[行非]'을 취하고 있다.

[鈔] 一性即冥性下는 二, 別釋四因이라 初는 性因中에 先, 正釋이오 後, 前云下는 對一心門揀濫이라 所以揀者는 由此冥性이 是其外理라 今云行非者는 取其能知에 俱解脫故로 名爲行耳니라 僧佉之計는 廣如玄中하니라

- ㉡ 性即冥性 아래는 네 가지 원인에 대한 개별적인 해석이다. ⓐ 본성의 원인 중에 ㉠ 바로 해석함이요, ㉡ 前云 아래는 일심소섭문[一心門]을 상대하여 잘못을 구분함이다. 구분하려는 이유는 이 명제의 성품이 그 외도의 이치인지라 지금 '행법이 잘못되었다'고 말한 것은 그 알려는 주체를 취하면 모두 해탈하는 연고로 행법이라 했을 뿐이다. 상카학파의 계탁에 대해서 자세한 것은 현담(玄談)에 밝힌 내용과 같다.

ⓑ 자재천의 원인[自在因] (二即 113下9)

[疏] 二, 即迦羅鳩馱가 計自在天하야 爲所求因이니 謂自在天이 瞋에 衆生이 受苦요 自在天이 喜에 衆生이 受樂하야 求其喜故니라

- ⓑ 가라구타 가전연이 자재천을 계탁하여 구할 바 원인으로 삼았다. 이를테면 자재천이 성을 내면 중생이 고통을 받게 되고, 자재천이 기뻐하면 중생이 즐거움을 받아서 그런 기쁨을 구하기 때문이다.

[鈔] 二即迦羅等者는 此는 即名也요 姓은 迦旃延이라 言計自在天者는

涅槃十七中³⁰²⁾에 吉德大臣之所師事³⁰³⁾니 謂闍王言호대 如王所言하사 世無良醫治惡業者³⁰⁴⁾나 今有大師하니 名迦羅鳩駄迦旃延이니 一切知見이니다 乃至云, 爲諸弟子하야 說如是法호대 若人이 殺害一切衆生이라도 心無慚愧하면 終不墮惡이 猶如虛空이 不受塵水요 有慚愧者는 卽入地獄이 猶如大水가 潤濕於地라하시니다 一切衆生은 悉是自在天之所作이니 自在天이 喜하면 衆生이 安樂하고 自在天이 瞋하면 衆生이 苦惱라 一切衆生의 若罪若福이 乃是自在之所爲作이라하시니다 云何當言人有罪福고 譬如工匠이 作機關木人하야 行住坐臥나 唯不能言이라 衆生도 亦爾하니 自在天者는 譬如工匠이오 其木人者는 譬衆生身이라 如是造作이어니 誰當有罪닛고 如是大師가 今者에 近在王舍城住하니 唯速往詣하소서 若得見者면 衆罪消滅이니다 王卽答言호대 審有是人이면 能滅我罪니 我當歸依라하니라

● ⓑ 가라구타는 곧 이름이요, 성씨는 가전연이다. '자재천을 계탁한다'고 말한 것은 『열반경』 제17권에 길덕(吉德) 대신의 스승이다. 대신이 아사세 왕에게 일러 말하되, "대왕의 말씀이 '이 세상에 악업을 치료할 의원이 없다'고 하셨지만, 여기에 큰 스승이 있으니 이름은 가라구타 가전연³⁰⁵⁾이라, 온갖 지견을 가진 이입니다. 나아가 제자들에게 이런 법을 말하나이다. '만일 사람이 모든 중생을 살해하고도 마음에 부끄러움이 없으면 나쁜 갈래에 떨어지지 않나니, 마치 허공이 티끌과 물을 받지 않는 듯하며, 부끄러움이 있으면 지옥에 떨어지나니, 마치 큰물이 땅을 적시는 듯하니라. 모든 중생은 모두 자재천

---

302) 中은 南續金本無; 十七은 北經卷十九.
303) 인용문은 『涅槃經』제17권 梵行品 제20의 ④의 내용이다. (대정장 권12 p.719b7~)
304) 者下에 南續金本有日字.
305) 가라구타가전연(迦羅鳩駄迦旃延; -): 범어 Krakuda-kātyāana의 음사, 黑領剪剃라 번역. 석존 재세 시 육사외도(六師外道)의 한 사람. 常住論者이며 7요소설을 주장한 외도. (불교학대사전 p.3~)

이 지은 것이므로 자재천이 기뻐하면 중생들이 안락하고 자재천이 노하면 중생들이 고통을 받으며, 모든 중생의 죄와 복은 모두 자재천이 짓는 것인데, 어찌 사람에게 죄와 복이 있다고 말하리오. 마치 공장이 꼭두각시[機關木人]를 만들면 가고 서고 앉고 눕지마는 말은 하지 못하나니, 중생도 그와 같아서, 자재천은 공장과 같고 꼭두각시는 중생의 몸과 같으며, 이와 같이 만드는 것이거늘 누구에게 죄가 있겠느냐' 하나이다. 이 사람이 지금 왕사성에 있사오니, 원컨대 빨리 가시면 보기만 하여도 모든 죄가 소멸하리이다." 왕이 답하되, "진실로 이런 사람이 있어 나의 죄를 멸한다면 내가 마땅히 귀의하리라"라고 하였다.

ⓒ 고행의 원인[苦行因] (三刪 114下5)

[疏] 三, 刪闍夜가 計苦行하야 爲所修因하니 但修苦行하야 以酬往業하면 則得解脫故라하니라
- ⓒ 산사야 비라지자(刪闍夜毘羅胝子)[306]가 고행을 계탁하여 수행하는 원인으로 삼았으니 이를테면 "단지 고행만 닦아서 과거의 업을 갚으면 곧 해탈하게 되리라"고 하였다.

[鈔] 三刪闍夜者는 卽名也니 是毘羅胝之子라 涅槃中에 云實德大臣이니 爲闍王說 云[307]호대 刪闍夜가 爲諸弟子하야 說如是法호대 一切衆

---

306) 산사야비라지자(刪闍夜毘羅胝子; -): 범어 sañjaya-vairātiputra의 음역. 육사외도의 한 사람. 도는 구할 수 있는 것이 아니라 8만 겁의 생사를 지내면 고통이 자연히 멸해서 얻을 수 있다고 하여 苦行主義를 주장하는 외도이며, 不可知論者이다.
307) 위의 책『涅槃經』제17권의 내용이다. (대정장 권12 p. 718a25-)

中[308]에 若爲王者하야 自在隨意하야 造作善惡하면 悉無有罪가 如火燒物에 無淨不淨이니다 下取意引하리니 如地普載며 如水俱洗며 如風能吹며 乃至云如秋髠樹가 春則還生이라 雖復髠斫이나 實無有罪니 一切衆生도 亦復如是하야 此間命終에 還生此間이니 以還生故로 當有何罪닛고 一切衆生의 苦樂果報가 悉皆不由現在業果하고 因在過去하야 現在受果라 現在는 無因이오 未來는 無果라 以現果故로 衆生이 持戒하고 勤修精進하야 遮現果惡하니 以持戒故로 則得無漏하고 盡有漏業이라 以盡業故로 衆苦得盡이니 衆苦盡故로 便得解脫이라하니 唯願大王은 速往其所하소서

● ⓒ 산사야(刪闍夜)란 이름이니 비라지(毘羅胝)의 아들이다. 『열반경』에는 실득(實得)대신이라 하였나니, "아사세 왕에게 말하되 '산사야가 제자들에게 이런 법을 설하였으니, '모든 중생 중에 임금 된 이는 자재하게 마음대로 선한 일과 악한 일을 짓나니, 비록 여러 가지 악한 일을 짓더라도 죄가 있는 것 아니니라. 마치 불이 물건을 태울 적에 깨끗하고 부정한 것이 없듯이 하나이다.' 아래는 의미로 인용하겠다. (임금도 그러하여 불의 성품과 같으니라.) 마치 땅덩이가 모두 실음과 같고, 물이 모두를 씻는 것과 같고, 바람이 모두 불어 날리는 것과 같고, 나아가 마치 가을에 나뭇잎이 떨어졌다가 봄이 되면 다시 나나니, 비록 잎을 떨어뜨려도 진실로 죄가 없듯이, 모든 중생들도 그와 같아서 여기서 목숨을 마치고는 다시 여기에 나는 것이며, 다시 태어나는 연고로 무슨 죄가 있겠는가? 모든 중생의 괴롭고 즐거운 과보는 모두 현재의 업으로 말미암는 것이 아니고, 지난 세상에 지은 인으로 지금 세상에서 과보를 받는 것이다. 현재의 인이 없고 다음 세상에 과보가

---

308) 中은 南續金本作生, 經原本作中.

없건마는 현재의 과보로 인해 중생들이 계율을 가지며, 부지런히 정진하여 현재의 나쁜 과보를 막는 것이니라. 계율을 가지므로 무루(無漏)를 얻고, 무루를 얻으므로 번뇌의 업이 다하고, 업이 다하므로 모든 고통이 끝나나니, 모든 고통이 끝나므로 바로 해탈을 얻는다'고 하나이다. 원컨대 대왕은 속히 그곳에 가시옵소서"라고 하였다.

ⓓ 원인 없음[無因] (四無 115上8)

[疏] 四, 無因이니 即阿耆多가 計衆生이 不由因得이오 萬法이 自然이니 若知此者는 便得解脫이라하니라

- ⓓ 원인 없음이다. 곧 아기타 케샤캄발라[阿耆多翅舍欽婆羅][309]가 '중생이 원인으로 인해 얻어진 것이 아니요, 모든 법은 자연이니 만일 이것을 아는 이는 단박에 해탈을 얻는다'고 계탁한다.

[鈔] 四無因者는 阿耆多는 此名也요 翅舍欽婆羅는 弊衣也라 亦有云호대 阿耆多翅舍가 皆名也라하니라 即悉知義大臣의 所師니 經에 云,[310] 阿耆多가 一切知見하야云云 告諸弟子하야 作如是言호대 若自作커나 若教他作하며 若自斫커나 若教他斫하며 若自灸커나 若教他灸하며 若自害커나 若教他害하며 若自偸커나 若教他偸하며 若自婬커나 若教他婬하며 若自妄語커나 若教他妄語하며 若自飲酒커나 若教他飲酒하며 若殺一村一城一國커나 若以刀輪으로 殺一切衆生하며 若恒河已南에 布施衆生커나 恒河已北에 殺害衆生이라도 悉無罪福이며 無施戒

---

309) 아기타케샤캄발라[阿耆多翅舍欽婆羅; -]: 범어 Ajita-kéa-kambala의 음역. 육사외도의 한 사람으로 無勝髮衣라 번역한다. 현세의 고행은 내세의 즐거운 과보를 가져다 준다고 주장하는 외도, 斷滅論의 唯物論者이다.
310) 위의 책『涅槃經』제17권의 내용이다. (대정장 권12 p. 718c13-)

定等이라하니이다 上已釋竟하니라

- ⓓ 원인 없음에서 아기타[阿耆多]는 이름이요, 케샤캄발라[翅舍欽婆羅]는 번역하면 '해진 옷'이다. 또 어떤 이는 말하기를 '아기타케샤가 모두 이름이다'라 하기도 한다. 실지의(悉知義) 대신의 스승이다. 경에 이르되, "아기타는 온갖 지견을 가진 이로서 운운(云云)하고, 제자들에게는 이런 말을 하나이다. '제가 짓거나 남을 시켜 지었거나 제가 찍었거나 남을 시켜 찍었거나, 제가 구웠거나 남을 시켜 구웠거나, 제가 해하였거나 남을 시켜 해하였거나 제가 훔쳤거나 남을 시켜 훔쳤거나, 제가 음행하였거나 남을 시켜 음행하였거나, 제가 거짓말하였거나 남을 시켜 거짓말하였거나, 제가 술을 먹었거나 남을 시켜 술을 먹었거나, 한 마을 한 도시 한 나라 사람들을 살해하였거나, 칼로써 모든 중생을 죽었거나, 항하의 남쪽에서는 중생에게 보시하고 항하의 북에서는 중생들을 살해하였어도 죄도 복도 모두 없으며, 보시하고 계행 가지고 선정 닦는 일이 없다는 등이다'라고 하였는데, 위까지 해석을 마친다.

因此하야 便引涅槃餘之三師하리니 第四, 無所畏大臣의 師는 尼健陀若提子니 告諸弟子言호대 無善無施며 無父無母며 無今世後世며 無阿羅漢이며 無修無道요 一切衆生이 經八萬劫하면 於生死輪에 自然解脫이라 有罪無罪도 悉亦如是가 如四大河니 所謂辛頭河와 恒河와 博叉와 私陀가 悉入大海에 無有差別이라 一切衆生도 亦復如是하야 得解脫時에 悉無差別이라하나라 五, 藏德大臣의 所宗은 即末伽梨俱賒離子니 爲諸弟子하야 說如是法호대 一切衆生이 身有七分하니 何等爲七고 地水火風과 苦와 樂과 壽命이라 如是七法은 非化非

作이라 不可毁害가 如伊師迦草요 安住不動이 如須彌山이오 不捨不作이 猶如乳酪하야 各不諍訟이라 若苦若樂과 若善若不善을 投之利刀에 無所傷害니 何以故오 七分空中에 無妨礙故라 命亦無害니 何以故오 無有害者와 及死者故라 無作無受며 無說無聽이며 無有念者와 及以敎者라하야 常說是法이라하니라 六, 即日月稱大臣의 所宗富蘭那니 說如是法호대 無有黑業하고 無黑業報하며 無有白業하고 無白業報하며 無黑白業하고 無黑白報하며 無有上業과 及以下業이라하니라 彼當第一이오 末伽梨는 第二오 刪闍夜는 第三이오 阿耆多는 第四오 迦羅鳩馱는 第五요 若提子는 第六이라 已上에 略明六師之計라 廣如諸論하니라

- 이로 인해서 『열반경』의 나머지 세 분 스승을 소개할 것이니 넷째, 무소외(無所畏) 대신의 스승은 니건타야제자(尼犍陀若提子)[311]이니 제자들에게 말하되, " '보시도 없고 선한 일도 없고 아비도 없고 어미도 없고 지금 세상도 없고 뒤의 세상도 없고 아라한도 없고 닦을 것도 없고 닦을 도도 없으며, 모든 중생들이 8만 겁을 지나면 생사의 윤회에서 자연히 해탈하며, 죄가 있거나 죄가 없거나 간에 모두 그러한 것이니라. 마치 신두하·강가하·박슈하·시이타하 등 네 강이 모두 바다에 들어가면 아무 차별도 없듯이 모든 중생들도 그와 같아서 해탈을 얻을 적에는 차별이 없다'고 하나이다"라고 하였다. 다섯째, 장덕(藏德) 대신이 섬기는 스승은 말가리구사리자[末伽梨拘舍利子][312]이니 제자들에게 이런 법을 말하나니, "모든 중생들의 몸에 일곱 가지 부분

---

311) 니간타나타푸타[尼犍陀若提子, 尼犍子; -]: 범어 Nirgrantha-putra의 음사. 또는 마하비라, 尼乾子, 번역하여 離繫子, 無結子라 한다. 육사외도의 일파이며 勒沙婆를 교조로 하고, 고행으로써 열반에 드는 것을 주장한다. 그리고 항상 몸의 털을 뽑고 의복도 입지 않고 裸體로 걸식하면서도 부끄러워할 줄 모르므로 無慚外道, 苦行外道, 裸形外道라 한다. 후세에 자이나교라는 일파로 현재도 경전과 교도들이 있다. 命(jiva)과 非命(ajiva)의 二元論을 주장한다.

이 있으니, 무엇이 일곱 가지인가? 지대·수대·화대·풍대·괴로움·즐거움·목숨이다. 이 일곱 가지 법은 변화함도 아니고 지음도 아니어서, 깨뜨릴 수 없기는 이사가(伊師迦) 풀과 같고, 머물러 있어 흔들리지 않기는 수미산과 같고, 버릴 수 없고 지을 수 없기는 타락과 같아서 각각 서로 다투거나 시새우지 않으며, 괴롭거나 즐겁거나 선하거나 선하지 않거나가 마치 잘 드는 칼에 던져도 상하지 않음 같다. 왜냐하면 일곱 부분이 〈공〉한 속에서 서로 장애되지 않는 연고며, 목숨도 해할 수 없나니 왜냐하면 해할 이와 죽을 이가 없는 까닭이며, 짓는 이도 없고 받을 이도 없고 말할 이도 없고 들을 이도 없으며, 생각하는 이도 가르칠 이도 없다고 합니다. 항상 이런 법을 말합니다"라고 하였다. 여섯째, 일월칭(日月稱) 대신이 모시는 스승은 푸란나카샤파[313]이다. 이런 법을 말하되, "검은 업도 없고 검은 업의 과보도 없으며, 흰 업도 없고 흰 업의 과보도 없으며, 검고 흰 업도 없고 검고 흰 업의 과보도 없으며, 상품 업도 없고 하품 업도 없다'고 하나이다"라고 하였다. 저것이 마땅히 첫째이고, 막칼리는 둘째이고, 산사야는 셋째이고, 아기타는 넷째이며, 가라구타는 다섯째요, 니건타야 제자는 여섯째이다. 이상에서 간략히 육사(六師) 외도의 계탁을 설명하였다. 자세한 것은 여러 논서를 참고하라.

㈢ 경문의 의미를 결론하여 보이다[結示] (衆生 116下5)

---

312) 막칼리고살라[末伽梨拘舍利; -] : 범어 Maskā rī Goś āliputra의 음역. 육사외도의 한 사람. 따라서 拘賒梨는 그의 어머니 이름. 邪命外道라 하고, 12要素說을 주장한다.
313) 푸란나카샤파(富蘭那迦葉; -): 범어 Pūranakāśyapa의 음역. 육사외도의 한 사람. 富蘭은 滿이라 번역. 이것이 실제의 이름 카샤파는 어머니의 성이다. 空見外道를 주장하며, 邪見을 일으켜서 온갖 법은 허공과 같이 생멸이 없고, 흑백의 업보가 전혀 없다고 하여 인과의 이치를 부정하는 외도. 도덕부정론 懷疑論者.

[疏] 衆生이 於上邪因과 無因異道中에 求하니 經에 欲以正으로 折邪일새 故擧四門하사 令於中求요 不應於上邪見中에 求하나니라
- 중생이 위의 삿된 원인과 원인 없는 외도에게서 구하니, 경문에서 "올바른 견해로 삿된 견해를 배척하므로 네 문을 거론하여 그 가운데에서 구하게 한 것이요, 마땅히 위의 삿된 견해에서 구하지 말아야 한다.

㈂ 현재의 문을 별도로 해석하다[別釋當門] (此門 116下6)

[疏] 此門은 卽破冥性이니 謂因緣有支가 各二種業으로 而能生彼因緣事이언정 不由冥性이라 故斷前支緣에 則後支가 不續하야 一生之中에 便得解脫이라 汝之冥性을 縱八滿劫知라도 亦無脫期니라
- 이 문은 명제의 성품을 논파한 내용이다. 말하자면 인연의 지분이 각기 두 가지 업으로 능히 저 인연의 일을 내게 하였지만 명제의 성품으로 말미암지는 않는다. 그래서 앞의 지분의 반연을 끊어 버리면 뒤의 지분이 이어지지 않아서 한 생에서 바로 해탈을 얻을 수 있게 된다. 너희들의 명제의 성품을 비록 8만 겁을 알았다 하더라도 또한 해탈할 기약이 없으리라.

㊂ 온갖 양상과 지혜로 행하는 관법[一切相智觀] (三約 116下10)

[疏] 三, 約一切相智觀이라 卽當第三方便觀이니 謂因緣有支가 各有二業이 爲起後方便이라 若滅前前에 卽不生後後니 是解脫方便이니라
- ㊂ 온갖 양상과 지혜로 행하는 관법이다. 곧 (3) 방편관(方便觀)에 해당한다. 이를테면 인연의 지분이 각기 두 가지 업이 있어서 뒤의 방편

을 일으키게 된다는 뜻이다. 만일 앞쪽으로 없앨수록 곧 뒤쪽으로 생겨나지 않나니 바로 해탈하는 방편이다.

[鈔] 三約一切相智觀이라 然이나 論에 但云호대 因緣有支가 二種業으로 能起因緣事故라하야늘 今疏에 乃義加解脫方便이라 又二業中에 經文의 後一이 爲起後因이라 疏意에 云, 若無自業하면 何能起後리요 故云二業이 爲起後方便이니라

● ㊂ 온갖 양상과 지혜로 행하는 관법이다. 그러나 논경에 단지 이르되, "인연의 지분에 두 가지 업이 능히 인연의 일을 일으키기 때문이다"라 하였는데, 지금 소가는 비로소 해탈하는 방편이라는 뜻을 첨가하였다. 또 두 가지 업 중에서 경문의 뒤의 하나는 후생의 원인을 일으키게 된다. 소가의 의미로 말하면, "만일 자기 업이 없었으면 무엇이 능히 후생을 일으키겠는가? 그러므로 '두 가지 업이 후생을 일으키는 방편이 된다'고 하였다."

(d) 서로 떨어지지 않는 문[不相捨離門] 3.

㈠ 양상적인 진리로 구분하는 관법[相諦差別觀] 2.

① 자체적 원인을 해석하다[釋自因] 2.
㉮ 앞의 가름을 지적하다[指前] (第四 117上6)

[疏] 第四, 不相捨離中에 三門이 同前하니 初, 約相諦니 卽當自因觀이라 自因之義는 已見上文하니라

- (d) 서로 떨어지지 않는 문에서 세 가지 관법의 문은 앞과 같나니 ㊀ 양상적인 진리로 구분하는 관법이니 곧 자체적 원인의 관법에 해당한다. 자체적 원인의 이치에 대해서는 위의 소문에서 이미 보았던 내용314)이다.

❖ 제6회 십지품 제6 現前地 (科圖 26-68; 闕字卷)

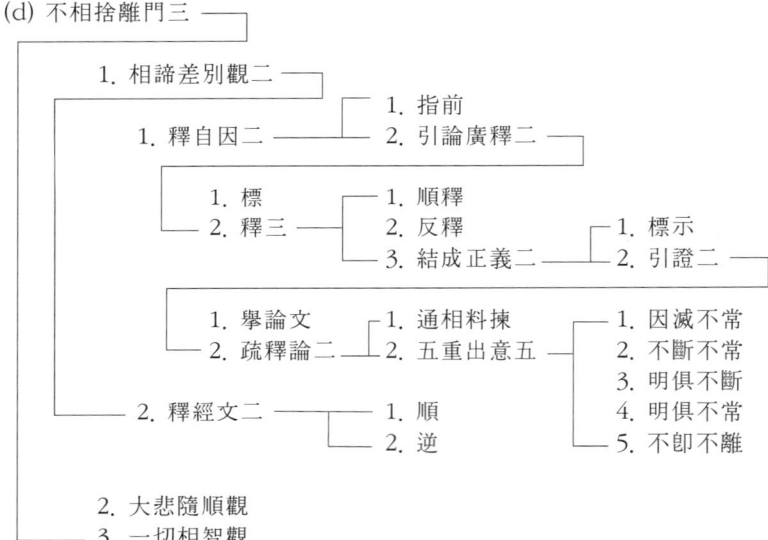

[鈔] 第四는 不相捨離中315)에 初, 相諦下에 有二하니 先은 釋自因이오 後는 釋經文이라 前中에 二316)니 先은 指前章이니 疏에 云唯從無明하야 生行等을 名自因이 是也니라

---

314) 앞의 3. 明迷眞起妄緣相次第의 ㉮ 順觀 ㉯ 逆觀의 두 과목 중 ㉯ 逆觀에서 ⓑ 總顯甚深에 나오는 내용이다.(闕字卷; 今初 73下6)
315) 中은 南續金本作門, 甲本無.
316) 上十八字는 甲南續金本作自因之義下.

- (d) 서로 떨어지지 않는 문 중에 ㊀ 相諦 아래는 둘이 있으니 ① 자체적 원인을 해석함이요, ② 경문 해석이다. ① 중에 둘이니 ㉮ 앞의 가름을 지적함이니 소문에 "오로지 무명에서 지어 감만을 내기 때문에 자체적 원인 등이라 이름한다"고 함이 이것이다.

㉯ 논경을 인용하여 자세하게 해석하다[引論廣釋] 2.
㉠ 표방하다[標] (又論 117上10)

[疏] 又論에 云, 自因觀者는 無明等自生因으로 觀緣事故라하니라
- 또 논경에서는, "자체적 원인의 관법이란 무명 등이 자체적 원인을 낼 적에 그 반연의 현상을 관찰한다"라고 하였다.

[鈔] 又論云下는 二, 引論廣釋이라 於中에 亦二니 先은 標요 後, 謂離前支下는 釋이라 今初니 卽論主가 生起之文이니 引論不盡이라 此下에 更云호대 何者가 是無明等因緣行고 不斷助成故라하니라 釋曰, 此是 論家[317]이 先擧下經하야 釋成自因이나 以易故로 不引이요 又與下廣釋義同일새 故略不引이라 然無明等自生因觀은 是自義요 緣事二字는 是其因義니라
- ㉯ 又論云 아래는 논경을 인용하여 자세하게 해석함이다. 그중에 또 둘이니 ㉠ 표방함이요, ㉡ 謂非前支 아래는 해석함이다. 지금 ㉠은 논주가 시작하는 문장이니 논경을 인용한 부분이 전체가 아니다. 이 아래에 다시 이르되, "무엇이 무명 따위의 원인이 지어 감을 반연함인가? 끊어지지 않고 도와 이루기 때문이다"라 하였다. 해석한다면 이

---

317) 家는 甲南續金本作宗.

것은 논경의 종지가 먼저 아래 경문을 거론하여 자체적 원인을 해석
하였지만 쉽기 때문에 인용하지 않았고, 또 아래 자세히 이치를 해석
한 내용과 같으므로 생략하고 인용하지 않았다. 그러나 무명 따위에
서 자체적으로 생겨난 원인으로 관함이 '자체'의 뜻이고, 연사(緣事)
두 글자는 그 '원인'이란 뜻이다.

ⓒ 자세하게 해석하다[釋] 3.
ⓐ 순리로 해석하다[順釋] (謂離 117上10)

[疏] 謂離前支하면 無後支故니 如不離無明코 有行等하면 則無明은 唯是
行自因也라 以是自故로 令行不斷이언정 以是因故로 但云助成이니라
이를테면 앞의 지분을 여의면 뒤의 지분이 없기 때문이다. 마치 무명
을 여의지 않고 지어 감 따위가 있다면, 무명은 오직 지어 감의 자체
적 원인일 뿐만 아니라 자체인 까닭에 지어 감으로 하여금 끊어지지
않게 할 텐데, 원인인 연고로 단지 '도와 이룬다'고만 말하였다.

[鈔] 謂離前支下는 第二, 廣釋이니 卽下釋經論文의 釋自因義라 然이나
具足인대 論에 云, 自因觀者는 不相捨離觀故라 離前支하면 無後支
觀故라 不離無明하면 則成行觀이라 若不離無明코 有行者인대 不應
言無明緣行이오 若離無明코 有行成者인대 異則不成이라 是故로 偈
言[318]호대 衆因緣生法은 是則不卽因이며 亦復不異因이며 不斷亦不
常이라하니라 釋日, 今疏가 以言으로 間論釋之하니 對文하면 可見이니

---

318) 게송은 『中論』 觀法品 제18의 게송과 유사하다. "《법이 인연에서 생겼다면 원인과 같지도 다르지도 않을 것이
니 그러므로 실상이라 불리며 없어짐도 항상함도 모두 아니라[若法從緣生 不卽不異因 是故名實相 不斷亦
不常]》"(대정장 권30 p. 24a9-)

今更委釋이라 此中에 疏取論意하야 但以不卽不離로 成自因義니 不卽故로 因義成이오 不離故로 自義成이라 於中에 疏文이 有其三段하니 一은 順釋이오 二는 反釋이오 三은 結成正義라 今初니 明要具不卽離義하야사 自因方成이라 然文에 但有不離之言이나 意則已有不卽之義라 於中에 離前支無後支者는 以義로 標次오 如不離無明有行等은 則指經釋成이니 並同論文이오 但初에 闕³¹⁹⁾不相捨離之言하고 中間에 加一如字하야 卽出彼論이니라

● ㉡ 謂離前支 아래는 자세하게 해석함이니, 아래 논경의 해석에서 자체적 원인이란 의미를 설명한 내용이다. 그러나 갖추어 논경을 인용하면, "자체적 원인의 관법이란 서로 떨어지지 않는 관법인 까닭이다. 앞의 지분을 여의면 뒤의 지분을 관할 수 없기 때문이다. 무명을 여의지 않으면 지어 감의 관법을 이룬다. 만일 무명을 여의지 않고 지어 감이 있다면 응당 '무명이 지어 감을 반연한다'고 말하지 못할 것이요, 만일 무명을 여의고 지어 감을 이루게 된다면 다른 것은 (緣行이) 이루어지지 않을 것이다. 이런 까닭에 게송으로, "뭇 인연으로 생기는 법 이것이 곧 원인인 것도 아니며 또 원인과 다른 것도 아니며 단견도 상견도 모두 아니라네"라고 하였다. 해석한다면 지금의 소문은 말을 논경의 해석 중간에 끼워 넣었으니 경문과 대조하면 알 수 있으므로 지금 다시 자세히 해석한 것이다. 이 가운데 소가가 논경의 의미를 취하여 단지 합치하지도 여의지도 않은 것으로만 자체적 원인의 이치를 이루었으니, 합치하지 않으므로 원인의 이치가 성립하며 여의지 않으므로 자체라는 이치가 성립한다. 그중에 소의 문장이 세 문단이 있으니 ⓐ 순리로 해석함이요, ⓑ 반대로 해석함이요, ⓒ 정의로

---

319) 闕은 甲南續金本作門誤.

결론함이다. 지금은 ⓐ이니 합치하거나 여의지 않는 이치가 갖추어져야만 자체적 원인이 비로소 성립함을 밝혔다. 그런데 경문에는 단지 '여의지 않는다'는 말만 있는 것 같지만 의미로 보면 '합치하지 않는다'는 이치가 이미 존재한다. 그중에 '앞의 지분을 여의면 뒤의 지분이 없다'고 말한 것은 이치로 차례를 표방한 부분이요, '마치 무명을 여의지 않으면 지어 감 따위가 있음과 같다'는 것은 논경을 지적하여 해석한 부분이니, 모두 논문과 같고 단지 처음에 불상사리(不相捨離)라는 말만 빠뜨렸을 뿐이고 중간에 여(如) 자 하나를 더하여 저 논문을 내보였다.

從則無明唯是行自因은 是疏釋論意하야 成其自義요 從以是自故下는 結成二義니 謂自와 及因義니 卽是論經이니라 然今經文에는 一時倂擧하고 不斷助成이어니와 若論經文인대 亦各別歷十二因緣云호대 是中無明緣行者는 無明因緣이 令行으로 不斷助成故요 行緣識者는 行因緣故로 令識으로 不斷助成故 等이라하니라 今初論意에 云, 以無明令行不斷이 爲自義요 助成是因義라하니라 助成은 是不卽이요 令不斷은 是不離라 故로 上標에 云, 自生因觀은 是自義요 緣事는 是因也라하니 自生因觀은 卽令行不斷이요 緣事는 卽是助成이라하니라

● '무명만이 오로지 지어 감의 자체적 원인'부터는 소가가 논경의 의미를 해석하여 그 자체라는 이치를 이룬 것이요, 以是自故부터 아래는 두 이치를 결론한 내용이다. 말하자면 자체와 원인의 이치이니 그대로 논경의 의미이다. 그러나 본경의 문장에는 한꺼번에 모두 거론하고 끊어지지 않고 도와 이루었지만, 논경의 문장에 의지하면 또한 각기 별도로 12인연을 거치면서 말하되, "이 가운데 '무명이 지어 감을

반연한다'는 것은 무명의 인연이 지어 감으로 하여금 끊임없이 도와 이루게 하는 까닭이요, '지어 감이 의식을 반연한다'는 것은 지어 감의 인연으로 인해 의식으로 하여금 끊임없이 도와 이루게 한다는 따위이다"라고 하였다. 지금은 첫 부분의 논경의 의미를 말하면, "무명이 지어 감을 끊어지지 않게 하는 것이 자체의 이치가 되고 도와 이루는 것은 원인의 이치이다." 도와 이룸은 합치하지 않음이요, 끊어지지 않게 함은 여의지 않음이다. 그러므로 위의 ㉠ 표방함에 이르되 "자체적 원인의 관법이란 자체의 이치요, 반연의 현상은 원인의 이치이다"라고 하였으니, '자체적으로 생긴 원인을 관함'은 곧 지어 감이 끊어지지 않게 함이요, '반연의 현상'은 바로 도와 이루는 것이다.

ⓑ 반대로 해석하다[反釋] (若唯 118下9)

[疏] 若唯不離無明하고 有行하면 則成太卽이니 不應言無明이 緣行이오 若全離無明하고 有行하면 則成太離니 無明이 則非行因이라 故로 論에 云, 異則不成이라하니라
- 만일 오로지 무명만 여의지 않고 지어 감이 있으면 크게 합치함을 이룰 것이니 응당 '무명이 지어 감을 반연한다'고 말하지 못하고, 만일 완전히 무명을 여의고 지어 감이 있으면 크게 여읨을 이룰 것이니 무명은 지어 감의 원인이 아니라는 뜻이다. 그러므로 논경에서, "다른 것은 성립하지 않는다"고 하였다.

[鈔] 若唯不離下는 第二, 反釋이라 太卽은 則無明이 卽行이니 不得言無明이 與行으로 爲緣이오 太離는 則無明이 不干於行이니 何殊色於行

耶아
- 若唯不離 아래는 ⓑ 반대로 해석함이다. 크게 합치함은 무명이 곧 지어 감이니 무명이 지어 감과 함께 반연이 되지 않음이요, 크게 여읨은 무명이 지어 감과 관계되지 않으니 어찌 물질이 지어 감과 다르겠는가?

ⓒ 바른 이치로 결론하다[結成正義] 2.
㉠ 표방하여 보이다[標示] (不卽 119上4)

[疏] 不卽과 不離를 則名自因이니 亦二義가 成矣라
- 합치하지 않음과 여의지 않음을 자체적 원인이라 부르나니 두 가지 이치 또한 성립한다.

㉡ 인용하여 증명하다[引證] 2.
㉮ 논경의 게송을 거론하다[擧論文] (故論 119上4)

[疏] 故로 論主가 引中論偈云호대 衆因緣生法은 是則不卽因이며 亦復不異因이며 非斷亦非常이라하니라
- 그러므로 논주가 『중론』의 게송을 인용해 말하되, "뭇 인연으로 생기는 법 이것이 곧 원인인 것도 아니며 또 원인과 다른 것도 아니며 단견도 상견도 모두 아니라네"라고 하였다.

㉯ 소가가 논경의 게송을 해석하다[疏釋論] 2.
Ⓐ 일반적인 양상으로 구분하다[通相料揀] (初句 119上6)

[疏] 初句는 汎擧也요 次句는 以是所生이 非能生故라 亦復不異因者는 從於能生하야 生所生故라
- 첫 구절은 넓게 거론한 내용이요, 둘째 구절은 생겨날 대상이 생기게 하는 주체가 아닌 까닭이다. '또 원인과 다른 것도 아니다'라고 한 것은 생기게 하는 주체에서 생겨날 대상이 생기는 까닭이다.

Ⓑ 다섯 겹으로 의미를 내보이다[五重出意] 5.
㊀ 원인이 없으면 상견이 아니다[因滅不常] (非斷 119上7)
㊁ 단견도 상견도 아니다[不斷不常] (又不)
㊂ 원인과 결과가 모두 단견이 아니다[明俱不斷] (又以)
㊃ 원인과 결과가 모두 상견이 아니다[明俱不常] (又亦)
㊄ 상견 아님이 곧 단견 아님이다[不卽不離] (又以)

[疏] 非斷亦非常者는 不卽故로 不常이오 不異故로 不斷이라 又不卽因故로 果不斷이며 因不常이오 不異因故로 果不常이며 因不斷이라 又以不卽故로 因과 果가 俱不斷이오 不異故로 因果俱不常이니 非無因常故라 又亦反此하야 非相續常故라 又以不離가 是不卽故로 卽不常이 爲不斷이니 思之니라
- '단견도 상견도 모두 아니라네'라고 말한 것은 합치하지 않으므로 상견이 아니요, 달라지지 않으므로 단견도 아니다. 또 원인에 합치하지 않으므로 결과가 단견이 아니며 원인이 상견인 것도 아니요, 원인과 달라지지 않으므로 결과가 상견이 아니며 원인이 단견인 것도 아니다. 또 합치하지 않으므로 원인과 결과가 모두 단견이 아니며 달라지지 않으므로 원인과 결과가 모두 상견이 아니니, '원인 없는 상견

[無因常]'이 아니기 때문이다. 또 이것과 반대로 '서로 이어지는 상견[相續常]'도 아니기 때문이다. 또 여의지 않음이 바로 합치하지 않는 것이기 때문에 상견 아님이 곧 단견 아님이 될 것이니 생각해 보라.

[鈔] 不卽不離下는 三, 結示正義라 於中有二하니 先은 標라 言二義成矣者는 卽不斷助成之二義也라 後, 故論主下는 二, 引證이라 於中에 先, 擧論偈文이오 後, 初句汎擧下는 疏釋論偈니 謂初句는 汎擧一切因緣生法이니 非局此十二因緣이라 二三兩句는 明不卽離요 第四一句는 結歸中道라

從非斷亦非常下는 疏中에 有五重中에 道不斷常義니 初一은 是總이니 正是因滅不常하야 果續不斷之義니 故云不卽故不常이라 卽乃因이 至於果하면 便墮於常이니라 言不異故不斷者는 從因生果가 是果續義니 故是不斷이어니와 異則果不續因하야 便墮於斷이니라 次320)三義는 於此에 開出이나 而取意가 別321)이라 第二意니 於不卽不離二義之上에 各成不斷不常이라 初言不卽因故果不斷因不常者는 不卽則有果일새 故果不斷이오 因不與果俱일새 故因不常이라 次云不異因故로 果不常이며 因不斷者는 果從因生일새 故果非常이오 不異則因能生果일새 故因不斷이라 此上에 因果交絡하야 明不斷常322)이라

ⓒ 不卽不離 아래는 정의로 결론함이다. 그중에 둘이 있으니 ㉠ 표방하여 보임이다. '두 가지 이치 또한 성립한다'고 말한 것은 단견 아님이 두 가지 이치를 도와 이룬 것이다. ㉡ 故論主 아래는 인용하여 증명함이다. 그중에 ㉮ 논경의 게송을 거론함이요, ㉯ 初句汎擧 아

---

320) 次는 南續金本作次下.
321) 別下에 南續金本有又不卽下四字.
322) 常下에 南續金本有又以不卽下五字.

래는 소가가 게송을 해석함이다. 말하자면 Ⓐ 첫 구절은 모든 인연으로 생긴 법을 넓게 거론하였으니 12인연에만 국한하지 않는다. 둘째와 셋째의 두 구절은 합치하거나 여의지 않음을 밝힌 내용이요, 넷째 한 구절[非斷亦非常]은 결론적으로 중도로 돌아간 내용이다.

Ⓑ 非斷亦非常부터 아래는 소에서 다섯 겹이 있는 중에 단견도 상견도 아닌 이치를 말하였으니 ㊀ 총상이니 바로 원인이 없으면 상견이 아니고 결과가 상속하면 단견도 아닌 이치이니, 그러므로 "합치하지 않으면 상견이 아니다"라고 하였다. 기어이 원인이 결과에 이르면 바로 상견에 떨어지게 된다. '달라지지 않으므로 단견이 아니다'라고 말한 것은 원인에서 생긴 결과가 바로 결과가 상속하는 이치이다. 그러므로 단견이 아니겠지만 달라지면 결과가 원인에서 상속하지 않아서 바로 단견에 떨어지게 된다. 다음의 세 가지 이치는 여기에서 전개되어 나왔지만 의미를 취함은 다르다. ㊁ 둘째 의미는 합치하지도 여의지도 않는 두 가지 이치 위에 각기 단견도 상견도 아님을 성립하였다. 처음에 '원인에 합치하지 않으므로 결과가 단견이 아니고 원인도 상견이 아니다'라고 말한 것은 합치하지 않으면 결과가 있으므로 결과가 단견이 아니요, 원인이 결과와 함께하지 않으므로 원인도 상견이 아니다. 다음에 '원인이 달라지지 않으므로 결과가 상견이 아니며 원인도 단견이 아니다'라고 말한 것은 결과는 원인에서 생기므로 결과가 상견이 아니며, 달라지지 않았으면 원인이 능히 결과를 생기게 하므로 원인도 단견이 아니다. 이 위는 원인과 결과가 서로 교류하여 단견도 상견도 아님을 밝힌 내용이다.

第三, 又以不卽故因果俱不斷等者는 當一句上하야 卽具不斷과 不

常이니 不卽則有因有果일새 故俱不斷이니라 不異故因果俱不常者는 此義難見이니 故로 釋云, 非無因常이니 不異則果從因生일새 故非無因常이오 不卽則因由果顯일새 亦非無因常이라 然無因常이 乃有二義하니 一, 如涅槃에 云, 是諸外道는 無有一法이 不從緣生하니 是故로 無常이어니와 如來佛性과 虛空은 不從緣生하니 是故로 爲常이오 則是眞常이니 非此所明이니라 二者는 外道所計인 微塵世性이 前無有因일새 故說爲常이라하니 此是邪常이니 是今所揀323)이라

第四, 又亦反此者는 應云, 不卽故로 因果俱不常이오 不異故로 因果俱不斷이라 不斷은 義易일새 故更不釋이니 謂不異에 則從因有果가 俱不斷滅324)이라 不常은 難見일새 故今釋云호대 非相續常者는 若卽因者인대 因則至果가 如泥至甁이니 此因則常이오 果卽是因일새 果亦相續常也라 此常은 則是邪見이니 故今揀之라 前不斷相續이 則是正義니 以果續不斷故라

第五, 又以不離下는 合不卽不離와 及不斷不常하야 以爲一致라 上五釋中에 初一을 望次三하야 卽從總開別이오 此一을 望前四하야 卽合於前開일새 故令思之하야 以成深觀이니라

● 三 셋째로 '또 합치하지 않으므로 원인과 결과가 모두 단견이 아니다'라는 따위는 해당한 한 구절에 단견도 아니고 상견도 아님이 구비되었으니, 합치하지 않으면 원인이 있고 결과가 있으므로 모두 단견이 아닐 것이다. '달라지지 않으므로 원인과 결과가 모두 상견이 아니다'라고 말한 것은 이 이치는 알기 어렵다. 그래서 해석한다면, 원인 없는 상견이 아니니 달라지지 않으면 결과가 원인에서 생겨나므로 원인 없는 상견이 아닐 것이요, 합치하지 않으면 원인은 결과로 인해

---

323) 揀下에 南續金本有又亦反下四字.
324) 滅下에 南續金本有不斷不常四字.

드러나므로 또한 원인 없는 상견이 아닐 것이다. 그러나 원인 없는 상견이 비로소 두 뜻이 있으니 "1)『열반경』에 이 모든 외도는 한 법도 인연에서 생겨난 것이 없다. 이런 까닭에 항상함이 없지만, 여래의 불성과 허공은 인연에서 생겨나지 않는 것과 같으니, 이런 까닭에 항상하며 바로 '참된 상견[眞常]'이니 여기서 설명한 내용이 아니다. 2) 외도들이 계탁할 대상인 미진수 세계의 성품은 앞에서 원인이 없으므로 '항상하다'고 설한다고 한 내용과 같다." 이것은 삿된 상견[邪常]이니 지금 가려낼 대상이다.

四 又亦反此란 응당히 말하면 "합치하지 않으므로 원인과 결과가 모두 상견이 아니며 달라지지 않으므로 원인과 결과가 모두 단견이 아니다"라고 해야 할 것이니, 단견이 아닌 이치는 쉬우므로 다시 해석하지 않는다. 다시 말하면 달라지지 않으면 원인 속에 결과가 있는 것이 모두 단멸상이 아니다. 상견이 아님은 알기 어려우므로 지금 해석한다면, 상속하는 상견이 아닌 것에서 만일 원인에 합치한다면 원인이 결과에 이르는 것이 마치 진흙이 병이 됨과 같나니 이런 원인은 항상한 것이요, 결과가 곧 원인일 것이니 결과도 상속하는 상견일 것이다. 이런 상견은 바로 삿된 견해이니 그래서 지금 가려내는 것이다. 앞의 '끊어지지 않고 상속한다'는 것이 정의이니 결과가 상속하여 끊어지지 않기 때문이다. 五 又以不離 아래는 합치하지도 여의지도 않음과 상견도 단견도 아님과 합하여 한 가지 이치가 되었다. 위의 다섯 겹의 해석에서 처음 하나는 다음의 셋과 대조하여 총상에서 별상으로 전개한 것이요 이 五 하나는 앞의 넷과 대조하여 앞에서 전개한 것과 합하였으므로 심오한 관법을 이루게 한 것임을 생각하게 한 내용이다.

② 경문 해석[釋經文] 2.
㉠ 순관으로 해석하다[順觀] 2.
㉠ 논문을 바로 해석하다[正釋論文] (文中 121上5)

佛子여 此中無明緣行으로 乃至生緣老死者는 由無明乃至生爲緣하여 令行乃至老死로 不斷助成故요
"불자여, 이 가운데서 무명은 행의 연이 되고, 내지 나는 것은 늙어 죽음의 연이 된다는 것은, 무명이나 내지 남이 연이 되어서 행이나 내지 늙어 죽음으로 하여금 끊어지지 않게 하고 도와서 이루게 하는 연고이니라.

[疏] 文中에 先은 順이오 後는 逆이라 順中에 而論에 云, 無明이 有二種하니 一은 子時요 二는 果時라 是中에 子時者는 令行不斷이 有二種義故라 緣事示現者는 子是種子요 果是現行이니 現行之果가 雖前已謝일새 故不取之나 種子가 續故로 令行不斷하야 能助成行일새 故取子時니라

■ ② 경문 해석 중에 ㉠ 순관으로 해석함이요, ㉡ 역관으로 해석함이다. ㉠ 순관으로 해석함 중에 논경에 이르되, "무명이 두 종류가 있으니 (1) 종자일 때이고, (2) 과보일 때이다. 이 가운데 (1) 종자일 때란 지어 감으로 하여금 끊어지지 않게 함에 두 가지 이치가 있기 때문이다. '반연의 일을 나타낸다'는 것에서 종 자[子]는 종자를, 과보[果]는 현행을 가리키나니, 현행의 결과가 비록 앞이어야 하지만 이미 지났으므로 일부러 취하지는 않는다. 그러나 종자가 상속되는 연고로 지어 감이 끊어지지 않게 하여 능히 도와서 지어 감을 이루도록 하는

까닭에 종자일 때를 취하였다.

㈎ 논의 뜻에 수순하여 해석하다[順釋論意] (亦可)

[疏] 亦可初起無明을 名之爲子요 遷至行時를 名之爲果니 由前等引之力하야 令行不斷하야 助成行故로 偏取子時라 餘十一支에 皆有二時하니 例此可了니라

■ 또한 처음으로 일어난 무명을 종자라 이름 붙일 수 있고, 옮겨서 지어 감에 이르는 때를 과보라고 하였다. 앞의 평등하게 이끄는 힘으로 인해 지어 감이 끊어지지 않게 하여 지어 감을 도와 이루는 연고로 종자일 때만 치우쳐 취한 것이다. 나머지 11지분은 모두 두 시기가 있으니 이것과 유례하면 알 수 있다.

[鈔] 文中先順下는 第二, 釋經이라 然論釋經에 先은 正釋文이요 後[325)]는 釋自因이라 自因之義는 前已廣引하니 今但釋論의 子果之言이니라 疏中에 二釋이니 前一은 更是上古所釋이라 亦可下는 是第二釋이니 正順論意며 正順論意는 亦順涅槃第二十九라 師子吼가 問[326)]호대 陰無繫者인대 云何繫縛이닛고 佛答하사대 以煩惱鎖로 繫縛五陰일새 因此하야 便說名色이 繫縛衆生하고 衆生[327)]이 繫縛名色等이라 師子吼가 難云호대 若有名色이 是[328)]繫縛者인대 諸[329)]阿羅漢이 未離名色에 亦應繫縛이니다 佛答云하사대 善男子야 解脫有二種하니 一은 子

---

325) 上鈔는 南金本作一子時下卽.
326) 인용문은 『大般涅槃經』 제27권 師子吼菩薩品 제23의 ③의 내용이다.(대정장 권12 p. 781a5-)
327) 衆生은 甲南續金本無, 經原本有.
328) 有是二字는 南續金本無, 經原本有.
329) 諸는 原本作謂, 經作諸, 甲南續金本無.

斷이요 二는 果斷이라 言子斷者는 名煩惱斷이니라 未斷果故로 名果繫縛이라하시며 又引油燈하야 以喩煩惱衆生하니라 釋曰, 此明爲因義邊하야 名子니 羅漢이 斷煩惱因이나 未脫果縛일새 故似後義라 以論에 言無明이 有二라하시니 是則爲因之時는 卽是前支가 能起於後니 若前支가 至後인대 但有種子요 非是正發後支之因일새 故取子時라 子卽因耳니라 故로 論에 云, 是中子時者는 令行不斷이 有二義故라하니라 以自體와 助成인 二義가 皆屬前支故라 而名因爲子者는 如穀子가 生芽故라 果卽是行이니 行時에 有行俱無明이나 非發業者일새 故不取之라 餘支도 例然하야 皆以前支로 爲後支緣하야 令後不斷하야 助成後支일새 故疏正意가 在其後解니라

● ② 文中先順 아래는 경문 해석이다. 그런데 논경의 해석에서 ㉮ 바로 논경을 해석함이요, ㉯ 자체적 원인에 대한 해석이다. 자체적 원인의 이치는 앞에서 자세하게 인용하였으니 지금은 단지 논경의 해석에만 종자와 과보라고 말하였다. 소문에 해석이 두 가지이니 앞의 ㉮는 다시 옛 어른들의 해석이다. ㉯ 亦可 아래는 역관으로 해석함이니 바로 논경의 의미에 따른 해석이며, '바로 논경의 의미에 따른다'는 것은 역시 『열반경』제29권에 의지한 해석이다. 사자후보살이 묻되, "'오음에 속박하는 이 없다면, 어찌하여 속박이라 하오리까?' 부처님이 말씀하시었다. '선남자여, 번뇌의 사슬로 오음을 속박하나니, 오음을 여의고 따로 번뇌가 없고, 번뇌를 여의고 따로 오음이 없느니라. 이로 인해서 이름과 물질이 중생을 속박한다고도 이름하고, 중생이 이름과 물질을 속박한다고도 하느니라.' 사자후보살이 힐난하되, '만일 이름과 물질이 있는 것을 속박이라 한다면, 아라한들이 아직 이름과 물질을 여의지 못한 것도 속박이라 하겠나이다.' 부처님이 답하

시기를, '선남자여, 해탈에 두 가지가 있으니, 하나는 종자를 끊음[子斷]이요, 둘은 과보를 끊음[果斷]이니라. 종자를 끊음은 번뇌를 끊었다고 하지만, 과보를 끊지는 못하였으므로 '과보의 속박'이라 이름하느니라'"라고 하였고, 또 기름 등불을 인용해서 번뇌하는 중생을 비유하였다. 해석한다면 이것은 원인의 이치 쪽에서는 종자라 하였으니 아라한이 번뇌의 원인은 끊었지만 과보의 속박을 해탈하지 못하였으므로 뒤의 이치와 같음을 밝혔다. 논경에서 "무명이 둘이 있다"고 하였으니 이것은 원인일 때에는 바로 앞의 지분이 능히 뒤의 지분을 일으키나니, 만일 앞의 지분이 뒤에 가면 단지 종자로만 있는 것이지 바로 뒤의 지분을 일으키는 원인은 아니므로 '종자일 때'로 취하였다. 여기서 자(子)는 원인의 뜻이다. 그러므로 논경에서는, "이 가운데 종자일 때는 지어 감으로 하여금 끊어지지 않게 함에 두 가지 이치가 있기 때문이다"라고 하였다. 자체와 도와 이룸인 두 가지 이치가 모두 앞의 지분에 소속되는 까닭이다. 그러나 원인을 종자라고 이름한 것은 마치 곡식의 종자가 싹을 틔우는 것과 같다. 과보는 바로 지어 감이니 지어 감일 때에 지어 감이 무명과 함께하지만 업을 일으키지는 못하므로 일부러 취하지는 않았다. 나머지 지분도 그렇게 유례하여 모두 앞의 지분으로 뒤의 지분의 반연을 삼아 뒤의 지분이 끊어지지 않게 하여 뒤의 지분을 도와 이루므로 소가가 뒤의 해석 부분에 정의를 둔 것이다.

㉯ 역관으로 해석하다[逆觀] 2.
㉠ 논경에 의지하다[依論] (後逆 122上10)

無明滅則行滅로 乃至生滅則老死滅者는 由無明乃至生
不爲緣하여 令諸行乃至老死로 斷滅不助成故니라
무명이 멸하면 행이 멸하므로 내지 생이 멸하면 늙고 죽음
이 멸한다는 것은 무명과 내지 생이 인연이 되지 아니함을
말미암아서 모든 행과 내지 늙고 죽음으로 하여금 소멸하
여 도와 이루지 않게 하는 연고이니라."

[疏] 後, 逆觀이라 論에 云, 先際後際滅이며 中際亦無일새
- ㈏ 역관으로 해석함이다. 논경에 이르되, "과거와 미래가 없으며 현재도 없기 때문에 설하지 않는다"고 하였다.

[鈔] 後逆觀論云下는 文330)二니 先, 引論이오 後, 十二因緣下는 解釋이라 今初니 然經文中에 亦歷十二하사 云無明滅故로 則行滅하나니 無明因緣無에 行滅하야 不助成故요 行滅故로 則識滅이니 行因緣이 無에 識滅하야 不助成故等이라하야늘 而論에 云先際와 後際滅이며 中際亦無者라하니 意云호대 若前際無明行이 無하면 中際五果가 則無하고 後際愛取有無하면 中際苦果가 後更不生이니 總顯無因에 則無果義라 而謂愛取有하야 爲後際者는 卽次의 第六段인 三際輪廻門中에 將愛取有하야 以因從果하야 名後際故니라
- ㈏ 逆觀論云 아래는 경문이 둘이니 ㉠ 논경을 인용함이요 ㉡ 十二因緣 아래는 해석함이다. 지금은 ㉠이니 경문에도 12지분을 거쳐서 말하되, "무명이 멸한 연고로 지어 감이 멸하나니 무명의 인연이 없으면 지어 감이 없어져서 도와 이루지 못하기 때문이요, 지어 감이 없는 연

---

330) 文은 南續金本作有.

고로 의식이 없나니 지어 감의 인연이 없으면 의식도 없어서 도와 이루지 못한다는 등이다"라고 하였다. 그러나 논경에서는, "과거와 미래가 없으며 현재도 또한 없다"고 하였으니, 의미를 말하면 "만일 과거의 무명과 지어 감이 없으면 현재의 다섯 가지 결과가 없으며, 미래의 애욕과 잡음과 존재가 없으면 현재의 괴로운 과보가 후생에 다시 나지 않나니, 총합적으로 원인이 없으면 결과도 없다는 이치를 밝힌 내용이다. 하지만 애욕과 잡음과 존재를 미래로 말한 것은 다음의 (f) 삼제(三際)로 윤회하는 문 중에 애욕과 잡음과 존재를 가져서 원인이 결과를 따르기 때문에 미래라고 이름한 것이다.

ⓒ 해석하다[解釋] (是故 122下9)

[疏] 是故不說者는 十二因緣이 不出三際라 過未旣無어니 中豈得有리오 是故로 不說有不斷助成義라 又不說者는 滅則滅前諸義일새 故로 不假說子果等殊니라
■ '이런 까닭에 설하지 않는다'라고 말한 것은 12인연이 삼제(三際)를 벗어나지 않는다는 뜻이다. 과거와 미래가 이미 없는데 현재가 어찌 있을 수 있겠는가? 이런 까닭에 끊어지지 않고 도와 이루는 이치가 있음을 말하지 않았다. 또 '설하지 않는다'는 것은 없다면 앞의 모든 이치가 없는 것이므로 종자와 과보 따위의 다른 점을 빌려서 말하지 않은 것이다.

[鈔] 是故不說下는 此釋上論의 是故不說之言이라 而有二釋하니 前約經明일새 故云不斷助成이오 後는 約論意일새 故云不說子果니라

● 是故不說 아래는 여기서는 위의 논경의 '이런 까닭에 설하지 않는다'는 말을 해석한 내용이다. 하지만 두 가지 해석이 있으니 앞은 본경에 의지하여 설명한 연고로 "끊어지지 않고 도와 이룬다"고 말하였고, 뒤는 논경의 의미에 의지한 연고로 "종자와 과보를 말하지 않는다"고 하였다.

㈡ 대비로 수순하는 관법[大悲隨順觀] (二 約 123上4)

[疏] 二, 約大悲隨順觀이라 破顚倒因中에 以自在天으로 爲衆生因이라 今以無明等으로 爲行等因이오 尙不從於餘支온 豈得從乎自在아
■ ㈡ 대비로 수순하는 관법이다. 뒤바뀐 원인 중에 자재천으로 중생의 원인을 삼은 것을 논파한 부분이다. 지금은 무명 따위로 지어 감 따위의 원인을 삼았고 오히려 나머지 지분도 따르지 않았는데 어찌 자재천을 따르겠는가?

㈢ 온갖 양상과 지혜로 행하는 관법[一切相智觀] (三 約 123上7)

[疏] 三, 約一切相智觀이니 即當第四因緣相觀이라 有支無作故者는 旣由前前하야 令後後不斷하야 助成後後인대 則後後無性이어늘 何有前前이 能作後後리요 即以無作으로 爲緣之相이 是種智境이니라
■ ㈢ 온갖 양상과 지혜로 행하는 관법이니 곧 (d) 인연양상의 관법[因緣相觀][331]에 해당한다. '지분은 있고 지음은 없기 때문'이라 말한 것은 이미 앞과 앞으로 인해 뒤와 뒤가 끊어지지 않게 하여 뒤와 뒤를

---

331) 闕字卷 於中, 27上3에 一切相智觀에 소속된 9종 觀法 중 넷째이다. 이 관법은 ④ 不相捨離門에 소속된다.

도와 이룬다면 뒤와 뒤가 체성이 없는데 어떻게 앞과 앞이 능히 뒤와 뒤를 지을 수 있겠는가? 곧 지음 없음[無作]으로 반연하는 모양을 삼는 것이 일체종지의 경계이다.

[鈔] 三一切相智觀中에 言卽以無作으로 爲緣之相者³³²⁾는 三種緣生中의 無作緣生也라 三種緣生者는 如十藏中이니 謂是事가 有故로 是事有는 是無作緣生이오 是事起故로 是事起는 是無常緣生이오 無明이 緣行은 是勢用緣生이라 今前二觀은 是無常義요 今是無作이라 又無常義는 初門에 已明이오 勢用一門은 徧於前後며 亦廣在初門이니라

● ㈢ 온갖 양상과 지혜로 행하는 관법 중에 '곧 지음 없음으로 반연하는 모양을 삼는다'고 말한 것은 세 가지 연생(緣生) 가운데 지음 없는 연생[① 無作緣生]을 가리킨다. 세 가지 연생이란 십무진장품(十無盡藏品)에서 밝힌 내용과 같다. 이를테면 ① 이 일이 있으므로 이 일이 있음은 지음 없는 연생[無作緣生]이요, ② 이 일이 생기므로 이 일이 생겨남은 항상 없는 연생[無常緣生]이요, ③ 무명이 지어 감을 반연한 것은 세력을 쓰는 연생[勢用緣生]이다. 지금 앞의 두 가지 관법[㈠ 相諦差別觀 ㈡ 大悲隨順觀]은 ② 무상연생(無常緣生)의 이치요, 지금의 관법[㈢ 一切相智觀]은 ① 무작 연생이다. 또 무상연생의 이치는 (a) 유지상속문(有支相續門)에서 이미 밝혔고, ③ 세용연생(勢用緣生)의 하나는 앞과 뒤에 두루 하며 또한 자세한 것은 첫째 문에 설명되어 있다.

제6절 현전지(現前地) 終

---

332) 上十字는 甲本無, 南續金本作下.

大方廣佛華嚴經 제37권
大方廣佛華嚴經疏鈔 제37권의 ③ 珠字卷 上
제26 十地品 ⑬

제6 현전지의 다섯 번째 관법은 삼도부단문이다. 여기서 삼도(三道)는 번뇌의 길, 업의 길, 고통의 길[惑·業·苦道]이다. 무명과 사랑 잡음은 혹이요, 행과 유는 업, 나머지 일곱은 고통이라는 관찰이다.

"불자여, 이 가운데서 무명과 사랑과 취함이 끊어지지 않는 것은 번뇌의 길이요, 행과 유가 끊어지지 않는 것은 업의 길이요, 다른 것이 끊어지지 않는 것은 고통의 길이니라. 앞의 것이라 뒤의 것이라 하는 분별이 멸하면 세 길이 끊어지나니, 이러한 세 길은 <나>와 <내 것>을 여의고, 나고 멸하는 것만이 있는 것이 마치 묶어 세운 갈대와 같으니라. …"

무명이 연이 되어 끊지 못하나	無明爲緣不可斷이어니와
저 연이 없어지면 모두 멸하며	彼緣若盡悉皆滅이라
무명과 사랑, 취함 번뇌가 되고	愚癡愛取煩惱支요
행과 유는 업이요, 다른 건 고통.	行有是業餘皆苦로다

大方廣佛華嚴經疏鈔 제37권의 ③ 珠字卷 上

제26. 십지법문을 설하는 품[十地品] ⑬

(e) 삼도로 끊어지지 않는 문[三道不斷門] 2.

❖ 제6회 십지품 제6 現前地 (科圖 26-66; 珠字卷)

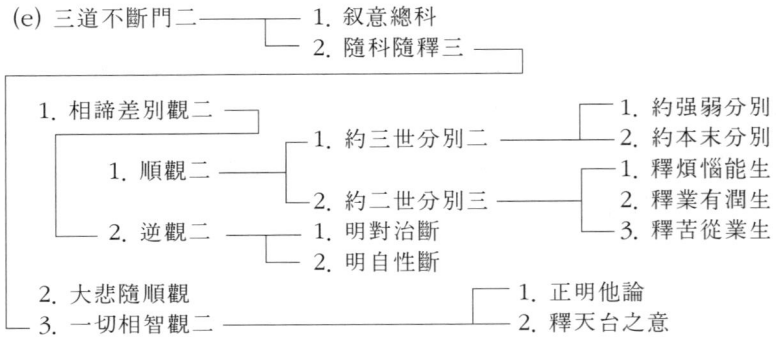

㊀ 의미를 밝히고 총합하여 과목 나누다[敍意總科] (第五 1上6)

佛子여 此中에 無明愛取不斷은 是煩惱道요 行有不斷은 是業道요 餘分不斷은 是苦道라
"불자여, 이 가운데서 무명과 사랑과 취함이 끊어지지 않는 것은 번뇌의 길이요, 행과 유가 끊어지지 않는 것은 업의 길이요, 다른 것이 끊어지지 않는 것은 고통의 길이니라.

[疏] 第五, 三道不斷이라 一, 依論相諦中의 六觀之內에 名攝過觀이니 謂
以三道로 攝十二支에 則顯有支가 但攝於苦의 因果過患이니 業과 惑
은 是因이오 苦는 卽是果라 亦有順逆하니

- (e) 삼도로 끊어지지 않는 문이다. 한결같이 논경의 양상적인 진리로 구분하는 관법 중 여섯 가지 관법으로 구분한 가운데 허물을 포섭한 관법[3. 攝過觀]이라 이름한다. 이를테면 삼도(三道)로 12지분을 포섭할 적에 존재의 지분이 다만 고통의 원인과 결과의 허물과 환난을 포섭한다는 뜻이니, 업과 미혹은 원인이요, 고통은 과보에 해당한다. 여기에도 또한 ㉮ 순관과 ㉯ 역관이 있다.

[鈔] 名攝過觀等者는 卽唯識論에 惑苦相攝門이니라
- '허물을 포섭한 관법' 등으로 이름한 것은 『유식론』에서 미혹과 고통이 서로 포섭하는 문을 뜻한다.

㈁ 과목에 따라 해석하다[隨科隨釋] 3.
① 양상적인 진리로 구분하는 관법[相諦差別觀] 2.
㉮ 순관[順觀] 2.

㉠ 삼세에 의지해 분별하다[約三世分別] 2.
ⓐ 강하고 약함에 의지해 분별하다[約强弱分別] (初順 1上9)

[疏] 初順觀中에 文含二義하니 一, 約三世하면 則過去無明과 現在愛取
을 名爲煩惱라 雖同煩惱나 過去는 迷於本際일새 與無明名이오 現在
는 牽生後果가 由於愛取일새

- ㉮ 순관 중에 경문에 두 가지 이치를 포함하고 있으니 ㉠ 삼세에 의지해 분별하면 과거의 무명과 현재의 애욕과 잡음을 번뇌라 이름한다. 비록 번뇌인 것은 같지만, 과거는 본제에 미혹하므로 무명이란 이름을 주고, 현재는 후생의 과보를 이끌어 내는 것이 애욕과 잡음에서 유래한다.

[鈔] 過去迷於下는 約強弱分別이니 過迷本際는 建立生死力이 強하고 愛取引果強이라

- ⓐ 過去迷於 아래는 강하고 약함에 의지해 분별함이니, '과거는 본제에 미혹한다'는 것은 생사를 건립하는 힘이 강하고, 애욕과 잡음은 후생의 과보를 이끌어 내는 힘이 강하다.

ⓑ 근본과 지말에 의지해 분별하다[約本末分別] (從其 1下4)

[疏] 從其本末하야 隱顯互彰이라 行과 有가 是業者는 宿業을 名行이오 現業을 名有니 雖同是業이나 過去는 已定하니 當相名行이오 未來는 未有하니 業能有之며 功能立稱이라 現在五果와 未來二果가 同皆是苦나 現報는 已定하니 當相受名이오 未來는 未起하니 從過患立이니라

- 그 근본과 지말에서 숨고 나타남을 번갈아 밝힌 부분이다. '지어 감과 존재는 업의 길'이라 한 것은 숙세의 업을 지어 감이라 하고 현재의 업을 존재라 하는 것이다. 비록 업인 것은 같지만 과거는 이미 정해졌으니 모습 그대로 지어 감이라 하고, 미래는 있지 않으므로 업이 능히 있게 하며 공능으로 명칭을 세운 것이다. 현재의 다섯 가지 결과와 미래의 두 가지 결과가 모두 함께 고통이지만 현재의 결과는 이미 정해졌으니 모습 그대로 이름하였고, 미래는 일어나지 않았으니

허물이나 환난에서 이름을 건립하였다.

[鈔] 從其本末下는 二, 本末分別이라 無明은 是本이니 過去說之요 愛取는 是末이니 現在說之라 前則約用이오 此則約體라 此亦俱舍에 以略攝廣中에 云, 三은 煩惱요 二는 業이오 七은 事요 亦名苦라 略果와 及略因을 由中可比二라 釋曰, 上二句는 正以惑業苦로 攝十二요 下二句는 解妨이니 謂有問云호대 一種이 是惑이어늘 何以前際에는 唯一無明이며 中際에는 分成愛取요 一種是苦어늘 何以後際에 唯二며 中具[333] 五耶아 故爲此通이라 後際二는 是略果오 前際一은 是略因이라 由中之五하야 比知後二요 由中之二하야 比前之一이라 若更廣說이라도 便爲無用이라하야 但出略廣하고 不出略之所以어니와 唯識에는 則有니라

ⓑ 從其本末 아래는 근본과 지말에 의지해 분별함이다. 무명은 근본이니 과거에 설하고, 애욕과 잡음은 지말이니 현재에 설하는 것이다. 앞은 작용에 의지해 말하고 이것은 체성에 의지해 분별하였다. 이것은 또 『구사론』에서 간략함으로 자세함을 섭수한 가운데 이르되, "셋은 번뇌이고, 둘은 업이며, 일곱은 사실이고 과보라고도 하는데, 과보를 생략하고 원인을 생략함은 현재에는 그 둘에 견줄 만하기 때문이네"라고 한다. 해석한다면 위의 두 구절은 바로 미혹과 업과 고통으로 12지분을 섭수한 내용이요, 아래 두 구절[略果及略因, 由中可比二]은 비방을 해명한 내용이다. 말하자면 어떤 이가 따져 묻기를 '한 종류는 미혹인데 어째서 과거에는 무명 하나뿐이며 현재에는 애욕과 잡음으로 나누어졌는가?' '한 종류는 고통인데 어째서 미래에는 둘뿐이며 현재에는 다섯을 구비하였는가?' 그러므로 이렇게 회통한 것이다.

---

333) 中具는 甲南續本作具中誤.

미래의 둘은 결과가 생략된 것이요, 과거의 하나는 원인이 생략된 까닭이다. "현재의 다섯으로 인해 미래의 둘을 견주어 알고, 현재의 둘로 인하여 과거의 하나를 견주어 안다. 만일 더욱 자세히 설명하더라도 별로 쓸 데가 없다"고 하여 단지 생략하고 자세함만 내보였고, 생략한 이유는 내보이지 않았는데 『유식론』에는 (그 내용이) 있다.

※ 十二支三道三世互通說 (珠字卷 1下1)

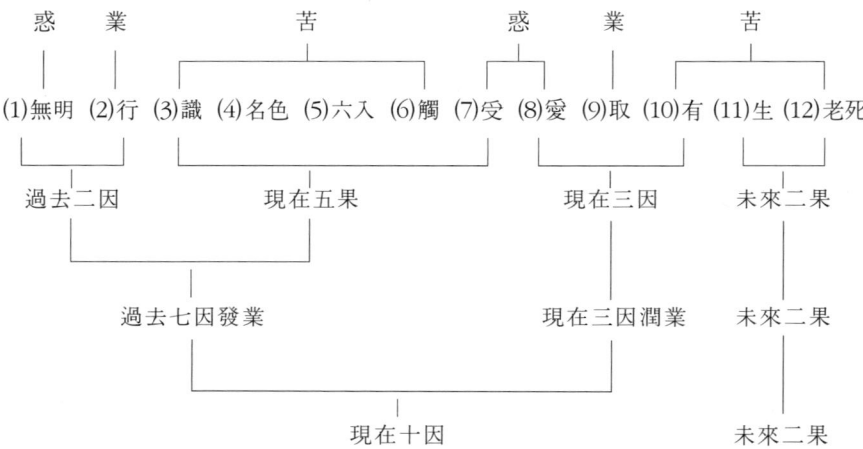

ⓛ 이세(二世)에 의지해 분별하다[約二世分別] 3.
ⓐ 번뇌가 나게 하는 주체라고 해석하다[釋煩惱能生] (若約 1下7)

[疏] 若約二世인댄 前十이 同世라 則煩惱가 有二하니 能發과 能潤이라 雖諸煩惱가 皆能發潤이나 於發業位無明力이 增하고 潤業受生에는 愛取力이 勝이니 覺偏受名이라 以無重334)發일새 唯一無明이오 數數溉灌일새 故分愛取니라

---

334) 重은 原南續金本作熏, 據論及上疏改正.

■ 이세(二世)에 의지해 분별한다면 앞의 열 지분은 같은 일세(一世)이다. 번뇌가 둘이 있으니 일으키는 주체와 업을 성숙시키는 주체이다. 비록 모든 번뇌가 다 업을 일으키고 업을 성숙시키기는 하지만, 업을 일으키는 단계에는 무명의 힘이 증가하고, 업을 성숙시켜서 태어나는 단계에는 애욕과 잡음의 힘이 뛰어나나니 각기 치우쳐 이름한 것이다. 거듭 업을 일으키지는 않으므로 오로지 무명 하나뿐이요, 자주 자주 물을 끌어대므로 애욕과 잡음으로 나누었다.

[鈔] 若約二世下는 是唯識論이니 卽釋能生後에 問答分別이니 故로 彼論中에 前有問言[335]호대 何緣으로 發業에 總立無明하고 潤業位中에 別立愛取요 答曰, 雖諸煩惱가 皆能發潤이나 而發業位에는 無明力이 增하니 以具十一殊勝事故며 謂所緣等이라 廣如經說이니라 於潤業位에는 愛取가 偏增일새 說愛如水하야 能沃潤故라 要數漑灌하야사 方生有芽라 且依初後하야 分二愛取오 無重[336] 發義일새 立一無明이라하니라 釋曰, 上皆論文이니 以論對疏하면 廣略을 可知라 然彼論에 問이 乃有二意하니 一은 問立名不同이오 一種是惑이어늘 前立無明하고 後立愛取等이라 二는 問廣略有異라 故로 問云호대 總立無明하고 別立愛取라 故로 下答中에 具有二門[337]하니 先은 答立名不同호대 約勝劣門하고 後는 要數漑灌下는 答第二問의 發業潤業이 重不重[338]故라 斯則出於廣略所以라

● 若約二世 아래는 『성유식론』의 내용이니 생겨나는 주체를 해석한 뒤에 질문과 대답으로 분별하였다. 그래서 저 논의 앞부분에 어떤 이가

---

335) 인용문은 『成唯識論』 제8권의 내용이다. (대정장 권31 p. 44a19~)
336) 重은 原南續金本作熏, 據論及上疏改正.
337) 門은 南續金本作問誤.
338) 上二重字는 原南續金本作熏, 據論及上疏改正.

묻기를, "무슨 인연으로 업을 일으키는 단계에는 총체적으로 무명만으로 건립하고, 업을 성숙시키는 지위에서는 별도로 애욕과 잡음의 지분을 건립하였는가?" 답한다. "모든 번뇌는 다 업을 일으키고 성숙시키긴 하지만, 업을 일으키는 단계에서는 무명의 세력만이 증성한다. 11가지 뛰어난 일을 갖추기 때문이니, 인식대상의 뛰어남[所緣勝] 등을 말한다. 자세한 것은 경전339)에서 말씀한 것과 같다. 업을 성숙시키는 단계에서는 애욕의 세력만이 치우쳐 증성한다. 애욕이 물처럼 능히 기름지고 윤기나게 하는 것과 같다고 말하기 때문이다. 반드시 여러 번 물을 끌어대야만 바야흐로 〈존재〉라는 싹을 일으킨다. 또 처음과 나중340)에 의거해서 애욕과 잡음의 두 가지로 나눈다. 거듭해서 일으키는 뜻이 없으므로 무명 하나만 건립한다." 해석한다면 위는 모두 『성유식론』의 문장이니, 논문으로 소와 대조하면 자세하고 생략됨을 알 수 있다. 그런데 저 논서에서 묻기를 "여기에 두 가지 의미가 있으니 (1) 세운 이름이 같지 않고 한 종류로 미혹인데 앞에서는 무명을 세웠고, 뒤에서는 애욕과 잡음을 함께 세움에 대해 물었다. (2) 자세하고 생략함에 다름이 있음을 물었다." 그래서 '총상으로 무명을 세웠고 별상으로 애욕과 잡음을 세운 것'에 대해 물었다. 그러므로 아래 대답한 중에 두 문을 갖추었으니 (1) 세운 이름이 같지 않음에 대해 대답하기를 "뛰어나고 하열한 문에 의지한다" 하였고 (2) 要數溉灌 아래는 업을 일으키고 업을 성숙시킴이 중복되고 중복되지 않음으로 답하였다. 이것은 자세하고 생략된 이유를 내보인 것이다.

---

339) 『연기경』 上권(고려장 권10, p.774下; 대정장 권16, p.837 c-).
340) 애욕[愛]의 처음과 나중을 말한다. 애욕이 증성한 것을 잡음[取]이라고 이름하기 때문에, 처음을 애욕이라고 이름하고 나중을 잡음이라고 이름한다.

言十一殊勝事者는 緣起經에 說[341]하사대 一, 所緣殊勝이니 徧緣染淨故요 二, 行相殊勝이니 隱眞顯妄故요 三, 因緣殊勝이니 惑業의 生本故요 四, 等起殊勝이니 等能發起能引所引과 能生所生인 緣起法故요 五, 轉異殊勝이니 隨眠과 纏縛과 相應과 不共인 四轉異故요 六, 邪行殊勝이니 依諦하야 起增益과 損減行故요 七, 相狀殊勝이니 微細自相이 徧愛非愛하야 共相轉故요 八, 作業殊勝이니 作流轉所依事하고 作寂止能障事故요 九, 障礙殊勝이니 障礙殊勝法故요 十, 隨轉殊勝이니 乃至有頂이라도 猶有[342]轉故요 十一, 對治殊勝이니 二種 妙智의 所對治故니 故로 不說餘코도 亦名發業支라하니라 言且依初後者는 謂愛는 初며 取[343]는 後니 分愛取二는 以愛로 爲初며 取爲後故라 其實은 有多現行潤也니라

- '11가지 뛰어난 일'이라 말한 것은 『연기경(緣起經)』에 설하되 "① 반연할 대상이 뛰어남이니 잡염과 청정을 두루 반연하는 까닭이요, ② 행법의 양상이 뛰어남이니 진심은 숨기고 망심을 드러냈기 때문이요, ③ 인연이 뛰어남이니 미혹과 업이 생기는 근본인 까닭이요, ④ 평등하게 일어남이 뛰어남이니 이끄는 주체와 대상과 생기게 하는 주체와 대상[能引緣・所引緣・能生緣・所生緣]을 평등하게 일어나게 하는 연기법이기 때문이요, ⑤ 전이(轉異)가 뛰어남이니 수면과 계박[纏縛]과 상응심과 함께하지 않는[隨眠・纏縛・相應・不共] 등의 네 가지 전이인 까닭이요, ⑥ 삿된 행법이 뛰어남이니 성제에 의지하여 증익과 손감의 행법을 일으키기 때문이요, ⑦ 모양이 뛰어남이니 미세한 자상이 좋아하는 것과 좋아하지 않는 것에 두루 해서 같은 모양으로 구르는

---

341) 인용문은 『分別緣起初勝法門經』 上권의 내용이다. (대정장 권16 p.837c14-)
342) 有는 南金作如, 論作隨.
343) 初取는 南續金本作取初.

까닭이요, ⑧ 작업이 뛰어남이니 유전이 의지하는 일을 짓고 고요히 머무는 것이 장애하는 주체의 일을 짓기 때문이요, ⑨ 장애가 뛰어남이니 뛰어난 법[廣法: 無爲眞如]을 장애하는 까닭이요, ⑩ 따라 구름이 뛰어남이니 유정천(有頂天)에 이르기까지 아직도 유전함이 있기 때문이요, ⑪ 다스림이 뛰어남이니 두 가지 미묘한 지혜로 다스릴 대상인 까닭이다. 그러므로 나머지를 말하지 않아도 또한 업을 일으키는 지분이라 이름한다"고 말하였다. '또 처음과 나중에 의거해서'라 말한 것은 이를테면 애욕은 처음이고 잡음은 나중이니, 애욕과 잡음의 둘로 나눈 것은 애욕으로 처음을 삼고 잡음으로 뒤를 삼은 까닭이다. 실제로는 현행이 성숙함이 많은 까닭이다.

ⓑ 업은 존재를 성숙시켜 나게 한다[釋業有潤生] (業亦 3下3)

[疏] 業亦有二하니 未潤과 已潤이라 未潤을 名行이니 初造作故오 已潤을 名有니 近生當有故라 若總取識等種爲所潤인댄 則亦苦攝이라 故로 唯識에 云, 有支一分은 是業所攝이라 就苦七中하야 五約種說이오 二約現行이니 種位는 難知일새 依當果位하야 別顯爲五요 果位는 易了일새 故唯立二라하니 並如前說하니라

■ 업에도 둘이 있으니 성숙하기 전과 성숙한 뒤이다. 업이 성숙하기 전을 지어 감이라 하나니 처음으로 짓기 때문이요, 업이 성숙한 뒤를 〈존재〉라고 하나니 〈나기〉에 가까운 〈존재〉에 해당하기 때문이다. 만일 총합적으로 의식 따위의 다섯 가지가 성숙할 대상이 됨을 취한다면 또한 고통에 섭속된다. 그러므로『성유식론』에서는, "존재의 일부분은 업에 섭속된다. 일곱 가지 고통에 입각하여 다섯은 종자

에 의지하여 말하였고, 둘은 현행에 의지하여 말하였다. 종자의 단계는 알기 어려우므로 그 과보의 단계에 의지하여 별도로 다섯을 밝혔고, 과보의 단계는 알기 쉬우므로 오직 두 가지만 세웠다"고 하였으니 모두 앞에서 설명한 내용과 같다.

[鈔] 業亦有二者는 亦唯識論이니 如初章說이니라
- '업에도 둘이 있다'고 말한 것은 『유식론』의 내용이니 첫째 가름에서 설명한 내용과 같다.

ⓒ 고통은 업에서 생긴다[釋苦從業生] (三道 3下9)

[疏] 三道에 皆言不斷者는 謂從三煩惱하야 生於二業이오 從彼二業하야 復生七苦오 七復生三이니 故如輪轉이라 如淨意菩薩十二因緣論에 廣明하니라
- 三道(道)에 모두 '끊어지지 않는다'고 말한 것은 이를테면 세 가지 번뇌[無明, 愛, 取]로부터 두 가지 업[行, 有]이 생기고, 저 두 가지 업에서 다시 일곱 가지 고통[識, 名色, 六入, 觸, 受, 生, 老死]이 생기고, 일곱 가지 고통은 다시 세 가지 번뇌[無明, 愛, 取]를 생기게 하므로 바퀴가 도는 것과 같다. 정의(淨意)보살이 지은 『십이인연론(十二因緣論)』344)에 자세히 밝힌 내용과 같다.

[鈔] 三道皆言下는 亦是釋於始終之難하야 顯無始終이니 先은 正釋이오 後는 引證이라 前中에 從三煩惱生於二業者는 從一無明하야 生一行

---

344) 『十二因緣論』은 전 1권으로 인도의 고승 정의(淨意)보살이 짓고, 後魏의 菩提流支가 한역한 논서이다.

業하며 從愛取二하야 生一有業라 二業生七苦者는 從一行業하야 生識等五요 從一有業하야 生生과 老死故라 七復生三者는 識等五苦가 生愛取二요 生死二苦가 生無明故라 上云[345]不了知故로 生死流轉이니라

如淨意菩薩者는 彼論[346]이 與此로 相應하니 偈에 云,[347] 煩惱는 初와 八과 九요 業은 二와 及與十이오 餘七은 說爲苦니 三攝十二法이라 從三故로 生二하고 從二故로 生七하며 從七復生三이니 是故로 如輪轉이니라 一切世間法이 唯因果無人이니 但從諸法空하야 還生於空法이라하니라

- 三道皆言 아래는 또한 처음과 끝의 어려움을 해석하여 처음과 끝을 밝혔다. Ⓐ 바로 해석함이요, Ⓑ 인용하여 증명함이다. Ⓐ 중에 '세 가지 번뇌로부터 두 가지 업이 생긴다'고 말한 것은 무명 하나로부터 지어 감의 한 가지 업이 생겨나고, 애욕과 잡음의 둘에서 〈존재〉라는 한 가지 업이 생겨난다. '두 가지 업에서 다시 일곱 가지 고통이 생긴다'는 것은 지어 감이란 한 가지 업에서 의식 따위의 다섯 가지가 생겨나고, 존재라는 한 가지 업에서 〈나기〉와 늙어 죽음이 생기기 때문이다. '일곱에서 다시 셋이 생긴다'는 것은 의식 따위의 다섯 가지 고통에서 애욕과 잡음의 둘이 생겨나고, 나고 죽는 두 가지 고통에서 무명이 생겨나는 까닭으로 위에서 이르기를, "요달해 알지 못하는 까닭에 나고 죽음에 유전한다"고 한 것이다.

---

345) 遺忘記에 云, "上云者는 上闕字卷末(112下2) 老死支經에 云, 不覺知故로 相續不絶이라하니 今에 義引也니 唯因果요 無人者는 唯因果之法이 無主宰之人也라 故로 次云 但從諸法空云云이라"고 하였다.(『三家本私記』遺忘記 p.304-)

346) 論下에 甲南續金本有偈字.

347) 인용문은 『十二因緣論』의 게송이다. 論云, 《煩惱初八九 業二及以十 餘七說爲苦 三攝十二法 / 從三故生二 從二故生七 從七復生三 是故如輪轉 / 一切世間法 唯因果無人 但從諸空法 唯生於空法》(대정장 권32 p.480c22-)

'정의보살의 십이인연론과 같다'는 것은 저 논서가 이것과 상응하나니 게송에 이르되, "첫째와 여덟째, 아홉째 지분은 번뇌에 해당하고, 둘째와 열째 지분은 업에 해당되며, 나머지 일곱 지분은 고통에 속하나니 이 세 가지가 12인연법을 포섭한다. / 번뇌의 세 지분에서 업의 두 지분이 생기고, 업의 두 지분에서 고통의 일곱 지분이 생기며, 고통의 일곱 지분에서 다시 번뇌의 세 지분이 생기나니 마치 수레바퀴가 도는 것과 같다. / 일체의 세간법은 오직 인과일 뿐 작자(作者)는 따로 없으며 다만 모든 〈공〉한 법을 따르나니 오로지 〈공〉한 법에서 생겨난다"고 하였다.

若準俱舍인대 亦爲通難이니 故로 論에 問云[348]호대 若緣起支가 唯十二者인대 不說老死果요 生死가 應有終이오 不說無明因이면 生死가 應有始리라 或應更立餘緣起支인대 餘復有餘하야 成無窮矣로다 答云호대 不應更立이라 然이나 無前過니 此中에 世尊이 由義已顯이라 云何已顯고 頌에 曰, 從惑하야 生惑과 業하고 從業하야 生於事하며 從事하야 事惑生이니 有支가 理唯此라하니라 釋曰, 初句는 有二하니 一, 從惑生惑[349]은 謂從愛하야 生取요 二, 從惑生業者는 謂取가 生有며 無明이 生行이라 次句는 有一義하니 謂從行하야 生識하고 及從有하야 生生이 皆從業生事라 第三句는 有二義하니 一은 從事하야 生事니 謂識生名色하며 乃至觸生受와 及生生老死라 二는 從事生惑은 謂受生愛니 義亦應有老死가 生無明이라 上一事字는 卽是能生이오 下事惑字는 卽二所生이라 從과 生인 二字는 兩徧用之라 第四句는 結釋酬難이니 謂諸有支가 唯此十二가 道理足矣니라 上所引論은 文則小

---

348) 인용문은『俱舍論』제9권 分別世品 제3의 ②의 내용이다. (대정장 권29 p. 49b1-)
349) 惑下에 南續金本有者字.

異나 義意大同이니라

● 만일 『구사론』에 준한 것은 또한 힐난을 해명함이 된다. 『구사론』에서 묻되, "만일 연기의 지분이 열둘뿐이면 늙어 죽음의 결과를 말하지 않았으리니 나고 죽음이 응당 끝일 것이요, 무명의 원인을 말하지 않았으리니 나고 죽음이 응당 시작일 것이며, 혹은 응당 나머지 연기의 지분을 다시 세운다면 딴 것에 또 딴 것이 있어서 끝없는 허물이 생기겠구료." 답하기를, "응당 다시 세우지 않아야 한다. 그렇더라도 앞에서 말한 허물은 없나니 이에 대해서는 세존께서 그 뜻을 이미 밝히셨기 때문이다. 어떻게 이미 밝히셨는가? 다음의 게송으로 말하리라. '미혹으로 인해 미혹과 업이 생기고, 업으로 인해 고통[事]이 생기며, 고통에서 고통과 미혹이 생기나니, 존재의 지분의 이치는 오직 그러할 뿐이네'"라고 하였다. 해석한다면 첫 구절은 둘이 있으니 ① '미혹으로 인해 미혹이 생긴다'는 것은 애욕에서 잡음이 생겨난다는 뜻이요, ② '미혹으로 인해 업이 생긴다'는 것은 잡음이 존재를 낳고 무명이 지어 감을 낳는다는 뜻이다. 다음 구절은 한 가지 이치이니, 말하자면 지어 감에서 의식이 생겨나고 존재에서 〈나기〉가 생겨나는 것이 모두 업에서 고통이 생겨난 것이다. 셋째 구절은 두 가지 이치이니 ① '고통에서 고통이 생겨난다'는 뜻이니 말하자면 의식이 이름과 물질을 낳으며 나아가 닿음이 느낌을 낳고 나기가 늙어 죽음을 낳는다는 뜻이다. ② '고통에서 미혹이 생겨난다'는 뜻이니 말하자면 느낌이 애욕을 낳는다는 뜻이다. 이치로도 응당히 늙어 죽음이 무명을 낳음이 된다. 위의 사 자(事字) 하나는 바로 생기게 하는 주체이고, 아래의 사혹(事惑)이란 두 글자는 생겨날 대상이다. 종(從)과 생(生)의 두 글자는 두 번 쓰인다. 넷째 구절은 결론적으로 힐난에 대한 대답

으로 해석함이다. 말하자면 모든 지분이 오직 이 열둘만으로 도리가 충분하다는 뜻이다. 위에서 인용한 논문은 문장은 조금 다르지만 이치와 의미는 대략 같다.

㉮ 역관[逆觀] 2.
㉠ 다스려 끊음을 밝히다[明對治斷] (後前 5上7)
㉡ 자성으로 끊음을 밝히다[明自性斷] (後如)

前後際分別이 滅하면 三道斷이니 如是三道가 離我我所하여 但有生滅이 猶如束蘆니라
앞의 것이라 뒤의 것이라 하는 분별이 멸하면 세 길이 끊어지나니, 이러한 세 길은 <나>와 <내 것>을 여의고, 나고 멸하는 것만이 있는 것이 마치 묶어 세운 갈대와 같으니라."

[疏] 後는 前後際下는 逆觀이라 分二니 初, 明對治斷이니 謂斷前際無明行과 及後際愛取有에 則七苦가 不生이라 後, 如是三道下는 明自性斷이라 故로 淨意가 云, 一切世間法이 唯因果無人이니 但從諸法空하야 還生於空法하니 是則生滅因果가 如二束蘆하야 互相依立하고 不能獨成이니 則知無性이며 二我가 俱空이로다

■ ㉮ 前後際 아래는 역관이다. 둘로 나누었으니 ㉠ 다스려 끊음을 밝힘이다. 말하자면 과거의 무명과 지어 감과 미래의 애욕과 잡음과 존재를 끊으면 일곱 가지 고통이 나지 못한다. ㉡ 如是三道 아래는 자성으로 끊음을 밝힘이다. 그러므로 정의보살이 이르되, "일체의 세간법은 오직 인과일 뿐 작자(作者)는 따로 없으며 다만 모든 <공>한

법을 따르나니 오로지 〈공〉한 법에서 생겨난다"고 하였다. 이렇다면 나고 없어지는 원인과 결과가 마치 두 다발의 갈대 묶음과 같아서 번갈아 서로 의지해 세워질지언정 홀로 성립할 수는 없으니, 자성이 없음을 아는 것이며 두 가지의 〈내〉[我 我所]가 모두 〈공〉함을 안다는 뜻이다.

[鈔] 如二束蘆者는 謂因果互依니 初門에 已有라 但約識與名色이 互依나 今通十二因緣이라 然要云束蘆者는 又取中空이니 十二因緣이 相有를 名生이오 虛無를 名滅이니 生滅假集이 亦如束蘆니라
- '두 다발의 갈대 묶음과 같다'는 것은 원인과 결과가 서로 의지함을 뜻한 것이니 (a) 유지상속문(有支相續門)에 있었던 내용이다. (앞은) 단지 의식과 이름과 물질이 서로 의지함에만 입각하였지만 지금은 12인연에 모두 통한다. 그러나 꼭 갈대 묶음이라 말한 것은 또 중도의 〈공〉을 취한 만큼 12인연이 서로 존재함을 '난다'고 하고, 비어서 없는 것을 '없어짐'이라 한다. 나고 죽음이 가정적으로 모인 것이 또한 갈대 묶음과 같다는 이치이다.

② 대비로 수순하는 관법[大悲隨順觀] (二約 5下6)

[疏] 二, 約大悲觀中에 卽當破異道求中의 苦行因計니 謂以業惑으로 而爲苦因하니 欲求脫苦인대 當斷業惑이어늘 反修苦行하니 是起妄業이라 計苦行心이 卽是煩惱라 如是妄想이어니 寧是解脫樂因이리오
- ② 대비로 수순하는 관법 중에 곧 ㉑ 다른 외도에서 해탈을 구함[觀異道求解脫] 중에 고행을 계탁하는 원인을 타파한 것이다. 말하자면

업과 미혹으로 고통의 원인을 삼았으니 고통에서 해탈을 구하려 한다면 마땅히 업과 미혹을 끊어야 할 텐데 반대로 고행을 닦으려 하니 망녕된 업을 일으키는 것이다. 고행을 계탁하는 마음이 바로 번뇌이다. 이렇게 망녕되게 생각하는데 어찌 해탈의 즐거움의 원인이 되겠는가?

[鈔] 計苦行心者는 正是邪見이며 亦見과 戒取며 亦是愚癡라 上業과 此惑이 皆集諦故로 故是苦因이오 非解脫因이라 此亦卽是宿作因外道니 並如前說이니라

● '고행을 계탁하는 마음'이란 바로 삿된 소견이며 또한 신견과 계금취견이며 어리석음이기도 하다. 위의 업과 여기의 미혹이 모두 집성제인 연고로 고통의 원인인 것이며 해탈의 원인은 아니다. 이것도 역시 숙세에 지은 외도가 원인이니 모두 앞의 설명과 같다.

③ 온갖 양상과 지혜로 행하는 관법[一切相智觀] 2.
㉮ 바로 다른 논서를 밝히다[正明他論] (三一 6上2)
㉯ 천태대사의 주장을 해석하다[釋天台之意] (又體)

[疏] 三, 一切相智觀中에 卽第五入諦觀이니 三道는 苦集諦故요 謂業惑은 皆集故니 瑜伽에 云, 生老死現法이 爲苦요 識等五가 當來에 爲苦者는 五를 約種說故라하니라 唯識에 云, 十二가 皆苦諦攝은 取蘊性故요 五亦集諦니 業煩惱性故라하니 此則業惑이 通於二諦라 約其逆觀에 卽滅道諦니 滅分別心이 亦卽道故니라 又體三道가 卽性淨三德이니 涅槃佛性이 一實諦故니라

■ ③ 온갖 양상과 지혜로 행하는 관법 중에 (5) 진리에 들어가는 관법이니 삼도(三道)는 집성제인 까닭이다.『유가사지론』에 이르되 "<나기>와 늙어 죽음인 현재의 법이 고통이 되고 의식 따위의 다섯 가지가 미래에 고통이 된다는 것은 다섯을 종자에 의지하여 설한 까닭이다"라고 하였다.『성유식론』에 이르되, "12지분이 모두 고성제에 포함되나니, 잡음의 쌓음[取蘊]의 성품이기 때문이다. 다섯 가지는 역시 집성제에 포섭되나니, 업과 번뇌의 성품이기 때문이다."350)라고 하였다. 이것은 업과 미혹이 두 가지 성제에 통한다는 뜻이다. 역관에 의지하면 멸성제와 도성제이니 분별이 없어진 마음이 또한 도성제인 까닭이다.

또 삼도(三道)를 체득하는 것은 본성이 청정한 세 가지 덕이니 열반과 불성이 하나의 참된 진리인 까닭이다.

[鈔] 三은 一切相智觀中에 卽第五入諦觀者는 疏有二釋하니 前은 正論意요 二, 又體三道下는 卽天台意니 下都結中에 當更分別하나라

● ③ '온갖 양상과 지혜로 행하는 관법 중에 (5) 진리에 들어가는 관법'이라 말한 것은 소가가 두 가지로 해석하였으니 ㉠ 앞은 논경의 주장이다. ㉡ 又體三道 아래는 천태(天台)대사의 주장이니 아래 전체적인 결론에 가서 다시 분별하겠다.

(f) 삼제로 윤회하는 문[三際輪廻門] 3.

---

350) '다섯 가지가 集성제에 포섭된다'는 것은, 지어 감과 존재는 업의 속성이고, 무명·애욕·잡음은 번뇌의 성품이기 때문임을 밝힌다.

❖ 제6회 십지품 제6 現前地 (科圖 26-67; 珠字卷)

```
(f) 三際輪廻門三┐
   │
   ├ 1. 相諦差別觀三 ─────────────┐
   │    ├ 1. 標觀名              ┌ 1. 依唯識論
   │    ├ 2. 釋三際三 ───────────┼ 2. 智論俱舍
   │    └ 3. 正釋文二 ┬ 1. 分科   └ 3. 依當經釋
   │                  └ 2. 隨釋二
   │       ┌ 1. 順二 ┐
   │       │        ├ 1. 明一往三世
   │       │        └ 2. 明流轉三世二 ┬ 1. 明流轉意      ┌ 1. 過
   │       │                          └ 2. 明護過二 ────┴ 2. 護四 ┐
   │       │                                                      ├ 1. 結前徵後
   │       │                                                      ├ 2. 總標護義
   │       │                                                      ├ 3. 出其所以
   │       │                                                      └ 4. 正明護過
   │       └ 2. 逆二 ┬ 1. 釋經
   │                 └ 2. 結示
   ├ 2. 大悲隨順觀
   └ 3. 一切相智觀
```

㊀ 양상적인 진리로 구분하는 관법[相諦差別觀] 3.
① 관법의 명칭을 표방하다[標觀名] (第六 6下3)

復次無明緣行者는 是觀過去요 識乃至受는 是觀現在요 愛乃至有는 是觀未來라 於是以後에 展轉相續하나니
"또 무명은 행의 연이 된다 함은 과거를 관함이요, 식과 내지 받아들임은 현재를 관함이요, 사랑과 내지 유는 미래를 관함이니, 이 뒤부터 차츰차츰 서로 계속하느니라.

[疏] 第六, 三際輪廻니 初, 約相諦라 名護過觀이니 謂說三際하야 護三過 故니라
- (f) 삼제(三際)로 윤회하는 문은 ㊀ 양상적인 진리로 구분하는 관법이다. '(4) 허물을 막는 관법'이라 이름하나니, 말하자면 삼제(三際)를 말하여 세 가지 허물을 막는 까닭이다.

② 삼제에 대한 해석[釋三際] 3.
㉮ 유식론에 의지한 해석[依唯識論] (三際 6下4)

[疏] 三際가 不同하나니 諸敎에 三說하니 一, 依唯識[351]인대 合能所引하야 開能所生하니 故로 前十은 現在요 後二는 未來라 十因과 二果가 定不同世하니 因中에 前七이 與愛等三으로 或同或異니 謂生報는 定同이오 後報는 便異라 若二三七인대 各定同世니 如是一重因果에 足顯輪轉과 及離斷常이라하니라 此則但以二世로 具十二支일새 不許三世의 兩重因果라 若爾인대 云何三際오 今之二果가 乃是前際十因之果니라
- 三際(際)가 같지 않나니 여러 교법에 세 가지로 설한다. ㉮『유식론』에 의지한다면 능인지(能引支)와 소인지(所引支)를 합하여 능생지(能生支)와 소생지(所生支)로 전개하였으니, 그러므로 앞의 열 지분은 현재요, 뒤의 둘[生 老死]은 미래이다. "이 12지분에 대해서 열 가지 원인과 두 가지 결과[生, 老死]는 반드시 같은 세상이 아니다. 열 가지 원인 중 앞의 일곱 가지 원인과 애욕·잡음·존재는 혹은 다르기도 하고 혹

---

351) 인용문은『成唯識論』제8권의 내용이다. 論云, "此十二支. 十因·二果定不同世. 因中前七·與愛·取·有. 或異·或同. 若二·三·七各定同世. 如是十二一重因果. 足顯輪轉及離斷·常. 施設兩重實爲無用. 或應過此. 便致無窮."(대정장 권31 p. 44b2-)

은 같기도 하다." 말하자면 순생보(順生報)는 결정코 같고, 순후보(順後報)는 다르기도 하다. "두 가지[352]와 세 가지[353]와 일곱 가지[354]는 각기 반드시 같은 세상이다. 이와 같은 12지분의 한 겹의 인과[一重因果][355]로써 윤회를 나타내며, 단멸과 상주불변의 두 극단을 떠나는 데 충분하다." 이렇다면 단지 이세(二世)만으로 12지분을 갖추게 되므로 삼세의 양중인과[三世兩重因果]는 용납되지 않는다. 만일 그렇다면 어째서 삼제(三際)라 하였는가? 지금의 두 가지 결과가 과거 열 가지 원인의 결과인 것이다.

[鈔] 三際不同下는 二, 釋三際라 唯識이 分四하니 一, 敍意니 合能所引者는 初二는 能引이오 次五는 所引이니 要一世故라 十因下는 正立이니 直至及離斷常이 皆是論文이오 其生報定同後報便異는 是義釋耳니라 三, 此則下는 結成論意니 故로 彼論에 次云호대 施設兩重이 實爲無用이니 或應過此하면 便致無窮이라하니라 釋曰, 言無窮者는 若愚前際에 說過二因이어든 更有愚於前前際者하면 二因이 猶少일새 應更說多[356]요 若謂愚於後際라하야 說二果者어든 亦有愚於後後際者하면 二果도 猶少일새 應更說多니라 四, 若爾下는 會通彼論하야 成三際義니라

● ② 三際不同 아래는 삼제에 대한 해석이다. ㉮ 『유식론』에서 넷으로 나누었으니 ㉠ 의미를 밝힘이니 '능인지와 소인지를 합한다'는 것은 처음의 둘은 이끄는 주체요, 다음의 다섯은 이끌 대상이니 반드시 같

---

352) 나기[生]와 늙고 죽음[老死]의 지분이다.
353) 애욕[愛]·잡음[取]·존재[有]의 지분을 말한다.
354) 10因 중 앞부분의 일곱 가지 원인을 가리킨다.
355) 대승에서는 위에서 말한 것처럼 二世一重의 인과를 건립한다.
356) 說多는 甲南續金本作多說.

은 세상이어야 한다. ⓒ 十因 아래는 바로 건립함이니 十因에서 離斷常까지는 모두 논문이요, 그 '순생보는 결정코 같고, 순후보는 다르기도 하다'고 말한 것은 의미로 해석한 내용이다. ⓒ 此則 아래는 논의 의미를 결론함이다. 그래서 저 논에서 다음에 이르되, "두 겹의 인과[兩重因果]를 시설하는 것357)은 참으로 쓸데가 없다. 혹은 이것에서 더 지나간다고 하더라도 문득 끝없이 소급하는 과실에 도달하게 된다"라고 하였다. 해석한다면 '끝없이 소급한다'고 말한 것은 만일 어리석게도 과거의 두 가지 원인보다 많이 말하는데 다시 과거의 앞에 어리석은 이가 있다면 두 가지 원인이 오히려 적을 것이므로 응당히 더 많이 말해야 할 것이고, 만일 미래에 어리석어서 두 가지 결과를 말한 것인데 또한 미래의 미래에 어리석은 이가 있다면 두 가지 결과도 오히려 적을 것이므로 응당히 더 많이 말해야 할 것이다. ⓔ 若爾 아래는 저 논을 회통하여 삼제(三際)의 뜻을 이룬 내용이다.

㉯ 지도론과 구사론에 의지한 해석[智論俱舍] (二 依 7上9)

[疏] 二, 依智論과 俱舍하야 生과 引을 俱開니 初二는 過去요 次八은 現在요 後二는 未來일새 故成 三世라 現八之中에 前五는 是果니 酬於過去요 後三은 是因이니 復招未來라 則二重因果에 各具三道니 可得抗行이니라

- ㉯ 『지도론』과 『구사론』에 의지하여 생김과 이끄는 것을 함께 전개하였으니 처음의 둘은 과거이고, 다음의 여덟은 현재이고, 뒤의 둘은 미래이므로 삼세를 이룬 것이다. 현재의 여덟 가지 중에 앞의 다섯은

---

357) 소승에서는 三世兩重因果를 건립한다.

결과이니 과거에 대한 과보이고, 뒤의 셋은 원인이니 다시 미래를 초래한다. 다시 말하면 두 겹의 인과에 각기 삼도(三道)를 갖추었으니 숭고하게 유행시켜야 한다.

[鈔] 二依智論下는 卽第二釋이라 言生引俱開者는 然이나 俱舍中에 不說生引이나 今約大乘하고 又對唯識의 合能所引일새 故云俱開라 是故로 結云三道抗行이니 謂無明과 行이 卽是能生이오 非要愛等이 潤竟하야 方能이니라

• ㈎ 依智論 아래는 둘째 해석이다. '생김과 이끄는 것을 함께 전개한다'고 말한 것은 그러나 『구사론』에는 생김과 이끄는 것에 대해 말하지 않았지만 지금은 대승법에 의지하였고, 또 『성유식론』의 능인지와 소인지를 합함에 상대한 까닭에 '함께 전개한다'고 말하였다. 이런 까닭에 결론적으로 '삼도를 숭고하게 유행할 만하다'라고 하였다. 말하자면 무명과 지어 감이 생기는 주체가 되는 것이지, 반드시 애욕 따위가 업을 성숙시킴이 끝나야만 비로소 생기는 것은 아니다.

㈑ 본경에 의지한 해석[依當經釋] (三依 7下6)

[疏] 三, 依此經意하야 明三世故로 開能所引하야 爲前中際하니 爲遮前七이 定同世故며 復示無明迷本際故라 二屬過去며 合能所生하야 總爲後際는 爲遮愛等이 但是潤故며 示因招果하야 令厭因故로 以因從果하야 五屬未來라 則能所引生과 及所發潤에 皆容互有라 經無生死者는 同許爲果일새 略不明之요 論經에는 具也라 明文이 昭然이어늘 何爲唯取二世하고 不受三耶아

■ ㉔ 본경의 의미에 의지하여 삼세(三世)를 밝힌 연고로 능인지와 소인지로 전개하여 과거와 현재로 삼았다. 앞의 일곱 지분이 반드시 같은 세상임을 막은 까닭이며, 다시 무명이 본제를 미혹함을 보인 까닭이다. 둘은 과거에 속하며 능생지(能生支)와 소생지(所生支)를 합하여 총합적으로 미래를 삼은 것은 애욕 따위가 단지 성숙하는 것만은 막기 위한 것이며, 원인이 결과를 초래함을 보여서 싫어하는 원인이 되게 한 까닭에 결과에서 나옴으로 인하여 다섯은 미래에 속한다. 이끌고 생김의 주체와 대상과 일으키고 성숙시킬 대상에 모두 서로 존재함을 허용하였다. 본경에 나고 죽음이 없는 것은 함께 과보임을 허용하였으므로 생략하고 밝히지 않았고, 논경에는 구비하였다. 분명한 경문이 뚜렷한데 어째서 오직 이세(二世)만 취하고 삼세(三世)를 받아들이지 않는가?

[鈔] 三依此經者는 此358)第三釋이니 卽是大乘의 有三世義라 唯識에 判三爲小乘者는 特違至敎라 言爲遮前七定同世者는 卽上唯識이라 言爲遮愛等이 但是潤故者는 所遮는 亦是唯識論意니 今明愛等이 同無明行하야 具發潤等이니라
示因招果者는 正說以因從果니 所以示果過患이 由愛等因하야 應厭因故라 亦通妨難이니 謂有問言호대 前之二世에 當世以明인대 何得未來에 以因從果요 答意는 可知니라
則能所引生下는 結示本義니 謂能引之二에 許有能生인대 能生愛等中359)에 必有能引이오 所引之五가 通其所生이라 而言容有者는 以大乘中에 雖說三世나 而於五果가 通種及現이라 約爲種邊하야 但爲

---

358) 此는 南續金本作卽.

所引이오 約現行邊에 卽是所生이오 未潤之二는 但名能引이오 已潤之二는 卽名能生이오 發業愛等은 但名能引이오 已潤愛等은 卽名能生이니 故皆容互有니라 明文昭然者는 結彈唯識이니 非不許其立二世義나 取二非三일새 故爲非耳니라

- ㉰ '본경의 의미에 의지하여'는 셋째 해석이니 곧 대승에 삼세의 뜻이 있다는 뜻이다. 『유식론』에서 삼세(三世)를 소승(小乘)이라 판단한 것은 특히 지극한 교법에 위배된다. '앞의 일곱 지분이 반드시 같은 세상임을 막기 위함이다'라고 말한 것은 위의 『유식론』의 주장이다. '애욕 따위가 단지 업을 성숙시키는 것만 막기 위함이다'라고 말한 것은 막을 대상은 역시 유식론의 주장이니, 지금은 애욕 따위가 무명과 지어 감과 함께 업을 일으키고 성숙시킴을 갖춘다는 등이다.

'원인이 결과를 초래함을 보인다'는 것은 바로 원인이 결과에서 나온 까닭을 말한 부분이다. 결과의 허물과 환난을 보인 이유가 애욕 따위의 원인으로 인해 응당 싫어하는 원인이 되기 때문이며, 또한 비방과 힐난을 해명한 내용이다. 말하자면 어떤 이가 묻기를 "앞의 이세(二世)에서 현세(現世)에 맞추어 밝혔는데 어째서 미래에 원인이 결과에서 나오게 되겠는가?" 대답한 의미는 알 수 있으리라.

則能所引生 아래는 본경의 의미를 결론하여 보임이다. 말하자면 능인지가 둘인데 능생지를 허용한다면 능생지인 애욕 따위에 반드시 능인지가 있으며 소인지(所引支)가 다섯인데 소생지(所生支)와 통한다는 뜻이다. 그러나 '존재함을 허용한다'고 말한 것은 대승법에서 비록 삼세(三世)를 말하였지만 그러나 다섯 가지 결과가 종자와 현행에 통한다. 종자가 되는 쪽에 의지하여 단지 소생지로만 삼은 것이

---

359) 愛等中은 甲본作之中, 南續金本作之三.

고, 현행 쪽에 의지하면 바로 소생지이고, 업을 성숙시키기 전의 둘을 단지 능인지라고만 말하고 업을 성숙시킨 뒤의 둘은 곧 능생지라 이름한다. 업을 일으키는 애욕 따위는 단지 능인지(能引支)라고만 이름하고 이미 업을 성숙시킨 뒤의 애욕 따위는 곧 능생지(能生支)라고만 이름하나니, 그래서 '모두 서로 존재함을 용납한다'는 것이다. '분명한 경문이 뚜렷하다'고 말한 것은 결론적으로 『유식론』을 비판한 내용이니 그 이세를 건립한 이치를 허용하지 않는 것은 아니지만 이세(二世)를 취하고 삼세(三世)를 부정하므로 아니라고 비판한 것일 뿐이다.

③ 바로 경문을 해석하다[正釋文] 2.
㉮ 과목 나누기[分科] (已知 8下6)

[疏] 已知大意하니 次正釋文호리라 文有順逆하니 順中에 有二하니 先, 明一往三世요 後, 於是下는 明流轉三世라
■ 이미 대강의 의미를 알았으니 다음에 경문을 해석하겠다. 경문에 ㉠ 순관과 ㉡ 역관이 있으며 ㉠ 순관 중에 둘이 있으니 ⓐ 한 번에 삼세를 감에 대해 밝힘이요, ⓑ 於是 아래는 삼세를 유전함에 대해 밝힘이다.

㉯ 과목에 따라 해석하다[隨釋] 2.
㉠ 순관[順] 2.
ⓐ 한번에 삼세를 가다[明一往三世] (今初 8下7)

[疏] 今初에 云無明緣行是觀過去者는 觀有二義하니 一은 觀現在生이 是過去二因所作이오 二는 則知識等이 是彼過去當來之果니 因果相屬하야 反覆相成이라 如是하야사 方名見過去因義하야 能防三過라
言識乃至受是觀現在者는 亦有二義하니 一은 觀現在識等이 由過業得이오 二는 復知識等이 能得未來果報니 以不得對治하야 依起愛等故라 現在目覩를 故分兩向하야 明其二義니 言愛乃至有是觀未來者는 此未來因이 決得來果하야 一往定故요

■ 지금은 처음에 이르되, '무명은 지어 감의 반연이 된다 함은 과거를 관함이다'라고 말한 것은 관함에 두 가지 뜻이 있으니 (1) 현재의 생이 과거의 두 가지 원인이 지은 바임을 관한 것이요, (2) 의식 따위가 저 과거와 미래의 결과인 줄 아는 것이니 원인과 결과가 서로 섭속되어 반복적으로 서로 이룬다. 이렇게 해야만 바야흐로 과거의 원인의 이치를 발견하여 능히 세 가지 허물을 막는다고 할 것이다.
'의식에서 느낌까지는 현재를 관함이다'라고 말한 것에도 또한 두 가지 이치가 있으니 (1) 현재의 의식 등이 과거의 업으로 인해 얻은 것임을 관함이요, (2) 다시 의식 등이 능히 미래의 과보를 얻게 하나니, 다스리지 못하고 애욕 따위에 의지한 까닭이다. 현재의 눈으로 본 것을 일부러 두 방향으로 나누어 두 가지 이치를 밝힌 것이다. '애욕에서 존재까지는 미래를 관함이다'라고 말한 것은 이런 미래의 원인이 반드시 미래의 결과를 얻어 한번에 감이 정해진 까닭이다.

[鈔] 已知下는 三, 釋經文이라 如是方名等者는 亦是遮難이니 恐有難言호대 經에 但說二支가 在於過去어늘 論主는 何爲反覆相屬고 故今答云호대 要知過去因이 能招現果오 現果가 必從過去二因生하야사 方

能護於先業等過니 如下當釋이니라

現在目覩等者는 此亦通難이니 謂有問言호대 前說無明行之二因은 唯對現在하야 反覆相成이어늘 今明現在五法이 亦應反覆하니 何因을 兩向고할새 故今答云호대 前來二因이 因謝過去일새 故須對現하야 以說彼因이니 現果已成에 方知彼因이 招果가 不失이라 今之現在는 非獨酬於過去之因이라 復能依現在招未來果일새 故兩向明之라 若更相成인대 不異前二니 復應難言호대 前說無明은 已說現果하야 酬於過去之因이어늘 今何重說是過去果오 此應答云호대 前酬過去는 爲成過去요 今說過招는 爲成現在니 故非重也라 所以二法을 兩向明之니라

● ③ 已知 아래는 바로 경문을 해석함이다. '이렇게 해야만 바야흐로 이름한다'는 등은 또한 힐난을 막은 부분이다. 아마도 어떤 이가 힐난하되 "경전에는 단지 두 지분만이 과거에 있다고 말하였는데 논주는 어째서 반복하여 서로 섭속된다고 하였는가?" 그러므로 지금 답하되 "과거의 원인이 능히 현재의 결과를 초래하려 하고, 현재의 결과는 반드시 과거의 두 가지 원인에서 생겨야만 비로소 능히 전생의 업 따위의 허물을 막을 수 있다"라 할 것이니 아래에 해석할 내용과 같다.

'현재의 눈으로 본다'는 등은 이것도 힐난을 해명한 내용이다. 어떤 이가 묻되 "앞에서 무명과 지어 감의 두 가지 원인을 오로지 현재에 상대하여 반복적으로 서로 섭속한다고 말했는데, 지금은 현재의 다섯 가지 법이 또한 응당히 반복됨을 밝혔으니 어떤 원인을 두 방향이라 하는가?" 지금 답하되 "앞에서부터 두 가지 원인이 지나간 과거로 인하므로 모름지기 현재에 상대하여 저 원인을 말하였으니 현재가 이

미 이루어지면 바야흐로 저 원인이 초래한 결과를 잃지 않음을 알게 되었다. 지금의 현재는 유독 과거의 원인에만 답했을 뿐만 아니라 다시 능히 현재에 의지하여 미래의 결과를 초래하게 하므로 두 방향으로 밝힌 것이다. 만일 다시 서로 성립한다면 앞의 둘과 다르지 않을 것이다." 다시 응당히 힐난하되 "앞에서 말한 무명은 이미 현재의 결과를 말하여 과거의 원인에 대답한 것인데 지금 무슨 까닭에 거듭 과거의 결과라고 말하는가?" 여기에 응당히 답하되 "앞에서 과거에 답한 것은 과거를 이루기 위함이고, 지금 과거를 초래한 것은 현재를 이루기 위함이라 말한 것이므로 거듭된 것이 아니다." 그런 까닭에 두 법을 두 방향으로 설명한다.

此未來因者는 上句는 釋成이오 亦是通難이니 謂有難言호대 現在愛等을 從果名未인대 過去無明等은 何不從果而名現耶아 故今答云호대 來果는 未至하니 從果名未하야 知其決得하야 令其生厭이니라 過因은 已謝하니 何得名現고 復應問言호대 現在愛等은 從果名未하니 現在識等도 應從因名過니 亦如向이로다 答이라 未因은 決得일새 故從果名未오 現在는 已得이어늘 何要名過리오 復應問言호대 釋前過現에 反覆兩向이어늘 今辨未來에 何以但將因對果耶아 答이라 前二經文이 直說過現하고 不說相成일새 故論相成이어니와 今此經文은 經自將現하야 對於未來일새 故論不釋이니라

言一往定者는 結成上義니 謂說一分三世를 名爲一往이오 理數如是를 稱之爲定이니 對下展轉일새 故云一往이니 是一向理故니라

● '이런 미래의 원인'이라 말한 것은 위 구절을 해석함이요, 또한 힐난을 해명함이다. 어떤 이가 힐난하되 "현재의 애욕 따위를 결과를 따라

미래라 이름한다면 과거의 무명 따위는 어째서 결과를 따라 현재라 이름하지 않았는가?" 그래서 지금 답한다. "미래의 결과는 오지 않았으니 결과를 따라 미래라 하여 그 결정코 얻을 줄을 알아서 그로 하여금 싫어하는 마음이 나게 한다." "과거의 원인은 이미 지나갔는데 어째서 현재라고 이름하였는가?" 또 응당히 묻되 "현재의 애욕 등은 결과를 따라 미래라 이름하나니 현재의 의식 등도 응당히 원인을 따라 과거라 이름해야 하는 것은 또한 앞과 같다." 답한다. "미래의 원인은 결정코 얻을 것이므로 결과를 따라 미래라 하는 것이요, 현재에는 이미 얻었는데 어째서 과거라 이름하려 하는가?" 다시 응당히 묻되, "앞의 과거와 현재를 해석할 적에는 반복하여 두 방향이었는데 지금 미래를 밝힐 적에 무슨 까닭에 단지 원인만 가져서 결과와 상대하였는가?" 답한다. "앞의 두 경문이 바로 과거와 현재를 말하고 양상으로 성립한 것을 말하지 않았으므로 논에서 서로 성립하겠지만, 지금 본경의 문장에서는 스스로 현재를 가져 미래를 상대하였으므로 논경에서 해석하지 않았다."

'한번에 감이 정해졌다'고 말한 것은 위의 이치를 결론한 내용이다. 말하자면 하나를 삼세(三世)로 나눈 것을 '한번에 간다'고 하고, 이치의 숫자가 이러한 것을 '정해졌다'고 칭한다. 아래에 점점 바뀌는 것을 상대하므로 '한번에 간다'고 하였으니 한결같은 이치이기 때문이다.

ⓑ 삼세(三世)를 유전하다[明流轉三世] 2.
㉮ 유전(流轉)의 의미를 설명하다[明流轉意] (二流 10上8)

[疏] 二, 流轉三世者는 謂不得對治에 復有後世하고 於後世上에 轉生後

世하야 後後가 無窮이니라

- ⓑ '삼세를 유전한다'고 말한 것은 다스리지 못하면 다시 후세(後世)가 있고, 후세에도 다시 후세가 생겨나 뒤로 갈수록 끝이 없게 된다는 뜻이다.

ⓒ 허물을 막음에 대해 설명하다[明護過] 2.
㉮ 허물[過] (已知 10上10)

[疏] 已知三際하니 云何護過오 謂外與內因緣之法이라 立三種過하니 一者는 一切身一時生過니 何以故오 無異因故라하니 此過는 從前自因而生이니 謂旣無自在等이 而爲異因이오 唯無明과 行이 爲識等因이라 行有多種이어늘 何以不得六道가 齊生고 二者는 自業無受報過니 何以故오 無作者故라하니 此過는 從於無作緣生이니 作者가 卽我라 三者는 失業過니 何以故오 未受果報에 業已謝故라하니 此過는 從於無常緣生이니라

- 이미 삼제(三際)를 알았으니 어떻게 허물을 막았는가? 말하자면 외부가 내부와 함께 인연의 법이라는 뜻이다. "세 가지 허물을 세웠으니 (1) 일체의 몸이 일시에 생기는 허물이니 무슨 까닭인가? 다른 인연이 없기 때문이다"라고 하였다. 이 허물은 앞의 자체적 원인360)에서 생긴 것이다. 말하자면 이미 자재함이 없는 등으로 다른 원인을 삼았고 오로지 무명과 지어 감만이 의식 따위의 원인이 된 것이다. 지어 감이 여러 종류가 있는데 어째서 육도(六道)가 같이 생기지 못하는가? "(2) 자기의 업을 지어도 과보를 받지 않는 허물이니 무슨 까닭인가?

---

360) 自因이란 ㉣ 不相捨離門에서 구분한 ㉠ 釋自因을 말한다.(關字卷 117上6)

업을 짓는 주체[作者]가 없기 때문이다"라고 하였다. 이 허물은 무작연생(無作緣生)에서 나온 것이니 짓는 주체가 〈나〉인 것이다. "(3) 업을 잃는 허물이니 무슨 까닭인가? 과보를 받기도 전에 업이 이미 없어졌기 때문이다"라고 하였다. 이 허물은 무상연생(無常緣生)에서 나온 내용[361]이다.

[鈔] 已知三際下는 第二, 護過라 於中有二하니 先은 過요 後는 護라 前中에 一一過內에 文皆有三하니 初는 標名이오 二는 徵釋이오 三은 辨所從이니 所從은 是疏요 標와 釋은 皆論이라 前之二過는 以前으로 望後요 後之一過는 以後로 望前이니 由無明과 行이 在報前故로 未受果報에 業已謝失이오 果在於後니 望前之業하야 以成過故니라

■ ㊦ 已知三際 아래는 허물을 막음에 대해 설명함이다. 그중에 둘이 있으니 ㉮ 허물이요, ㉯ 막음이다. ㉮에 하나하나의 허물 속에 소문이 셋이니 Ⓐ 명칭으로 표방함이요, Ⓑ 묻고 해석함이요, Ⓒ 따라 온 곳을 밝힘이다. 따라 온 곳은 소문이요, 표방함과 해석은 모두 논문이다. 앞의 두 가지 허물은 앞으로 뒤와 비교함이요, 뒤의 한 가지 허물은 뒤로 앞과 비교함이다. 무명과 지어 감은 과보를 받기 전인 까닭에 과보를 받기도 전에 업이 이미 없어진 것이요, 결과는 뒤에 있나니 앞의 업과 비교하여 허물을 이루기 때문이다.

㉯ 막다[護] 4.
Ⓐ 앞을 결론하고 뒤를 따져 묻다[結前徵後] (此上 11上2)
Ⓑ 막음의 뜻을 총합적으로 표방하다[總標護義] (若見)

---

361) ④ 不相捨離門의 ㉭ 一切相智觀에 나오는 내용이다. (闕字卷 三約 123上7)

[疏] 此上은 辨過라 云何護耶아 若見三際하면 則能護之라
- 이 위는 허물을 밝힌 것이며 어떻게 막아야 하는가? 만일 삼제(三際)를 본다면 능히 막을 수 있다.

ⓒ 그 이유를 내보이다[出其所以] 2.
㈠ 과보를 받지 않는 업에 대해 넓게 밝히다[泛明不受報業]
(然過 11上2)
㈡ 본경을 거론하여 과보 받는 업을 밝히다[擧今經明受報業] (今無)

[疏] 然이나 過去業이 有三種義일새 故不得報니 一은 未作이오 二는 作已未潤이오 三은 得對治라 今無明이 緣行은 則顯已作이오 現識等五는 則顯已潤已受요 愛取有三은 則知未得對治라 於已作業에 旣有潤과 未潤이 殊하니 斯爲異因이라
- 그러나 과거의 업이 세 가지 뜻이 있으므로 과보를 받지 않나니 (1) 짓지 않음이요, (2) 지었어도 성숙되지 않음이요, (3) 다스림을 받음이다. 지금 무명이 지어 감을 반연한다면 이미 지었음을 밝힌 것이요, 현재의 의식 따위 다섯 가지는 이미 업이 성숙되어 과보를 이미 받았음을 밝힌 것이요, 애욕과 잡음에 셋이 있는 것은 다스림을 얻지 못한 줄 알았다. 이미 지은 업에 벌써 성숙된 업이 있음과 성숙되지 않음이 다르나니 이것을 '다른 원인'이라 한다.

ⓓ 허물을 막음에 대해 바로 밝히다[正明護過] (已潤 11上6)

[疏] 已潤則受生報요 未潤則受後報라 潤未潤殊어니 豈得六道가 一時

齊受리요 此爲異因이라 何用自在리오 既自造異因하야 自招二報요 非他身受이니 何言自業이 無受報耶아 假者가 自造면 何用我耶아 若已作業하고 不得對治하면 潤則便生이니 知業不失이라 因雖先滅이나 勢力續故로 現見得報라 不可言失이니 三過度矣로다

■ 이미 업이 성숙되었으면 순생보(順生報)를 받고, 업이 성숙되지 않았으면 순후보(順後報)를 받는다. 성숙됨과 성숙되지 않음이 다른데 어찌 육도(六道)가 일시에 함께 받겠는가? 이것은 다른 원인이 되나니 어째서 자재함을 사용하였는가? 이미 자신이 다른 원인을 지어서 스스로 두 가지 과보를 초래한 것이요, 다른 몸으로 받은 것이 아닌데 어째서 자기가 업을 지어도 과보를 받지 않는다고 말하였는가? 잠시 빌린 것[假者]이 스스로 지었으면 어떻게 <나>를 쓰겠는가? 만일 이미 업을 짓고 나서 다스리지 않았을 적에 업이 성숙하면 바로 생겨날 것이니, 업이 없어지지 않았음을 알게 된다. 원인이 비록 먼저 없어졌지만 세력은 상속되는 연고로 과보 얻음을 확실히 보게 되면 잃었다고 말할 수 없나니, 세 가지 허물을 건너게 된다.

[鈔] 此上辨過下는 第二, 明護라 於中有四하니 一, 結前徵後오 二, 若見下는 總標護義오 三, 然過去業下는 出過所以오 四, 擧經正護라 三中에 二니 先,362) 汎明不受報業이오 後今無明下는 擧今經文明受報業이라 今初363)니 言一未作者는 此言은 難解니 謂若未作에 則未名業故라 今依瑜伽하야 其未作業을 名爲不作이니 論第九에 云,364) 不作業者는 謂若不思業이니 若不思已에 不起身業과 語業이라하니라 釋

---

362) 上四十五字는 南金本作然過去下初.
363) 上十五字는 南金本作今.
364) 인용문은 『瑜伽師地論』 제9권 本地分中 有尋有伺等三地의 ⑥의 내용이다. (대정장 권30 p. 319b14-)

曰, 據此에 不作은 即任運所起요 非故意思라 設爾有思라도 又無思已에 不起身口니 故不受報라 故로 九地에 釋表無表業하야 云作無作이라하나니 作은 即身口요 無作은 即意라 如殺盜等을 心雖欲作이나 不形身口하면 故不受報요 若全不作하면 名不受報니 何要待言이리오 又何得論云業有三種不受報耶아 不作이 即無業故라 二, 未潤은 可知로다 而論에 但云作已未得報어늘 其未潤言은 是疏義加니라

三, 得對治者는 即瑜伽中에 名不增長業이라 不增長業이 總有十種365)하니 一, 夢所作業이오 二, 無知所作業이오 三, 無故思所作業이오 四, 不利不數所作業이오 五, 狂亂所作業이오 六, 失念所作業이오 七, 非樂欲所作業이오 八, 自性無記業이오 九, 悔所損業이오 十, 對治所損業이니 除此十種코 所餘諸業을 名爲增長이니라

- ㉞ 此上辨過 아래는 막음에 대해 밝힘이다. 그중에 넷이 있으니 Ⓐ 앞을 결론하고 뒤를 따져 물음이요, Ⓑ 若見 아래는 막음의 뜻을 총합적으로 표방함이요, Ⓒ 然過去業 아래는 허물된 이유를 내보임이요, Ⓓ 경문을 거론하여 허물을 막음에 대해 바로 밝힘이다. Ⓒ 중에도 둘이니 ㊀ 과보를 받지 않는 업에 대해 넓게 밝힘이요, ㊁ 今無明 아래는 본경을 거론하여 과보 받는 업을 밝힘이다. 지금은 ㊀이니 '(1) 짓지 않는다'고 말한 것은 이 말은 알기 어렵다. 이를테면 짓기 전에는 업이라 이름하지 못하기 때문이다. 지금은 『유가사지론』에 의지하여 그 업을 짓지 않은 상태를 짓지 않음[不作]이라 이름하였다. 『유가사지론』 제9권에서, "짓지 않는 업[不作業]이라 함은 생각하지 않은 업[不思業]과 생각하지 않은 뒤에 몸의 업과 입의 업을 일으키지도 않는 것을 뜻한다"라고 하였다. 해석한다면 이것에 의거하면 짓

---

365) 인용문은 위에서 이어지는 내용이다. (대정장 권30 p. 319b15-)

지 않는 업은 일어나는 대로 두는 것이요, 일부러 생각함이 아니다. 설사 그럴 생각이 있었더라도 또 생각하지 않은 뒤에 몸과 입의 업을 일으키지 않나니 그래서 과보를 받지 않는다. 그러므로 제9지에 표업(表業)과 무표업(無表業)을 해석하여 짓는 업과 짓지 않는 업이라 말하였다. 짓는 것은 몸과 입, 짓지 않는 업은 생각의 업이다. 마치 살생과 도둑질 따위를 마음이 비록 지으려 하지만 몸과 입으로 나타나지 않으면 과보를 받지 않으며, 만일 완전히 짓지 않으면 과보를 받지 않는 것과 같나니 어찌 말을 기다릴 필요가 있겠는가? 또 어째서 논경에는 "세 가지의 과보를 받지 않는 업이 있다"고 하였는가? (1) 짓지 않음은 곧 업이 없기 때문이다. (2) 업이 성숙되지 않음은 알 수 있으리라. 그러나 논경에는 단지 '지은 뒤에 과보를 받지 않는다'고만 하였는데 '성숙되지 않았다'는 말은 소가가 의미로 더한 것이다. (3) '다스림을 받았다'는 것은 『유가사지론』에는 '늘어나지 않는 업'이라 하였다. 늘어나지 않는 업이 총합하여 열 가지가 있으니 "① 꿈에서 짓게 되는 업이요, ② 모르고 짓게 되는 업이요, ③ 일부러 함이 없이 짓게 되는 업이요, ④ 이롭지도 않고 헤아리지도 않고서 짓게 되는 업이요, ⑤ 미치광이로서 지은 업이요, ⑥ 정신을 잃고서 지은 업이요, ⑦ 즐기거나 바라지 않으면서 짓는 업이요, ⑧ 제 성품이 보람 없는 업[自性無記業]이요, ⑨ 뉘우치면서 덜어 내는 업이요, ⑩ 다스리면서 덜어 내는 업이다. 이런 열 가지를 제외하고 나머지 모든 업을 늘어나는 업이라 한다"라고 하였다.

今無明緣行下는 二, 擧今經하야 明得報義라 於中有二하니 先, 正明이오 後, 結酬外難이라 今初니 對前三不得報라 今無明緣行에 則

顯已作者는 此揀第一未作業也라 既爲無明所發之行하니 此行은 要是能感當報일새 故非向來不思之業이니라 現識等者는 則前無明行等이 已得潤竟일새 故今受果니 此則過去二因이 已含發潤이니라 愛取有者는 謂若得對治하면 不應依現하야 更起愛等이라 此後에 更有論反釋云호대 若斷愛取하면 雖有作業이나 則無明行이 不能生有라하니라 釋曰, 則顯現在에 亦有無明與行이 是所潤等이라 觀此論意하면 則過去二因에 具於發潤이나 但擧發業之名이오 現在愛等에 亦有發潤이나 但顯潤名이라 故로 上疏에 云, 皆容互有니 思之니라 亦可現在愛取가 不潤過去後報之業일새 故不能生有니라 於已作下는 第二, 結酬外難이니 上立三過가 語雖影略이나 總相이 皆由無異因故라 異因은 即我니 今明不要我爲異因이오 即已造와 已潤과 不得對治가 而爲異因이니 此語는 是前이오 說過는 後論이라 論에 出三過竟하고 云此三種過는 以見過去世等異因答366)故니 受生報等이 差別故라하니라 釋曰, 上論에 總出其過하야 總明答之하고 今出過所以竟하야 方用結酬니라

- 三 今無明緣行 아래는 본경을 거론하여 과보 받는 업을 밝힘이다. 그중에 둘이 있으니 1 그 이유를 바로 밝힘이요, 2 외부의 비난을 결론적으로 답함이다. 지금은 1이니 앞의 세 가지의 과보 받지 않는 업과 상대한 내용이다. '지금 무명이 지어 감을 반연한다면 이미 지었음을 밝힌 것'이라 말한 것은 (1) 짓지 않음과 구분한 내용이다. 이미 무명이 일으킨 지어 감이 되었으니 이 지어 감은 반드시 미래의 과보를 초감할 수 있으므로 전의 생각하지 않는 업[不思業]은 아니다. '현재의 의식 따위'란 앞의 무명과 지어 감 등이 이미 성숙함이 끝났으

---

366) 答은 原南續金本無, 論有.

므로 지금 과보를 받는 것이니, 이렇다면 과거의 두 가지 원인에 이미 일으키고 성숙함이 포함된 것이다.

'애욕과 잡음에 셋이 있다'는 것은 말하자면 만일 다스림을 받으면 응당 현행에 의지하여 다시 애욕 등을 일으키지 않을 것이다. 이런 다음에 다시 논경에서 반대로 해석하되 "만일 애욕과 잡음을 끊는다면 비록 지은 업이 있더라도 무명과 지어 감이 능히 존재를 생기게 하지 못한다"고 하였다. 해석한다면 현재에도 또한 무명과 지어 감이 성숙시킬 대상임을 밝힌 것이다. 이 논경의 의미를 관하면 과거의 두 가지 원인에 일으키고 성숙시킬 힘을 갖추고 있지만 단지 업을 일으킨다는 명칭만 거론하였고, 현재의 애욕 따위에도 업을 일으키고 성숙시킬 힘이 있지만 단지 성숙시킨다는 명칭만 드러낸 것이다. 그러므로 위의 소문에서, "모두 서로 존재함을 용납한다"고 하였으니 생각해 보라. 또한 현재의 애욕과 잡음이 과거의 다음 생의 업을 성숙시키지 못하므로 능히 존재를 내지 못한다.

② 於已作 아래는 외부의 비난을 결론적으로 답함이니 위에 세운 세 가지 허물이 말은 비록 비추어 생략되었지만 총상이 모두 다른 원인이 없음에 연유하기 때문이다. 다른 원인은 곧 〈나〉이니 지금은 〈내〉가 다른 원인이 됨이 중요하지 않다고 밝혔고, 다시 말하면 이미 지었거나 이미 성숙된 업이 다스림을 받지 않음이 다른 원인이 된 것이니, 이 말은 앞에 있고 허물을 말함은 논문의 뒤에 있다. 논경에 세 가지 허물을 내보이고 나서 말하되 "이런 세 가지 허물로 과거세의 다른 원인에 대한 대답을 본 까닭이니, 태어나는 과보를 받음 따위의 차별 때문이다"라고 하였다. 해석한다면 위의 논경에 총합적으로 그 허물을 내보여서 총합하여 분명하게 답하였고, 지금은 허물 되

는 이유를 내보이고 나서 비로소 결론적으로 대답하는 방식을 썼다.

已潤則受下는 四, 正明護過라 三過가 卽爲三別이니 今初는 雖一身中에 具六道業이나 潤者가 先受라 那得一時아 此卽已潤이 爲異因이라 二, 旣自下는 護第二過니 二報는 卽是生報와 後報라 此卽已造가 爲異因이니라 三, 若已下는 護第三過니 卽不得對治가 爲異因이라 言勢力續故者는 小乘은 則是後後連持라하고 大乘은 則是已熏成種하야 後能得果라할새 故云勢力이라 三過度矣者는 結也니라

- ⑩ 已潤則受 아래는 허물을 막음에 대해 바로 밝힘이다. 세 가지 허물이 세 가지로 구별된다. 지금은 ㊀ 첫째, 비록 한 몸에 육도의 업을 구비하고 있지만 성숙된 이가 먼저 받는 것이니 어찌 일시에 얻겠는가? 이것은 곧 이미 성숙된 것이 다른 원인이 된다는 뜻이다. ㊁ 旣自 아래는 둘째 허물을 막음이니 두 가지 과보는 바로 순생보와 순후보를 가리킨다. 이것은 이미 지은 업이 다른 원인이 됨을 뜻한다. ㊂ 若已 아래는 셋째 허물을 막음이니, 다스림을 받지 않은 것이 다른 원인이 된다. '세력은 상속되는 연고'라 말한 것은 소승에서는 '뒤와 뒤로 연속하여 가진다'라고 하고, 대승에서는 '이미 훈습된 것이 종자를 이루어 후생에 과보를 받게 된다'고 말하므로 '세력'이라 한 것이다. '세 가지 허물을 건넜다'라는 말은 결론이다.

ⓒ 역관[逆] 2.
ⓐ 경문 해석[釋經] (後無 13下1)
ⓑ 결론하여 보이다[結示] (然十)

無明滅行滅者는 是觀待斷이니라
무명이 멸하면 행이 멸한다 함은 관찰하고 기다려서 끊는 것이니라."

[疏] 後, 無明滅下는 逆觀이니 卽得對治義라 此滅則彼滅이 是觀待斷이라 又因觀能滅은 揀自性滅일새 故云觀待라 然十二緣이 三世에 並備나 但隨化迹하야 隱顯分三하야 令知過去因이 招今苦器니 今斷愛等하야 當果不生하면 則愚癡가 絶命於慧刃이오 愛水가 焦乾於智火요 高羅가 四開於六趣요 無生이 超逸於八極矣리라

■ ㉡ 無明滅 아래는 역관이니 다스림을 받았다는 뜻이다. 이것이 없어지면 저것이 없어짐이 곧 관대인(觀待因)이 끊어진 것이다. 또 관법으로 인해 능히 없애는 것은 자체 성품으로 없어짐과 구별하기 위해 '관찰하고 기다려서'라고 말한다. 그러나 12연기가 삼세에 모두 갖추어졌지만 단지 변화하는 자취를 따라 숨고 나타남이 셋으로 나뉘어, 하여금 과거의 원인이 지금의 고통스러운 몸을 초래한 줄 알게 하였으니, 지금 애욕 따위를 끊어서 닥쳐올 결과가 생기지 않으면 어리석음이 지혜의 칼날에 목숨을 잃은 것이요, 애욕의 물이 지혜의 불에 말라 버린 것이요, 질 좋은 비단이 육취(六趣)에 사면으로 펼치게 되는 것이요, 태어남 없음[無生]이 여덟 가지 궁극보다 뛰어난 것이리라.

[鈔] 後無明滅下는 逆觀中에 二니 先, 釋文이오 後, 然十二緣下는 第二, 結示니 謂過去二因에 卽含有愛等이오 能潤業等에 必依過去識等上하야 起始生이 終死等일새 過에 具十二矣라 現七果上에 起發潤等하니 現亦具矣라 然이나 七事中에 五卽生死나 而總別分일새 故說具七

이라 當雖說二나 同現亦具요 二必有五와 及起因故라 是以로 上言皆容互有니 並如前說이라 故言但隨化迹隱顯分三이라하니라 從令知下는 出隱顯意니 義如前說이라 則愚癡下는 是逆觀意니 以智慧劒으로 破發業惑하고 以智慧火로 乾於現在潤業愛取에 則七苦가 不生이라 能所引生은 卽四面網이니 此卽史記書에 言, 湯이 出이라가 畋捕者가 祝云호대 自天而下하고 從地而出하고 四方來者가 皆入吾網中이라하야늘 湯이 見之하고 歇三面網하고 祝云호대 可上者는 上하고 可下者는 下하고 可東者는 東하고 可西者는 西하고 可南者는 南하고 可北者는 北호대 負吾命者는 入吾網中이라하니 顯法令이 寬也라 今亦不留一面일새 故曰四開니 皆證無生이 若鳥出網하야 以適八方이니라

- ⓒ 無明滅 아래는 역관 중에 둘이니 ⓐ 경문 해석이요, ⓑ 然十二緣 아래는 결론하여 보임이다. 말하자면 과거의 두 가지 원인에 애욕 따위가 포함되어 있다는 뜻이요, 업을 성숙시킬 주체에 반드시 과거의 의식 등을 의지하여 처음 태어나서 마지막 죽는 등을 일으키므로 허물에 12지분을 갖추고 있다는 뜻이다. 현재의 일곱 가지 결과에 업을 일으키고 성숙시키는 등을 일으키나니 현재도 또한 갖추고 있다. 그러나 일곱 가지 일 중에 다섯은 나고 죽는 것이지만 총상과 별상으로 구분하므로 '일곱 가지를 갖춘다'고 말한다. 미래에도 비록 둘을 말하였지만 현재와 같이 구족한 것이요, 둘에는 반드시 다섯과 일으키는 원인이 있기 때문이다. 이런 까닭에 위에서 '모두 서로 존재함을 용납한다'고 말했으니 모두 앞에서 말한 내용과 같다. 그래서 "단지 변화한 자취만 따라 숨고 나타남을 셋으로 나눈다"고 말하였다. ⓒ 令知부터 아래는 숨고 나타난 의미를 내보임이니 이치는 앞의 설명과 같다. 則愚癡 아래는 ⓓ 역관(逆觀)의 의미이니 지혜의 칼로 업

을 일으키는 미혹을 타파하고 지혜의 물로 현재의 업을 성숙시키는 애욕과 잡음을 마르게 하면 일곱 가지 고통이 생겨나지 않는다. 주체와 대상인 이끔과 생겨남은 네 방면의 그물이니 이에 대해서는 『사기(史記)』에 말하였다. "탕[湯; 殷왕조의 시조]이 밖에 나갔다가 한 사냥꾼이 축원하기를, '하늘에서 오거나 땅에서 솟아나거나 사방에서 지나는 짐승은 모두 내 그물 속에 들어오게 하소서'라고 하였다. 탕이 그 모습을 보고는 세 방면의 그물을 풀어 주고는 축원하기를, '올라가는 놈은 올라가고 내려가는 놈은 내려가고 동쪽으로 가는 놈은 가고 서쪽으로 가는 놈은 가고 남쪽으로 가는 놈은 가고 북쪽으로 가는 놈은 가고 나에게 목숨을 맡길 놈은 내 그물에 들어와라'라고 하였다." 이것은 법령이 넓음을 드러낸 것이다. 지금은 또한 한쪽에도 머물지 않으므로 '사면으로 연다'고 하였으니, 모두 태어나지 않음을 증득한 것이 마치 새가 그물에서 빠져나가 팔방(八方)으로 날아감과 같다.

㈢ 대비로 수순하는 관법[大悲隨順觀] (二 約 14下1)

[疏] 二, 約大悲隨順觀이니 治異道求中無因之見하야 示三際因果라 旣先際가 二일새 是中際五因이오 中際之三이 是後際二因이라 若無如是等事면 衆生이 亦無니 斯因이 有矣라 何得言無리오

㈢ 대비로 수순하는 관법이니 다른 외도에서 해탈을 구하는 중에 원인 없는 소견을 다스려서 삼제의 원인과 결과를 보여 주었다. 이미 과거의 둘이 현재의 다섯 가지 원인이 되고 현재의 세 가지가 미래의 두 가지 원인이 된다. 만일 이런 따위의 일이 없으면 중생도 없나니 이

런 원인이 있는데 어떻게 없다고 말하겠는가?

[鈔] 二約大悲等者는 文中에 三이니 初, 順顯有因이오 次, 若無下는 反質明有오 後斯因下는 結示니라
- ㈢ 約大悲 등은 소문에 셋이니 ① 순관(順觀)으로 원인이 있음을 밝힘이요, ② 若無 아래는 반대로 질문하여 원인 있음을 밝힘이요, ③ 斯因 아래는 결론하여 보임이다.

㈢ 온갖 양상과 지혜로 행하는 관법[一切相智觀] 3.
① 따와서 표방하다[標牒] (三約 14下5)

[疏] 三, 約一切相智中에 當力無力信入依觀이니 論에 云, 先中後際가 化勝故라하나니
- ㈢ 온갖 양상과 지혜로 행하는 관법 중에 (6) 세력과 세력 없는 믿음으로 들어가 의지하는 관법에 해당한다. 논경에 이르기를, "과거 현재 미래에 변화가 뛰어난 까닭이다"라고 하였다.

② 소가가 논경을 해석하다[疏釋論] 3.
㉮ 세력이 있고 없음을 해석하다[釋力無力] (謂此 14下6)
㉯ 믿고 들어감의 뜻을 해석하다[釋信入義] (以斯)
㉰ 교화함이 뛰어남을 해석하다[釋化勝] (化中)

[疏] 謂此三際가 爲因義邊에는 皆名有力이오 爲果義邊에는 名爲無力이라 若約三世인댄 前際는 於現五에 有力이오 於當二에 無力이오 中際愛

等은 於當二有力이오 於現에 無力이라 以斯三際로 化彼凡夫하야 令
信入依行이 化中之勝이라
- 말하자면 이 삼제(三際)가 원인의 이치 쪽으로는 모두 '세력이 있다'고 하고, 결과의 이치 쪽으로는 '세력이 없다'고 한다. 만일 삼세(三世)에 의지한다면 과거는 현재의 다섯 가지 결과에 대해서 세력이 있고 미래의 두 가지 결과에 대해서는 세력이 없으며, 현재의 애욕 따위는 미래의 두 가지 결과에 대해서 세력이 있고 현재의 다섯 가지 결과에 대해서는 세력이 없다. 이렇게 삼제(三際)로 저 범부들을 교화하여 믿음으로 들어와 의지하게 하는 행법이므로 교화가 뛰어난 것이다.

③ 관법을 결론하다[結觀] (如是 14下9)

[疏] 如是窮究가 爲種智境이니라
- 이렇게 끝까지 가면 일체종지의 경계가 된다.

[鈔] 當力無力下는 文中에 三이니 初, 總標요 二, 謂此三際下는 疏釋論이오 三, 如是窮究下는 結觀이라 二中367)에 三이니 一, 釋力無力이오 二, 以斯下는 釋信入依義요 三, 化中下는 釋化勝이니 言籠取三際하야 方顯化勝이라 亦是瑜伽緣起差別이니 故로 瑜伽에 云,368) 緣起差別

---

367) 上十字는 南金本作於中有, 此下에 續本有謂此三際下 次疏釋論.
368) 인용문은 『유가사지론』 제9권 本地分中有尋有伺等三地의 ⑥의 내용이다. (대정장 권30p. 322a-) [연기의 차별은 무엇이냐 하면, 과거에 대한 무지 따위이니, 경전의 자세하게 말씀과 같다. (1) 과거에 대한 무지라 함이 무엇이냐 하면, 지난 세상의 모든 행에 있어서 이치답지 않은 분별을 일으키면서 '내가 지난 세상에 일찍이 있었던가, 없었던가. 어떤 체성이고 어떤 종류였을까?'라고 하는 온갖 무지이다. (2) 미래에 대한 무지라 함은 무엇이냐 하면, 장차 오는 세상의 모든 행에 있어서 이치답지 못한 분별은 일으키면서 '나는 장차 오는 세상에 있게 될 것인가? 없게 될 것인가? 어떤 체성이며, 어떤 종류일까?'라고 하는 온갖 무지이다. (3) 과거와 미래에 대한 무지라 함은 무엇이냐 하면, 속에서 이치답지 못한 망설임을 일으키면서 '어떤 것이 바로 나[我]일까? 나는 어떤 것일까? 지금 이 유정은 어디서 왔고 여기서 죽으면 장차 어디로 갈까?'라고 하는 온갖 무지이다. (4)

은 云何오 謂於前際無知等이니 如經廣說이라 於前際無知는 云何오 謂於過去諸行等에 起不如理分別이니 謂我가 於過去에 爲曾有耶아 爲曾無耶아 曾何體性이며 曾何種類라하는 所有無知等이라하니라 亦卽俱舍에 云, 說前後中際는 爲遣他愚惑이니 故로 彼論에 云, 契經에 何故로 唯說有情고 故有上偈라하니라 釋云호대 世尊이 爲遣三際愚惑하니 故說緣起하사대 唯約有情이니라 問이라 如何有情이 前際愚惑고 謂於前際에 生如是疑호대 我於過去世에 爲曾有아 非有아 何等에 我曾有며 云何我曾有오하니라

- ㈢ 當力無力 아래는 소문에 셋이니 ① 총합하여 표방함이요, ② 謂

속에 대한 무지라 함은 무엇인가 하면, 저마다 다른 모든 행에 있어서 이치답지 못한 뜻 지음을 일으키면서 '그것을 말하여 나라고 하는가?'라고 하는 온갖 무지이다. (5) 바깥에 대한 무지라 함은 무엇이냐 하면, 바깥의 유정 아닌 수의 모든 행에 있어서 이치답지 않은 뜻 지음을 일으키면서 '내것[我所]이다'라고 하는 온갖 무지이다. (6) 안팎에 대한 무지라 함은 무엇인가 하면, 다른 이에게 계속되는 모든 행에 있어서 이치답지 않은 분별을 일으키면서 '원수다, 친한 이다, 그중간의 이다'라고 하는 온갖 무지이다. (7) 업에 대한 무지라 함은 무엇인가 하면, 모든 업에 있어서 이치답지 않은 분별을 일으키면서 '짓는 이[作者]가 있다'라고 하는 온갖 무지이다. (8) 이숙에 대한 무지라 함은 무엇이냐 하면, 이숙과[異熟果]에 딸린 모든 행에 있어서 이치답지 않은 분별을 일으키면서 '받는 이[受者]가 있다'라고 하는 온갖 무지이다. (9) 업과 이숙에 대한 무지라 함은 무엇이냐 하면, 업과 과보에 있어서 이치답지 않은 분별을 일으키는 온갖 무지이다. (10) 부처님에 대한 무지라 함은 무엇이냐 하면, 부처님의 보리[佛菩提]에 있어서 혹은 생각하지 않기도 하고 삿되게 생각하기도 하고 방일하기도 하고 의심하여 헷갈리게도 하고 헐뜯기도 하는 온갖 무지이다. (11) 가르침에 대한 무지라 함은 무엇이냐 하면, 정법(正法)과 좋게 말씀하신 성품에 있어서 혹은 생각하지 않기도 하고, 삿되게 생각하기도 하고 방일하기도 하고 의심하여 헷갈리기도 하고 헐뜯기도 하는 온갖 무지이다. (12) 상가에 대한 무지라 함은 무엇이냐 하면, 상가의 바른 행[正行]에 있어서 혹은 생각하지 않기도 하고, 삿되게 생각하기도 하고 방일하기도 하고 의심하여 헷갈리기도 하고 헐뜯기도 하는 온갖 무지이다. (13) 괴로움에 대한 무지라 함은 무엇이냐 하면, 괴로움은 바로 괴로운 성품[苦性]이라 함에 있어서 혹은 생각하지 않기도 하고, 삿되게 생각하기도 하고 방일하기도 하고 의심하여 헷갈리기도 하고 헐뜯기도 하는 온갖 무지이다. 괴로움에서와 같이 (14) 쌓임[集]과 (15) 사라짐[滅]과 (16) 도(道)에 있어서의 무지도 그러한 줄 알아야 하리라. (17) 원인[因]에 대한 무지라 함은 무엇이냐 하면, 이치답지 않은 분별을 일으켜서 혹은 '원인이 없다'고 헤아리고 혹은 '자재롭다, 세간 성품[世性]이다, 사람[士夫]이다, 그 중간이다'라고 헤아리는 온갖 무지이다. 원인에 있어서의 무지와 같이 (18) 원인으로부터 나게 되는 모든 행에 대하여도 역시 그러하다. 또 그에 죄가 없기 때문에 착하이라 하고, 죄가 있기 때문에 착하지 않음이라 하며, 이익이 있기 때문에 닦고 익혀야 한다 하고, 이익이 없기 때문에 닦고 익히지 않아야 한다 하며, 검기 때문에 죄가 있다고 하고, 희기 때문에 죄가 없다고 하며, 뒤섞였기 때문에 부분[分]이 있다고 한다. (19) 여섯 가지 닿임의 처소[六觸處]를 사실대로 통달하는 데 대한 무지라 함이 무엇이냐 하면, 잘난 체한 이[增上慢者]가 증득한 가운데서 뒤바뀌게 생각을 하는 온갖 무지이니, 이와 같이 간략하게 19가지의 무지를 설명한다.]
(역경원 간 한글대장경「유가사지론 1」p. 209-)

此三際 아래는 소가가 논경을 해석함이요, ③ 如是窮究 아래는 관법을 결론함이다. ② 중에도 셋이니 ㉠ 세력이 있고 없음이요, ㉡ 以斯 아래는 믿음으로 들어가 의지하는 이치를 해석함이요, ㉢ 化中 아래는 교화가 뛰어남으로 해석함이다. '새장 속에 삼제(三際)를 취하여 비로소 교화가 뛰어남을 드러낸다'고 말한 내용이니 또한 『유가론』의 연기를 구분한 내용이다. 그러므로 『유가사지론』에서는, "연기의 차별은 무엇이냐 하면, 과거에 대한 무지 따위이니, 경전의 자세한 말씀과 같다. (1) 과거에 대한 무지라 함이 무엇이냐 하면, 지난 세상의 모든 행에 있어서 이치답지 않은 분별을 일으키면서 '내가 지난 세상에 일찍이 있었던가, 없었던가? 어떤 체성이었고 어떤 종류였을까?'라고 하는 온갖 무지이다"라고 하였다. 또한 『구사론』에서 이르되, "전제・후제・중제에서 저의 어리석고 헷갈림을 버리도록 함이네." 그러므로 저 논에서 이르되, "경에서는 무슨 까닭으로 오직 유정만을 말씀하셨는가?" 그래서 위의 게송으로 말하였다.

[鈔] 釋曰, 此有三疑하니 初는 疑我有無요 二는 疑我體性이니 爲卽蘊我아 離蘊我耶아 三은 疑我差別이니 爲當常我아 無常我耶아 問이라 如何有情이 後際愚惑고 答이라 謂於後際에 生如是疑호대 我於未來世에 爲當有아 非有아 何等에 我當有며 云如我當有오 釋曰, 三疑는 如前이나 但曾과 當이 有異耳니라 問이라 如何有情이 中際愚惑고 答이라 謂於中際에 生³⁶⁹如是疑호대 何等이 是我며 此我가 云何며 我誰所有며 我當有誰오 釋曰, 此有四疑하니 何等是我者는 疑我自性也요 此我云何者는 疑我差別也오 我誰所有者는 疑我因也니 謂此現在

---

369) 生은 甲南續金本作出, 論原本作生.

我가 過去에 誰因所有也라 我當有誰者는 疑我過也니 謂我當有誰 果也라 爲除如是三際愚惑일새 故經에 唯說有情緣起라하나니 以契 經에 說하사대 苾蒭야 諦聽하라 若有苾蒭가 於諸緣起已生諸法에 能 以如實正慧로 觀見하면 彼必不於三際愚惑이니 謂我過去에 爲曾有 非有等이라하니 釋曰, 大小論殊나 其旨는 皆一이라 今三際無我하니 斯惑이 自亡이라 故以三際로 化彼凡夫하야 除其我愚하고 信入無我 하야 修無我行하니 爲化之勝이니라

● 해석한다면 부처님이 삼제(三際)의 어리석음을 보내기 위한 연고로 연기를 말씀하시면서 오직 유정에만 의지한 것이다. "묻는다. '어떤 것이 중생들의 전제에 대한 어리석음과 미혹인가? 말하자면 전제에 대해 이러한 의심을 하되,「나는 과거의 세상에 일찍이 있었는가, 있지 않았는가, 어떤 것에서 내가 일찍이 있었는가, 어떻게 내가 일찍이 있었는가?」함이 그것이다." 해석한다면 여기에 세 가지 의심이 있으니 ① 내가 있었는가, 없었는가에 대한 의심이요, ② 나의 체성에 대한 의심이니, 오온의 <나>인가, 오온을 여읜 <나>인가, ③ 나의 차별에 대한 의심이니 미래에 항상한 <나>인가, 무상한 <나>인가 "묻는다. '어떤 것이 중생들의 후제에 대한 어리석음과 미혹인가' 답한다. '이를테면 후제에 대해서 이러한 의심을 하되,「나는 미래의 세상에 당연히 있을 것인가, 없을 것인가? 어떤 것에서 내가 당연히 있을 것인가?」하는 그것이다." 해석한다면 세 가지 의심은 앞과 같지만 단지 일찍이와 당래가 다를 뿐이다. "묻는다. '어떤 것이 중생들의 중제에 대한 어리석음과 미혹인가?' 답한다. '말하자면 중제에 대해서 이러한 의심을 하되,「어떤 것이 나인가? 나는 어떤 것인가? 나는 무엇의 소유가 되며 나는 무엇을 소유했는가?」하는 그것이다." 해석한

다면 여기에 네 가지 의심이 있으니 ① '어떤 것이 나인가?'란 〈나〉의 자체 성품에 대한 의심이요, ② '나는 어떤 것인가?'란 〈나〉의 차별에 대한 의심이요, ③ '나는 무엇의 소유가 되며'란 〈나〉의 원인에 대한 의심이니 이 현재의 〈내〉가 과거에는 누구의 소유였는가를 뜻하며, ④ '나는 무엇을 소유했는가?'란 나의 과거에 대한 의심이니 나는 미래에 무슨 과보를 소유할까?' 하는 말이다. 이러한 삼제(三際)의 어리석음과 미혹을 제거하기 위한 연고로 경전에서 "오직 유정의 연기만을 말한다"고 하였으니 "왜냐하면 경에서 말씀하되, '비구들이여, 자세히 들어라. 만일 어떤 비구가 모든 연기에 대하여 이미 생긴 법을 제거하고 능히 진실한 바른 지혜로써 관찰하여 본다면, 그는 반드시 삼제에 대하여「내가 과거의 세상에 일찍이 있었는가, 있지 않았는가?」하는 어리석음과 미혹이 없을 것이다'라고 하셨기 때문이다." 해석한다면 대승과 소승의 논서가 다르지만 그 의미는 동일하다. 지금은 삼제에 〈내〉가 없으니 이런 미혹이 저절로 없어지리라. 그러므로 삼제로 저 범부들을 교화하여 〈나〉라는 어리석음을 없애고 믿음으로 내가 없음에 들어가 내가 없는 행법을 닦나니 (그래서) 교화의 뛰어남이 된 것이다.

(g) 세 가지 고통이 모여 이루는 문[三苦集成門] 3.

㊀ 양상적인 진리로 구분하는 관법[相諦差別觀] 2.

① 관법에 대한 해석[釋觀] 2.
㉮ 바로 해석하다[正釋] (第七 16上7)

⑭ 비방을 해명하다[通妨] (又初)

❖ 제6회 십지품 제6 現前地 科圖 (26-68; 珠字卷)

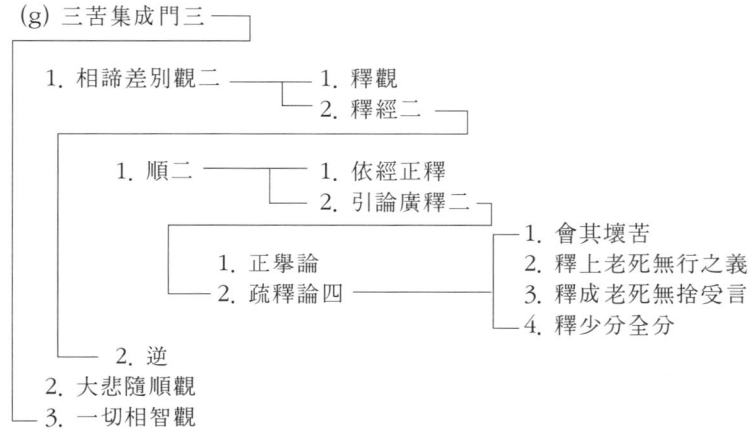

[疏] 第七, 三苦聚集이라 初約相諦는 卽當六觀之中의 第五, 不厭厭觀이라 論에 云, 厭種種微苦分別과 所有受가 皆是苦故라하니 此는 約微細行苦요 又云하사대 及厭種種麤苦故라하니 此約壞及苦苦니 皆凡夫가 不厭을 菩薩이 厭故며 又初微苦를 二乘이 不厭을 菩薩이 亦厭이라 二乘은 雖知捨受行苦나 不窮委細有無量相과 及變易苦일새 故云不知니라

■ (g) 세 가지 고통이 모여 이루는 문이다. ㊀ 양상적인 진리로 구분하는 관법은 여섯 가지 관법 중에 (5) (범부들이) 싫어하지 않는 것은 싫어하는 관법에 해당한다. 논경에 이르되, "여러 가지 작은 고통을 싫어함이니 분별로 가지게 된 느낌이 모두 고통인 까닭이다"라고 하였다. 이것은 미세하게 지어 가는 고통[行苦]에 의지한 말이요, 또 이르

되, "여러 가지 거친 고통을 싫어하기 때문이다"라고 하였다. 이것은 무너지는 고통[壞苦]과 괴로운 고통[苦苦]에 의지한 말이니, 모두 범부들이 싫어하지 않는 것을 보살은 싫어하는 까닭이다. 또 처음의 작은 고통을 이승들은 싫어하지 않는데 보살이 또한 싫어한다. 이승은 비록 괴롭지도 즐겁지도 않은 느낌[捨受]이 행고(行苦)인 줄 알지만 한량없는 모양과 변화하는 고통을 자세히 궁구하지 못하는 까닭에 '알지 못한다'고 말하였다.

[鈔] 第七三苦聚集門이라 第五不厭厭觀等者는 先, 釋觀이오 後, 文中下는 釋經이라 前中에 先, 正釋이오 後二乘下는 通妨이니 恐有問言호대 四禪已上이 皆唯行苦라 二乘이 已超어늘 何言不厭고하나니 故有此通이라 此有二意하니 一, 約界內無니 卽涅槃十二에 云, 苦有無量相하니 非諸聲聞緣覺所知라하나니라 二, 及變易苦니 謂出三界니 究竟無餘故니라

- (g) 세 가지 고통이 모여 이루는 문이다. '(5) 싫어하지 않는 것을 싫어하는 관법' 등이란 ① 관법을 해석함이요, ② 文中 아래는 경문 해석이다. ① 중에 ㉮ 바로 해석함이요, ㉯ 二乘 아래는 비방을 해명함이니, 아마 어떤 이가 묻기를 '사선(四禪) 이상은 모두 행고(行苦)뿐이라서 이승이 이미 초월하였는데 어째서 싫어하지 않는다고 말하는가?'라고 할 것이므로 이렇게 해명하였다. 여기에 두 가지 의미가 있으니 1) 경계 내부가 없음에 의지함이니『열반경』제12권에서는, "고통에 한량없는 모양이 있으니 모든 성문과 연각이 알 수 있는 경계가 아니다"라고 하였다. 2) 변화하는 고통이니 말하자면 삼계를 초월하여 남김없이 다한 까닭이다.

② 경문 해석[釋經] 2.
㉮ 순관[順觀] 2.
㉠ 경문에 의지하여 바로 해석하다[依經正釋] (文中 16下9)

復次十二有支가 名爲三苦니 此中無明行으로 乃至六處
는 是行苦요 觸受는 是苦苦요 餘是壞苦니
"또 12인연을 세 가지 괴로움이라 하나니, 이 가운데서 무명과 행과 내지 육처는 변천하는 괴로움이요, 촉과 받아들임은 괴로운 데 괴로움이요, 다른 것들은 무너지는 괴로움이니라.

[疏] 文中에 亦有順逆이라 順中에 從相增說하야 以配三苦니 前五는 遷流相顯일새 名爲行苦요 觸과 受二支는 觸對生苦일새 故云苦苦요 餘는 但壞樂일새 故名壞苦라 老死壞生이 亦名壞苦라

■ 경문에 또한 ㉮ 순관과 ㉯ 역관이 있다. ㉮ 순관 중에 모양이 늘어난다는 말을 따라 세 가지 고통에 배대하였으니 (1) 앞의 다섯 지분은 변해 가는 모양을 밝혔으므로 행고(行苦)라 하였고, (2) 닿임과 느낌의 두 지분은 닿임에 상대하여 고통이 생기므로 고고(苦苦)라 하였으며, (3) 나머지 다섯 지분[愛- 老死]은 단지 즐거움이 무너지므로 괴고(壞苦)라 하였다. 늙고 죽음이 〈나기〉를 무너뜨리는 것을 또한 괴고(壞苦)라 하기도 한다.

[鈔] 順中에 自有三門하니 一, 隨相增減門이오 二, 實理徧通門이오 三, 三受分別門이라 上二는 卽唯識의 三苦分別門이오 第三은 卽三受分

別門이니 引論廣釋이라 今初는 卽隨相增減門이라 觸對生苦者는 因於苦緣하야 生於苦心이니 故云苦苦라 然其觸受가 旣通三受어늘 偏言苦苦者는 就增說故며 亦訶責故라 言老死壞生者는 此遮外難이니 恐有難言호대 老死는 無樂이어늘 何名壞苦오할새 故爲此釋이라 則壞苦가 有二하니 一者는 壞樂이오 二는 是壞業이니 正能壞生이 卽是壞業일새 得名壞苦니라

- ㉮ 순관 중에 자연히 세 문이 있으니 1) 모양을 따라 증가하고 감소하는 문이요, 2) 진실한 이치가 두루 통하는 문이요, 3) 세 가지 느낌으로 구분하는 문이다. 위의 1) 2) 두 문은 『성유식론』에서 주장한 세 가지 고통으로 구분하는 문이요, 3)은 세 가지 느낌으로 구분하는 문이니 논문을 인용하여 자세히 해석하리라. 지금은 1) 모양을 따라 증가하고 감소하는 문이다. '닿임에 상대하여 고통이 생긴다'는 것은 고통의 반연으로 인해서 괴로운 마음이 생기나니 그래서 고고(苦苦)라 한다. 그러나 그 닿임과 느낌이 이미 세 가지 느낌으로 통하는 데 치우쳐 고고라고만 말한 것은, 증가한다는 주장에 입각한 까닭이며 또한 나무라고 책망하기 때문이다.

'늙고 죽음이 〈나기〉를 무너뜨린다'고 말한 것은 외부의 비난을 막는 말이다. 아마도 어떤 이가 힐난하되, '늙고 죽음은 즐거움이 없는데 어째서 괴고라고 하였는가?'라 할 것이므로 이렇게 해석한 것이다. 괴고(壞苦)가 둘이 있으니, 첫째는 즐거움을 무너뜨림이요, 둘째는 업을 무너뜨림이다. 바로 능히 〈나기〉를 무너뜨리는 것이 업을 무너뜨리는 것이므로 괴고라고 이름하였다.

㉯ 논문을 인용하여 자세히 해석하다[引論廣釋] 2.

ⓐ 바로 논경을 거론하다[正擧論] (若準 17上10)

[疏] 若準瑜伽와 唯識인대 十二支全分이 皆行苦攝이니 有漏法故요 十二支少分이 苦苦攝이니 十二支中에 各容有苦故요 十一少分에 壞苦所攝이니 以老死位中에 多無樂受니 依樂立壞일새 所以言無라
- 만일『유가사지론』과 『성유식론』에 준한다면 12지분 전체가 모두 행고(行苦)에 섭속될 것이니 유루의 법인 까닭이요, 12지분의 작은 부분은 고고에 섭속되나니 12지분 중에 각기 고통이 있음을 허용하기 때문이요, 11지분의 작은 부분에 괴고가 섭속된다. 늙고 죽음의 단계에서는 대부분 즐거운 느낌이 없나니, 즐거움에 의지하여 무너뜨림을 세웠으므로 '없다'고 말하였다.

ⓑ 소가가 논문을 해석하다[疏釋論] 4.
㉮ 괴고(壞苦)로 회통하다[會其壞苦] (若約 17下3)
㉯ 위의 괴고의 뜻을 해석하다[釋上老死無行之義] (若依)
㉰ 노사(老死)에는 사수(捨受)가 없다는 말을 해석하다
　　[釋成老死無捨受言] (以此)
㉱ 작은 부분과 전체에 대한 해석[釋少分全分] (二苦)

[疏] 若約壞生인대 如今經說이오 若依捨受하야 以立行苦인대 則除老死니 老死位中에 無容捨故라 以此三苦가 從三受生이니 謂苦受가 生苦苦요 樂受가 生壞苦요 捨受가 生行苦故라 二苦를 皆言少分者는 十二支中에 具三苦性하니 若是二苦인대 必是行苦니 故言全分이오 有是行苦나 而非二苦며 又是二苦가 各不攝二일새 故云少分이니라

■ 만일 〈나기〉를 무너뜨림에 의지한다면 본경의 설명과 같고, 만일 덤덤한 느낌[捨受]에 의지하여 행고(行苦)를 세운다면 늙고 죽음은 제외된다. 늙고 죽음의 단계에서는 사수(捨受)를 허용하지 않는 까닭이다. 이런 세 가지 고통이 세 가지 느낌에서 생겼으니 말하자면 괴로운 느낌이 고고(苦苦)를 나게 하고, 즐거운 느낌이 괴고(壞苦)를 나게 하고, 덤덤한 느낌[捨受]이 행고를 나게 하기 때문이다. '두 가지 고통을 모두 작은 부분이다'라고 말한 것은 12지분 중에 세 가지 고통의 체성을 갖추었다. 만일 두 가지 고통이라면 반드시 행고일 것이니, 그래서 전체라고 하였다. 〈존재〉가 행고이지만 두 가지 고통[苦苦, 壞苦]은 아니며, 또한 두 가지 고통이 각기 둘을 포섭하므로 '작은 부분'이라 하였다.

[鈔] 若準瑜伽下는 二, 引論廣釋이라 於中有二하니 先은 正擧論이오 即約實理徧通門이니 正唯識文이라 瑜伽도 同此라 若約壞生下는 第二, 以疏會釋이라 於中에 四니 一, 會壞苦를 可知로다 二, 若依捨受下는 釋上壞苦라 十一之言은 除老死故라 三, 以此三苦下는 釋成老死無捨受言이니 即三受分別門也라 四, 二苦皆言下는 釋少分全分이라 若是下는 諸有漏法이 刹那性故라 有是下는 釋二少分이라 而有二義하니 一, 二苦는 不徧捨受일새 故名少分이라 二, 又是下는 壞及苦苦가 各不相攝일새 兼無捨受니 故各不攝二라 以壞苦中에 無有苦受하고 苦苦之中에 無樂受故니라

● ㉡ 若準瑜伽 아래는 논문을 인용하여 자세히 해석함이다. 그중에 둘이 있으니 ⓐ 바로 논경을 거론함이요, 이것은 바로 진실한 이치가 두루 통하는 문에 의지한 부분이니 그대로 『유식론』의 문장이다. 『유가

론』도 같은 내용이다. ⓑ 若約壞生 아래는 소가가 회통하여 해석함이다. 그중에 넷이니 ㉠ 괴고(壞苦)로 회통함은 알 수 있으리라. ㉡若依捨受 아래는 위의 괴고에 대한 해석이다. 십일(十一)이란 말은 늙고 죽음을 제외하는 까닭이다. ㉢ 以此三苦 아래는 '노사(老死)에는 사수(捨受)가 없다'는 말을 해석함이니 바로 세 가지 느낌으로 구분하는 문이다. ㉣ 二苦皆言 아래는 작은 부분과 전체에 대한 해석이다. 若是 아래는 모든 유루의 법이 찰나의 체성인 까닭이다. 有是 아래는 두 가지 작은 부분에 대한 설명이다. 그러나 두 가지 이치가 있으니 1) 두 가지 고통은 사수(捨受)가 없으므로 작은 부분이라 하였다. 2) 又是 아래는 괴고(壞苦)와 고고(苦苦)가 각기 서로 포섭하지 않으므로 겸하여 사수(捨受)가 없으니 그래서 각기 둘을 포섭하지 못한다. 괴고(壞苦) 중에 고수(苦受)가 없고, 고고(苦苦) 중에는 낙수(樂受)가 없기 때문이다.

㉯ 역관[逆觀] (逆觀 18上8)

無明滅에 行滅者는 是三苦斷이니라
무명이 멸하면 행이 멸한다 함은 세 가지 괴로움이 끊어지는 것이니라."

[疏] 逆觀을 可知로다
■ ㉯ 역관은 알 수 있으리라.

㊁ 대비로 수순하는 관법[大悲隨順觀] 4.

① 관법의 명칭을 총합하여 해석하다[總釋觀名] (二約 18上9)
② 바른 해탈을 거론하여 삿된 해탈을 물리치다[擧正折邪] (眞解)
③ 망녕된 해탈을 밝히려고 참된 해탈을 거론하다[顯妄擧眞] (故下)
④ 이 문에 대해 별도로 해석하다[別釋此門] (今此)

[疏] 二, 約大悲隨順觀이라 此下四段은 當第四求異解脫이니 謂不識眞解脫하고 求三界苦等하야 爲解脫故로 名之求異370)니라 眞解脫者는 有四種相하니 一은 離一切苦相이오 二는 無爲相이오 三은 遠離染相이오 四는 出世間相이라하니 此四가 卽涅槃의 樂常淨我니 故로 涅槃에 云,371) 於世間法에 自在遠離를 名爲我故라하니라
故下四段에 經에서 明其但有四妄하고 而無四德이라 今此는 明其有苦無樂이니 故로 論에 云, 彼行苦事隨逐하야 乃至無色有縛이라하나니 彼計無色하야 爲涅槃者가 豈非妄苦耶아

■ ㉢ 대비로 수순하는 관법이다. 이 아래 네 문단은 ㉣ 별다른 해탈을 구함에 해당한다. 말하자면 참다운 해탈을 알지 못하고 삼계의 고통 따위를 구하여 해탈을 삼는 연고로 '다른 것을 구한다'고 이름하였다. "참다운 해탈에 네 가지 모양이 있으니 (1) 온갖 고통을 여읜 모양이요 (2) 하염없는 모양이요, (3) 더러움을 완전히 떠난 모양이요, (4) 세간을 벗어난 모양이다"라고 하였다. 이런 네 가지가 곧 열반의 즐거움과 항상함과 깨끗함과 〈나〉이다. 그러므로 『열반경』에서는, "세간법에서 자재하게 완전히 여의는 것을 〈나〉라 이름하기 때문이다"라고 하였다.

---

370) 求異는 甲南續金本作異求.
371) 인용문은 『大般涅槃經』제35권 憍陳如品 제25의 ①의 내용이다. 經云, "佛言. 善男子. 我亦不說內外六入及六識意常樂我淨. 我乃宣說滅內外入所生六識. 名之爲常. 以是常故名之爲我. 有常我故名之爲樂. 常我樂故名之爲淨. ─"(대정장 권12 p. 844a26-)

그러므로 아래 네 문단의 경문[(g) 三苦集成門 (h) 因緣生滅門 (i) 生滅繫縛門 (j) 無所有盡門]에서는 다만 네 가지 망녕된 것만 있고 네 가지 덕이 없음을 밝혔다. 지금 이것은 고통은 있고 즐거움은 없음을 밝혔다. 그래서 논경에서는, "저 모든 지어 감의 고통스러운 일이 따라 일어나 무색계의 존재의 속박에 이른다"고 하였으니, 저들이 무색계를 계탁하여 열반으로 삼은 것이 어찌 망녕된 고통이 아니겠는가?

[鈔] 二約大悲下는 疏文有四하니 一, 總釋觀名이오 二, 眞解脫者下는 擧正折邪라 於中에 二니 先, 擧論文이오 後, 此四卽涅槃下는 疏釋上論이니 如次配其樂常德³⁷²⁾等이라 故涅槃云下는 唯證第四니 我相隱故라 三, 故下四段下는 顯妄擧正이오 四, 今此明其下는 別釋此門이니라

● ㈡ 約大悲 아래는 소문에 넷이 있으니 ① 관법의 명칭을 총합적으로 해석함이요, ② 眞解脫者 아래는 바른 해탈을 거론하여 삿된 해탈을 물리침이다. 그중에 둘이니 ㉮ 논경을 거론함이요, ㉯ 此四卽涅槃 아래는 소가가 위의 논문을 해석함이니, 차례대로 그 즐거움과 항상한 덕 따위를 배대하였다. 故涅槃云 아래는 오로지 (4) 세간을 벗어난 모양만 증명한 내용이니 <나>라는 모양이 숨은 까닭이다. ③ 故下四段 아래는 망녕된 해탈을 밝히려고 참된 해탈을 거론함이요, ④ 今此明其 아래는 이 문을 별도로 해석함이다.

㈢ 온갖 양상과 지혜로 행하는 관법[一切相智觀] (三約 18下9)

---

372) 樂常德은 南續金本作四德.

[疏] 三, 約一切相智인대 此當第七增上慢非增上慢이니 信入觀이라 不如實知하는 微苦我慢은 卽增上慢이라 若知微苦인대 非增上慢이니 不知令知를 名爲信入이니라

■ ③ 온갖 양상과 지혜로 행하는 관법이다. 이것은 (7) 잘난 체하고 잘난 체하지 않는 믿음으로 들어가는 관법에 해당한다. 사실대로 알지 못하는 작은 고통이나 〈나〉에 대한 거만함은 곧 잘난 체하는 거만함[增上慢]이다. 만일 작은 고통을 안다면 증상만이 아니니 모르던 것을 알게 하는 것을 '믿음으로 들어간다'고 이름한다.

[鈔] 三一切相觀이니 不如實知者는 此卽論文이오 從此卽下는 疏釋上論이라 然이나 論에 標名有增上慢이니 釋中卽無일새 故로 疏에 指論我慢이니 卽增上慢이라 從本說故라 從若知下는 釋非增上慢이오 言又不如實知者는 涅槃에 云聲聞有苦有諦라하니 而無眞實故니라

● ③ 온갖 양상과 지혜로 행하는 관법이니 ① '사실대로 알지 못한다'는 것은 논경의 문장이요, ② 此卽부터 아래는 소가가 위의 논문을 해석함이다. 그러나 논경에는 증상만이 있다고 표방하였으니 해석에는 없으므로 소가가 논경의 〈나〉에 대한 거만함이 곧 증상만(增上慢)이라고 지적하였으니 근본에서 말한 까닭이다. ③ 若知부터 아래는 증상만이 아님을 해석한 내용이다. 또 '사실대로 알지 못한다'고 말한 것은 『열반경』에 이르되, "성문에게는 고통도 있고 진리도 있다"고 하였지만 진리의 실다움[一佛乘]은 없기 때문이다.

(h) 인연으로 나고 없어지는 문[因緣生滅門] 3.

❖ 제6회 십지품 제6 現前地 (科圖 26-69 ; 珠字卷)

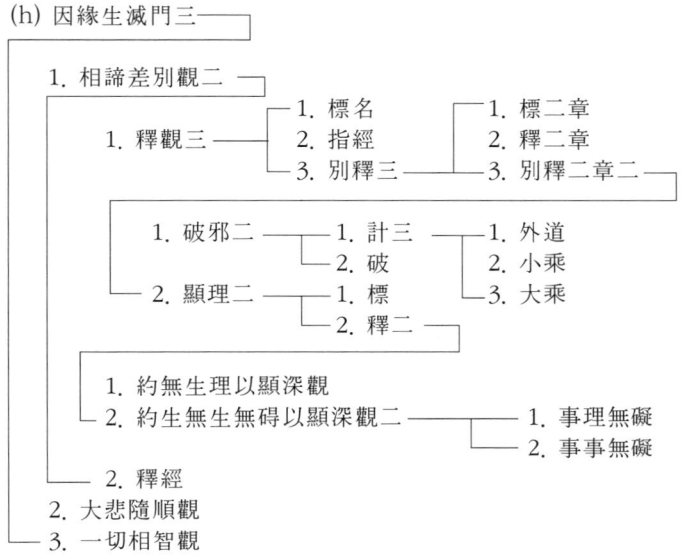

㊀ 양상적인 진리로 구분하는 관법[相諦差別觀] 2.

① 관법을 해석하다[釋觀] 3.

㉮ 명칭으로 표방하다[標名] (第八 19上6)

㉯ 경문을 지적하다[指經] (此門)

[疏] 第八, 因緣生滅이니 亦名從緣無性이라 初, 約一切智觀인대 此下三
門은 皆明深觀이라 謂四句求緣은 皆無有生이니 無生而生일새 故曰
深觀이라
此門은 明不自生不他生이요 第九門은 明不共生이요 第十門은 明不

無因生이라

■ (h) 인연으로 나고 없어지는 문이니 또한 '인연에 체성이 없음을 따른다'고 이름한다. ㊀ 양상적인 진리로 구분하는 관법에 의지한다면 여기부터 아래의 세 문은 모두 심오한 관법[6.深觀]을 밝힌 부분이다. 말하자면 네 구절로 연기를 구함에는 모두 〈나기〉가 없나니 남이 없이 나는 연고로 심오한 관법이라 이름한다.
이 (h) 인연생멸문은 스스로 나지도 남을 나게 하지도 않음을 밝혔고 (i) 생멸계박문은 함께 나지 않음을 밝혔고 (j) 수순무소유진문은 원인 없이 나지 않음을 밝힌 내용이다.

[鈔] 第八因緣生滅門이라 初觀文前에 有三하니 一, 釋觀名이니 二義로 名深이니 一은 無生故오 二는 生과 與無生이 無障礙故라

● (h) 인연으로 나고 없어지는 문이다. ① 관법에 대한 경문 앞에 셋이 있으니 ㉠ 관법의 명칭을 해석함이다. 두 가지 이치로 깊음을 말하였으니 1) 〈나기〉가 없는 까닭이요, 2) 〈나기〉와 남이 없음이 장애됨이 없기 때문이다.

㉯ 개별로 해석하다[別釋] 3.
㉠ 두 가름으로 표방하다[標二章] (釋此 19下2)
㉡ 총합하여 두 가름으로 해석하다[釋二章] (理外)

[疏] 釋此四句하면 略有二意하니 一은 破邪요 二는 顯理라 理外妄計를 日邪라하니 邪亡則理顯이요 理顯則惑亡이라 反覆相順인대 然이나 自他等四는 是計며 是依요 不之一字는 是藥이며 是理라 窮生之理하면 不

出自等이니 自等若無하면 生將安寄리오 故以不로 不之하면 則惑亡
理顯이리라

- 이 네 구절을 해석하면 대략 두 가지 의미가 있으니 (1) 삿됨을 타파
함이요, (2) 이치를 밝힘이다. 이치에서 벗어나 망녕되게 계탁한 것을
'삿되다'고 하나니 삿됨이 없으면 이치가 드러나고, 이치가 드러나면
미혹이 없어진다. 반복하여 서로 따른다면 그속에 자생(自生)과 타생
(他生) 따위의 넷은 계탁이며 의지함이요, '불(不)'이란 한 글자는 약이
며 이치이다. 태어나는 이치를 궁구하면 〈나〉 등에서 벗어나지 않
나니 〈나〉등이 없다면 〈나기〉가 장차 어찌 의탁하겠는가? 그러
므로 불(不) 자로 부정하면 미혹은 사라지고 이치가 드러나리라.

[鈔] 二, 此門下는 第二, 指經이오 三, 釋此四句下는 廣辨義相이라 於中
에 三이니 初, 雙標二章이오 二, 理外妄計下는 總釋二章이오
言是計是依者는 計는 是破邪之所요 依는 是顯理之所이며 是藥者는
是破邪之能이오 是理者는 是顯理之能이라 若望顯理면 理爲所顯이
오 今用不爲理하야 令於自等而見於理니 見理因不일새 故로 以不爲
能顯이니라 後, 窮生下는 彰破顯之功이라

- ㈀ 此門 아래는 경문을 지적함이요, ㈁ 釋此四句 아래는 자세하게
이치의 모양을 밝힘이다. 그중에 셋이니 ㉠ 두 가름으로 함께 표방함
이요, ㉡ 理外妄計 아래는 총합하여 두 가름으로 해석함이다.
'계탁이며 의지함이다'라고 말한 것에서 '계탁'은 삿됨의 의지처를 타
파함이요, '의지함'은 이치의 의지처를 밝힘이며, '약'이란 삿됨의 주체
를 타파함이고, '이치'는 이치의 주체를 드러냄이다. 만일 이치를 드러
내는 관점에서 바라보면 이치는 드러낼 대상일 것이다. 지금은 이치

가 되지 않음을 써서 자신 등으로 하여금 이치를 발견하게 하나니, 이 치의 원인이 아님을 발견한 연고로 드러내는 주체가 되지 못한다. ⓛ 窮生 아래는 타파하고 드러내는 공능을 밝힘이다.

ⓒ 두 문장을 개별로 해석하다[別釋二章] 2.
ⓐ 삿된 소견을 타파하다[破邪] 2.

ⓛ 계탁하다[計] 3.
㉮ 외도의 견해[外道] (然其 20上1)

[疏] 然其所計에 略有三類니 一者는 外道니 謂冥性爲自오 梵天爲他오 微塵和合爲共이오 自然爲無因이오 又此四計도 亦是僧佉衛世니 若提子勒沙婆也니라

■ 그런데 그 계탁하는 것에 대략 세 부류가 있으니 ㉮ 외도의 견해이다. 말하자면 명제(冥諦)의 체성으로 자생(自生)을 삼고 범천으로 타생(他生)을 삼으며, 작은 먼지가 화합함으로 공생(共生)을 삼고 자연으로 무인생(無因生)을 삼았으며, 또 이런 네 가지 계탁도 역시 상카 학파와 바이세시카 학파의 견해이니, 니건타야제자(尼犍陀若提子)나 륵사바(勒沙婆)373)와 같다.

[鈔] 三, 然其所計下는 別釋二章이니 先, 破邪中에 有二374)니 先은 計요

---

373) 륵사바(勒沙婆): 범어 Rsabha의 음사로 苦行이라 번역, 釋尊이전의 外道仙人. 古代印度에 성행하던 三種外道의 한 분으로 곧 尼犍子外道의 한 사람. 이들은 몸에 苦・樂의 二分이 있어서 現世에 고락을 모두 받으므로 苦가 다하면 樂이 자연히 온다고 주장한다.
374) 有는 南續金本作分之爲.

後는 破라 計[375]有三類하니 凡小는 如前夜摩偈說[376]이니라
- ㉢ 然其所計 아래는 두 가름을 개별적으로 해석함이니 ⓐ 삿된 소견을 타파함에 둘이 있으니 ① 계탁함이요, ⓑ 타파함이다. ① 계탁함에도 세 부류가 있으니 범부와 소승은 앞의 야마게찬품(夜摩偈讚品)의 설명과 같다.

㉤ 소승의 견해[小乘] (二小)
㉠ 대승의 견해[大乘] (三約)

[疏] 二, 小乘은 同類因을 爲自라 하고 異熟因을 爲他라 하며 俱有因은 爲共이라 하고 計無明支가 託虛而起를 亦曰無因이라 上計는 亦通大乘執相之者니라
三, 約大乘인대 果法을 爲自라 하고 衆緣을 爲他라 하며 合此爲共이오 離此에 爲無因이라 하니라 又賴耶自種이 爲自요 衆緣이 爲他요 合此가 爲共이오 離此가 爲無因이라 하니라 又法從眞起가 爲自요 從妄起가 爲他요 合此가 爲共이오 離此가 爲無因이니라

- ㉤ 소승은 동류인(同類因)을 자생(自生)이라 하고, 이숙인(異熟因)을 타생(他生)이라 하고, 구유인(俱有因)을 공생(共生)이라 하고, 무명의 지분이 허망함에 의탁해 일어나는 것을 또한 무인생(無因生)이라 한다. 위의 계탁은 또한 대승교법의 모양에 집착한 이들의 견해와 통한다.
㉠ 대승의 견해에 의지한다면 (1) 결과의 법을 자생이라 하고 여러 반연을 타생이라 하며, 이것을 합하면 공생이라 하고 이것을 여의면 무

---

375) 上四字는 南續金本作出計中乃.
376) 관련 게송은 야마게찬품의 力林菩薩의 게송이다. 經云, "《世間非自作이며 亦復非他作이로대 而其得有成이며 亦復得有壞로다 / 世間雖有成이며 世間雖有壞나 了達世間者는 此二不應說이로다》"(교재 권2 p.14-)

인생(無因生)이라 한다. (2) 또 아뢰야식의 자체 종자가 자생이 되고 여러 반연이 타생이 되며, 이것을 합하여 공생이 되고 이것을 여의면 무인생이 된다고도 말한다. (3) 또 진심에서 일어난 법이 자생이 되고 망념에서 일어난 법이 타생이 되며, 이것을 합한 법이 공생이 되고 이것을 여의면 무인생이 된다.

[鈔] 二小乘이라 言377)同類因者는 因果가 相似니 如善五蘊이 與善五蘊으로 展轉相望에 爲同類因이라 言異熟因者는 唯諸不善과 及有漏善을 相望故也라 言俱有因者는 如四大種을 更互相望이 爲俱有因이니라 三約大乘378)에 自有三義하니 前二는 通法相과 及無相宗이오 後一은 是法性宗이니 皆執法成病일새 故俱爲所破라 至顯理中하야 當知其相이니라

● ㉘ 소승의 견해이다. '동류인(同類因)379)'이라 말한 것은 원인과 결과가 비슷한 것이니 마치 선법의 오온이 선법의 오온과 점차 서로 배대할 적에 동류인이 된다. '이숙인(異熟因)'이란 오로지 모든 불선법과 유루의 선법만을 서로 배대한 까닭이다. '구유인(俱有因)'이란 마치 사대종을 서로 번갈아 배대함이 구유인이 된다.380) ㉙ 대승의 견해에 의지하면 자연히 세 가지 이치가 있게 된다. 앞의 둘은 법상종(法相宗)과 무상종(無相宗)의 주장과 통하고, 뒤의 하나는 법성종(法性宗)이니

---

377) 言은 南續金本作下.
378) 乘下에 續金本有下字.
379) 同類因은 6인 중의 하나이며, 동일한 부류로서 前時의 것이 後時의 것에 대하여 원인[因]이 되는 것을 말한다. 예를 들면 前時의 善心이 後時의 선심의 원인인 것 등이다. 等流果는 五果 중의 하나로서 6인 중 동류인과 遍行因에 의해 얻어지는 결과를 말한다. 後時의 결과가 前時의 원인과 동등 등류이기 때문에 이렇게 이름한다.
380) 소승에 6因·4緣·5果說이 있다. 俱有因은 6인 중의 하나로서, 동일한 시간에 자타가 서로 인과관계를 이루어 돕는 것을 말한다. 士用果는 5果 중의 하나로서, 구유인과 相應因의 작용에 의해 얻어지는 결과를 말한다. 士用은 사대부의 작용이라는 뜻으로서, 사대부의 힘에 의해 모든 사업을 성취하는 것과 같이, 구유인과 상응인의 작용에 의해 얻어지는 결과이므로 비유로써 그렇게 이름한 것이다.

모두 법을 고집하여 병통이 된 것이므로 함께 타파할 대상이 되었다.
ⓑ 이치를 밝힘에 가서 그 모양을 알게 되리라.

㈎ 논파하다[破] (所計 20下8)

[疏] 所計가 雖衆이나 但顯正理하면 諸計가 自亡이니라
■ 계탁한 것이 비록 여럿이지만 단지 올바른 이치만 드러낸다면 여러 계탁이 자연히 없어지리라.

[鈔] 所計雖衆下는 第二, 明破니 但指顯理하야 而爲能破니 同一不故라
● ㈎ 所計雖衆 아래는 논파함이다. 단지 이치를 드러냄만 지적하여 타파하는 주체로 삼았으니 똑같이 불 자(不字)를 쓴 까닭이다.

ⓑ 이치를 밝히다[顯理] 2.
㈎ 표방하다[標] (顯理 20下10)

[疏] 顯理가 復二니 一, 約無生하야 以顯深觀이오 二, 約生無生無礙하야 以顯深觀이라
■ ⓑ 이치를 밝힘이 다시 둘이니 ㉮ 무생의 이치에 의지해 심오한 관법을 밝힌 내용이요, ㉯ 생과 무생이 걸림 없음에 의지하여 심오한 관법을 밝힌 내용이다.

㈎ 해석하다[釋] 2.
㉮ 무생의 이치에 의지해 심오한 관법임을 밝히다[約無生理以顯深觀] 2.

Ⓐ 전전히 해석함에 의지하다[約展轉釋] (先中 21上1)

[疏] 先中에 略爲二解니 一, 約展轉釋이니 法從緣故로 不自生이라 旣無有自어니 對誰說他리오 又一切法이 總爲自故며 又他望於他에 亦是自故라 旣無有他일새 故不他生이라 自他가 不立이어니 合誰爲共이리오 有因도 尙不生이어니와 無因이 何得生이리요

■ ㉮에서 간략히 두 견해가 있으니 Ⓐ 전전히 해석함에 의지함이니 법이 반연에서 일어나는 연고로 자생(自生)이 아니다. 이미 자기도 없는데 누구를 상대하여 다른 것을 말하리오. 또 모든 법이 통틀어 자생이 되기 때문이며, 또 다른 것을 다른 것에 배대하면 또한 자생이 되는 까닭이다. 이미 다른 것이 없으므로 타생(他生)이 아니다. <나>와 다른 것이 성립하지 않는데 누구와 합하여 공생이라 하겠는가? 원인 있음도 오히려 나지 않는데 원인 없음이 어찌 <나기>를 얻겠는가?

[鈔] 顯理復二下는 第二, 顯理니 先은 標요 後는 釋이라 法從緣者는 卽對前果法하야 爲自요 衆381)緣이 爲他라 義說인대 通於二論이니 一은 通中論이니 靑目이 釋不自生云382)호대 萬物이 無有從自體生하고 必待衆因緣이라 復次若從自體生인대 則一法에 有二體니 一은 謂生이오 二는 謂生者라 若離餘因하고 從自體生者인대 則無因無緣이니라 又生更有生이며 生則無窮이라하니라 釋曰, 據此인대 卽以果體로 爲自也니라 二는 通對法이니 先明三句無生하고 後辨不礙三作호리라 初에 云,383) 不從自生者는 謂一切法이 非自所作이니 彼未生時에 無自性

---

381) 衆은 甲南續金本作種誤.
382) 인용문은『中論』觀因緣品 제1의 내용이다. (대정장 권30 p. 2b8-)
383) 인용문은『阿毘達磨雜集論』제4권 本事分中三法品 제1의 ④의 내용이다. (대정장 권31 p. 712c2-)

故라하니라 釋曰, 此之釋自가 同靑目意니라 論에 云, 不他生者는 謂彼諸緣이 非作者故요 不共生者는 卽由於此二種因故라하니라 釋曰, 二種因者는 卽指上二句니 自他二句라 各旣不生일새 合亦不生이라 後辨三作云호대 然이나 非不自作・他作因生일새 故로 甚深이라하니 此意는 以三作으로 釋不無因이니 故云緣望於果에 有功能故요 因望於果에 亦然일새 合上하야 爲三作故라 旣從三作하니 故非無因이로다
…〈下略〉…

- ⓑ 顯理復二 아래는 이치를 밝힘이니 ⓕ 표방함이요, ⓕ 해석함이다. '법이 반연에서 일어난다'는 것은 앞의 (1) 결과의 법에 상대하여 자생(自生)을 삼았고 여러 반연이 타생(他生)이 되었다. 이치로 말한다면 두 가지 논서와 통하나니 (1)『중론』과 통한다. 청목(靑目)스님[384]이 자생(自生)이 아님에 대해 해석하되, "'자체에서 나지 않는다' 함은 만물은 어느 것이나 자체에서 생기는 것이 없고, 반드시 뭇 인연을 빌려야 하기 때문이다. 또 다시 만일 자체에서 생긴다면 한 법에 두 자체가 있는 것이니, 하나는 나는 편이요, 또 하나는 내는 편이다. 만일 다른 인연을 제거하고 자체에서 생긴다면 인도 없고 연도 없는 것이 된다. 또 남에서 다시 남이 있다면 남은 다함이 없으리라"고 하였다. 해석한다면 이 논에 의거한다면 곧 결과의 체성으로 자체를 삼은 것이다. (2)『잡집론』과 통하나니 먼저 세 구절로 무생(無生)을 밝히고 뒤에 세 가지 지음[自作, 他作, 共作]에 걸림 없음을 밝히겠다. 첫 구절에서, "'자체적으로 생겨나지 않는다'는 것은, 일체법이 자체적으로 만들어지지 않는 것을 가리킨다. 그들이 태어나지 않은 때에는 자체적인 성품이 없기 때문이다"라고 하였다. 해석한다면 여기서 자체적

---

384) 청목(靑目): 범 Nilanetra. 인도 스님. 불기 1천 년경. 三論宗. 龍樹의 中觀論에 해석을 붙여 유명하다. 아래 번역문은 한글대장경『중론』p. 24-를 참고하였다.

으로 생겨나지 않음을 해석한 내용이 청목스님의 주장과 같다.『잡집론』에 이르되, " '다른 것에 의해 생겨나지 않는다'는 것은, 그러한 여러 반연도 창조자가 아닌 까닭이다. '함께 생겨나지도 않는다'는 것은, 이와 같은 두 가지 원인에 연유해서 말하는 것이다"라고 하였다. 해석한다면 두 가지 원인이란 곧 위의 두 구절을 가리킨 내용이니 자작과 타작의 두 구절을 뜻한다. 각기 이미 생겨나지 않으므로 합하여도 생겨나지 않는 것이다. 뒤에 세 가지 지음에 대해 밝히기를, "자체적으로 지음(自作)도 아니고 타율적으로 지음(他作)으로 인해 생기는 바도 아닌 까닭에 '아주 깊다'고 한다"고 하였다. 이런 의미는 세 가지 지음으로 원인 없음도 아님을 해석한 것이므로 반연을 결과에 비교하여 공능이 있는 까닭이요, 원인을 결과에 비교함도 마찬가지이므로 위와 합하여 세 가지 지음을 삼는 까닭이다. 이미 세 가지 지음으로 인하므로 원인 없음도 아닌 것이다. …〈아래 생략〉…

Ⓑ 인연의 형상을 뺏음에 의지한 해석[約形奪釋] 2.
㊀ 바로 해석하다[正釋] (二約 22下6)

[疏] 二, 約因緣形奪釋이니 故로 對法에 云, 自種有故로 不從他요 待衆緣故로 非自作이오 無作用故로 不共生이오 有功能故로 非無因이라하니 論解도 同此니라

■ Ⓑ 인연의 형상을 뺏음에 의지한 해석이다. 그러므로『잡집론(雜集論)』에 이르되, "자체 종자가 있으므로 타율적으로 지음도 아니고, 중연(衆緣)을 대기하는 까닭에 자체적으로 짓는 것도 아니다. 작용이 없는 까닭에 자타의 공통적으로 지음도 아니다. 공능이 있는 까닭에

원인 없이 지음도 아니다"라고 하였다. 논경의 해석도 이와 같다.

[鈔] 二, 約因緣者는 卽就前計하야 以因으로 爲自하고 以緣으로 爲他하야 而顯理也라 然이나 對法初散釋에 亦以破自로 爲先이라 故云, 又有差別하니 謂待衆緣일새 故非自作이오 雖有衆緣이나 無種子에 不生일새 故非他作이오 彼俱無作用일새 故非共作이오 種子와 及衆緣이 皆有功能일새 故非無因生이니 是故로 如是說自種有故로 不從他等이라하니 一如今疏니라 釋曰, 初句는 以自로 破他니 如於外法에 以穀子로 爲自하고 水等으로 爲他하며 內法에 識種이 爲自요 業種增上緣이 爲他라 若無種子면 決不生果니 故不他生이라 次句는 以他로 破自일새 故云待衆緣일새 故非自作이니라 次는 無作用故로 不共生이니 卽以和合無性으로 破共이니라 次는 有功能故로 非無因者는 以共으로 破無因言이라 論解同此者는 今取論解가 同對法也니 如下釋文中辨이라 彼論에 結云호대 若緣起理가 非自非他라하야 遣雙句者도 猶爲甚深이온 況總亡四句아 是故로 緣起가 最極甚深이라하니라

● ⒝ '인연의 형상을 뺌에 의지한다'는 것은 앞의 계탁에 입각하여 원인으로 자체를 삼고 반연으로 다른 것을 삼아서 이치를 밝힌 내용이다. 그러나 『대법론』의 장항 해석[散釋]에서도 자체를 타파함으로 앞세우고 있다. 그러므로 "또 차별이 있으니 이를테면 뭇 반연을 기다리는 까닭에 자체적으로 지음도 아니요, 비록 뭇 반연이 있지만 종자가 없으면 나지 않으므로 타율적으로 지음도 아니요, 저들이 모두 작용하지 않으므로 공통적으로 짓는 것도 아니요, 종자와 뭇 반연이 모두 공능이 있으므로 원인 없이 생겨나는 것도 아니다. 이런 까닭에 자체 종자가 있으므로 다른 것에서 나는 것도 아니라는 등으로 말한

다"고 하였으니 한결같이 지금의 소문과 같다. 해석한다면 첫 구절
은 자작으로 타작을 타파하였으니 마치 바깥 현상법에서 곡식의 씨
앗으로 자체를 삼고 물, 햇빛 등으로 다른 것을 삼으며, 내부의 교법
으로는 의식의 종자가 자체가 되고 업의 종자와 증상연이 다른 것이
된다. 만일 종자가 없으면 결정코 결과를 낳지 못하므로 타율적으
로 생기지 않는다. 다음 구절은 타작(他作)으로 자작(自作)을 타파한
연고로 뭇 반연을 기다리나니 그래서 자작이 아니다. 다음 구절은 작
용이 없는 까닭에 공통적으로 지음도 아니니, 화합하여 체성이 없는
것으로 공통적으로 지음을 타파하였다.

다음 구절은 '공능이 있는 까닭에 원인 없이 지음도 아니다'라는 것은
공통적으로 지음으로 '원인 없다'는 말을 타파하였다. '논경의 해석도
이와 같다'라고 말한 것은 지금은 논경의 해석이 『대법론』과 같음을
취한 부분이니, 아래 ② 경문 해석385)에서 밝힌 내용과 같다. 저 논에
결론하되 "만일 연기의 이치가 자작도 아니요, 타작도 아니다"라고
하여 두 구절을 보낸 것도 오히려 매우 깊은데 하물며 총합하여 네
구절을 없앤 것이겠는가? 이런 까닭에 '연기법이 가장 심오하다'고 말
하였다.

三 비방을 해명하다[釋妨] (若爾 23下2)

[疏] 若爾인대 自種有故가 則是自生이어니 豈曰無生고 此乃假自하야 破
他언정 非立於自니라 次句는 假他遣自니 故로 中論에 云, 如諸法自
性하야 不在於緣中也라하니라 下二句도 例然이니 惟審詳之니라

---

385) 珠字卷 文中, 25上2- 에 ② 釋文 과목이 보인다.

- 만일 그렇다면 자체 종자가 있는 까닭에 자체적으로 생겨나는데 어째서 남이 없다고 하였는가? 이것은 자작(自作)을 빌려서 타작(他作)을 타파한 것이지 새롭게 자작(自作)을 세운 것은 아니다. 다음 구절은 타작(他作)을 빌려서 자작을 보낸 내용이다. 그래서 『중론』에서는, "모든 법의 제 성품은 인연 속에 있지 않나니"라고 하였다. 아래 두 구절도 그렇게 유례하였으니 오로지 자세히 살펴보아라.

[鈔] 若爾下는 釋妨揀濫이니 古人이 多以非無因이 是從因生일새 故爲此問答하고 引中論證하야 唯證假他破自라 以自로 破他等이니 已如前說故라 此論은 難見이니 意云, 汝立自性而能生者는 不合更假其餘因緣이오 若有自性호대 而復假緣인대 則此自性이 應在緣中이리니 今水土緣中에 無穀自性하니 明不自生이로다 下二句者는 即以無作用으로 破共이언정 非立無作用生이오 以共으로 破無因이언정 非立共386)也라 此는 別顯無生義니 故令審詳하야 使物로 莫濫이라 若顯甚深인대 次下에 當說하리라

- ㈢ 若爾 아래는 비방을 해명하고 잘못을 밝힘이다. 옛 어른들이 대부분 원인 없음이 아니라는 것을 원인에서 생겨남으로 잘못 알기 때문에 질문과 대답을 하였고, 『중론』을 인용하여 타작(他作)을 빌려서 자작(自作)을 타파한 것을 증명하였다. 자작으로 타작 따위를 타파한 것은 앞에서 이미 설명한 내용과 같다. 이 논리는 알기 어렵나니 의미로 말하면 "네가 자체 성품을 생기는 주체로 건립한 것은 다시 그 나머지 인연을 빌린 것은 합당하지 않고, 만일 자체 성품이 있고 다시 반연을 빌리면 이 자체 성품이 응당 반연 속에 있을 것이니 지금

---

386) 立共은 甲本作立, 南本作立因, 續金本作因立皆誤.

의 물이나 흙의 반연 속에 곡식의 자체 성품은 없나니 자체적으로 생기지 않음을 밝혔다.

아래 두 구절은 곧 작용이 없는 것으로 공통적으로 지음을 타파한 것이지 작용이 없으므로 생겨남을 건립한 것은 아니며, 공통적으로 지음으로 원인 없음을 타파한 것이지 공통적으로 지음을 세운 것은 아니다. 이것은 별도로 남이 없음을 드러낸 부분이므로 하여금 자세히 살펴서 중생들이 잘못 알지 않게 한 내용이다. 만일 매우 깊음을 밝히려면 다음 아래에 가서 설명하리라.

㉔ 생과 무생이 걸림 없음에 의지하여 심오한 관법임을 밝히다
[約生無生無碍以顯深觀] 2.
Ⓐ 현상과 이치가 걸림 없다[事理無礙] (二 約 24上3)
Ⓑ 현상과 현상이 걸림 없다[事事無礙] (此復)

[疏] 二, 約無礙者는 但因緣生果에 各有二義하니 謂全有力과 全無力이라 緣望於果에 若全有力인대 則因全無力일새 故云因不生이니 緣生故로 云不自生이라 二, 因望果에 全有力도 亦然일새 故云緣不生이니 自因生故로 故不他生이라 三, 二力不俱일새 故不共生이오 四, 二無力이 不俱일새 故不無因이니라

此復二義니 一, 約用에 則力用이 交徹하야 有相入義니 謂有力이 攝無力故라 故로 十忍品에 云,[387] 菩薩이 善知緣起法하야 於一法中에 解衆多하고 衆多法中에 解了一等이라하니라 二, 據體에 有空不空하

---

387) 인용문은 十忍品 제29의 ⑤ 如幻忍의 경문이다. 經云, "佛子야 云何爲菩薩摩訶薩의 如幻忍고 佛子야 此菩薩摩訶薩이 知一切法이 皆悉如幻하야 從因緣起하야 於一法中에 解多法하며 於多法中에 解一法이니."(교재 권3 p.99-)

야 有相卽義니 謂非但因力歸緣이라 亦乃因體가 由緣而顯하야 全攝同緣호대 因如虛空이라 故로 上文에 云,[388] 一卽是多며 多卽一等이라하니라 力無力이 必俱일새 故常相卽入이니 是爲無盡大緣起甚深之觀이니라

■ ㊝ '생과 무생이 걸림 없음에 의지한다'는 것은 단지 원인과 반연으로 생긴 결과에 각기 두 가지 이치가 있으니, 하나는 완전히 세력 있음과 하나는 세력 없음을 말한다. (1) 반연은 결과와 비교할 적에 만일 완전히 세력이 있다면 완전히 세력 없음에서 연유하므로 '원인에서 나지 않는다'고 하나니, 반연에서 생기는 연고로 '자체적으로 생기지 않는다'고 말한다. (2) 원인을 결과와 비교할 적에 완전히 세력 있는 것도 마찬가지이므로 '반연에서 생기지 않는다'라고 하나니, 자체적 원인에서 생기는 연고로 '다른 것에서 생기지 않는다'라고 말한다. (3) 두 세력이 함께하지 않으므로 공통적으로 생기지 않는 것이요, (4) 둘이 세력이 없으면 함께하지 못하므로 '원인 없는 것도 아니다'라고 하였다. 여기에 다시 두 가지 이치가 있으니 (1) 작용에 의지하면 세력과 작용이 서로 통하여 모양으로 들어가는 이치가 있다. 말하자면 세력 있음이 세력 없음을 포섭하기 때문이다. 그러므로 십인품(十忍品)에서는, "인연으로 생기는 줄을 잘 알고, 한 법에서 여러 법을 이해하며 여러 법에서 한 법을 이해한다"는 등으로 말하였다. (2) 체성에 의거하면 〈공〉과 〈불공〉이 있어서 서로 합치하는 이치가 있다. 말하자면 단지 세력으로 인해 반연에 들어갔을 뿐만 아니라 또한 원인의 체성이 반연으로 인해 드러나서 완전히 같은 반연을 포섭하여 원인이 허공과 같다. 그러므로 위의 십주품(十住品) 경문에서는, "하

---

388) 十住品 게송이다. 《一卽是多多卽一과 文隨於義義隨文이여 如是一切展轉成을 此不退人應爲說하며》(교재 권1 p.429-)

나가 곧 여럿이며 여럿이 곧 하나이다" 등으로 말하였다. 세력 있음과 세력 없음이 반드시 함께하는 연고로 항상한 모양으로 합치하고 들어가나니 이것은 그지없는 대연기[無盡大緣起]의 매우 심오한 관법이 된다.

[鈔] 二約無礙下는 此門을 更分爲二니 先, 明事理無礙니 無力故로 無生이오 有力故로 不礙生이라 則生이 不礙無生이오 無生이 不礙生이라 亦取前對法偈明之에 而用意有別이나 亦同初門의 不自生과 非不自作 等이니 則上三句는 顯不生이오 第四句는 不礙無作이니라 此復二義下는 依此力無力하야 成於事事無礙法門이니 謂成相入과 及相卽義니 如前玄中하니라

● ㉔ 約無礙 아래는 이 문을 다시 둘로 나누었으니 Ⓐ 현상과 이치가 걸림 없음을 밝힘이다. 세력이 없는 연고로 남이 없는 것이요, 세력이 있는 연고로 남에 걸리지 않는다. 다시 말하면 남이 남이 없음에 걸리지 않고, 남이 없음이 남에 걸리지 않는다는 뜻이다. 또한 앞의『잡집론』의 게송을 취하여 밝힌다면, 작용의 의미는 다른 점이 있지만 또한 첫째 문[㉓ 約無生理以顯深觀]의 자체로 생기지 않음과 자체적으로 지음이 아닌 것도 아닌 따위와 같다. 말하자면 위의 세 구절은 나지 않음을 밝힌 내용이고, 넷째 구절은 짓지 않음에 걸림 없음이다.

此復二義 아래는 이런 세력 있음과 세력 없음에 의지하여 현상과 현상이 걸림 없는 법문을 이룬다. 말하자면 서로 들어가고 서로 합치하는 이치를 이루나니 앞의 현담(玄談)의 내용[389]과 같다.

---

[389] 6. 旨趣玄微에서 (2) 事事無礙 부분에 보인다. (天字卷; 理隨 31上10)

② 경문을 해석하다[釋經] 3.
㉮ 순관(順觀) (文中 25上2)

> 復次無明緣行者는 無明因緣이 能生諸行이요 無明滅行滅者는 以無無明에 諸行亦無니 餘亦如是니라
> "또 무명이 행의 연이 된다 함은 무명의 인연으로 여러 행을 내는 것이요, 무명이 멸하면 행이 멸한다 함은 무명이 없으므로 여러 행도 멸함이니, 다른 것들도 역시 그러하니라."

[疏] 文中에 亦有順逆하니 初는 順觀中에 經에 云, 無明緣行者는 牒也오 無明因緣能生諸行者는 釋也라 論에 云, 有分이 非他作이오 自因生故라하니 此는 以不他生으로 釋經因字니 謂如行支가 唯從無明일새 故云自因이니 卽上의 自因觀也라

■ ② 경문에 또한 ㉮ 순관과 ㉯ 역관이 있으니 ㉮ 순관 중에 경에서 '무명이 지어 감의 반연이 된다'고 말한 것은 따온 것이요, '무명의 인연으로 여러 지어 감을 낸다'는 것은 해석이다. 논경에서는, "(1) 어떤 지분은 다른 이가 짓는 것이 아니니 자체적 원인으로 생기기 때문이다"라고 하였으니, 이것은 다른 것이 생기지 않음으로 경문의 인자(因字)를 해석한 부분이다. 말하자면 마치 지어 감의 지분이 오로지 무명에서만 일어나는 것과 같으므로 '자체적 원인'이라 하였으니 곧 위의 (c) 자업조성문의 자체적 원인의 관법[自因觀]390)이다.

---

390) ③ 自業助成門의 두 관법 중에 첫째, 他因觀이요, 둘째, 自因觀의 둘째에 해당한다.

㉯ 역관[逆觀] (二者)
㉰ 나머지와 유례하다[例餘] (餘並)

[疏] 二者는 非自作이오 緣生故라하니 此는 以不自生으로 釋經緣字니 謂 行支가 但假無明하야 爲緣이오 非有行自體가 在無明中하야 從自而 生은 卽他因觀이니 但取揀餘不親生故로 名因이오 顯前非後일새 疏 故 名緣이언정 非謂四緣之因緣也라 餘並可知로다

■ "(2) 자체적으로 짓는 것도 아니요, 반연에서 생기기 때문이다"라고 하였으니 이것은 자체적으로 생기지 않음으로 경문의 연 자(緣字)를 해석한 부분이다. 말하자면 지어 감의 지분이 단지 무명만 빌려서 반연으로 삼은 것이다. 말하자면 지어 감의 자체가 무명 속에 있어서 자체에서 생긴 것이 아니니 곧 다른 원인의 관법[他因觀]이다. 단지 나머지 직접 생기지 않음만 취하여 구분한 연고로 '원인'이라 이름하였고, 앞은 뒤가 아님을 밝히려고 소가가 '반연'이라 이름한 것이지 네 가지 반연 중의 (1) 인연을 말한 것은 아니다. 나머지는 경문과 함께 하면 알 수 있으리라.

[鈔] 文中亦有下는 第二, 釋文이오 此以不他生下는 是疏釋論[391]이라 論 云有分者는 分은 卽支也[392]라 從二者非自作者는 亦是論文이오 餘 皆疏釋이라
言非謂下에서 此句는 揀濫이니 以古德이 釋云호대 無明을 望行에 無 因緣義로대 而言因緣者는 有[393]二義하니 一은 自種이 爲因이오 無明

---

391) 上十九字는 南金本無; 論은 金本作中論誤.
392) 也는 南續金本作義; 此下에 南金本有此以不他生下是疏釋論, 續本無下字 餘同.
393) 有는 甲南續金本作有其.

이 爲緣이니 此二를 合說일새 故云因緣이라 然이나 隱此親種하고 顯彼勝緣일새 故云無明因緣也라 二는 但彼增上緣이 望自增上果에 還是親因이니 故說無明이 爲行因緣이라하니 此解는 失意일새 故今揀之라 若取有力增上하야 揀無力增上하야 爲親因者인대 於理엔 則可나 然亦非因緣이니 故爲失意也니라

後, 例餘者는 謂其餘支와 及與逆觀이니 謂順觀에도 尙卽自他가 不生이언정 逆觀에 豈有自他可滅가

● ② 文中亦有 아래는 경문을 해석함이다. ㉮ 此以不他生 아래는 ㉠ 소가가 논경을 해석함이다. '논경에서 어떤 지분'이라 말한 것에서 분(分)은 지분의 뜻이다. '(2) 자체적으로 짓는 것도 아니다'라는 것은 또한 논경의 문장이요 나머지는 모두 소가의 해석이다. ㉡ 非謂 아래에서 이 구절은 잘못을 가려냄이다. 옛 어른들이 해석하되, "무명으로 지어 감에 배대하면 인연의 이치는 없지만 인연이라 말한 것은 두 가지 이치가 있는 까닭이다. 1) 자체 종자가 원인이요, 무명이 반연이 되나니, 이 둘을 합하여 말하는 까닭에 인연이라 한다. 그러나 이런 직접적인 종자는 숨고 저 뛰어난 반연을 드러내는 연고로 무명의 인연이라 말하였다. 2) 단지 저 증상연(增上緣)이 자체적인 증상과에만 배대하면 도리어 직접 원인이 되나니, 그래서 무명이 지어 감의 인연이라 말한다"라고 하였다. 이런 해석은 의미를 잃을까 봐 지금 구분하였고, 만일 세력 있는 증상연을 취하고 세력 없는 증상연을 가려내어 직접 원인으로 삼는다면 이치로는 옳겠지만 그 또한 인연인 것은 아니다. 그래서 의미를 잃는 것이 된다.

㉰ 나머지와 유례함은 그 나머지 지분과 역관(逆觀)을 말한다. 예컨대 순관(順觀)에도 오히려 자체와 다른 것이 생기지 않는데 역관에 어

찌 자체와 다른 것이 없어질 수 있겠는가?

㊂ 대비로 수순하는 관법[大悲隨順觀] (二 約 25下10)

[疏] 二, 約大悲觀이니 卽異求中에 計非想等하야 以爲涅槃이며 又計妙行하야 爲解脫者니 非是常德이오 但是生滅일새 故可悲之니라

■ ㊂ 대비로 수순하는 관법이니 곧 특별한 해탈을 구하는[求異解脫] 중394)에 비상비비상천 따위를 열반이라 계탁하며, 또 묘한 행법을 해탈로 계탁하나니, 항상한 덕은 아니요, 단지 나고 없어짐일 뿐이므로 가엾이 여길 일이다.

[鈔] 又計妙行者는 以六行伏惑으로 爲解脫者의 解脫因故라 旣有欣厭心하니 亦生滅耳니라

● '또 묘한 행법을 해탈로 계탁한다'는 것은 여섯 가지 행법395)으로 미혹을 조복하는 것으로 해탈을 삼는 이의 해탈하는 원인이 되기 때문이다. 이미 좋아하고 싫어하는 마음이 있으니 또한 나고 없어짐일 뿐이다.

㊃ 온갖 양상과 지혜로 행하는 관법[一切相智觀] 3.
① 진제와 속제에 의지한 해석[約眞俗釋] (三 約 26上4)

[疏] 三, 約一切相智觀이니 此와 及後門은 名無始觀이라 此有二意하니 一은 若約俗說인대 因緣이 爲生滅之本이오 生死가 無際일새 故로 因緣

---

394) 三觀攝十門說(關字卷 22上8)을 참고하면 異求는 求異解脫을 가리킨다.
395) 厭下麤苦障하고 欣上靜妙離함을 말한다.

無始라 二는 約眞說인대 見法緣集하야 無有本性可依일새 故名無始라 卽淨名에 云,[396] 從無住本하야 立一切法이라하니라

- ㊂ 온갖 양상과 지혜로 행하는 관법이니 이 (h) 인연생멸문(因緣生滅門)과 다음의 (i) 생멸계박문(生滅繫縛門)은 (8) 시작 없는 관법에 해당한다.[397] 여기에 두 가지 의미가 있으니 ① 만일 속제에 의지하여 말한다면 인연이 나고 죽는 근본이 되며, 나고 죽음이 일정한 시제가 없으므로 인연은 시작함이 없다. ② 진제에 의지하여 말한다면 법은 반연이 모인 것으로 본다. (따라서) 의지해야 할 본성이 없으므로 '시작이 없다'고 말한다. 『유마경』에서는, "머물지 않는 근본으로부터 모든 법을 건립한다"고 하였다.

② 결론하여 보여서 비방을 해명하다[結示通妨] (故染)
③ 논경을 인용하여 시작 없음을 밝히다[引論明無始] (論云)

[疏] 故로 染淨眞性이 皆無始終이나 顯染可除일새 但云無始라 餘如別說하니라 論에 云, 中際因緣生일새 故後際生이라하니 卽擧此第八門이오 隨順縛故는 卽第九門이니 謂但一念從緣生이 卽是不生이니 故無始也라 不言初際生者는 意顯無初故니 今不起妄에 卽不生故니라

- 그러므로 잡염과 청정의 참된 성품은 모두 시작과 끝이 없지만 제거해야 할 잡염을 드러내려고 단지 '시작이 없다'고만 말한다. 나머지는 개별적으로 설한 내용과 같다. 논경에서, "현재의 인연이 생기는

---

396) 인용문은 『維摩詰所說經』 中권 觀衆生品 제7의 내용이다. 經云, "文殊師利又問. 虛妄分別孰爲本. 答曰. 顚倒想爲本. 又問. 顚倒想孰爲本. 答曰. 無住爲本. 又問. 無住孰爲本. 答曰. 無住則無本. 文殊師利. 從無住本立一切法."(대정장 권14 p.547 c~)
397) 제20권의 91쪽 三觀攝十門說 도표 참고.

까닭에 미래가 생긴다"라고 하였으니 여기의 (h) 인연생멸문에 의거하는 것이요, '수순하여 속박하기 때문'이란 (i) 생멸계박문이다. 말하자면 단지 한 생각만 반연을 따라 생긴 것은 곧 생기지 않은 것이므로 시작이 없다는 뜻이다. '처음이 생긴다'고 말하지 않은 까닭은 의미로는 처음이 없음을 드러내었으니 지금은 망념을 일으키지 않으면 생기지 않은 것과 같다는 뜻이다.

[鈔] 此有二意者는 約俗은 是賢首意요 約眞은 是遠公意라 前中에 言生死無際者는 卽中論本際品에 云,[398] 大聖之所說은 本際를 不可得이라 生死가 無有始며 亦復無有終이라 若無有始終인대 中當云何有리요 是故로 於此中에 先後가 共亦無라하니라 釋曰, 據此에 則上二偈에 前은 是俗諦가 無始요 後偈는 便入眞諦라 而俗諦가 無終者는 約多人說故라 今直就事明인대 但有無始요 後意는 若[399] 約眞諦인대 俱無始終이어늘 何以但言無始요 今謂[400] 無明이 從空而起일새 故但云無始니라 下引淨名[401]하야 雙證二義하니 無住之本은 卽是眞諦요 立一切法은 卽是俗諦라 俗依眞立하니 眞旣無始에 俗亦無始라 而論에 但名爲無始하야 致令二德으로 各見不同이어니와 今疏에 以理而通하야 二德을 竝皆全取니라

- '여기에 두 가지 의미가 있다'는 것은 ① 속제에 의지한 설명은 현수(賢首)대사의 주장이요, ② 진제에 의지한 설명은 혜원법사의 주장이다. ①에서 '나고 죽음은 일정한 시제가 없다'라고 말한 것은 『중론』본제품(本際品)에 이르되, " '대성(大聖)께서 말씀하신 바 본제를 얻을

---

398) 대정장 권30 p.16-.
399) 上三字는 甲南續金本作二; 下諦는 甲本無, 南續金本作說.
400) 謂는 甲續金本作爲.
401) 上四字는 南續金本作卽淨名下.

수 없다 하심은 생사에 시작이 없고 마지막도 없다는 뜻이네 / 만일에 시작과 마지막이 없다면 중간이 어떻게 있을 수 있으랴! 그래서 여기에는 시작과 마지막이 모두 없다네"라고 하였다. 해석한다면 이것에 의거하면 위의 두 게송 중에 앞 게송은 속제가 시작이 없으며, 뒤 게송은 단박에 진제에 들어간다는 뜻이다. 그러나 '속제가 끝이 없다'는 것은 많은 사람에 의지해 말한 부분이다. 지금은 바로 현상에 입각하여 밝힌다면 단지 시작이 없음만 있고, 뒤의 의미는 진제에 의지한다면 모두 시작과 끝이 없을 것인데 어째서 단지 '시작이 없다'고만 말하였는가? 지금 말한다면 무명이 <공>에서 일어났으므로 단지 '시작이 없다'고만 하였다. 아래는 『유마경』을 인용하여 두 가지 이치를 함께 증명하였으니 머물지 않는 근본은 그대로 진제이고 일체법을 건립함은 그대로 속제이다. 속제는 진제에 의지하여 건립한 것이니 진제가 이미 시작이 없으니 속제도 또한 시작이 없다는 뜻이다. 하지만 논경에서는 단지 '시작이 없다'고만 하여 나아가 두 가지 덕으로 인해 각기 견해가 같지 않지만 지금 소에서 이치로 통하여 두 가지 덕을 동시에 모두 전체를 취하였다.

故染淨眞性者는 結示通妨이니 染之與淨은 卽上俗諦니 皆依無住일새 故無始終이라 言依無住者는 非依無住하야 展轉生來요 無住가 卽是實相異名이니 故無一法이 不同實相이라 眞性은 卽上約眞諦說이니 理無始終이라 顯染可除下는 通妨이니 妨云호대 何以但言無始오 할새 故爲此通이니라
餘如別說者는 然初地中에 已略顯示나 今更略明하리라 謂或說眞性은 無始無終하니 性無生滅이라 故恒沙性德은 依體說相이니 亦無始

終이라 證淨菩提에 有始無終이니 創修成故로 說之有始요 冥同眞性일새 故無有終이라 生死妄法은 無始有終이니 未曾離念일새 故無有始요 妄可斷故로 本有今無일새 故說有終이니라 若約以因招果說者인대 無明이 爲始요 老死가 爲終이라 有始有終이어니와 約智符理인대 理無始終일새 智亦無始라 不爾면 眞智가 不同眞故니라 妄法에도 有二에 亦無始終하니 一則從緣이니 擧體가 空故로 無可始終이오 二는 卽妄同眞일새 故無始終이 如波卽濕이라 同性無終이니 隨順觀俗이 卽眞諦故라 若有始終이면 不卽眞故라 故로 疏에 結云, 故染淨眞性이 皆無始終이라하니라

- '그러므로 잡염과 청정의 참된 성품'은 ② 결론하여 보여서 비방을 해명함이니, 잡염과 청정은 곧 위의 속제이니 모두 머물지 않음을 의지한 까닭에 시작과 끝이 없는 것이다. ㉮ '머물지 않음에 의지한다'고 말한 것은 머물지 않음에 의지하여 점차 생겨난다는 것이 아니요, 머물지 않음이 그대로 참다운 모양의 다른 명칭이다. 그래서 한 법도 참된 모양과 다른 것이 없다는 뜻이다. 참된 성품은 위의 진제에 의지해 말하였으니 이치는 시작과 끝이 없는 것이다. ㉯ 顯染可除 아래는 비방을 해명함이다. 비방하되, "어찌하여 단지 시작이 없다고만 말하였는가?"라고 하므로 이렇게 해명하였다.

'나머지는 개별적으로 말한 내용과 같다'라고 말한 것은 초지 중에 이미 간략히 밝혀 보였지만 지금 다시 대략 설명하겠다. 이를테면 어떤 이는 '참된 성품은 시작도 끝도 없다'고 말하나니 성품은 나고 없어짐이 없다는 뜻이다. 그래서 항하의 모래 수 같은 덕은 체성에 의지하여 모양을 말하였으니 또한 시작과 끝이 없다. 청정한 깨달음에는 시작도 끝도 없음을 증명하였으니 비로소 닦아서 성취한 까닭에 '시

작이 있다'고 하였고, 참된 성품과 명합하여 같아졌으므로 '끝이 없다'고 말한다. 나고 죽는 망녕된 현상법은 시작도 끝도 없나니 일찍이 생각을 여의지 못한 연고로 시작이 없고, 망심을 끊을 수 있는 까닭에 본래는 있었지만 지금은 없다. 그래서 '끝이 있다'고 말한다. 만일 원인이 결과를 초래함에 의지하여 설한다면 무명은 시작이 되고 늙고 죽음이 끝이 된다. (그래서) 시작과 끝이 있겠지만 지혜가 이치에 부합함에 의지한다면 이치는 시작과 끝이 없으므로 지혜도 시작이 없는 것이다. 그렇지 않으면 진실한 지혜가 진제와 같지 않을 테니 말이다. 망녕된 현상법에도 둘이 있을 적에 시작도 끝도 없나니, 1) 하나는 반연을 따르나니 체성이 모두 〈공〉한 만큼 시작하고 끝낼 것도 없으며, 2) 망녕이 진성과 같은 만큼 시작과 끝이 없는 것이 파도가 곧 습기인 것과 같다. 성품과 같아서 끝이 없으니 수순하여 속제가 곧 진제임을 관한 까닭이다. 만일 시작과 끝이 있으면 진제에 합치하지 않기 때문이다. 그러므로 소가가 결론하되, "그러므로 잡염하고 청정한 참된 성품이 모두 시작과 끝이 없다"고 하였다.

論云下는 引論牒釋이니 卽[402]合二門하야 爲一無始일새 故雙牒釋이니라 不言初際下는 通上의 中際因緣生言[403]이라 意顯無初故者는 約俗諦門에 無明이 無始故라 今不起妄下는 反釋論意하야 故云不生이니 今卽中際에 不起愛取어니 何有後際의 生老死耶아

● ③ 論云 아래는 논경을 인용하여 따와서 해석함이니 곧 두 문을 합하여 한결같이 시작이 없음이 되므로 동시에 따와서 해석하였다. ㉮ 不言初際 아래는 위의 '현재의 인연이 생기는 까닭에'라는 말과 통한

---

402) 卽은 南續金本作旣.
403) 言은 南續金本作故.

다. 의미로는 '처음이 없음을 드러내는 까닭'이란 속제의 문에 의지하면 무명이 시작이 없기 때문이다. ㉴ 今不起妄 아래는 논경의 의미를 반대로 해석하여 일부러 '나지 않는다'고 말하였으니, 지금은 현재에 애욕과 잡음을 일으키지 않는데 어째서 미래의 〈나기〉와 늙어 죽음이 있겠는가?

(i) 나고 없어짐에 속박되는 문[生滅繫縛門] 3.

㊀ 양상적인 진리로 구분하는 관법[相諦差別觀] 3.
① 순관[順觀] 3.
㉮ 경문을 따와서 공생(共生)의 이치를 질문하여 밝히다[牒明徵起共義]

(第九 28上4)

又無明緣行者는 是生繫縛이요 無明滅行滅者는 是滅繫縛이니 餘亦如是니라
"또 무명이 지어 감의 연이 된다 함은 태어남에 얽매여 속박됨이요, 무명이 멸하면 지어 감이 멸한다 함은 멸에 얽매여 속박되는 것이니, 다른 것들도 역시 그러하니라."

[疏] 第九, 生滅繫縛者는 亦名似有若無라 初의 一切智觀中에 明不共生이라 文中에 三이니 初, 順觀이라 經中에 但明無明爲緣縛行하야 令行으로 繫屬無明하나니 斯則緣生而爲不共者라

■ (i) 나고 없어짐에 속박되는 문이니 또한 있기도 하고 없기도 한 문[似有若無門]이라 이름한다. ㊀ 양상적인 진리로 구분하는 관법에서

공통적으로 생기지 않음을 밝혔다. 경문에 셋이니 ① 순관이다. 경문에서는 단지 무명이 반연이 되어 지어 감만을 속박하여 지어 감이 얽혀서 무명에 속하게 한다. 이렇다면 반연으로 생기는 것이지 공통적으로 생기는 것은 아니라는 뜻이다.

㈁ 논문을 거론하여 의미를 해석하다[擧論文解義] (論云 28上6)

[疏] 論에 云, 非二作이니 但隨順生故며 無知者故며 作時不住故라하나니
■ 논경에 이르되, "둘이 짓는 것이 아니며 단지 〈나기〉에 수순하는 까닭이며 아는 주체가 없는 까닭이며 짓는 때가 머물지 않기 때문이다"라고 하였다.

㈐ 소가가 논경을 해석하다[疏釋論文] 3.
㉠ 앞의 둘을 합하여 해석하다[合釋前二] (意謂 28上7)
㉡ 셋째 이치를 별도로 해석하다[別釋第三] (若爾)
㉢ 논문을 인용하여 증명하다[引論證明] (此同)

[疏] 意謂但行이 順無明緣하야 不得不生이언정 互無知者니 故非二作이라 若爾인대 但隨順生이 卽是共生이어니 何要知者리요 故로 末句에 云, 旣從緣生인대 則念念不住어니 誰爲共耶아 此同對法의 無作用故니라 又中論에 云, 和合이 卽無性이니 云何和合生고하니라
■ 의미로는 단지 지어 감이 무명을 따라 반연하여 어쩔 수 없이 나는 것이지 번갈아 아는 주체는 없다. 그래서 둘이 짓는 것이 아니다. 말하자면 단지 〈나기〉에 수순함이 공통적으로 생긴 것일 텐데 어째서

아는 주체가 필요하겠는가? 그러므로 마지막 구절에서 '이미 반연에서 생긴다'고 하였다면 생각 생각에 머물지 않을 것인데 누가 공통으로 생겨나겠는가? 이것은 『대법론』의 작용이 없음과 같다. 또 『중론』에서는, "화합은 체성이 없나니 어떤 것이 화합해서 나는 것인가?"라고 하였다.

[鈔] 第九生滅繫縛門이라 亦名等者는 生滅繫縛은 但順經文이오 似有若無는 卽是經意라 故로 論에 云不共生也라하니라 文中에 順觀之內에 有三하니 初, 牒經門하야 徵起共義요 二, 論云下는 擧論解釋이라 非二作은 是標요 但隨順下는 論有三釋하야 明不共義라 三, 意謂下는 疏釋論文이니 卽就論三義하야 展轉相承이라 疏有二節하니 先은 合釋前二요 後는 別釋第三이라 今初니 但行이 順無明하야 不得不生이 是第一意라 旣言隨順하나니 故明[404]緣會에 不得不生이 卽無生矣로다 二는 云何以隨順이 卽得無生고 行與無明이 二互相依하야 無知者故라 由上二義하야 故非自作이니라 二, 若爾下는 別釋第三義라 以不住로 釋上無知니 如河中水가 湍流奔逝일새 故無相知라
從此同對法下는 以論으로 證成이니 對法은 卽如前文[405]이라 又中論云은 卽是過意니 據文하면 卽因果品에 云,[406] 若因衆因緣하야 而有和合法인대 和合自不生이어니 云何能生果리요 如來品에 云, 陰合爲如來라 則無有自性等이 皆其義也니라

- (i) 나고 없어짐에 속박되는 문이다. 亦名 등이란 나고 없어짐에 속박됨은 단지 경문에만 따른 것이요, '있기도 하고 없기도 하다'는 것

---

404) 明은 甲南續金本作名.
405) 文下에 南續金本有中字.
406) 앞의 게송은 『中論』 觀因果品 제20의 게송(대정장 권30 p.27c4-)이고, 뒤의 게송은 『中論』 제4권 觀如來品 제22의 게송이다. (대정장 권30 p.30-)

은 경문의 의미이다. 그러므로 논경에서 "공통적으로 생기지 않는다"고 말하였다. 경문의 ① 순관에 셋이 있으니 ㉮ 경문을 따와서 공생(共生)의 이치를 질문함이요, ㉯ 論云 아래는 논경을 거론하여 해석함이다. '둘이 짓지 않는다'는 것은 표방함이요, 但隨順 아래는 논경에 세 가지 해석이 있어서 공생(共生)이 아닌 이치를 밝혔다. ㉰ 意謂 아래는 소가가 논경을 해석함이니, 곧 논경의 세 가지 이치에 입각하여 점차로 서로 힘입는 것이다. 소에는 두 부분이 있으니 ㉠ 앞의 둘을 합하여 해석함이요, ㉡ 셋째 이치를 별도로 해석함이다. 지금은 ㉠이니 다만 지어 감이 무명만을 따라 어쩔 수 없이 난다는 것이 첫째 의미이다. 이미 '수순한다'고 말하였으므로 '반연이 모이면 어쩔 수 없이 난다'는 것이 곧 남이 없는 이치이다. 어떻게 수순하는 것으로 남이 없음을 얻는가? 지어 감과 무명이 둘이 서로 의지하여 아는 주체가 없기 때문이다. 위의 두 가지 이치로 인해 자체로 짓는 것이 아니다. ㉡ 若爾 아래는 셋째 이치를 별도로 해석함이다. 머물지 않음으로 위의 아는 주체가 없음을 해석하였으니 마치 강물이 흘러 다투어 가는 연고로 서로 아는 것이 없음과 같다.

㉢ 此同對法부터 아래는 논문을 인용하여 증명한 내용이니 『대법론』은 앞의 문장과 같다. 또 중론을 말한 것은 허물의 의미를 내보인 것이다. 논문에 의거한다면 『중론』 인과품(因果品)에서는, "뭇 인연으로 인하여 화합하는 법이 있다면 화합은 스스로도 나지 못하거늘 어떻게 결과를 내리오"라고 하였고, 또 여래품(如來品)에서는, "오음이 합한 곳에 여래가 있다면 이것은 제 성품이 없다는 뜻이네"라고 하는 따위가 모두 그런 이치이다.

② 역관[逆觀] (次無 29上6)
③ 나머지와 유례하다[類餘] (三類)

[疏] 次, 無明滅下는 逆觀이니 謂滅은 但滅於繫縛이라 旣無共生이어니 安有共滅이리요 言有生滅이 皆是繫縛이라 三, 類餘를 可知로다
- ② 無明滅 아래는 역관이다. 말하자면 없어짐은 단지 속박만 없애는 것이니, 이미 공통적으로 생김이 없는데 어찌 공통적으로 없어짐이 있겠는가? '나고 없어짐이 있다'고 말한 것이 모두 속박이다. ③ 나머지와 유례함이니 알 수 있으리라.

[鈔] 次無明滅下는 逆觀下는 釋逆觀이니 但釋不共滅義라 生滅之相은 類前可知니라
- ② 無明滅 아래는 역관이요, 그 아래는 역관에 대한 해석이다. 단지 공통적으로 없어지지 않는 이치만 해석하였다. 나고 없어지는 모양은 앞과 유례하면 알 수 있으리라.

㈡ 대비로 수순하는 관법[大悲隨順觀] (二約 29下1)
㈢ 온갖 양상과 지혜로 행하는 관법[一切相智觀] (三約)

[疏] 二, 約大悲觀이니 謂彼外道가 異求非想天等하야 爲解脫者라 菩薩이 觀之호대 但是染縛이오 非是涅槃眞淨之德이라하니라 三, 約一切相智觀하야 明無始觀中에 隨順縛故而生이언정 非有本也니라
- ㈡ 대비로 수순하는 관법이다. 말하자면 저 외도들이 별다르게 비상비비상처천 따위를 구하여 해탈로 삼는다는 뜻이다. 보살이 관찰하

기를 "단지 잡염에만 속박된 것이요, 열반의 참되고 청정한 덕은 아니다"라고 하였다. ㊂ 온갖 양상과 지혜로 행하는 관법이니 시작 없는 관법에서 속박을 따르는 연고로 나는 것이지 근본이 있는 것은 아니다.

(j) 아무것도 없이 다하는 관찰을 따르는 문[隨順無所有盡門] 3.

㊀ 양상적인 진리로 구분하는 관법[相諦差別觀] 3.
① 순관[順觀] (第十 29下7)

又無明緣行者는 是隨順無所有觀이요 無明滅行滅者는 是隨順盡滅觀이니
"또 무명이 행의 연이 된다 함은 아무것도 없는 관찰을 따름이요, 무명이 멸하면 행이 멸한다 함은 다하여 멸하는 관찰을 따름이니,

[疏] 第十, 無所有盡觀이니 亦名泯同平等이라 三觀之中에 初는 一切智觀이니 卽深觀中에 顯非無因이라 經亦三節이니 初는 順觀中에 由行從無明緣生하니 緣生이 卽無性일새 故云隨順無所有요

■ (j) 아무것도 없이 다하는 관찰을 따르는 문이며 또 없애서 모두 평등한 문[泯同平等門]이라고도 이름한다. 세 가지 관법 중에 ㊀ 양상적인 진리로 구분하는 관법이니 곧 심오한 관법 중에 원인 없는 것이 아님을 밝힌 내용이다. 경문에도 세 부분이 있으니 ① 순관 중에 지어 감으로 인해 무명에서 나기를 반연하나니, 나기를 반연함이 곧 체성

이 없는 것이므로 "아무것도 없음을 따른다"고 하였다.

② 역관[逆觀] 2.
㉮ 본경을 해석하다[釋當經] (次逆 30上1)
㉯ 두 경전과 회통하다[會二經] (然會)

[疏] 次는 逆觀中에 滅亦緣滅이오 緣滅이 無滅이니 方順盡滅之理라 然이나 論經의 順觀에 云, 是隨順有者는 顯無性緣生이니 故不能不有라 二經이 雖殊나 同明緣生일새 故非無因이라 無因이 何失고 若無因生인대 生應常生이오 非不生也라 何以故오 無定因故라 此卽縱破라 亦可恒[407]不生이니 何以故오 無因生故니 此卽奪其生義라 故로 無因生이 非佛法所樂이니 以無因能生이 大邪見故니라

■ ② 역관 중에 멸함도 반연이 멸하는 것이요, 반연이 멸함은 멸함이 아니니 비로소 모두 멸한다는 이치를 따르게 된다. 그러나 논경에서 순관에 대해 말하되 "'〈존재〉에 수순한다'는 것은 체성이 없음에서 반연하여 생김을 밝힌 것이므로 어쩔 수 없이 있는 것이다." 두 경전이 비록 다르지만 함께 반연에서 생김을 밝혔으므로 원인 없음이 아니다. 원인이 없다면 무엇이 잘못인가? 만일 원인 없음에서 생긴다면 생김은 항상 생김이어야 하고 생기지 않음이 아닐 것이다. 무슨 까닭인가? 정해진 원인이 없기 때문이다. 이것은 놓아서 타파[縱破]한 논리이다. 또한 항상 생기지 않을 수도 있을 테니, 무슨 까닭인가? 원인 없음에서 생겼기 때문이다. 이것은 그 생긴다는 이치를 뺏은 논리[奪破]이다. 그러므로 원인 없이 생기는 것은 불법에서 좋아하는 논리가

---

407) 恒은 南續金本作常, 論原本作恒.

아닐 것이니, 원인 없이 생길 수 있는 것은 크나큰 삿된 소견[大邪見]이기 때문이다.

[鈔] 第十無所有盡門이라 然論經下는 二, 會二經이라 今經兩段에 皆隨順無所有요 若論經順觀中인대 經論이 皆隨順有요 逆觀에야 方云隨順無所有盡이라하니 疏家가 但含順觀之中에 順有順無요 逆觀은 義同일새 所以不會라 今經은 取緣生無性이요 論經은 卽無性緣生이라 二義가 相成이니 故同遣無因이니라 無因何失下는 是論에 結無因之過라 無定因者는 若有定因인대 因會則生하고 不會에 不生이어니와 今無定因일새 故應常生이니라 故無因下는 結無因過라 中論에 云,[408] 無因은 乃成大過니 謂布施持戒하야도 應墮地獄이요 殺生偸盜하야도 則應生天이요 諸修妙行에도 無涅槃等이니라

● (j) 아무것도 없이 다하는 관찰을 따르는 문이다. ㈎ 然論經 아래는 두 경전과 회통함이다. 본경의 두 단락에 모두 아무것도 없음을 따르는 내용이요, 만일 논경의 순관에 의거한다면 본경과 논경이 모두 있음을 따르는 것이며, 역관에 가서야 비로소 "아무것도 없이 다하는 관찰을 따른다"고 말할 수 있다. (그래서) 소가는 단지 순관 가운데 있음도 따르고 없음도 따르는 것이 포함되었으며, 역관은 이치가 같으므로 알지 못하였다. 본경은 반연에서 생긴 것은 체성이 없음을 취하였고[因邊], 논경은 체성이 없이 반연으로 생긴 것[果邊]을 취하였다. 두 가지 이치가 서로 성립하나니 그래서 함께 원인 없음을 부인하였

---

408) 인용문은 아래 두 논문을 意取한 것으로 본다. 『中論』 觀因緣品 제1에 云, "若無因而有萬物者. 是則爲常. 是事不然. 無因則無果. 若無因有果者. 布施持戒等應墮地獄. 十惡五逆應當生天. 以無因故. 復次《如諸法自性 不在於緣中 以無自性故 他性亦復無》"(대정장 권30 p. 2b13-) 觀成壞品 제21에 云, "若從無生有者. 是則無因. 無因則有大過. 是故不從非法生法. 不從非法生非法者. 非法名無所有. 云何從無所有生無所有. 如兎角不生龜毛. 是故不從非法生非法."(대정장 권30 p. 28c8-)

다. 無因何失 아래는 이 논경에서 원인 없는 허물로 결론한 내용이다. '정해진 원인이 없다'는 것은 만일 정해진 원인이 있다면 원인이 모이면 생기고 모이지 않으면 생기지 않겠지만 지금은 정해진 원인이 없는 까닭에 항상 생기는 것이다. 故無因 아래는 원인 없는 허물로 결론함이다.『중론』에서는, "원인 없음은 마침내 큰 허물을 이룰 것이니 보시나 지계를 하더라도 응당 지옥에 떨어질 것이요, 살생과 도둑질을 저지르더라도 응당 천상에 날 수 있을 것이요, 미묘한 수행을 많이 닦더라도 열반을 얻지 못한다는 등이다"라고 하였다.

③ 나머지와 유례하다[類餘] (經/餘亦 29下6)

餘亦如是니라
다른 것도 역시 그러하니라."

㊂ 대비로 수순하는 관법[大悲隨順觀] (二 約 30下6)

[疏] 二, 約大悲隨順觀이니 即求異解脫中에 外道는 計非想과 無所有處 等하야 爲涅槃하니 以順有故며 非是出世故라 無我德이어늘 而妄計解脫하니 故可悲之니라

㊂ 대비로 수순하는 관법이니 ㉮ 특별한 해탈을 구하는 중에 외도는 비상비비상처천과 무소유처천 따위를 계탁하여 열반으로 삼았으니, <유>를 따르는 까닭이며 출세간이 아닌 까닭이다. <내>가 없는 덕[無我德]인데 망녕되게 해탈로 계탁하니 가여워할 일이다.

㊂ 온갖 양상과 지혜로 행하는 관법[一切相智觀] (三約 30下9)

[疏] 三, 約一切相智觀이니 當第九種種觀이라 此卽世諦觀이니 由隨順有故로 有欲色無色愛等之殊일새 故云種種이니 卽眞順有로 未失順無라 上來에 別釋十門은 竟하다

- ㊂ 온갖 양상과 지혜로 행하는 관법이니 (9) 갖가지 관법에 해당한다. 이것은 세속적 진리의 관법이니 〈유〉를 따르는 까닭에 욕계·색계·무색계의 애욕 등이 서로 다른 점이 있으므로 '갖가지'라 한 것이니, 진제에 합치하여 〈유〉를 따르면 〈무〉를 따름을 잃지 않는다. 여기까지 십문을 개별로 해석함[(ㄴ) 別明觀相]409)은 마친다.

[鈔] 此卽世諦觀者는 以論經에 云, 隨順有故라 從卽眞順有下는 會論經이 同410)今經이니 謂雖順有이나 虛相이 都盡하고 唯411)第一義諦일새 故云未失順無니라

- '이것은 세속적 진리의 관법'이라 말한 것은 논경에서 "있음을 따르는 까닭이다"라고 하였다. 卽眞順有부터 아래는 논경이 본경과 같다고 회통함이다. 말하자면 비록 〈유〉를 따르지만 텅 빈 모양이 모두 없어지고 오직 제일가는 이치뿐이므로 "〈무〉를 따름을 잃지 않는다"고 하였다.

ㄷ. 열 문의 명칭에 대해 총합 결론하다[總結十名] 3.

---

409) 別釋十門은 위의 現前地 1. 地行의 세 과목인 1) 勝慢對治 2) 不住道行勝 3) 彼果勝에서 2) 不住道行勝의 세 과목인 (1) 總明心境 (2) 別明觀相 (3) 總結十名에서 (2) 別明觀相(闕字卷 18上9)의 과목에 해당한다.
410) 經同은 甲南續金本作同經誤.
411) 唯는 甲南續金本作徹.

❖ 제6회 십지품 제6 現前地 科圖 (26-70 ; 珠字卷)

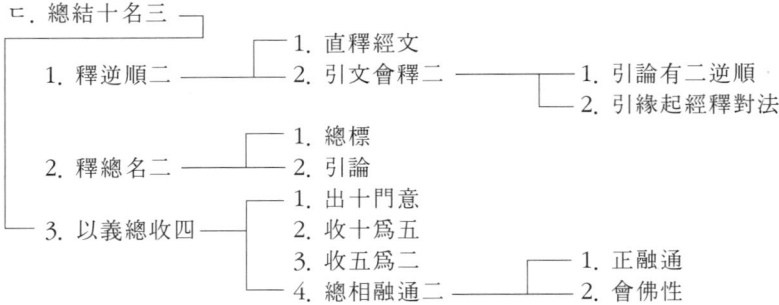

ㄱ) 역관과 순관에 대한 해석[釋逆順] 2.
(ㄱ) 곧바로 경문을 해석하다[直釋經文] (自下 31上9)

佛子여 菩薩摩訶薩이 如是十種順逆으로 觀諸緣起하나니 所謂有支相續故며 一心所攝故며 自業差別故며 不相捨離故며 三道不斷故며 觀過去現在未來故며 三苦聚集故며 因緣生滅故며 生滅繫縛故며 無所有盡觀故니라
"불자여, 보살마하살이 이렇게 순하고 역하여 모든 연기를 관찰하나니, 이른바 12인연이 계속하는 연고며, 한 마음에 포섭되는 연고며, 자기의 업이 다른 연고며, 서로 여의지 않는 연고며, 세 길이 끊어지지 않는 연고며, 과거와 현재와 미래를 관찰하는 연고며, 세 가지 괴로움이 모이는 연고며, 인연으로 나고 없어지는 연고며, 얽매여 속박됨을 내고 멸하는 연고며, 아무것도 없고 다함을 관하는 연고이니라."

[疏] 自下는 第三, 總結十名이라 旣云逆順觀察이라하나니 則前二門에 闕
逆觀者는 乃門略耳니라

- 여기부터는 ㄷ. 열 문의 명칭을 총합하여 결론함이다. 이미 '역관과 순관(順觀)으로 관찰한다'고 하였으니 앞의 두 문에 역관(逆觀)이 빠진 것은 문이 생략된 까닭이다.

[鈔] 自下는 第三總結下는 疏文有三하니 初는 釋逆順이오 二는 釋總名이오 三은 以義收束이라 初中에 二니 先은 直釋經이오 二는 引文會釋이라 今初412)니 言二門闕逆413)者는 卽一心所攝과 及自業助成門也라 所以無者는 但是略故라 若出所以者인댄 其一心所攝之中에 本末依持는 卽是順觀이오 初第一義心은 是攝末歸本이니 義當逆觀이니 故로 略無耳라 其自業助成順觀之中에 二業이 相顯이라 逆觀에는 應言無明이 若不迷於所緣하면 則不與行으로 作生起因하면 則似無明은 無用有體하니 故略無耳라 若欲着者인댄 應言若無無明이 迷於所緣이니 則不與行으로 作生起因이니 亦可著在일새 故云略無라 一心中에 應云호대 若不迷一心하면 則不起因緣이니 亦是逆義라 故로 下偈에 云, 心若滅者면 生死盡이라하나니 以此로 疏文에 但云略無라하나라

- 自下第三總結 아래는 소의 문장에 셋이 있으니 ㄱ) 역관과 순관에 대한 해석이요, ㄴ) 총합적인 명칭을 해석함이요, ㄷ) 이치로 거두어 묶음이다. ㄱ)에 둘이니 (ㄱ) 곧바로 경문을 해석함이요, (ㄴ) 경론을 인용하여 모아서 해석함이다. 지금은 (ㄱ)이니 '두 문에는 역관이 빠졌다'고 말한 것은 곧 (b) 일심소섭문과 (c) 자업조성문을 가리킨

---

412) 上鈔는 續金本無, 南本作第三總結十名.
413) 上五字는 南續金本作則前二門.

다. 없는 이유는 단지 생략한 것이니 그 이유를 내보인다면 (b) 일심 소섭문 중에 ② 근본과 지말이 의지하는 문[本末依持門]은 바로 순관에 해당하고, 처음의 제일가는 이치의 마음은 ① 지말을 거두어 근본으로 돌아가는 문[攝末歸本門]이니 이치로는 역관에 해당한다. 그래서 생략하여 없앤 것이다. (c) 자업조성문의 순관 속에 두 가지 업이 서로 드러내었으니, 역관에는 응당 무명이 만일 반연할 대상에 미혹되지 않는다면 지어 감이 생기인(生起因)이 되어 주지 않는다고 말할 것이다. 다시 말하면 무명은 작용은 없고 체성만 있는 것과 같은 연고로 생략했을 뿐이다. 만일 굳이 나타내려 한다면 "만일 무명이 반연할 대상에 미혹하지 않으면 지어 감이 생기인(生起因)이 되어 주지 않는다"고 해야 할 것이며, 또한 드러낼 수 있으므로 생략하였다. (b) 일심소섭문에도 응당히 "만일 한 마음을 미혹하지 않으면 인연을 일으키지 않는다"고 해야 할 것이니 역시 역관의 뜻이다. 그러므로 아래 게송에 이르되, "마음이 다한다면 생사도 없어"라고 하였으니 이런 까닭에 소문에 단지 '생략하였다'고만 말하였다.

(ㄴ) 경론을 인용하여 모아서 해석하다[引文會釋] 2.
a. 논경에 순관과 역관이 있음을 인용하다[引論有二逆順]
(然此 31下10)
b. 연기경을 인용하여 대법론을 해석하다[引緣起經釋對法] (故緣)

[疏] 然此逆順은 若對法第四인대 名爲染淨이오 染淨中에 各有逆順하니 論에 云,⁴¹⁴⁾ 雜染逆順故며 淸淨逆順故라 染中에 順者는 無明緣行

---

414) 인용문은『雜集論』제4권 本事分 중 三法品 제1의 ④의 내용이다. (대정장 권31 p.713a2-) [순과 역이란 잡염의 순과 역이 있기 때문이고, 청정의 순과 역이 있기 때문이다. 그리하여 연기가 순하고 역하는 이치를 해설하는

等故요 逆者는 謂誰老死集이며 乃至無明이라 故로 緣起經에 云, 由誰有故로 而有老死며 如是老死는 復由何緣고하니 初句는 推因이오 後句는 審因이니라 淸淨逆觀者는 無明이 滅則行滅은 順也요 由誰滅無故로 老死滅無는 逆也라하니라 今文은 略無하고 但約染淨하야 爲逆順耳니라

■ 그런데 이 역관과 순관을 『대법론』 제4권에 따르면 잡염과 청정이라 이름할 것이고, 잡염과 청정 중에 각기 역관과 순관이 있으니, 논에 말하였다. "(순과 역이란) 잡염의 순관과 역관이 있기 때문이고, 청정의 순관과 역관이 있기 때문이다"라고 하였다. 잡염의 순관은 '무명이 지어 감을 반연한다'는 등이요, 역관이란 이를테면 '무엇이 늙어 죽음의 모임이며 나아가 무명의 모임인가?'이다. 그러므로 『연기경』에서는, "무엇이 있음으로 인해 늙고 죽음이 있으며 이처럼 늙고 죽음은 다시 무슨 인연에 연유하는가?"라고 하였다. 첫 구절은 원인에 미루었고 뒤 구절은 원인을 찾는 것이다. " '청정의 역관'이란 '무명이 멸하면 지어 감이 멸한다'는 것은 순관이고, '무엇이 멸함으로 인해 늙어 죽음이 멸하는가?' 하는 것은 역관이다"라고 하였다. 지금 경문에는 생략하였고 단지 잡염과 청정에 의지하여 역관과 순관을 삼았을 뿐이다.

[鈔] 二然此逆順下는 引文會釋이니 先은 引論有二逆順이니 今經은 但一이라 次는 引緣起經[415]하야 釋於對法의 誰老死言이라 此有七十七智

것이다. '잡염의 순과 역'이란 그 유전하는 차례에 의지해서 말하는 것이다. '무명이 행을 연한다'고 말하는 것도 이와 같은 순서에 따라 말하는 것이다. 또는 진제의 안정된 건립에 근거해서 말하기도 하니, 노사의 고·노사의 집·노사의 멸·노사의 趣가 그 행을 멸했다고 말하는 것도, 이같이 뒤바뀐 순서에 따라 해설하는 것이다. 일체가 모두 '반연에서 생기는 것'에 해당되고 오직 법처·법계의 일부분과 모든 무위법만이 제외된다. 무인(無因)이나 불평등인(不平等因)을 〈나〉라고 집착하는 것을 버리기 위한 까닭에 '반연에서 생기는 것'을 관찰하게 되는 것이다.]

415) 次引은 南金本無, 經下에 南續金本有中字.

하니 謂十二因緣에 除無明支하고 餘十一支에 各有七故라 由誰有故는 卽是推因이니 推此老死가 從何因生하야 知從於生[416]이라 如是老死復由何緣은 卽是審因이니 謂審此老死가 定由何緣하야 定知因生이라 三世가 各二일새 故有其六이라 七은 卽法住智니 謂觀前所不攝諸有漏慧하야 徧知義故니 謂徧知三世緣起敎法이라 名前不攝이니以爲第七이라 前六은 眞實智요 此一은 法住智니 合成七智라 一切異生과 及諸聖者가 俱有此智라가 入見道位에 方有四十四智하니 近四諦故라 住敎等法은 是聞慧故로 名法住智요 如實而知는 是思修慧니 名眞實智라 此는 約染明逆이어니와 若淸淨逆인대 但改誰有爲誰滅耳라 然此逆順은 約支體說이니라 經以染淨으로 爲逆順者는 約順生死와 逆生死說이라 然上鈔에 云四十四智는 謂逆觀老死하야 以至於行하야 各作四諦觀說耳니라

- (ㄴ) 然此逆順 아래는 문장을 인용하여 모아서 해석함이다. 앞부분은 논서에 두 가지 역관과 순관이 있음을 인용하였으니 본경에는 하나뿐이다. 다음은 『연기경』을 인용하여 『대법론』의 '무엇이 늙어 죽음의 모임인가?' 하는 말을 해석한 내용이다. 여기에 70가지 지혜가 있으니 말하자면 12인연에서 무명의 지분을 제외하고 남은 11지분에 각기 일곱 가지가 있기 때문이다. '무엇이 있음으로 인해'는 원인에 미룸이니 이 늙어 죽음이 어떤 원인에서 생기는가? 미루어서 〈나기〉에서 생김을 아는 것이다. '이처럼 늙어 죽음은 다시 무슨 연에 연유하는가?' 한 것은 원인을 찾음이다. 말하자면 이 늙어 죽음이 반드시 무슨 연에 연유함을 찾아서 원인에서 생김을 결정코 아는 것이다. 삼세(三世)는 각기 둘이므로 여섯이 있음이 된다. 일곱 가지는 '법에 머

---

416) 生下에 南續金本有卽是推因, 甲本有如是推因.

무는 지혜[法住智]'를 가리키나니, 말하자면 앞에서 포함되지 않은 모든 유루의 지혜를 관하여 이치를 두루 아는 만큼 '삼세(三世)를 두루 아는 연기의 교법'을 말한다. 명칭은 앞에 포함되지 않았으니 그래서 일곱 번째이다. 앞의 여섯 가지는 진실한 지혜이고 이 하나는 법에 머무는 지혜를 말하나니 합하면 일곱 가지 지혜가 된다. 모든 이생중(異生衆)과 여러 성인들이 모두 이 77가지 지혜를 가지고 있다가 견도의 단계에 들어갈 적에야 비로소 44가지 지혜를 가지는 것이니 사성제에 가까운 까닭이다. 교도 등에 머무는 법은 문혜인 까닭에 법주지(法住智)라 하고, 사실대로 아는 것은 사혜(思慧)와 수혜(修慧)인 연고로 진실지(眞實智)라 이름한다. 이것은 잡염에 의지하여 역관을 밝힌 부분이지만, 만일 청정의 역관이라면 단지 수유(誰有)를 고쳐서 수멸(誰滅)로 바꾸었을 뿐이다. 그런데 이런 역관과 순관은 지분의 체성에 의지한 설명이다. 본경에서 잡염과 청정으로 역관과 순관을 삼은 것은 나고 죽음에 수순하고 나고 죽음에 거스름에 의지한 설명이다. 그러나 위의 초의 문장에 44가지 지혜를 말한 것은 늙어 죽음을 역관하여 지어 감까지 각기 사성제의 관법을 써서 말한 때문이다.

ㄴ) 총합적인 명칭을 해석하다[釋總名] 2.
(ㄱ) 총합하여 표방하다[總標] (言諸 33上1)

[疏] 言諸緣起者는 十二非一曰諸니 前前이 爲緣하야 令後後起라 又由煩惱繫縛하야 往諸趣中하야 數數生起일새 故名緣起라하며 亦云緣生이라 生卽起義니 亦約果說이니라
■ '모든 연기'라 말한 것은 12지분을 하나로 삼아 '모든'이라 말한 것은

아니니, 앞과 앞이 반연이 되어 뒤와 뒤를 일으킴을 뜻한다. 또 번뇌에 속박됨으로 인해 여러 갈래에 가서 자주 태어나는 연고로 '연에서 일어난다'고 하였으며, '연에서 생겨난다'고도 하였다. 생(生)은 곧 일어난다는 뜻이니 마찬가지로 결과에 의지한 설명이다.

[鈔] 言諸緣起下는 二, 釋總名이라 或名緣起에 自有二義하니 一은 通約十二緣이오 二는 以因對果說이라 次는 亦云緣生에 亦有二說하니 一은 生卽是起요 二는 亦約果說者는 卽生起義殊라 是俱舍意니 論에 云,[417] 如世尊說이 吾今爲汝하야 說緣起法과 緣已生法이라하나니 此二가 何異는 問也라 答有二義하니 一은 云, 且本論文에는 此二無別이라하니라 釋曰, 卽前疏文의 生卽起義요 後義는 卽是論主正釋이니 偈에 云, 此中에 意正說이라도 因起果已生이라하니라 釋曰, 世親이 明此契經中意니 十二有支가 爲因義邊에는 卽名緣起니 因起果故요 爲果義邊에는 皆名緣生이니 從緣生故라 故其十二가 所望이 不同이나 二義는 皆成이니라

● ㄴ) 言諸緣起 아래는 총합적인 명칭을 해석함이다. 혹은 연기라는 이름에 자연히 두 가지 뜻이 있으니 1) 통틀어 12가지 반연에 의지한다는 뜻이요 2) 원인으로 결과에 상대하여 말한다는 뜻이다. 다음에 '또한 반연에서 생긴다'고 함에도 두 가지 해석이 있으니 (1) 생(生)이 곧 일어남이요 (2) 또한 결과에 의지해 설명하면 생(生)과 기(起)의 뜻이 다르게 된다. 이것은 『구사론』의 주장이다. 논에 말하되, "세존께서 여러 비구들에게 말씀하시기를, '내가 마땅히 그대들을 위하여 연기법과 인연이 이미 생긴 법을 말하겠다'고 하셨다." 여기서 '이 둘이

---

417) 인용문은 『俱舍論』 제9권 分別世品 제3의 ②의 내용이다. (대정장 권29 p. 49c~)

어떻게 다른가?'라 한 것은 질문이다. 대답에 둘이 있으니 "첫째는 본
논의 글에 이의 둘이 다름없다"고 하였다. 해석한다면 앞의 소문에서
생(生)은 곧 '일어난다'는 뜻이요, 뒤의 이치는 바로 논주가 해석한 내
용이다. 게송으로 이르되, "이 경에서 말씀하신 뜻은 원인[因]이 일어
나면 결과[果]가 생긴다는 것이네"라고 하였다. 해석한다면 세친보살
이 이 계송의 의미를 밝혔으니, 12지분이 먼저 원인의 이치 쪽으로는
곧 '인연을 일으킨다'고 말하였으니 원인이 결과를 일으키기 때문이
요, 결과의 이치 쪽으로는 모두 '반연에서 생긴다'고 하였으니 반연에
서부터 생기기 때문이다. 그러므로 그 12지분이 배대함은 다르지만
두 가지 이치는 모두 성립한다.

(ㄴ) 논문을 인용하다[引論] (餘如 33下3)

[疏] 餘如瑜伽第九와 第十과 三十一과 九十三과 唯識第八이라 上來에
多依此諸論解하니라 十名은 可知로다
- 나머지는 『유가사지론』 제9권과 제10권・제31권・제93권과 『성유
식론』 제8권의 내용과 같다. 여기까지 대부분 이런 논서에 의지하였
으니 열 문의 명칭을 해석한 것은 알 수 있으리라.

[鈔] 餘如瑜伽者는 二, 引文會釋하야 結示根本이라 瑜伽는 總上四卷에
皆明緣起요 釋名은 正當第十이라 總有五釋하니 論에 云호대 問이라
何故로 說爲緣起요 答云호대 由煩惱繫縛하야 往諸趣中하야 數數生
起일새 故名緣起니 此는 依字釋名이라하니 謂依緣字와 起字인 二字가
別故로 而緣非起니 卽是今疏의 第二釋也라 二는 云, 復次依託衆緣

하야 速謝滅已에 續和合起일새 故名緣起니 此依刹那義釋이라하니라 三은 云호대 復次衆緣이 過去에 而不捨離하고 依自相續하야 而得生起일새 故名緣起니 如說此有故로 彼有하고 此生故로 彼生이오 非餘니 依此義故로 釋名을 應知라하니라 四는 云, 復次數數謝滅하야 復相續起일새 故名緣起니 此依數壞數起義라하니라

- (ㄴ) 餘如瑜伽란 논문을 인용하여 모아서 해석하여 결론적으로 근본을 보인 내용이다. 『유가론』은 위에 열거한 네 권이 모두 연기에 대해 밝혔고, 명칭 해석은 바로 제10권에 해당한다. 총합하면 다섯 가지 해석이 있으니 논에 이르되, "묻는다. 무엇 때문에 (인연의 일어남을) 연기라고 말하는가? 답한다. 1) 번뇌에 얽매임으로 인하여 여러 갈래[趣] 안에 가서는 자주 태어나기 때문에 연기라 하나니, 이는 글자에 의지한 이름 풀이다"라고 하였다. 말하자면 연 자(緣字)와 기 자(起字)인 두 글자가 다름에 의지한 연고로 반연으로 일어난 것은 아니니, 바로 지금 소문의 둘째 해석과 같다. 2) 둘째에는 이르되, "또 다음에는 뭇 반연에 의탁하여 빠르게 사라진 뒤에는 연속하여 화합하여 나기 때문에 연기라고 하나니, 이는 (1) 찰나 연기의 이치에 의지한 풀이이다." 3) 셋째는 이르되, "또 다음에는 뭇 반연이 지나가면서도 버리거나 여의지 않고 스스로 계속하면서 생겨나기 때문에 연기라고 한다. 마치 이것이 있으므로 저것이 있고 이것이 났으므로 저것이 나는 것이요, 다른 것이 아니다"라고 말한 것과 같다. 이 이치에 의지한 이름 풀이인 줄 알아야 한다"라고 하였다. 4) 넷째는 이르되, "또 다음에는 자주 사라져 없어지면서도 다시 계속하여 생기기 때문에 연기라고 한다. 이는 자주 무너지고 자주 없어진다는 이치에 의지한 이름 풀이다"라고 하였다.

釋曰, 此上三釋은 皆是今疏第一義라 前前이 爲⁴¹⁸⁾緣하야 令後後起하고 前前이 爲緣일새 故不捨離는 卽第三義니 前若不滅하면 後⁴¹⁹⁾何由起아 卽含第四라 前後不同하야 必有刹那는 卽第二義니 故其三意가 大同小異일새 疏合爲一이니라

五는 云, 復次於過去世에 覺緣性已에 等相續起일새 故名緣起니 如世尊이 言하사대 我已覺悟하고 正起宣說호니 卽由此名하야 展轉傳說일새 故名緣起라하니라 釋曰, 瑜伽五義에 初一은 緣非是起라 以因으로 爲緣하고 以果로 爲起요 二는 緣卽是起니 刹那刹那에 從緣而起라 此揀大衆部의 十二因緣이 是無爲法이며 亦揀正量部라 三은 卽無間因果니 前因이 爲緣하야 而後緣起요 四는 無始因果가 前已謝滅에 後更起因하야 招果不斷이라 然通因果하니 卽緣卽起라 五는 緣是所覺하야 起是教法하니 依悟說敎일새 故名緣起라 此是自釋五相不同이오 非餘師義라 對會疏文하면 已如向說이니라 然五義가 並依起卽生義어니와 唯俱舍意는 分二不同이니라 又推唯識第八은 彼中에 廣釋하니 如上具引이라 下以諸門分別에 有十七門하니 義亦略具라

● 해석한다면 이 위의 세 가지 해석은 모두 지금 소의 첫째 이치이다. '앞과 앞이 연이 되어 뒤와 뒤를 일으키고 앞과 앞이 연이 되므로 버리거나 여의지 못한다'는 것은 셋째 이치이다. 앞이 만일 없어지지 않으면 뒤가 무엇 때문에 일어나겠는가? 곧 넷째 해석을 포함한 내용이다. '앞과 뒤가 같지 않아서 반드시 찰나 동안이 있다'는 것은 둘째 이치이다. 그러므로 그 세 가지 의미가 크게는 같고 작게는 다르므로 소가가 합하여 하나로 보았다.

---

418) 爲는 甲南續金本作諸.
419) 後는 原南金本無作復.

5) 다섯째는 이르되, "또 다음에는 지나간 세상에서 인연 성품을 깨달은 뒤에도 똑같이 계속되어 일어나기 때문에 연기라고 한다. 마치 세존께서 말씀하시되, '나는 이미 깨닫고서 바르게 널리 말하나니, 곧 이로 말미암아 차츰차츰 전하여 말한다[展轉傳說]고 하느니라'고 하심과 같나니, 그러므로 연기라고 한다"라고 하였다. 해석한다면『유가론』의 다섯 가지 이치에서 처음 (1) 연이요, 일어남이 아니다. 원인으로 연(緣)을 삼고 결과로서 기(起)를 삼은 것이요, (2) 연(緣)이 곧 기(起)이니 순간순간에 반연을 따라 일어난다. 이것은 대중부(大衆部)의 12인연이 무위법이라 한 주장과 구분한 것이며, 또한 정량부(正量部)와도 구분한 말이다. (3) 간단없는 인과이니 앞의 원인이 연이 되어 뒤의 연이 일어나며 (4) 시작 없는 인과가 앞에서 사라져 없어진 뒤에 다시 원인을 일으켜서 결과를 초래함이 끊어지지 않는다. 그러나 원인과 결과에 통하나니 연(緣)에 합치하고 기(起)에 합치한다[卽緣卽起]. (5) 연(緣)은 깨달을 대상이고 기(起)는 교법이니, 깨달음에 의지하여 교법을 설하므로 연기라고 이름한다. 이것은 자체적으로 다섯 가지로 해석한 모양과 같지 않고 다른 스님의 이치도 아니다. 소문과 상대하여 회통하면 이미 앞에서 설명한 내용과 같다. 그런데 다섯 가지 이치가 함께 기(起)가 곧 '난다'는 뜻을 의지했지만 오로지『구사론』만이 둘로 나누어 같지 않을 뿐이다. 또『성유식론』제8권을 보면 저 논에 자세히 해석하였으니 위에서 갖추어 인용한 것과 같지만 아래에 여러 문으로 분별하면 17가지 문이 있으니 이치도 대략 갖추어진다.

言十七門者는 第一은 假實分別門이니 謂十二支가 九實三假라 一은

已潤六支가 合爲有故요 二는 生이오 三은 老死라 三相位別故니라 第二는 一非一事門이니 五는 是一事니 謂無明과 識과 觸과 受와 與愛요 餘는 非一事라 上之二門은 攝在第一有支相續門이니라 第三은 染與不染門이니 無明과 愛와 取인 三은 唯是染이니 煩惱性故요 七苦는 不染이니 異熟果故며 七分位中에 容起善染이라 故로 瑜伽第十에 假通二業과 有는 通二요 有는 兼無記라하니 此卽第五三道不斷門이니라 第四는 獨雜分別門이니 無明과 愛와 取는 說名獨相이니 不共餘支相交雜故요 餘是雜相이니라 第五는 色非色門이니 六은 唯無色이니 謂無明과 識과 觸과 受와 愛와 取요 餘通二種이니라 第六은 有漏無漏門이니 皆是有漏는 唯有爲攝이요 無漏無爲는 非有支故라 上三은 亦如初門이니라 第七은 有爲無爲門이니 有漏無漏門中에 已具라 在今第八因緣生滅과 及第九生滅繫縛門中에 已具니라 第八은 三性門이니 無明과 愛와 取는 唯通不善과 有覆無記요 行은 唯善과 惡이오 有는 通善과 惡과 無覆無記니 六支가 合爲有故라 餘七은 唯是無覆無記이니 七分位中에 亦起善染이라 故로 瑜伽第十에 說七通二性하니 此一은 亦如初門이니라 第九는 三界分別門이니 雖皆通三界나 而有分有全하니 欲界則全이오 二界는 無染하니 六處가 不具요 無色은 唯名이라 故此門은 略無니라 第十은 能治所治門이니 上地에 行支가 能伏下地니 卽麤苦等六種行相이라 有求上生而起彼故라 此門도 略無니라

● '17가지 문'이란 (1) 가법과 실법으로 분별하는 문이니 이를테면 12지분 중에 아홉은 실법이고 셋은 가법이라는 뜻이다. (가법의) 첫째는 이미 업이 성숙된 여섯 지분이 합해서 〈존재〉가 되었고, 둘째는 〈나기〉이고, 셋째는 늙어 죽음의 지분이다. 이렇게 세 가지 양상의 지위로 구별하는 까닭이다. (2) 한 일도 아니면서 하나의 일인 문이

니 다섯 지분은 하나의 일이니 무명과 의식과 닿임과 느낌과 애욕을 말한다. 그 나머지는 한 일도 아니다. 위의 두 문은 (a) 유지상속문(有支相續門)에 섭속된다. (3) 잡염과 잡염이 아닌 문이니 무명과 애욕과 잡음은 잡염일 뿐이니 번뇌의 체성인 까닭이요, 일곱 가지 고통[420]은 잡염이 아니니 이숙의 과보인 까닭이며, 일곱 지분의 지위에서 선법에 잡염 일으킴을 허용한다. 그러므로 『유가사지론』 제10권에서, "가법[有, 生, 老死]은 두 가지 업과 통하고 어떤 지분은 둘에 통하며 어떤 지분은 무기법을 겸한다"고 하였으니 이것은 (e) 삼도부단문(三道不斷門)이다. (4) 혼자 모양과 섞인 모양으로 구분하는 문이니 무명과 애욕과 잡음은 혼자 모양이라 이름하나니 나머지 지분과 함께 서로 섞이지 않기 때문이요, 나머지는 섞인 모양이라 한다. (5) 색계와 색계가 아닌 문이니 여섯만이 무색계이니, 이를테면 무명과 의식과 닿임과 느낌과 애욕과 잡음이요, 나머지는 두 종류에 통한다. (6) 유루와 무루로 구분하는 문이니 모두가 유루인 것은 유위법에만 섭속되고, 무루인 유위법은 연기의 지분이 아닌 까닭이다. 위의 셋[(4) (5) (6)]은 또한 (a) 유지상속문이다.

(7) 유위와 무위로 구분하는 문이니 (6) 유루무루문(有漏無漏門)에 이미 갖춘 문이며, 지금의 (h) 인연생멸문과 (i) 생멸계박문 중에 이미 갖춘 문이다. (8) 삼성으로 구분하는 문이니 무명과 애욕과 잡음은 오직 불선법(不善法)과 덮음이 있는 무기법[有覆無記]에만 통하고, 지어감은 선법과 악법에만 통하고, 존재는 선법과 악법과 덮음 없는 무기법[無覆無記]에 통하나니 여섯 지분이 합해서 존재가 되었기 때문이다. 나머지 일곱 지분은 오직 무부무기일 뿐이다. 일곱으로 나눈 지위에

---

420) 七苦는 三道不斷門에서 말하는 현재의 다섯 가지 고통, 즉 識・名色・六入・觸・受와 미래의 두 가지 고통, 즉 生・老死를 말한다.

서도 또한 선법에 잡염된 것만 일으킨다. 그러므로『유가사지론』제 10권에서 "일곱 지분은 두 가지 성품에 통한다"고 하였으니 이 한 문은 또한 (a) 유지상속문과 같다. (b) 삼계로 구분하는 문이니 비록 모두 삼계에 통하지만 부분인 것도 있고 전부인 것도 있으니 욕계는 전부이고, 색계와 무색계의 둘은 잡염이 없으니 육처(六處)가 갖추지 않고, 무색계는 이름뿐이므로 이 문은 생략하여 없다. (10) 다스리는 주체와 대상으로 구분하는 문이니 위 지(地)에서 지어 감의 지분이 능히 아래 지(地)를 항복시키나니 거친 고통 따위의 여섯 가지 행법421)의 양상이다. 위에 태어나기를 구함이 있어서 저것을 일으키는 까닭이니, 이 문도 생략하여 없다.

第十一은 學等分別門이니 一切가 皆唯非學과 無學聖者의 所起라 有漏善業은 明爲緣故며 違有支故로 非有支攝이라 由此應知聖必不造感後有業이니 於後苦果에 不迷求故라 恐有問言호대 若爾인대 雜修五淨居業이 應非行支로다 若是行支인대 聖便造業이오 若非行支인대 如何生彼하야 感總報耶아 故로 論에 答云호대 雜修靜慮하야 資下故業하야 生淨居等하니 於理無違하니 意云호대 不還果等이 以有漏無漏로 前後雜修第四靜慮하야 資無雲等三天故業하야 生淨居等하니 於離無違라 此總報業과 及名言種을 凡時에 已造하야 生第四禪下의 三天業하야 一地繫故로 後由無漏하야 資此422)故業하야 生淨居天이언정 非是聖者가 新造業也라 此義는 亦在初門略具니 已如上指니라

---

421) 厭下麤苦障하고 欣上靜妙離함을 말한다. 그러니 '六種行相'이란 두드러짐[麤]·괴로움[苦]·장애[障]·적정함[靜]·승묘함[妙]·떠남[離]의 여섯 가지 작용[行相]이다. 하부 세계의 12支를 관찰하여 두드러짐·괴로움·장애로 삼고, 상부 세계의 일체를 관찰하여 적정함·승묘함·떠남으로 삼는다.
422) 此는 甲南續金本作生, 論原本作此.

第十二는 二斷分別門이라 有義에 無明은 唯見所斷이니 要迷諦理하야 能發行故라 聖必不⁴²³⁾造後有業故로 故非修斷이오 愛와 取二支는 唯修所斷이니 貪求當有하야 而潤生故라 九種命終이 心과 俱生愛로 俱故라 餘九는 皆通見修二斷이라하며 有義에 一切가 皆通見修二斷이니 大論第十에 說預流果가 已斷一切一分有支를 無全斷者故라하니 若無明支가 唯見所斷인대 寧說預流無全斷者며 若愛取支⁴²⁴⁾를 唯修所斷인대 寧說彼已斷一切支一分이리오 釋曰, 皆斷一分者는 則明無明支는 非唯見斷이라 猶有一分無明在故요 愛取二支는 非唯修斷이니 入見道時에 斷一分故라 此門은 經과 疏가 略無하니 含在初門逆觀之內니라 第十三은 三受門이니 十은 樂과 捨로 俱니 受가 不與受로 共相應故며 老死位中에는 多分無樂하고 及容捨故라 十一은 苦俱라 唯除於受니 非受俱故라 此門은 含在第七三苦集成門이니라 十四는 三苦門이니 全同第七이니라 十五는 四諦門이니 即當第五三道不斷門中이니 故有入諦之觀이니라 十六은 四緣門이니 全同第三自業助成門이니라 十七은 惑苦相攝門이니 亦如三道不斷門攝이라 釋曰, 上十七門이 全分同者는 已如上指니 故散在諸門일새 從多分指라 恐厭繁博하야 故疏略耳니라 十名可知者는 前已廣釋이라 疏順聲律하야 小有加減과 及與廻互나 大旨無違니라

● (11) 유학과 무학으로 구분하는 문이니, 모든 것이 오직 유학과 무학의 성자가 아닌 이들이 일으키는 문이다. 유루의 선업은 반연이 됨이 분명하고 연기의 지분을 위배하는 까닭에 (a) 유지상속문(有支相續門)에 포함되지 않는다. 이로 인해 성자가 반드시 짓지 않으면서도 다음 생의 존재의 업을 초감하나니, 다음 세상의 괴로운 과보에 대해

---

423) 必不은 金本作不必誤.
424) 支는 甲南續金本作有誤.

미혹하지 않고 구하기 때문이다. 아마도 어떤 이가 묻되, '만일 그렇다면 오정거천[425]의 업을 잡되게 닦는 것이 응당 지어 감의 지분이 아닐 것이다. 만일 지어 감의 지분이라면 성자가 단박에 업을 짓는 것이 되고, 만일 지어 감의 지분이 아니라면 어떻게 저곳에 태어나 총합적인 과보를 초감하겠는가?' 할 것이다. 논에서 대답하되, "선정을 섞어 닦아서 하부 선정[426]의 업을 의지하여 정거천(淨居天) 등에 태어난다는 것은 바른 논리에 위배되지 않기 때문이다[427]"라고 하였다.

※ 十門攝十七門說 (珠字卷 34丈下 9)

【十七門】
1. 假實分別門 —— 九實三假 有生老死假餘九實
2. 一非一事門 —— 五一相對 無明識觸受愛一事餘非一事
3. 染與不染門 —— 三九相對 無明愛取唯染餘不染
4. 獨雜分別門 —— 三九相對 無明愛取獨相餘雜相
5. 色非色門 —— 六六相對 無明識觸受愛取無色餘通二
6. 有漏無漏門 —— 有漏無漏對 順流有漏有爲還流無漏無爲
7. 有爲無爲門 —— 同上有漏無漏門 又
8. 三性門　　　無明愛取唯不善及有覆無記行唯善惡
　　　　　　　　有通善惡無覆無記餘七唯無覆無記
9. 三界分別門 —— 欲界前色界六處不具無色界唯名也
10. 能治所治門 —— 欣上靜妙離厭下麤苦障
11. 學等分別門 —— 非學無學聖者所起
12. 二斷分別門 —— 無明唯見道所斷愛取修道所斷
　　　　　　　　　餘九通二斷逆觀
13. 三　受　門 —— 十支《除受老死》樂捨受一支《除受》苦受
14. 三　苦　門
15. 四　諦　門
16. 四　緣　門
17. 惑苦相攝門

【十門】
1. 有支相續門
2. 一心所攝門
3. 自業助成門
4. 不相捨離門
5. 三道不斷門
6. 三際輪廻門
7. 三苦集成門
8. 因緣生滅門
9. 生滅繫縛門
10. 無所有盡門

---

425) 第四禪天의 9天 중에서 不還果를 증득한 성인이 나는 하늘인 상부의 5天, 즉 無煩天・無熱天・善現天・善見天・色究竟天이다.
426) 색계의 第四禪天에 9天이 있는 중에서 하부의 3天, 즉 福生天・廣果天・無想天이다.
427) 비판을 회통한다. 비판하여 묻기를, 만약 성자가 업을 짓지 않는다면 다섯 가지 淨居天의 업을 잡되게 닦는 것은 어째서 行의 지분이 아닌가라는 물음에 대하여 답변한다.

의미로 말하면 불환과(不還果) 등이 유루법과 무루법으로 앞뒤에서 사선천(四禪天)의 선정을 잡되게 닦아서 무운천(無雲天) 등의 오랜 업을 도와서 정거천 등에 태어나나니 이치에 위배되지 않는다. 이런 총합적인 과보의 업[意業]과 명언종자[身・口業]를 범부시절에 이미 사선천 아래의 세 하늘[福生・廣果・無想天]에 태어나는 업을 지었지만 한 지위에 묶인 만큼, 뒤에 무루법으로 인하여 이런 오래된 업을 바탕으로 정거천에 태어나는 것이지 성자가 새롭게 업을 짓는 것은 아니다. 이런 이치는 또한 (a) 유지상속문(有支相續門)에 간략히 구비하였으니 이미 위에서 지적한 내용과 같다.

(12) 두 가지 끊음으로 구분하는 문이다. "첫째, 어떤 이가 주장하기를, '무명은 오직 견도에서 단멸되는 것뿐이다. 반드시 사성제의 도리에 미혹해서 능히 행(行)을 일으키기 때문이다. 성인은 반드시 미래세의 존재의 업을 짓지 않는다고 말하기 때문이다. 애욕과 잡음의 두 지분은 오직 수도위에서 단멸되는 것뿐이다. 다음 생(生)의 존재를 탐구하여 태어남을 촉진하기 때문이다. 임종할 때의 아홉 가지 마음[命終心]428)은 '선천적으로 함께 일어나는 갈애와 함께한다'고 말하기429) 때문이다. 나머지 아홉 가지는 모두 견도에서 단멸되는 것과 수도에서 단멸되는 것에 통한다'"고 하였다.

어떤 이[호법논사]가 주장하되, '일체가 모두 두 가지 단멸되는 것'에 통한다. 『유가사지론』 제10권에서 말하되, "예류과(預流果)는 이미 일체의 일부분의 지분[有支]을 단멸하고, 전부 단멸한 자는 없다"430)고 하

---

428) 三界로부터 三界에 태어날 때에는, 각기 태어남을 촉진하는[潤生] 마음에 각각 세 가지가 있으므로 전부 아홉 가지이다.
429) 『대승아비달마잡집론』 제5권(고려장 권16, p. 311上; 대정장 권31, p. 714b-).
430) 『유가사지론』 제10권(고려장 권15, p. 603上; 대정장 권30, p. 327b-).

기 때문이다.

만일 무명의 지분은 오직 견도에서 단멸되는 것뿐이라고 말하면, 어찌 예류과에서 전부 단멸한 자는 없다고 하였으며, '만일 애욕과 잡음의 지분은 오직 수도에서 단멸한다고 하면 어찌 그곳[431]에서 이미 모든 지분의 일부분을 단멸했다고 말하겠는가?'"

해석한다면 '모두 일부분을 단멸한다'는 것은 무명의 지분은 오직 견도에서만 끊는 것이 아니라는 뜻이니, 아직도 일부분의 무명이 남아있는 까닭이요, 애욕과 잡음의 지분은 오직 수도에서만 끊는 것이 아니라는 뜻이니, 견도에 들어갈 때에 일부분을 끊기 때문이다. 이 문은 경문과 소에 생략하여 없고 (a) 유지상속문(有支相續門)의 역관 속에 포함되어 있다.

(13) 세 가지 느낌이 함께하는 문이니 "열 가지[432]는 즐거운 느낌과 덤덤한 느낌[樂受·捨受]이 함께한다. 느낌의 지분은 감수작용[受]과 함께 상응하지 않기 때문이고, 늙고 죽음의 단계에서는 대부분 낙수(樂受)와 객체[六식]의 사수(捨受)가 없기 때문이다. 11가지[433]는 고수(苦受)와 함께하며 느낌만은 제외한다. 느낌의 지분은 함께하지 않기 때문이다." 이 문은 (g) 삼고집성문(三苦集成門)에 포함된다. (14) 세 가지 고통으로 구분하는 문이니 완전히 삼고집성문(三苦集成門)과 같다. (15) 사성제로 구분하는 문이니 (e) 삼도부단문(三道不斷門)에 해당하나니, 그래서 그속에 사성제에 들어가는 관법[(5) 入諦觀]이 있다. (16) 네 가지 연으로 구분하는 문이니 완전히 (c) 자업조성문(自業助成門)과 같다. (17) 미혹과 고통이 서로 포섭하는 문이니 또한 (e) 삼

---

431) 앞에서 인용한 『유가사지론』 제10권의 내용을 가리킨다.
432) 12가지 지분 중에서 느낌[受]과 늙고 죽음[老死]의 지분을 제외한 열 가지이다.
433) 앞의 열 가지에 늙고 죽음의 지분을 첨가한 것이다.

도부단문(三道不斷門)에 섭속된다. 해석한다면 위의 17개의 문이 전체와 부분이 같다는 것은 이미 위에서 지적한 것과 같으므로 여러 문에 산재되어 있으니 많은 부분을 따라 지적하였다. 아마도 번거롭고 자세한 것을 싫어해서 소가가 생략했을 뿐이다. '열 문의 명칭은 알 수 있으리라'는 것은 앞에서 이미 자세히 해석하였으니 소가가 음성의 법칙을 따라서 조금 더하고 덜한 것과 서로 바꾸었더라도 큰 의미는 어긋나지 않는다.

ㄷ) 이치로 총합하여 거두다[以義總收] 4.
(ㄱ) 열 문의 의미를 내보이다[出十門意] (然各 37上8)

[疏] 然이나 各攝三觀하야 體勢가 星羅하니 今重以十門本意로 收攝호리라 初門은 明染淨因起요 二는 明緣起本源이오 三은 因果有空이오 四는 相成無作이오 五는 陳其諦理요 六은 力用交叅이오 七은 窮苦慢除요 八은 形奪無始요 九는 有無無本이오 十은 眞俗無違니라

■ 그러나 각기 세 가지 관법을 포섭하여 체성과 세력이 별처럼 나열하니 지금은 거듭 열 문의 근본 의미로 거두어 묶으리라. (a) 유지상속문은 잡염과 청정의 원인으로 일어남을 밝힌 것이요, (b) 일심소섭문은 연기의 근본 연원을 밝혔고, (c) 자업조성문은 인과의 〈유〉와 〈공〉을 밝혔고, (d) 불상사리문은 서로 지음 없음을 이룸이요, (e) 삼도부단문은 그 사성제의 이치를 표현함이요, (f) 삼제윤회문은 세력과 작용이 서로 섞임이요, (g) 삼고집성문은 고통이 다하면 거만함이 없어짐이요, (h) 인연생멸문은 형상으로 시작 없음을 뺏음이요, (i) 생멸계박문은 〈유〉와 〈무〉는 근본이 없음을 밝혔고, (j) 수순

무소유진문은 진제와 속제가 위배됨이 없음을 밝혔다.

[鈔] 然各攝下는 第三, 以義總收니 恐難領會十門義故라 於中有四하니 一은 總出十門之意요 二는 收十爲五요 三은 收五爲二요 四는 總相融通이라 初中에 於上三觀에 相叅而用이니 謂三觀이 小異는 論取不同이오 就其經文일새 故可爲一이니라 一, 染淨因起者는 相諦觀中에 明成答相은 答於外難하야 成無我義니 無我가 卽淨이니라 故로 大悲觀에 名愚癡顚倒는 以著我故니 則生爲染이오 無我則得無生爲淨이니라 一切相智를 名染淨分別은 染淨이 正是第三觀名이니 今此中義가 通於[434]三觀이라 因起之字는 定通三處니라 二, 緣起本源者는 直就經說故라 初觀을 名第一義諦는 是一心本이니 世諦一心이 依本起末이라 第二觀中에 阿陀那識을 迷執爲我는 卽染淨本이오 悟卽是解脫根本이라 故로 一切相智에 名依止觀이니 故爲本源이니라 三, 因果有空者는 相諦觀中에 名他因觀이라 由無明故로 方得有行이니 斯則有矣라 旣從緣有하니 斯則空矣라 大悲觀中에 破於冥性하니 斯有因緣이라 一切相智를 名方便觀이니 以各二業이 爲後方便이라 亦卽有卽空義耳니라 四相成無作者는 卽不相捨離니 相諦觀中에 名自因觀이니 謂離前支하면 無後支일새 故云相成이니 相成故로 無作이라 大悲觀中에 破於自在하니 故須因緣相成이라 無別作者는 一切相智觀에 名因緣相이니 有支無作故니라 五, 陳其諦理者는 卽三道不斷이니 相諦를 名攝過觀이니 但攝苦集故라 大悲를 名破苦行因은 亦由唯苦集故라 一切相智를 名爲入諦니 兼取逆觀에 卽滅道故니라

● C. 然各攝 아래는 이치로 총합하여 거둠이니 아마도 열 문의 이치를

---

434) 於는 南續金本作於理.

알기 어렵기 때문이다. 그중에 넷이 있으니 a) 열 문의 의미를 총합적으로 내보임이요, b) 열 문을 거두어 다섯으로 삼음이요, c) 다섯을 거두어 둘로 삼음이요, d) 총상으로 원융하게 통함이다. a)에서 위의 세 가지 관법에 서로 섞여서 작용한다. 말하자면 세 가지 관법이 조금씩 다른 점은 논경에서 같지 않은 점을 취하였지만 그 경문에 입각하였으므로 하나로 삼을 수 있다. (1) '잡염과 청정의 원인으로 일어난다'는 것은 (가) 상제차별관(相諦差別觀)에서 성(成)·답(答)·상(相)으로 밝힌 것은 외부의 비난에 답하여 내가 없음[無我]의 이치를 이룬 것이니 무아(無我)가 곧 청정함이다. 그러므로 (나) 대비수순관(大悲隨順觀)에서 '어리석고 뒤바뀌었다'고 말한 것은 〈나〉에 집착한 까닭이니 태어남이 잡염이요, 〈내〉가 없다는 것은 태어남이 없음으로 청정을 삼은 까닭이다. (다) 일체상지관(一切相智觀)을 '잡염과 청정으로 구분한다'고 말한 것은 잡염과 청정이 바로 셋째 관법의 명칭인 것이니, 지금 이 속의 이치가 세 가지 관법에 통한다. 인기(因起)란 글자는 결정코 세 곳에 통하는 개념이다. (2) 연기의 근본 연원이란 바로 경문에 입각하여 설명한 말이다. ① 일체지관(一切智觀)을 '제일가는 이치'라고 이름한 것은 한 마음이 근본이니, 세속 이치의 한 마음이 근본에 의지해 지말로 일으켰다는 뜻이다. ② 대비수순관(大悲隨順觀) 중에 아타나식을 미혹하여 〈나〉로 고집한 것은 잡염의 근본이요, 깨달으면 해탈의 근본이다. 그러므로 ③ 일체상지관(一切相智觀)에서 의지하는 관법이라 하였으니 그래서 근본이라 하였다. (3) '인과의 〈유〉와 〈공〉'은 (가) 상제차별관에서 다른 원인의 관법이라 이름하였다. 무명으로 인해 비로소 지어 감이 있음을 얻었으니 이것이 〈유〉이다. 이미 반연으로부터 있는 것이므로 〈공〉인 것이다.

(나) 대비수순관에서 명제의 체성을 타파하였으니 이것이 <유>의 인연이다. (다) 일체상지관에서 방편의 관법이라 이름하였으니 각기 두 가지 업이 뒤의 방편이 된다. 또한 <유>에 합치하고 <공>에 합치한 이치일 뿐이다. (4) '서로 지음 없음을 이룬다'는 것은 서로 버리거나 여의지 않는다는 뜻이니 (가) 상제차별관에서 자체적 원인의 관법이라 하였으니 이를테면 앞의 지분을 여의면 뒤의 지분이 없으므로 '서로 이룬다'고 하나니 서로 이루므로 지음이 없다. (나) 대비수순관에서 자재천을 타파하였으므로 인연으로 서로 이루는 것이 필요하다. 별도의 지음이 없는 것은 (다) 일체상지관에서 인연의 모양이라 하였으니 연기의 지분으로 지은 것이 아니기 때문이다. (5) '사성제의 이치를 표현한다'는 것은 삼도(三道)가 끊어지지 않는다는 뜻이니 (가) 상제관(相諦觀)에서 '허물을 포섭한 관법'이라 이름하였으니 단지 고제와 집제만 포섭한 까닭이다. (나) 대비관에서 '고행의 원인을 타파하는 관법'이라 이름한 것도 또한 고제와 집제만 말미암기 때문이다. (다) 일체상지관에서 ⑤ '진리에 들어가는 관법'이라 이름하였으니 역관을 겸하여 취하면 멸제와 도제인 까닭이다.

六, 力用交叅者는 卽三際輪廻라 初名護過觀이니 三際因果가 爲因有力이며 爲果無力하야 能護失業等三過故라 大悲觀中에 治異道求中無因之見이니 因有力故요 一切相智觀에 力無力信入이니 並是力用交叅이니라 七, 窮苦慢除는 卽三苦聚集이라 初名不厭厭觀이니 令厭微苦가 卽窮苦義요 大悲觀中에 名破求異中이니 謂三界有涅槃이 但是苦故라 今能窮之요 一切相智中에 名增上慢非增上慢信入이니 亦窮微苦일새 非增上慢矣니라 八, 形奪無始者는 卽因緣生滅이라 初

即深觀이니 名不自不他니 以他奪自하고 以自奪他요 大悲觀中에 名[435)]無常德이니 以形奪故요 一切相智觀에 名無始觀이니 因緣無初故니라 九, 有無無本者는 即生滅繫縛이라 初即深觀中에 明不共生하야 明非二作이라 互無知者일새 故有나 無本이며 無作用故로 不能生이니 則無亦無本이오 二, 大悲觀에 既無有淨德하니 安有本耶아 一切相智觀에 既明無始하니 始即是本이라 二諦가 無始일새 故로 有無無本이니라 十, 眞俗無違者는 即無所有盡이라 初深觀中에 顯非無因은 眞不違俗이오 無所有盡은 俗不違眞이라 大悲觀中에 以順有故로 無有我德이오 一切相智에 種種觀故는 亦不違俗이라 故其三觀이 取文小異나 大旨는 多同이니 故以本意로 收爲一致니라

● (6) '세력과 작용이 서로 섞인다'는 것은 삼제(三際)로 윤회한다는 뜻이다. (가) 상제관에서 '허물을 막는 관법'이라 하였으니 삼제의 인과가 원인에게는 세력 있음이 되고, 결과에게는 세력 없음이 되어서 업을 잃는 따위 세 가지 허물을 막을 수 있기 때문이다. (나) 대비관에서 다른 외도에서 해탈을 구하는 가운데 원인 없음의 소견을 다스리나니 원인이 세력이 있기 때문이요, (다) 일체상지관에서 세력이 있고 없음에 관계없이 믿음으로 들어가나니 동시에 세력과 작용을 서로 섞은 것이다. (7) '고통을 다하면 거만함이 없어진다'는 것은 세 가지 고통이 모인 까닭이다. (가) 상제관에서 '싫어하지 않는 것을 싫어하는 관법'이라 하였으니, 하여금 작은 고통을 싫어하게 함이 곧 고통이 다했다는 뜻이요 (나) 대비관에서 "특별한 해탈을 구함을 타파한다"고 하였다. 말하자면 삼계에도 열반이 있지만 단지 고통일 뿐이기 때문에 지금 능히 다할 수 있는 것이요, 일체상지관에서 '증상만과

---

435) 名은 甲南續金本作明.

증상만 아닌 믿음으로 들어가는 관법'이라 이름하였으니 또한 작은 고통을 다했으므로 증상만이 아니다. (8) '형상으로 시작 없음을 뺏는다'는 것은 인연으로 나고 없어진다는 뜻이다. (가) 상제관은 심오한 관법이므로 '자체 원인도 아니고 다른 원인도 아니다'라고 이름하나니, 다른 원인으로 자체적 원인을 뺏고 자체적 원인으로 다른 원인을 뺏는다는 뜻이요, (나) 대비관에서 '항상한 덕이 없다'고 하였으니 형상으로 뺏은 까닭이요, (다) 일체상지관에서 '시작이 없는 관법'이라 하였으니 인연은 처음이 없기 때문이다. (9) '〈유〉와 〈무〉가 근본이 없다'는 것은 나고 죽음에 속박된다는 뜻이다. (가) 상제관의 심오한 관법에서 공통적으로 남이 아님을 밝혔다. 둘이 짓는 것이 아니어서 서로 알지 못함을 밝혔으므로 〈유〉이지만 근본이 없으며, 작용이 없는 연고로 능히 날 수 없나니 〈무〉도 근본이 없는 것이다. (나) 대비관에서 이미 청정한 덕이 없나니 어찌 근본이 있겠는가? (다) 일체상지관에서 이미 시작 없음을 밝혔으니 시작이 바로 근본이다. 두 가지 진리가 시작이 없는 연고로 〈유〉와 〈무〉가 근본이 없다는 뜻이다. (10) '진제와 속제가 위배됨이 없다'는 것은 아무것도 다함이 없다는 뜻이다. (가) 상제관의 심오한 관법에서 원인 없음이 아님을 밝힌 것은 진제는 속제를 위배하지 않는다는 뜻이요, 아무것도 다함이 없음은 속제가 진제를 위배하지 않는다는 뜻이다. (나) 대비관에서 〈유〉를 따르는 연고로 〈나〉의 덕이 없으며, (다) 일체상지관에서 '갖가지 관법'이라 이름한 것은 또한 속제를 위배하지 않는다는 뜻이다. 그러므로 그 세 가지 관법이 취한 경문은 조금씩 다르지만 큰 의미는 대부분 같으므로 근본적 의미로 거두면 일치하게 된다.

(ㄴ) 열 문을 거두어 다섯 가지 의미로 삼다[收十爲五] (復收 39下1)

[疏] 復收十門이 不出五意하니 初門은 迷理成事요 次門은 理事依持요 次六은 成事義門이요 第九는 事理雙泯이요 後一은 事理無礙니라
- 다시 열 문을 거두어 묶으면 다섯 가지 의미에서 벗어나지 않는다. (1) ① 유지상속문은 이치에 미혹하여 현상을 이룸이요, (2) ② 일심소섭문은 연기의 이치와 현상이 서로 의지함이요, (3) 여섯 문[(c) 自業助成門 (d) 不相捨離門 (e) 三道不斷門 (f) 三際輪廻門 (g) 三苦集成門 (h) 因緣生滅門]은 현상적인 이치를 이룸이요, (4) 생멸문[(i) 生滅繫縛門]은 현상과 이치를 함께 부정함이요, (5) 무소유진문[(j) 隨順無所有盡門]은 현상과 이치가 걸림 없다는 의미이다.

(ㄷ) 다섯을 거두어 둘로 삼다[收五爲二] (故唯 39下3)

[疏] 故唯四門이 不出事理니라
- 그러므로 오직 네 문만이 현상과 이치에서 벗어나지 않는다.

[鈔] 故唯四門下는 三, 收五爲二라 言四門者는 謂上雖五意나 但有四門하니 一은 事요 二는 理요 三은 事理雙泯이오 四는 事理無礙라 故前三意는 但是事理오 三과 四二門은 不出事理니 故爲二也니라
- (ㄷ) 故唯四門 아래는 다섯을 거두어 둘로 삼음이다. '네 문'이라 말한 것은 이를테면 위에서 비록 다섯 가지 의미였지만 단지 네 문만 있다. 1) 현상이요, 2) 이치요, 3) 현상과 이치를 함께 부정함이요, 4) 현상과 이치가 걸림 없음이다. 그러므로 앞의 셋째 의미는 현상과 이

치일 뿐이요, 그중에 (c) 자업조성문과 (d) 불상사리문은 현상과 이치에서 벗어나지 못하나니 그래서 둘로 삼은 것이다.

(ㄹ) 총상으로 원융하게 통하다[總相融通] 2.
a. 바로 융통하다[正融通] (若從 39下7)
b. 불성과 회통하다[會佛性] (卽此)

[疏] 若從事理無礙交徹인댄 則涉入重重이오 若依事理逆順雙融인댄 則眞門寂寂이니 故로 法性緣起가 甚深甚深이니라 卽此因緣을 名因佛性이오 觀緣之智는 卽因因性이오 因因至果는 成菩提性이오 因性至果는 成涅槃性이오 因果無礙는 是緣起性이라 惟虛己而思之니라
- 만일 현상과 이치가 걸림 없음에서 서로 통한다면 거쳐서 들어감이 거듭되고, 만일 현상과 이치를 역관과 순관으로 함께 원융함에 의지한다면 진제의 문이 고요하고 고요할 것이므로 법성의 연기가 매우 깊고 깊을 것이다. 곧 이런 인연을 '부처의 원인이 되는 체성[佛因性]'이라 이름하고, 인연을 관하는 지혜는 '원인의 원인이 되는 체성[因因性]'이라 하고, 원인으로 인해 결과에 이르는 것은 '보리의 체성[菩提性]'을 이루고, 체성으로 인해 결과에 이르는 것은 '열반의 체성[涅槃性]'을 이룬다. 원인과 결과에 걸림 없는 것이 곧 연기의 체성이다. 오직 자신을 비우고 생각해 보라.

[鈔] 若從事理下는 四, 總相融通이니 卽成事事無礙와 及泯絶無寄라
- 若從事理 아래는 (ㄹ) 총상으로 원융하게 통함이니 곧 현상과 현상이 걸림 없음[事事無礙]과 모두 없어져서 의탁함이 없음[泯絶無寄]을 이

룬다.

(다) 저 결과가 뛰어나다[彼果勝] 3.

❖ 제6회 십지품 제6 現前地 (科圖 26-71 ; 珠字卷)

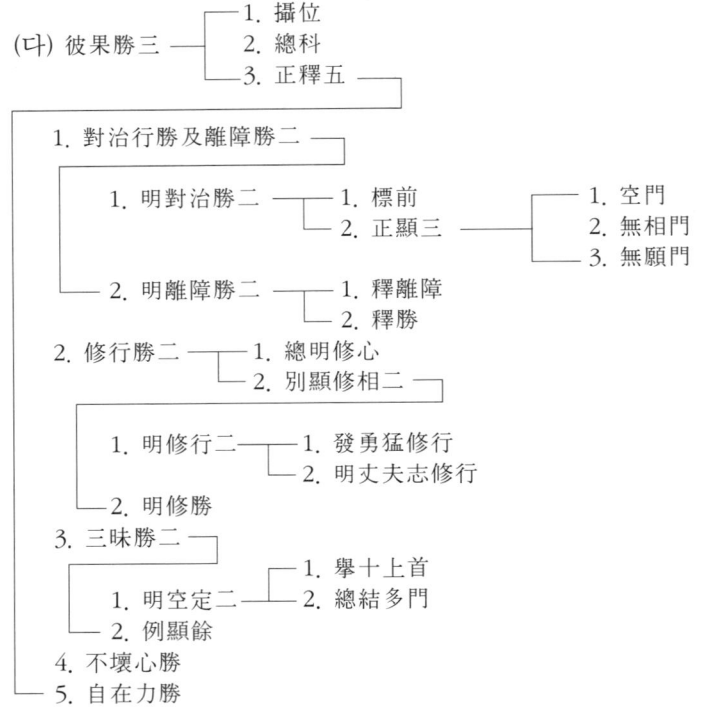

ㄱ. 지위로 섭수하다[攝位] (自下 40上3)

ㄴ. 총합하여 과목 나누다[總科] (依論)

[疏] 自下大文은 第三, 佛子야 菩薩至以如是下는 明彼果勝이라 亦前은

攝正心住니 故知緣生이오 此下는 攝善現行이니 故로 三空等이 現前
이니라 依論云인대 果者는 有五種相하니 一은 得對治行勝과 及離障
勝이오 二는 得修行勝이오 三은 得三昧勝이오 四는 得不壞心勝이오
五는 得自在力勝이라하니라 各有佛子로 以爲揀別호대 唯第二段에 有
二佛子라

■ 여기부터 큰 문단으로 (다) 佛子菩薩至以如是 아래는 저 결과의 뛰
어남을 밝힘이다. 또한 이 앞은 제6. 정심주(正心住)를 포섭한 연고로
연생(緣生)의 도리를 알았고, 여기부터는 제6. 선현행(善現行)을 포섭
하는 까닭에 세 가지 <공> 따위가 현전한다. 논경에 의지해 말하면
"결과는 다섯 종류의 모양이 있으니 ㄱ) 다스리는 행법이 뛰어남과
장애를 여읨이 뛰어남을 얻음이요, ㄴ) 수행이 뛰어남을 얻음이요,
ㄷ) 삼매가 뛰어남을 얻음이요, ㄹ) 무너지지 않는 마음이 뛰어남을
얻음이요, ㅁ) 자재한 능력이 뛰어남을 얻음이다"라고 하였다. 각기
불자(佛子)로 구분하였는데 오직 둘째 문단[b. 修行勝]에만 불자(佛子)
가 두 번 나온다.

ㄷ. 바로 해석하다[正釋] 5.
ㄱ) 다스리는 행법이 뛰어남과 장애 여읨이 뛰어남
 [對治行勝及離障勝] 2.
(ㄱ) 다스림이 뛰어나다[明對治勝] 2.

a. 앞을 따오다[牒前] 2.
a) 총합적으로 해석하다[總釋] (初中 40上10)
b) 개별로 해석하다[別釋] (亦可)

佛子여 菩薩摩訶薩이 以如是十種相으로 觀諸緣起하여
"불자여, 보살마하살이 이러한 열 가지 모양으로 연기를 관찰하여

[疏] 初中에 二니 先, 明對治勝이오 後, 菩薩如是下는 明離障勝이라 今初는 卽三解脫門이니 亦名三三昧라 三昧는 卽當體受名이오 解脫은 依他受稱이라 此三이 能通涅槃解脫일새 故名爲門이라 文中에 二니 初는 牒前이오 後는 正顯이라 今初니 意通五果가 由前十觀하야 得此三空等果故니 謂以三空觀緣으로 得第一第三果요 三悲觀緣으로 得第二第四果라 三望於初에 初是能治며 三是所成이오 四望於二에 二是能修며 四是堅固라 第五는 通從二觀而生이라
亦可展轉而生이니 由有治故로 離障하고 離障故로 行勝하고 有治故로 三昧勝하고 三昧가 勝故로 心不壞하고 心不壞故로 得自在也니라

■ ㄱ)에 둘이니 (ㄱ) 다스림이 뛰어남을 밝힘이요, (ㄴ) 菩薩如是 아래는 장애 여읨이 뛰어남을 밝힘이다. 지금은 (ㄱ)이니 곧 세 가지 해탈문을 뜻하고 또한 세 가지 삼매라고도 부른다. 삼매는 주관적 논리[當體]에 의해 받은 명칭이요, 해탈은 객관적 논리[依他]에 의한 명칭이다. 이 세 가지는 능히 열반과 해탈에 통하므로 문이라 이름한다. 소문에 둘이니 a. 앞을 따옴이요, b. 바로 밝힘이다. 지금은 a.이니 의미로는 다섯 가지 결과가 앞의 열 가지 관법으로 인해 이런 세 가지 〈공〉 따위의 결과를 얻음과 통하기 때문이다. 이를테면 세 가지 〈공〉한 관법의 반연으로 ㄱ) 다스리는 행법이 뛰어남[對治勝]과 ㄷ) 삼매가 뛰어남[三昧勝]을 얻고, 세 가지 대비의 관법의 반연으로 ㄴ) 수행이 뛰어남[修行勝]과 ㄹ) 무너지지 않는 마음이 뛰어남[不壞心勝]을

얻게 된다는 뜻이다. ㄷ) 삼매가 뛰어남을 ㄱ) 다스리는 행법이 뛰어남과 비교하면 ㄱ)은 다스리는 주체이고, ㄷ)은 성취할 대상이요, ㄹ) 무너지지 않는 마음이 뛰어남을 ㄴ) 수행이 뛰어남과 비교하면 ㄴ)은 닦는 주체이고, ㄹ)은 견고한 마음이다. ㅁ) 자재한 능력이 뛰어남[自在力勝]의 결과는 통틀어 두 가지 관법에서 생긴다.

또한 점차로 생길 수 있으니 다스림이 있는 까닭에 장애를 여의고, 장애를 여읜 연고로 수행이 뛰어나고, 다스림이 있는 연고로 삼매가 뛰어나고, 삼매가 뛰어난 연고로 마음이 무너지지 않고, 마음이 무너지지 않은 연고로 자재함을 얻게 된다.

[鈔] 三, 今初下는 正釋이라 今初意通五果者는 正擧經中牒前之意니 意明十門으로 通成五果故라 遮於古人이 別配屬故니 謂遠公이 云호대 一, 對治와 及離障勝은 是勝慢對治果니 前修十種法平等觀하야 而爲對治어니와 此地滿中에 更以甚深三脫로 爲治하니 名對治勝이라 前治五地染淨慢障이오 今此文에는 更除微細我心과 及有無等일새 名滅障勝이라 二, 修行勝은 是前不住道行勝果니 依前不住하야 更起勝修일새 名修行勝이라 三, 得三昧勝은 望前治勝하야 以說果也니 前修三脫하야 而爲對治하야 彼治가 轉增일새 名三昧勝이라 四, 得不壞心勝者는 望前滅障하야 以說其果니 由滅障故로 三昧之心이 不可壞일새 名不壞心이라 五, 自在力勝은 望前修行하야 以說果也니 依前修行하야 上進無礙일새 名自在力이라하니라

● ㄷ. 今初 아래는 바로 해석함이다. '지금은 (ㄱ)이니 의미로 통한다'는 것은 바로 경문의 앞을 따온 의미를 거론하였으니, 의미로는 열 문으로 다섯 가지 결과를 모두 성취하는 까닭이다. 옛 어른들이 다르

게 배대하여 섭속함을 막기 위함이다. 이를테면 혜원법사가 말하였다. "(ㄱ) 다스림이 뛰어남과 (ㄴ) 장애를 여읨이 뛰어남은 뛰어나다고 거만함을 다스린 결과이다. 앞에서 열 가지 법의 평등한 관법을 닦아서 다스림을 삼았는데 이 제6지를 만족하면 다시 매우 깊은 세 가지 해탈로 다스림을 삼았으니 '다스림이 뛰어남'이라 이름한다." 앞에서 제5지의 잡염과 청정하다는 거만함의 장애를 다스렸고, 지금 이 문장에는 다시 미세한 〈나〉라는 마음과 있고 없다는 마음 등을 제거한 연고로 '장애를 없앰이 뛰어남'이라 말한다. "ㄴ) 수행이 뛰어남은 앞의 (나) 머물지 않는 도행이 뛰어남의 결과이다. 앞의 머물지 않는 도에 의지해서 다시 뛰어난 수행을 시작한 연고로 '수행이 뛰어남'이라 이름한다. ㄷ) 삼매를 얻음이 뛰어남은 앞의 (ㄱ) 다스림이 뛰어남과 비교하여 결과라 말하였으니, 앞에서 세 가지 해탈문을 닦아서 다스림을 삼아서 저 다스림이 더욱 늘어나므로 '삼매가 뛰어남'이라 하였다. ㄹ) 무너지지 않는 마음을 얻음이 뛰어남이란 앞의 장애를 없앰과 비교하여 그 결과를 말하였으니, 장애를 없앰으로 인해 삼매의 마음이 무너지지 않으므로 '무너지지 않는 마음'이라 이름하였다. ㅁ) 자재한 능력이 뛰어남은 앞의 수행과 비교하여 결과를 말하였으니, 앞의 수행에 의지하여 위로 나아감에 걸림이 없으므로 '자재한 능력'이라 이름한다"고 하였다.

釋曰, 此上意가 明前之二果는 從前文生이오 後之三果는 從前二果 生이라 今疏에 乃有二意하니 一, 總釋이오 二, 亦可下 展轉釋 今初니 但明[436]總是不住道行勝果니 不住道行勝初에 總標心境에 有三悲

---

436) 明은 甲南續金本作名誤.

와 三智하니 經에 云, 復以大悲로 爲首하며 大悲增上하며 大悲가 滿足하야 觀世間生滅이라하나니 釋曰, 觀世間生滅이 卽智니 對上三悲하야 以成三智라 斯則五果가 不出於二니 於中에 三節이니 初二는 悲智修治요 次二는 悲智所成堅固요 後一은 雙明二果自在라 此卽隔句相對니라

● 해석한다면 이 위의 의미가 앞의 두 가지 결과[a. 勝慢對治果 b. 不住道行勝果]는 앞의 문장에서 생긴 것이요 뒤의 세 가지 결과[c. 三昧勝果, d. 不壞心勝果 e. 自在力勝果]는 앞의 두 가지 결과에서 생긴 것이다. 지금 소문에는 두 가지 의미가 있으니 a) 총합적으로 해석함이요, b) 亦可 아래는 점차로 해석함이다. 지금은 a)이니 단지 총상으로 (나) 머물지 않는 도행이 뛰어난 결과만 밝혔으니 (나) 부주도행승(不住道行勝)의 첫 부분에 ㄱ. 총합적으로 마음의 경계를 밝힘[總明心境]437)에서 세 가지 대비[大悲爲首, 大悲增上, 大悲滿足]와 세 가지 지혜[一切智, 道種智, 一切種智]가 있다. 경문에서는, "다시 대비가 머리가 되고 대비가 늘어나고 대비가 만족하여 세간의 나고 멸함을 관찰한다"고 하였다. 해석한다면 세간의 나고 멸함을 관찰함이 곧 지혜이니, 위의 세 가지 대비에 상대하여 세 가지 지혜를 성취한 내용이다. 이렇다면 다섯 가지 결과가 지혜와 자비의 둘에서 벗어나지 않는다. 그중에 세 구절이니 처음의 둘은 자비와 지혜를 닦아 다스린 결과이고, 다음의 둘[ㄷ) 三昧勝 ㄹ) 不壞心勝]은 자비와 지혜로 이룩한 견고함이요, 뒤의 하나[ㅁ) 自在力勝]는 두 가지 결과에 자재함을 동시에 밝힌 내용이다. 이것은 곧 구절을 건너뛰어 상대한다는 뜻이다.

---

437) 鬪字卷, 15장 下8항의 내용이다. 『화엄경청량소』제8권 p.783 참조.

b. 바로 밝히다[正顯] 3.
a) 〈공〉 해탈문[空門] (二知 41上1)

知無我無人無壽命하며 自性空하며 無作者無受者하면 卽得空解脫門現在前하며
내가 없고 사람이 없고 수명이 없고, 제 성품이 공하고 짓는 이가 없고 받는 이가 없음을 알고는, 곧 공한 해탈문이 앞에 나타나게 되느니라.

[疏] 二, 知無我下는 正顯三空이라 三空에 各有別顯과 總結이라 初空門 中에 別顯이 有三하니 初, 三句는 明衆生空이오 次, 自性空은 明法空이니 此上二句는 明二我體空이라 三, 無作受는 顯二我作用空이니 由體空故로 竝不能作因受果라 結云現前者는 智與境冥故니라

■ b. 知無我 아래는 바로 세 가지 〈공〉을 밝힘이다. 세 가지 〈공〉에 각기 a. 개별적으로 밝힘과 b. 총합하여 결론함이 있다. a) 〈공〉 해탈문 중에 b. 개별적으로 밝힘에 셋이 있으니 a) 세 구절은 중생이 〈공〉함을 밝힘이요, b) 자성이 〈공〉함이란 법이 〈공〉함을 밝힘이니, 이 위의 두 구절은 두 가지 〈나〉의 체성이 공함을 밝힘이다. c) '짓는 이가 없고 받는 이가 없다'는 것은 두 가지 〈나〉의 작용이 〈공〉함을 밝힘이니, 체성이 〈공〉함으로 인해 원인을 짓고 결과를 받는 것이 모두 일정하지 않다. 결론에서 '앞에 나타난다'고 말한 것은 지혜가 경계와 함께 그윽이 합한 까닭이다.

[鈔] 顯二我下는 意明人法이 俱有能作之義일새 故皆名作者니 非約人我

가 獨爲其空이니라

● 顯二我 아래는 의미로 사람과 법이 함께 짓는 주체라는 이치를 밝혔으므로 모두 '짓는 이'라 이름하였으니 남과 〈나〉만이 유독 〈공〉함에 의지한 것은 아니다.

b) 무상(無相) 해탈문[無相門] 2.
(a) 첫 구절에 대한 설명[明初句] 4.
㊀ 본래의 뜻을 총합적으로 해석하다[總釋本義] (二無 42上9)

觀諸有支가 皆自性滅하여 畢竟解脫하여 無有少法相生하면 卽時에 得無相解脫門現在前하니라
모든 인연이 다 제 성품이 멸함을 관찰하여, 필경까지 해탈하고 조그만 법도 서로 내는 것이 없으면, 곧 모양 없는 해탈문이 앞에 나타나게 되느니라.

[疏] 二, 無相門中에 亦三이니 一者는 滅障이니 卽觀諸有支가 皆自性滅이니
■ b) 무상 해탈문 중에도 셋이니 첫 구절은 ① 장애를 없앰이니 여러 지분이 모두 자상(自相)이 없음을 관찰하는 것이다.

㊁ 올바름을 거론하여 그릇됨을 밝히다[擧正顯非] (謂若 42上10)
㊂ 그릇됨을 거론하여 수행을 밝히다[擧非顯修] (若見)
㊃ 닦음의 의미로 결론하다[結成修意] (故修)

[疏] 謂若入空門커나 不得空이라도 亦不取空相하면 則事已辦이오 若見法

先有하고 後說爲空커나 及取空相하면 非眞知空이니 故名爲障이라 故修無相하야 了自性滅하야 則不取空障이라

■ 말하자면 만일 〈공〉해탈문에 들어가거나 〈공〉을 얻지는 못하더라도 또한 〈공〉한 모양을 취착하지 않으면 일을 이미 끝낸 것이요, 만일 법이 먼저 〈유〉임을 발견하고 뒤에 〈공〉이라고 말하거나 〈공〉한 모양을 취하면 참으로 〈공〉을 아는 것이 아니니 그래서 장애라 이름하였다. 그러므로 모양 없음을 닦아서 자성이 없음을 깨달으면 〈공〉한 장애를 취하지 않는다.

[鈔] 二無相門下는 滅障中에 疏文有四하니 初一, 總釋이오 二, 謂若入空門下는 擧正顯非라 智論에 云,[438] 是三解脫은 摩訶衍中에 但是一法이나 以行因緣故로 說有三種하니 觀諸法空은 是名空門이오 空中에 不可取相이니 是時에 空門을 轉名無相이오 無相中에 不應有所作하야 爲三界生이니 是時에 無相을 轉名無作이라 如城三門에 一人之身이 不得一時從三門入이라 諸法實相은 是涅槃城이라 城有三門하니 若入空門하면 不得空하며 亦不取相하면 是人은 直入이니 事已辦故로 不須二門이니라 三, 若見法下는 擧非顯修니 智論에 云, 若取諸法空相하야 生憍慢言호대 我知實相이라하면 應學無相門하야 以滅空相이라하니라 四, 故修無相下는 結成修意니 爲滅障故라

● b) 無相門 아래는 (a) 장애를 없앰 중에 소문이 넷이 있으니 ㉠ 총합적인 해석이요 ㉡ 謂若入空 아래는 올바름을 거론하여 그릇됨을 밝힘이다. 『대지도론』에서는, "이 세 해탈문은 마하연 가운데서 동일한 법이건만 수행의 인연에 따라 세 가지가 있다고 말한다. 모든 법이

---

[438] 인용문은 『大智度論』제20권 釋初品中 三三昧義 제32의 내용이다. (대정장 권25 p. 207b20-)

공하다고 관찰함이 〈공〉이요, 〈공〉 가운데서 모습을 취할 수 없나니, 이럴 때의 〈공〉은 모양 없음이라 불린다. 모양 없음에는 어떤 작위(作爲)나 삼계에 태어날 일이 있을 수 없나니, 이럴 때에 모양 없음은 작위 없음[無作]이라 바뀌어 불린다. 비유하건대 성에 세 문이 있는데 한 사람이 동시에 세 문으로 들어갈 수는 없어서 들어가려면 한 문으로 들어가야 하는 것과 같이, 모든 법의 진실한 모습이 열반의 성인데 성에 3문이 있으니, 〈공〉·모양 없음·지음 없음이다. 어떤 사람이 〈공〉의 문으로 들어가서 〈공〉을 얻지 못하더라도 〈공〉의 모양에 집착하지 않는다면 이 사람은 일대사가 끝남에 곧장 들어갔기 때문에 나머지 두 문은 필요치 않다"고 하였다.

㊂ 若見法 아래는 그릇됨을 거론하여 닦음을 밝힘이니 『대지도론』에는 또, "이렇게 〈공〉을 관찰하고서 이 모든 법의 공한 모양을 취하여 집착하면, 이 까닭에 교만 등 모든 번뇌를 일으키고는 '나는 모든 법의 실상을 아노라'고 말한다. 이럴 때에는 무상문(無相門)을 배워야 하나니 〈공〉의 모습을 취하려는 마음을 멸하기 위함이다"라고 하였다. ㊃ 故修無相 아래는 수행의 의미를 결론함이니 장애를 없애기 위한 까닭이다.

(b) 남은 두 구절에 대한 설명[明餘二] (二所 43上3)

[疏] 二, 所以不取者는 得對治故라 謂知空도 亦復空이라야 名畢竟解脫이라 三, 旣有能治하야 治於所治에 則念想이 不行일새 故云無有少法相生이니 能所斯寂에 則無相이 現前이니라

■ (b) '때문에 취하지 않는다'라고 말한 것은 다스림을 얻은 까닭이다.

말하자면 〈공〉함도 또다시 〈공〉한 줄 아는 것을 완전한 해탈[畢竟解脫]이라 이름한다. (c) 이미 다스리는 주체가 있어서 다스릴 대상을 다스리면 생각함이 행하지 않으므로 "조그만 법의 모양도 생기지 않는다"라고 할 것이니, 주체와 대상이 고요해지면 모양 없음이 앞에 나타날 것이다.

[鈔] 遠公이 云, 三中에 一은 滅障이니 卽取性心亡이오 二는 得對治니 卽得理爲治요 三은 念想不行이니 卽取相心이 滅이라 亦初一은 異凡夫요 後二는 異二乘이라하니라

● 혜원법사가 이르되, "셋 중에 1) 장애를 없앰이니 체성을 취착하는 마음[取性心]이 없어짐이요, 2) 다스림을 얻음이니 이치를 얻음이 다스림이 됨이요, 3) 생각함이 행하지 않음이니 모양을 취착하는 마음[取相心]이 없어짐이다. 또한 처음 하나는 범부와 다르고 뒤의 둘은 이승과 다르다"고 하였다.

c) 무원(無願) 해탈문[無願門] 2.
(a) 바로 경문을 해석하다[正釋經文] (三無 43下1)

如是入空無相已에 無有願求하되 唯除大悲爲首하여 敎化衆生하면 卽時에 得無願解脫門現在前하나니라

이와 같이 공하고 모양 없는 데 들어가서는 원하는 것이 없고, 다만 대비가 으뜸이 되어 중생을 교화할 뿐이니, 곧 원이 없는 해탈문이 앞에 나타나게 되느니라.

[疏] 三, 無願門이라 亦有三種相하니 一은 依止니 謂依前入空無相하야 方得無願故라 二는 體니 卽無有願求하야 不求三界等故라 三은 勝이니 卽大悲化生이 勝二乘故니라

- c) 바람 없는 해탈문이다. 또한 세 종류의 모양이 있으니 (1) 의지하는 모양이다. 말하자면 앞의 〈공〉과 모양 없음에 의지하여 비로소 바람 없음을 얻기 때문이다. (2) 체성의 모양이다. 원하고 구함이 없어서 삼계 따위를 구하지 않기 때문이다. (3) 뛰어난 모양이니 대비(大悲)로 중생을 교화함이 이승(二乘)보다 뛰어난 까닭이다.

[鈔] 一依止者는 智論에 云, 若於無相中에 生戱論分別하야 有所作하면 應修無作門이라하나니 今無戱論分別이 卽能修無願일새 故爲依止니라

- (1) 의지하는 모양이란 『대지도론』에서는, "만일 모양 없음 중에 희롱하는 말을 일으키면 지은 바 있으리라고 분별코자 하리니, 이럴 때엔 〈공〉과 모양 없음의 행을 따라 몸·입·뜻으로 지음 없는 문[無作門]을 닦아야 한다"고 하였다. 지금은 희롱하는 말로 분별함이 없는 것이 능히 바람 없음을 닦게 하므로 의지하는 모양을 삼는다.

(b) 구분하여 옳음을 드러내다[料揀顯是] (又上 43下6)

[疏] 又上三空이 通緣諸法實相이니 觀於世間은 卽涅槃相이니 故로 亦不同二乘이라 餘如智論二十二에 說이니라

- 또 위의 세 가지 〈공〉[衆生空·法空·作用空]이 모든 법의 실상을 공통적으로 반연하나니 세간이 열반의 모습으로 관찰함이다. 그러므로 역시 이승과는 다르다. 나머지는 『대지도론』 제22권에 설한 내용과

같다.

[鈔] 又上三空下는 揀教니 智論에 云, 阿毘曇에 空門으로 緣苦諦하야 攝五蘊하고 無相門에 緣數緣盡이오 無作으로 緣三諦하야 攝五蘊이어니와 摩訶衍에는 三門이 通緣一切法實相이니 以是三解脫門으로 觀世間이 卽是涅槃이라하니라 釋曰, 對文可知니라

言餘如智論者는 論에 云,[439] 經說涅槃一門이나 今言三者는 法雖是一이나 而義有三이라 復次應度三種障이니 謂愛多와 見多와 愛見等者라 見多者는 說空門하고 愛多者에 說無作門하고 愛見等者에 說無相門이니 謂無男女等相故로 斷愛며 無一異等相일새 斷見이라하나니 皆是彼中餘義니라

● (b) 又上三空 아래는 교법을 구분함이다. 『대지도론』에 이르되, "아비담의 이치에서는 이 〈공〉의 해탈문은 고제를 반연으로 하여 오온을 포섭하고, 모양 없음의 해탈문은 수효와 반연이 다한 법을 반연하고, 지음 없는 해탈문은 세 가지 진리를 반연하여 오온을 포섭하지만, 대승교법의 이치에는 세 가지 해탈문이 공통적으로 모든 법의 실상을 반연한다"고 하였다. 해석한다면 문장과 대조하면 알 수 있으리라.

'나머지는 지도론에 설한 내용과 같다'고 말한 것은 논에서는, "경에서는 '열반은 한 문이다'라고 하였는데 지금은 어째서 셋이라 하는가? 하면, 법은 하나이지만 이치에는 셋이 있다. 또 다시 제도해야 할 이에 세 종류가 있으니, ① 애욕이 많은 이와 ② 사견이 많은 이와 ③ 애욕과 사견이 균등한 이이다. ② 사견이 많은 이에게는 〈공〉의 해

---

439) 인용문은 『大智度論』 제20권 釋初品中 三三昧義 제32의 내용이다. (대정장 권25 p. 207c20-)

탈문을 말해 주고, ① 애욕이 많은 이에게는 지음 없음의 해탈문을 말해 주고, ③ 애욕과 사견이 균등한 이에게는 모양 없음의 해탈문을 말해 준다. 이렇게 남녀 등의 모습이 없다고 듣기 때문에 애욕을 끊고, 같거나 다른 등의 모습이 없다고 듣기 때문에 사견을 끊는다"라고 하였으니 모두 저 가운데 나머지 이치인 것이다.

(ㄴ) 장애를 여읨이 뛰어나다[明離障勝] 2.
a. 장애를 여읨에 대한 해석[釋離障] (第二 44上8)

菩薩이 如是修三解脫門하여 離彼我想하며 離作者受者想하며 離有無想이니라
보살이 이와 같이 세 해탈문을 닦으면, <남>이라 <나>라는 생각을 여의고, 짓는 이라 받는 이라는 생각을 여의고, 있다 없다 하는 생각을 여의느니라."

[疏] 第二, 明離障勝中에 先은 牒前修니 由修得離故라 初, 離三想은 是空門所離요 次, 離有無想은 是無相門所離며 亦無願門所離니 不見有可求故라

■ (ㄴ) 장애 여읨이 뛰어남을 밝힘 중에 a. 앞의 수행을 따옴이니, 수행으로 인해 여읨을 얻기 때문이다. (1) 세 가지 생각을 여읨은 <공> 해탈문에서 여읠 대상이요, (2) <유>나 <무>라는 생각을 여읨은 모양 없는 해탈문에서 여읠 대상이며, 또한 바람 없는 해탈문에서 여읠 대상이니, 어떤 것을 구할 수 있는가를 발견하지 못한 까닭이다.

[鈔] 初離三想者는 離彼我想이 爲一이오 離作者想이 爲二요 離受者想이 爲三이라 離有無想은 雖通二門이나 無願一門이 多約離有니라

- (1) '세 가지 생각을 여읨'이란 너다 나다 하는 생각을 여읨이 하나이고, 짓는 이라는 생각을 여읨이 둘이고, 받는 이라는 생각을 여읨이 셋이다. 〈유〉나 〈무〉라는 생각을 여읨은 비록 두 문에 통하지만 바람 없는 한 문이 대부분 〈유〉라는 생각을 여읨에 의지한 분석이다.

b. 뛰어남에 대한 해석[釋勝] 3.
a) 뛰어남을 바로 해석하다[正釋勝] (已知 44下3)

[疏] 已知離障하니 云何爲勝고 經中의 三句가 次第勝五四地와 及此地方便故니 謂於五地中에 以十平等深淨心으로 遠離四地의 身淨我慢이니 此用深空하야 滅離二我일새 故此勝也라

- 이미 장애를 여읜 줄 알았으니 무엇이 뛰어난가? 경문의 세 구절이 차례로 제5지와 제4지와 이 제6지의 방편보다 뛰어난 까닭이다. 말하자면 제5지 중에 열 가지 평등하고 깊고 청정한 마음으로 제4지의 몸의 깨끗함과 〈나〉에 대한 거만함을 완전히 여의었지만, 이 제6지에서는 깊고 공한 마음을 써서 두 가지 〈나〉를 없애거나 여의었으므로 제6지가 뛰어난 것이다.

[鈔] 此用深空者는 卽離彼我想이니 通於人法二我無也라 云何爲深고 五地는 唯約淨法하야 說十平等이어니와 今直說深空이라 又前은 是加行觀察이오 今已住空하야 般若가 現前故라

- '이 제6지에서 깊고 공한 마음을 써서'라는 것은 너다 나다 하는 생각을 여의었으니 사람과 법의 두 가지 <내>가 없음과 통한다. 무엇이 깊은가? 5지는 오직 청정한 법에만 의지하여 열 가지 평등한 마음만 말하였는데 지금은 곧바로 깊고 <공>하다고 말하였다. 또 앞은 가행도의 관찰이요, 지금은 이미 <공>에 머물러 반야의 지혜가 앞에 나타나기 때문이다.

b) 앞과 상대하여 뛰어나다[對前勝] (二四 44下9)

[疏] 二, 四地中에 以道品으로 治三地中의 正受出沒等慢이니 此用空觀하야 以離作受일새 故勝이라
- b) 제4지에는 보리의 부분법으로 제3지의 삼매[正受]에서 나오고 없어지는 따위의 거만함을 다스렸으니, 여기서는 <공>의 관법을 써서 짓고 받음을 여의었으므로 뛰어난 것이다.

[鈔] 二四地道品은 有身受等故요
- b) 제4지의 보리분법은 신(身)념처와 수(受)념처 따위를 말한다.

c) 뛰어남에 대한 결론적인 해석[結釋勝] (三此 45上2)

[疏] 三, 此地方便은 但用十平等하야 破顯有無어니와 今此地滿이니 用深無相하야 破遣有無하야 一切蕩盡일새 故此勝也니라
- c) 이 제6지의 방편은 단지 열 가지 평등한 마음만 써서 타파하여 <유>와 <무>를 드러내었지만 지금 이 제6지에서 만족하였으니,

깊고 모양 없음을 써서 타파하여 〈유〉와 〈무〉를 보내어 모든 것을 털어버렸으므로 이 제6지가 뛰어나다는 뜻이다.

[鈔] 三此地初에 用十平等은 十相이 未泯故니라
● c) 이 제6지의 첫 부분에 열 가지 평등한 마음을 쓴 것은 열 가지 모양이 없어지지 않기 때문이다.

ㄴ) 수행이 뛰어나다[修行勝] 2.

(ㄱ) 수행하는 마음을 총합적으로 밝히다[總明修心] (第二 45上7)

佛子여 此菩薩摩訶薩이 大悲轉增하여 精勤修習하나니 爲未滿菩提分法을 令圓滿故니라
"불자여, 이 보살마하살은 대비가 점점 더하여서 부지런히 닦나니, 아직 원만하지 못한 보리의 부분법을 원만하게 하려는 연고며,

[疏] 第二, 大悲轉增下는 修行勝中에 二니 先은 總明修心이니 悲增心中에 修故로 是利他心이라 爲未滿菩提下는 兼於自利니 亦修所爲라 言悲增者는 前觀十平等하야 已起三悲하고 今十門觀緣하야 彌悲衆生이 纏於妄法이니라
■ ㄴ) 大悲轉增 아래는 수행이 뛰어남 중에 둘이니 (ㄱ) 수행하는 마음을 총합적으로 밝힘이니, 대비가 늘어난 마음에서 닦은 연고로 남을 이롭게 하는 마음인 것이다. 爲未滿菩提分法 아래는 자기를 이

롭게 하는 마음을 겸하였으니 또한 수행의 역할이다. '대비가 더한다'고 말한 것은 앞에서는 열 가지 평등한 마음을 관하여 이미 세 가지 대비를 일으켰고, 지금은 열 가지 문으로 연기를 관하여 중생이 허망한 법에 얽힌 것을 더욱 가엾어 한다.

(ㄴ) 수행하는 모양을 개별로 밝히다[別顯修相] 2.
a. 수행에 대한 설명[明修行] 2.
a) 용맹한 수행을 시작하다[發勇猛修行] 2.

(a) 지혜[智] 2.
㊀ 알다[知] (後作 45下5)
㊁ 싫어하다[厭] (後我)

作是念하되 一切有爲가 有和合則轉하고 無和合則不轉하며 緣集則轉하고 緣不集則不轉하나니 我如是知有爲法이 多諸過患인댄 當斷此和合因緣이나 然爲成就衆生故로 亦不畢竟滅於諸行이라하나니라

이렇게 생각하나니 '모든 하염 있는 법이 화합하면 생겨나고, 화합하지 않으면 생겨나지 못하며, 연이 모이면 생겨나고, 연이 모이지 않으면 생기지 못하도다. 내가 하염 있는 법이 이렇게 허물이 많은 줄을 알았으니, 마땅히 이 화합하는 인연을 끊을 것이나 중생을 성취하기 위하므로, 끝까지 여러 행을 멸하지 않으리라' 하느니라.

[疏] 後, 作是念下는 別顯이라 於中에 二니 先, 明修行이오 後, 而恒下는 明修勝이라 今初가 又二니 先, 發勇猛修行이니 謂勵志始修故라 後, 佛子下는 明丈夫志修行이니 果決終成故라 又初則悲智勇修요 後는 則窮證性相이라 今初에 先은 智요 後는 悲라 智中에 先은 知요 後는 厭이라 初中에 上二句는 明緣有合離니 謂業惑相資하야 有爲方生이 如無明이 緣行等이라 後二句는 明緣有具闕이라 集은 卽是具니 謂業과 惑이 隨闕에 必不轉生이니 如雖有行이나 無愛潤等이라 後, 我如是下는 厭이니 旣知有爲苦過일새 必斷和合集因이라

■ (ㄴ) 作是念 아래는 개별로 밝힘이다. 그중에 둘이니 a. 수행에 대한 설명이요, b. 而恒 아래는 수행이 뛰어남을 밝힘이다. 지금 a.에 또 둘이니 a) 용맹한 수행을 시작함이니 의지를 북돋워 수행을 시작한 까닭이다. b) 佛子 아래는 장부다운 의지로 수행함을 밝힘이니 결과가 결정코 마칠 수 있기 때문이다. 또 처음은 자비와 지혜를 용맹하게 닦고, 뒤는 체성과 양상을 끝까지 증득함이다. 지금은 a)에서 (a) 지혜이고 (b) 대비이다. (a) 지혜 중에 ㉠ 아는 것이요, ㉡ 싫어함이다. ㉠ 중에 위의 두 구절은 반연에 합하고 여읨이 있음을 밝혔으니, 이를테면 업과 미혹이 서로 도와서 유위법이 비로소 생겨나는 것이 마치 무명이 지어 감을 반연함과 같은 따위이다. 뒤의 두 구절은 반연에 갖추고 빠뜨림이 있음을 밝혔다. 모임은 곧 갖춤이니 말하자면 업과 미혹 어느 하나라도 빠뜨리면 반드시 생겨나지는 않나니, 마치 비록 지어 감이 있어도 애욕이 성숙됨이 없는 경우와 같다. ㉡ 我如是 아래는 싫어함이니 이미 유위법이 고통의 허물인 줄 아는 연고로 반드시 화합하여 모이는 원인[集因]을 끊어야 한다.

(b) 대비[悲] (然爲 46上2)

[疏] 然爲下는 修悲益物하야 不盡有爲니라
- (b) 然爲 아래는 대비를 닦아 중생을 이익되게 하기 위하여 유위법을 다하지 않는다.

b) 장부다운 의지로 수행함을 밝히다[明丈夫志修行] (二丈 46上6)

佛子여 菩薩이 如是觀察有爲가 多諸過患하되 無有自性하여 不生不滅440)하고
불자여, 보살이 이렇게 하염 있는 법이 허물이 많고 제 성품이 없어서 나지도 않고 멸하지도 않음을 관찰하고는

[疏] 二, 丈夫志修中에 初는 厭相이니 見彼有爲多過가 是對礙法이니 故厭之라 後, 無有下는 證性이니 由了有爲自性이 同相이오 本無生滅하야 便能滅於對礙하야 而與理로 冥이니라
- b) 장부다운 의지로 수행함 중에 (a) 싫어하는 모양이니 저 유위법에 많은 허물들이 상대하여 장애하는 법임을 발견한 까닭에 싫어하는 것이다. (b) 無有 아래는 체성을 증득함이니 유위법의 자체 성품이 함께하는 모양이요, 본래 나고 없어짐인 줄 깨달음으로 인해 단박에 능히 상대하여 장애하는 법을 없애고 이치와 그윽이 계합하게 된다.

[鈔] 初厭相者는 前勇猛修中에 先은 知요 後는 厭이라 今丈夫志修도 先은

---

440) 患은 宋元明宮續金本等作惡, 麗平綱本等作患, 宋論作患.

厭이오 後는 證이니 明漸勝也로다

- (a) 싫어하는 모양이란 앞의 a) 용맹한 수행 중에 ㉠ 아는 것이요, ㉡ 싫어함이요, 지금의 b) 장부다운 의지로 수행함 중에도 ㉠ 싫어함이요, ㉡ 중득함이니 점점 뛰어난 것이 분명하다.

b. 수행이 뛰어남에 대한 설명[明修勝] (第二. 46下5)

而恒起大悲하여 不捨衆生하여 即得般若波羅蜜現前하나니 名無障礙智光明이라 成就如是智光明已하여는 雖修習菩提分因緣이나 而不住有爲中하며 雖觀有爲法自性寂滅이나 亦不住寂滅中하나니 以菩提分法을 未圓滿故니라

대비심을 항상 일으키어 중생을 버리지 아니하면 곧 반야바라밀다가 앞에 나타나나니, 이름이 장애가 없는 지혜의 광명이라. 이러한 지혜의 광명을 성취하고는, 비록 보리의 부분인 인연을 닦더라도 하염 있는 가운데 머물지 아니하며, 비록 하염 있는 법의 성품이 적멸함을 관찰하더라도 적멸한 가운데도 머물지 아니 하나니, 보리의 부분법이 아직 원만하지 못한 까닭이니라."

[疏] 第二, 修勝者는 謂不住勝相現前故라 有三種勝하니 一, 初二句는 明般若因勝이니 以是不住所以로 躡前大智而起悲故라 二, 即得下는 般若體現이 勝이니 般若는 是通名이오 無障礙智는 是別稱이라 無礙佛智를 雖未成就나 今般若로 能照此智라 此智前相을 名曰光明

이니 光明이 卽門也라 三, 成就如是下는 明般若用勝이니 亦是不住 之相이라 謂上二句는 涉事不失理일새 故不住有爲요 後二句는 見理 不壞事일새 故不住無爲니 卽有爲와 涅槃을 平等證故라 以菩提下는 不住所爲니 智慧助道가 未滿足故로 不住有爲요 功德助道가 未滿 足故로 不住無爲라 又俱未滿故로 俱不住니 廣如淨名下卷이라 大 品中에 亦云호대 菩薩이 念言호대 今是行時요 非證時故라하나니 卽此 所爲며 亦是所以니라

- b. 수행이 뛰어남이란 뛰어난 모양이 앞에 나타나는 것에 머물지 않음을 말한다. 세 종류의 뛰어남이 있으니 a) 처음의 두 구절은 반야의 원인이 뛰어남을 밝혔으니 머물지 않는 연고로 앞의 큰 지혜를 토대로 대비를 일으키기 때문이다. b) 卽得 아래는 반야의 체성이 나타남이 뛰어난 것이니 반야는 전체적인 명칭이요, 장애 없는 지혜는 개별적인 명칭이다. 장애 없는 부처님 지혜를 아직 성취하지는 못했지만 지금의 반야로 능히 이 지혜를 비출 수 있다. 이 지혜 앞의 모양을 광명이라 이름하나니 광명이 바로 문이다. c) 成就如是 아래는 반야의 작용이 뛰어남을 밝혔으니 또한 머물지 않는 모양이다. 이를테면 위의 두 구절은 현상에 관계하면서도 이치를 잃지 않으므로 유위법에 머물지 않고, 뒤의 두 구절은 이치가 현상을 무너뜨리지 않음을 발견한 연고로 무위법에도 머물지 않는다. 다시 말하면 유위법과 열반을 똑같이 증득했다는 뜻이다. 以菩提 아래는 목적하는 대상[所爲]에 머물지 않음이니 지혜를 돕는 보리분법이 아직 만족하지 않은 까닭에 유위법에 머물지 않으며, 공덕을 돕는 보리분법이 아직 만족하지 않은 까닭에 무위법에도 머물지 않는다. 또 모두 만족하지 않은 까닭에 모두에 머물지 않나니 자세한 것은 『유마경』 하권의 내용과 같다.

『대품반야경』에도 말하되, "보살이 생각하기를 '지금은 수행할 때이지 증득할 때가 아닌 까닭이다'"라고 하였으니 이것은 목적하는 대상이며 또한 원인이기도 하다.

[鈔] 又俱未滿者는 卽淨名第三의 菩薩行品이니 衆香菩薩이 欲歸本國하야 白佛求法云[441]호대 唯然世尊이시여 願賜少法하야사 還於彼土하면 當念如來하리이다 佛告諸菩薩하사대 有盡無盡解脫法門하니 汝等은 當學하라 何謂爲盡고 謂有爲法이니라 何謂無盡고 謂無爲法이니라 如菩薩者인대 不盡有爲하고 不住無爲니라 何謂不盡有爲오 謂不離大慈며 不捨大悲하고 發一切智心하야 而不忽忘이라하며 乃至云하사대 以大乘敎로 成菩薩僧하야 心無放逸하고 不失衆善하야 行如此法하면 是名菩薩不盡有爲니라 何謂不住無爲오 謂修學空호대 不以空으로 爲證하고 修學無相과 無作호대 不以無相과 無作으로 爲證이라하며 乃至云하사대 觀諸法이 虛妄하야 無我無人이며 無主無相이나 本願이 未滿일새 而不虛福德禪定智慧하고 修如此法하나니 是名菩薩不住無爲니라 又具福德故로 不住無爲하며 具智慧故로 不盡有爲하며 大慈悲故로 不住無爲하며 滿本願故로 不盡有爲하며 集法藥故로 不住無爲하며 隨授藥故로 不盡有爲하며 知衆生病故로 不住無爲하며 滅衆生病故로 不盡有爲라하나니 釋曰, 然淨名意는 但揀二乘이니 謂二乘은 盡有며 住無하나니 有爲三相일새 故名爲盡이오 無爲無相일새 故名爲住라 若盡若住하면 卽是有礙요 不盡이 不住하면 爲無礙法이라 然是一法을 就事相分일새 故爲二別이니 盡有는 卽無起行修德之地요 住無는 卽絶慈悲化道[442]之能이니 是故로 大士는 並不爲也니라 而

---

441) 인용문은 『維摩經』 下권 菩薩行品 제11의 내용이다. (대정장 권14 p. 554a28-)
442) 道는 南續金本作導.

彼經文에 先正釋不住不盡하시고 後, 又具福德下는 釋不住와 不盡의 所以라 …〈中略〉…

● 又俱未滿이란『유마경』제3권 보살행품(菩薩行品)의 내용이니, "그때 중향국(衆香國)에서 온 보살이 본국으로 돌아가려고 부처님께 가르침을 구하며 아뢰었다. '세존이시여, 아무쪼록 적은 가르침이라도 베풀어 주십시오. 저희들은 본국에 돌아가 마땅히 여래를 기억할 것입니다.' 부처님께서 많은 보살들에게 말씀하셨다. '다하는 것에도 다하지 않은 것에서도 해탈하는 가르침이 있다. 그대들은 그것을 마땅히 배우도록 하여라. 무엇을 다하는 것[盡]이라고 하는가 하면, 인연의 화합으로 만들어진 것[有爲法]을 말한다. 무엇이 다하지 않는 것[無盡]이라고 하는가 하면, 인연에 의하여 만들어진 것이 아닌 영원불변의 것[無爲法]을 말한다. 보살이라고 하는 것은 인연에 의해서 만들어진 것도 버리지 않고[不盡], 영원불변한 것에도 머물지 않는다. 무엇을 유위법을 버리지 않는다고 하는가 하면, 광대한 자비심을 항상 지니고, 일체를 깊이 아는 지혜[一切智]를 구하여 한순간도 잊지 않으며…'"라고 하였으며, 나아가 말하였다. "대승의 가르침으로 보살의 승가를 이룩하고, 방종한 마음은 없어지고, 모든 선(善)을 잃지 않는 것 따위의 이런 법을 행하는 것을 보살이 유위법을 버리지 않는 것이라고 하느니라. 무엇을 보살이 무위법에 머물지 않는 것이라고 하는가 하면, 〈공〉을 수행하지만 〈공〉을 깨달음으로 삼지 않으며, (공이기 때문에) 차별이 없고[無相], 바라는 일도 없다[無作]고 보는 것을 수행하지만, 차별의 모습도 바라는 일도 없는 것이 깨달음이라고는 생각하지 않으며…"라고 하였으며, 나아가 말하였다. "모든 것은 허망하고 변하지 않는 것[牢]은 없으며, 실제로는 개인도 실체로서의 주체도, 그

외모도 없음을 알고 있으나 (모든 것을 구하려고 하는 보살의) 근본적인 서원은 아직 완성되지 않았으므로 복덕을 쌓고, 선정에 들고, 지혜를 닦는 것을 무의미하다고 생각하지 않는다. 이와 같이 노력하는 것이 보살이 무위법(無爲法)에도 머물지 않는 것이라고 한다. 또 보살은 복덕을 갖추고 있으므로 무위법에도 머물지 않고, 지혜를 갖추고 있으므로 유위법도 버리지 않는다. 광대한 자비를 가지고 있으므로 무위법에도 안주하지 않고 근본적인 서원[本願]을 만족한 연고로 유위법을 버리지 않는다. 가르침의 약[法藥]을 모으기 위한 연고로 무위법에도 머물지 않으며, 따라서 그 약을 주기 위하여 유위법을 버리지도 않는다. 중생의 병을 알고 있으므로 무위법에 머물지 않으며, 중생의 병을 없애기 위해서 유위법을 버리지 않는다." 해석한다면 그런데 『유마경』의 의미는 단지 이승과만 구분하였다. 말하자면 이승은 유위법을 버리고 무위법에 머무나니 유위법이 세 가지 모양인 까닭에 버린다고 말하고, 무위법은 모양이 없으므로 머문다고 말한다. 버리고 머문다면 그대로 장애일 것이고, 버리지 않고 머물지 않으면 장애 없는 법이라 한다. 그런데 이 한 법은 현상적인 모양의 영역에 입각한 연고로 두 가지로 구분하였으니, '유위법을 버리는 것'은 수행을 시작하여 복덕을 닦음이 없는 경지이고, '무위법에 머무는 것'은 자비로 교화하는 공능을 단절한 경지이다. 이런 까닭에 보살은 모두 그렇게 하지 않는 것이다. 그런데 저 『유마경』에서는 (1) 머물지 않고 버리지 않음에 대해 바로 해석하였고, (2) 又具福德 아래는 머물지 않고 버리지 않는 이유를 해석하였다. …〈중간 생략〉…

大品中下는 亦成上義니 若是證時인댄 住無爲也라 故로 七地에 云,

雖行實際나 而不作證이라하니라 卽此所爲者는 所爲는 成智慧하야 不住有爲等이오 所以者[443)]는 以有智慧故로 不住有爲也라 餘可例知니라

- 大品中 아래는 위의 이치를 결론함이니 만일 증득할 때라면 무위법에 머무는 때이다. 그러므로 제7지에 이르되, "비록 실제를 행하지만 증득하지는 못한다"고 하였다. '이것이 바로 목적하는 대상이다'에서 '목적하는 대상'이란 지혜를 이루어 유위법에 머물지 않는 따위이고, '원인'이란 지혜가 있는 연고로 유위법에 머물지 않음을 뜻한다. 나머지는 유례하여 알 수 있으리라.

ㄷ) 삼매가 뛰어나다[三昧勝] 2.
(ㄱ) 공처의 선정을 밝히다[明空定] 2.

a. 열 가지 우두머리를 거론하다[擧十上首] 2.
a) 논경에 의지해 과목 나누다[依論科釋] 2.
(a) 바로 과목 나누다[正科] (第三 49上10)

佛子여 菩薩이 住此現前地하여 得入空三昧와 自性空三昧와 第一義空三昧와 第一空三昧와 大空三昧와 合空三昧와 起空三昧와 如實不分別空三昧와 不捨離空三昧와 離不離空三昧하나니라
불자여, 보살이 이 현전지에 머물고는 들어감에 공한 삼매와 제 성품이 공한 삼매와, 제일가는 이치의 공한 삼매와 첫

---

443) 者下에 續金本有何字.

째 공 삼매와 크게 공한 삼매와 합함이 공한 삼매와 일어남이 공한 삼매와 실상과 같이 분별하지 않음이 공한 삼매와 분별이 공한 삼매와 떠나지 않음이 공한 삼매와 떠남과 떠나지 않음이 공한 삼매를 얻느니라.

[疏] 第三, 明三昧勝中에 二니 先은 明空定이오 後, 如是十無相下는 例顯餘二라 前中에 復二니 先은 擧十上首요 後, 此菩薩下는 總結多門이라

- ㄷ) 삼매가 뛰어남에 대한 설명 중에 둘이니 (ㄱ) 공처의 선정을 밝힘이요, (ㄴ) 如是十無相 아래는 유례하여 나머지 둘을 밝힘이다. (ㄱ) 중에 다시 둘이니 a. 열 가지 우두머리를 거론함이요, b. 此菩薩 아래는 여러 문을 총합하여 결론함이다.

(b) 과목에 따라 해석하다[解釋] 4.
㊀ 관법이라 이름한 이유[名觀所以] (今初 49下4)

[疏] 今初十中에 論分爲四니 一, 除第四코 前五는 名觀이오 二, 以第四로 名不放逸이오 三, 以第七로 名得增上이오 四, 以餘三으로 名爲因事라 今初니 觀은 是觀解라 前三은 就相觀空이라 一, 入空者는 是人空이니 亦是總句라 二는 卽法空이오 三은 卽取前二空하야 爲第一義니 觀之亦空이라 後二는 就實觀空이니 謂四는 觀本識空如來藏이 包含無外니 故云大空이오 五는 觀七轉識이 不離如來藏코 和合而起에 皆無自體니 故云合空이라 楞伽에 云,[444] 七識도 亦如是하야 心俱和合

---

[444] 인용문은 『楞伽阿跋多羅寶經』(4권 능가경) 제1권 一切佛語心品 제1의 ①의 게송이다. 經云, "《非異非不異 海水起波浪 七識亦如是 心俱和合生 / 譬如海水變 種種波浪轉 七識亦如是 心俱和合生 / 謂以彼意識

生이라하며 又 云하사대 不壞相이 有八이니 無相亦無相也라하니라

■ 지금은 a. 열 가지 우두머리 중에 논경에서 넷으로 구분하였으니 ㈠ 넷째를 제외한 앞의 다섯 가지는 관법이라 이름하였고, ㈡ 넷째로 방종하지 않음이라 하였고, ㈢ 일곱째로 증상심을 얻음이라 이름하고, ㈣ 나머지 셋[(8) (9) (10)]으로 인연의 일[因事]이라 이름하였다. 지금은 ㈠이니 관(觀)은 '관하여 이해한다'는 뜻이다. 앞의 셋[(1) (2) (3)]은 모양에 입각하여 <공>을 관함이다. (1) '들어감에 공하다'는 것은 사람이 공함이니 또한 총상 구절이다. (2) '자성이 공하다'는 것은 곧 법이 공함이요, (3) '제일가는 이치가 공하다'는 것은 앞의 두 가지 <공>을 취하여 제일가는 이치가 되었으니 관함도 또한 <공>한 것이다. 뒤의 둘[(5) (6)]은 실법에 입각하여 <공>을 관한 것이다. 이를테면 (5) 대공(大空)은 근본 의식이 <공>여래장을 끝없이 포함하는 줄 관하나니 그래서 '크게 공하다'고 이름한 것이요, (6) 합공(合空)은 제7 전식이 여래장을 여의지 않고 화합하여 일어날 적에 모두 자체가 없음을 관하는 연고로 '합함이 공하다'고 하였다. 『능가경(楞伽經)』에서는, "7식도 이와 같아 마음과 함께 화합하여 생긴다"고 하였으며, 또 "무너지지 않는 모습에는 여덟 가지가 있으나 모양이 없고, 모양이 없다는 것 또한 모양이 없다"라고 하였다.

[鈔] 如來藏者는 遠公이 云, 大者는 寬廣이니 廣은 謂眞識體中에 統含法界하야 恒沙佛法이 同體平等하야 相應[445]而起요 無有一法이 別守自性일새 是故로 名空이오 隨順法界하야 無門不在일새 故名大空이라하니라 五觀等者는 卽眞識[446]之用이 用而常寂일새 故說爲空이라 故

─────────────
思惟諸相義 不壞相有八 無相亦無相》"(대정장 권16 p.484-)
445) 應은 南續金本作參, 甲本作恭誤.

로 疏에 云, 皆無自體라하니 卽是空義니라 楞伽云下는 問明에 已引이어니와 十忍에 更明이니라
- 여래장이란 혜원법사가 이르되, "대(大)는 너그럽고 광대하다는 뜻이니, 광대함은 진실한 의식의 자체에서 통틀어 법계를 포함하여 항하의 모래 수 같은 불법이 자체가 같고 평등해서 상응하여 일어나는 것이요, 한 법도 특별히 자성을 지키는 것이 없으므로 〈공〉하다고 이름한 것이요, 법계에 수순해서 문이 따로 있지 않으므로 '크게 공하다'고 이름한다"고 하였다. 五觀 등이란 진실한 의식의 작용이 작용하면서 항상 고요하므로 〈공〉하다고 말한다. 그러므로 소가가 '모두 자체가 없다'고 하였으니 그대로 〈공〉의 이치이다. 楞伽云 아래는 문명품(問明品)에 이미 인용하였지만 십인품(十忍品)에 가서 다시 설명하리라.

㈢ 방종하지 않음이라 이름하다[名不放逸] (二不 50上6)

[疏] 二, 不放逸者는 依解起行하야 行修究竟일새 故名第一이니 論에 云, 分別善修行故는 自分第一也오 修行無厭足故는 勝進第一也라
- ㈢ '방종하지 않음'이란 견해에 의지하여 수행을 시작하여 행법을 닦음이 완전해지므로 '첫째 〈공〉'이라고 이름하였다. 논경에서 '잡염과 청정을 잘 분별해서 수행한다'고 말한 것은 자분행이 제일이고, '수행에 만족함이 없기 때문이다'라고 말한 것은 승진행이 제일이란 뜻이다.

---

446) 識은 續金本作實.

[鈔] 依解起行者는 此有二意하니 一, 釋論中의 不放逸言이니 所作究竟하야 離放逸過故요 二, 卽復由此修究竟故로 經稱第一이라 下에 引論釋은 可知로다
- '견해에 의지하여 수행을 시작한다'는 것은 여기에 두 가지 의지가 있으니 1) 논경의 '방종하지 않음'이란 말을 해석한 내용이니 지은 바가 완전하여 방종한 허물을 여읜 까닭이요, 2) 곧 다시 이로 인해 수행이 완전해지는 연고로 본경에서 제일이라 칭하였다. 논경을 인용하여 해석한 부분은 알 수 있으리라.

㈢ 증상심을 얻음이라 이름하다[名得增上] (三得 50下1)

[疏] 三, 得增上者는 因修成德하야 功德이 起故라
- ㈢ '증상심을 얻었다'는 것은 수행으로 인해 덕을 성취해서 공덕이 생긴 까닭이다.

㈣ 인연의 일이라 하다[名爲因事] (四因 50下2)

[疏] 四, 因事者는 依德起用故로 有三種用하니 初一은 自利라 名智障淨因事니 謂分別이 是智障이라 今得如實空하야 能淨分別이니라 後二는 利他니 一은 敎化衆生因事니 依空起悲일새 故不捨離요 二는 願取有因事니 由得空故로 故離染이오 隨順有故로 不離諸有라 上依論解니 已爲深妙라
- ㈣ '인연의 일'이란 공덕에 의지해 작용을 일으킨 까닭에 세 종류의 작용이 있으니 첫째[(8) 如實不分別空三昧]는 자리행이니 지적인 장애가 깨

끊해진 인연의 일이라 이름한다. 말하자면 분별함이 곧 지적인 장애이다. 지금은 여실한 〈공〉을 얻어서 능히 분별을 깨끗하게 하였다. 뒤의 둘은 이타행(利他行)이니 하나[(9) 不捨離空三昧]는 중생을 교화하는 인연의 일이니 〈공〉에 의지해 대비를 일으키므로 버리거나 여의지 않는다. 둘[(10) 離不離空三昧]은 〈유〉를 바라고 취하는 인연의 일이니 〈공〉을 얻음으로 인해 잡염을 여읜 것이요, 〈유〉에 수순하는 까닭에 모든 〈유〉를 여의지도 않는다. 위는 논경에 의지한 해석이니 이미 심오하고 묘함이 되었다.

[鈔] 四因事者는 依德起用은 是釋因義니 德是用因이라 分別爲智障者는 卽分別因緣相也니라

- ㈣ '인연의 일은 공덕에 의지해 작용을 일으킨다'고 말한 것은 인연의 일에 대한 해석이니, 공덕은 작용의 원인이요, '분별함이 지적인 장애'라고 말한 것은 인연의 모양을 분별한다는 뜻이다.

b) 열반경을 예로 들어 밝히다[例涅槃辨] (又此 50下9)

[疏] 又此十空이 與涅槃經의 十一空으로 多同少異하니 更依釋之호리라 前八은 證實空이오 後二는 起用空[447]이라 入空은 卽彼內空과 外空이니 內外十二入故라 自性은 卽性空이니 非今始無故라 第一義空은 名義全同이라 第一空者는 彼名空空이니 謂前空은 但空第一義요 今明은 若有若無가 本來自空이라 故로 彼經에 云, 是有와 是無를 是名空空이오 是是가 非是是를 是名空空이니 謂是非도 亦當體가 空故라 如

---

447) 空下에 續金本有故字.

是空空은 乃是二乘의 所迷沒處라 十地⁴⁴⁸⁾菩薩이 通達少分일새 故
名第一이라하나니 今亦⁴⁴⁹⁾約少分也라 大空은 名同이니 彼名般若波
羅蜜이라 合은 卽內外空也니 合無合故라 起는 卽有爲空이라 八은 卽
無爲空이니 如와 實은 卽無爲故로 不捨等二니 名義가 俱別이라 若欲
會者인대 九는 卽無始空이니 無始가 不離生死而卽空故라 十은 卽無
所有空이니 謂離與不離가 皆無所有故라

■ 또 이 열 가지 <공>이 『열반경』의 11가지 <공>⁴⁵⁰⁾과 대부분 같고
조금 다른 점이 있으니 다시 비교하여 해석해 보자. 앞의 여덟 가지
는 여실한 <공>을 증득함이요, 뒤의 둘[(9) 不捨離空三昧 (10) 離不離空
三昧]은 작용이 <공>함을 일으킨 까닭이다. (1) 들어감이 <공>함
은 곧 저 열반경의 ① 내공(內空) ② 외공(外空)에 해당하나니 안팎으
로 12처로 들어가는 까닭이다. (2) 자성이 <공>함은 곧 ⑦ 성품이
<공>함이니 지금 시작이 없음이 아닌 까닭이다.

(3) 제일가는 이치가 <공>함은 ⑨ 제일의공(第一義空)이니 명칭과 뜻
이 완전히 같다. (4) 첫째 <공>은 저기서는 ⑩ 공한 <공>이라 하
나니 앞의 공은 단지 <공>의 제일가는 이치만을 뜻하고, 지금 밝힌
것은 <유>와 <무>가 본래 자체가 공함이다. 그러므로 저 『열반
경』에 이르되, "이것이 있고 이것이 없음을 공한 <공>이라 이름하며,
이것은 이것이요, 이것이 아님을 공한 <공>이라 이름하느니라. 이
를테면 이것과 아닌 것도 또한 그 자체가 <공>한 것을 뜻한다. 이
러한 공한 <공>은 이승들이 미혹하고 빠지는 곳이며, 십지보살도

---

448) 地는 經本作住, 案舊譯十地亦作十住.
449) 遺忘記云, 今亦間에 落此地中三字也.(『三家本私記』遺忘記 p. 325-)
450) 『열반경』의 11가지 공이란 ① 內空 ② 外空 ③ 內外空 ④ 有爲空 ⑤ 無爲空 ⑥ 無始空 ⑦ 性空 ⑧ 無所有空 ⑨ 第一義空 ⑩ 空空 ⑪ 大空을 말한다. 아래 인용문은 『大般涅槃經』 제15권 梵行品 제20의 ②의 내용이다. (대정장 권12 p. 703c12-)

이 가운데서는 조그만치에 통달하나니 그래서 제일이라 이름한다"고 하였다. 지금은 이 6지 중에도 역시 조그만치에 의지한 까닭이다.

❖ 도표 26-3 (珠字卷 50下 9)

【본경의 十空三昧】　　　【논경의 十平等心】　　　【涅槃經의 十一空】

(1) 入空三昧　　　　　　① 不可壞心　　　　　　① 內空
(2) 自性空三昧　　　　　② 決定心　　　　　　　② 外空
(3) 第一義空三昧　　　　③ 純善心　　　　　　　③ 內外空
(4) 第一空三昧　　　　　④ 甚深心　　　　　　　④ 有爲空
(5) 大空三昧　　　　　　⑤ 不退轉心　　　　　　⑤ 無爲空
(6) 合空三昧　　　　　　⑥ 不休息心　　　　　　⑥ 無始空
(7) 起空三昧　　　　　　⑦ 廣大心　　　　　　　⑦ 性空
(8) 如實不分別空三昧　　⑧ 無邊心　　　　　　　⑧ 無所有空
(9) 不捨離空三昧　　　　⑨ 求智心　　　　　　　⑨ 第一義空
(10) 離不離空三昧　　　 ⑩ 方便慧相應心　　　　⑩ 空空
　　　　　　　　　　　　　　　　　　　　　　　⑪ 大空

(5) 큰 공은 명칭이 같아서 ⑪ 대공(大空)이니 저기서는 '반야바라밀다'라 하였다. (6) 합함이 <공>함은 ③ 안팎으로 공함[內外空]이니 합함이 없음에 합하기 때문이다. (7) 일어남이 공함은 곧 ④ 하염 있는 <공>이다. (8) 실상과 같이 분별하지 않음이 공함은 ⑤ 하염없는 <공>이다. 실상과 같음은 곧 무위법인 까닭이니, (유위와 무위의) 둘을 똑같이 버리지 않는 것은 명칭과 이치가 모두 다른 까닭이다. 만일 회통하려 한다면 (9) 떠나지 않음이 공함[不捨離空]은 ⑥ 비롯함 없는 공[無始空]이니, 비롯함 없음은 나고 죽음을 여의지 않고 <공>에 합치한 까닭이다. (10) 떠남과 떠나지 않음이 공함[離不離空]은 곧 ⑧ 있는 바 없는 공[無所有空]이다. 이를테면 떠남과 떠나지 않음이 모두 있지 않기 때문이다.

[鈔] 又此十者는 經當第十六이오 南經十五요 疏當第六이니 爲答修捨果故라 迦葉菩薩이 白佛言호대 世尊이시여 云何名空이닛고 佛言하사대 善男子야 空者는 所謂內空과 外空과 內外空과 有爲空과 無爲空과 無始空과 性空과 無所有空과 第一義空과 空空과 大空이라하나니 彼 疏에 釋云호대 前十은 相空이오 後一은 眞空이니 就彼妄情所取法中하야 以明空義일새 名爲相空이오 就眞識[451]中하야 以辨空義일새 名曰眞空이라 亦得說言前十은 境空이오 後一은 智空이라 眞智가 空矣니 於妄分齊에 情外에 有法이라할새 破之顯寂이라하시니 故於十種에 就境明空이라 據實以求컨대 心外에 無法이니 一切諸法이 皆卽眞心이라 眞心體寂일새 故後一種을 就智說空이라 故로 地論에 云[452] 一切法如를 說自體空이니 名智自空이라하나라 就前十中하야 初八은 以無로 破有가 爲空이오 第九, 第一義[453]는 以有遣無가 爲空이오 第十, 空空은 以其非有非無로 雙持有無를 名之爲空이니 與地經十平等으로 同[454]이라 就前八中하야 前七은 明其衆生과 及法이 無性故로 空이오 後一은 明其衆生과 及法이 無相故로 空이라 因緣假中에 而明無性을 名無性空이오 畢竟空中에 無因緣相을 名無相空이라 就前七中하야 初六은 明其衆生無性이 卽是生空이오 後一은 明其諸法無性이 卽是法空이라 復前六中에 初五는 就其現在觀空이오 後一은 就其過去觀空이라 現中에 初三은 就內外事하야 以觀空理요 後二는 就其有

---

451) 識은 甲續金本作實誤, 準遠公涅槃義記卷六하면 應從原南本作識.
452) 인용문은『十地經論』제2권 初歡喜地의 내용이다. (대정장 권26 p. 133a7-)
453) 第一義는 甲南續金本及義記無.
454) 인용문은『十地經論』제8권의 내용이다. 經云, "爾時金剛藏菩薩言, 諸佛子. 若菩薩已善具足第五地道. 欲入第六菩薩地. 當以十平等法得入第六地. 何等爲十. 一者一切法無相平等故. 二者一切法無想平等故. 三者一切法無生平等故. 四一切法無成平等故. 五一切法寂靜平等故. 六一切法本淨平等故. 七一切法無戱論平等故. 八一切法無取捨平等故. 九一切法如幻夢影響水中月鏡中像焰化平等故. 十一切法有無不二平等故. 是菩薩如是觀一切法相除垢故. 隨順故. 無分別故. 得入第六菩薩現前地. 得明利順忍未得無生法忍"(대정장 권26 p. 167c-)

爲無爲法相하야 觀空이라 就前三中하야 衆生을 名內요 非情이 爲外라 就內法中하야 觀無神과 主와 衆生과 壽命을 名爲內空이오 外空法體에 觀彼外法이 非我我所일새 故名外空等云云이라하니라 其無始空은 經에 云, 菩薩이 見生死無始하야 皆悉空寂이니 所謂空者는 常樂我淨이 皆悉空寂이오 無有變易과 衆生과 壽命과 三寶佛性과 及無爲法이니 是名菩薩이 觀無始空이라하니라

- 또 이 열 가지 〈공〉은 『열반경』 제16권이요, 남본으로 제15권에 해당하고 『열반경소』는 제6권에 해당하나니, 수행에 답하여 과보를 버리기 위한 까닭이다. "가섭보살이 부처님께 여쭈었다. '세존이시여, 어떤 것을 〈공〉하다 하나이까?' 부처님께서 말씀하시었다. '선남자여, 〈공〉이라는 것은 ① 안이 공한 것 ② 밖이 공한 것 ③ 안팎이 공한 것 ④ 하염 있는 공 ⑤ 하염 없는 공 ⑥ 비롯함 없는 공 ⑦ 성품이 공한 공 ⑧ 있는 바 없는 공 ⑨ 제일의 공 ⑩ 공한 공 ⑪ 큰 공이니라'" 저 소에서 해석하되, "㈠ 앞의 열 가지 〈공〉은 모양이 〈공〉함이요, 뒤의 하나[⑪ 大空]는 참된 〈공〉이니 저 망녕된 생각으로 취한 바 법에 입각하여 〈공〉의 이치를 밝힌 까닭에 모양이 〈공〉함이라 하였고, 진실한 의식에 입각하여 〈공〉의 이치를 밝힌다면 참된 〈공〉이라 이름할 것이다. ㈡ 또한 앞의 열 가지 〈공〉은 경계가 〈공〉함이요, 뒤의 하나는 지혜가 공함이라고도 말할 수 있다. 진실한 지혜가 〈공〉하나니 망녕된 영역에서 '생각 밖에 법이 있다[情外有法]'고 하므로 타파하여 적멸을 밝혔다"고 하였으니, 그러므로 본경의 열 종류에서는 경계에 입각하여 〈공〉을 밝힌 내용이다. 실법에 의거하여 구한다면 마음 밖에 법이 없나니, 일체의 모든 법이 모두 진실한 마음과 합치한다. 진실한 마음의 본체가 고요하므로 뒤의 한

종류를 지혜에 입각하여 <공>을 말하였다. 그러므로『십지경론』에서 "일체 모든 법이 게송에서 설한 바와 같이 자체가 공한 것을 말하나니 '지혜 자체가 공하다[智自空]'고 이름한다"고 하였다. ㊂ 앞의 열 가지 <공>에 입각하여 처음의 여덟 가지는 <무>로 <유>를 타파함이 <공>이 되고, ⑨ 제일가는 이치가 공함은 <유>로 <무>를 보냄이 <공>이 되었고, ⑩ 공한 <공>은 그 <유>도 아니고 <무>도 아닌 것으로 <유>와 <무>를 함께 가진 것을 <공>이라 이름하였으니『십지경론』의 열 가지 평등한 마음과 같다.
㊃ 앞의 여덟 가지 <공>에 입각한다면 앞의 일곱 가지는 중생과 법이 체성이 없음을 밝힌 연고로 <공>이요, 뒤의 하나[⑧ 無所有空]는 중생과 법이 모양 없음을 밝힌 연고로 <공>이다. 인연을 빌린 가법(假法) 중에 체성이 없음을 밝힌 연고로 '체성 없는 <공>'이라 하고, 끝내 <공> 중에 인연의 모양이 없는 것을 '모양 없는 <공>'이라 한다. ㊄ 앞의 일곱 가지 <공>에 입각한다면 처음의 여섯 가지 <공>은 중생이 체성 없는 것이 곧 중생이 <공>함을 밝힌 부분이요, 뒤의 하나[⑦ 起空]는 그 모든 법이 체성 없음이 곧 법이 <공>함을 밝힌 부분이다. ㊅ 다시 앞의 여섯 가지 공에서 처음의 다섯 가지는 그 현재에 입각하여 <공>을 관함이요, 뒤의 하나[⑥ 無始空]는 그 과거에 입각하여 <공>을 관한 내용이다. ㊆ 현재의 다섯 가지 중에 처음의 셋은 안과 밖의 현상에 입각하여 <공>의 이치를 관한 것이고, 뒤의 둘[④ 有爲空 ⑤ 無爲空]은 그 유위와 무위의 법의 모양에 입각하여 <공>을 관한 부분이다. ㊇ 앞의 세 가지 <공>에 입각한다면 중생이 <공>함을 안이라 하고 중생이 <공>하지 않은 것을 밖이라 한다. 내적인 법에 입각하여 신(神)과 주인과 수명이 없는 것을 ① 내적인

〈공〉이라 하고, 외적인 〈공〉의 법의 체성에 저 외적인 법은 〈나〉도 〈내 것〉도 아님을 관하는 연고로 ② 외적인 〈공〉이라 한다"는 따위로 말하였다. 그중에 ⑥ 비롯함 없는 〈공〉은 경에 이르되, "이 보살이 나고 죽음이 비롯함이 없어 모두 〈공〉한 줄을 관찰하는 것이니, 공하다 함은 항상함과 즐거움과 〈나〉와 깨끗함이 모두 공적하여 변역함이 없으며, 중생, 오래 사는 것, 삼보 부처 성품, 하염없는 법이니, 이것을 이름하여 보살이 비롯함 없는 〈공〉을 관찰한다 하느니라"라고 하였다.

第一空者는 此當第十[455])이니 遠公이 云是有是無[456])는 就詮辨理라 是有는 牒前第一義空이니 以有로 破無일새 故言是有요 是無는 牒前八空이니 以前八空中에 以無로 破有일새 故曰是無라 就此有無하야 以說空義일새 故曰空空이라 是是가 非是是를 是名空空者는 破詮顯理니 前句가 雖復就詮辨理나 非留彼詮일새 故復破云호대 是向有是와 向無是가 兩俱非是를 方名空空이라 非留有無를 說爲空空이니라 是義云何는 已如上辨이라 因緣諸法이 有無가 同體니 故說無爲有하고 說有爲無라 無爲가 有故로 有卽非有요 有卽이 無故로 無卽非無요 非有非無일새 故曰空空이니라 …〈中略〉…

● (4) 첫째 공은 저기서는 ⑩ 공한 〈공〉에 해당한다. 혜원법사가 '이것이 있고 이것이 없음'이라 말한 것은 표현에 입각하여 이치를 밝힌 내용이다. '이것이 있음'은 앞의 ⑨ 제일가는 이치가 〈공〉함을 따온 부분이다. 〈유〉로 〈무〉를 타파하는 연고로 '이것이 있다'고 말하고, '이것이 없다'는 것은 앞의 여덟 가지 〈공〉을 따온 부분이니, 앞

---

455) 十下에 南續金本有者.
456) 無下에 南續金本有乃字, 原本及義記無.

의 여덟 가지 <공> 중에 <무>로 <유>를 타파한 연고로 '이것이 없다'고 한다. 이 <유>와 <무>에 입각하여 <공>의 이치를 설한 연고로 '공한 <공>'이라 한다. '이것이 이것이고, 이것이 이것이 아님을 공한 <공>이다'라고 말한 것은 표현을 타파하여 이치를 드러냄이다. 앞의 구절이 비록 다시 표현에 입각하여 이치를 밝혔지만 저런 표현을 남겨두지 않는 연고로 다시 타파하여 말하되, "전에는 이것이 있고 전에는 이것이 없는 것이 둘 다 아닌 것을 비로소 공한 <공>이라 한다. 이런 이치가 어떠한가는 위에서 이미 밝힌 내용과 같다. 인연의 모든 법이 <유>와 <무>가 체성이 같나니 그래서 '무위법이 있다'고 말하고 '유위법이 없다'고도 말한다. 무위법이 있기 때문에 <유>가 곧 <유>가 아니요, <유>가 곧 없는 연고로 <무>가 곧 <무>가 아닌 것이요, <유>도 아니고 <무>도 아니므로 공한 <공>이라 한다.

十地菩薩 아래는 사람에 입각하여 뛰어남을 밝힘이요, 如是 아래는 대상에 의탁해 다른 점을 밝힘이다. …<중간 생략>…

今疏에 釋空空에 而文中에 五니 初는 牒名對經이오 二, 謂前空下는 略釋이오 三, 故彼經下는 引經이오 四, 謂是非下는 釋經이니 亦當體空者는 釋經의 是是가 非是是를 是名空空義니 謂非但有無라 是非도 亦爾라 謂空有兩亡이 爲是요 計是卽是일새 故名是是라 卽上空字는 而不礙雙存일새 故此是是가 卽非是是니 卽下空字일새 故言空空이라 斯則是卽非일새 故로 非是요 非卽是일새 故로 非非니 故로 疏에 云是非도 亦當體空耳니라 五, 如是空空下는 歎勝이니 上卽科疏요 下卽釋也라 …<下略>…

● 지금 소에서 공한 〈공〉을 해석한 부분에서 소문에 다섯이니 ① 명칭을 따와서 경문과 대조함이요, ② 謂前空 아래는 간략히 해석함이요, ③ 故彼經 아래는 경문을 인용함이요, ④ 謂是非 아래는 경문 해석이다. '또한 그 자체가 〈공〉하다'고 말한 것은 경문에서는 "이것은 이것이요, 이것이 이것이 아님을 이름하여 공한 〈공〉의 이치"라고 하였다. 말하자면 단지 〈유〉와 〈무〉일 뿐 아니라 이것과 아닌 것도 또한 그렇다는 뜻이다. 다시 말하면 〈공〉과 〈유〉와 둘이 없는 것이 '이것'이 되고, 이것이라 계교함이 곧 이것이므로 '이것이 이것'이라 한다. 곧 위의 공 자(空字)는 함께 있음에 걸림 없으므로 이런 이것이 이것인 부분이 곧 이것이 아닌 부분이니, 아래 공 자(空字)와 합치하므로 공한 〈공〉이라 한다. 이렇다면 이것이 곧 아닌 까닭에 아닌 것이요, 아닌 것이 곧 이것인 연고로 아닌 것도 아니다. 그래서 소에서 "이것과 아닌 것도 또한 그 자체가 〈공〉함일 뿐이다"라고 하였다. ⑤ 如是空空 아래는 뛰어남을 찬탄함이니 위는 소문을 과목 나눔이요, 아래는 해석이다. …〈아래 생략〉…

b. 여러 문을 총합하여 결론하다[總結多門] (餘結 55上3)

此菩薩이 得如是十空三昧門爲首에 百千空三昧가 皆悉現前하며
이 보살이 이렇게 열 가지 공한 삼매문을 얻은 것이 머리가 되어, 백천 가지 공한 삼매가 모두 앞에 나타나며,

[疏] 餘結等이 可知니라

■ b. 나머지를 결론함 등은 알 수 있으리라.

(ㄴ) 유례하여 나머지를 밝히다[例顯餘] (經/如是 55上4)

如是十無相十無願三昧門爲首에 百千無相無願三昧門
이 皆悉現前이니라
이와 같이 열 가지 모양 없음과, 열 가지 원이 없는 삼매문
이 머리가 되어, 백천 가지 양 없고 원이 없는 삼매문이 모
두 앞에 나타나느니라."

ㄹ) 무너지지 않는 마음이 뛰어나다[不壞心勝] 2.

(ㄱ) 아래와 연결하여 지위를 포섭하다[連下攝位] (第四 55上10)

佛子여 菩薩이 住此現前地에 復更修習滿足不可壞心과
決定心과 純善心과 甚深心과 不退轉心과 不休息心과
廣大心과 無邊心과 求智心과 方便慧相應心하여 皆悉圓
滿하나니라
"불자여, 보살이 이 현전지에 머물고는 다시 닦아서 파괴하
지 못할 마음을 만족하여 결정한 마음, 순전하게 선한 마음,
매우 깊은 마음, 퇴전하지 않는 마음, 쉬지 않는 마음, 광대
한 마음, 그지없는 마음, 지혜를 구하는 마음, 방편 지혜와
서로 응하는 마음이 모두 원만하나니라."

[疏] 第四, 不壞心果라 此下에 二⁴⁵⁷⁾段이니 亦卽攝隨順堅固一切善根廻向이니 此爲進善이오 後는 起大行이라
- ㄹ) 무너지지 않는 마음이 뛰어난 결과이다. 이 아래의 두 문단도 또한 제6. 수순견고일체선근회향을 포섭하나니 이 문단은 선근으로 나아감이요, 뒤는 큰 행법[自在行]을 일으킴이다.

(ㄴ) 이 문단을 개별로 해석하다[別釋此段] 2.
a. 과목의 명칭을 해석하다[釋科名] (今初 55下1)

[疏] 今初에 不壞心者는 由障滅行成하야 若智若悲가 皆不退壞라
- 지금은 a. (과목의 명칭이니) 무너지지 않는 마음이란 장애를 없애고 행법을 성취함으로 인해 지혜와 자비가 모두 물러나거나 무너지지 않는다는 뜻이다.

[鈔] 今初不壞心者는 言由障滅은 卽第一果요 行成은 是第二果요 若智는 卽第三과 第一이요 若悲는 卽第二也니라
- (ㄱ) 무너지지 않는 마음에서 '장애를 없앰으로 인하였다'고 말한 것은 ㄱ) 다스리는 행법이 뛰어남의 결과이고, (ㄴ) 행법을 성취함은 ㄴ) 수행이 뛰어남의 결과이고, (ㄷ) 지혜는 ㄷ) 삼매가 뛰어남과 ㄱ) 다스리는 행법이 뛰어남의 결과이고, (ㄹ) 자비는 ㄴ) 수행이 뛰어남의 결과이다.

b. 바로 경문을 해석하다[正釋文] (文有 55下5)

---

457) 二는 金本作上誤.

[疏] 文有十句하니 初는 總이오 餘는 別이라 別有九種不壞하니 一, 信理決定이오 二, 行堪調柔요 三, 不怖甚深이요 四, 自乘不退요 五, 勝進無息이오 六, 泯絕自他요 七, 利生無邊이오 八, 上求地智요 九, 巧化衆生이라 亦可對前十三昧心하야 以明不壞나 恐厭繁文하노라 九並堅固일새 皆云不壞요 十皆具足일새 名悉圓滿이니라

■ 경문에 열 구절이 있으니 a) 첫 구절은 총상이요, b) 나머지는 별상이다. b) 별상에 아홉 종류의 무너지지 않는 마음이 있으니 ① 이치가 결정됨을 믿는 것이요, ② 수행을 감당하여 부드럽고 조화로움이요, ③ 두려워하지 않는 매우 깊음이요, ④ 자기의 교법에서 물러나지 않음이요, ⑤ 승진행에 쉬지 않음이요, ⑥ 자기와 남을 없애고 단절함이요, ⑦ 중생을 끝없이 이익되게 함이요, ⑧ 위로 십지의 지혜를 구함이요, ⑨ 중생을 잘 교화함이다. 또한 앞의 열 가지 삼매의 마음과 상대하여 무너지지 않는 마음을 밝힐 수도 있지만 문장이 번거로울까 염려되어 그만둔다. ⑨ 중생을 잘 교화함이 견고함과 함께하므로 모두 '무너지지 않는다'고 하고, 열 구절이 모두 구족하므로 '모두 원만하다'고 이름한다.

[鈔] 亦可對前者는 遠公이 云호대 此九別句는 即十空三昧니 以法空과 第一義空으로 合故라 故九攝十이라하니라 九中에 亦四니 初四는 就前觀하야 以說不壞요 次一은 就前不放逸하야 以說不壞요 次一은 就前得增上하야 以說不壞요 後三은 就前因事하야 以說不壞라 今初니 疏에 云, 一, 信理決定者는 論에 云, 一은 信觀不壞니 即就前入空三昧하야 以明不壞라 以論經에 前에 云, 信空三昧故라하니라 二, 疏云行堪調柔者는 即論의 堪受不壞니 此就前法空과 及第一義空三昧하야

以說不壞니 取有心息하야 能入法空과 第一義空故라 論云堪受는 於空에 不着이오 經云純善은 不着於空이니 即第一義空이라 疏加行字는 即前觀二空之行이니라

三은 即論에 云, 於密處에 不驚不怖不壞니 就前大空하야 以說不壞라 阿賴耶識은 微密難測일새 名爲密處라 經云甚深은 於密에 能入일새 故稱不怖니라 四는 即論의 自乘不動不壞니 就前合空하야 以明不壞니 行合如來藏일새 故自乘不退니라 五는 即論의 發精進不壞니 就前不放逸과 第一義空三昧하야 以明不壞니 能起行修일새 故云精進이라 故로 疏云勝進無息이니라 六은 即論의 離慳嫉破戒垢不壞니 就前得增上인 起空三昧하야 以明不壞라 前就行德이오 今就斷德이며 前約利他요 今約自利라 然이나 論經에 云淨心일새 故約斷釋이오 今經에 云廣大心이라하니 廣은 即悲心이오 大는 即智心이니 是二利心이라 二心으로 相導일새 故泯絕自他니라

下三不壞는 就前三種因事하야 以明不壞나 但七과 八이 前却이라 以第六에 總明悲智하고 今七과 八에 別明悲智하니 前後에 俱通故라 七은 即論의 廣利益衆生不壞니 於前敎化衆生因事인 不捨離空三昧로 明不壞니라 八은 即論의 上求勝解脫不壞니 就前智障淨因事인 如實不分別空三昧하야 明不壞라 義如前說하니라 九는 即論의 化衆生行不壞니 就前願取有因事인 離不離空三昧하야 明不壞라 帶空涉有일새 故云方便相應이라 然이나 疏雖恐繁文하야 不具配屬이나 釋文之中에 皆已含具니라

● '또한 앞과 상대할 수 있다'는 것은 혜원법사가 이르되, "이 아홉 가지 별상 구절은 열 가지 〈공〉한 삼매이니 법이 〈공〉함과 제일가는 이치가 〈공〉함을 합한 까닭이다. 그러므로 아홉 구절이 열 가지

〈공〉을 포섭한다"고 하였다. 아홉 구절 중에 또한 넷으로 나누면 a) 처음의 네 구절은 앞의 관법에 입각하여 무너지지 않는 마음을 말하였고, b) 다음의 한 구절[5. 不休息心]은 앞의 방종하지 않음에 입각하여 무너지지 않는 마음을 말하였고, c) 다음의 한 구절[6. 廣大心]은 앞의 증상심을 얻음에 입각하여 무너지지 않는 마음을 말하였고, d) 뒤의 세 구절[7. 無邊心 8. 求智心 9. 方便慧相應心]은 앞의 인연의 일에 입각하여 무너지지 않는 마음을 말하였다. 지금은 a)이니 소에서 '① 이치가 결정됨을 믿는 것'이라 말한 것은 논경에는 "첫째는 관법이 무너지지 않음을 믿는 것이다"라 하였으니, 앞의 (1) 들어감이 〈공〉한 삼매에 입각하여 무너지지 않는 마음을 밝혔다. 논경의 앞에서 '〈공〉한 삼매를 믿는다'고 말한 까닭이다. ② 소에서 '수행을 감당하여 부드럽고 조화롭다'고 말한 것은 곧 논경에서는 "감당하여 받음이 무너지지 않음이다"라 하였다. 이것은 앞의 법이 공함과 (3) 제일가는 이치가 공함에 입각하여 무너지지 않는 마음을 말하였으니, 〈유〉를 취하는 마음을 쉬어서 능히 법이 〈공〉함과 제일가는 이치가 〈공〉함에 들어간 까닭이다. 논경에서 '감당하여 받는다'고 말한 것은 〈공〉에 집착하지 않기 때문이요, 본경에서 '순전히 착한 마음'이라 말한 것은 〈공〉에 집착하지 않는 것이니 곧 제일가는 이치가 〈공〉함이다. 소에서 행 자(行字)를 더한 것은 앞의 두 가지 〈공〉을 관하는 행이라는 뜻이다.

③ 논경에 이르되, "은밀한 곳에서 놀라지 않고 두려워하지 않고 무너지지 않는다"고 하였으니, 앞의 (5) 큰 공에 입각하여 무너지지 않는 마음을 말하였다. 아뢰야식은 미세하고 은밀하여 측량하기 어려우므로 '은밀한 곳'이라 부른다. 본경에서 '매우 깊다'고 말하였는데

은밀한 곳에 잘 들어가므로 '두렵지 않다'고 칭한 것이다. ④ '자기 교법에서 물러나지 않음'은 곧 논경의 '자기 교법에서 움직이거나 무너지지 않음'의 부분을 가리킨다. 앞의 (6) 합함이 〈공〉함에 입각하여 무너지지 않음을 밝혔으니, 행법이 여래장에 합하므로 자기 교법에서 물러나지 않는다는 뜻이다.

⑤ (승진행에 쉬지 않음)은 곧 논경의 '정진을 시작하여 무너지지 않음'을 가리키나니, 앞의 방종하지 않음과 (3) 제일가는 이치가 〈공〉한 삼매에 입각하여 무너지지 않음을 밝혔으니, 능히 행법을 일으켜 수행하는 까닭에 '정진한다'고 하였다. 그러므로 소가가 '승진행에 쉬지 않는다'고 말하였다. ⑥ 자기와 남을 없애고 단절함은 논경의 '인색함과 파계한 때를 여읨에 무너지지 않음'에 해당하나니 앞의 증상심을 얻음인 (7) 일어남이 공한 삼매에 입각하여 무너지지 않음을 밝혔다. 앞은 행법의 덕[行德]에 입각하였고 지금은 단덕(斷德)에 입각하였으며, 앞은 이타행에 의지하였고 지금은 자리행에 의지한 분석이다. 그러나 논경에서 '깨끗한 마음'이라 하였으므로 단덕에 의지하여 해석한 것이요, 지금 본경에서 '광대한 마음'이라 하였으니 광(廣)은 곧 대비의 마음이요, 대(大)는 지혜로운 마음이니 바로 2리행(二利行)의 마음이다. 두 가지 마음으로 서로 인도하므로 자신과 남을 없애고 단절한 것이다.

아래의 '세 가지 무너지지 않는 마음'은 앞의 세 종류의 인연의 일에 입각하여 무너지지 않음을 밝혔지만 단지 ⑦ 무변심(無邊心)과 ⑧ 구지심(求智心)만은 앞과 바뀌었다[前却]. ⑥에서 대비와 지혜를 총합적으로 밝혔고 지금은 ⑦ 무변심(無邊心)과 ⑧ 구지심(求智心)에서 개별적으로 대비와 지혜를 밝혔으니 앞과 뒤가 모두 통하기 때문이다.

⑦ 중생을 끝없이 이익되게 함은 곧 논경의 '널리 중생을 이익되게 함에 무너지지 않음'에 해당하나니 앞의 중생을 교화하는 인연의 일인 (9) 떠나지 않음이 공한[不捨離空] 삼매로 무너지지 않음을 밝혔다. ⑧ 위로 십지의 지혜를 구함은 논경의 '위로 뛰어난 해탈을 구함에 무너지지 않음'에 해당하나니 앞의 지적인 장애가 깨끗해진 인연의 일인 (8) 여실불분별공삼매(如實不分別空三昧)로 무너지지 않음을 밝혔으니 이치는 앞의 설명과 같다. ⑨ 중생을 잘 교화함은 곧 논경의 '중생을 교화하는 행이 무너지지 않음'에 해당하나니 앞의 〈유〉를 바라고 취착하는 인연의 일인 (10) 이불리공삼매(離不離空三昧)에 입각하여 무너지지 않음을 밝혔으니, 〈공〉을 동반하고 〈유〉를 거치므로 '방편에 상응한다'고 하였다. 그러나 소가 비록 문장이 번거로울 것 같아 자세하게 배대하고 섭속하지 않았지만 문장 해석 중에 모두 이미 갖추어 포함하고 있다.

ㅁ) 자재한 능력이 뛰어나다[自在力勝] 2.

(ㄱ) 바로 모양을 밝히다[正顯相] 2.
a. 총상 해석[總] (第五 57下2)

佛子여 菩薩이 以此十心으로 順佛菩提하여 不懼異論하며 入諸智地하며 離二乘道하며 趣於佛智하며 諸煩惱魔가 無能沮壞하며 住於菩薩智慧光明하며 於空無相無願法中에 皆善修習하며 方便智慧로 恒共相應하며 菩提分法을 常行不捨⁴⁵⁸)니라

"불자여, 보살이 이 열 가지 마음으로 부처님의 보리를 따르고 다른 논리를 두려워하지 않으며, 지혜의 지위에 들어가, 이승을 여의고 부처님 지혜에 나아가며, 여러 번뇌의 마군이 능히 저해하지 못하고, 보살의 지혜 광명에 머물며, 공하고 모양 없고 원이 없는 법 가운데서 잘 닦아 익히며, 방편의 지혜와 서로 응하며, 보리의 부분법을 항상 행하고 버리지 않느니라.

[疏] 第五, 自在力勝이라 中에 二니 初, 顯其相이오 後, 佛子下는 結其分齊라 前中에 十句니 初는 總이오 不懼下는 別이라 總云此心者는 此前十心이라 順佛菩提者는 能深入趣向故라 論에 云, 得般若波羅蜜行力勝하야 能深入故라하니 則知此前十心이 皆是般若現前心也니라

■ ㅁ) 자재한 능력이 뛰어남이다. 그중에 둘이니 (ㄱ) 그 모양을 밝힘이요, (ㄴ) 佛子 아래는 그 범주를 결론함이다. (ㄱ)에 열 구절이니 a. 첫 구절은 총상이요, b. 不懼 아래 아홉 구절은 별상이다. a. 총상에서 '이 마음'이라 한 것은 이 앞의 열 가지 마음을 가리킨다. '부처님의 보리를 따른다'는 것은 능히 깊게 들어가 취향하는 까닭이다. 논경에서는, "반야바라밀행의 능력이 뛰어남을 얻어서 능히 깊게 들어갈 수 있기 때문이다"라고 하였다. 다시 말하면 이 앞의 열 가지 마음이 모두 반야가 앞에 나타나는 마음인 줄 아는 것을 뜻한다.

[鈔] 順佛菩提者는 以論經에 云, 隨順成就하야 趣向阿耨多羅三藐三菩提하야 不退轉일새 故爲此釋이니 此隨順言이 亦是順忍이니 順向無生

---

458) 以此下에 嘉淸合平纂金本等有十字, 明本準大正無, 麗宋元卍續本等無 與疏合; 杭注云 藏本以此十心 流通本無十字.

忍故라 以經은 約究竟일새 故直順菩提니라

- '부처님의 보리를 따른다'는 것은 논경에서 "수순하고 성취하여 아뇩보리로 향하면서 물러나지 않으므로 이렇게 해석하였으니 이 '수순한다'는 말이 또한 (3) 수순하는 법인[459]이니 무생법인에 수순하여 취향하기 때문이다. 본경에는 마지막[寂滅忍]에 의지하였으므로 '곧바로 보리에 수순한다' "고 하였다.

b. 별상 해석[別] (別中 57下10)

[疏] 別中에 九句는 依上十不壞心하야 而得自在趣向이니 一, 不懼異論이니 卽能伏他力이오 二, 上入智地는 名斷疑力이니 得法空故요 三, 自乘不動力이니 以離小故요 四, 密處決信力은 趣鏡[460]智故니 此與前二로 前却者는 此二가 相成故라 五, 諸魔不壞力은 以精進故라 六, 治惑堅固力이니 住智明故라 七, 徧治力은 具三空故니 處有不染故라 八, 化生力은 卽前第九方便相應이라 九, 智障淨力은 卽前上求智地라 前智가 居中은 導二悲故요 此智가 居後는 顯悲智相異故니라

- b. 별상 해석에서 아홉 구절은 위의 열 가지 무너지지 않는 마음에 의지하여 자재롭게 취향함을 얻었으니 (1) 다른 외도의 논리를 두려워하지 않음이니 곧 능히 다른 이를 조복하는 능력이요, (2) 위로 지혜의 경지에 들어감은 의심을 끊는 능력이라 이름하나니 법이 공함을 얻었기 때문이요, (3) 자기 교법에서 동요하지 않는 능력이니 소승을

---

[459] 『仁王經』의 다섯 가지 법이니 (1) 伏忍과 (2) 信忍과 (3) 順忍과 (4) 無生忍과 (5) 寂滅忍 중 셋째에 해당한다.
[460] 鏡은 續金本作境誤.

여의었기 때문이요, (4) 은밀한 곳에서 확고한 믿음의 능력은 대원경지로 취향하는 까닭이다. 이것이 앞의 둘과 순서가 바뀐 것[前却]은 이 두 가지[斷疑力, 自乘不動力]가 모양을 성취한 까닭이다. (5) 모든 마군이 무너뜨리지 못하는 능력이니 정진하기 때문이다. (6) 미혹을 다스리는 견고한 능력이니 지혜의 광명에 머물기 때문이다. (7) 두루 다스리는 능력이니 세 가지 <공>을 구비한 까닭이니 <유>에 처하여도 물들지 않기 때문이다. (8) 중생을 교화하는 능력이니 앞의 ⑩ 방편과 상응한 마음이다. (9) 지적인 장애를 깨끗이 하는 능력이니 앞의 ⑨ 위로 지혜의 경지를 구하는 마음이다. 앞의 지혜가 중간에 위치한 이유는 두 가지 대비를 인도하기 때문이요, 이 지혜가 뒤에 위치한 이유는 대비와 지혜가 서로 다름을 드러내기 위한 까닭이다.

[鈔] 卽能伏者는 是論釋義니 對前總句의 不可壞心과 及決定心이라 下諸力名은 皆是論文이라 二云得法空故者는 對純善心이니 以前純善이 對法空三昧故라 然이나 初句는 全牒經이오 二句는 義牒經이오 下七句는 不牒經하고 直擧論文이라 三은 對前第四不退轉心하고 四는 對前第三甚深心하니 故로 疏에 云, 此與前二로 前却이라 以不動故로 入甚深이오 入甚深故로 不動하니 故云相成이라 五는 對不休息이오 六은 對廣大요 七은 對無邊이오 八은 對第九요 九는 對第八이라 會其前後는 如疏具之니라

● '곧 능히 다른 이를 조복한다'는 것은 논경에서 이치로 해석함이다. a. 앞의 총상 구절의 ① 무너뜨리지 못하는 마음과 ② 확고한 마음에 상대한 것이다. 아래의 모든 능력이란 명칭은 모두 논경의 문장이다. (2)에서 '법이 <공>함을 얻었기 때문'이라 말한 것은 ③ 순전히

착한 마음과 상대한 것이니 앞의 순선심(純善心)이 법이 공한 삼매에 상대한 까닭이다. 그러나 첫 구절은 완전히 경문을 따온 것이요, 다음 두 구절[上求智地, 自乘不動]은 뜻으로 경문을 따온 것이요, 아래 일곱 구절은 경문을 따오지 않고 바로 논문을 거론한 것이다. (3)[自乘不動]은 앞의 (5) 물러나지 않는 마음과 상대하고 (4)[密處決信力]는 앞의 ④ 매우 깊은 마음에 상대한다. 그러므로 소에서 "이것과 앞의 둘이 순서가 바뀌었다"고 하였다. 동요하지 않으므로 매우 깊은 마음에 들어가고, 매우 깊은 곳에 들어갔으므로 동요하지 않나니, 그래서 '서로 이룩한다'고 하였다. (5)[諸魔不壞力]는 앞의 ⑥ 쉬지 않는 마음과 상대하고, (6)[治惑堅固力]은 앞의 ⑦ 광대한 마음과 상대하고, (7)[徧治力]은 앞의 ⑧ 끝없는 마음에 상대하고, (8)[化生力]는 앞의 ⑨ 지혜를 구하는 마음과 상대하고, (9)[菩提分法常行不捨]는 앞의 ⑧ 끝없는 마음과 상대한다. 그 앞뒤를 회통한 것은 소에서 갖춘 내용과 같다.

(ㄴ) 범주를 결론하다[結分齊] (第二 58下8)

佛子여 菩薩이 住此現前地中하여 得般若波羅蜜行增上하며 得第三明利順忍하나니 以於諸法如實相에 隨順無違故니라

불자여, 보살이 이 현전지에 머물고는 반야바라밀다행이 증장하고, 제3의 밝고 이로운 수순인을 얻나니 모든 법의 실상과 같은 것을 따르고 어기지 않는 연고이니라."

[疏] 第二, 結中에 由般若現前일새 故順忍明利라 言第三者는 三品忍中에 爲最上故니라
- (ㄴ) 범주를 결론함에서 반야가 앞에 나타남으로 인해 수순하는 법이 밝고 이로운 것이다. '셋째'라고 말한 것은 세 품류의 법인 중에 가장 뛰어남이 되기 때문이다.

나) 제6지의 과덕[地果] 2.

(가) 과목 나누기[分科] (第二 59上2)

佛子여 菩薩이 住此現前地己에 以願力故로 得見多佛하나니 所謂見多百佛하며 乃至見多百千億那由他佛하여 "불자여, 보살이 이 현전지에 머물고는 서원하는 힘으로 많은 부처님을 보게 되나니, 이른바 여러 백 부처님을 보며, 내지 여러 백천억 나유타 부처님을 보는데

[疏] 第二, 位果中에 三果는 同前이라 就調柔中하야 分四니 初는 調柔行이오 二는 敎智淨이오 三은 別地行相이오 四는 結說地名이라 前中에 有法喩合하니 法中에 三이니
- 나) 제6지의 과덕 중에 세 가지 결과는 앞과 같다. ㄱ. 조화롭고 부드러운 결과에 입각하여 넷으로 나누었으니 ㄱ) 조화롭고 부드러운 행법이요, ㄴ) 교도의 지혜가 청정함이요, ㄷ) 제6지의 행상을 구분함이요, ㄹ) 제6지의 명칭을 결론함이다. ㄱ) 중에 (ㄱ) 법으로 설함과 (ㄴ) 비유로 밝힘과 (ㄷ) 법과 비유를 합함이 있으니 (ㄱ) 법으로

설함에도 셋이 있다.

(나) 과목에 따라 해석하다[隨釋] 3.

ㄱ. 조화롭고 부드러운 결과[調柔果] 4.

ㄱ) 조화롭고 부드러운 행법[調柔行] 3.
(ㄱ) 법으로 설하다[法] 3.
a. 행법을 연마하는 인연[練行緣] (初練 59上4)
b. 연마하는 주체의 행법[能練行] (次悉)

悉以廣大心深心으로 供養恭敬하고 尊重讚歎하여 衣服飲食과 臥具湯藥과 一切資生을 悉以奉施하며 亦以供養一切衆僧하여 以此善根으로 廻向阿耨多羅三藐三菩提하며 於諸佛所에 恭敬聽法하고 聞已受持하여 得如實三昧智慧光明하여 隨順修行하여 憶持不捨하며 又得諸佛甚深法藏하며

모두 광대한 마음과 깊은 마음으로 공양하고 공경하고 존중하고 찬탄하며, 의복과 음식과 좌복과 탕약과 모든 필수품을 받들어 이바지하며, 모든 스님들에게도 공양하고 이 선근으로 아뇩다라삼먁삼보리에 회향하며, 여러 부처님 계신 데서 공경하여 법을 듣고 받아 지니며, 실상과 같은 삼매와 지혜의 광명을 얻고, 따라 수행하며 기억하고 버리지 아니하며, 또 부처님의 매우 깊은 법장을 얻으며

[疏] 初, 練行緣이오 次, 悉以下는 能練行이라 於中聞已受持下는 是得義持요 三昧慧光은 是所持義라 隨順修行이어니와 此句에 示現得義持因이니 因何事耶아 謂因依前三昧勝故로 得如實奢摩他等이라 憶持不捨하고 正顯能持니라 又得已下는 亦是所持니라

- a. 행법을 연마하는 인연이요, b. 悉以 아래는 연마하는 주체의 행법이다. 그중에 聞已受持 아래는 이치를 간직함을 얻음이요, '삼매와 지혜광명'은 간직할 대상이란 뜻이다. 수순하여 수행하지만 이 구절에서 이치를 간직할 인연을 얻었음을 나타내 보였으니 무슨 일 때문인가? 이를테면 앞의 ㄷ) 삼매가 뛰어남에 의지한 연고로 실상과 같은 사마타 따위를 얻게 된다. '기억해 간직하여 버리지 않는다'는 것은 간직하는 주체를 바로 밝힌 내용이요, 又得 아래는 또한 간직할 대상을 밝힌 내용이다.

c. 연마할 대상이 청정하다[所練淨] (三經 59下6)

經於百劫하며 經於千劫과 乃至無量百千億那由他劫토록 所有善根이 轉更明淨하나니라
백 겁을 지나고 천 겁을 지나고, 내지 한량없는 백천억 나유타 겁을 지나더라도 갖고 있는 선근은 점점 더 밝고 청정하니라.

[疏] 三, 經於下는 明所練淨이라 轉更明淨者는 解脫彼障故라 又由前證하야 得彼佛法藏義故라

- c. 經於 아래는 연마할 대상이 청정함을 밝힘이다. '점점 더 밝고 청

정하다'는 것은 저 장애를 해탈한 까닭이다. 또 앞의 증득함으로 인해 저 부처님의 법의 창고를 얻었기 때문이다.

(ㄴ) 비유로 밝히다[喩] (喩中 59下9)

譬如眞金이 以毘瑠璃寶로 數數磨瑩에 轉更明淨인달하여
마치 진금을 비유리로 자주 갈고 닦으면 더욱 밝고 깨끗하여지나니,

[疏] 喩中에 眞金은 喩證이오 亦喩信等이라 瑠璃는 喩方便智니 由方便智 數磨하야 令出世證智로 發敎智光하야 轉勝前也니라
- (ㄴ) 비유로 밝힘 중에 진금(眞金)은 증도에 비유하고 또 믿음 따위에 비유하였다. '유리'는 방편의 지혜에 비유하였으니, 방편의 지혜는 여러 번 갈고 닦아야만 세간을 벗어난 증도의 지혜로 하여금 교도의 지혜광명을 내게 하여 앞보다 더욱 뛰어나게 된다.

(ㄷ) 법과 비유를 합하다[合] (合中 60上3)

此地菩薩의 所有善根도 亦復如是하여 以方便慧로 隨逐觀察에 轉更明淨하고 轉復寂滅하여 無能暎蔽하니라
이 지에 있는 보살의 선근도 그와 같아서 방편과 지혜로 따르고 관찰하므로 더욱 밝고 깨끗하여지고, 다시 적멸하여서 능히 가리어 무색하게 할 것이 없느니라.

[疏] 合中에 方便慧는 卽上不住道니 合前瑠璃요 隨逐觀察은 合數磨瑩이라 轉更明淨者는 般若가 現前故요 轉復寂滅者는 證智하야 脫彼障故니라

- (ㄷ) 법과 비유를 합함 중에 방편의 지혜는 위의 머물지 않는 도이니, 앞의 유리와 합하고 따르고 관찰함은 여러 번 갈고 닦음에 합하였다. '더욱 더 밝고 깨끗하다'는 것은 반야가 앞에 나타난 까닭이요, '다시 적멸하여서'는 지혜를 증득하여 저 장애에서 벗어난 까닭이다.

ㄴ) 교도의 지혜가 청정하다[教智淨] (二譬 60上9)

譬如月光이 照衆生身에 令得淸凉하고 四種風輪의 所不能壞인달하여 此地菩薩의 所有善根도 亦復如是하여 能滅無量百千億那由他衆生의 煩惱熾火하고 四種魔道의 所不能壞니라

마치 달빛이 중생의 몸에 비치어 서늘하게 함을 네 가지 바람 둘레로도 깨뜨릴 수 없나니, 이 지에 있는 보살의 선근도 그와 같아서, 한량없는 백천억 나유타 중생의 번뇌 불을 능히 멸하거니와, 네 가지 마군의 도슬로는 깨뜨리지 못하느니라.

[疏] 二, 譬如月下는 明教智淨이라 以月光寬大가 勝於前地니 但取月輪하야 爲喩也라 四種風輪者는 出現品에 有能持等四種風輪이어니와 非今四輪이니 以彼는 不是壞散風故라 有散壞風호대 復無四種이오 未見經論하니 不可定斷이로다 且就義釋인대 卽四時之風이니 春日和

風은 喩煩惱魔가 順愛心故요 夏日炎風이니 喩於蘊魔가 多熱惱故요 秋日凉風이요 亦曰金風이니 喩於死魔가 果熟收殺故요 冬日寒風이니 喩於天魔가 敗藏人善故니라 行四魔行이 卽是魔道라 餘文은 可知니라

■ ㄴ) 譬如月 아래는 교도의 지혜가 청정함을 밝힘이다. 달빛이 넓고 커서 앞의 제5지보다 뛰어나므로 단지 보름달만 취하여 비유로 삼은 것이다. '네 가지 바람 둘레[風輪]'는 여래출현품(如來出現品)에 간직하는 주체 따위의 네 가지 풍륜이 있었지만 지금의 네 가지 둘레가 아니다. 저기서는 무너지고 흩어버리는 바람이 있었지만 다시 네 종류는 없으며, 경과 논서를 보지 않았으니 확정해서 단언할 수 없다. 우선 이치에 입각하여 해석한다면 사철 바람에 비유한 내용이다. (1) 봄에는 온화한 바람이라 부르나니, 번뇌의 마군이 애욕을 따르는 마음에 비유하였고 (2) 여름에는 더운 바람이라 부르나니, 오온의 마군이 뜨겁고 뇌란함이 많음에 비유하였고 (3) 가을에는 서늘한 바람, 또는 금빛 바람이라 부르나니, 죽음의 마군은 열매를 익혀서 거두어 가 버림에 비유하였고 (4) 겨울에는 추운 바람이라 부르나니, 천마가 사람들의 선근의 창고를 부수어 버림에 비유한 등이다. 네 가지 마군의 행동을 행함이 바로 마군의 길이다. 나머지 문장은 알 수 있으리라.

[鈔] 出現品者는 卽初는 總明이라 出現中[461]에 一은 名能持니 能持大水故요 二는 名能消니 能消大水故요 三은 名建立이니 建立一切諸處

---

461) 인용문은 如來出現品 제37의 장항이니 '如來出現의 열 가지 비유' 중에 나오는 내용이다. 經云, "所謂興布大雲하야 降霔大雨하며 四種風輪이 相續爲依니 其四者何오 一은 名能持니 能持大水故며 二는 名能消니 能消大水故며 三은 名建立이니 建立一切諸處所故며 四는 名莊嚴이니 莊嚴分布가 咸善巧故라."(교재 권3 p. 239-)

所故요 四는 名莊嚴이니 莊嚴分布成善巧故라하니라 釋曰, 旣持旣嚴하니 故非散壞니라 有散壞者는 意業中의 第九相에 云,[462] 佛子야 譬如風災가 壞世界時에 有大風起하니 名曰散壞라 能壞三千大千世界鐵圍山等하야 皆成碎末이라하나니 卽散壞風은 唯一無四也로다

- 出現品이란 첫 부분에 총합적으로 밝힌 내용을 가리킨다. 여래출현품에서 "① 능히 지님이니 큰물을 지니는 까닭이요, ② 능히 소멸함이니 큰물을 소멸하는 까닭이요, ③ 건립함이니 모든 처소를 건립함이요, ④ 장엄함이니 장엄하여 퍼뜨림이 다 교묘한 까닭이니라"라고 하였다. 해석한다면 이미 지니고 장엄하였으므로 무너뜨리고 흩는 것은 아니다. '무너뜨리고 흩는다'는 것은 의업 중의 아홉 번째 모양에 이르기를, "또 불자여, 비유하면 바람의 재난이 세계를 무너뜨릴 때에 산괴(散壞)라는 큰 바람이 불어서 삼천대천세계와 철위산들은 부서져 가루가 된다"고 하였으니 산괴(散壞)라는 바람은 하나뿐이요, 넷이 아니다.

ㄷ) 제6지의 행상을 구분하다[別地行相] (經/此菩 61上3)
ㄹ) 제6지의 명칭을 결론하다[結說地名] (經/佛子)

此菩薩이 十波羅蜜中에 般若波羅蜜이 偏多하니 餘非不修로되 但隨力隨分이니라 佛子여 是名略說菩薩摩訶薩의 第六現前地니라
이 보살이 십바라밀다 중에는 반야바라밀다가 치우쳐 많으

---

[462] 인용한 경문을 살펴보면, "復次佛子야 譬如風災가 壞世界時에 有大風起하니 名曰散壞라 能壞三千大千世界하야 鐵圍山等이 皆成碎末이어든 復有大風하니 名爲能障이라 周帀三千大千世界하야 障散壞風하야 不令得至餘方世界하나니 佛子야 若令無此能障大風이면 十方世界가 無不壞盡인달하야."(교재 권3 p. 279-)

니, 다른 것을 닦지 아니함은 아니지마는 힘을 따르고 분한을 따를 뿐이니라. 불자여, 이것이 보살마하살의 제6 현전지를 간략히 말한다 하느니라."

ㄴ. 보답으로 거둔 결과[攝報果] (攝報 61下3)

菩薩이 住此地에 多作善化天王하여 所作自在하여 一切聲聞의 所有問難이 無能退屈하며 能令衆生으로 除滅我慢하고 深入緣起하여 布施愛語利行同事하나니 如是一切諸所作業이 皆不離念佛하며 乃至不離念具足一切種과 一切智智니라
復作是念하되 我當於一切衆生中에 爲首며 爲勝이며 乃至爲一切智智依止者라하나니 此菩薩이 若勤修精進하면 於一念頃에 得百千億三昧하며 乃至示現百千億菩薩로 以爲眷屬이니라

"보살이 이 지에 머물러서는 흔히 선화천왕이 되며, 하는 일이 자재하여 모든 성문의 문난으로는 굴복할 수 없으며, 중생들로 하여금 나라는 교만을 제하고 연기에 깊이 들어가게 하며, 보시하고 좋은 말을 하고 이익한 행을 하고 일을 함께 하나니, 이렇게 모든 짓는 업이 모두 부처님 생각을 떠나지 아니하며, 내지 갖가지 지혜와 온갖 지혜의 지혜를 구족하려는 생각을 떠나지 아니하느니라.

또 생각하기를 '내가 중생들 가운데 머리가 되고 나은 이가 되고, 내지 온갖 지혜와 지혜의 의지함이 되리라' 하느니라.

이 보살이 부지런히 정진하면 잠깐 동안에 백천억 삼매를
얻으며, 내지 백천억 보살을 나타내어 권속을 삼았느니라."

[疏] 攝報中에 言聲聞難問無能屈者는 已知二乘緣諦等故니라
- ㄴ. 보답으로 섭수한 결과 중에 '성문의 문난으로는 굴복시킬 수 없다'고 말한 것은 이미 이승의 연기의 이치 따위를 알기 때문이다.

ㄷ. 서원과 지혜의 결과[願智果] (經/若以 61下5)

若以願力으로 自在示現인댄 過於此數하여 乃至百千億
那由他劫에도 不能數知니라
만일 서원하는 힘으로 자재하게 나타내면 이보다 지나가서,
내지 백천억 나유타 겁에도 헤어서 알 수 없느니라."

3) 거듭 노래하는 부분[重頌分] 2.

(1) 게송으로 설하는 광경[說偈儀] (經/爾時 61下7)

爾時에 金剛藏菩薩이 欲重宣其義하여 而說頌曰,
그때 금강장보살이 이 뜻을 다시 펴려고 게송으로 말하였다.

❖ 제6회 십지품 제6 現前地 (科圖 26-72 ; 珠字卷)

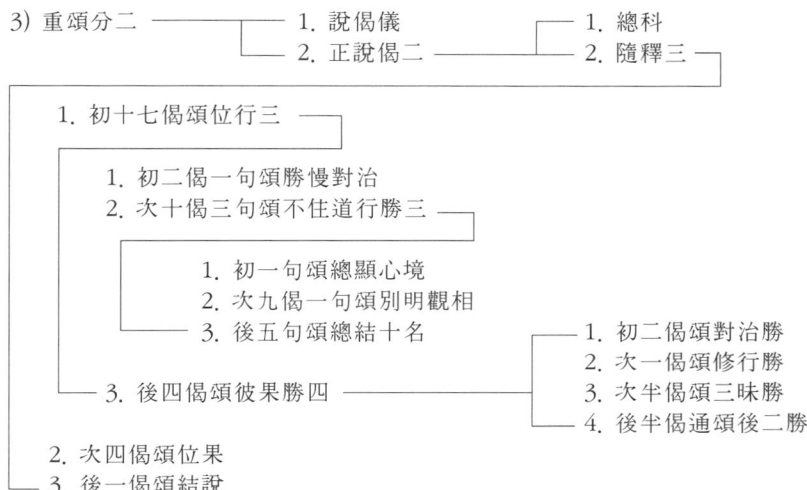

(2) 바로 게송을 설하다[正說偈] 2.
가. 총합하여 과목 나누다[總科] (第三 62上2)

菩薩圓滿五地已에   觀法無相亦無性하며
無生無滅本清淨하며   無有戲論無取捨하며
보살이 제5지를 원만하고는
법을 보니 모양 없고 성품도 없어
나지도 않고 죽지도 않고 본래 청정해
희론이나 갖고 버릴 것도 없으며

體相寂滅如幻等하며   有無不二離分別하고
隨順法性如是觀하여   此智得成入六地로다

성품 · 형상 고요하여 요술과 같고
있고 없고 둘 아니어 분별 떠났다.
법의 성품 따라서 이렇게 관찰하여
이 지혜로 제6지에 들어가도다.

明利順忍智具足하여
밝고 날카로운 수순인과 지혜를 구족

[疏] 第三, 重頌이라 二十二頌을 分三이니 初, 十七偈는 頌位行이오 次, 四는 頌位果요 後, 一은 結說이라 前中에 三이니
- 3) 거듭 노래하는 부분이다. 22개의 게송을 셋으로 나누었으니 가) 17개의 게송은 제6지의 행상을 노래함이요, 나) 네 개의 게송은 제6지의 과덕을 노래함이요, 다) 한 개의 게송은 결론하여 말함이다. 가) 중에 셋이다.

나. 과목에 따라 해석하다[隨釋] 3.
가) 제6지의 행상을 노래하다[初十七偈頌位行] 3.

(가) 두 게송과 한구절은 뛰어나다는 거만함을 다스림에 대해 노래하다
　　[初二偈一句頌勝慢對治] (初二 62上3)

[疏] 初, 二頌一句는 頌勝慢對治라 二, 有十偈三句는 頌不住道行勝이오 三, 有四偈는 頌彼果勝이라
- (가) 처음 두 게송과 한 구절은 뛰어나다는 거만함을 다스림에 대해

노래함이다. (나) 열 게송과 세 구절은 머물지 않는 도행이 뛰어남을 노래함이요, (다) 네 개의 게송은 저 결과가 뛰어남을 노래함이다.

(나) 열 게송과 세 구절은 머물지 않는 도행의 뛰어남을 노래하다
　　[次十偈三句頌不住道行勝] 3.
ㄱ. 한 구절은 마음 경계를 총합하여 밝힘에 대해 노래하다
　　[初一句頌總顯心境] (二中 62上7)

觀察世間生滅相하니
생멸하는 세간 모양 보아 살피니

[疏] 二中에 有三하니 初一句는 頌總顯心境이라
■ (나) 머물지 않는 도행의 뛰어남을 노래함에 셋이 있으니 ㄱ. 한 구절은 마음 경계를 총합하여 밝힘에 대해 노래함이다.

ㄴ. 아홉 게송과 한 구절은 관법의 양상을 개별로 밝힘에 대해 노래하다
　　[次九偈一句頌別明觀相] 10.
ㄱ) 두 개 반의 게송은 유지상속문을 노래하다[初二偈半頌有支行列]
　　　　　　　　　　　　　　　　　　　　　(次九 62下3)

以癡闇力世間生이라　　　若滅癡闇世無有로다
무명의 힘으로써 세간에 나고
무명이 없어지면 세간도 없어

觀諸因緣實義空이나 　　不壞假名和合用하며
無作無受無思念이나 　　諸行如雲徧興起로다
인연 법 관찰하니 참이치 비고
거짓 이름의 화합한 작용을 깨뜨리지 않으며
짓는 이도 받는 이도 생각도 없어
모든 행이 구름처럼 일어나도다.

不知眞諦名無明이요 　　所作思業愚癡果요
識起共生是名色이니 　　如是乃至衆苦聚로다
참이치 모르는 것 이름이 무명
생각으로 지은 업은 우치의 과보
식(識)이 생겨 함께 난 것 이름과 물질
이와 같이 필경은 고통 덩어리

[疏] 次, 九偈一句는 頌別明觀相이라 卽爲十段이니 第一, 有二偈半은 頌有支行列이오

■ ㄴ. 아홉 게송과 한 구절은 관법의 양상을 개별로 밝힘에 대해 노래함이다. 열 문단으로 나눈 중에 ㄱ) 두 개와 반의 게송은 (a) 유지상속문을 노래함이다.

ㄴ) 일심소섭문을 노래하다[次一偈頌攝歸一心] (二— 62下7)

了達三界依心有하며 　　十二因緣亦復然이라
生死皆由心所作이니 　　心若滅者生死盡이로다

마음으로 삼계가 생긴 것이고
　　열두 가지 인연도 그런 것이며
　　나고 죽음 마음으로 짓는 것이니
　　마음이 다한다면 생사도 없어

[疏] 二, 一偈는 頌攝歸一心이라 旣云心滅則生死盡하니 故知不可唯約 眞心이오 以眞妄和合이니 是說依心이라 卽眞之妄이 旣滅에 卽妄之 眞이 不無라 故로 起信에 云, 但心相滅이언정 非心體滅이라하니라

- ㄴ) 한 게송은 (b) 일심소섭문을 노래함이다. 이미 "마음이 없어지면 나고 죽음이 다한다"고 하였으니, 그래서 오직 진심에만 의지할 수 없는 줄 아는 것이요, 진여와 망념이 화합하니 마음에 의지해 설하였다. 진여와 합치한 망념이 이미 없어지면 망념에 합치한 진여가 없지도 않다. 그러므로『기신론』에서는, "단지 마음의 모양이 없어진 것이지 마음의 본체는 없어진 것이 아니다"라고 하였다.

[鈔] 故起信者는 論에 有問云⁴⁶³⁾호대 若心滅者인대 云何相續이며 若相續者인대 云何說究竟滅고 答曰, 所言滅者는 唯心相滅이언정 非心體滅이니 如風依水而有動相이라 若水滅者인대 則風相이 斷絶하야 無所依止이어니와 以水不滅일새 風相이 相續이라 唯風이 滅故로 動卽隨滅이언정 非是水滅이니 無明도 亦爾하야 依心體而動하니 若心體가 滅하면 則衆生이 斷絶하야 無所依止이어니와 以體不滅일새 心得相續이니 唯癡滅故로 心相이 隨滅이언정 非心智滅이라하니라 釋曰, 現文可知라 楞伽에 亦云⁴⁶⁴⁾하사대 若心體滅인대 則本識滅이오 本識이 滅者인대 不

---

463) 인용문은『大乘起信論』의 내용이다. (대정장 권32 p. 578a5-)
464) 인용문은『四卷 楞伽經』제1권 一切佛語心品 제1의 ①의 내용이다. (대정장 권16 p. 483b-)

異外道斷見戱論이라하니라

● 故起信이란『기신론』에서 어떤 이가 묻되, "만일 마음이 멸한다면 어떻게 상속하며, 만일 상속하면 어떻게 마침내 멸해 버린다고 할 수 있겠는가?" 답하기를, "멸한다 함은 오직 마음 모양만 멸하는 것이요, 마음의 본체가 멸함이 아니다. 이는 바람이 바닷물에 의하여 움직이는 모양이 있음이니, 만일 바닷물이 없어지면 바람의 모양이 단절되어 의지할 바가 없지마는 바닷물이 없어지지 않으므로 바람의 모양이 상속하는 것이며, 오직 바람이 멸하기 때문에 움직이는 모양이 따라서 멸하게 되지만 바닷물이 멸함은 아닌 것과 같다. 무명도 또한 그러하여 마음의 본체에 의하여 움직이는 것이니, 만일 마음의 본체가 멸하면 중생이 단절되어 의지할 바가 없지만 마음의 체성이 멸하지 않으므로 마음이 상속하는 것이며, 오직 어리석음이 멸하기 때문에 마음의 모양이 따라서 멸하지만 마음의 지혜가 멸함은 아니니라"라고 하였다. 해석한다면 나타난 문장의 뜻은 알 수 있으리라.『능가경』에도, "만일 마음의 본체가 없어지면 근본식이 없어질 것이고, 근본식이 없어진다면 외도들의 단견인 희론과 다를 것이 없다"고 하였다.

ㄷ) 한 게송은 자업조성문을 노래하다[次一偈頌自業差別] (三一 63下1)

無明所作有二種하니　　緣中不了爲行因이라
如是乃至老終歿하여　　從此苦生無有盡이로다
무명의 짓는 업이 둘이 있으니
반연을 미혹하고 행의 인 되며
이와 같이 나중엔 늙어 죽나니

이로부터 고통 생겨 다함이 없다

[疏] 三, 一偈는 頌自業差別이오
■ ㄷ) 한 게송은 (c) 자업조성문을 노래함이요

ㄹ) 반의 게송은 불상사리문을 노래하다[次半偈頌不相捨離]
(四半 63下3)

無明爲緣不可斷이어니와   彼緣若盡悉皆滅이라
무명이 연이 되어 끊지 못하나
저 연이 없어지면 모두 멸하며

[疏] 四, 半偈는 頌不相捨離이오
■ ㄹ) 반 개의 게송은 (d) 불상사리문을 노래함이요,

ㅁ) 반의 게송은 삼도부단문을 노래하다[次半偈頌三道不斷]
(五半 63下5)

愚癡愛取煩惱支요   行有是業餘皆苦로다
무명과 사랑, 취함 번뇌가 되고
행과 유는 업이요, 다른 건 고통

[疏] 五, 半偈는 頌三道不斷이오
■ ㅁ) 반 개의 게송은 (e) 삼도부단문을 노래함이요,

ㅂ) 한 게송은 삼고집성문을 노래하다[次一偈頌三苦聚集] (六一 63下8)

癡至六處是行苦요　　　　　觸受增長是苦苦요
所餘有支是壞苦니　　　　　若見無我三苦滅이로다
무명에서 육처까진 변천의 고통
받아들임, 촉이 자라 고통에 고통
남은 것은 무너지는 괴로움이니
나 없는 줄 본 이는 세 가지 고통 없어

[疏] 六, 一偈는 越頌第七, 三苦聚集이오
■　ㅂ) 한 개의 게송은 건너뛰어서 (g) 삼고집성문을 노래함이요,

ㅅ) 삼제윤회문을 노래하다[次一偈頌三際輪廻] (七一 64上1)

無明與行爲過去요　　　　　識至於受現在轉이요
愛取有生未來苦니　　　　　觀待若斷邊際盡이로다
무명과 행의 인연 과거가 되고
식에서 받아들임 현재가 되며
애욕 · 취함 · 유로는 미래의 고통
보고 대해 끊으면 끝이 없어져

[疏] 七, 一偈는 却頌第六, 三際輪環이오
■　ㅅ) 한 개의 게송은 순서를 바꾸어[却] (f) 삼제윤회문을 노래함이요,

ㅇ) 반의 게송은 생멸계박문을 노래하다[次半偈頌生滅繫縛]
(八半 64上3)

無明爲緣是生縛이라　　　於緣得離縛乃盡이며
무명이 연이 되어 속박 생기고
인연을 여의며는 속박이 다해

[疏] 八, 半偈는 越頌第九, 生滅繫縛이오
■　ㅇ) 반 개의 게송은 건너뛰어서 (i) 생멸계박문을 노래함이요,

ㅈ) 반의 게송은 인연생멸문을 노래하다[次半偈頌因緣生滅]
(九有 64上5)

從因生果離則斷이니　　　觀察於此知性空이로다
인으로 생긴 과보 여의면 끊겨
이것을 관찰하고 공한 줄 알고

[疏] 九, 有半偈는 却頌因緣生滅이오
■　ㅈ) 반의 게송은 순서를 바꾸어 (h) 인연생멸문을 노래함이요,

ㅊ) 무소유진문을 노래하다[後三句頌無所有盡] (十有 64上8)

隨順無明起諸有요　　　若不隨順諸有斷이며
此有彼有無亦然이라

무명을 따르므로 유지(有支) 생기니
따르지 아니하면 유지 끊길 것
이 유지와 저 유지 없음도 그래

[疏] 十, 有三句는 頌無所有盡觀이라
■ ㅊ) 세 구절은 (j) 무소유진문을 노래함이다.

ㄷ. 다섯 구절은 열 문의 명칭을 결론함을 노래하다[後五句頌總結十名]
(第三 64下1)

十種思惟心離着이니
열 가지 생각하는 맘 집착 여의며

有支相續一心攝과　　　　　自業不離及三道와
三際三苦因緣生과　　　　　繫縛起滅順無盡이로다
12인연 계속함과 한 마음 포섭
자기 업과 안 여읨과 세 가지 길과
세 세상, 세 괴로움, 인연의 생멸
속박이 생겨나고, 없어 다한다.

[疏] 第三, 十種下의 五[465]句는 頌總結十名이라
■ ㄷ. 十種 아래의 다섯 구절은 열 문의 명칭을 결론함을 노래함이다.

---

465) 五는 續金本作有五.

(다) 네 게송은 저 결과가 뛰어남을 노래하다[後四偈頌彼果勝] 4.
ㄱ. 두 게송은 다스림이 뛰어남을 노래하다[初二偈頌對治勝]

(三如 64下6)

如是普觀緣起行의　　　　無作無受無眞實이
如幻如夢如光影하며　　　亦如愚夫逐陽焰이로다
이렇게 연기함을 두루 관찰해
짓고 받는 이 없고 진실치 않고
요술 같고 꿈 같고 그림자 같고
바보가 아지랑이 따라다니듯

如是觀察入於空하며　　　知緣性離得無相하며
了其虛妄無所願하되　　　唯除慈愍爲衆生이로다
이와 같이 관찰하고 공에 들어가
인연 성품 여의어 모양이 없고
허망한 줄 알고 보니 원이 없으나
자비로 중생 제도 제외된다네.

[疏] 三, 如是下는 頌彼果勝이라 中에 初二는 頌對治勝이오
- (다) 如是 아래는 저 결과가 뛰어남을 노래함이다. 그중에 ㄱ. 두 게송은 다스림이 뛰어남을 노래함이요,

ㄴ. 수행이 뛰어남을 노래하다[次一偈頌修行勝] (次一 64下9)

大士修行解脫門하여　　　轉益大悲求佛法하며
知諸有爲和合作하여　　　志樂決定勤行道로다
보살이 해탈문을 닦아 행하니
대비심 더욱 늘어 불법 구하며
모든 법이 화합으로 생긴 줄 알고
즐기는 마음 결정하여 도를 행하네.

[疏] 次, 一은 頌修行勝이오
- ㄴ. 한 게송은 수행이 뛰어남을 노래함이요.

ㄷ. 반의 게송은 삼매가 뛰어남을 노래하다[次半偈頌三昧勝]
(次半 65上1)

空三昧門具百千하니　　　無相無願亦復然이라
공하다는 삼매문 백천 갖추고
모양 없고 원 없는 문 역시 그러해

[疏] 次, 半偈는 頌三昧勝이오
- ㄷ. 반의 게송은 삼매가 뛰어남을 노래함이요.

ㄹ. 반의 게송은 뒤의 두 가지 뛰어남을 함께 노래하다
[後半偈通頌後二勝] (後二 65上3)

般若順忍皆增上하여　　　解脫智慧得成滿이로다

반야와 수순인이 점점 더 늘고
해탈한 지혜들도 만족해진다.

[疏] 後, 二句는 通頌後二勝이니 以義通故니라
■ ㄹ. 두 구절은 뒤의 두 가지 뛰어남을 함께 노래함이니, 이치가 통하기 때문이다.

나) 네 게송은 제6지의 과덕을 노래하다[次四偈頌位果] (經/復以 65上4)

復以深心多供佛하고　　　　於佛敎中修習道하여
得佛法藏增善根하니　　　　如金瑠璃所磨瑩이로다
정성으로 부처님께 공양하오며
부처님 교법에서 도를 닦아서
부처님의 법장 얻어 선근 늘리니
진금을 비유리로 연마하듯이

如月淸凉被衆物에　　　　　四風來觸無能壞인달하여
此地菩薩超魔道하여　　　　亦息群生煩惱熱이로다
밝은 달이 서늘하게 중생을 비춰
네 가지 바람으로 깰 수 없나니
6지 보살 마의 길을 초월했으며
중생들의 번뇌도 쉬게 하더라.

此地多作善化王하여　　　　化導衆生除我慢하니

所作皆求一切智라　　　悉以超勝聲聞道로다
이 지에선 선화천왕이 되어서
중생을 교화하여 교만 없애고
짓는 일은 온갖 지혜 모두 구하여
모두 다 성문도를 뛰어넘더라.

此地菩薩勤精進하여　　　獲諸三昧百千億하며
亦見若干無量佛하니　　　譬如盛夏空中日이로다
이 보살이 부지런히 정진하여서
백천억 많은 삼매 이미 얻었고
한량없는 부처님 뵈옵게 되니
삼복 여름 허공중에 해와 같도다.

다) 결론한 말씀을 노래하다[後一偈頌結說] (經/甚深 65下2)

甚深微妙難見知라　　　聲聞獨覺無能了니
如是菩薩第六地를　　　我爲佛子已宣說이로다
매우 깊고 미묘한 법 보기 어려워
성문이나 독각도 알지 못하니
이러한 보살들의 제6지 법을
내가 지금 불자들께 펴서 말했다.

[疏] 位果等은 可知[466]니라 (六地는 竟하다)

---

466) 此下에 續本有三一頌結說, 金本有六地竟三字注.

■ 나) 제6지의 과덕을 노래함과 다) 결론한 말씀을 노래함은 알 수 있으리라. 제6절 반야의 지혜가 앞에 나타나는 지는 마친다.

제6절 현전지(現前地) 終

화엄경청량소 제20권

| 초판 1쇄 발행_ 2019년 10월 28일

| 저_ 청량징관
| 역주_ 석반산

| 펴낸이_ 오세룡
| 편집_ 손미숙 박성화 김정은 이연희 김영미
| 기획_ 최은영 곽은영
| 디자인_ 김효선 고혜정 장혜정
| 홍보 마케팅_ 이주하
| 펴낸곳_ 담앤북스
　　　　서울특별시 종로구 새문안로3길 23 경희궁의 아침 4단지 805호
　　　　대표전화 02)765-1251 전송 02)764-1251 전자우편 damnbooks@hanmail.net
　　　　출판등록 제300-2011-115호
| ISBN 979-11-6201-195-9　04220

정가 30,000원